鼎城年鉴

（2020）

总第十三期

DINGCHENG NIANJIAN

常德市鼎城区人民政府
常德市鼎城区地方志编纂室　编

方志出版社
Publishing House of Local Records

图书在版编目(CIP)数据

鼎城年鉴. 2020 / 常德市鼎城区人民政府，常德市鼎城区地方志编纂室编. -- 北京：方志出版社，2020.9
ISBN 978-7-5144-4396-7

Ⅰ. ①鼎… Ⅱ. ①常… ②常… Ⅲ. ①区(城市)－常德－2020－年鉴 Ⅳ. ①Z526.44

中国版本图书馆 CIP 数据核字(2020)第 202022 号

鼎城年鉴(2020)

编　　者：常德市鼎城区人民政府　常德市鼎城区地方志编纂室
责任编辑：李志瑜

出 版 者：方志出版社
地址　北京市朝阳区潘家园东里 9 号(国家方志馆 4 层)
邮编　100021
网址　http://fzph.cssn.cn
发　　行：方志出版社图书经销中心
电话(010)67110500
经　　销：各地新华书店
印　　刷：长沙市雅捷印务有限公司

开　　本：889 × 1194　1/16
印　　张：28
字　　数：701 千字
版　　次：2020 年 9 月第 1 版　2020 年 9 月第 1 次印刷
印　　数：0001~1500 册

ISBM　978-7-5144-4396-7　定价：298.00 元

鼎城区地方志编纂委员会

鼎城年鉴编辑部

抢抓新机遇

建设新江南

鼎城区行政区划图

N
锋火乡
白衣镇
澧县
安丰乡
大鲸港镇
安乡县
深柳镇
蒙泉镇
石门县
临
澧
县
津
市
市
毛里湖镇
四新岗镇
药山镇
安康乡
石
门
县
群英水库
中河口镇
乡
下渔口镇
太浮镇
双桥坪镇
周家店镇
蒿子港镇
王家垱水库
马鬃岭镇
盘塘镇
金凤
西洞庭管理区
陈家嘴镇
桃
龙泉
十美堂镇
石公桥镇
蔡家岗镇
县
南
县
架桥镇
石板滩镇
镇德桥镇
祝丰镇
长岭岗水库
灌溪镇
柳叶湖
白鹤镇
西洲乡
西湖镇
西港镇
源
韩公渡镇
南坪
芷兰
七里桥
汉
河洑镇
武陵区
丹阳
罐头嘴镇
长庚
穿紫河
常德市
田河水库
陬市镇
枫树维吾尔族回族乡
芙蓉
鼎城区
永安
东江
木塘垸乡
牛鼻滩镇
郭家铺
玉霞
芦荻山乡
洲口镇

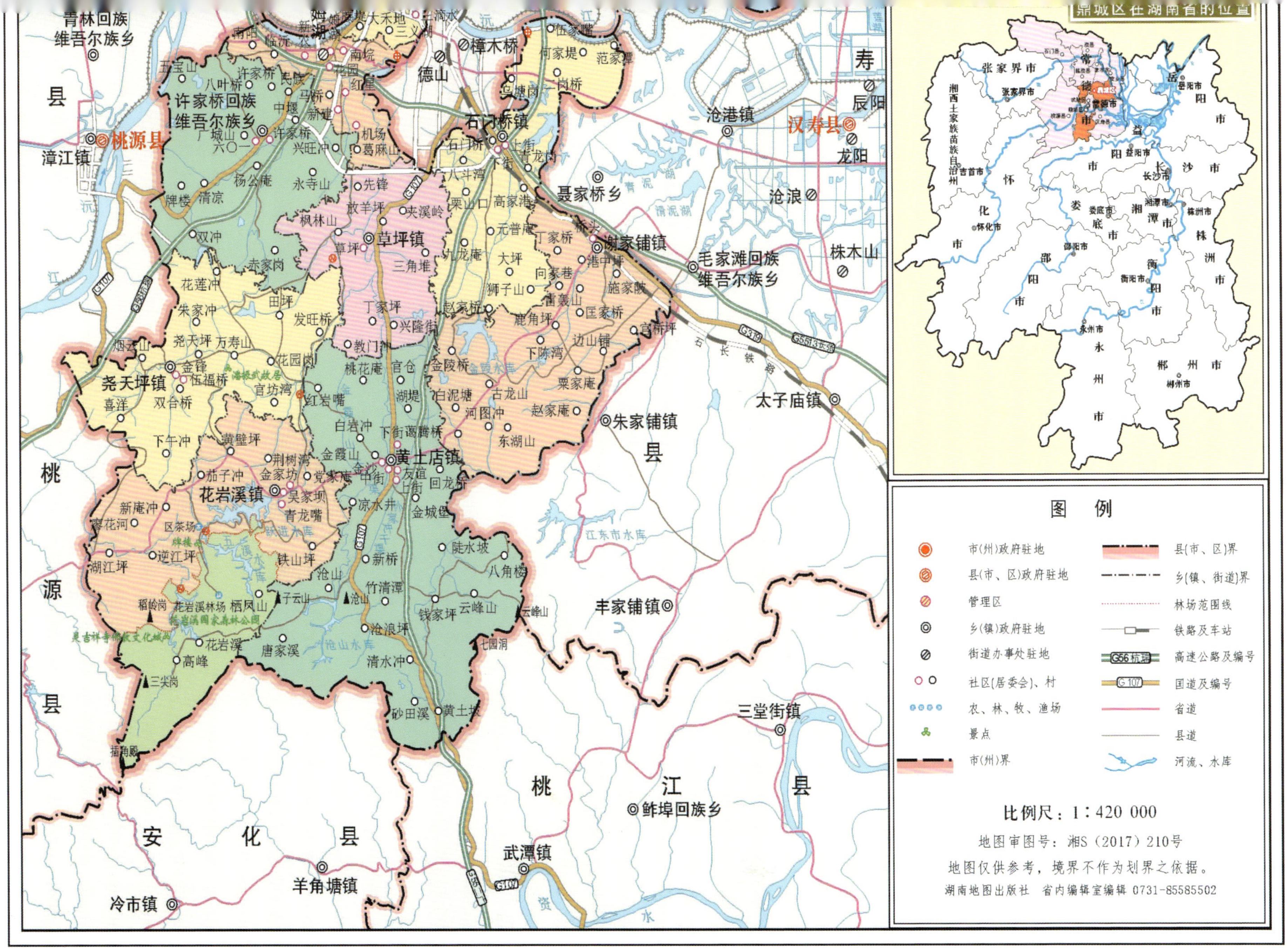

审图号：湘 S(2019)159 号

推进二次创业　建设现代鼎城

2019 年 11 月，湖南省委书记杜家毫（右）调研鼎城区基层党建工作　（提供：区委组织部）

2019 年 10 月，湖南省委常委、宣传部部长张宏森（中）调研鼎城区媒体融合改革工作

（提供：区融媒体中心）

2019 年 4 月 12 日，常德市委书记、市人大常委会主任周德睿（前左二）调研常德画墙建设工作

（提供：区融媒体中心）

2019 年 9 月，常德市委副书记、市人民政府市长曹立军（中）调研鼎城区民生实事工作

（提供：区融媒体中心）

2019 年 7 月，常德市政协主席李爱国（中）调研常德高新区企业情况

（提供：区融媒体中心）

2019 年 9 月，常德市人大常委会副主任、党组书记沈习淼（左二）调研鼎城区居家和社区养老工作

（提供：区融媒体中心）

2019 年 1 月，鼎城区委书记、常德高新区党工委书记杨易（前右二）调研安全生产工作

（提供：区融媒体中心）

2019 年 1 月，鼎城区委副书记、区人民政府区长朱金平（中）调研医疗卫生工作

（提供：常德市第四人民医院）

2019 年 2 月，鼎城区人大常委会主任杨君（中）调研常德画墙建设工作

（提供：区人大）

2019 年 5 月，鼎城区政协主席韩才渊（右二）调研扶贫点村脱贫攻坚工作

（提供：区政协）

编辑说明

一、《鼎城年鉴(2020)》以马克思列宁主义、毛泽东思想、邓小平理论、“三个代表”重要思想、科学发展观、习近平新时代中国特色社会主义思想为指导,坚持辩证唯物主义和历史唯物主义的立场、观点和方法,围绕“三城四区五中心”建设,全面、系统地记载2019年鼎城区政治、经济、文化和社会发展的基本情况,为广大读者了解鼎城区提供基本信息资料。

二、《鼎城年鉴(2020)》记述时限为2019年1月1日—12月31日,采用分类编辑法,设类目、分目、条目3个层次,条目为记述基本层次。全书设类目27个、分目192个、条目364个,配有表格6个。

三、本卷年鉴框架结构基本保持稳定,根据机构改革情况略有调整。删除类目“资证论坛”和书后彩版图片。原类目“商务·旅游”中的“旅游”内容放入类目“文化·体育·卫生·旅游”中。改类目“民主党派·工商联·群众团体”为“民主党派·社会团体”;改类目“人力资源和社会保障”为“社会保障”。

四、《鼎城年鉴(2020)》收录范围为区属乡镇、街道、农林场,区直副科级以上行政企事业单位及中央、省、市驻区单位。年鉴中凡涉及鼎城经济和社会发展全局的数据,均以鼎城区统计局提供数据为依据,统计年鉴中没涉及的数据以各单位提供的数据为依据。

目　　录

专　文

专　题

大 事 记

区情概览

中国共产党鼎城区委员会

鼎城区人民代表大会常务委员会

鼎城区人民政府

中国人民政治协商会议鼎城区委员会

民主党派·社会团体

法　治

军　事

经济监督管理

财政·税务

金　融

农业·林业·水利

工　业

常德高新技术产业开发区

商　务

城市建设与管理

交通·邮政·通信

教育·科技

文化·体育·卫生·旅游

社会保障

乡镇·街道·场

重要文件

附　录

索　引

专 文

Special Article

区委经济工作会议会场

在区委经济工作会议上的讲话

常德市鼎城区人民代表大会常务委员会工作报告

常德市鼎城区人民政府工作报告

中国人民政治协商会议常德市鼎城区第九届委员会常务委员会工作报告

鼎城年鉴（2020）

在区委经济工作会议上的讲话

（2020 年 1 月 4 日）

杨　易

一、2019 年工作回顾

过去的一年，我们聚焦高质量发展，专注干事，走得很坚定、干得很扎实。

1. 干有目标，发展更有质量。以新发展理念为指引，坚持创先争优，顺利完成了预定目标任务。主要经济指标位居全市前列，预计全年完成地区生产总值 370 亿元，增长 8.2%；完成财政收入 31.9 亿元，首次突破 30 亿元大关，其中一般公共预算收入 25.4 亿元、增长 12.8%；城乡居民人均可支配收入分别增长 8.4%和 9.1%。三次产业结构比调整为 15.2：28.4：56.4。社会消费品零售总额、规模工业增加值增速、高新技术产业增加值增速、工业税收增速等指标全市第一。

2. 干有担当，攻坚更有成效。坚决落实中央、省委、市委决策部署，三大攻坚战取得关键进展。债务风险防控有力，牢牢守住了不发生系统性债务风险的底线。污染防治力度空前，空气质量改善率在市城区五个国控站点中排名第一，石板滩关闭石煤矿区生态修复工程超额完成年度任务，深入推进河（湖）长制，清查河湖“四乱”问题 51 处。脱贫攻坚成效明显，强力整改“两不愁三保障”突出问题，全年脱贫 1693 户、4323 人，贫困发生率降至 0.28%。

3. 干有亮点，园区更有地位。常德高新区发展来势喜人。实力大幅攀升。新建标准化厂房 23 万平方米，生活配套园基本完工。固定资产投资、工业总产值、工业税收分别增长 21%、35.7%、76%，主要经济指标增速稳居省市园区前列，综合排名在全省 133 个园区中上升 38 个位次。项目亮点纷呈。中联建起成为园区第一家百亿企业。新引进亿元项目 34 个，上市公司 3 家、“500 强”企业 3 家、外资企业 3 家。新开工亿元工业项目 19 个，新投产亿元工业项目 13 个。投资 50 亿元、占地 2000 亩的工程机械配套产业园推进有力，15 家配套企业签约入驻。创新要素集聚。聘请 8 名院士、专家担任园区科技发展顾问，新获批高新技术企业 19 家，总量达到 44 家。特力液压、响箭重工等企业引领行业标准，正大国际、多碳电池、斯盛能源等高科技项目实现当年签约、当年开工、当年投产。常德高新区成功获批国家现代装备制造（常德）高新技术产业化基地、国家级科技企业孵化器、国家级科技资源支撑型双创载体。

4. 干有实绩，城乡更有活力。坚持以新型城镇化和乡村振兴为抓手，促进城乡融合发展。城市品质稳步提升。阳明湖板块城市新中心的骨架初步形成，水系治理一期工程进展顺利，城市黑臭水体得到有效治理。临江新区完成投资 18.5 亿元，沅江南岸更具现代城市气息。公、检、法业务用房搬迁入驻，区综合档案馆通过省级验收，有效带动了新城西区发展。常德画墙上墙作品 18 幅，成为常德文化新地标，“天下常德”壁画成果展轰动全国。沅江隧道、沅水四桥如期通车，为“一江两岸”协调发展奠定了基础。扎实开展"城市管理提质年"活动,城市环境更加清朗。城市经济持续繁荣,越来越多的市民置业江南。乡村振兴稳步推进。全面启动村庄规划编制,基础设施日趋完善。农村集体产权制度改革全面开展,一批"空壳村"实现了集体经济收入零的突破。新型经营主体发展壮大,精为天获评全国农业产业化龙头企业,"鼎城茶油"品牌进一步打响。农业农村部、财政部认定我区为国家级现代农业产业园创建单位。积极有效应对非洲猪瘟,成功创建国家农产品质量安全县。美丽乡村建设和"厕所革命"全省现场会在我区召开。村级协会助推基层治理工作经验被省委办公厅专刊推介,草坪镇三角堆村获评"全国乡村治理示范村"。乡村振兴"草坪模式"全市推广,省委书记杜家毫同志给予高度评价。

5. 干有情怀,民生更有温度。切实践行以人民为中心的发展思想,确保群众安居乐业。教育卫生稳步提质。持续推进教育振兴三年行动计划,有效化解了义务教育阶段大班额问题,圆满通过义务教育均衡发展省级复检。区一中改革取得实效。医疗改革扎实推进,市四医院晋升三级综合医院,"6S"精益管理获全国金奖。文体繁荣发展。花岩溪国家森林公园秀丽景色登上央视《新闻联播》,鸟儿洲国家湿地公园顺利通过国家验收。精心组织庆祝新中国成立70周年·艺术周活动,群众精神文化生活更加丰富多彩。保障全面加强。城镇新增就业6071人,农村劳动力转移就业4368人。各项社会保障及时足额发放。社会救助水平高于省市标准。切实维护军人军属合法权益,退役军人服务保障体系全面覆盖。大局安全稳定。新中国成立70周年大庆安保"特护期"无一人进京。桥南轻纺城顺利闭市,根治了多年来未解决的消防隐患。全区未发生较大以上安全生产事故。扫黑除恶专项斗争重点指标全年综合排名全市第一,"无上访村(社区)"建设工作连续三年获评全市先进区县,政法综治工作连续三年获评全省先进,连续六年保持全省平安区县(市)荣誉。

6. 干有信念,党建更有力量。扎实开展"不忘初心、牢记使命"主题教育,各级党组织凝聚力、战斗力、向心力持续增强,党员干部践行"两个维护"更加自觉。基层基础更加坚实。积极落实省委"1+5"文件精神,从优秀村(社区)党组织书记、大学生村官、乡镇(街道)事业编制人员和选调生中选拔21名优秀干部到乡镇任职。"传统佳节话党恩"、屋场会等活动有效开展,听党话、跟党走成为群众的普遍共识。37个软弱涣散基层党组织全部"摘帽",支部"五化"建设位列区县(市)组第一。纪律规矩更加严明。纵深推进全面从严治党,严格贯彻落实中央八项规定精神,认真整治形式主义、官僚主义问题。高质量推进巡察工作,深入开展以向XX案为镜鉴专题警示教育和以案促改。严厉整治群众身边的腐败和作风问题,巩固发展反腐败斗争压倒性胜利,营造了风清气正的良好政治生态。党的领导更加有力。旗帜鲜明坚持党管意识形态,全力推进区融媒体中心改革,经验全市推广。坚持把党的领导贯穿人大、政协工作全过程,区人大及其常委会依法履职、主动作为,取得了新成绩;区政协围绕中心、服务大局,做出了新贡献。党管武装全面加强,区人武部工作亮点频出,灌溪镇武装部部长周建军获评"全国国防动员工作先进个人"。统战工作画出了最大"同心圆"。党政机构改革、群团组织改革顺利完成,团结一致、凝心聚力抓发展的氛围全面增强。

这些成绩的取得,是深入学习贯彻习近平新时代中国特色社会主义思想的结果,是省委、市委坚强领导的结果,是全区上下团结拼搏的结果,离不开广大党员干部的辛勤努力,离不开广大企业界人士做出的重要贡献。在此,我代表区委向大家致以诚挚的问候和衷心的感谢!

一年来的发展实践,给我们深刻启示:

最根本的是要坚持党的领导。党的领导是做好一切工作的根本保证。一个地方发展得好不好,关键看党组织是否有力。一个单位工作成效好不好，关键看党组织书记是否得力。党的领导有力，工作就能出彩。

最重要的是要扎实干事创业。地方要发展、干部要成长，都要靠实干。在防控债务风险、减税降费的前提下，全区财政收入增长超过12%，靠的是实干；高新区后发赶超，一年一个台阶，靠的是实干；阳明路改造实现三个月主道通车，石板滩石煤矿区遗留问题处理变坏事为好事，靠的也是实干。

最关键的是要敢于担当作为。干事就要担当，落实“抢抓新机遇、建设新江南”总要求，必须有舍我其谁的担当，在任务面前敢于一马当先，在困难面前敢于攻坚克难，在歪风邪气面前敢于坚决斗争，在本职工作中敢于创先争优。

在肯定成绩的同时，也要清醒地看到发展中存在的矛盾和问题：一是破解经济发展瓶颈的办法不多，加快发展和资金短缺的矛盾没有得到有效解决；二是经济发展环境还不优，少数部门围绕加快发展的服务意识不强；三是个别党员干部缺乏担当精神，工作标准不高，执行能力不强。这些问题，我们必须认真对待，采取得力措施加以解决。

二、2020年工作安排

今年是全面建成小康社会和“十三五”规划收官之年，做好经济工作意义重大。总体要求是以习近平新时代中国特色社会主义思想为指导，全面贯彻党的十九大和十九届二中、三中、四中全会精神以及中央、省委、市委经济工作会议精神，坚持稳中求进工作总基调，坚持新发展理念，深入实施“开放强市产业立市”战略，紧扣全面建成小康社会目标任务，着力推动高质量发展，坚决打赢三大攻坚战，全面做好“六稳”工作，统筹推进稳增长、促改革、调结构、惠民生、防风险、保稳定，全力“抢抓新机遇、建设新江南”，加快建设“三城四区五中心”，确保全面建成小康社会和“十三五”规划圆满收官。

主要预期目标是地区生产总值增长8%，一般公共预算收入增长10%，固定资产投资增长10%，城乡居民人均可支配收入增长9%。

事在人为，业由人创。做好今年经济工作，总的原则是发展要加快、底线要守住、方法要找准。

重点抓好六个方面的工作：

1. 坚定不移打赢三大攻坚战。始终把三大攻坚战作为重大政治任务，全力打好打赢。脱贫攻坚要决战决胜。以“全面小康决胜年”为抓手，确保贫困人口全部脱贫。全面落实政策，紧扣“两不愁三保障”要求，扎实推进攻坚行动。全面提高质量，认真开展“回头看”，彻底排查整改省市检查反馈问题。全面完成任务，及时做好返贫人口和新发生贫困人口的监测和帮扶，实现高质量脱贫、可持续脱贫。污染防治要持续用力。狠抓中央生态环保督察及长江经济带、“洞庭清波”问题整改，重点抓好石板滩关闭石煤矿区生态修复工作，全面完成污染防治攻坚战年度任务。坚持标本兼治，抓好源头防控，全力做好突出环境问题整治，完善落实好河（湖）长制、林长制，打好打赢蓝天碧水净土保卫战。风险防控要守住底线。综合施策，完成年度化债任务。严禁违规举债，强化项目审批与监管，从源头控制债务发生。加快推进平台公司市场化转型，加强国有资产管理和整合利用，做强做优做大国有资本，不断提高抵御风险的能力。

2. 持之以恒加快园区发展。牢固树立“项目为王、产业为大、服务为本”的发展理念，继续实施“三五工程”，加快推进园区发展。工业新城要初具轮廓。加快推进园区基础设施建设，实现水、电、气、路等基础设施全面配套。积极推进常德保税物流中心（B型）建设。加快生活配套园、高星物流产业园建设，全面启动园区学校、医院建设，打造布局合理、功能完善的现代园区。千亿园区要高速迈进。坚持以大投入促进大建设、大发展，力争工业固定资产投资达到40亿元，新开工亿元项目18个，新投产亿元项目10个；实现技工贸总收入600

亿元、工业总产值500亿元、财政总收入12亿元。高新特色要更加凸显。加快新旧动能转换,支持中联重科、正大国际、中联恒通、坎德拉科技、特力液压等优势企业申报建设国家级、省级技术中心、重点实验室,鼓励重点企业进行智能化、数字化改造。大力发展院校经济,强化产学研协同创新和成果转化,新增高新技术企业20家以上,高新技术产值占园区工业总产值比重达到70%。力争申请专利350件、授权330件以上,争创国家级A类科技企业孵化器、省级以上特色园区和产业化示范基地。

3. 千方百计推进项目建设。继续推行项目调度清单制、项目审批代理制、项目推进问责制,以项目建设带动高质量发展。进一步抓好招商引资。突出产业链招商,强化蹲点招商、以商招商,招引一批具有标志性、引领性、带动性的战略项目。大力引进科技研发机构和高科技人才,培养一批领军人物。确保引进亿元项目20个以上,力争再引进1~2家"500强"企业。进一步抓好争资争项。高标准编制"十四五"规划,确保一批重大项目挤进中央、省、市规划笼子。加强政策研究,压实责任,增强工作主动性、实效性,做到"普惠政策必保、特殊政策力争",争取上级资金16亿元以上。进一步抓好落地见效。全力破瓶颈。坚持集约节约原则,优先保障项目用地。做大用好产业基金,积极引进风投资金,加速中小企业孵化。全力抓调度。压实区级领导联系重点项目责任,强化跟踪服务,提高项目落地率,加快项目建设进度。全力优环境。深入推进行政审批"四个一"改革,坚决落实"减税降费"政策,帮助企业解决生产发展中的各类问题。深入贯彻习近平总书记在民营企业座谈会上的重要讲话精神,认真落实《中共中央 国务院关于营造更好发展环境支持民营企业改革发展的意见》,大力支持民营企业发展。本土企业技扩改享受招商引资同等优惠政策。

4. 全力以赴建设江南新城。按照核心城区定位,全方位提升城市发展水平。一是抓好扩容提质,认真编制国土空间总体规划,江南城区规划区面积扩大到40平方公里;二是加快推进临江新区建设,努力打造江南城区城市天际线;三是加快阳明湖板块建设,完成水系一期治理,启动水系二期治理;四是坚定不移推进桥南工业园整体搬迁;五是加快新城西区板块开发,完善路网等基础设施配套,适时启动市民服务中心建设;六是启动沅水一桥改造,全线拉通滨江大道;七是在确保质量的前提下,加快常德画墙建设;八是实施老旧小区改造;九是推进江南城区城市路网建设;十是启动原副食城、轻纺城地块招商开发。进一步提升城市精细化管理水平,积极发展高端商务、文化旅游、健康养老等现代服务业,让更多的企业到江南来投资兴业。完善教育、医疗等公共服务,大力发展楼宇经济、总部经济,让城市更具人气与活力。

5. 脚踏实地实施乡村振兴。认真落实乡村振兴战略规划,着力推进农业农村现代化。让农业更有奔头。稳定粮食生产,确保粮食安全。发展生猪生产,确保有效供应。以创建国家级现代农业产业园为抓手,做大做强高档优质稻、有机蔬菜、特色水产等优势产业。进一步打响鼎城茶油、常德香米、精为天、河洲甲鱼等农业品牌,抓好弘富源、华茂诚信等粤港澳大湾区"菜篮子"基地建设。大力培育新型经营主体,发展壮大村级集体经济,促进一、二、三产业融合发展。让乡村更加美丽。扎实做好农村人居环境整治,巩固提升农村饮水安全,实现乡镇污水处理厂全覆盖,全面完成改厕任务,推进城乡环境卫生清扫保洁一体化,积极引导垃圾分类减量,持续开展"三面五清"村庄清洁行动,积极创建"美丽乡村"。大力创建国家全域旅游示范区,认真筹备好湖南省第二届油菜花节。加大对少数民族乡村和偏远乡镇的支持力度,实现全区村庄规划编制全覆盖,着力打造一批特色小镇、特色村庄。让乡风更加文明。认真践行社会主义核心价值观,进一步发挥村规民约、村史文化的约束作用,引导群众树立正确价值导向。持续推进移风易俗,充分发挥各类村级协会作用,不断提高村民自我管理、自我教育、自我服务能力。健全完善乡村公共文化服务体系,以文化民、以文惠民,不断满足群众日益增长的精神文化需要。

6. 尽心尽力保障基本民生。着力推动高质量发展成果共建共享,有效提高人民群众的获得感、幸福感、安全感。稳步提升公共服务。进一步改善办学条件,新建红云小学、兴发小学,扩建常沅小学,全面化解义务教育阶段大班额问题。继续支持区一中改革。持续推进农村学校建设三年行动计划,完成农村学校教师周转房等年度建设任务。深化医疗改革,提升区医疗集团运营效能,建设“健康鼎城”。稳步完善公共文化和体育服务体系,办好区第四届全运会。持续增强社会保障。全面实施全民参保计划,推进创业带动就业,力争城镇登记失业率和调查失业率控制在4.5%以内。继续抓好居家和社区养老服务改革,开展农村敬老院延伸养老服务,提高社会救助保障标准,全面建设农村“儿童之家”。加强退役军人和优抚对象的服务管理。推进社会治理创新。坚持用“三铁三严”抓安全,落实安全生产责任,确保不发生较大以上安全事故。坚持深挖彻查,着力在“打伞破网”“打财断血”上下功夫,确保扫黑除恶专项斗争取得全面胜利。扎实推进社会治理体系和治理能力建设,构建共建共治共享的基层社会治理新格局。狠抓矛盾纠纷源头治理,深入开展“无上访村(社区)”建设,深化平安创建,确保大局稳定。

三、加强和改善党对经济工作的领导

切实加强党的建设,不断提高领导发展的能力和水平,为加快高质量发展提供有力保障。

1. 不断解放思想,以创业的激情抢抓发展。时刻保持良好的精神状态,全面创先争优,充满激情干事业。要破除“官本位”。坚持以事业为本,变“官本位”为“事本位”,转变观念、找准定位,树立“职能部门是服务部门、公职岗位是服务岗位、公务人员是服务人员”的意识,主动服务大局、服务项目、服务企业。要克服“等靠要”。只有干出来的精彩,没有等出来的辉煌。形势越复杂、任务越繁重,就越要奋发勇为、抢占先机,做破题人、推动者、实干家。要杜绝“守摊子”。鼎城,是干事的平台、出彩的舞台,决不能当过路客、局外人、旁观者。要把干事创业作为一种追求、一种情怀,干一番事业、展一番作为。

2. 激励担当作为,以正确的导向促进发展。坚持把干部作为干事创业的第一资源,深入开展“四讲四比”,进一步激发干部干事创业的积极性。要坚持事业为上。事业需要什么样的人就选什么样的人,岗位缺什么样的人就配什么样的人。严格按照“好干部”标准选用干部,重视年轻干部培养,重用忠诚干净担当、实绩突出的干部。要坚持重视基层。以提升组织力为重点,突出政治功能,从严从实推动基层党建全面提质。坚持赋能与减负相结合,大力整治形式主义、官僚主义,进一步解决“文山会海”、过度留痕等突出问题。广大镇村干部工作压力大、受的委屈多,区委将出台关心关爱的具体措施:确保乡镇(街道)干部待遇高于区直机关同职级干部20%,村党组织书记年终绩效考核奖励不低于其本人本年度月平均基本报酬;乡镇(街道)、村(社区)干部健康体检由区财政专项保障,真正把关爱落实到每一个基层干部。要坚持撑腰鼓劲。客观看待和正确处理干部在干事创业中出现的问题,严格落实“三个区分开来”,决不用问责代替管理、以问责推卸责任,旗帜鲜明为担当者担当、为负责者负责,形成想干事、敢干事的良好局面。

3. 提升能力水平,以过硬的本领推动发展。巩固“不忘初心、牢记使命”主题教育成果,让广大党员干部讲政治懂政策、守底线会干事。要增强把握政策的能力。深学笃用习近平新时代中国特色社会主义思想,吃透方针政策、法律法规,特别是在打好三大攻坚战、谋划产业项目等方面,要精准把握上级要求，有针对性推动工作，确保方向不偏、用力精准。要增强驾驭风险的能力。树牢底线思维，遇到重大风险挑战、重大工作困难、重大矛盾斗争，要第一时间进行研究、拿出预案、推动工作，下好先手棋、打好主动仗，确保干成事、不出事。要增强狠抓落实的能力。把抓落实作为一切工作的生命线。对于区委、区政府的各项决策部署，要坚决落实不变通、马上落实不拖延、准确落实不走样，做到咬定青山不放松、不获全胜不收兵。

4. *加强党的领导，以更优的环境保障发展。*切实加强党对一切工作的领导，让风清气正的政治生态、优质高效的营商环境、求真务实的工作作风成为鼎城抢抓机遇的“金字招牌”、加快发展的“制胜法宝”。要凝聚强大发展合力。坚持党委总揽全局、协调各方，切实加强党对人大、政府、政协和“一委两院”工作的领导，充分发挥统一战线的政治优势，扎实做好党的群团工作，不断提高党管武装工作水平，牢牢掌握意识形态工作领导权，推进新时代文明实践中心建设，凝聚加快发展的强大正能量。要不断提高治理效能。深入贯彻落实党的十九届四中全会精神，持续深化改革，增强落实制度的自觉性和有效性。进一步完善绩效考核评估办法，加强考核成果运用，考准干部、考实业绩。进一步改进督查督办方式，督准、督实、督出成效，着力解决“雷声大雨点小”“表态硬行动慢”等问题。进一步建立健全目标责任制、限时办结制等制度，决不让机遇在按部就班中错过，决不让项目在推诿扯皮中流失。要营造良好政治生态。坚持把严明党的政治纪律和政治规矩摆在首要位置，教育引导党员干部增强“四个意识”、坚定“四个自信”、做到“两个维护”。驰而不息整治“四风”，动真碰硬整治不作为、慢作为、乱作为、假作为等严重影响高质量发展的突出问题。始终保持惩治腐败的高压态势，充分发挥巡察的利剑作用，准确运用监督执纪“四种形态”，着力构建不敢腐、不能腐、不想腐的体制机制。

雄心不与岁月老，激情常伴事业新！让我们更加紧密地团结在以习近平同志为核心的党中央周围，在中央、省委、市委的坚强领导下，用时不我待的意识、只争朝夕的精神、风雨兼程的干劲、舍我其谁的担当，奋力推动鼎城高质量发展，为决胜全面建成小康社会、实现中华民族伟大复兴的中国梦而努力奋斗！

常德市鼎城区人民代表大会常务委员会工作报告

——在鼎城区第十七届人民代表大会第六次会议上

（2020 年 1 月 10 日）

杨 君

2019 年工作回顾

2019 年，区人大常委会坚持以习近平新时代中国特色社会主义思想为指引，在区委的坚强领导下，依法履行宪法和法律赋予的职权，为促进全区经济社会发展、推进民主法治建设，发挥了积极作用。一年来，共召开区人大常委会会议 10 次，主任会议 13 次，听取和审议专项工作报告 21 个，组织开展集中视察 3 次，交办审议意见、视察意见 18 件，作出决议决定 14 个，全面完成了区十七届人大四次会议确定的各项工作任务。

2019 年，我们坚持政治同向，强化使命担当，以政治高站位确保落实全方位

一年来，常委会牢固树立区委目标导向就是人大努力方向、区委工作中心就是人大工作重心的理念，始终保持正确的履职方向。

坚持党的全面领导。自觉把党的领导贯穿人大工作始终，凡是人大工作的重大事项、重要情况、重点活动，都及时向区委请示报告，全年共向区委报告工作 6 次。充分发挥区人大常委会党组作用，全年召开党组会议 20 次。报请区委审议通过后，修订了《鼎城区人大常委会讨论、决定重大事项的规定》，对我区全域旅游发展规划、省级森林城市建设总体规划等作出了决议决定。

坚持依法人事任免。坚持党管干部和人大依法任免相结合，全年共任免国家机关工作人员 110 人次，任命人民陪审员 118 人次。召开了区十七届人大五次会议，大会补选的两名常委会副主任和一名常委会委员均满票当选，实现了党的主张与人民意志的有机统一。

坚持创先争优引领。认真落实区委创先争优的总要求，在 2019 年度全市人大工作先进评选表彰的 13 项工作中，我区有 9 项工作位列全市先进，其中 6 项工作排名全市第一，2 项工作排名全市第二，1 项工作排名全市第三。

2019 年，我们坚持发展同力，积极主动作为，以监督精准化促进工作实效化

一年来，常委会围绕经济社会发展大局，通过依法监督、正确监督、有效监督，助推全区经济社会高质量发展。

紧盯“政府钱袋子”抓监督。认真落实中共中央、国务院《关于全面实施预算绩效管理的意见》，听取和审议了“同级审”、全区国有资产管理等情况汇报，审查批准了区级财政决算、区级财政预算调整方案，对 16 个 50 万元以上财政专项资金和 6 个单位财政整体支出情况进行了绩效评价监督。充分发挥预算联网监督事务中心作用，对全区各单位预算执行情况进行了全过程监督，对我区经济形势进行了分析、研判和预测。听取和审议了审计查出问题整改情况汇报，督促整改问题 44 个。

聚焦“司法公信力”抓监督。听取了2018年度“司法公正常德行”工作情况汇报。以“服务民营企业，助推发展环境优化”为主题，对随机抽取的2名员额法官、2名员额检察官进行了履职评议，对涉及区公检法司四家办理的一起涉民营企业典型案件进行了评析，指出问题8个。先后6次组织了听庭评议活动，邀请了100多名各级人大代表参与，吸引近200人次群众旁听。精心组织国、省、市、区、镇五级人大代表对区公检法扫黑除恶专项斗争情况进行了视察。

围绕“合法性审查”抓监督。听取了2018年度规范性文件备案审查工作情况汇报，全年对43份常委会拟作出的决议决定、审议意见及主任会议交办书进行了合法性审查。接受区人民政府报送备案的规范性文件9件，向市人大常委会报送备案的规范性文件2件。积极配合市人大常委会开展了《常德市西洞庭湖国际重要湿地保护条例（草案）》的立法调研。

2019年，我们坚持与民同行，持续关注民生，以抓住关键点回应群众关切点

一年来，常委会牢固树立“以人民为中心”的发展理念，始终把保障和改善民生作为工作重点，用心用情用力维护人民群众的根本利益。

着眼回应群众关切。开展了小学和幼儿园规划建设情况专题调研，促成常德财校原址提前移交鼎城、红云小学启动新建，有效化解了江南城区“大班额”问题。听取了全区乡村振兴战略实施情况汇报，专题视察了农村人居环境整治工作，对垃圾中转站闲置问题进行了交办，目前全区已启用13个垃圾中转站。听取和审议了全区居家和社区养老服务、年度环境状况和环境保护目标完成、城建项目和城建资金计划执行及计划安排等情况汇报。听取了贯彻实施《中华人民共和国农民专业合作社法》《中华人民共和国国防动员法》《中华人民共和国体育法》《湖南省全民健身条例》的情况汇报，得到了区人民政府的积极回应。视察了常德高新区建设发展情况，提出了意见和建议。

着力深化“五行”活动。环保世纪行，区乡联动开展了“6·5”环保宣传一条街活动，持续推进“蓝天、碧水、净土”保卫战。农产品质量安全行，督促开展了农产品质量安全专项整治，助力我区成功创建“国家农产品质量安全县”。农民健康行，督促区人民政府全面消除了卫生室“空白村”，有效改善了农村居民就医条件。民族团结进步行动，听取了全区民族宗教工作情况汇报，组织开展了少数民族聚居区脱贫攻坚专题调研和少数民族特困户走访慰问活动。司法公正常德行，督促组委会成员单位深入开展涉民营企业系列活动，召开了监察和司法机关与民营企业家恳谈会，开展司法监督的做法被《中国人大年鉴》《人民之友》《人民代表报》典型推介。

着重优化发展环境。认真开展优化经济发展环境工作评议，区人民政府及11个被评议单位高度重视、行动迅速。有的单位在服务大厅添置了设备，免费向办事群众开放；有的单位推行一窗受理、实行办事流程“三取消”；有的单位将人大代表请进门，听取意见和建议等。2019年，我区再次在全市率先完成了优化经济发展环境工作评议，且一批交办问题得到有效整改。比如“中河口镇中学学生宿舍竣工三年未验收，导致学生无法入住”，从问题交办到项目通过验收、320名寄宿生全部搬入，仅用了6天时间。

2019年，我们坚持与代表同心，强化管理服务，以工作优质度赢得代表满意度

一年来，常委会充分尊重代表主体地位，注重发挥代表作用，不断增强代表履职效能。

服务保障更加到位。精心指导市、区代表小组开展活动，全年各代表小组组织集中学习、视察调研、扶贫帮困等活动90余次。定期邀请各级人大代表列席区人大常委会会议，参与常委会视察调研。严格落实代表履职保障经费，进一步规范了乡镇、街道人大代表联系群众工作室的建设和运行，稳步推进人大代表活动阵地向村居延伸。目前,每个乡镇、街道至少有两个村(居)设立了人大代表联系群众活动室。

*履职监督更加严格。*全面推进代表述职工作,12名市人大代表在常委会会议上作了口头或书面述职,130多名区人大代表回原选区向选民进行了述职。大力推介代表履职事迹,先后向多家国省市媒体推介了赵金秋、唐小兰、文先华等代表的优秀事迹。

*建议督办更加务实。*继续实施《鼎城区人大代表建议星级管理办法》,选取了10件重点建议由主任会议成员牵头重点督办,一批问题得到了有效解决。如跟踪督办双桥坪选区人大代表提出的《关于加大对山丘区渠道疏浚建设资金投入的建议》,督促相关部门完成了该镇83口山塘去淤和整修任务,受益群众达3万多人。区人民政府高度重视代表建议办理工作,召开了办理人大代表议案、建议、批评、意见新闻发布会。

2019年,我们坚持上下同频,树立品牌形象,以主题教育大引领推动自身建设大提质

一年来,常委会主动适应新形势、新任务、新要求,继续深入推进"两个机关"建设,在提升依法履职水平中展现常委会机关的良好形象。

*以主题教育为主线。*精心组织开展"不忘初心、牢记使命"主题教育,深入开展了专题学习研讨、对照党章党规找差距、调研成果交流、党组成员上党课、重温入党誓词等活动,广泛征求了人大代表对区人大常委会领导班子及班子成员的意见建议,认真召开了"不忘初心、牢记使命"专题民主生活会。

*以规范管理为主导。*全面实施了《鼎城区人大常委会2019年机关绩效评估办法》,常态化开展中央八项规定学习、警示教育及"两同时"谈心谈话,认真开展了以"向力力案"为镜鉴,以案促改工作。充分运用"智慧党建"系统,落实"三会一课"制度,强化党员管理。狠抓意识形态工作,鼎城人大网站全面改版升级。

*以提升形象为主题。*坚持区乡联动抓宣传调研,我区新闻舆论和人大制度理论研讨工作均位居全市第一。全面加强上下对接和横向联系,全市代表工作会议、全市人大调研与新闻舆论工作会议在我区召开,先后配合省、市人大常委会开展视察、调研、执法检查16次。长沙市雨花区等19个兄弟单位来我区学习交流。坚持每季度召开一次乡镇、街道人大工作片会。

一年来,常委会不忘初心、勇担使命,根本在于习近平新时代中国特色社会主义思想的科学指引,关键在于区委的坚强领导。我们深知,成绩的取得,是全体人大代表、常委会组成人员辛勤付出的结果,是"一府一委两院"积极配合的结果,是区政协、区人武部大力支持的结果,是全区人民、社会各界共同参与的结果,是乡镇、街道人大不懈努力的结果。在此,我谨代表区人大常委会,向大家表示衷心的感谢!

回顾一年来的工作,我们也清醒地认识到,对标新时代人大工作的目标任务和人民群众的期盼要求,常委会的工作还有一定差距,主要是区人大常委会工作的科学化、规范化水平有待进一步提升;监督方式有待进一步创新;对乡镇、街道人大的联系指导有待进一步加强等。对于这些问题和不足,我们将高度重视,认真加以解决。

2020年工作安排

2020年是全面建成小康社会和"十三五"规划的收官之年,我们将实现第一个百年奋斗目标。常委会工作的指导思想是以习近平新时代中国特色社会主义思想为指导,深入学习贯彻党的十九大和十九届二中、三中、四中全会精神,始终坚持党的领导、人民当家作主、依法治国有机统一,在区委的坚强领导下,紧紧围绕"抢抓新机遇、建设新江南"发展战略,聚焦高质量发展要求,坚持以人民为中心的发展理念,依法履行职责,勇于担当作为,努力推动全区人大工作再上新台阶。根据这一指导思想，2020 年常委会将重点抓好以下四个方面工作：

紧跟新时代，建设对党忠诚的政治机关

坚定人大政治方向。把坚持党的领导作为重要的政治原则，把贯彻执行党的路线方针政策作为重要的政治任务，把坚持在区委的领导下开展工作作为重要的政治纪律，进一步学思践悟习近平新时代中国特色社会主义思想，始终站稳政治立场、锤炼政治能力、坚定政治方向。

坚定人大工作导向。全面贯彻落实习近平总书记对地方人大及其常委会工作的重要指示精神及《中共中央关于坚持和完善中国特色社会主义制度、推进国家治理体系和治理能力现代化若干重大问题的决定》中关于人大工作的重要论述，切实将其转化为做好新时代人大工作的新思路、新举措和新成效。

坚定人大价值取向。人大因人民而生，为人民而行。一方面，要通过法定程序将党的主张转化为人民意志，推动区委重大决策部署有效落实。另一方面，要把了解民情、汇集民声、集中民智、维护民利、解决民难、凝聚民心作为坚持党的领导的具体体现，不断增强人民群众的安全感、幸福感和获得感。

推进新发展，建设依法履职的权力机关

科学规范行使决定权。严格实施《常德市鼎城区人民代表大会常务委员会讨论、决定重大事项的规定》，对加强综合治理从源头切实解决执行难问题等事项作出决议决定。进一步加强对决议决定落实情况的跟踪监督，听取和审议区人民政府贯彻执行“七五”法制宣传教育决议、“一府两院”贯彻执行年度决议决定的情况报告。

正确有效行使监督权。向区委汇报后，选取一个群众普遍关注的民生问题，开展专题询问。同时，把监督重心进一步聚焦经济高质量发展，听取和审议国民经济和社会发展计划执行、财政收支审计及查出问题整改等工作情况汇报，进一步强化对财政支出的绩效监督。积极助力打赢“三大攻坚战”，听取和审议全区国有资产管理情况、养殖业发展、环境状况和环境保护目标完成等情况汇报。维护公平正义，听取公益诉讼、适用认罪认罚从宽制度等情况汇报。扎实打好优化经济发展环境工作评议收官战，大力营造稳定、公平、透明的营商环境。

严格依法行使任免权。坚持对党委负责、对宪法法律负责、对人民负责的高度统一，适时启动《常委会人事任免办法》修订工作，进一步完善任免机制、规范任免程序、强化任后监督，全面实现党委的组织人事意图。

提升新境界，建设人民满意的代表机关

精心组织代表活动。全面实施代表活动“五个一”举措，即每名代表每年开展一次以上专题调研、提出一件以上优质建议、参与一次以上群众接待、进行一次以上联系走访、参加一次以上重要活动。认真做好常委会组成人员联系代表、代表联系选民的“双联”工作，进一步加强村（居）代表联系群众活动室的建设和运行。狠抓代表素质提升，全年至少组织 2 次以上代表培训。

精细抓好代表管理。深入推进代表述职工作，每个市人大代表小组选择 2 名市人大代表向常委会述职，并进行满意度测评。年内实现区人大代表向原选区选民述职全覆盖。继续深入挖掘、培育代表先进典型，大力宣传、推介履职优秀代表，激发代表履职热情。

精准督办代表建议。坚持从源头入手，加强代表建议撰写指导，把好代表建议质量关。继续深入实施《代表建议星级管理办法》，完善代表建议交办、督办等工作机制，听取和审议代表建议办理工作情况汇报。在每个乡镇、街道选取一件重点建议，由常委会主任会议成员牵头督办，切实强化代表建议办理实效。

落实新要求，建设守正创新的工作机关

用心用力抓民生改善。以“五行”活动为载体，跟踪监督全区安全生产、江南城区学前教育、农村饮水安全、医保基金监管、外事及港澳台事务、计生特困家庭综合保障等工作，积极推动民生问题解决。对全区商贸物流业运营、江南城区学前教育、全区农产品质量安全监管、常德高新区建设发展情况开展集中视察。

从严从实抓自身建设。重点加强常委会党组、机关党总支部的组织建设和制度建设。严格落实《中国共产党宣传工作条例》和意识形态工作责任制，守正创新做好人大新闻舆论和人大制度理论研讨工作。进一步健全人大组织制度、选举制度和议事规则，完善论证、评估、评议、听证制度。严格贯彻执行中央八项规定和相关要求，持续开展形式主义、官僚主义专项整治。

见行见效抓联系指导。进一步加强对乡镇、街道人大工作的联系指导，每季度召开一次乡镇、街道人大工作片会。认真贯彻落实省人大常委会出台的《湖南省乡镇人民代表大会工作条例》，提升区乡人大工作整体水平。

新思想引领新航向，新时代开启新征程。让我们高举习近平新时代中国特色社会主义思想的伟大旗帜，在区委的坚强领导下，不忘初心、牢记使命，依法履职、砥砺奋进，不断推动人大制度和人大工作与时俱进、创新发展，为全力“抢抓新机遇、建设新江南”，加快建设“三城四区五中心”做出新的更大贡献！

常德市鼎城区人民政府工作报告

——在鼎城区第十七届人民代表大会第六次会议上

(2020年1月9日)

朱金平

一、2019年工作回顾

2019年,我们高举习近平新时代中国特色社会主义思想伟大旗帜,聚焦高质量发展,全力“抢抓新机遇、建设新江南”,扎实推进“三城四区五中心”建设,经济社会发展呈现稳中有进、进中提质的良好态势,多项工作创出特色、成为亮点。省委、省政府和市委、市政府主要领导先后莅临视察,高度肯定鼎城工作;我区获批国家级现代农业产业园创建单位,成功创建国家农产品质量安全县、全国主要粮食作物全程机械化示范区,获评国家林下经济示范基地、全省交通运输发展优秀区(县);高新区获评国家现代装备制造高新技术产业化基地、国家级科技资源支撑型双创载体、国家级科技企业孵化器;花岩溪保护绿水青山经验被央视《新闻联播》报道,人民调解宣传工作获全国先进,土地仲裁经验全国推广;乡村振兴全省先进,农村人居环境整治、农村改厕工作经验全省推介。

——发展水平明显提升。完成地区生产总值370亿元(预计数,下同)、增长8.2%。完成一般公共预算收入25.4亿元、增长12.8%,财政总收入实际已达30亿元。社会消费品零售总额增长10.6%。规模工业总产值增长15%、规模工业增加值增长12.5%、工业税收增长58%,三项增速全市第一。

——发展质量显著改善。三次产业结构比调整至15.2∶28.4∶56.4,税收占地方一般公共预算收入的70.1%。新获批高新技术企业19家,实现高新技术产业增加值65亿元,占GDP的17.6%,增速39.5%,排名全市第一。服务业对经济增长贡献率超过50%,拉动经济增长5.3个百分点。

——发展活力持续迸发。全年内联引资91.8亿元,新签约项目57个,位居全市第一方阵。减税降费3.3亿元,普惠面达92%。新注册企业1313家、工商个体5496家,分别增长30.5%、24%。106件“一件事一次办”审改项目全面落实,行政审批改革“四个一”基本完成。

——发展成果全民共享。城乡居民人均可支配收入分别达36326元、17180元,增长8.4%、9.1%,均高于GDP增速。民生支出占一般公共预算支出已达75%。教育、卫生、文化等社会事业均衡发展,人民群众获得感、幸福感不断增强。

一年来,我们开拓创新、攻坚克难,重点抓了以下工作:

1.坚定不移抓园区强产业,发展引擎不断升级。项目建设成效显著。坚持“项目为王”,引进亿元项目34个,其中,10亿元项目7个,上市企业、“500强”企业、外资企业各3家。新开工亿元工业项目19个、新投产13个。成功引进正大国际、超级电容、多碳电池等战略项目,中联建起成为全市继常德卷烟厂后又一家产值过百亿企业。科技创新支撑强劲。全社会研发经费投入12.2亿元，增长62.7%。50家企业与清华大学、北京航空航天大学、中南大学、湖南大学等高校进行产学研合作，新设博士工作站、协同创新研究院各1家。“智汇洞庭·科创常德”专场、省创新创业大赛等活动成功举办。发展环境持续优化。新建标准化厂房23万平方米，累计建成面积突破100万平方米，建设生活配套园22万平方米。塔铁西路、岗中大桥、岗中东路等建成通车，园区污水处理厂正式运营。建立省级中小企业公共服务平台，出台支持民营企业发展十条措施，落实产业基金5亿元。组织8场专场。

2.全力以赴攻重点补短板，三大攻坚落实有力。脱贫攻坚扎实推进。“两不愁三保障”突出问题全面清零。农村危改1325户，发放助学金736.1万元，贫困人口就医实行“先诊疗后付费”，报销比例达90%。全年4323人脱贫，贫困发生率降低至0.28%。污染防治成效显著。长江经济带问题整改年度任务和“夏季攻势”任务全面完成。精准施策打好蓝天保卫战，下半年提出的攻坚目标全部实现，秸秆(垃圾)禁烧、扬尘治理、“散乱污”企业整治效果明显。落实河(湖)长制，强力整治砂石码头(堆场)33处，珍珠退养9000余亩，珍珠养殖今年有望全部退出。湖区实施十年禁捕，431户渔民全部签订退捕协议。石板滩石煤矿区生态修复超额完成年度任务，查处砂石盗采案件39起、刑事打击70人次。重大风险防控有效。开展政府投资项目“四清”行动，政府性债务风险整体可控。深入推进“国有资产管理年”活动，经营性资产管理得到规范。国有企业转型发展迈出步伐。

3.坚持不懈提质量优环境，城乡发展统筹推进。基础建设不断完善。城建投入18.8亿元，沅江隧道、沅水四桥顺利通车。阳明湖水系治理一期工程加快推进，新城西区、阳明湖板块路网建设进展顺利。编制村庄规划58个，建成乡镇污水处理厂15座，完成自然村通水泥路530公里，改造危桥7座。城市品质持续提升。实施路长制，打造样板街，善卷路、鼎城路等6条主干道提质升级，新增公共停车位325个。改造老旧小区 6 个，控违拆违全市领先。新增规上限上服务业企业29家，电子商务、文化创意等新型业态初具规模。新副食城、新轻纺城搬迁运营。常德画墙首批18幅壁画上墙，成功举办“天下常德”壁画成果展，接待游客近100万人次，江南人气不断提升。乡村振兴推进有力。建成高标准农田9.2万亩、高效油茶基地3.6万亩，发展高档优质稻70万亩。精为天获批国家级农业产业化龙头企业，十美堂镇荣获省级农业产业强镇。稳步推进农村集体产权制度改革，基本完成土地确权登记。拆除“空心房”1176栋，新增建设用地9700亩，争取专项资金6.76亿元，城乡建设用地增减挂钩工作全市第一。大力开展“三面五清”村庄清洁行动，改厕2.6万个，农村垃圾集中处理基本实现全覆盖。全省农村改厕现场会在灌溪镇召开，草坪镇荣获全省整域推进美丽乡村建设试点乡镇，乌儿洲国家湿地公园通过国家验收。

4.千方百计办实事解难题，民本民生持续改善。社会事业稳步发展。阳明中学完成整合，江南中学顺利搬迁，“芙蓉学校”启动建设，常沅小学扩建有序推进。化解超大班额41个、大班额54个，农村学校建设三年行动计划稳步实施。“医共体”综合改革全面推进，四医院晋升三级综合医院，“6S”精益化管理获全国金奖。计生工作稳步推进，中国计生协计生家庭维权项目点落户郭家铺街道。文体事业蓬勃发展，杨超荣获世界残奥射击锦标赛金牌，“常德丝弦”走进央视，融媒体改革全市领先。沧山AAA级景区成功创建，花岩溪国际帐篷节、十美堂油菜花节圆满举办。社会保障逐步完善。各类社保基金征缴13.44亿元，新增城镇就业6071人，农村劳动力转移就业4368人，城乡居民医保参保率达98%。稳步实施养老改革，城乡低保月人均补差水平超过省考核标准。完成江南城区水厂扩容提质，新铺设乡镇管道燃气60公里。社会大局安全稳定。挂牌督办重大风险事故隐患172个，全年未发生较大以上安全生产事故。原桥南副食城和轻纺城全面闭市，困扰多年的两大消防安全隐患彻底消除。江南城区烟花爆竹经营点整体退出，公路治超和养护均为全市第一，蒿子港镇荣获省级安全生产示范乡镇。国庆“特护期”无一人进京上访，安保工作获省市先进。扫黑除恶专项斗争综合排名全市第一，连续六年保持全省平安区县称号。

5.持之以恒强政治树形象，自身建设明显加强。政治建设全面推进。深入学习贯彻习近平新时代中国特色社会主义思想，扎实开展“不忘初心、牢记使命”主题教育，“四个意识”更加牢靠，“四个自信”更加坚定，“两个维护”更加自觉。坚持重大事项向区委请示汇报，推进政府党组会集中学习常态化，意识形态工作责任制落实落细。依法行政深入实施。人大代表、政协委员和政府法律顾问列席政府会议已成常态，执行区人大及其常委会决议决定落实有力，接受区人大及其常委会的法律监督、工作监督和区政协的民主监督没有缺失，全年办理人大代表议案、建议164件，政协委员提案97件，满意和基本满意率达100%。工作作风持续改进。严格落实“三张清单”，党风廉政建设主体责任进一步压紧压实。全面贯彻中央八项规定及实施细则精神，大力整治形式主义、官僚主义。落实“基层减负年”工作有成效，政风作风持续好转。

此外，国防动员、双拥、民宗、科协、红十字会、外侨、气象、史志、档案、工青妇及残疾人等事业均有新进步、新发展。

过去一年，区人民政府在区十七届人大四次会议上承诺的事项，除部分工作受政策因素影响未完成外，绝大部分工作圆满完成或达到序时进度，完成率达92.3%。

2019年是鼎城发展进程中极不平凡的一年，我们面临的经济压力之大、发展任务之重、工作要求之严前所未有。面对这些困难和挑战，全区上下齐心协力、跨越赶超，办成了一批事关全局的大事，攻克了一批制约发展的难关。我们所付出的艰辛努力是非常值得的，所取得的成绩和变化是有目共睹的。最值得感动的是，在决战决胜脱贫攻坚历程中，我们不忘初心、众志成城，用脚步丈量民情、用身心感知冷暖，书写了为民尽责、为民解忧的“鼎城情怀”；最值得振奋的是，在环保督察严峻态势下，我们挺身在前、迎难而上，大气污染防治后发赶超，石板滩石煤矿区生态修复加速推进，展示了攻坚克难、舍我其谁的“鼎城担当”；最值得欣慰的是，在推进乡村振兴战略中，我们同心同德、群策群力，打造了农村人居环境整治“草坪模式”，创造了开拓创新、先行先试的“鼎城经验”；最值得自豪的是，在推进园区发展、重点项目建设中，我们不畏艰险、奋力拼搏，正大植物润滑油、多碳电池产业园等项目实现了当年签约、当年开工、当年投产，沅江隧道南出口征拆实现358户10天签约、10天腾房，刷新了速战速决、势如破竹的“鼎城速度”。

盘点成绩，硕果累累。鼎城过去一年的发展进步，得益于市委、市政府和区委的坚强领导，离不开区人大、区政协的鼎力支持，凝聚了全区上下的辛勤付出！在此，我代表区人民政府，向全区广大干部群众，向各位代表、委员，向关心、支持、参与鼎城建设的各界人士，表示崇高的敬意和衷心的感谢！

展望未来，任重道远。站在新的历史方位审视政府工作，还面临一些问题和困难：财政增收与刚性支出需求矛盾更加凸显；“三大攻坚战”任务依然艰巨；民生领域仍有不少短板；政务效能有待进一步提升，等等。我们要不断增强工作针对性，有效破解这些发展难题。

二、2020年工作安排

2020年是全面建成小康社会和“十三五”规划收官之年，是第一个百年奋斗目标实现之年，做好今年的政府工作,意义重大、影响深远。从当前的形势看,宏观经济下行压力持续加大,县域经济发展竞相赶超,消除短板弱项的任务十分艰巨。但挑战与机遇并存,风险和希望同在。我国经济发展稳中向好、长期向好的基本趋势没有改变,中部崛起、洞庭湖生态经济区等战略将加大实施力度,"一江两岸"协调发展的步伐越来越快,鼎城影响力、辐射力和美誉度持续提升。推进高质量发展,我们有坚强有力的政治引领、有千载难逢的历史机遇、有历年累积的产业基础,这些都为鼎城提供了巨大发展势能和重大战略支撑。只要我们深入贯彻执行中央和省、市决策部署,切实把区委既定工作思路和目标坚持好、落实好、实现好,应势而谋、顺势而为、乘势而上,就一定能走出一条具有鼎城特色、鼎城优势、鼎城高度的新路子,开创鼎城发展的美好未来。

今年区政府工作的总体要求是以习近平新时代中国特色社会主义思想为指导,全面贯彻党的十九大和十九届二中、三中、四中全会精神以及中央、省委、市委、区委经济工作会议精神,认真贯彻习近平总书记对湖南工作的重要指示精神,坚持稳中求进工作总基调,坚持新发展理念,深入实施"开放强市、产业立市"战略,紧扣全面建成小康社会目标任务,着力推动高质量发展,坚决打赢三大攻坚战,全面做好"六稳"工作,统筹推进稳增长、促改革、调结构、惠民生、防风险、保稳定,全力"抢抓新机遇、建设新江南",加快建设"三城四区五中心",确保全面建成小康社会和"十三五"规划圆满收官。

主要预期目标是地区生产总值增长8%,一般公共预算收入增长10%,固定资产投资增长10%,城乡居民人均可支配收入增长9%,全面完成上级下达的节能减排等约束性指标,完成"十四五"规划编制。

为实现上述目标,今年将重点抓好以下六个方面的工作:

1.着力补短强弱,以更大的决心推进三大攻坚。全面决胜脱贫攻坚。深化产业扶贫成效,推动农业龙头企业、农民合作社与贫困户利益联结。落实健康扶贫、教育扶贫、危房改造、就业创业、兜底扶贫等帮扶举措,加大驻村帮扶、结对帮扶力度,巩固脱贫攻坚成果,确保决胜全面小康路上不落一人。扎实开展污染防治。坚持方向不变、力度不减,全面打赢蓝天、碧水、净土保卫战。建立蓝天保卫战常态化机制,科学精准推进大气污染防治。严格落实河(湖)长制,重点实施洞庭湖流域冲天湖水环境治理。扎实开展湿地保护修复、水源地保护、黑臭水体治理行动,全面完成石板滩石煤矿区生态修复。规范临时取土场管理,坚决打击非法盗采砂石行为。防范化解重大风险。综合施策稳步化解债务,严禁违规举债,严厉打击和处置非法集资,确保政府性债务风险、金融风险整体可控。实行国有资产集中统一管理,严查国资管理中的失职渎职行为。严格政府投资项目审批监管,严控投资规模,推行工程概算设计,防止过度设计、过度建设,确保概算不超估算、预算不超概算、决算不超预算。

2.紧盯提速增效,以更强的力度推进项目建设。大力招商引资。做实项目策划包装,大力推进产业链招商,力争引资200亿元以上,引进亿元项目20个以上、"500强"企业1~2家。严格落实争资争项考核办法,争取上级资金20亿元。加速项目推进。继续推行项目"三制"联动机制,力争新开工亿元项目20个,新投产15个。积极向上对接,申报市重点工程9个、重大前期项目7个,提前开工项目5个。加快推进工程机械配套产业园、超级电容新能源等项目。完成双蔡线、蒿子港码头建设,启动斗姆湖高速出口提质改造。支持响箭重工、九申燃气、精为天主板上市。全力优化环境。推进"互联网+政务服务"一体化平台建设,持续深化"一件事一次办"改革,严格执行"四个一"制度,严查破坏经济发展环境行为。大力支持民营企业改革发展，全面落实减税降费政策，扎实推进“暖企行动”，切实降低用地、用工、融资等成本。加大企业自主知识产权保护力度，争创全省“知识产权保护示范区”。

3.实出做大做强，以更快的速度推进园区发展。高层次聚集产业。加快建设“千亿园区、工业新城”，力争实现技工贸总收入600亿元以上，工业总产值500亿元以上，高新技术产值占园区工业总产值的70%以上。围绕“三主两特”产业布局，加快构建以智能装备制造、光电信息为主导的现代产业体系，力争新材料、生命健康等特色产业形成完善的产业链条和厚实的产业基础。推进正大科技产业园、中联建起二期等项目开工建设，中联恒通、高星物流等项目建成投产。高标准完善功能。加快路网建设，实施老渐河水系治理工程，实现水电路气全面融城。积极推进常德保税物流中心(B型)建设，加快标准化厂房、科创大楼、生活配套园建设，启动高新区人民医院建设，实质性推动桥南工业园整体搬迁。高质量释放效益。争创国家级A类科技企业孵化器，建设省科技创新资源集聚示范中心、正大科技孵化园等，支持中联重科、特力液压等企业申报国家和省级技术中心、重点实验室。大力发展院校经济，强化产学研协同创新和成果转化，新增高新技术企业20家以上、“小巨人”企业5家以上。实施“百企上云”工程，推广“互联网+先进制造”新模式。

4.加快产城融合，以更新的思路推进城市提质。提升城市形象。按照“量力而行、尽力而为”的原则，合理安排城建项目，年度计划投资21.6亿元。积极争取上级支持，启动沅水一桥改造。推进江南城区路网建设，全线拉通滨江大道、江南大道。加速永安硚市政排口改造，完成阳明湖水系一期治理、启动二期治理，推进常德画墙建设。加快实施原桥南轻纺城、隆阳地块二期棚改。强化城市管理。推进城市精细化管理，开展城市社区“十佳十差”评选，新增城区停车位300个以上。实施“拆围透绿”工程，加快滨江大道等道路绿化建设。实行生活垃圾分类减量。进一步规范房地产市场秩序，抓好问题楼盘处置。激发城市活力。加快阳明湖、临江新区、新城西区等板块项目招商，大力发展现代金融、研发设计、文化创意等高端新兴业态，力争大型品牌企业总部落户。推进桥南市场群、新副食城等商贸业繁荣发展，完成原德江南、水产市场招商重组，支持浩宇建设申报“鲁班奖”。积极培育信息消费、文化消费、体育消费等新增长点，推动农筹惠、京东云、湖南巨头网络等电商平台加速发展。

5.围绕生态宜居，以更高的标准推进乡村振兴。推动农业转型升级。全面落实粮食安全主体责任，发展壮大高档优质稻、生态养殖、有机蔬菜等优势产业，全力打造常德香米国家现代农业产业园，扩大鼎城茶油、常德香米、精为天、河洲甲鱼等品牌影响。贯彻落实稳定生猪生产政策措施，巩固生猪屠宰“城乡一体化”成效。全面完成农村集体产权制度改革，有序推进农村土地流转，促进土地适度规模经营。美化农村生态环境。推广“草坪模式”，全域推进农村人居环境整治，每个乡镇打造示范片区1个以上。持续开展“三面五清”村庄清洁行动，全面完成农村改厕。大力实施秸秆(垃圾)禁烧，秸秆综合利用率达85%以上。推进城乡环境卫生清扫保洁一体化，基本实现生活垃圾无害化处理。争创省级森林城市。提升农民幸福指数。完善基础设施建设，新建高标准农田10万亩。加大对少数民族聚居区和偏远乡镇的支持力度。完成镇村规划编制，全面规范农村建房，加大“空心房”拆除力度。升级改造乡镇农贸市场，取缔马路市场，大力整治交通问题顽瘴痼疾。推进乡风文明建设，加大农村违规赈酒整治力度。抓好乡镇综合文化馆、图书馆建设，丰富群众文化生活。

6.坚持普惠共享，以更实的举措推进民生改善。全面发展社会事业。加快教育事业发展，建立乡镇(街道)支持教育事业发展考评机制，大力整治校容校貌，持续推进师德师风建设。完成常沅小学扩建、“芙蓉学校”建设，启动红云小学、兴发小学建设，完成大班额化解工作。深入推进“医共体”综合改革，提升乡村医疗服务能力。完成区工人文化宫、档案馆建设。启动省全域旅游示范基地创建，实施花岩溪景区道路改造，开发3条乡村旅游精品线路，加快推进古索县城址保护开发。办好湖南省第二届油菜花节和区第四届全运会。抓好第七次全国人口普查。推进供销社综合改革。全面完善社会保障。突出抓好重点群体就业，新增城镇就业6000人以上。严厉打击拖欠农民工工资行为。稳步提高社会救助水平和残疾人“两项补贴”标准，推进居家和社区养老服务改革、儿童之家建设。强化医保基金监管，严厉打击违规套取医保基金行为。加快退役军人服务保障体系建设，维护退役军人合法权益，争创“全国双拥模范城”。全面维护社会稳定。持续推进“强执法防事故”行动，大力整治“三合一”场所，彻底排查整治安全隐患。坚决守住食品药品安全底线，完成“三小”专项整治，创建省级“食品安全示范区(县)”。扎实推进社会治理创新，全面打赢扫黑除恶专项斗争，深入开展禁毒人民战争。扎实做好信访稳定工作，化解信访积案60件以上，争创省级“三无”区(县)。

增进民生福祉始终是我们一切工作的出发点、落脚点。新的一年，我们将持续加大基本民生投入，重点办好以下十件实事：①完成农村道路硬化及“断头路”建设80公里、农村危桥改造6座，推进“生命安全防护工程”建设。②大力实施农村饮水安全工程，提质改造乡镇、村自来水厂5座以上。③提升乡村医疗卫生服务能力，乡镇卫生院、行政村卫生室标准化建设达标率分别达92%、97%。④推进电网建设三年行动计划，完成农网改造20个行政村以上。⑤新建、改扩建中小学4所、公办幼儿园3所、普惠性民办幼儿园1所。⑥继续推进农村学校建设三年行动，新建教师周转房85套、塑胶运动场5个。⑦改造整治10处农村交通事故易发多发点。⑧改造老旧小区8个以上。⑨扩大网上办事范围，政务服务网上可办率达90%以上。⑩规范住宅小区物业管理，提升物业服务水平。

三、全面加强政府自身建设

深入推进政府治理体系和治理能力现代化，以“四讲四比”为总抓手，加快建设人民满意的服务型政府。

1. 锻造政治坚定之魂，带头忠诚履责。强化政治引领。坚定绝对忠诚之心，坚决服从党的全面领导，自觉践行习近平新时代中国特色社会主义思想，把增强“四个意识”、坚定“四个自信”、做到“两个维护”贯穿政府工作全过程，确保上级决策部署落地落实。加强思想建设。巩固和深化“不忘初心、牢记使命”主题教育成果，确保常态长效。加强和改进意识形态工作，发扬斗争精神，增强斗争本领，锻造爱党、护党、为党的政治品格。践行为民宗旨。始终把人民对美好生活的向往作为奋斗目标，着力在增加居民收入、办好民生实事上下功夫，用人民的幸福指数检验政府工作成效。

2. 筑牢公正法治之基，带头依法履责。强化法治意识。牢固树立行政尊法、办事依法、言必合法、行必守法的法治思维，严格执行行政执法“四项制度”，坚决整治以权代法、违规执法等问题。推进法治建设。继续坚持政府法律顾问、人大代表和政协委员列席政府会议机制，认真执行重大事项集体决策、专家咨询、社会公示、风险评估和合法性审查制度，确保政府决策的科学性和公正性。自觉接受监督。坚持重大事项向区委汇报、向人大报告、向政协通报制度，务实办理人大代表建议、政协委员提案，自觉接受区人大及其常委会法律和工作监督、区政协民主监督以及社会舆论监督，让权力在阳光下运行。

3. 倡扬实干担当之风，带头务实履责。增强会干的能力。着力培养“五种思维”，增强“八大本领”，不断提升驾驭复杂局面、化解风险挑战的能力。坚持“十个指头弹钢琴”，大力践行“一线工作法”，建立目标管理、清单调度、挂图作战的推进机制，做到善始善终、善作善成。坚定敢干的决心。要以越是艰难越向前的毅力，对看准的事项、定下的目标一抓到底，在推进重大攻坚中展现担当，在完成重点任务中彰显作为。严格坚持“三个区分开来”，旗帜鲜明奖励干事者、保护担当者、摈弃旁观者，严厉查处“不作为、慢作为、乱作为”和“中梗阻”“绕道走”等懒政怠政行为。提升实干的效果。以实干为荣，用实绩说话，发扬敢于冒尖、敢为人先的精神，推动各项工作全市争先进、全省有位置、全国有影响。大力开展创先争优活动，强化招商引资、争资争项、项目建设等重点工作考核评比和结果运用。

4. 恪守清廉干净之本，带头廉洁履责。压实廉政责任。严格落实党风廉政建设主体责任，坚决执行廉洁自律各项规定。深化廉政风险防控，加强审计监督，加大财政公共资金、政府投资项目、国有资产资源监管力度。持续正风肃纪。坚持反腐无禁区、零容忍，始终保持惩治腐败高压态势，严惩公共资源交易、行政审批和国资管理等重点领域腐败问题，坚决打击漠视侵害群众利益行为。切实改进作风。贯彻执行中央八项规定及其实施细则精神，驰而不息纠“四风”。坚持全力抓收入、大力压支出、倾力保运转，厉行勤俭节约，带头过“紧日子”，严控“三公”经费，坚决压减一般性支出10%以上。强化预算绩效管理，规范财政资金使用，做到花钱必问效、无效必问责。关心关爱基层干部，适度提高基层干部待遇，全力保障基层运转，切实为基层减负降压，决不随意追责问责。

奋斗的硕果已经载入史册，美好的蓝图仍需共同绘就！让我们更加紧密团结在以习近平同志为核心的党中央周围，在区委的坚强领导下，和全区人民一道，攻坚克难、乘势快上，为“抢抓新机遇、建设新江南”做出新的更大贡献！

名词解释

三城四区五中心：建设江南新城、工业新城、空港新城，打造农业强区、商贸强区、旅游强区、文化强区，把江南城区建设成为现代商贸中心、商务会展中心、科技研发中心、文化体育中心、生态宜居中心。

行政审批“四个一”：行政审批职能向一个股室集中，由一个副职分管，审批人员集中在政务中心一个窗口行使职能，争取让办事的群众只跑一次。

“四清”行动：严格审查政府投资项目申报程序是否规范、资金来源是否有保障、投资是否超规模、施工过程是否规范。

“6S”精益化管理：全面推行以“整理、整顿、清扫、清洁、素养、安全”为核心的“6S”精益化管理。

三张清单：党委领导班子、主要负责人、班子成员党风廉政建设责任清单。

“六稳”工作：稳就业、稳金融、稳外贸、稳外资、稳投资、稳预期工作。

三面五清：“三面”即地面、墙面、水面，“五清”即垃圾清运、地面清扫、水面清洁、墙面清理和违章建筑清除。

“三合一”场所：将人员住宿场所与加工、生产、仓储、经营等场所在同一建筑内混合设置。

“三小”专项整治：食品小作坊、小餐饮和小摊点综合整治。

“三无”区(县)：无进京越级上访、无大规模集体上访、无因信访问题引发的极端恶性事件区(县)。

行政执法“四项制度”：行政执法公示制度、执法全过程记录制度、重大执法决定法制审核制度、执法决定说明理由制度。

五种思维：战略思维、创新思维、辩证思维、法治思维、底线思维。

“八大”本领：学习本领、政治领导本领、改革创新本领、科学发展本领、依法执政本领、群众工作本领、狠抓落实本领、驾驭风险本领。

三个区分开来：把干部在推进改革中因缺乏经验、先行先试出现的失误和错误，同明知故犯的违纪违法行为区分开来；把上级尚无明确限制的探索性试验中的失误和错误，同上级明令禁止后依然我行我素的违纪违法行为区分开来；把为推动发展的无意过失，同为谋取私利的违纪违法行为区分开来。

中国人民政治协商会议
常德市鼎城区第九届委员会常务委员会工作报告

——在政协常德市鼎城区第九届委员会第六次会议上

(2020年1月7日)

韩才渊

2019年工作回顾

2019年，是中华人民共和国和中国人民政治协商会议成立70周年，也是人民政协事业创新发展、硕果累累的一年。习近平总书记在中央政协工作会议暨庆祝人民政协成立70周年大会上发表重要讲话，中共中央出台《关于新时代加强和改进人民政协工作的意见》，为我们做好新时代政协工作指明了方向、提供了遵循、增添了动力。

省委、市委相继召开政协工作会议，安排部署新时代全省、全市政协工作。区委始终高度重视政协工作，切实加强领导，区委常委会议定期听取区政协党组工作情况汇报。区委书记、常德高新区党工委书记杨易同志专题调研指导政协工作，就加强区政协系统党的建设、委员队伍建设、履职能力建设等提出要求，并以“两办”名义下发文件，为推动全区政协事业发展给予了大力支持。

一年来，区政协坚持以习近平新时代中国特色社会主义思想为指导，在中共鼎城区委的坚强领导下，以服务改革发展大局为重点，以推进工作提质增效为目标，在建言资政和凝聚共识上双向发力，为助推全区经济社会高质量发展，加快建设“三城四区五中心”做出了积极贡献。

这一年，我们坚持维护核心，全面加强政协系统党的建设。坚持旗帜鲜明讲政治，不断增强“四个意识”、坚定“四个自信”、做到“两个维护”，切实把党的领导贯穿政协工作全过程和各方面。2019年12月，在韶山举行的全省政协系统党的建设工作会议上，区政协党组作了经验交流发言。

发挥党组领导核心作用。切实增强工作责任感和使命感，突出思想政治引领，不折不扣贯彻落实党的决策部署。严守政治规矩，严格执行重大问题请示报告制度，就开展重要履职活动、落实意识形态工作责任制等情况，向区委作了5次专题汇报。召开15次党组会议，专题研究党建工作及区政协常委会议、主席会议协商审议的事项，确保履职正确政治方向。

扎实有效开展主题教育。把学习教育、调查研究、问题检视、整改落实贯穿全过程，认真组织开展“不忘初心、牢记使命”主题教育，洗礼思想灵魂、强化责任担当。按照“四个对照”“四个找一找”要求，党组班子检视出10个方面25项具体问题。召开高标准专题民主生活会和组织生活会，以严的作风和标准推进问题整改，机关党员干部政治素质得到提升，工作作风切实转变，班子战斗力明显增强。

探索创新党建工作载体。结合庆祝人民政协成立70周年，组织开展了政协理论研讨、学习强国知识竞赛、书画作品征选等系列活动。建立了党组成员、机关党员联系走访委员制度，集中开展了两次走访活动，引导委员立足本职做贡献。探索“互联网+党建”模式，依托政协云开设“政协党建”专栏，开展交流讨论活动，积极打造“指尖上的党建阵地”。

这一年，我们坚持围绕中心，主动服务改革发展大局。按照“四个一线”工作要求，自觉做到与区委区政府目标同向、步调一致。一年来，组织开展重点协商、监督活动21次，形成的履职成果为党政科学决策提供了有益参考。

聚焦乡村产业振兴建言资政。区政协常委会议就“发展壮大乡村产业，推动实施乡村振兴”开展专题协商，提出了“完善产业发展规划、培育新型经营主体、推进产业融合发展”等五个方面15条建议。区政府区长朱金平同志率相关部门主要负责同志到会听取建议，签批办理意见。组织委员围绕优质粮食、绿色水产、特色林果等产业发展开展调研、提出建议。相关部门积极采纳，大力推进农村土地经营权流转、专业合作组织培育等工作，全区乡村产业结构不断优化。

聚焦重点项目建设献计出力。召开主席会议专题协商全区城建项目实施方案，提出了“量力而行统筹规划、突出重点民生项目、提升项目建设绩效”等建议。组织委员就阳明湖板块、常德画墙、滨江大道等重点项目建设情况开展视察，为助推全区项目建设出谋划策。区政协党组成员、主席会议成员按照区委统一安排，在临江新区建设、国家现代农业产业园创建、油茶产业发展、新城西区建设等项目建设中履职尽责，发挥了积极作用。

聚焦污染防治攻坚主动作为。针对群众反映强烈的采砂取土乱象频发问题，深入调研了解情况，提出了“加强组织领导、严厉打击整治、科学规划布局、加强审批监管”等具体建议。坚持绿色发展理念，组织委员围绕蓝天保卫战、河长制、农村人居环境整治等工作，就禁止露天焚烧秸秆、保障农村安全饮水、加强黑臭水体治理等热点难点问题开展调研协商，参与督导巡查，为守护鼎城“碧水蓝天”展现政协作为。

这一年，我们坚持凝聚人心，广泛汇聚各界智慧力量。把握团结和民主两大主题，坚持协以成事、商以求同，春风化雨、润物无声地化解社会矛盾、凝聚人心共识、汇聚智慧力量，引导各界群众一心一意跟党走，同心共筑中国梦。

致力推进合作共事。一年来，党组成员集中走访党派团体组织及成员70余人次，开展坦诚交流、实现良性互动。各民主党派、区工商联和有关人民团体充分利用政协平台履职尽责，参与区政协组织的调研视察、民主监督等活动40余人次，提交集体提案11件。9月，召开鼎城区庆祝人民政协成立70周年座谈会，6名党派团体负责同志、各界代表人士作了发言，所提意见建议得到区委主要领导充分肯定。

不断加强联络联谊。加强与民族宗教界委员和代表人士的联系，努力促进民族团结、宗教和睦。主动参与省市区政协工作“三级联动”，协助开展了环洞庭湖生态经济区建设专题调研，承办了全市区县(市)政协主席例会，全方位推介我区经济社会发展、生态文明建设等方面的亮点工作。接待重庆武隆、长沙望城等地政协来鼎城调研考察9批次，加强交流协作，借鉴先进地区成功经验助力鼎城发展。

面向社会传播共识。组织委员利用自身影响力主动发声，新挂牌成立12个委员工作室，打通政协联系群众“最后一公里”。注重以文化人、存史资政，编纂出版《鼎城文史概览》丛书，以此为素材与鼎城融媒联袂打造大型历史纪实栏目《文化鼎城》，宣传推介鼎城历史、弘扬鼎城文化。坚持正确导向加强新闻宣传工作，在湘声报、政协云等媒体发布新闻报道100余篇，不断扩大政协工作影响力。

这一年，我们坚持践行初心，积极助力民生福祉改善。坚持履职为民理念，为推动解决群众关心关注的民生问题出点子、谋良策。九届四次会议委员们提出的180余条建议和审查立案的104件提案中，反映民生类问题占比近60%，大部分得到相关部门高度重视和解决落实。

全面助力脱贫攻坚。组建6个民主监督小组，以“扶贫政策落实情况”为主题，瞄准解决“两不愁三保障”突出问题，对区扶贫办等7家单位在产业扶贫、教育扶贫、健康扶贫等工作中政策落实情况开展了集中监督。组织机关党员干部和全体委员投身脱贫攻坚主战场,深入开展“三个一”扶贫行动。注重提升结对帮扶实效,帮助300多个贫困户增加收入,解决了一批就学、就业、就医等现实问题,张惟鹏、姚高峰两名委员获评常德市“最美扶贫人物”。

*助推社会事业发展。*聚焦群众高度关注的看病就医问题,围绕“推进全区医疗保障改革与发展”开展协商,提出了“推进医共体建设、加强医保基金监管、提升医疗服务水平”等10条具体建议。持续关注、跟踪调研江南城区义务教育发展课题,主席会议就“化解江南城区义务教育大班额问题”进行专题视察、提出建议。市政协委员鼎城活动组以“完善江南城区公共服务,提升一江两岸融合发展水平”为题,在市政协全会上协商发言、提交提案,为鼎城民生事业发展鼓与呼。

*主动回应群众关切。*注重倾听群众呼声,通过大会发言、提交提案、反映社情民意信息等方式,推动解决群众民生诉求。加大重点提案协商督办力度,关于规范乡镇生猪定点屠宰、加强农村道路管护等一批反映民生问题的提案得到办理落实。建立政协云微建议协同联办机制,审查受理的42条微建议全部办复,关于规范江南城区交通秩序、加强校外托管机构监管等建议得到相关部门快速反应、及时落实。

*这一年,我们坚持务实创新,不断提升履职能力和水平。*落实习近平总书记提出的“懂政协、会协商、善议政,守纪律、讲规矩、重品行”要求,以创新的理念和务实的举措推进政协履职能力建设,着力增强整体工作活力。

*加强委员教育管理。*抓好抓实委员学习培训,组织和推荐60余名委员,参加了在全国政协干部培训中心、清华大学、厦门大学开办的学习培训班;举办四期“政协讲坛”,就习近平总书记关于加强和改进人民政协工作的重要思想等作了专题辅导。完善考核激励机制,树立了姚伟胜、陈长付、伍文华等一批爱岗敬业、无私奉献的优秀委员典型,教育引导委员充分发挥在政协工作中的主体作用。

*探索创新履职平台。*搭建网络议政平台,通过政协云、鼎级传媒全程视频直播议政性常委会议协商,社会各界人士近万人利用移动网络平台进行互动交流,提出意见建议200余条。推动政协协商与基层协商深度融合,蔡家岗、许家桥、郭家铺等政协联络处(组)围绕加强基层社会治理、规范集镇管理秩序等工作,开展协商视察活动45次,形成了以政协协商带动和影响基层协商的生动局面。

*提升机关服务效能。*落实机构改革工作要求,调整完善专委会机构设置及职能职责,配齐配强政协机关骨干力量。围绕打造“学习型、服务型、创新型、廉洁型”机关建设目标,完善各项规章制度,着力强化内部管理,确保事事有人管、责任能落地。贯彻执行中央八项规定及其实施细则,出台了集中整治形式主义官僚主义的7项措施,逐项抓好整改落实,营造了风清气正、担当履职的机关工作氛围。

一年来,我们以更活、更实、更强的工作,赢得了区委和社会各界充分肯定、得到了群众点赞。成绩的取得,得益于区委的正确领导和区人大、区政府的大力支持,是全区各界人士鼎力相助的结果,也是各党派团体、全体委员共同奋斗的结果。在此,我代表区政协向为推动区政协事业创新发展付出辛勤劳动的广大委员,向始终重视、关心、支持政协工作的各位领导和各界人士,表示衷心的感谢和崇高的敬意!

在肯定成绩的同时也要清醒地看到,对照人民政协新方位新使命,与党中央对新时代政协工作的要求相比,我们的工作还有很多差距和不足。比如,全区政协系统党的组织设置有待进一步完善,党员委员作用有待进一步发挥;界别活动组织不够经常,界别履职成效还不明显;推动政协履职成果办理落实力度还需进一步加大;委员责任担当仍需加强,个别委员履职尽责不够等等。希望大家提出意见和建议,我们将高度重视、认真研究,积极实践、加以改进。

2020年工作安排

2020年，是全面建成小康社会决胜之年，是“十三五”规划收官之年。新的一年，我们要**高举习近平新时代中国特色社会主义思想伟大旗帜，深入贯彻落实党的十九届四中全会以及中央、省委、市委政协工作和经济工作会议精神，坚持团结和民主两大主题，更加突出党建引领、提质增效、改革创新，不断提高政治协商、民主监督、参政议政水平，更好凝聚共识，为助推鼎城高质量发展，决胜全面建成小康社会贡献智慧力量、展现担当作为。**

新的一年，区政协工作要突出五个方面的重点：

1. *坚持党对政协工作的全面领导。*党的领导是人民政协初心所在，是政协事业发展根本保证。我们要始终坚持党的领导不动摇，全面落实党对政协工作的各项要求。把学习贯彻党的十九届四中全会和中央、省委、市委政协工作会议精神作为当前和今后一个时期重要政治任务。举办一期政协委员专题培训班，实现对全体委员学习教育的全覆盖。以党组理论学习中心组学习为引领，采取专题研讨、主题宣讲等形式，将学习热潮持续引向深入。提请区委召开政协工作会议，安排部署新时代全区政协工作，推动中央、省委、市委政协工作会议精神在鼎城落地落实。进一步加强全区政协系统党的建设。发挥政协党组把方向、管大局、保落实作用，建立健全政协系统党建工作责任制，年内召开一次全区政协系统党建工作会议。提请设立区政协机关党组，探索以专委会为依托设立功能型党支部，搭建党员委员发挥作用的平台，加快推进两个“全覆盖”。落实党对政协工作全面领导的制度。贯彻《中共中央关于新时代加强和改进人民政协工作的意见》文件精神，配合区委制定具体落实意见。争取区委、区政府支持，把政协重点协商活动纳入党委政府总体工作部署，实施情况列入督查事项和考核体系，促进履职成果采纳、落实和反馈。健全党组工作规则，严格执行重大问题请示报告制度，在区委领导下主动负责地开展工作。

2. *充分发挥专门协商机构作用。*坚持围绕中心、服务大局，聚焦主责主业抓协商，推动把政协协商民主制度优势转化为治理效能。健全协商规则。落实党委会同政府、政协制定年度协商工作计划制度，完善协商于决策之前和决策实施之中的落实机制。规范和明确协商的参加范围、讨论原则、基本程序、交流方式等内容，坚持调研于协商之前，把互动交流作为开展协商的必要环节。突出协商重点。聚焦全区改革发展重点任务和关系群众生产生活的热点难点问题，完善以全体会议为龙头，以专题协商会为重点的协商议政格局。年内，围绕“深化放管服改革，进一步优化营商环境”“强化兜底保障工作，全面决胜脱贫攻坚战”等重点课题，组织开展6次议政性专题协商、对口协商和界别协商。创新协商载体。完善协商座谈会工作机制，围绕“十四五”规划编制等有关重要决策、重大事项开展协商。探索政协协商同基层协商、社会治理相结合的有效形式，组织委员和界别群众代表，围绕“农村人居环境整治工作”开展交流视察。增强网络议政、远程协商实效，建立政协云“掌上提案”办理工作机制，开展“邀您建言”等活动，走好线上线下群众路线，敞开大门吸纳群众意见建议。

3. *更加广泛凝聚各界思想共识。*把加强思想政治引领、广泛凝聚共识作为履职工作的中心环节，为推进党的事业发展最大限度的凝聚共识和人心、汇聚智慧和力量。坚持思想政治引领正确方向。深入学习宣传党的创新理论，引导各党派团体、各界人士在事关道路、制度、旗帜、方向等根本问题上统一思想和步调。坚持一致性和多样性相统一，在把握方向原则的前提下，引导和鼓励委员敢说话、说真话，不搞“清一色”。加强与党派团体合作共事。完善情况通报、座谈交流、联合调研等制度机制，为各党派团体在政协履职创造条件。定期联系走访各党派团体，听取意见建议，帮助加强参政议政能力建设。加大对党派团体工作的宣传力度，扩大其政治影响力。不断汇聚改革发展正能量。贯彻党的民族政策和宗教工作基本方针，围绕做好新时代民族宗教工作开展调研视察。加强与旅外委员及各级商会、行业协会的联系交流,动员非公经济人士和新社会阶层人士主动参与全区经济社会建设,不断扩大朋友圈,把各方面的积极性、主动性、创造性汇聚到推动高质量发展的生动实践中来。

4. 不断提升民主监督工作水平。创新民主监督方式方法,坚持形式与内容相匹配,围绕贯彻落实党和国家重要决策部署情况开展监督。推进重点事项监督。融调研、协商、监督于一体,统一委派民主监督小组,在专题协商的基础上,聚焦放管服改革中“一件事一次办”“最多跑一次”等重点内容,对有关单位工作作风、工作成效等情况开展监督评议,坦诚提出批评、意见和建议。发挥提案监督作用。努力在提高提案撰写、审查、服务质量上下功夫,做到数量适度、质量为重。严格落实政协提案星级管理办法,遴选部分监督性重点提案开展协商督办,有效解决个别单位“重答复、轻落实”问题。在适当范围内推进提案内容和办理情况公开,开展提案办理工作评议,提升提案工作开放度。丰富完善监督形式。组织开展视察监督,区政协常委会议、主席会议围绕“常德高新区建设与发展”“美丽乡村建设”等工作开展3次视察。重视发挥社情民意信息、政协云微建议等在民主监督中的作用,帮助区政府及其部门不断改进工作。着力提升监督实效。进一步完善知情明政、协调落实、办理反馈、权益保障工作机制,规范和细化民主监督意见交办程序,更加注重民主监督意见的办理和反馈。加强民主监督同党内监督、行政监督等形式的协调配合,推动民主监督成果运用和落实。

5. 切实强化政协委员责任担当。贯彻落实习近平总书记重要讲话精神,教育引导委员始终把事业放在心上、把责任扛在肩上,努力书写无愧于时代、无愧于历史的履职答卷。加大委员教育管理力度。抓好委员学习培训,继续办好“政协讲坛”,推荐部分优秀委员参加省、市政协组织的集中培训,注重培养协商民主专业能力,建设新时代高素质委员队伍。加强委员履职考核评价,完善委员履职档案、履职情况统计等制度,研究对履职不力的委员进行约谈、警告、辞免等处理的办法,引导委员珍惜荣誉、用心用情完成“委员作业”。强化联系服务群众责任。引导委员主动联系服务界别群众,加强委员工作室建设,完善运行机制和工作内容,积极为群众提供政策咨询、法律援助、反映诉求等服务。继续推进“三个一”扶贫行动,发挥政协优势广泛动员社会组织参与脱贫攻坚,引导委员以助推产业扶贫为重点献计出力。做好委员联络服务工作。坚持党组成员、主席会议成员走访看望委员制度,年内开展两次集中走访。巩固“不忘初心,牢记使命”主题教育成果,加强机关绩效考核、联络处(组)目标管理考核等制度建设,强化政协骨干队伍工作责任,积极为委员行使权利、履行职责提供保障。

新时代催人奋进,新思想引领未来。我们正处在全面建成小康社会决胜阶段,行进在实现第一个百年奋斗目标、推进中华民族伟大复兴的新征程中,使命光荣、责任重大。让我们更加紧密地团结在以习近平同志为核心的党中央周围,在中共鼎城区委坚强领导下,把握新方位、肩负新使命,干出新样子、展现新作为,为助推鼎城高质量发展、决胜全面建成小康社会做出新的更大贡献!

专题

Special

“不忘初心、牢记使命”常德市主题教育先进事迹巡回(鼎城)报告会会场

"不忘初心、牢记使命"主题教育
精准扶贫
常德画墙
常德沅江过江隧道
产业立区
临江棚改建设情况
蓝天保卫战

鼎城年鉴(2020)

“不忘初心、牢记使命”主题教育

鼎城区“不忘初心、牢记使命”主题教育按照中央、省、市要求，各级党组织精心准备、周密组织、及时跟进，采取有效措施保证主题教育推进。

固本培元。开展自主学习，提高理论水平。全区党员干部对照学习清单读原著、学原文、悟原理，精读通读《习近平关于“不忘初心、牢记使命”重要论述选编》《习近平新时代中国特色社会主义思想学习纲要》等书籍，学习主题教育重要讲话精神，认识理解中央、省、市、区大政方针和决策部署，提高理论水平。开展集中研讨，增强宗旨意识和为民情怀。开展读书班集中学习，围绕“明初心、守初心，坚定理想信念”“担使命、履职责，矢志为民服务”“改作风、勇担当，带头真抓实干”展开集中研讨3次。灵活方式，夯实信仰之基、补足精神之钙。组织到红色教育基地开展革命传统教育，重温入党誓词、重忆入党经历、重问入党初心，召开专题民主生活会、组织生活会，开展批评和自我批评，学习党史、新中国史。参加先进事迹巡回报告会，对照先进典型、身边榜样，找差距、摆问题。举办“不忘初心、牢记使命”暨“学习强国”知识竞赛、“不忘初心、牢记使命”演讲赛、庆祝新中国成立70周年系列庆祝活动。

除污清弊。坚持开门搞教育，多方听意见。请常德市委指导组领导指问题，谈不足；采取个别访谈、召开座谈会、发放征求意见表、设立意见箱和信访举报箱、群众测评、党员相互交流等方式征集意见建议。在检视问题过程中查摆问题彻底，从思想、政治、作风、能力、廉政5个方面进行剖析；开展“四讲四比”活动，以他人为镜，自查不足。全区各党支部对照《中国共产党章程》《中国共产党支部工作条例（试行）》《中国共产党农村基层组织工作条例》《中国共产党党和国家机关基层组织工作条例》及群众提出的意见建议、上级党组织反馈的问题，检视问题不足。党员个人对照党章规定的党员条件和义务，对照《中国共产党廉洁自律准则》《中国共产党纪律处分条例》《中国共产党党员教育管理工作条例》等，按照习近平总书记关于“四个对照”“四个找一找”的要求，紧扣“18个是否”逐一对照检查，并将其列入问题清单和整改台账。进行全区所有区直单位、区管企业领导干部政治建设考察，将考察成果运用到班子建设、干部选拔任用、激励干部担当作为之中。

寻策问道。开展调查研究，把理论成果转化为思路举措。区委常委会成员承担课题46个，个人最多的6个，带着课题到基层了解民情、掌握实情、寻求方法，“奔着问题去、带着答案回”。把调研成果纳入决策参考、进入评价体系，转化为思路举措，推动调研成果政策化、项目化、工程化落实，理清发展思路，明晰发展路径。实施三大攻坚战，把劣势转化为优势。脱贫攻坚取得关键进展，“两不愁三保障”突出问题清零。农村危改1325户，发放助学金736.1万元，贫困人口就医实行“先诊疗后付费”，报销比例90%。全年4323人脱贫，贫困发生率降低至0.28%。债务风险守住底线，国有企业转型发展，政府性债务风险整体可控，规范经营性资产管理。开展污染防治，抓秸秆（垃圾）禁烧、扬尘治理、“散乱污”企业整治，空气质量改善率在市城区5个国控站点中排名第一；石板滩镇关闭石煤矿区生态修复工程年度任务超额完成；实施长江经济带整改年度任务和“夏季攻势”任务，清查河湖“四乱”问题51处，整治砂石码头（堆场）33处，珍珠退养600余公顷。抓发展，把主题教育成果转化为生产实践。围绕中心、服务大局，把主题教育与全区经济社会发展结合起来，引导党员干部投身发展实践。主要经济指标位居全市前列，全年地区生产总值370亿元，增长8.2%；财政收入31.9亿元，突破30亿元；城乡居民人均可支配收入分别增长8.4%、9.1%。村级协会助推基层治理工作经验被湖南省委办公厅专刊推介，草坪镇三角堆村获评“全国乡村治理示范村”。乡村振兴“草坪模式”获湖南省委书记杜家毫高度评价。

务实笃行，改善民生问题。推进教育振兴3年行动计划，化解义务教育阶段大班额问题，通过义务教育均衡发展省级复检。鼎城区第一中学改革取得实效。推进医疗改革，常德市第四人民医院晋升三级综合医院，“6S”精益管理获全国金奖。国庆安保“特护期”无一人进京上访。桥南轻纺城闭市，根治消防隐患。全区未发生较大以上安全生产事故。扫黑除恶专项斗争重点指标全年综合排名全市第一。落实“三小”改造重点民生项目，关停取缔小作坊24家，提质升级、改造发证小作坊22家，取缔小餐饮5家，提质改造小餐饮291家，明厨亮灶298家。花岩溪国家森林公园登上央视《新闻联播》，鸟儿洲国家湿地公园通过国家验收。全区农村推广无害化卫生厕所2.5万座，清理农村生活垃圾4.41万吨，清理村内沟渠82.1千米，治理黑臭水体52处。编制村庄规划58个，建成乡镇污水处理厂15座，实施自然村通水泥路530千米，改造危桥7座。各类社保基金征缴13.44亿元，新增城镇就业6071人，农村劳动力转移就业4368人，城乡居民医保参保率98%。实施养老改革，城乡低保月人均补差水平超省考核标准。扩容提质江南城区水厂，新铺设乡镇管道燃气60千米。

较真碰硬，严肃党风政风。围绕专项整治梳理问题54个，整改落实51个。整治不担当不作为问题。坚持激励和约束“两手抓”，提醒警示7人，免职或调整、问责处理、组织处理不担当不作为干部，提拔使用敢于担当、实绩突出的干部。整治违反中央八项规定精神突出问题。编印《落实中央八项规定精神政策汇编》《中央八项规定精神的典型案例汇编》2000余册，开展宣讲230场，下发作风通报6期，查处违反中央八项规定精神问题19个，党纪政务处分14人，组织处理19人。整治形式主义官僚主义突出问题。实行清单管理，“两办”发文比2018年均减少40%以上；全区性会议比2018年减少45%以上；采取制度约束，区级督查检查考核比2018年减少74.7%；精简挂牌，村均牌子下墙10余块，保证村级平台整洁清爽。整治领导干部配偶、子女及其配偶违规经商办企业问题。全区52名副处级以上领导干部开展参与涉矿等经营性活动、利用领导干部名义“提篮子”“打牌子”等情况自清自查，禁止领导及家属经商办企业。整治漠视侵害群众利益问题。查处扶贫领域腐败和作风问题116个，党纪政务处分30人，组织处理82人；开展“一季一专题”专项治理，紧盯项目资金分配、发放、使用等环节，查处问题线索3条，立案6人，党纪处分7人；建立政务服务自助区，取消行政审批证明事项202项，初步建成“互联网+政务服务”行政审批制度；开展不合格产品专项整治，集中销毁10.6万元产品；打击涉砂领域涉黑涉恶犯罪行为，出动执法力量1876人次，查处行政违法案件14起，移交公安机关4起，刑拘39人。整治基层党组织软弱涣散问题。全区36个软弱涣散基层党组织均实现“摘帽”。整治黄赌毒和黑恶势力听之任之甚至充当保护伞问题。受理问题线索118条，查结83条，立案审查58人，党纪政务处分47人，查处并定性为涉黑涉恶腐败和“保护伞”党员干部30人。

（陈克均）

精 准 扶 贫

鼎城区有建档立卡贫困户 14155 户 43644 人,贫困村 40 个。截至 2019 年年末,已脱贫 13283 户 41750 人,2019 年脱贫 1693 户 4323 人;40 个贫困村全部退出, 其中 2016 年退出 2 个,2017 年退出 14 个,2018 年退出 24 个。系统内未脱贫 872 户 1894 人。贫困发生率从 2014 年 8.6%下降至 0.28 %。鼎城区委、区人民政府将精准扶贫、精准脱贫作为头等大事和第一民生工程。区委常委会坚持每季度至少专题研究脱贫攻坚工作 1 次,2019 年,全区召开脱贫攻坚工作全区性、高规格会议 5 次,10 月 30 日, 召开中共常德市鼎城区第十二届委员会第六次全体(扩大)会议,专题研究脱贫攻坚工作,会议审议通过《中共常德市鼎城区第十二届委员会第六次全体会议关于高质量打赢脱贫攻坚战的决议》。结合机构改革情况,明确联点区级领导牵头督导责任、部门职能责任、乡村主体责任、干部帮扶责任,保证全区"一盘棋",形成脱贫攻坚合力。区脱贫攻坚指挥部常态化督查脱贫攻坚工作,督查发现的问题逐一整改销号。印发《关于进一步加强脱贫攻坚约谈和召回工作的通知》, 追究问责工作落实不力、问题整改不到位的单位和个人。

鼎城区 2019 年脱贫攻坚质量提升年工作推进会会场
（提供:元凡）

减贫成效。印发《鼎城区 2019 年脱贫攻坚暨质量提升年工作方案》,部署工作,制订年度减贫计划, 以区扶贫开发领导小组文件形式下发到各乡镇、街道、场,将任务细化分解到村,明确到户,做到靶向扶贫,通过帮扶和资金投入,增加贫困农户收入,改善生产生活条件,改善贫困村基础设施和基本公共服务。

精准识贫。实行扶贫对象动态管理,调整新增 409 人,清退及自然减少 2046 人,调整前建档立卡贫困人口 14448 户 45291 人, 其中脱贫 11879 户 38944 人,未脱贫 2571 户 6356 人,动态调整后建档立卡贫困人口 14155 户 43644 人, 其中脱贫 12283 户 41750 人,未脱贫 872 户 1894 人。市、区两级开展脱贫攻坚检查,发放调查问卷入户调查、电话抽查,列出问题清单,交办到相关单位限期整改。

精准脱贫。贫困户脱贫以户为单位按照"一超过,两不愁,三保障"标准执行。经村民主评议、贫困农户确认、村级公示、乡镇入户核实、乡镇公示上报、区比对抽查、市核查、区批准公告 8 个程序进行贫困户脱贫认定。坚持脱没脱贫同群众一起算账,要群众签字认可,杜绝"假脱贫""被脱贫""数字脱贫"。

精准帮扶。全区 40 个贫困村、8 个贫困人口 300 人以上的非贫困村由市、区两级派驻工作队,后盾单位中市直、驻市有关单位 25 个,区直、驻区有关单位 126 个,选派工作队员 141 名;贫困人口 100 人以上的非贫困村委托乡镇选派工作队 149 支,派驻工作队员 380 人。所有贫困户均安排财政供养人员落实结对帮扶, 贫困村的贫困户由驻村联点单位落实结对帮扶责任, 每人结对帮扶最多不超过 5 户。实现驻村帮扶和结对帮扶全覆盖,全区结对帮扶贫困户 14155 户 43644 人。

产业扶贫。实施乡村振兴战略,发挥产业扶贫作用。制定出台《鼎城区 2019 年产业扶贫实施方案》《鼎城区 2019 年省重点产业扶贫项目实施方案》,明确各乡镇、街道、区直单位产业扶贫职责与任务,督促指导贫困村根据规划,制定实施方案,保证“一乡一品、一村一业、一户一门路”。2019 年,全区产业扶贫资金投入占区域内中央、省、市、区财政专项扶贫资金比重超过 60%。2019 年,新培育年销售收入 2000 万元以上市级农业龙头企业 4 家:常德市中晟农牧有限公司、常德市弘富源农业发展有限公司、常德市震坤农林开发有限公司、常德市鼎城区鑫惠能粮油有限公司。全区 40 个贫困村合作社全覆盖。全区建档立卡贫困户有产业发展能力、意愿的贫困户 10630 户,得到产业扶持的有产业发展能力、产业发展意愿的贫困户 10630 户,覆盖面 100%。全区龙头企业带动 24 个贫困村开展技术服务、建设农副产品基地、安排贫困人口就业、保底收购农产品等,全区龙头企业和合作社与 8562 户有产业发展能力、意愿的贫困户签订农业生产订单协议、务工协议、入股分红协议等,占全区有产业发展能力、意愿的贫困户 80.5%。全区为 10630 户有产业发展能力、意愿的贫困户提供技术指导,全年未出现因技术指导不到位导致产业发展失败、损失情况。组织优秀农业企业参加农产品展示、展销活动,推进农业品牌行动步伐。全年开展“常德品牌,中国品质”农业品牌推介系列活动 5 场次,累计 24 家新型农业经营主体参会、参展,签订农产品购销协议合同 29 份,协议总金额 13.9 亿元,签订农业投资项目 6 个,投资总额 34 亿元。

金融扶贫。抓金融扶贫服务站扩能增效,实行信贷资金监管,开展逾期贷款回收,防范金融风险,保证资金安全。开展农户贷款入股分红工作,保证入股分红增收,简化贴息流程,按时贴息到位。至 2019 年年末,累计发放扶贫小额信贷 3636 笔 17871 万元,2019 年发放 249 笔 1181 万元。历年累计还款 3350 笔 16516 万元,未产生逾期贷款。

危房改造。为全区 23137 户“四类对象”逐户开展房屋危险性鉴定和房屋安全评定,排查解决困难居民危房问题,开展已脱贫住危房、已改造仍为危房情况摸底整改,全年危房改造 1336 户,居民住房安全得到保障。

健康扶贫。落实贫困人口参保补助政策,2019 年补贴标准 110 元/人,补贴 499.092 万元,贫困人口参保率 100%,应保尽保。实施县域内“先诊疗后付费”,一站式结算服务,保证农村贫困人口在县域内住院综合保障后,实际报销比例达到 85%。实行大病专项救治、慢病签约服务管理、分级诊疗。开展建制乡镇卫生院建设和全科医生配备,区内建制乡镇均有 1 所政府办乡镇卫生院,配备有 1 名及以上全科医生(含助理全科医生)满足辖区内人民群众卫生健康需求,提供基本医疗和基本公共卫生服务,消除行政村卫生室“空白村”,每个行政村配有乡村医生,村卫生室面积 60 平方米,诊断室、治疗室、药房、公共卫生室四室分开。

教育助学。采取普遍关爱、重点关注、上门家访等措施,保证义务教育阶段学生“应学尽学”,开展控辍保学核查 6 轮,掌握适龄人口就学情况,健全控辍保学台账,实行结对帮扶、跟踪管理。从源头、苗头抓,关注建档立卡贫困生、留守儿童、单亲家庭子女和厌学生等易辍学对象。学校教师与学生结对,及时帮助解决思想、生活、学习上困难,未出现失学辍学情况。落实资助政策,宣传国家各项学生资助政策,宣传该区为学前至高中学段贫困家庭学生提供入园补助金、困难学生生活费补助、高中助学金及免学杂费等资助项目政策,为贫困学生发放各项资助资金,2019 年春季,发放资助资金 14442 人次 736.13 万元,其中建档立卡等四类家庭经济困难学生 4665 人,发放教育资助资金 413.989 万元。

就业扶贫。转移就业组织化,建立劳务协作“三个清单”,推进“311”就业扶贫行动,出台开发扶贫特设岗位和就业扶贫车间相关政策,推动贫困劳动力就近稳定就业。2019 年,新增贫困劳动力转移就业任务 620 人,就业 648 人;“四个渠道”就业任务880 人,就业 907 人;每月进行数据维护更新、开展各项业务，落实就业扶贫各项政策。每月在系统内抽查100人进行电话核实贫困劳动力就业信息，及时更新错误信息。

兜底保障。2019年，全区农村低保保障标准为350元/人·月，月人均救助水平210元，均超省、市考核标准。出台《常德市鼎城区农村低保和社会保障兜底对象认定清理整顿工作方案》《关于在脱贫攻坚三年行动中进一步做好社会救助兜底保障工作的实施方案》。区民政局、区扶贫办建立联系制度，定期开展信息数据比对，实现信息共享。年末，全区符合条件贫困残疾人均已享受两项补贴，符合条件贫困残疾人或子女两项助学补助足额发放到位；建档立卡重度残疾人医保和养老保险参保代缴不漏一人。

基础设施建设。2019年，整合项目资金7787万元，增加大农村基础设施投入，向贫困村和贫困人口较多区域倾斜。自然村通水泥路517千米，水泥路组组通，解决贫困居民出行问题。开展农村环境整治，农村改厕25918户。所有贫困村农网改造升级，改善贫困村用电质量。实现宽带网络村村通、4G网络全覆盖、广播电视村村响，畅通信息网络。新建和改扩建村级组织活动阵地305个，建设党务、政务、商务三务合一公共服务平台，为居民提供医疗卫生、文化活动、金融办理等公共服务。

（元　凡）

常德市委副书记、市人民政府市长曹立军（中）到鼎城区调研脱贫攻坚工作　（提供：元凡）

常德画墙

常德画墙项目,位于常德市江南城区,是以沅江南的10千米防洪大堤为载体,西起桃花源大桥、东至武陵大桥,壁画艺术墙总长3.756千米。画墙所处的沅江风光带,已建成融绿化、美化、亮化和体育健身等多功能于一体的市民休闲地。画墙廊道宽4.5米、高5.4米,建有支撑廊柱544根。画墙项目壁画、廊柱浮雕及廊顶、墙面装饰总面积约4万平方米。2019年年末,常德画墙项目策划并创作壁画作品120余件,其中中华文明作品55件、湘楚文化作品16件、常德本土文化和建设成就作品49件。壁画作品文化创意分为3个篇章,按照历史发展年序并结合沅江水系流向分为:先秦时期的25幅作品为"天下溪"部分,秦代至鸦片战争前的51幅作品为"天下式"部分,鸦片战争至当代的44幅作品为"天下谷"部分。

常德画墙由常德市鼎城区人民政府投资建设,中央美术学院为艺术主持,中国美术家协会壁画艺委会为学术支持。中央美术学院院长、中国美术家协会主席范迪安担任画墙建设艺术委员会主任,已组织全国100余名壁画艺术家参与绘画创作,邀请侯一民、李化吉、唐小禾、刘秉江、孙景波、殷双喜等20余位国内外著名壁画家或文史专家组成常德画墙艺术委员会,负责常德画墙画稿作品艺术评审和壁画制作的艺术监审。截至2019年年末,召开艺委会暨评审会议5次,获评审通过作品76幅。

为使"常德画墙"保持百年甚至千年之生命力,画墙艺委会选用壁画制作和材料,考虑防水侵、防腐蚀、防撞击等功能,主要采用花岗岩浮雕或镶嵌、高温陶瓷绘刻、铸铜浮雕及石材镶嵌、高温玻璃绘制、马赛克镶嵌等先进壁画制作工艺,选取优质原材料。2019年年末,实施3.756千米墙面改造装饰工程和544根廊柱花岗岩浮雕装饰工程,制作上墙壁画作品18幅。

常德画墙以建设"中外一流、百年不朽"现代壁画艺术博物馆为目标,以"弘扬中华文明、传承湘楚文化、展示壁画艺术、提升城市品质"为功能定位,以突出"政治性、艺术性、观赏性、教育性和唯一性"为价值追求。其策划和创作理念为"天下常德",即"天下见常德、天下举常德、天下即常德、居天下观常德"。画墙建成后,将与沅江北岸"常德诗(书法)墙"相呼应,形成城市文化名片。

评审工作。3月2日,常德画墙艺术委员会第五次工作会议在常德市鼎城区举行,国内知名艺术家唐小禾、刘秉江、孙景波、戴士和、殷双喜、余丁、王颖生、郗海飞、齐喆、孙韬等,区领导杨易、朱金平、杨君、林红华、刘运华、杨凡等出席会议。专家评委们到常德画墙建设现场,验收安装上墙壁画品质,指导基础装修工程和廊柱浮雕工艺。验收审核会上,经过壁画作者、壁画制作厂家、中央美院常德画墙质量审核工作组、常德画墙质量监管小组评审认定,确认已上墙的14幅壁画一致通过验收。会议复审43幅画稿作品,提出送厂制作前完善性意见。

常德画墙艺术委员会第五次工作会议会场 (提供:姜丹)

工作部署。常德画墙2019年工作部署及创作研讨会于5月12日在北京召开。中国美术家协会主席、中央美术学院院长范迪安,常德市鼎城区人大常委会主任杨君,中国美协壁画艺术委员会名誉主任、湖北省美协主席唐小禾,壁画艺术委员会原副主任刘秉江，中央美术学院教授、油画艺委会副主任、博士生导师孙景波，中央美术学院教授、中央美术学院雕塑系原主任曹春生，中国美协壁画艺委会主任、中央美术学院修复学院院长、造型学院党总支书记及教授及博士生导师王颖生，及专家学者、常德画墙作者、常德市鼎城区常德画墙建设方领导、参与常德画墙建设厂家计120余人出席会议。中国美术家协会主席、中央美术学院院长范迪安教授发言，他再次阐述了常德画墙建设的重大意义和常德画墙发展的三个时间阶段，肯定各方单位和艺术家们的努力，并结合常德画墙建设提出要求。常德市鼎城区人大常委会主任杨君表示，常德市鼎城区人民政府将全力以赴建设常德画墙，为画墙建成提供组织、经济、环境保障。壁画艺委会副主任孙韬教授结合创建工作作小结，简要介绍常德画墙第一批上墙作品情况，安排部署了2020年工作，计划展开57幅壁画的制作和上墙工程。

领导调研。2月3日，鼎城区委书记、常德高新区党工委书记杨易到常德画墙项目现场，实地查看首批壁画上墙效果，了解春节期间画墙安保工作，调研指导后期建设工作。2月18日，常德市委常委、市委宣传部部长胡丘陵到鼎城区调研常德画墙建设工作，指出要加快建设进度、加强画墙管理、扩大画墙知名度、谋划文旅产业融合发展之路，把画墙打造为中外一流、百年不朽的品牌项目、文化旅游融合发展的精品项目和提升城市形象的标志项目。鼎城区委书记、常德高新区党工委书记杨易参加调研。4月12日，常德市委书记、市人大常委会主任周德睿调研常德画墙。周德睿询问常德画墙建设进度，在了解到鼎城区委、区人民政府在画墙建设上坚持“速度服从质量”的原则后，周德睿给予肯定，并指出常德画墙既是文化工程也是民心工程，一定要把质量和艺术效果放在首位，与建成的沅江风光带相互交融，打造市民休闲好去处，城市建设新亮点。4月15日，鼎城区委副书记、区人民政府区长朱金平到常德画墙调研指导工作。在现场，朱金平查看了部分已上墙壁画画作，了解2019年计划上墙其余画作的制作进度，并指出，常德画墙是市区两级重要文化工程、民生工程，要按照时间节点完成工作计划，要注意廊檐、阁楼等部位的修缮和美化。10月14日，湖南省委常委、省委宣传部部长张宏森视察调研常德画墙，常德市委书记、市人大常委会主任周德睿，鼎城区委书记、常德高新区党工委书记杨易，区委副书记、区人民政府区长朱金平陪同。

2月3日，鼎城区委书记、常德高新区党工委书记杨易（中）调研常德画墙建设工作 （提供：姜丹）

常德市委常委、市委宣传部部长胡丘陵（中）调研常德画墙建设工作 （提供：姜丹）

4月12日，常德市委书记、市人大常委会主任周德睿（右）调研常德画墙建设工作 （提供：姜丹）

4 月 15 日,鼎城区委副书记、区人民政府区长朱金平(中)调研常德画墙建设工作　(提供:姜丹)

10 月 14 日，湖南省委常委、省委宣传部部长张宏森(中)调研常德画墙建设工作　(提供:姜丹)

活动开展。9 月 28 日,“庆祝新中国成立 70 周年‘天下常德’首批壁画成果展”开幕式在常德举办。该展览是“常德画墙”建设项目首批成果的集中呈现,历经两年时间创作,制成首批 17 幅壁画和 544 根廊柱浮雕及廊顶墙面的装饰建设,如期与公众见面。中央美术学院院长、中国美术家协会主席范迪安出席展览并发表讲话。中国美术家协会分党组副书记陶勤在讲话中表示，常德画墙独有的体量与艺术性,使其不仅是常德的画墙,是中央美院的画墙,是全国美术界的画墙,也是当代中国人民共同拥有的画墙。启动仪式上,常德市委常委、市委宣传部部长胡丘陵为常德画墙项目授予“常德市爱国主义教育基地”牌匾。

艺术魅力。常德画墙策划壁画作品 120 幅,年末已上墙壁画 18 幅,吸引大量团队和游客参观考察,接待游客数十万人次。7 月 1 日,来自省内外知名作家组成的“中国梦·文学梦·湖南篇章”文学采风团 100 余人到常德画墙参观。同月,中宣部中国软实力研究中心课题组到常德画墙调研考察。7 月 4 日,常德市政协组织各区县(市)主席参观常德画墙。8 月 30 日,沅江市委书记黄育文率考察团考察常德画墙。12 月 14 日,贵州省铜仁市党政代表参观常德画墙。12 月 25 日、26 日,常德市人大代表、政协委员 600 余人视察常德画墙。　(姜　丹)

9 月 28 日,“庆祝新中国成立 70 周年‘天下常德’首批壁画成果展”开幕式现场　(提供:姜丹)

7 月 1 日,“中国梦·文学梦·湖南篇章” 文学采风团参观常德画墙　(提供:姜丹)

7 月 4 日，常德市政协组织各区县（市）政协主席参观常德画墙　　（提供：姜丹）

8 月 30 日，沅江市考察团参观常德画墙 （提供：姜丹）

12 月 25 日，常德市人大代表视察常德画墙　　（提供：姜丹）

12 月 26 日，常德市政协委员视察常德画墙　　（提供：姜丹）

常德沅江过江隧道

常德沅江过江隧道工程南起鼎城区阳明路，北接武陵区皂果路，是常德市规划的“八纵八横”16条骨架性主干路之一，将江南阳明大道与江北阳山大道有效连接，形成一个整体的城市中轴线，是常德市“十三五”迈进大城市时代的关键性工程，保护了沅江风光带整体性，节约土地及空间资源，为两岸尤其是江南经济发展，起到拉动作用。沅江过江隧道建成后，从江南到江北只需5分钟车程，缓解了武陵大桥、桃花源大桥及江北中心地块的交通压力，提升了江南城区城市化水平，是“三环两线三组团”中江南城区实现规划的突破性工程。

隧道全长2240米，采用单层双洞形式，净宽2×9米，是沅江流域首条大直径盾构隧道。隧道双向四车道，道路设计时速60千米/小时，设计使用年限100年。过沅江段采用泥水平衡盾构法施工，盾构段全长1680米，盾构隧道外径11.3米，内径10.3米，工程内容含地下隧道土建工程、机电系统工程、管理中心房屋及其他配套设施，不含两岸隧道U型槽接地点外的地面道路工程。项目于2016年10月16日开工，2019年10月16日通车，沅江过江隧道工程采用PPP合作模式，以BOT方式运作，由中铁十四局集团有限公司和常德市城投集团龙马建设项目管理公司分别占90%和10%比例出资成立项目公司：常德沅江隧道有限公司，负责管理沅江过江隧道的投融资、建设、运营和移交等。

沅江过江隧道工程主要包括江南明挖段、江北明挖段、江中盾构段。明挖段基坑分为敞开段、暗埋段及工作井三部分，基坑总长560米（江南明挖段290米，江北明挖段270米），基坑开挖深度2米—19.1米，基坑最大宽度36米，基坑围护结构采用地下连续墙加内支撑组合形式，墙体厚度0.6米—1.2米，高标号钢筋混凝土墙，最大深度40米。明挖段主体结构采用现浇钢筋混凝土，地下两层箱型框架结构，明挖敞开段为U形槽结构，由底板侧墙组成。江中盾构段最大覆土23米，最大水压44米，盾构衬砌管片采用C50高强度钢筋混凝土制作，抗渗等级P12，隧道江中最浅覆土11.3米，始发端最浅覆土5米。两岸隧道上方采用旋喷桩+杭拔桩+抗浮压梁相结合的综合抗浮处理措施。

沅江过江隧道总投资25.44亿元，其中房屋征收9.8亿元、工程建设12.77亿元，是常德市历史以来建设投资最大的单项工程项目。在隧道南出口西侧即阳明路与隆阳路交会处建有隧道管理中心，占地0.45公顷，建筑面积3800平方米，负责隧道建成后的运营管护，运营期25年，期满后无偿移交给常德市人民政府。施工单位在施工过程中克服了施工场区环境复杂，建筑密集、管线众多、地质条件复杂、开挖风险高、盾构埋深小、工艺要求高、盾构断面大、连续掘进距离长、施工内容多、相互干扰大的诸多不利因素影响。

常德沅江过江隧道工程所使用的“沅安号”盾构机，是国内首台具备常压换刀功能的国产大直径盾构设备，被中央电视台誉为“国之重器”，打破了国外长期在该领域的技术垄断地位。

沅江过江隧道江南段征收房屋356户，其中公产院落11家，征收资金4.65亿元，鼎城区从2016年9月18日开始签约、腾房，到2016年10月15日隧道一期签约、腾房、倒房123户，达到2016年10月16日开工典礼及建设的要求，刷新拆迁史上鼎城新纪录，得到市委、市政府的高度评价。

2019年2月18日，鼎城区委副书记、区人民政府区长朱金平召开专题动员会议，要求阳明大道的提质建设工程项目迅速启动。4月12日，鼎城区委常委召开专题会议听取阳明大道提质改造的工作汇报，确定建设方案。5月18日，阳明大道提质改造工程房屋征收工作启动，实现十天签约腾房、十天倒房的“双十”速度，计征收房屋358户，其中公产7家，征收资金7亿元。7月2日，开工建设阳明大道，该工程北起滨江大道，南至金霞大道，全长2668.5米，红线宽度50米，包括道路、给排水、路灯照明，交通信息化，管线入地、燃气、电力管道、绿化景观及城市家具等配套设施设备。历时100天实现主车行道通车，与沅江过江隧道通车顺利对接，道路建设资金3.7亿元，分为三个标段进行建设，一标段南起金霞大道，北至花溪路。二标南起花溪路北到隆阳路。三标南起隆阳路北至滨江大道。

2013年5月2日，常德市人民政府明确市城建投资公司龙马建设项目管理有限公司为沅江过江隧道项目的前期业主，启动项目立项、可研、环评、土地报批、地勘、设计等相关工作。

2013年11月14日，常德市城市规划管理委员会第4次会议纪要原则通过了沅江过江隧道设计招标方案，由铁道部第四勘察设计研究院中标。

2014年9月15日，常德市人民政府常务会议第20次纪要，原则同意市规划局提出的沅江过江隧道建设方案，要求做好隧道设计和项目前期准备工作。

2015年4月2日，收到《湖南省水运管理局湘水运航道〔2015〕46号关于常德市沅江过江隧道工程有关通航问题的批复》。

2015年4月20日，收到《常德市规划局湘常规选字第〔2015〕0012号沅江过江隧道项目的选址意见书》。

2015年8月21日，收到《常德市环境保护局常环建〔2015〕168号关于常德市沅江过江隧道工程建设项目环境影响报告书的批复》。

2015年11月12日，收到《常德市国土资源局常国土资预审字〔2015〕108号关于常德市沅江过江隧道建设项目用地预审意见》。

2015年11月23日，收到《常德市规划局常规函〔2015〕31号关于沅江过江隧道项目交通影响评价报告的审查意见》。

2016年1月26日，收到《常德市发展和改革委员会常发改投〔2016〕47号关于常德市沅江过江隧道项目可行性研究报告的批复》。

2016年4月20日，常德市人民政府第41次常务会议授权市住建局为项目组织实施机构，授权常德城建投龙马公司代表市人民政府出资，承担沅江过江隧道建设工作。

2016年5月12日，常德市住建局组织省内专家对常德市城投龙马建设项目管理有限公司《关于常德市沅江过江隧道初步设计评审的报告》及中铁第四勘察设计院集团有限公司编制的项目初步设计文件进行技术审查。

2016年5月26日，鼎城区人民政府第34次常务会议纪要明确，成立沅江过江隧道指挥部鼎城分指挥部，并迅速开展工作。

2016年5月27日，常德市住建局召集市直相关单位进行部门审查，并于7月6日下达正式批复。

2016年6月12日，常德市人民政府副市长胡丘陵召集市住建局、市财政局、市国土资源局、武陵区人民政府、鼎城区人民政府、市PPP办公室、市城投集团公司、市龙马公司等单位负责人专题研究沅江过江隧道项目建设问题。常德市沅江过江隧道建设项目正式启动，同日发布资格预审公告。

2016年7月8日，常德市人民政府第32次专题会议纪要《关于沅江过江隧道项目有关问题的会议纪要》明确，成立常德市沅江过江隧道指挥部，要求武陵区、鼎城区成立分指挥部并开展相关工作。

2016年8月24日，通过资格审查，招标答疑，开标评标等法定程序，经评标委员会评定，确定中铁十四局集团有限公司为中标单位。

2016年10月15日，在常德市锦江酒店举行沅江过江隧道 PPP 项目签约仪式，沅江过江隧道 PPP 项目《框架协议》和《股东协议》正式签署。

2016 年 10 月 16 日，在鼎城区举行常德沅江过江隧道项目开工仪式，常德市委书记、市人大常委会主任王群宣布项目开工。

2017 年 9 月，为沅江过江隧道量身定制的“沅安号”盾构机下线。

2017 年 12 月 28 日，沅江过江隧道东线隧道在鼎城区举行盾构始发仪式，常德市委书记、市人大常委会主任周德睿宣布盾构始发。

2018 年 10 月 9 日，沅江过江隧道东线隧道盾构贯通。

2019 年 1 月 9 日，沅江过江隧道西线盾构始发。

2019 年 7 月 2 日，沅江过江隧道南出口道路暨常德市 2019 年重点城建项目集中开工仪式在鼎城区举行，常德市人民政府常务副市长陈恢清宣布项目开工。

2019 年 7 月 4 日，沅江过江隧道西线盾构贯通。

2019 年 9 月 30 日，沅江过江隧道管理中心房屋竣工投入使用。

2019 年 10 月 1 日，阳明大道主车行道通车。

2019 年 10 月 16 日，沅江过江隧道通车仪式在武陵区举行，常德市委书记、市人大常委会主任周德睿宣布沅江过江隧道通车。（李国忠　周德新）

2016 年 10 月 16 日，常德沅江过江隧道项目开工仪式在鼎城区举行，常德市委书记、市人大常委会主任王群（左五）宣布沅江过江隧道开工　（摄影：胡晓虹）

2017 年 12 月 28 日，“沅安号”盾构机始发　（摄影：杨子来）

2019年10月16日，常德市委书记、市人大常委会主任周德睿（右四）宣布沅江过江隧道通车
（摄影：胡晓虹）

常德市委副书记、市人民政府市长曹立军（中），鼎城区委书记、常德高新区党工委书记杨易（右），视察沅江过江隧道配套建设情况 （摄影：杨子来）

鼎城区委书记、常德高新区党工委书记杨易（中）视察沅江过江隧道江南段配套路网建设
（摄影：胡晓虹）

鼎城区委副书记、区人民政府区长朱金平（右二）视察盾构掘进和安全生产工作 （摄影：胡晓虹）

沅江过江隧道江北出口鸟瞰图 （摄影：杨子来）

沅江过江隧道江南出口实景图 （摄影：杨子来）

产 业 立 区

2017年9月1日,常德市委、市人民政府正式提出开放强市、产业立市战略。鼎城区作为常德市"双核"之一,响应市委、市人民政府号召,2018年1月29日,鼎城区推进产业立区三年行动指挥部在区人民政府挂牌成立。指挥部由区委书记、常德高新区党工委书记杨易任政委,区委副书记、区人民政府区长朱金平任指挥长,指挥部下设办公室和专项小组15个,成员单位40余家。出台《常德市鼎城区产业立区"三五"千亿工程三年行动计划》,明确提出"力争到2020年,15大重点产业总产值突破1000亿元,三次产业总产值突破1300亿元"的目标。打响鼎城区产业立区三年行动攻坚战。

招商引资。项目引进。实施招商引资"316"工程(利用3年时间,集中100人,引资600亿元),2018年至2019年年末,引进亿元以上项目68个,其中5亿元以上的项目18个,10亿元以上项目13个,上市企业2家(正大、通威),500强企业2家(正大、通威),外资企业2家。投资50亿元的超级电容产业化项目、正大国际科技产业园、多碳电池产业园等项目落户常德高新区;投资5亿元的动力电池产业园等项目签约。招商方式。创新招商方式,通过领导招商、小组招商、驻点招商、以商招商、活动招商等,引进一批投资大、税收高、效益好的项目。瞄准3个"500强",组建驻北京、上海、深圳3个招商联络处。精准对接产业转移,与佛山高新区对接友好园区,引进投资5亿元的蓝天智能研发与制造基地项目和投资4亿元的坎德拉物流机器人项目。抓产业链招商,利用中联重科影响力加快建链补链强链步伐,谋划总投资50亿元、占地133.33公顷的中国工程机械配套产业园,引进中联施工升降机、C4动力源机动平台等一批重大战略项目。招商活动。组织参加"德商恳谈会""长三角贸易洽谈周""粤港澳大湾区洽谈周""湘商大会""常德(广州)推介会""全国知名民营企业携手湖南助推中部崛起大会"等省、市招商活动,签约项目均全部履约。2018年4月3日,鼎城区委、区人民政府组织"鼎商看鼎城"恳谈会,邀约100余名鼎城籍在外优秀儿女共叙桑梓情谊、共话鼎城发展大计;2019年1月29日,组织新春招商引资推介会,湖南大学产学研合作、常德光正实验学校、中联施工升降机产业园、常德鼎城仁孚奔驰4S店等15个项目签约,签约总金额超70亿元。

鼎城区2019年新春招商引资推介会集中签约仪式现场
(提供:金刘)

项目建设。项目谋划。2018年,成立光电信息、装备制造、优质稻、高效油茶、现代商贸、文化旅游等专项小组15个。2019年,在15个专项小组基础上,围绕新城西区、临江新城、阳明湖、常德高新区、空港新城、桥南工业园搬迁及农业农村领域、城市基础设施建设、文化旅游、交通运输等方面,明确"六大板块、四大领域"发展理念,形成全方位、多层次、宽领域、有重点的"点—线—面—体"发展格局。项目服务。创新项目审批全程代办制度,制定《鼎城区重大建设项目行政审批全程代理实施办法》,提高审批效率,项目行政审批时限由360天缩至90天,平均时限缩短75%,创造"高新速度”，工作经验被常德市委改革办在全市推介。项目管理。在全省率先开发重大项目管理平台，将当月项目实施进度以文字、数据、图片等形式报送至该平台，实现重大项目信息共享及项目进度动态监管。项目推进。实施项目包联、集中开工制度，推动项目早开工、早投产、早见效。出台《重大建设项目推进办法》，建立“双二十+”重大建设项目领导包联责任制，明确“一个重大项目、一名牵头区级领导、一个服务责任部门、一名主要责任人、一套任务计划”工作机制。2018年，全区新开工亿元以上产业项目22个，推进响箭重工技扩改项目，东鼎汽车配件产业园、德迪等速球笼万向节制造、中晟制造等项目投产；2019年，新开工亿元以上产业项目29个，其中工业项目20个，5亿元以上项目6个；新投产亿元以上产业项目24个，其中工业项目18个。正大集团自主研发的世界首款植物基因润滑油生产线于2019年7月1日投入运营，中联重科塔机生产基地成功下线全球最大吨位内爬动臂塔机。

鼎城区2019年一季度重点项目集中开工仪式常德高星国际商贸物流城项目现场　（提供：金刘）

产业发展。围绕常德市委、市人民政府发展战略，以园区为重点，主攻项目建设和招商引资“双轮驱动”，推进“鼎城区产业立区‘三五’千亿工程”。2018年，地区生产总值338.8亿元，增长8.1%。亿元以上项目引进、新开工及综合信息工作均位居全市第一方阵，获评全省开放型经济优秀区县、全市“开放强市、产业立市”先进区县。2019年，地区生产总值364.6亿元，增长8.9%。全年第二产业增加值116.6亿元，比2018年增长11.7%，增速居全市第二；第三产业增加值187.2亿元，比2018年增长8.6%。工业发展。以建设“千亿园区，工业新城”为重点，突出项目建设，抓产业培育，完善基础配套。2018年，规模工业总产值260.8亿元，入库税金3.98亿元，规模工业增加值54亿元，工业固定资产投资93.6亿元，分别增长9.4%、52%、8.6%、45.3%。累计签约工业项目39个，新引进亿元工业项目27个，新开工亿元以上工业项目16个，新增规模工业户数16家。常德高新技术产业开发区规模工业总产值220.31亿元，规模工业增加值47.4亿元，基础设施投入13亿元，完善园区面貌与配套服务。2019年，发展以智能装备制造、光电信息等为主导，以新型建材、生命健康为特色的产业。发展装备制造产业，引进中联施工升降机、今日标准、汽配产业园等项目，鼓励响箭重工进行技改，引导产业工程机械向精密制造、汽配等多元化发展，提升企业知识与技术密集度。引进电容、电池生产、芯片封装测试等电子科技企业，发展光电信息产业。常德高新技术产业开发区获评国家现代装备制造高新技术产业化基地；斯盛能源生产的锂离子电动车电池成为行业领跑企业。农业发展。以乡村振兴战略为抓手，以质量为先，抓农业品牌建设。发挥农产品资源优势，聚焦常德香米、鼎城茶油、河洲甲鱼三大特色农产品，抓基地建设，引导龙头企业和专业合作社创名品名牌，“三品一标”农产品总数51个。国家级农业产业园落户该区，省级“常德香米产业园”园区面积15866.67公顷，辐射带动面积30000公顷以上。出台《鼎城区2019年高档优质稻产业发展奖励扶持办法》，保证全区高档优质稻基地订单生产率100%。建成十美堂镇弘富源供港蔬菜、牛鼻滩镇华茂诚信蔬菜专业合作社等标准化示范基地10个，弘富源供港基地与华茂诚信蔬菜专业合作社基地被认定为粤港澳大湾区“菜篮子”生产基地之一。该区获评国家林下经济示范县，常德市震坤农林开发有限公司获评省级林下经济示范基地，建成油茶基地2400公顷，实施鼎城茶油10000公顷生态原产地认证，地理标志产品“鼎城茶油”湖南省地方标准《DB43/T1441–2018》由省质监局正式发布实施，常德天地农耕公司生产的“小奢”品牌山茶油入驻淘宝网、邮政网等主流网络销售平台。建成河洲生态甲鱼固定养殖模式示范塘6.67公顷，河洲甲鱼“六优”生态养殖模式得到省相关部门认定，成为湖南省第一个水产行业企业标准。服务业发展。围绕“三城四区五中心”战略目标，以“建设现代商贸中心、打造商贸强区”为重点，构建现代服务体系。常德义乌国家商贸城、南城天街等商业综合体投入运营，华邦国际大酒店营业，投资48亿元的蔚蓝航空产业基地项目签约。推进江南新城城市建设，优化城市发展平台，建设沅江隧道辅道、阳明湖板块主次干道等道路，推动桥南工业园整体搬迁和轻纺城搬迁工作，实施常德画墙一期工程，推动市民服务中心建设。常德画墙项目18幅壁画作品及544根廊柱浮雕装饰完工，启动“天下常德”壁画成果展，被授予“常德市爱国主义教育基地”；阳明大道主干道路建成通车；高星商业广场市场区主体封顶；鸟儿洲国家湿地公园通过验收；连续两年举办花岩溪国际帐篷节和十美堂油菜花节，挖掘区域内旅游资源。企业扶持。落实各级帮扶企业政策文件精神，为企业排忧解难。2018年，为10家企业解决过桥资金约8900万元，为企业落实贷款约8000万元，受惠企业28家。兑现企业技改奖励及城镇土地使用税补贴约150万元。指导企业申报项目，响箭重工、林宇科技等5家企业被认定为湖南省小巨人企业，精为天获评省中小企业上云标杆企业，长岭烟机、隆程建材等成功申报省级工业转型专项。开展系列“暖企行动”，开设企业服务热线，建立服务企业微信群，出台《鼎城区鼓励和扶持企业上市（挂牌）办法》。举办企业招聘会，为企业招工4118人，缓解企业用工难等问题。结合高新区企业反映的80余项重点问题，及时受理解决。2019年，实施省重点上市后备企业培育工程，助推企业上市融资，培育5家企业进入省上市后备企业资源库，全市排名第三；落实减税降费政策，成立区减税降费工作领导小组，全年减税降费3亿元，惠及企业3500余户，普惠面92%以上；开展高新技术企业培育与申报，建立“小巨人”后备企业库重点培育，全年申报高新技术企业23家，22家通过网上公示，截至2019年年末，高新技术产业增加值40.41亿元，增速39.36%，占GDP 17.38%，排名全市第一；主办“智慧洞庭、科创常德”系列活动专场，聘任戚发轫院士、庄逢辰院士等8名专家为常德高新技术产业开发区发展顾问，斯盛新能源等6家企业分别与中南大学、广东工业大学等高校院所签署合作协议；新建“湖南百特工程技术研究中心”“瑭桥科技垃圾压缩站联合研究开发中心”等一批企业研发平台；出台《鼎城区科技人员服务农村发展实施意见》，组建鼎城区科技专家服务团队，聘任湖南文理学院生命科学院教授王京仁等30名科技专家教授为团队成员，开展进企业、农村专业合作社服务活动。

（金　刘）

国家地理标志产品“鼎城茶油”　（提供：金刘）

临江棚改建设情况

常德市江南城市发展有限公司是常德市城市建设投资集团有限公司旗下子公司，由常德市房地产开发有限公司改制而来。公司成立于1990年3月，注册资本人民币6亿元，地址位于常德市鼎城区。为落实常德市人民政府“一江两岸”和棚户区改造总体部署，承担江南临江片区棚户区改造项目建设任务，2015年5月，由常德市城市建设投资集团有限公司向常德市国资委申请，改制常德市房地产开发有限公司，2015年10月，常德市房地产开发有限公司更名为常德市江南城市发展有限公司。该公司以“城市综合运营服务商”为发展目标，坚持以房地产开发为主业，集合商业运营、文化创意、智能建设等为一体的产业链发展模式。公司开发建设的临江棚改项目（城投·十里外滩）是湖南省最大单体棚户区改造项目之一，棚改面积近70万平方米，棚改居民近5000户，整体用地面积66.67公顷，建筑面积约300万平方米，总投资约200亿元。作为常德“一江两岸、协调发展”领航之作，临江棚改项目（城投·十里外滩）占据江南城区核心滨江资源，拥揽2.5千米江岸线美景，纵穿沅江隧道，东临沅江一桥、西抵沅江三桥。项目建成后将以城市CBD为功能，涵盖大型商业、星级酒店、文化旅游、高端居住及教育等产业业态和服务，成为常德市城市名片、经济引擎和财源基地。2019年，公司执行常德市委、市人民政府关于“开放强市、产业立市”目标总要求，在实践中发现问题，在问题中寻找机遇，在机遇中谋求发展，推进项目安全、高效、高质量发展。

前期工作。截至2019年年末，临江棚改项目（城投·十里外滩）总投资约51亿元；私产拆迁3824户，公产拆迁按计划实施，开展A区7个地块334户回迁安置户结算及交房工作，完成率83.5%；已开工地块前期报建手续齐备。

项目建设。德安里小区综合竣工并备案；B05、B06、B08封顶；B03、B04全线开工；运达巷建成。竣工项目（A02德安里小区）。A02项目德安里小区于2016年3月6日开工建设，2019年6月18日竣工。该项目位于鼎城区德安路、运达巷、临沅路、善德路合围整体区域，用地面积48000平方米，拆迁改造棚户区面积39500平方米，涉及480户。建设内容包括新建商居，总建筑面积200096平方米，估算总投资84353万元。作为公司首期开发的商居小区，德安里以象征“成业”阶段的五凤之一“鸑鷟”为设计理念，营造独有的热带滨江度假风格，小区内栽种树木品种20余类，包括蔷薇科、紫薇科等热带培育植物，并配备600平方米游泳池。在建项目。公司在建项目5个，其中B03项目位于常德市鼎城区城区，东至大湖路，南至徐家巷，西至健康路，北至滨江大道，于2019年10月1日开工建设，总建筑面积2665430.81平方米，项目总投资163350.78万元；B04项目位于常德市鼎城区城区，东至大湖路，南至临沅路，西至健康路，北至徐家巷，于2019年10月1日开工建设，该项目总建筑面积172626.34平方米，项目总投资111476.36万元；B05项目位于鼎城区城区花船巷、大湖路、徐家巷、善德路合围整体区域，于2017年11月11日开工建设，用地面积37965平方米，拆迁改造棚户区面积36940平方米，涉及263户。建设内容包括新建商居小区，总建筑面积180795平方米，项目估算总投资71550万元；B06项目位于鼎城区城区大湖路、花船巷、临沅路、徐家巷合围整体区域，于2017年11月13日开工建设，用地面积29906平方米，拆迁改造棚户区面积49102平方米，涉及373户。建设内容包括新建商居小区，总建筑面积181523平方米，项目估算总投资7296万元；B08项目位于鼎城区城区德安路、运达巷、临沅路、善德路合围整体区域，于2016年10月9日开工建设，用地面积48000平方米，拆迁改造棚户区面积39500平方米，涉及480户。建设内容包括新建商居小区，总建筑面积200096平方米，项目估算总投资84353万元。公司通过定期组织安全生产大排查，全年发现并整改问题350余起，开展节假日安全生产专项联合检查6次，筑牢安全“防火墙”。

A02项目德安里小区全景　　（提供：耿那）

临江棚改领导小组与江南城发公司联合召开2019年度项目建设调度大会。3月27日，临江棚改领导小组联合江南城发公司召开2019年度项目建设调度大会，常德市委工作组潘洁，鼎城区政协主席韩才渊，鼎城区委常委、区委政法委书记朱正权，常德市城投集团公司领导涂义文，江南城发公司全体班子成员，相关政府职能部门负责人参加会议。韩才渊主持会议并结合工作协调进行发言。

江南城发公司揭牌。3月31日，常德市江南城市发展有限公司举行揭牌仪式。常德市委工作组组长潘洁，常德市城投集团领导周枭、杨宇、易先云、林红、杨立新、孙兢、涂义文、江南城发公司全体干部职工参加揭牌仪式。

揭牌仪式现场　　（提供：耿那）

营销中心开放暨B06认筹工作。5月1日，江南城发“城投·十里外滩”营销中心开放暨B06认筹盛典启航，常德市委工作组组长潘洁，副组长傅绍喜，鼎城区委常委、政法委书记、区临江棚改协调领导小组组长朱正权，常德市城投集团领导杨宇，江南城发公司党支部书记、董事长钱程，总经理何永新等参加。

活动现场　　（提供：耿那）

市政协领导视察临江棚改项目。7月4日，常德市政协主席李爱国，鼎城区委书记、常德高新区党工委书记杨易，区委副书记、区人民政府区长朱金平实地调研临江棚改项目，常德市城投集团领导涂义文，江南城发公司董事长钱程陪同考察。

调研现场　　（提供：耿那）

鼎城区委书记、常德高新区党工委书记杨易专项调度临江新区建设项目。9月3日，鼎城区委书记、常德高新区党工委书记杨易主持召开临江新区建设工作调度会，鼎城区委副书记、区人民政府区长朱金平，鼎城区政协主席、临江棚改协调领导小组政委韩才渊，鼎城区委常委、区人民政府常务副区长李卫民，鼎城区委常委、政法委书记、临江棚改协调领导小组组长朱正权，鼎城区委常委、区委办主任雷建国，鼎城区人民政府副区长钟科程，区人民政府正处级调研员、临江棚改指挥部常务副指挥长熊以富，常德市城投集团领导周枭、易先云，江南城发公司党支部书记、董事长钱程，总经理何永新及相关单位负责人参加会议。

临江新区建设工作调度会会场　　（提供：耿那）

常德市城投集团检查指导临江棚改项目建设情况和安全生产工作。9月27日，常德市城投集团董事长周枭、办公室主任龙菲、项目管理部部长黄英、天城建设总经理彭昌利检查指导临江棚改B03、B04项目建设情况和安全生产工作。江南城发公司董事长钱程、总经理何永新、总工程师李邵陵陪同。

临江棚改项目（城投·十里外滩）内部推介会召开。11月22日，临江棚改项目（城投·十里外滩）首次内部推介会于城投·十里外滩营销中心（文化艺术中心）举行。常德市城投集团各部室、子分公司领导及员工出席推介会。

常德市国资委领导调研临江棚改项目。12月27日，常德市国资委副主任陈建军、伍中福一行到常德市江南城发公司调研临江棚改项目建设情况，江南城发公司班子成员陪同调研。

（耿　那）

蓝天保卫战

中共十八大以来，国家将“生态环境质量总体改善”作为全面建成小康社会的重要目标，指出要明显增强人民群众的蓝天幸福感，国务院分阶段印发了《大气污染防治五年行动计划》(2013—2017年)和《打赢蓝天保卫战三年行动计划》(2018—2020年)，鼎城区委、区人民政府高度重视区域环境空气质量改善，克服底子薄弱、基础建设密集的困难，持续发力，精准施策、靶向治污，改善环境空气质量。

鼎城区“蓝天保卫战”工作调度会会场　(提供:陈文华)

蓝天保卫战背景。蓝天保卫战的目的是改善环境空气质量，终极目标是达到环境空气质量标准(GB3095-2012)中的二级标准，主要考核指标有六个单项指标项:PM2.5、PM10、二氧化硫、氮氧化物、一氧化碳、臭氧，2个综合指标:综合指数改善率和优良率。《大气污染防治五年行动计划》着重对大气污染防治项目落实情况的考核，主要包括落后产能淘汰、黏土砖厂关停、清洁能源替代、黄标车淘汰、油烟治理、秸秆垃圾禁烧、工业企业污染整治及升级改造、柴油货车污染整治。《打赢蓝天保卫战三年行动计划》从项目考核向质量考核转变，其中明确全国168个重点城市和337个考核城市环境空气质量、明确PM2.5、PM10、优良率的三年改善目标，对地方政府用环境空气质量数据加以钢性考核。《蓝天保卫战量化问责规定》是生态环境部落实《打赢蓝天保卫战三年行动计划》的具体举措，省、市生态环境委员会出台相应问责办法，按照“季度告知、半年约谈、年度问责”机制，对空气质量明显恶化的实施量化问责；对工作滞后、措施不力、大气污染明显反弹的城市，持续传导压力，倒逼责任落实。国家在常德市城区建设环境空气质量自动监控站点5个，其中1个建设在鼎城区江南城区同德职业学院东院，命名“玉霞站点”。玉霞站点与其他4个国控站点数据共同代表常德市城区环境空气质量，参与全国重点城市和考核城市的考核，代表鼎城区参与常德市11个区县市考核。

表1　　三年行动计划指标情况表

年度	2017年基数		2018年		2019年		2020年	
指标	2017年平均	特护期	年均目标	特护期目标	年均目标	特护期目标	年均目标	特护期目标
PM2.5	54	84	50	74	47	63	44	55
PM10	77	117	75	112	73	105	72	102
优良率	75.3%	52.5%	77%	56%	78%	60%	80%	65%

PM2.5和PM10浓度单位:ug/m^3;优良率:优良他天气与有效监测天数的比率

蓝天保卫战措施。动态分析，找准短板。2018年，鼎城区委、区人民政府安排对区域环境空气质量专项调研，对区域环境空气质量存在的主要问题进行初步分析，明确空气质量改善任务，查找

“满足人民群众对优美环境的美好需求，环境空气质量达到二级标准”存在的主要短板仍然是PM2.5、PM10（2019年发现臭氧也是短板），在调研基础上，撰写“强弱项补短板加强内源性管控，打赢蓝天保卫战之分析”报告。加密加快环境空气质量分析，从过去的年度分析报告—半年分析报告—月度分析报告—日分析报告—即时分析报告—异常数据分析报告，将数据情况与污染源排查情况相结合，根据季节变换，分析重点污染项目，分析判断保良的短板，进行针对性管控。区委、区人民政府领导到污染源现场、街道社区、大堤小巷与职能部门分析污染并现场研讨决策解决方案。增强力量。2019年9月，该区成立蓝天保卫战指挥部，由区人民政府区长任指挥长，常务副区长、分管环保和农业副区长任常务副指挥长，1名副处级领导任副指挥长并兼任指挥部办公室主任，下设2个小组：综合研判组、督查巡查组。强化培训。区人民政府每月召集相关负责人听取环境空气质量状况和主要污染源PPT汇报和宣讲，不定期以会代训由生态环境部门为负责人和工作人员，进行大气污染防治和环境空气质量标准培训，结合数据查看、污染源分析、污染源确认、污染源分类处理方法和处理流程等进行培训。集中攻坚形成氛围。9月，该区启动集中攻坚两月行动，每天派出督查组3个，巡查督查前河、后河和城区，形成“区蓝天保卫战集中攻坚指挥部工作专报”，压实乡镇街道、部门领导责任；抓秸秆禁烧工作，区级领导分片包干负责，督导巡查结果纳入绩效考核，处罚工作不力的镇、村干部及造成大气污染的企业或个人，必要时由公安拘留当事人。比学赶帮齐。2018年11—12月，为促进各职能部门大气污染执法处理力度，全区进行“晒一晒看一看”“比一比刮刮脸”行动，43个乡镇、科局单位，通过“鼎城坚决向污染宣战”微信群上传相关环保执法处罚等文书信息372条，集中约谈“0”记录单位主要领导。严控严管。结合研判成果和当地气象、实际情况、外来污染源输入、内源管控重点进行分析研判，找准当天或未来几天的管控重点；鼎城区第一次区级层面会商研判会议由区委副书记、区人民政府区长朱金平主持，区人民政府副区长钟科程、熊辉，区人民政府两办督查室、区纪委负责人、区气象专家、区环保大气办、监测站相关专业技术员参加，形成关注蓝天保卫战、参与蓝天保卫战、科学分析蓝天保卫战氛围。建立应对响应机制，根据突发情况启动一定级别管控措施，形成长效管控方案、应急方案、工作指令；蓝天办相关人员发布实时风向及需要重点关注的污染源，根据风向针对性排查指标升高情况。按照交办—督办—移交程序落实问题整改，督促执法部门履责，管控污染非法排放。建立“鼎城环保攻坚群（蓝天保卫战）”，建立环保巡查、住建巡查、城管巡查、交通巡查、市场监管排查、工信排查、交警设卡、街道社区排查等立体巡查队伍，两办督查室、蓝天办进行针对性督查，核实交办整改的问题落实情况。组成由区环保部门、郭家铺街道组成的联合巡查队伍实行凌晨巡查，确保空间上不留死角，时间上没有空档。每天在“鼎城环保攻坚群”“政府工作群”简要说明当天管控结果做，总结管控经验和教训。锁定目标群策群力。将年度目标分解为月度目标，根据每天情况动态调整目标并予以公布，干部群众在查找污染源过程、指数分析过程、制定科学管控流程中出谋划策，郭家铺街道干群共商清理管控整治散乱污对策，协调解决原319国道与江南大道交叉口便道扬尘污染管控及渣土车运输路线规划问题。现场会诊。在玉霞站点PM10不降反升、综合指数高居不下时，区人民政府接请市专家团队到该区会诊，到防洪大堤现场，到南方商砼混凝土车间砼顶，查看扬尘治理措施实际情况，指出存在问题，指导企业进行整改，采用移动设备查找污染源。清理内源，综合整治。2018年5月，在大气巡查组的配合下，开展江南城区（特别是站点周边）大气污染源网格化摸底调查，反复筛选摸底名单，绘制网格化污染源分布图，为江南城区大气污染源精细化管理打基础。制定《2018年度江南城区大气污染源综合整治工作方案》并进行每两周一次的整治进度跟踪，整治汽车修理厂13个、小作坊12个、桥南工业企业9个、餐饮小煤炉58个、加油站7个、沙砾堆场7个。桥南园区因面临拆迁问题，企业投入污染防治力度小，区生态环境局联合区工信局、桥南办现场清查涉气企业，区人民政府召开协调会，实行涉气企业分门别类整改、限产、停产处理，减少涉气企业大气污染排放。以数据为导向分析污染源来源，搬迁、升级、关停重点污染源，如顶兴商砼搬迁、南方商砼扬尘治理改造，防洪堤外沙砾运输通道关闭。

江南大道降尘作业　　（提供：陈文华）

藕煤取缔。鼎城区2016年始启动藕煤加工厂取缔工作，至2017年年末，取缔藕煤加工厂15家。开展经常性检查工作，2018年7月，通过排查，在江南城区高污染燃料禁燃区发现藕煤销售点1家，通过城管、环保、工商、街道等部门综合执法劝离该处销售点。2019年，划定高污染燃料禁燃区，取缔退出禁燃区内所有经营性和居民用小煤炉。

发挥小微站点作用。开展大气污染源精细化管控，查找污染源来源方向及污染物特征，常德市统一在市城区街道及周边街道建设网格化小微站点33个，其中位于鼎城区辖区内的有10个，区人民政府精细化管控江南城区污染源，加密网格化小微站点，增加小微站点6个。利用小微站点数据激励乡镇、街道发挥主观能动性，通过查看小微站点数据、分析数据变化，根据数据异常情况查找污染源。

特护期间污染治理。每年的1、2、11、12月大气扩散能力差、北方沙尘暴南下频繁，造成污染甚至重污染天气，该时间段是环境空气质量特护期，特护期目标与年度目标同时考核。2019年，该区制定特护期应急减排方案，按照市区两级特护期重污染天气减排指令（黄色、橙色、红色）落实分级减排措施。

鼎城区交警大队检查“黄标车”　　（提供：陈文华）

质量改善。全区大气污染防治形成齐抓共管、综合协调局面，SO_2、NOX、CO、PM104项指标下降。2018年，鼎城玉霞国控站点综合指数改善率在全市11个站点全年排第二，特护期排第一；2019年，玉霞国控站点改善率全年及特护期均排第一。

（陈文华）

大事记

Chronicle of Events

鼎城区庆祝中华人民共和国成立 70 周年活动

1月
2月
3月
4月
5月
6月
7月
8月
9月
10月
11月
12月

鼎城年鉴(2020)

1月

1日 常德市公安局高新区分局筹备组在常德高新区管委会挂牌成立，市人民政府副市长、市公安局局长李忠，鼎城区委书记、常德高新区党工委书记杨易为筹备组揭牌。

2日 常德市委副书记、市长曹立军带领相关市直部门负责人到常德高新区，调研走访中联重科起重机械产业基地，鼎城区委书记、常德高新区党工委书记杨易陪同。

3日 鼎城区委副书记、区人民政府区长朱金平到常德高新区部分企业走访调研。

同日 鼎城区委副书记、区人民政府区长朱金平在石板滩镇莫家铺取土场，督查中央环保督察“回头看”交办的突出环境问题整改落实情况。

4日 鼎城区委副书记、区人民政府区长朱金平在草坪镇教门冲村督导脱贫攻坚工作。

同日 鼎城区委副书记、区人民政府区长朱金平在部分农业种养、农产品生产加工企业，调研农业产业化工作。

同日 鼎城区委副书记、区人民政府区长朱金平在十美堂镇、草坪镇，调研指导农村人居环境整治工作。

8日 鼎城区委副书记、区人民政府区长朱金平主持召开2019年鼎城区生态环境保护委员会第一次全会。

9日 鼎城区委书记、常德高新区党工委书记杨易主持召开常德高新区党工委会议。

同日 鼎城区委副书记、区人民政府区长朱金平在区财政局调研财税工作。

10日 鼎城区委书记、常德高新区党工委书记杨易主持召开区委工作务虚会，区委副书记、区人民政府区长朱金平参加。

11日 全球最大塔机智能工厂——常德高新区中联重科塔机智能工厂举行开园仪式。常德市委书记、市人大常委会主任周德睿，中国工程院院士、浙江大学机械工程学院院长杨华勇出席开园仪式，中联重科董事长、CEO詹纯新和常德市委副书记、市长曹立军分别致辞，市区领导朱水平、李爱国、沈习淼、陈恢清、李辉忠、罗先东、汤祚国、杨易、朱金平参加开园仪式。

同日 鼎城区委副书记、区人民政府区长朱金平在新桥南副食城，调度2019湘西北糖酒副食农特产品展销会暨新桥南副食城开业仪式筹备工作。

同日 鼎城区委副书记、区人民政府区长朱金平带领相关部门到企业开展安全生产检查。

同日 鼎城区委书记、常德高新区党工委书记杨易主持召开常德高新区2019年招商引资工作专题调度会。

12日 鼎城区举行新桥南副食城开业暨2019湘西北糖酒副食农特产品展销会活动，市区领导龚德汉、朱金平参加开业仪式。

15日 鼎城区委经济工作会议在江南城区召开，区委书记、常德高新区党工委书记杨易出席会议并讲话，区委副书记、区人民政府区长朱金平主持会议。

同日 鼎城区委副书记、区人民政府区长朱金平现场调度江南城区和斗姆湖街道部分项目建设情况。

16日 鼎城区委副书记、区人民政府区长朱金平调研部分重点企业。

17日 鼎城区委副书记、区人民政府区长、区总河长朱金平在枉水斗姆湖街道、草坪镇河段开展巡河工作。

同日 鼎城区委书记、常德高新区党工委书记杨易看望慰问正在住院接受治疗的享受国务院特殊津贴专家、国家一级剧作家黄士元，走访慰问退休老领导张传德。

18日 鼎城区迎新年职工健康跑活动在金霞西路开赛，区委书记、常德高新区党工委书记杨易，区委副书记、区人民政府区长朱金平为获奖选手和单位颁奖。

同日 鼎城区委书记、常德高新区党工委书记杨易在常德画墙施工现场，实地了解壁画安装上墙及廊柱安装和基础工程施工等进展情况，区委副书记、区人民政府区长朱金平陪同。

同日 鼎城区委书记、常德高新区党工委书记杨易出席常德高新区多碳电池项目投资洽谈会。

21日 鼎城区委副书记、区人民政府区长朱金平主持召开区政府十七届三十次常务会议。

同日 鼎城区委理论学习中心组开展2019年第一次集中学习活动，区委书记、常德高新区党工委书记杨易主持学习活动。

22日 鼎城区委副书记、区人民政府区长朱金平带领相关部门负责人到石板滩镇，现场查看关闭石煤矿区大会战治理效果，调度后期治理工作。

同日 鼎城区召开2018年度基层党委（党组、党工委）书记抓基层党建暨落实意识形态工作责任制述职评议会议。区委书记、常德高新区党工委书记杨易出席会议并讲话。区委副书记、区人民政府区长朱金平主持会议。常德市委非公有制经济组织和社会组织工委专职副书记刘后平到会指导。

同日 鼎城区委副书记、区人民政府区长朱金平调研城市建设和城市管理提质工作。

23日 鼎城区举行"大棚房"问题专项清理整治工作推进会，区委副书记、区人民政府区长朱金平参加会议。

24日 鼎城区委书记、常德高新区党工委书记杨易到鼎城区第一中学，看望慰问优秀教师代表。

同日 鼎城区委书记、常德高新区党工委书记杨易在区广电中心项目施工现场，实地调度项目建设及2019年鼎城春晚会场准备工作。

28日 鼎城区委常委班子召开2018年度民主生活会，区委书记、常德高新区党工委书记杨易主持会议并作表态发言，常德市委常委、政法委书记黄清宇到会指导并点评。

29日 鼎城区举行2019年新春招商引资推介会，区委书记、常德高新区党工委书记杨易出席会议并讲话，区委副书记、区人民政府区长朱金平出席会议。

同日 2019年鼎城区迎新春群众文艺演出在鼎城区广电中心举行。区委书记、常德高新区党工委书记杨易，区委副书记、区人民政府区长朱金平出席。

30日 中国共产党常德市鼎城区第十二届纪律检查委员会第四次全体会议召开。区委书记、常德高新区党工委书记杨易，区委副书记、区人民政府区长朱金平参加会议。

31日 常德市委副书记、市人民政府市长曹立军调研全市农村人居环境整治工作期间到鼎城区草坪镇调研，市区领导龚德汉、李正才、朱金平陪同。

同日 常德市委书记、市人大常委会主任周德睿到鼎城区看望慰问一级战斗英雄、军休干部何学高，市区领导罗先东、谭弘发、杨易陪同。

2月

2日 鼎城区委书记、常德高新区党工委书记杨易主持召开常德高新区春节期间工作部署会，管委会主任杨学平出席会议。

3日 鼎城区委书记、常德高新区党工委书记杨易在常德画墙项目现场，实地查看首批壁画上墙后效果，了解春节期间画墙安保工作，调研指导后期建设工作。

6日 鼎城区委副书记，区人民政府区长朱金平在江南城区部分路段，看望慰问环卫工人和交警。

11日 鼎城区委副书记、区人民政府区长朱金平走访慰问部分区直单位和企业。

同日 鼎城区委书记、常德高新区党工委书记杨易，区委副书记、区人民政府区长朱金平到区委、区人大、区政府、区政协机关走访慰问。

同日 常德市委书记、市人大常委会主任周德睿，市委副书记、市长曹立军率相关市直部门负责人到常德经开区和常德高新区走访调研。市区领导朱水平、李爱国、沈习淼、陈恢清、李辉忠、罗先东、汤祚国、李正才、朱金平等参加活动。

同日 鼎城区委书记、常德高新区党工委书记杨易率队到石板滩镇现场调度该镇石煤矿区生态修复治理工作。区委副书记、区人民政府区长朱金平陪同调度。

12日 鼎城区委副书记、区人民政府区长朱金平在江南城区部分城建项目建设施工现场，调度部署春节节后城建项目复工工作。

同日 鼎城区委书记、常德高新区党工委书记杨易在区脱贫攻坚工作指挥部，看望慰问指挥部工作人员，研究部署新一年脱贫攻坚工作。

13日 鼎城区委书记、常德高新区党工委书记杨易在周家店镇白鹤寺村开展“新春佳节话党恩”活动。

14日 鼎城区委副书记、区人民政府区长朱金平在草坪镇丁家坪村，调研指导软弱涣散党组织整改工作。

同日 鼎城区委副书记、区人民政府区长朱金平在草坪镇三角堆村开展“新春佳节话党恩”活动。

15日 鼎城区委理论学习中心组开展2019年第二次集中(扩大)学习，区委书记、常德高新区党工委书记杨易作总结讲话。

同日 鼎城区委书记、常德高新区党工委书记杨易主持召开区委常委会研究脱贫攻坚工作专题会议。

18日 常德高新区召开2018年度工作总结暨2019年度工作动员部署会，鼎城区委书记、常德高新区党工委书记杨易出席。

同日 鼎城区委副书记、区人民政府区长朱金平主持召开棚改工作调度会。

19日 鼎城区委副书记、区人民政府区长朱金平到常德高新区部分企业调研。

20日 湖南北欧投资有限公司到鼎城区考察，洽谈环保农业全产业链综合项目，区委副书记、区人民政府区长朱金平出席洽谈会。

21日 鼎城区委副书记、区人民政府区长朱金平主持召开区政府十七届三十一次常务会议。

22日 常德市委常委、市人民政府常务副市长陈恢清，市人民政府副市长尹正锡带队到鼎城区，调研重大在建项目建设。区委副书记、区人民政府区长朱金平陪同。

24日 鼎城区委副书记、区人民政府区长、区总河长朱金平在常德高新区污水处理厂督导检查污水处理厂运行和管理情况，在渐河高新区河段巡河。

26日 鼎城区委副书记、区人民政府区长朱金平在鼎城区第一中学和永安小学，调研城区中小学校新学期教育教学工作。

27日 鼎城区委政法工作会议暨全国两会安保工作会议召开，鼎城区委书记、常德高新区党工委书记杨易出席会议。

28日 鼎城区委副书记、区人民政府区长朱金平在常德卷烟厂，调研该厂工艺改进、劳务需求及常德市兴隆劳务有限责任公司为其派遣劳务等方面情况。

同日 鼎城区举行深化机构改革动员大会，区委书记、常德高新区党工委书记杨易，区委副书记、区人民政府区长朱金平出席会议。

同日 鼎城区文化旅游广电体育局、市场监督管理局等11家区直新组建部门集中挂牌。区委书记、常德高新区党工委书记杨易，区委副书记、区人民政府区长朱金平出席挂牌仪式。

3月

1日 鼎城区委副书记、区人民政府区长朱金平主持召开鼎城区第四次经济普查工作暨第一季度经济运行调度会。

2日 鼎城区举行2019年一季度重点建设项目集中开工仪式。湖南省人大常委会党组成员李友志出席主会场活动并宣布项目开工，市区领导陈恢清、杨易、朱金平出席开工仪式。

同日 鼎城区享受国务院特殊津贴、国家一级编剧、农民戏剧家黄士元遗体告别仪式在常德市殡仪馆福仁厅举行，鼎城区委书记、常德高新区党工委书记杨易，区委副书记、区人民政府区长朱金平到场悼念。

3日 “常德画墙”艺术委员会第五次会议举行，鼎城区委书记、常德高新区党工委书记杨易，区委副书记、区人民政府区长朱金平出席会议。

6日 鼎城区委副书记、区人民政府区长朱金平主持召开产业发展、招商引资暨项目建设调度会。

同日 鼎城区委书记、常德高新区党工委书记杨易到沅江过江隧道南岸出口，实地调研沅江过江隧道及阳明大道建设。

7日 京东集团京东云华中大区副总经理周栩可一行到鼎城区考察，区委书记、常德高新区党工委书记杨易，区委副书记、区人民政府区长朱金平就京东常德数字经济发展与其行进行洽谈。

8日 鼎城区委副书记、区人民政府区长朱金平到部分乡镇调研农业农村工作。

10日 湖南南方海绵城市发展有限公司智能显示产业园一期项目在常德高新区投产。常德市人民政府副市长涂碧波，鼎城区委书记、常德高新区党工委书记杨易到场祝贺。

11日 鼎城区委书记、常德高新区党工委书记杨易，区委副书记、区人民政府区长朱金平带领区委、区人大、区政府、区政协、区人武部领导干部到滨江大道开展义务植树活动。

同日 鼎城区举行区安委会全体(扩大)会议，区委副书记、区人民政府区长、区安委主任朱金平出席并讲话。

同日 鼎城区委副书记、区人民政府区长朱金平到黄土店镇土法选金废渣污染风险管控工程施工现场，督导工程进展。

12日 鼎城区生态环境保护委员会举行2019年第二次全体会议，区委副书记、区人民政府区长朱金平出席并讲话。

同日 鼎城区委副书记、区人民政府区长朱金平到常德高新区部分企业走访调研。

同日 鼎城区委副书记、区人民政府区长朱金平出席鼎城区城市管理委员会2019年第一次全体会议。

13日 鼎城区委常委专题办公会议在常德市第四人民医院北区举行，区委书记、常德高新区党工委书记杨易讲话，区委副书记、区人民政府区长朱金平出席会议。

14日 鼎城区土地管理委员会举行2019年第一次全会，区委副书记、区人民政府区长朱金平出席并讲话。

15日 鼎城区委副书记、区人民政府区长朱金平到江南城区部分主要街道，调研指导城市管理提质年工作。

16日 鼎城区委书记、常德高新区党工委书记杨易主持召开望和啤酒项目推进会，区委副书记、区人民政府区长朱金平出席。

18日 鼎城区举行招商引资、项目建设、产业发展推进会。区委书记、常德高新区党工委书记杨易，区委副书记、区人民政府区长朱金平出席。

同日 鼎城区委副书记、区人民政府区长朱金平主持召开区人民政府十七届三十二次常务会议。

19日 中国人民政治协商会议常德市鼎城区第九届委员会第四次会议在鼎城人民会堂开幕。区委书记、常德高新区党工委书记杨易，区委副书记、区人民政府区长朱金平等领导到会祝贺。

20日 政协鼎城区九届四次会议全体政协委员分组协商讨论区人民政府工作报告、区政协常委会工作报告、提案工作报告等，审议有关决议(草案)。区委书记、常德高新区党工委书记杨易参加第一组分组讨论。

21日 鼎城区第十七届人民代表大会第四次会议开幕。区委书记、常德高新区党工委书记杨易出席会议，区委副书记、区人民政府区长朱金平代表区人民政府向大会作政府工作报告。

同日 中国人民政治协商会议常德市鼎城区第九届委员会第四次会议闭幕。区委书记、常德高新区党工委书记杨易作重要讲话,区委副书记、区人民政府区长朱金平参会。

22日 鼎城区第十七届人民代表大会第四次会议举行第二次全体会议,听取区人大常委会、区人民法院、区人民检察院工作报告。区委书记、常德高新区党工委书记杨易、区委副书记、区人民政府区长朱金平出席。

同日 鼎城区第十七届人民代表大会第四次会议闭幕。区委书记、常德高新区党工委书记杨易发表讲话,鼎城区委副书记、区人民政府区长朱金平出席。

25日 鼎城区委副书记、区人民政府区长朱金平主持召开区人民政府十七届三次全体会议。

同日 鼎城区委副书记、区人民政府区长朱金平主持召开区人民政府十七届三十三次常务会议。

26日 鼎城区委理论学习中心组开展2019年第三次集中(扩大)学习,区委书记、常德高新区党工委书记杨易主持会议并作小结,区委副书记、区人民政府区长朱金平参加学习。

27日 鼎城区委书记、常德高新区党工委书记杨易主持召开全区项目建设任务交办大会。区委副书记、区人民政府区长朱金平现场交办项目建设任务。

28日 常德市交通跨越大会战重点项目现场推进会在鼎城区举行，常德市人民政府副市长汤祚国出席会议并讲话。区委副书记、区人民政府区长朱金平在会上作交通项目建设工作典型经验分享。

29日 鼎城区委副书记、区人民政府区长朱金平到灌溪镇,调研指导扫黑除恶专项斗争工作。

30日 鼎城区扫黑除恶专项斗争工作座谈会在韩公渡镇龙庵村举行。区委书记、常德高新区党工委书记杨易参加。

同日 常德市委副书记、市人民政府市长曹立军到鼎城区，督导石板滩镇关闭石煤矿区治理工作。市区领导李正才、杨易、朱金平陪同督导。

4月

1日 鼎城区委副书记、区人民政府区长朱金平到桥南轻纺城、桥南陶瓷市场等专业市场,主持召开工作调度会。

2日 中联重科(常德)企业发展重点问题交办暨全产业链招商项目签约会在常德高新区举行。常德市人大常委会副主任谭弘发主持会议，市人民政府副市长汤祚国，常德军分区副司令员徐赞军,鼎城区委书记、常德高新区党工委书记杨易出席。

9日 湖南省委宣传部副部长、省广播电视局党组书记、局长张严一行到鼎城区调研融媒体中心建设工作,市区领导胡丘陵、朱金平陪同调研。

同日 湖南省农业农村厅专家考核组考核验收鼎城区“常德香米现代农业产业园”创建国家现代农业产业园。区委副书记、区人民政府区长朱金平陪同。

10日 京东集团京东云副总裁李永明一行到常德,洽谈京东云(常德)数字经济产业园项目,常德市委书记、市人大常委会主任周德睿出席洽谈会并讲话。市区领导陈恢清、罗先东、杨易、朱金平等出席洽谈会。

11日 新松机器人投资有限公司项目考察团到常德高新区考察洽谈,鼎城区委副书记、区人民政府区长朱金平出席洽谈会。

12日 常德市委书记、市人大常委会主任周德睿到鼎城区，调研常德画墙及沅江隧道项目建设。市区领导朱水平、李爱国、沈习淼、陈恢清、李辉忠、罗先东、尹正锡、杨易、朱金平参加或陪同调研。

13日 鼎城区委副书记、区人民政府区长朱金平到城市建设项目现场，调研指导各项目绿化美化工作。

15 日　常德对接粤港澳大湾区投资推介会暨重大项目签约仪式在深圳举行。常德市委书记、市人大常委会主任周德睿发表讲话，鼎城区委副书记、区人民政府区长朱金平及相关负责人分别和客商签约。

同日　鼎城区委副书记、区人民政府区长朱金平到新副食城督导检查环境秩序整治及消防安全工作。

16 日　常德市委常委、宣传部部长胡丘陵，鼎城区委副书记、区人民政府区长朱金平到深圳坎德拉科技有限公司考察。

18 日　国家发展改革委基础司副司长冯兆祥带领国家发改委长江办、湖南省长江办调研组到鼎城区，调研石板滩镇关闭石煤矿区生态修复治理主要做法和成效。市区领导陈恢清、涂碧波、朱金平、钟科程陪同。

19 日　鼎城区委副书记、区人民政府区长朱金平主持召开全区重点工作调度会，调度部署经济运行、农业农村等重点工作。

24 日　湖北省委组织部副部长蔚盛斌一行到鼎城区，调研党支部“五化”建设工作。常德市委常委、组织部部长梁仲，鼎城区委副书记、区人民政府区长朱金平陪同调研。

同日　中国铁建华中区域总部湖南区域总经理韩峰带领中铁二十二局集团考察团到鼎城区考察洽谈，区委副书记、区人民政府区长朱金平出席座谈会。

25 日　鼎城区举行 2019 年乡村振兴暨防汛抗旱工作会议，研究部署相关工作，区委副书记、区人民政府区长朱金平出席会议。

26 日　鼎城区委副书记、区人民政府区长朱金平主持召开区人民政府十七届三十四次常务会议。

27 日　正大国际科技产业园项目正式落户常德高新区。常德市委书记、市人大常委会主任周德睿，正大集团资深副董事长、正大制药集团董事长、正大国际科技集团董事长谢炳出席签约仪式。鼎城区委书记、常德高新区党工委书记杨易代表常德高新区签订合作协议。市、区领导李爱国、沈习森、陈恢清、罗先东、汤祚国、朱金平参加签约仪式。

29 日　鼎城区举行庆“五一”劳模座谈会。鼎城区委副书记、区人民政府区长朱金平要求全区上下学习劳模吃苦精神、钻研精神和奉献精神，凝聚劳模力量和智慧。

同日　常德市派驻鼎城区许家桥回维乡珊瑚岗村脱贫攻坚工作调度会在珊瑚岗村举行。市委常委、政法委书记黄清宇讲话，区委书记、常德高新区党工委书记杨易出席会议。

30 日　鼎城区委理论学习中心组开展 2019 年第四次集中学习，鼎城区委书记、常德高新区党工书记杨易主持会议并作小结。

5 月

1 日　环保农业全产业链综合项目选址洽谈会在常德高新区举行，鼎城区委副书记、区人民政府区长朱金平与项目方国发北欧负责人进行洽谈。

2 日　鼎城区委副书记、区人民政府区长朱金平主持召开区属国有企业管理工作座谈会。

3 日　鼎城区委副书记、区人民政府区长朱金平到阳明大道花溪路—金霞路段，实地调研阳明大道提质改造工作。

4 日　鼎城区 2019 年度纪念五四运动 100 周年暨“双十佳青年”颁奖典礼在新广电大楼举行，区委副书记、区人民政府区长朱金平致辞。

6 日　鼎城区委副书记、区人民政府区长朱金平实地调度沅江隧道南岸出入口建设工作。

同日　日本京都大学博士后、无线充电技术专家王策带领考察团到常德高新区考察洽谈。鼎城区委书记、高新区党工委书记杨易出席会议。

7 日　鼎城区委书记、常德高新区党工委书记杨易出席在常德高新区举行的新型无线充电项目签约仪式。

同日　鼎城区委副书记、区人民政府区长朱金平到常德高新区和部分乡镇，督导环保问题整改工作。

8日　鼎城区委书记、常德高新区党工委书记杨易到常德高新区，实地查看部分项目工程进度，现场交办项目推进过程中的问题。

9日　鼎城区委书记、常德高新区党工委书记杨易主持召开区委常委专题议教会议，区委副书记、区人民政府区长朱金平参加。

同日　鼎城区举行城市管理提质工作推进会，区委副书记、区人民政府区长朱金平安排部署城市提质、城市管理、整治脏乱差等工作。

同日　鼎城区委书记、常德高新区党工委书记杨易在常德高新区会见湖南世凯胜新能源有限公司考察团一行。

10日　鼎城区举行地产招商推介会，区委副书记、区人民政府区长朱金平现场推介，邀请投资者到鼎城区投资兴业。

11日　鼎城区委副书记、区人民政府区长、区总河长朱金平到石公桥镇、镇德桥镇检查防汛工作和河长制工作落实情况，现场交办有关环保问题。

13日　常德高新区与湖南世凯胜新能源有限公司签订超级电容产业化项目投资合同，市区领导陈恢清、杨成英、杨易出席并见证签约。

同日　鼎城区委书记、常德高新区党工委书记杨易到石板滩镇关闭石煤矿区生态修复治理现场，调研指导治理工作。

16日　鼎城区委书记、常德高新区党工委书记杨易在常德高新区会见南方新材料科技有限公司负责人一行。

17日　鼎城区委书记、常德高新区党工委书记、区防汛抗旱指挥部政委杨易主持召开鼎城区2019年防汛会商会。

21日　鼎城区委副书记、区人民政府区长朱金平到石板滩关闭石煤矿区生态治理现场，实地督导治理工作。

同日　鼎城区委书记、常德高新区党工委书记杨易与重庆力帆实业集团、京东集团、广东翡翠松山湖等正大集团合作伙伴负责人商讨合作事宜。

同日　湖南省委常委、省委统战部部长黄兰香率领省统一战线成员，到常德高新区开展学习考察活动。市区领导周德睿、朱水平、陈华、杨易陪同。

22日　鼎城区委副书记、区人民政府区长朱金平到草坪镇，调研指导农村空心房整治、脱贫攻坚等乡村振兴工作。

同日　鼎城区委书记、常德高新区党工委书记杨易到草坪镇三角堆村，实地调研乡村振兴示范点建设工作。

23日　鼎城区委副书记、区人民政府区长朱金平实地调度沅江隧道南岸出入口建设工作。

同日　鼎城区委副书记、区人民政府区长朱金平到周家店镇实地检查指导禁养区退养和秸秆禁烧工作。

25日　鼎城区委理论学习中心组开展2019年第五次集中学习。鼎城区委书记、常德高新区党工委书记杨易主持会议并作小结。

26日　鼎城区委书记、常德高新区党工委书记杨易主持召开智能显示产业园项目调度会。

同日　鼎城区委副书记、区人民政府区长朱金平到谢家铺镇唐家铺社区，调研指导脱贫攻坚工作。

29日　鼎城区委书记、常德高新区党工委书记杨易到前河部分乡镇，调研基层党建、脱贫攻坚、农村人居环境整治等工作。

31日　鼎城区委副书记、区人民政府区长朱金平主持召开区人民政府十七届三十七次常务会议。

6月

5日　鼎城区委书记、常德高新区党工委书记杨易到2019年高考鼎城区第一中学考点，检查备考工作。

14 日 常德市委副书记朱水平、市人民政府副市长涂碧波到鼎城区，调研指导江南城区义务教育大班额化解工作，区委书记、常德高新区党工委书记杨易陪同。

17 日 鼎城区委理论学习中心组开展 2019 年第六次集中(扩大)学习，区委书记、常德高新区党工委书记杨易主持学习活动并讲话。

18 日 常德高新区智能显示绑定生产线项目签约仪式举行，鼎城区委书记、常德高新区党工委书记杨易出席并见证签约。

19 日 鼎城区委副书记、区人民政府区长、区总河长朱金平到江南城区和灌溪镇，督导检查防汛和河长制落实工作。

同日 中船重工集团产业发展部副主任陈建萍率队考察常德高新区。鼎城区委书记、常德高新区党工委书记杨易陪同。

20 日 鼎城区十七届人民代表大会第五次会议开幕，区委书记、常德高新区党工委书记杨易出席会议。

同日 鼎城区委书记、常德高新区党工委书记杨易主持召开区委常委会议，研究部署相关工作。

21 日 湖南省人大常委会秘书长、机关党组书记胡伯俊率省人大常委会调研组一行到常德高新区调研。鼎城区委书记、常德高新区党工委书记杨易陪同。

同日 鼎城区十七届人民代表大会第五次会议闭幕。区委书记、常德高新区党工委书记杨易出席并讲话。

22 日 鼎城区委副书记、区人民政府区长朱金平到隆阳地块棚户区改造项目征拆现场，实地督导征拆工作。

25 日 常德市人民政府副市长尹正锡到鼎城区，调研指导城乡建设用地增减挂钩暨“空心房”整治工作。区委副书记、区人民政府区长朱金平陪同调研。

26 日 鼎城区举行 2019 年脱贫攻坚暨质量提升年工作推进会，区委书记、常德高新区党工委书记杨易强调讲话，区委副书记、区人民政府区长朱金平出席会议。

同日 鼎城区委副书记、区人民政府区长朱金平调研草坪镇乡村振兴示范片区建设。

同日 鼎城区委书记、常德高新区党工委书记杨易与到访常德高新区的芬兰宏卡畜废治理有限公司、湖南北欧投资管理有限公司一行洽谈环保农业全产业链综合项目。

27 日 常德市第四人民医院晋升三级综合医院揭牌仪式在该院南区举行，常德市人民政府副市长杨成英、湖南省卫健委医政医管处负责人为该院揭牌。鼎城区委书记、常德高新区党工委书记杨易，区委副书记、区人民政府区长朱金平出席揭牌仪式。

7 月

2 日 常德市 2019 年重点城建项目集中开工仪式在鼎城区举行，常德市委常委、市人民政府常务副市长陈恢清，市人民政府副市长尹正锡，鼎城区委书记、常德高新区党工委书记杨易出席开工仪式。

3 日 常德市委常委、常德军分区司令员李辉忠到常德高新区，调研产业立市等工作。鼎城区委书记、常德高新区党工委书记杨易陪同。

5 日 2019 年区县(市)政协主席例会在鼎城区召开，常德市政协主席李爱国出席，区委书记、常德高新区党工委书记杨易，区委副书记、区人民政府区长朱金平陪同。

同日 鼎城区委副书记、区人民政府区长朱金平到石板滩镇关闭石煤矿区生态修复治理现场，督导治理工作。

8 日 鼎城区举行聚焦解决“两不愁三保障”突出问题调度会，区委书记、常德高新区党工委书记杨易，区委副书记、区人民政府区长朱金平参加会议。

9日 鼎城区委副书记、区人民政府区长朱金平到常德高新区，调研减税降费工作。

同日 鼎城区委副书记、区人民政府区长朱金平到牛鼻滩镇调度珍珠退养、粮食安全生产工作。

同日 常德市人民政府副市长杨成英到鼎城区调研基层市场监督管理工作，区委副书记、区人民政府区长朱金平陪同。

同日 鼎城区委书记、常德高新区党工委书记杨易主持召开项目建设调度会。

同日 湖南省自然资源厅党组成员、副厅长金勇章到常德高新区，调研园区重大项目建设用地情况。常德市人民政府副市长尹正锡，鼎城区委书记、常德高新区党工委书记杨易陪同。

13日 鼎城区委副书记、区人民政府区长朱金平到特养场光伏发电项目建设现场，调度项目后段建设、安全生产、现场管理等工作。

15日 湖南省人民政府副省长陈文浩到常德督导检查防汛工作，市区领导朱水平、杨易陪同。

17日 鼎城区委副书记、区人民政府区长朱金平督导检查解决脱贫攻坚“两不愁，三保障”突出问题等工作。

同日 鼎城区举行全区党(工)委书记工作会，区委书记、常德高新区党工委书记杨易强调七项农业农村重点工作。区委副书记，区人民政府区长朱金平主持会议。

同日 鼎城区政协举行九届十三次常委会议，鼎城区委副书记、区人民政府区长朱金平参加会议。

18日 鼎城区委理论学习中心组开展2019年第七次集中学习，区委书记、常德高新区党工委书记杨易主持学习活动。

19日 鼎城区委副书记、区人民政府区长朱金平主持召开加强政府投资项目管理工作会议。

23日 常德高新区举行上海客商到常德考察洽谈会，鼎城区委书记、常德高新区党工委书记杨易出席会议。

24日 鼎城区委副书记、区人民政府区长朱金平到石板滩镇关闭石煤矿区生态修复治理工程各治理现场，实地督导治理工作。

25日 鼎城区委副书记、区人民政府区长朱金平到许家桥回族维吾尔族乡，检查“两不愁 三保障”政策落实情况。

同日 鼎城区委副书记、区人民政府区长朱金平主持召开区人民政府十七届三十九次常务会议。

29日 鼎城区委副书记、区人民政府区长朱金平开展脱贫攻坚“三走访三签字”活动。

31日 鼎城区委副书记、区人民政府区长朱金平到谢家铺镇和花岩溪镇，督导检查脱贫攻坚工作。

8月

1日 鼎城区委副书记、区人民政府区长朱金平看望为抢救国家重点试验平台而牺牲的军人姜开斌家属。

同日 鼎城区委副书记、区人民政府区长朱金平到韩公渡镇和牛鼻滩镇，开展扫黑除恶专项斗争谈心谈话。

2日 鼎城区举行食品安全工作暨创建国家食品安全示范城市推进会，区委副书记、区人民政府区长朱金平出席会议并讲话。

4日 鼎城区委副书记、区人民政府区长朱金平调研常德高新区正大国际科技(常德)集团有限公司。

8日 鼎城区委副书记、区人民政府区长朱金平到韩公渡镇、牛鼻滩镇，调研指导脱贫攻坚工作。

12日 鼎城区委书记、常德高新区党工委书记杨易主持召开项目建设调度会，区委副书记、区人民政府区长朱金平等领导出席会议。

同日 鼎城区委副书记、区人民政府区长朱金平到城区部分中小学校，调研义务教育大班额化解工作。

13日 鼎城区委副书记、区人民政府区长朱金平主持召开民生工程建设工作推进会。

19日 鼎城区委副书记、区人民政府区长朱金平到黄土店镇查勘旱情。

20日 鼎城区委副书记、区人民政府区长朱金平督导检查大气污染防治工作。

21日 鼎城区委副书记、区人民政府区长朱金平到双桥坪镇走访贫困村、贫困户,督导脱贫攻坚工作。

22日 鼎城区委副书记、区人民政府区长朱金平到江南城投公司建设项目阳明大道施工现场,慰问施工人员。

同日 鼎城区委书记、常德高新区党工委书记杨易主持召开常德市第二中医院规划设计方案、常德高新区入城口城市设计方案评审会,区委副书记、区人民政府区长朱金平出席会议。

同日 鼎城区委副书记、区人民政府区长朱金平参加“两不愁三保障”问题整改工作推进会。

23日 鼎城区委书记、常德高新区党工委书记杨易带队到江南城区大气污染整治工作现场,调研指导治理工作。

同日 鼎城区委副书记、区人民政府区长朱金平,到各级医疗机构,调研医共体改革工作。

27日 常德高新区举行镁合金深加工项目考察洽谈会,鼎城区委书记、常德高新区党工委书记杨易出席洽谈会。

同日 鼎城区委副书记、区人民政府区长朱金平到石板滩镇关闭石煤矿区生态修复治理现场,调度关闭石煤矿区修复治理工作。

28日 鼎城区举行消防安全工作紧急调度会,区委副书记、区人民政府区长朱金平参加会议。

29日 常德市委副书记、市人民政府市长曹立军到鼎城区,督导大气污染防治工作,区委书记、常德高新区党工委书记杨易,区委副书记、区人民政府区长朱金平陪同。

30日 常德市浙江商会考察团到鼎城区草坪镇,洽谈乡村旅游、产业发展等合作事宜,区委副书记、区人民政府区长朱金平参加洽谈会。

同日 鼎城区委副书记、区人民政府区长朱金平主持召开区人民政府十七届四十次常务会议。

9月

1日 鼎城区委副书记、区人民政府区长朱金平率队到江南城区2019年储备地块和联嘉机械公司进行调研。

2日 鼎城区委副书记、区人民政府区长朱金平调研常德高新区重点企业项目。

3日 鼎城区委副书记、区人民政府区长朱金平到善卷中学和江南中学,实地检查学校建设相关工作。

4日 湖南省人民政府副省长陈文浩到常德调研生态环境保护工作。市区领导周德睿、尹正锡、涂碧波、杨易、朱金平等陪同。

同日 鼎城区委副书记、区人民政府区长朱金平到灌溪镇、石板滩镇、蔡家岗镇等地,巡查督导秸秆(垃圾)禁烧工作。

5日 鼎城区委副书记、区人民政府区长朱金平到斗姆湖街道、沅澧快速干线一号大道沿线各乡镇,督导巡查秸秆(垃圾)禁烧、砂石场扬尘防治等工作。

6日 鼎城区举行庆祝第35个教师节座谈会,区委书记、常德高新区党工委书记杨易,区委副书记、区人民政府区长朱金平出席。

8日 鼎城区委副书记、区人民政府区长朱金平到常德高新区,调研重点企业项目。

同日 鼎城区举行“蓝天保卫战”工作调度会,区委书记、常德高新区党工委书记杨易参加会议。

9日 鼎城区委副书记、区人民政府区长朱金平督导江南城区大气污染防治工作。

10日　鼎城区委副书记、区人民政府区长朱金平实地调度郭家铺220千伏变电站项目调度后续工作。

11日　鼎城区委书记、常德高新区党工委书记杨易主持召开鼎城区委常委会议。

15日　鼎城区委副书记、区人民政府区长朱金平主持召开区人民政府2019年第五次区长办公会,研究安全生产等工作。

同日　鼎城区委书记、常德高新区党工委书记杨易主持召开鼎城区委常委会议。

同日　鼎城区委副书记、区人民政府区长朱金平,到灌溪镇、石板滩镇、蔡家岗镇等乡镇巡察大气污染防治工作。

16日　常德沅江隧道开通准备工作调度会在鼎城区举行,常德市人民政府副市长尹正锡,鼎城区委副书记、区人民政府区长朱金平出席调度会。

同日　鼎城区委书记、常德高新区党工委书记、区委"不忘初心、牢记使命"主题教育领导小组组长杨易主持召开区委"不忘初心、牢记使命"主题教育领导小组第一次会议。

17日　鼎城区委副书记、区人民政府区长朱金平主持召开加强国资管理暨融资对接工作会。

19日　鼎城区委副书记、区人民政府区长朱金平到蔡家岗镇,查看空心房整治地块复垦情况。

20日　鼎城区委书记、常德高新区党工委书记杨易率队到尧天坪镇文甲起义纪念地,开展"不忘初心、牢记使命"革命传统教育。

同日　常德市人大常委会党组书记、副主任沈习森带队到鼎城区谢家铺镇,调研居家和社区养老服务工作,区委副书记、区人民政府区长朱金平陪同。

21日　鼎城区委副书记、区人民政府区长朱金平到江南城区、部分乡镇开展"蓝天保卫战"专项巡查。

23日　鼎城区委书记、常德高新区党工委书记杨易到鼎城区融媒体中心调研。

同日　鼎城区举行"庆国庆·迎重阳"老干部座谈会,区委书记、常德高新区党工委书记杨易出席,区委副书记、区人民政府区长朱金平主持。

24日　鼎城区委副书记、区人民政府区长朱金平到蔡家岗镇、双桥坪镇等乡镇,调研指导脱贫攻坚工作。

同日　常德市老科协工作经验交流会在鼎城区举行,市区领导朱水平、朱金平等出席会议。

同日　鼎城区委书记、常德高新区党工委书记杨易出席望和啤酒生产基地项目洽谈会。

25日　鼎城区委副书记、区人民政府区长朱金平到尧天坪镇朱家冲村和喜洋村,督导脱贫攻坚工作。

同日　鼎城区委书记、常德高新区党工委书记杨易参加区委常委班子"不忘初心、牢记使命"主题教育读书班（扩大）暨区委理论学习中心组2019年第9次集中学习活动,区委副书记、区人民政府区长朱金平主持会议。

同日　鼎城区委书记、常德高新区党工委书记杨易,区委副书记、区人民政府区长朱金平带队督导检查新中国成立70周年大庆安保工作。

26日　常德市委副书记、市人民政府市长曹立军走访调研鼎城区脱贫攻坚工作及重点民生实事项目落实情况,市人民政府副市长龚德汉,市人民政府秘书长李正才,鼎城区领导杨易、朱金平陪同。

27日　鼎城区委副书记、区人民政府区长朱金平为鼎城医疗集团总医院揭牌。

同日　鼎城区委副书记、区人民政府区长朱金平现场调度隧道配套建设工作。

同日　鼎城区委常委班子"不忘初心、牢记使命"主题教育读书班(扩大)暨区委理论学习中心组2019年第9次集中学习结业。鼎城区委书记、常德高新区党工委书记杨易参加,区委副书记、区人民政府区长朱金平主持。

29日　鼎城区举行庆祝人民政协成立70周年座谈会,区委书记、常德高新区党工委书记杨易出席会议并讲话。

30日 鼎城区委副书记、区人民政府区长朱金平到江南城区检查市容环境、国庆氛围营造工作。

同日 第二届鼎城文化艺术周在鼎城区融媒体中心演播厅闭幕，区委书记、常德高新区党工委书记杨易出席。

10月

2日 常德市自然资源和规划局调研组到鼎城区，实地调研指导江南城区棚户区改造项目规划工作，区委副书记、区人民政府区长朱金平陪同调研。

同日 鼎城区委副书记、区人民政府区长朱金平到石板滩镇关闭石煤矿区生态修复治理现场，督导生态修复治理工作。

3日 鼎城区委副书记、区人民政府区长朱金平主持召开区人民政府十七届四十一次常务会议。

4日 鼎城区委副书记、区人民政府区长朱金平出席锂电池研发生产项目投资洽谈会。

6日 鼎城区委副书记、区人民政府区长朱金平到花岩溪国家森林公园管理处，督导检查脱贫攻坚工作。

8日 鼎城区委副书记、区人民政府区长朱金平现场调度原桥南轻纺城及桥南副食城地块棚改工作。

10日 鼎城区委副书记、区人民政府区长朱金平到草坪镇，开展“不忘初心 牢记使命”专题调研。

13日 庆祝新中国成立70周年摄影展在江南城区开展，鼎城区委书记、常德高新区党工委书记杨易到场观展。

同日 鼎城区委书记、常德高新区党工委书记杨易到镇德桥镇，开展“不忘初心、牢记使命”专题调研。

14日 鼎城区委副书记、区人民政府区长朱金平到江南城区开展食品安全及特种设备安全检查。

15日 鼎城区委副书记、区人民政府区长朱金平实地督查大气污染防治工作。

同日 鼎城区委副书记、区人民政府区长朱金平实地督导文明城市建设工作。

16日 “不忘初心，牢记使命”主题教育第二次学习研讨会举行，鼎城区委书记、常德高新区党工委书记杨易参加学习。

同日 沅江隧道建成通车，常德市委书记、市人大常委会主任周德睿，鼎城区委书记、常德高新区党工委书记杨易出席通车仪式。

17日 鼎城区委副书记、区人民政府区长朱金平实地调度城市建设及城市管理提质工作。

同日 湖南省委第七巡回指导组组长陈书山到鼎城区及常德高新区开展实地调研指导，市区领导周德睿、梁仲、杨易、朱金平等分别陪同调研。

19日 鼎城区委副书记、区人民政府区长朱金平督导检查大气污染防治工作。

21日 鼎城区委副书记、区人民政府区长朱金平主持召开区人民政府十七届四十二次常务会议。

同日 鼎城区委副书记、区人民政府区长朱金平主持召开蓝天保卫战专题会。

23日 鼎城区委副书记、区人民政府区长朱金平主持召开蓝天保卫战专题协商会。

同日 常德市委副书记、市人民政府市长曹立军调研水污染防治工作，鼎城区委书记、常德高新区党工委书记杨易陪同调研。

24日 常德市县级融媒体中心建设现场推进会召开，鼎城区委书记、常德高新区党工委书记杨易出席会议。

同日 鼎城区委书记、常德高新区党工委书记、区委审计委员会主任杨易主持召开区委审计委员会第一次会议。

27日 鼎城区委副书记、区人民政府区长朱金平到草坪镇夹溪岭村督导软弱涣散村整改工作。

28日 常德市委书记、市人大常委会主任周德睿，市委副书记、市人民政府市长曹立军参观视察草坪镇乡村振兴示范片建设情况，市区领导朱水平、罗先东、龚德汉、杨易、朱金平等陪同。

29日 鼎城区委副书记、区人民政府区长朱金平到石板滩镇关闭石煤矿区生态修复治理现场，督导生态修复治理工作。

30日 鼎城区委副书记、区人民政府区长朱金平督导检查大气污染防治工作。

11月

1日 鼎城区委书记、常德高新区党工委书记杨易主持召开“不忘初心、牢记使命”主题教育对照党章党规找差距专题会。

同日 鼎城区委副书记、区人民政府区长朱金平到草坪镇督导农村人居环境整治工作。

5日 2019年鼎城区生态环境保护委员会举行第四次全体会议，区委副书记、区人民政府区长、区生态环境保护委员会主任朱金平出席会议。

同日 鼎城区委副书记、区人民政府区长朱金平主持召开区人民政府党组“不忘初心、牢记使命”主题教育对照党章党规找差距专题会。

6日 鼎城区委书记、常德高新区党工委书记杨易主持召开区委常委会议和区委常委议军议警会议。

7日 常德市“不忘初心、牢记使命”主题教育先进事迹巡回(鼎城)报告会举行，区委书记、常德高新区党工委书记杨易，区委副书记、区人民政府区长朱金平出席。

8日 鼎城区委副书记、区人民政府区长朱金平到乡镇街道学校，调研重点民生实事项目落实情况。

9日 鼎城区委副书记、区人民政府区长朱金平到蔡家岗镇黄山峪村走访贫困户。

11日 鼎城区委副书记、区人民政府区长朱金平现场调度石板滩镇关闭石煤矿区生态修复治理工作。

12日 鼎城区委书记、常德高新区党工委书记杨易，区委副书记、区人民政府区长朱金平出席优化经济环境工作评议测评会。

同日 鼎城区委副书记、区人民政府区长朱金平主持召开蓝天保卫战会商会。

15日 鼎城区委副书记、区人民政府区长朱金平到草坪镇督导脱贫攻坚工作。

16日 鼎城区委副书记、区人民政府区长朱金平到镇德桥镇乔家岗村、同心坝村调研督导脱贫攻坚工作。

20日 鼎城区委副书记、区人民政府区长朱金平到江南城区空气质量国控站点周边区域调研督导。

22日 鼎城区委副书记、区人民政府区长朱金平到石板滩镇督导生态修复治理工作。

同日 鼎城区妇女第十二次代表大会开幕，区委书记、常德高新区党工委书记杨易，区委副书记、区人民政府区长朱金平等领导到会。

23日 常德市第八届老年人体育健身大会在鼎城区闭幕。常德市人民政府副市长涂碧波，鼎城区委书记、常德高新区党工委书记杨易，区委副书记、区人民政府区长朱金平等领导出席闭幕式。

25日 鼎城区委副书记、区人民政府区长朱金平主持召开区人民政府十七届四十三次常务会议。

27日 湖南省委第七巡回指导组组长陈书山一行到鼎城区开展下沉式实地调研指导。市区领导龚德汉、朱金平陪同调研。

同日 鼎城区举行党外人士及非公经济代表座谈会，区委书记、常德高新区党工委书记杨易出席。

28日 共青团常德市鼎城区第十八次代表大会开幕，区委书记、常德高新区党工委书记杨易出席会议。

12月

4日 鼎城区委副书记、区人民政府区长朱金平到石公桥镇督导冲天湖—马家吉河片区治理工作。

6日　鼎城区委书记、常德高新区党工委书记杨易深入调研基层党建、脱贫攻坚、乡村振兴、扫黑除恶等基层工作。

10日　鼎城区委书记、常德高新区党工委书记杨易实地调研基层党建及乡镇干部队伍建设工作。

13日　鼎城区委书记、常德高新区党工委书记杨易主持鼎城区委工作务虚会议。

14日　鼎城区委副书记、区人民政府区长朱金平到江南城区部分重点区域，实地督导检查蓝天保卫战工作。

16日　鼎城区委副书记、区人民政府区长朱金平主持召开绩效评估重点指标调度会。

同日　鼎城区举行防范化解债务风险工作调度会，区委副书记、区人民政府区长朱金平出席。

17日　鼎城区委副书记、区人民政府区长朱金平到鼎城区和常德高新区，调研交通运输及产业发展工作。

同日　鼎城区委书记、常德高新区党工委书记、区委机构编制委员会主任杨易主持召开2019年区委机构编制委员会第一次全体会议。

同日　鼎城区委书记、常德高新区党工委书记、区委网络安全和信息化委员会主任杨易主持召开区委网络安全和信息化委员会第一次全体会议。

19日　鼎城区委副书记、区人民政府区长朱金平主持召开2020年政府工作报告征求意见座谈会。

20日　鼎城区委副书记、区人民政府区长朱金平到石板滩镇实地督导关闭石煤矿区，生态修复治理工作。

22日　鼎城区委副书记、区人民政府区长朱金平主持召开区蓝天保卫战2019年冲刺调度会。

24日　鼎城区委副书记、区人民政府区长朱金平到谢家铺镇、许家桥回族维吾尔族乡，调研非法挖沙取土整治工作。

25日　常德市四季度重点项目集中开工仪式在常德高新区举行，市委书记、市人大常委会主任周德睿，市委副书记、市人民政府市长曹立军，市区领导罗先东、汤祚国、杨易、朱金平等出席开工仪式。

26日　鼎城区委副书记、区人民政府区长朱金平到谢家铺镇，检查该镇安全生产工作。

27日　鼎城区举行2020年迎新年职工健康跑活动，区委副书记、区人民政府区长朱金平出席活动。

同日　常德市七届人大四次会议鼎城代表团举行三次全体会议，市区领导余怀民、杨易、朱金平出席会议。

29日　鼎城区委副书记、区人民政府区长朱金平到常德高新区，调研园区项目建设及产业发展情况。

30日　鼎城区委副书记、区人民政府区长朱金平主持召开区人民政府十七届四十四次常务会议。

同日　鼎城区委副书记、区人民政府区长朱金平到江南城区调度两节期间蓝天保卫战工作安排情况。

同日　鼎城区计划生育协会举行第六次会员代表大会，区委书记、常德高新区党工委书记杨易出席并讲话。

区情概览

An overview of the situation

沅江风光带

鼎城年鉴（2020）

地理位置

【概况】 鼎城区位于湖南省北部，洞庭湖西滨，沅水尾闾。地处北纬28° 35'～29° 23'，东经111° 27'～112° 11'。东接汉寿县；西邻桃源县；南连益阳市桃江县、安化县；北抵临澧县、津市市；东北隔澧水望安乡县。

行政区划

【历史沿革】 鼎城区在历史上有过临沅县、监沅县、索县、汉寿县、吴寿县、沅南县、武陵县、常德县等名称，先后隶属于黔中郡、武陵郡、义陵郡、建平郡、武州、沅州、嵩州、朗州、武贞军、永顺军、武顺军、武平军、鼎州、常德军、常德路、常德府、武陵道、常德专署、常德市等县以上行政机构。

秦始皇年间(前221—前210)，天下分为36郡，常德属黔中郡。在黔中郡内置临沅县，为置县之始。

汉高祖五年(前202)，在临沅县东分置索县。

新莽元年(9)，临沅县改成监沅县。

东汉建武六年(30)，监沅县复称临沅县。建武二十六年(50)，在临沅县南分置沅南县。阳嘉三年(134)，索县改称汉寿县。

吴赤乌十一年(248)，改汉寿县为吴寿县。

晋武帝泰始元年(265)，吴寿县复称汉寿县。

隋开皇三年(583)，并临沅、沅南、汉寿三县为武陵县。此为武陵名县之始。

清宣统三年(1911)十月，裁县留府，县境由常德府直辖。

民国2年(1913)十月裁府复县，原武陵县改为常德县。常德县名自此而始。县境隶属湖南省武陵道管辖。

1988年4月18日，湖南省人民政府根据国务院〔1988〕18号函精神，颁发湘政函〔1988〕22号文件，将常德县改称常德市鼎城区。同年6月9日，常德县第十届人民代表大会第三次会议通过《关于常德县改为常德市鼎城区后国家机关更名的决议》。县改区到此为止。

【行政区划变更】 1988年县改区后，原区公所改为办事处。同年，全区有9个办事处，10个镇，35个乡，627个村，2个区属场。

1989年撤销谢家铺乡，设立谢家铺镇。

1991年撤销灌溪乡，设立灌溪镇。

1992年撤销蔡家岗乡，设立蔡家岗镇。

1993年撤销韩公渡乡，设立韩公渡镇。

1994年撤销洞庭乡、中河口乡，设立十美堂镇、中河口镇。

1995年11月，全区撤处并乡。撤销蒿子港、石公桥、大龙站、河洑、牛鼻滩、斗姆湖、石门桥、黄土店、港二口9个办事处。保留武陵镇、蒿子港、中河口、十美堂、镇德桥、牛鼻滩、灌溪、蔡家岗、斗姆湖、黄土店10个镇和黄珠洲、黑山嘴、大龙站、双桥坪、长岭岗、石板滩、雷公庙、丁家港、草坪、唐家铺、沧山、钱家坪、港二口、尧天坪、长茅岭及许家桥回族维吾尔族民族乡等17个乡。将冲天湖并入石公桥镇，瓦屋垱乡并入周家店镇，断港头乡并入韩公渡镇，康家吉乡并入石门桥镇，赵家桥乡、官桥坪乡并入谢家铺镇，肖伍铺乡并入白鹤山乡。撤处并乡后，全区原9个办事处及40个乡镇变更为33个乡镇。同年11月，撤销草坪乡、港二口乡，设立草坪镇、港二口镇。

1996年5月，将谢家铺的12个村划归石门桥镇；周家店的李家桥村和大龙站乡的富贵坡村一组划归区园艺场；韩公渡的3个村划归常德特种养殖总场。同时，撤销大龙站乡、尧天坪乡，设立大龙站镇、尧天坪镇。

1996年9月，撤销双桥坪乡，设立双桥坪镇。

1997年12月，撤销雷公庙乡，设立雷公庙镇。

1998年5月，撤销石板滩乡，设立石板滩镇。同年12月，逆江坪乡高岩塘村泉水洞划归花岩溪旅游度假区。

2003年全区共22个镇，11个乡，4个农林场，

74个居委会,563个村委会,6696个村民小组。

2014年1月,撤销鼎城区武陵镇,设立玉霞、红云、郭家铺3个街道。

撤销斗姆湖镇,设立斗姆湖街道。

2015年11月,全区乡镇行政区划调整,十美堂镇、黄珠洲和黑山嘴2个乡成建制合并设立十美堂镇,长岭岗乡和蔡家岗、雷公庙2个镇成建制合并设立蔡家岗镇。双桥坪镇和大龙站镇成建制合并设立双桥坪镇,尧天坪镇和长茅岭乡成建制合并设立尧天坪镇,谢家铺镇和唐家铺乡成建制合并设立谢家铺镇,沧山、钱家坪2个乡和黄土店镇成建制合并设立黄土店镇,港二口镇和逆江坪乡成建制合并设立花岩溪镇,许家桥回族维吾尔族乡和丁家港乡成建制合并设立许家桥回族维吾尔族乡。蒿子港、中河口、牛鼻滩、灌溪、韩公渡、周家店、石公桥、镇德桥、石板滩、草坪不做调整。

2016年4月,全区合乡并村后,共有18个乡镇,4个农林场,4个街道办事处,76个居委会,226个村委会,2898个村民小组。

2019年12月,全区部分村(社区)合并后,有乡镇18个、农林场4个、街道办事处4个,居委会83个,村委会213个,村民小组2686个。

地理环境

【地貌】 全区地势自西南向东北倾斜,由山地、丘陵、岗地过渡到广阔的滨湖平原。南有雪峰山余脉的插角、九龙、沧山、古城、盘古诸山延伸,重峦叠嶂。西北有武陵山余脉的太阳、白云等山脉绵亘,山崖峻峭。西、南、北群山起伏,冈峦盘环;东北湖河网结,水陆间错。中部沅水曲形切割,将区境分为南北两部。南部俗称“前河”“前乡”,枉、沧二水蜿蜒而下,形成若干冲岔与沿河平地。北部俗称“后河”“后乡”,澧水绕区东北边境向东流入洞庭湖,中有渐水、冲柳、马家吉诸河流淌其间,牛屎、白芷、土硝等湖点缀其内。

全区最高点为插角山(又名插角殿),主峰插花岭海拔716.2米;沅水两岸、澧水之西地势低平,海拔30米左右。全区地势高差686.2米,比降率为1.5%。

【动物资源】 区境有野生动物365种。属国家重点保护的野生动物有24种(其中,列入国家一级保护的野生动物有梅花鹿、白鹳、灰腹角雉、红腹角雉、白鹤、龟、鳖7种;列入国家二级保护的野生动物有穿山甲、灰鹤、水獭、大灵猫、小灵猫、鸬鹚、鸳鸯、锦鸡、长脚秧鸡、小青脚鹬、鸦鹃、凤头雨燕、蓝耳翠鸟、啄木鸟、大鲵等16种)。

属湖南省重点保护的野生动物有75种。其中,列入一级保护的野生动物有白鹳、白鹤、黄腹角雉、灰腹角雉4种;列入二级保护的野生动物有:穿山甲、水獭、大灵猫、小灵猫、果子狸(花面狸)、鸳鸯、鸬鹚、金鸡、灰鹤、小青脚鹬、平胸龟、(鹰嘴龟)、大鲵(娃娃鱼)12种;列入三级保护的野生动物有池鹭、牛背鹭、白鹭、灰雁、野鸭、鸿雁、竹鸡、鹌鹑、环颈雉(野鸡)、苦恶鸟、小田鸡、黑水鸡、山斑鸠、华南兔、中华竹鼠、豪猪、豹猫、狐、黄鼬、鼬獾、红嘴相思鸟、刺猬、蛇、蟾、蛙25种;属于重点保护的野生动物有大鼠耳蝠、山蝠、猪獾、狗獾、野猪、小麂、绿翅鸭、绿头鸭、中华鹧鸪、灰胸竹鸡、四声杜鹃、小杜鹃、普通翠鸟、家燕、八哥、喜鹊、画眉、乌龟、中华鳖、南草蜥、石龙子、赤链蛇、中国水蛇、银环蛇、眼镜王蛇、竹叶青蛇、中华蟾蜍、泽蛙、沼蛙、峨眉林蛙、湖南吻鮈、胡子鲶、中华田螺、中华小田螺34种。

【植物资源】 区境查明的植物有740余种。其中,木本植物396种,隶属82科205属;草本植物316种,隶属89科258属;菌类植物28种。

属国家重点保护的野生植物有20种。其中,列入一级保护的野生植物有银杏、珙桐、柏乐树(钟萼木)、南方红豆杉、香果树5种;列入二级保护的野生植物有杜仲、厚朴、花榈木、红豆杉、水青树、鹅掌楸、刺楸、观光木等8种;属于重点保护的野生植物有樟树(香樟)、莲、野菱、喜树(旱莲木)、胡黄连、松口蘑(松茸)等7种。

属湖南省重点保护的野生植物有南方铁杉、铁坚油杉、罗汉松、中华猕猴桃、毛花猕猴桃、八角莲、钩栲、方竹、罗汉竹、黄樟、七叶一枝花、红花木莲、芡实、银鹊树、青檀、水车前、紫薇17种。重点保护的古树（指树龄100年或胸径100厘米以上的野生树木)有125株。逆江坪乡柏叶坪村杉树坳一株古杉胸围3米,高23米,树冠10余平方米,树龄千余年。这些重点保护的野生植物,大多生长在逆江坪、花岩溪、沧山、太阳山等地。

花岩溪国家森林公园和逆江坪乡境内有266.67公顷原始次森林。

【矿产资源】 区内发现的矿产有黄金、金刚石、锆英石、石煤、石灰岩等。黄金为湖南省重点生产县(区),金刚石闻名全国。

黄金 区境产脉金和沙金，脉金主要分布在黄土店镇的金霞山、沧山乡的沧浪坪、钱家坪乡的黄土坡、港二口镇的南宫坪、芭蕉冲、逆江坪乡的高峰。沙金主要分布在丁家港、许家桥、黄土店、沧山、港二口、长茅岭、逆江坪、草坪、唐家铺9个乡镇,已探明脉金藏量为20吨。

金刚石、锆英石 主要分布在丁家港、许家桥、草坪、斗姆湖等乡镇。以许家桥乡的岳王溪至丁家港乡的杨公庵为集中产区。国营六0一矿开采24年后闭坑。金刚石尚有藏量42万克拉,锆英石藏量1835千克。

石煤 又名碳质页岩，分布在长岭岗乡的坛坪、石板滩镇的拾柴坡、枫树桥、大溪冲,灌溪镇的白石、唐桥等地。探明储量为3.4亿吨。固定碳含量12%—22%，最高可达30%。发热量1500卡/千克—1800卡/千克,高的达3487卡/千克。灰分一般在60%—70%,个别地段V205的含量20%。

石灰岩 分布在雷公庙、长岭岗、双桥坪、石板滩、灌溪等乡镇。藏量30亿吨以上。水泥用石灰岩分布在雷公庙镇的花园、尹家坪两村。藏量1.1亿吨。

板页岩 有青石板岩和砂板岩两种。分布在钱家坪乡磨石山、双桥坪镇七姑山、雷公庙镇龙门洞等地。藏量丰富。

高岭土 分布在唐家铺乡的白泥塘和双桥坪镇的金鸡岩等地。藏量小。

铁矿 分布在灌溪镇的铁山和石板滩镇的莫家铺。藏量小,品位低。

铝土 又名陶土,分布在周家店镇八宝湖、石门桥镇观音庵、唐家铺乡白泥塘、蔡家岗镇芭蕉堰、雷公庙镇湖海坪等地。藏量为700万立方米。砂石 分布于大部分山区的乡村及沅水河道。资源丰富。

黏土 资源丰富。可利用的有1500万立方米以上。

铜 分布在周家店镇蜘蛛山一带。藏量小,品位低。

矿泉水 分布在黄土店镇金霞山，为偏硅酸矿泉水。

此外，在石板滩镇兴隆桥、田家坪发现重晶石,在蔡家岗镇小溪发现汞矿。

人　口

【概况】 2019年年末，全区户籍户数238331户756060人，其中农村人口570838人，城镇人口185222人,全年出生6019人,迁入1591人,迁出3680人,18周岁以下110754人,18—34岁160274人,35—59岁305494人,60岁以上179538人。人口自然增长率2.59‰。

气　候

【概况】 2019年鼎城区年平均气温17.6℃，较常年偏高0.6℃,属偏高范畴,为1961—2019年第9高值。年平均降水量1238.5毫米，较常年偏少7.9%，全区遭遇12轮以上暴雨天气过程，出现2次大暴雨,而7月中旬中后期,该区持续炎热高温少雨,出现不同程度的气象干旱。年平均日照时数

1429.2小时,较常年偏少10.1%,日照正常。年内出现了低温雨雪冰冻、重污染、暴雨洪涝、雷雨大风、冰雹、高温干旱、寒露风及连阴雨等灾害性天气,给工农业生产及人体健康等造成了一定影响。总体而言,2019年度气象灾害损失较轻,为正常偏好年景。

2019年天气气候特点:入春入夏基本正常,入秋入冬推迟明显,前冬偏短,夏秋偏长特征明显。全年气温显著偏高,6月中旬至下旬初、7月中旬至下旬初各出现一段雨水相对集中期,日照正常。年内出现的低温雨雪冰冻、连阴雨、“5月低温”、暴雨洪涝、大风及冰雹等强对流和高温干旱等灾害性天气给农业生产造成一定的不利影响。日照总体正常。

年平均气温:17.6℃,较常年偏高0.6℃,年极端最高气温39.8℃,出现在8月17日,年极端最低气温为-3.7℃,出现在1月1日,高温日数达37天;年总降水量1245.5毫米,较常年偏少5.1%,全年降水日数139.4天,较常年同期偏少2.8天;年日照总时数为1429.2小时,较历年平均偏少10.1%。

主要气候事件及其影响。2019年在全球变暖大背景下,该区气温偏高,降水正常但时空分布不均,日照偏少。主要气候事件:湿冷冬季、冬春阴雨寡照、春秋频繁冷空气、5月低温、6—7月2段雨水集中期、夏季高温热浪、夏秋干旱等,给工农业生产及人体健康等造成了一定的影响,现将2019年主要天气气候事件具体分述如下:

一、近20年来最湿冷冬季

2018、2019年冬季,全区平均气温较常年偏低1.1℃,为近20年来并列第2低;降水量为近20年第3高,降水日数较常年同期偏多14.4天,创1961—2019年历史新高,日照不足,创1961—2019年历史新低。结合考虑气温、总雨量、总雨日和日照时数,构建冷湿指数。结果显示2018、2019年为近20年以来最冷湿的冬季。

季内出现3次影响较大的低温雨雪天气过程,分别是2018年12月27日—2019年1月1日,2019年2月8—10日和17—18日。后两次过程均以雨夹雪为主。2018年12月27日—2019年1月1日,出现大范围低温雨雪天气过程,积雪持续维持至1月3日。其中1月29日晚—30日,全区普降暴雪。因雪量大、积雪厚,造成设施农业大棚、藤架倒塌较多,蔬菜、油菜受灾较重。因低温冷冻灾害,造成部分自来水水表结冰或冻裂,短暂中断供水,用电负荷加重,部分乡镇、城区短时停电。部分路面、桥段结冰,高速公路短时关闭出,致出行受阻。乡村积雪融化速度很慢,对交通出行影响时间长于城区。

二、冬春2段阴雨寡照

2018、2019年冬季至2019年春季,鼎城区分别出现2段连阴雨过程:2018年12月2日—2019年1月18日、2019年2月7日—3月9日。2018年12月2日—2019年1月18日,出现第一次长时间连阴雨寡照过程,全区平均日照时数为1961—2019年同期最低。根据连阴雨监测标准,期间出现4段间歇性轻度连阴雨过程,阴雨寡照天气过程持续时间之长,刷新1961—2019年有连续气象记录以来的冬季记录。3月1日、4日出现2次大雨、部分暴雨天气,总雨量较历年同期多1倍,降水持续时间达到极端事件标准。持续低温阴雨天气不利于作物光合作用和干物质积累,越冬作物生长缓慢和出现黄叶较多的现象。2月7日起,受活跃冷空气与暖湿气流共同影响,遭遇持续低温阴雨寡照天气,给各行业特别是农业生产造成较大影响。油菜遭受湿渍害,黄叶数偏多,由于长时间阴雨寡照天气,油菜叶片不能进行正常光合作用,移栽较迟且地势低洼有积水的油菜出现黄叶、死叶现象,同时土壤湿度过大,油菜遭受一定程度湿渍害;蔬菜生长迟缓,上市量减少。

三、春秋频繁冷空气

春季强冷空气主要有3次,出现在3月21—24日、4月8—10日和4月25—27日。3月21—24日,部分地方受强冷空气影响,24小时内全区日最高气温下降14℃,最低气温下降10℃。4月上旬和下旬各遭遇1次强冷空气影响,4月8—10日,48小时内全区平均最低气温下降15℃,4月25—27日,48小时内全区平均最低气温下降10℃,两次过程平均风力增至4—5级,阵风8级左右。秋季强冷空气主要有4次,出现在10月5—6日,11月12—14日、17—18日、24—26日。其中,11月24—26日冷空气强度最强,24小时内全区大部达到寒潮标准,并出现大风和降雨天气。

四、五月低温

2019年“五月低温”范围广,持续时间长。5月1—16日,全区平均气温19.1℃,较常年偏低2.5℃,较2018年偏低4.0℃,位居1991—2019年历史同期第3低,仅高于2002年(18.1℃)、1991年(17.2℃)。5月5—9日、12—16日大部分乡镇日平均气温连续5天低于20℃,出现“5月低温”,导致双季稻分蘖变缓,一季稻生长迟缓。此外,油菜壮籽、成熟受到影响。

五、主汛期2段雨水集中期致城市内涝

6月12—29日全区大部和7月9—21日部分乡镇出现雨水集中期,洪涝明显。6月,雨量显著偏多,较常年同期偏多51%,6月下半月数次暴雨过程叠加影响,导致全区大部分乡镇出现气象洪涝,7月16日傍晚、18日上午,鼎城区中心城区出现严重城市内涝。

六、寒露风

2019年,该区大部分乡镇在7月20日—8月6日和8月11—25日出现2段高温热浪,过程日极端最高气温39.8℃,8月26日,受第11号台风“白鹿”影响,高温天气结束。第一阶段,全区均达到中度高温热害标准(连续11—15天日最高气温≥35℃)以上等级,全区高温持续时间达到极端高温事件标准。

七、夏秋持续干旱

夏秋季节干旱有三阶段:7月20日开始全区进入晴热高温少雨阶段,7月下旬初干旱露头,8月降水持续偏少,土壤缺墒严重,干旱最突出,8月底受台风及冷空气影响略有缓解;进入9月后,受新一轮高温天气及持续降水偏少影响,干旱再度发展,9月中旬受冷空气影响出现小幅降温降雨,干旱出现短暂缓解,随后再度持续蔓延,并维持至11月中旬末;11月下旬受到冷空气影响,干旱彻底解除。按综合气象干旱指数CI评估,鼎城区达中旱标准。

八、夏季臭氧,秋冬雾和霾

2019年,区城区环境空气质量有效监测天数为365天。环境空气质量优良天数为277天,优良天数比例为75.9%,与2018年(86.0%)相比,优良天数比例下降10.1%。全年影响城市环境空气质量的主要污染物为PM2.5。秋冬季为霾。全区平均霾日48.0天,雾日43.7天,出现2个主要污染时段:1—2月上旬、12月中旬。

九、气候专题影响评价

2019年全区平均气温显著偏高,降水量正常但时空分布不均,6月中旬至下旬初、7月中旬至下旬初各出现一段雨水相对集中期,日照正常。年内出现的低温雨雪冰冻、连阴雨、5月低温、暴雨洪涝、大风及冰雹等强对流和高温干旱等灾害性天气给农业生产造成一定不利影响。总体而言,该区农业气候属于正常偏差年景。 (邬泽伟)

常德市鼎城区关于2019年国民经济和社会发展的统计公报

2019年以来,面对复杂的国际国内经济形势,区委区政府带领全区人民认真贯彻落实中央、省委、省政府和市委、市政府各项决策部署,牢固树立“抢抓新机遇,建设新江南”的发展理念,全区人民生活水平得到进一步提高,经济社会发展继续保持平稳健康发展的良好态势。

一、综合

据初步测算,2019年实现地区生产总值364.6亿元,比上年增长8.9%。其中,第一产业增加值60.8亿元,增长3.5%;第二产业增加值116.6亿元,增长11.7%,其中工业增加值78.8亿元,增长

13.1%;第三产业增加值187.2亿元,增长9.6%。三次产业结构比为16.7∶32.0∶51.3。

2013年—2019年地区生产总值及其增长速度

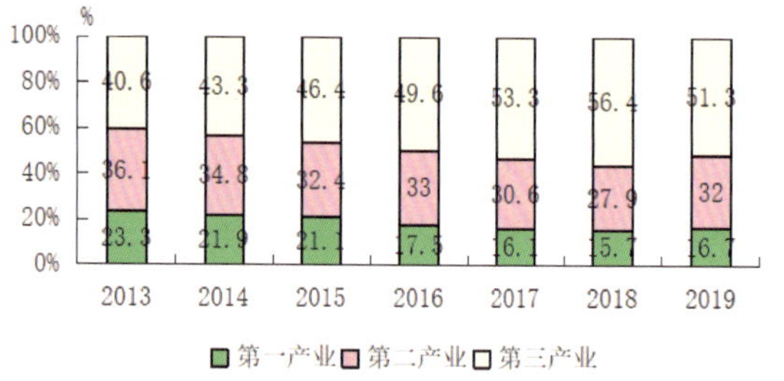

2013年—2019年三次产业增加值占地区生产总值比重

2019年鼎城居民消费价格指数102.8,商品零售价格指数为102.7。

一般公共预算收入完成22.7亿元,增9.1%。地方财政一般预算收入15.4亿元,增长11.7%。其中,地方税收收入10.8亿元,增长10.7%。地方财政一般预算支出63.0亿,增长21.7%。

二、农业

2019年,全区实现农林牧渔业总产值108.4亿元,增长3.5%。全年粮食种植面积152.77万亩,比上年增加1.12万亩;棉花种植面积11.12万亩,比上年增加0.16万亩;油料种植面积63.09万亩,比上年增加1.09万亩,蔬菜种植面积34.03万亩,增加1.27万亩。

全年粮食总产量63.04万吨,比上年增1.89%;棉花总产量0.88万吨,增2.74%;油料总产量7.76万吨,增1.76%,其中油菜籽7.53万吨,增长1.8%,油茶籽17198吨,增产25.82%。全年蔬菜产量54.04万吨,增长4.87%;柑橘产量3.24万吨,增长7.22%。

因受非洲猪瘟影响,年末出栏生猪59.6万头,比上年减0.35%;出栏肉牛2.22万头,增3.26%;出栏肉羊11.91万头,增长3.03%;出笼家禽1098.55万羽,增长2.7%。全年肉类总产量6.22万吨,增0.68%;禽蛋产量5.92万吨,增长3.34%。

全年水产品产量6.4万吨,比上年增1.37%。

全区拥有农民专业合作社840家,比上年增长13.7%。全区农业机械总动力为94.12万千瓦,增长2.6%,农村用电量1.56亿千瓦时,比上年增长4.87%,化肥施用量18.05万吨,比上年减少5.24%,农药使用量1279吨,减9.99%。农村饮水安全巩固提升4.67万人。

三、工业和建筑业

2019年,全区工业增加值比上年增长13.1%。规模以上工业净增22家,达148家,产值过亿元企业72家,同比增加2家。规模以上工业增加值比上年增长13.5%,省级以上园区规模工业增加值增速17.0%。规模以上工业实现主营业务收入283.1亿元,比上年增长15.2%,实现利润15.9亿元,下降4.0%,实现利税3.8亿元,降低10%。规模以上工业中,有亏损企业13家,亏损面9.8%,比上年下降4.5个百分点,亏损企业亏损额为3262万元,比上年减少19%。规模以上工业产品销售率为98.3%,比上年上升0.5个百分点,出口交货值0.92亿元,比上年降低17.1%;新产品产值26.7亿元,同比减少6.6%。规模工业盈利能力基本持平,主营业务收入利润率5.62%,同比降低1.1个百分点;每百元主营业务收入中的成本为83.0元,同比减少2.7元。

全区具有资质等级以上建筑企业有12家,完成建筑业总产值35.42亿元,增长40.8%。全年完成建筑业增加值37.9亿元,增长6.0%。

四、固定资产投资

2019年全区固定资产投资比上年增长2.2%。按经济类型分,国有投资增长4.5%,非国有投资下降11.4%,民间投资下降8.7%。按产业分,第一产业投资下降5.1%,第二产业投资下降7.4%,第三产业投资下降1.8%。按投资方向分,工业投资增长7.2%,工业技改投资增长66.1%,高新技术产业投资增长24.4%,民生投资增长86.8%,生态投资增长27.7%，基础设施投资增长13.4%。

全年完成房地产开发投资32.5亿元，比上年下降28%。商品房销售额33.7亿元，比上年下降19.61%，其中住宅销售额30.5亿元，比上年下降20.22%。2019年，商品房施工面积239.7万平方米，增长30.18%，其中住宅167.3万平方米，比上年增长38.57%；商品房销售面积55万平方米，比上年下降20.7%。其中，住宅销售面积52.1万平方米，比上年下降25.39%。商品房待售面积3.6万平方米，比上年减少3.7万平方米，减50.2%，住宅待售面积1.1万平方米，比上年减少3.5万平方米，减76.51%。商品房销售均价为每平方米6126元，比上年每平方米增加387元；住宅销售均价每平方米5860元，比上年每平方米增加379元。

五、交通运输与邮电业

2019年年末，全区社会车辆拥有量138310台，同比增长4.9%。全年完成货运周转量1813万吨公里，下降10%，旅客周转量11528万人公里，减少12%。汽车总站每天发送旅客2314人次，减少36%。

全年完成邮电业务总量44044.43万元，比上年增5.0%，其中邮政业务总量9523.43万元，增长22.26%；电信业务总量13021万元，增长8.4%；移动业务总量21500万元，下降12.5%。年末固定电话用户2.32万户，减少0.43万户；移动电话用户59.04万户，增加0.78万户，移动电话普及率为78.1%；互联网宽带用户15.03万户，新增0.17万户。互联网宽带普及率为63.1%，比上年增加0.9个百分点。

六、贸易和旅游

消费品市场平稳发展。全年实现社会消费品零售总额230亿元，比上年增长10.8%。桥南市场成交额39.2亿元，比上年同期增长16.87%。新兴业态持续保持快速增长，全年限额以上网上商品零售额1.71亿元，同比增长24.8%，占社会消费品零售总额比重为0.7%。

全年引进外资19915万美元，比上年增长52.1%；引进内资91.83亿元，同比增长9.9%。全年进出口总额23172万美元，同比增长251%。

全区有旅行社1家，旅游门市部11家，湖南省5星级乡村旅游服务点11家，AAA景区4个，AAAA景区1个，湖南省工业旅游示范点1个，湖南省农业旅游示范点1个，床位数13605张。全年各景区共接待游客722.78万人次，比上年增长5%，游客过夜180.23万人次，全年实现旅游总收入54.23亿元，其中一日游收入29.39亿元。

七、金融和保险

年末金融机构各项存款余额329.97亿元，增长6.95%，其中住户存款余额235.18亿元，增长10.63%。年末金融机构各项贷款余额293.56亿元，增长27.01%，其中住户贷款120.80亿元，增长14.32%。

全年各项保费收入4.69亿元，比上年增长9.84%，其中财产保险收入1.94亿元，增长19.2%；健康险0.76亿元，增长35.9%。保险赔付额1.99亿元，同比减少0.14%，其中财产保险支付赔款1.18亿元，增长28.62%；人寿保险支付赔款0.39亿元，增长68.16%。

八、教育和科学技术

2019年全区拥有各级各类学校、幼儿园208所。其中，教师进修学校1所；学前教育130所，比上年增加14所；义务教育71所，其中小学26所，点校13所，初中15所，九年一贯制17所。高中阶段教育7所（含淮阳、朗高两所民办）。共有在校学生67940人，其中高中7097人、初中12934人，小学30917人。在园幼儿16992人。共有在职教职工6541人，其中专任教师5095人（含幼儿园）。参加国家学生体质健康标准测试合格率98.5%，初中升学率为99.93%，高中升学率93.1%。初中专任教师师生比为1：8.7，小学专任教师与学生比为1：15.93。

全年专利申请783项。专利授权380件，发明专利授权31件。

2019年，实现高新技术产品增加值73.12亿元，比上年增加21.32%。高新技术产品增加值占GDP的比重为20.1%。

九、文化、卫生和体育

全区有公共图书馆1个，总藏量119851册件,新增3600册件;书刊文献外借册次25600册次;发放有效借书证7504个,新增474个,图书流通26800人次。拥有国家级和省级非物质文化遗产保护单位3个。全年数字电视实际用户达4.1万户。全区广播和电视综合人口覆盖率100%。

全区共有卫生机构46个,拥有病床4587张,卫生技术人员3452人,执业医师和助理医师1590人,注册护士1072人。每千人床位数、卫生技术人员数、执业医师和助理医师数、注册护士数分别为6.07张、4.57人、2.1人和1.42人。全区有乡镇卫生院36个,拥有床位2837张,卫生技术人员1723人。疾病控制中心1个,卫生技术人员48人。卫生监督检验机构1个,卫生技术人员12人。全年甲、乙、丙类法定报告传染病发病人数4140人,同比增长37.9%,报告死亡15人。

2019年度参加国家级比赛取得了1金1铜,参加省级比赛取得了9金6银10铜的佳绩。全区拥有各类体育场地1031个。全年销售体育彩票6010万元。

十、资源环境与安全生产

全年实有耕地87177公顷,其中旱地14702.8公顷,水田72347.29公顷,水浇地127.38公顷。2019年完成造林面积2067公顷,森林资源蓄积量增长率4.01%。城镇建成区绿化覆盖率39.35%。

全年规模工业综合能源消费量24.7万吨,同比增长0.53%,单位增加值能耗变动率为-11.4%,万元规模工业增加值能耗下降10.0%。全年全社会用电量9.8亿千瓦时,比上年增长3.16%,其中工业用电2.1亿千瓦时,比上年下降4.55%,生活用电4.6亿千瓦时,增长6.98%。

城市污水处理率97.5%,空气质量达标率75.1%,地表水达标率100%,农村垃圾集中处理率100%。

全年发生各类生产经营性安全事故2起,各类生产经营性安全事故死亡人数2人,亿元GDP事故死亡人数0.005人,同比下降85%。全年共发生道路交通事故1起,比上年减少2起,死亡1人,死亡人数比上年减少7人。直接财产损失3万元,比上年下降62.5%。

全区食品相关产品及食用农产品抽检合格率达到94.26%。

十一、人口、居民生活与社会保障

2019年年末,全区户籍人口75.60万人,比上年减少0.1%,其中城镇人口18.52万人,乡村人口57.08万人。全区男性人口38.47万人,占总人口的50.9%,女性人口37.13万人,占总人口的49.1%。0—17岁人口11.07万人,增长0.5%;18—34岁人口16.03万人,下降2.4%;35—59岁人口30.55万人,下降0.1%;60岁以上人口17.95万人,增长1.6%。

2019年,全区出生人口6019人,人口出生率为7.9‰;死亡人口4059人,死亡率为5.3‰,全年人口自然增长率为2.6‰。全年共迁入1591人,迁出3680人,净迁出2089人。

2019年城镇居民人均可支配收入36460元,增长8.8%;农民人均可支配收入17195元,增长9.2%。城镇居民人均消费支出24365元,增长11%,农村居民人均消费支出19411元,增长7%。

全区参加养老保险人数75320人,比上年增长27.6%;参加失业保险人数达31616人,增1.82%;基本医疗保险参保人数68.57万人,比上年下降7.9%;参加工伤保险人数48656人,增长1.33%。领取失业保险金人数748人,减少50.2%。参加生育保险职工人数2.46万人,比上年下降0.2%。2019年城镇新增就业6007人,城镇登记失业率1.67%。全区有养老机构27所,床位6558张,年末在院老人1786人。救助站1个,全年救助885人次。有社会福利企业2家,安置就业职工43人,其中残疾职工20人。全年发放最低生活保障金3533.52万元,得到政府最低生活保障的城镇居民27682人,比上年末增加5230人;农村居民117288人,增加3919人。农村特困人员救助供养人数69850人,比上年末减少3926人。民政部门直接接受社会捐款574.14万元,受益3524人次。

注:1.本公报所列数据为初步统计数。

2.国内生产总值,各产业增加值绝对数均按现价计算,其增长速度按可比价计算。

中国共产党鼎城区委员会

Dingcheng District commiter of the Communist Paity of China

中国共产党常德市鼎城区第十二届委员会第六次全体(扩大)会议会场

鼎城年鉴（2020）

概　述

【概况】 2019年，中国共产党鼎城区委员会辖基层党组织1776个，其中基层党委45个、党总支部322个、党支部1409个；设立党组41个、党工委10个；有党员40062人。

党的建设。开展“不忘初心、牢记使命”主题教育，落实省委“1+5”文件精神。37个软弱涣散基层党组织全部“摘帽”，支部“五化”建设排名全市区县(市)组第一。推进全面从严治党，贯彻落实中央八项规定精神，整治形式主义、官僚主义问题。推进巡察工作，开展以向力力案为镜鉴专题警示教育和以案促改。整治群众身边的腐败和作风问题，巩固发展反腐败斗争压倒性胜利。坚持党管意识形态，坚持把党的领导贯穿人大、政协工作全过程，区人大及其常务委员会依法履职，区政协围绕区委中心工作建言献策。加强党管武装，推进统战工作、党政机构改革、群团组织改革。

经济发展。2019年，主要经济指标位居全市前列。地区生产总值370亿元，增长8.2%；财政收入31.9亿元，首次突破30亿元，其中一般公共预算收入25.4亿元，增长12.8%；城乡居民人均可支配收入分别增长8.4%和9.1%。三次产业结构比调整为15.2:28.4:56.4。社会消费品零售总额、规模工业增加值增速、高新技术产业增加值增速、工业税收增速等指标全市第一。

三大攻坚。落实中央、省委、市委决策部署，推进三大攻坚战工作。防控债务风险，全年未发生系统性债务风险。加大污染防治力度，空气质量改善率在市城区5个国控站点中排名第一，落实关闭石板滩石煤矿区生态修复工程，推进河(湖)长制。整改“两不愁三保障”突出问题，全年，脱贫1693户4323人，贫困发生率降至0.28%。

园区发展。建设标准化厂房23万平方米，建成生活配套园。固定资产投资、工业总产值、工业税收分别增长21%、35.7%、76%，主要经济指标增速居省市园区前列，综合排名在全省133个园区中上升38个位次。湖南中联重科建筑起重机械有限公司成为园区第一家百亿企业。引进亿元项目34个、上市公司3家、“500强”企业3家、外资企业3家。开工亿元工业项目19个，投产亿元工业项目13个。获批高新技术企业19家，总量44家。获批国家现代装备制造(常德)高新技术产业化基地、国家级科技企业孵化器、国家级科技资源支撑型双创载体。

城市提质。初步建成阳明湖板块城市框架，推进水系治理一期工程，治理城市黑臭水体。投资18.5亿元建设临江新区。新城西区公、检、法业务用房搬迁入驻，区综合档案馆通过省级验收。常德画墙上墙作品18幅，举办“天下常德”壁画成果展。沅江隧道、沅水四桥通车。开展“城市管理提质年”活动。

乡村振兴。启动村庄规划编制，完善基础设施。开展农村集体产权制度改革，数个“空壳村”实现集体经济收入零突破。发展新型经营主体，精为天企业获评全国农业产业化龙头企业，打响“鼎城茶油”品牌。农业农村部、财政部认定鼎城区为国家级现代农业产业园创建单位。防控非洲猪瘟，创建国家农产品质量安全县。美丽乡村建设和“厕所革命”全省现场会在鼎城区召开。村级协会助推基层治理工作经验被省委办公厅专刊推介，草坪镇三角堆村获评“全国乡村治理示范村”。乡村振兴“草坪模式”被全市推广，湖南省委书记杜家毫给予高度评价。

民生事业。推进教育振兴三年行动计划，化解义务教育阶段大班额问题，通过义务教育均衡发展省级复检。鼎城区第一中学实施改革。推进医疗改革，常德市第四人民医院晋升三级综合医院。乌儿洲国家湿地公园通过国家验收。组织庆祝新中国成立70周年·艺术周活动。城镇新增就业6071人，农村劳动力转移就业4368人。及时足额发放社会保障，社会救助水平高于省市标准，覆盖退役军人服务保障体系，新中国成立70周年大庆安保

“特护期”无一人进京。桥南轻纺城闭市，根治消防隐患。全区未发生较大以上安全生产事故。扫黑除恶专项斗争重点指标全年综合排名全市第一，“无上访村（社区）”建设工作连续3年获评全市先进区县，政法综治工作连续3年获评全省先进，连续六年保持全省平安区县（市）称号。（黄振　梁皓）

区委办公室工作

【概况】 2019年，鼎城区委办公室坚持以习近平新时代中国特色社会主义思想为引领，落实习近平总书记“五个坚持”要求，履行“三服务”职能职责。

政治建设。坚持“党办姓党”，把牢政治方向，严肃党内政治生活，落实“三会一课”、组织生活会等制度，推进“不忘初心、牢记使命”主题教育，提高党员干部政治觉悟和政治能力，在全区学用“学习强国”知识挑战赛中获团体第一名。

参谋辅政。畅通党委信息报送渠道，围绕区委中心工作开展政策研究和现场调研，发挥以文辅政作用。党委信息得分位列全市第一方阵，湖南省委办公厅内刊专题推介鼎城区基层治理工作经验，是全市唯一上稿单位。编写《政研内参》和专题调研报告，为区委决策提供参考；牵头制定《产业用地管理暂行办法》等制度文件，为规范全区工作提供依据。

统筹协调。发挥党办“中枢”作用，落实党内请示报告制度，统筹值班值守、办文办会等工作，接待湖南省委书记杜家毫等领导考察调研10余次。推进“基层减负”，改进文风会风，全区性文件比2018年同期减少30%以上，会议比2018年同期减少40%以上，区级督查检查事项比2018年同期减少74%。

督查督办。督查三大攻坚、项目建设、产业发展等中心工作，办理领导批示件28件，办理涉常、涉鼎舆情25件，编发《鼎城督查》7期、《督查专报》3期，通报和督促整改突出问题，维护区委权威，促进政令畅通。

实施改革。推动改革更好服务全区经济社会高质量发展，牵头做好改革各项工作，落实党政机构和群团改革，鼎城区融媒体中心改革成为全市试点单位，智慧农机改革获《新闻联播》推介。鼎城区委办公室获评全市全面深化改革工作优秀单位。

绩效小康。发挥绩效考核“指挥棒”作用，聚焦高质量发展目标，调整优化考核指标体系，严格考核兑现。全面小康实现程度位列全市第一方阵，获全市经济发展奖。

外事、港澳台事务。落实机构改革、人员转隶，承接港澳外事和对台事务职能职责。健全工作机制，组织业务培训和对台学术交流，推进涉外、涉港澳台相关工作。

运转保障。牵头举办全区办公室主任培训班，部署开展全区党办系统“三表率一模范”主题活动，提高“三服务”水平。开展保密检查和宣传教育，加强保密员队伍建设，提升全区保密工作规范化水平。开展档案数字化建设、档案指导等工作，区综合档案馆通过省级主管部门验收。抓接待服务、后勤保障等工作。（刘维维）

纪检监察工作

【概况】 2019年，鼎城区委落实管党治党责任，全区各级纪检监察组织忠诚履职，抓反腐败斗争、全面从严治党等工作。

2月1日，中国共产党常德市鼎城区第十二届纪律检查委员会第四次全体会议会场　（提供：刘伟桥）

政治监督。把“两个维护”细化实化为日常监督的具体抓手，查处将中共中央、省委、市委、区委重大决策部署置若罔闻、应付了事、阳奉阴违的行为，查处为涉黑涉恶人员“联名请愿”及对抗组织审查、组织参与封建迷信等违反政治纪律的党员干部34人，问责落实脱贫攻坚、污染防治等工作不力的党员干部39人。

专项治理。开展落实中央八项规定精神“大宣讲、大学习、大检查”活动，查处违反中央八项规定精神的人和事，党纪政务处分15人，组织处理19人。以“一季一专题”为抓手，推进扶贫领域腐败和作风问题专项治理，党纪政务处分121人，退还群众资金122.3万元，全省考核排位提升17个名次。推进扫黑除恶工作，党纪政务处分54人，组织处理83人。查处涉黑涉恶腐败和充当“保护伞”的党员干部11人，因工作推动不力问责19人。

日常监督。按照市纪委监督创新“5+2”体系安排，优化日常监督办法和流程。落实领导干部谈心谈话制度，推动主体责任落实。建立区管干部廉政档案，开展廉政“画像”，下移纪检监察重心，建立纪检监察干部“联村联企”制度。落实廉政意见回复制度，运用和改进谈话函询方式。

案件查办。查处政治问题和经济问题相交织的案件，不敬畏、不知止的案件，“提篮子”“打牌子”的案件。收到信访举报457件，立案查处党员干部188人，党纪政务处分182人（开除党籍23人，开除公职3人），移送司法机关13人。查办市欣运集团窝案、市人社局郭某某贪污案、个体商人旷某行贿案、区残联假肢站经济窝案、市公积金管理中心鼎城管理部郝某贪污案等严重违纪违法案件，挽回经济损失1500余万元。做好审查调查“后半篇”文章，印发典型案例汇编，督促相关单位开展以案促改。摄制警示教育片，开展“不忘初心·传廉声”经典廉洁影视作品配音活动，建立廉洁文化示范点6处。在纪法震慑和政策感召下，3名党员干部主动投案和交代问题。

教育帮助。坚持严管和厚爱结合、激励和约束并重，客观分析案情所处的特殊背景与条件、主观思想与动机等因素，运用4种形态，教育帮助违纪违法的党员干部纠错改过、回归正道，接待和回访受处分干部并帮助解决其困难和诉求。全年，全区运用第一种形态教育帮助和处理353人次，占查处问责总数68.9%。

巡视整改。全年，3轮常规巡察44个单位（含二级机构），发现并反馈问题1116个，即巡即改1006件，移交问题线索180件。专项巡察2个派出所扫黑除恶情况，发现并督促整改问题17个。坚持巡察整改情况一季一通报、分管区级领导参加巡察反馈大会、一轮巡察至少建立健全一项制度、巡察动员会上集中反馈上轮巡察情况。

队伍建设。组织全区纪检监察系统118名干部到高校进行专业培训，开展三轮“秋冬大练兵”集中培训，分批选派80人次到省、市纪委跟班办案，选调基层纪检监察干部50余人次到区委机关跟班学习。抓内控管理，开展内部巡察。执行纪检监察干部打听案情、过问案件、说情干预办案情况报告备案制度，立案查处2名纪检监察干部违纪案件。（刘伟桥）

10—12月，鼎城区纪委监委开展三轮“秋冬大练兵”集中培训（提供：刘伟桥）

巡察工作

【概况】 2019年，鼎城区委巡察办组贯彻落实上级指示精神，服从区委巡察工作领导小组安排，开展政治巡察，加强干部队伍政治建设和能力建设，完善创新工作制度，得到湖南省委巡视办调研组肯定。

政治巡察。开展常规巡察。全年,区委开展3轮常规巡察,巡察单位44个(含二级机构)。区委组织部和区委宣传部分别开展选人用人和落实意识形态领域工作责任制2个专项检查。收集整理问题1116条,移交问题线索180件。截至2019年年末,落实巡察任务112个,全覆盖完成率67.8%。开展专项巡察。3月,在第五轮常规巡察期间,区委成立专项巡察组同步到1个乡镇派出所和1个街道派出所实施扫黑除恶专项巡察,发现问题17条。12月,到18个单位实施纪检监察信访领域专项巡察,发现问题线索52条,提出工作建议4条。落实整改。抓巡察问题整改,各巡察组在集中反馈后3个月内对照反馈问题清单,开展被巡察单位的整改落实情况回头看,将整改落实情况列入每轮书记专题会汇报内容。全区前六轮巡察反馈问题1687条,已整改1574条,整改完成率93%。

队伍建设。开展“不忘初心、牢记使命”主题教育,成立4个临时党支部,各巡察组组长任支部书记,加强巡察人员的学习教育与培训。每周五进行主题党日活动,开展《秋季大练兵》业务培训,制订学习计划,编印学习内容。通过公开招考、择优调入等方式,新进工作人员5名,实现满编满员。从巡察工作流程、协调机制、自身建设3方面归纳整理7个工作规范、3个配合机制、5个制度。规范巡察各环节流程,及与纪检监察、组织、审计、信访、财政等部门的协作与配合。

制度保障。建立巡察整改落实情况季度专报制度。全区从2019年4月起,每季度由巡察办牵头梳理巡察整改情况,形成专报,报区委主要领导阅示,重点、难点问题由区级领导牵头负责督促整改。建立被巡察单位联系区级领导参与动员与反馈会机制。要求联系被巡察单位的区级领导参与每轮巡察的动员和反馈会议,并在会上讲话,强调巡察工作的重要性,巡察情况及时向区级领导反馈。探索《巡察机构与纪委监委有关部门协作配合机制》《巡察整改任务落实日常监督的实施办法》。根据中共中央纪委办公厅《关于建立健全中央巡视机构与中央纪委国家监委有关部门协作配合机制的意见》《中央纪委国家监委机关加强中央巡视整改任务落实日常监督的实施办法(试行)》的相关要求,区委巡察办梳理文件中所涉及的相关单位工作职责,结合鼎城区工作实际建立全区的协作配合机制和日常监督实施办法。

开展村级巡察。鼎城区委巡察办组对标市委巡察办下发的《政治巡察要点》,结合村级巡察实际情况建立村级政治巡察要点,重点关注贫困村、后进村、基层党组织软弱涣散村。村级巡察让基层的违规违纪问题早发现、早解决,真正权力监督的最后一公里。至年末,计巡察112个村,发现问题478个。

宣传报道。通过会议、电视、网络、文件等形式宣传每轮巡察的启动、进驻、反馈、整改情况,并实行公开,向有关媒体报送巡察相关稿件。

脱贫攻坚。巡察办组落实区委扶贫办的相关要求与27户贫困户进行结对帮扶,已脱贫25户。 (李志芳)

【湖南省委巡视办巡查指导处处长王继东到鼎城区调研】 2019年10月24日,湖南省委巡视办巡察指导处处长王继东一行在常德市委巡察办主任袁万明的陪同下到鼎城区调研指导巡察工作,召开座谈会听取意见建议。调研结束后,王继东评价鼎城区委巡察工作:基础扎实,亮点明显,方法创新。委部办组会商制度、联系区级领导参加被巡察单位动员和反馈会议制度、区委“五人小组”巡察整改落实情况季度专报制度等值得借鉴和推广。 (李志芳)

10月24日,鼎城区委巡察工作领导小组向湖南省委巡视办调研组汇报工作 (提供:李志芳)

【机构改革】 根据《中共湖南省委办公厅湖南省人民政府办公厅关于印发常德市县市区机构改革方案的通知》(湘办〔2019〕14号)和《中共常德市鼎城区委办公室常德市鼎城区人民政府办公室关于印发〈常德市鼎城区机构改革实施方案〉的通知》(常鼎办发〔2019〕1号)等文件精神,中共常德市鼎城区委巡察工作领导小组办公室实施机构改革,落实职能配置、内设机构和人员编制设置。

(李志芳)

组织工作

【概况】 2019年,鼎城区委组织部贯彻落实全国和全省组织部长会议、全市党委系统工作会议精神,围绕全区工作战略布局开展工作,为全区经济社会发展提供组织保证。

基层党建。11月26日,湖南省委书记杜家毫调研草坪镇三角堆村,肯定鼎城区的基层党建、乡村振兴工作。落实省委"1+5"文件精神。把各单位贯彻落实省委文件精神纳入主题教育专项整治和巡回指导的内容,作为领导班子和领导干部年度考核、基层党建述职评议考核的依据。开展"三方面人选"和选调生比选,选拔人数排名全市第一。推进支部"五化"建设。全区支部五化建设达标率95%以上,在全市范围内率先实现党代表工作室的县、乡、村三级全覆盖。根据"三会一课"制度等党的组织生活基本制度,细化操作流程,为基层党支部规范组织生活提供指导和保障。应用智慧党建平台。全区826个智慧党建监控摄像头在规定期限内上线率100%,排名全市第一,常德市委书记周德睿利用智慧党建平台和流动党员进行线上互动。落地政务服务项目62项;商务平台为农产品拓展销售渠道,全区农产品网上交易额1亿余元。省内外兄弟单位到鼎城区交流学习智慧党建工作经验180余批次。开展传统佳节话党恩活动。组织党员干部以拉家常述旧情的方式,引导基层党员及群众知党恩、感党恩,帮助树立正确的价值观,全年,利用节日,举行座谈会1万余场次、屋场会6万余场次,辐射党员群众40余万人次。在全区党组织中开展"双四一"活动,全区党员无一失联,流动党员过上正常的组织生活,救济特困党员1200余人次,发放救济金近200万元。创新基层治理。扫黑除恶"打掉涉黑涉恶团伙"等重点指标排名全市第一,整改基层党建问题7个,整顿软弱涣散党组织36个;谢家铺镇建立"老年幸福屋",获民政部好评;蔡家岗镇开展"平安之星"创建工作,成为全市群众自治的样板;草坪镇建设"幸福屋场",开启美丽乡村建设新模式;兴隆街村制定"十要十不准"村规民约,弘扬正能量、树立新风尚,入围全省"十佳村规民约"评选。

干部管理。开展机构改革和职务与职级并行工作。在全市率先落实人事调整、人员转隶工作,转隶单位36家721人,推进"三定"工作。推进公务员职务与职级并行工作,11月,落实全区乡镇(街道)和基层财政所的职级套转审核工作,22个乡镇(街道)、22个乡镇财政所机关的366名公务员套转相应职级,其中套转四级调研员18人,二级主任科员109人,四级主任科员80人,一级科员159人。选优配强干部队伍。用"两张清单"考准考实干部,全年,10次调整干部队伍,涉及487人次,提拔为正科级30人,副科级71人,重用18人。推荐4名干部任处级领导职务;优化乡镇领导班子年龄、性别结构,通过全市竞争性选拔产生5名"90后"女年轻干部充实到乡镇任副镇长;畅通基层干部上升通道,制定《关于从优秀村(社区)党组织书记、大学生村官、乡镇(街道)事业编制人员和选调生中择优选拔乡镇领导班子成员工作实施方案》,选拔21名干部到乡镇(街道)任职。加强干部监督管理。运用提醒、函询、诫勉等组织处理措施,为有较轻问题和履职不到位的干部实行谈话提醒和批评教育,全年提醒谈话32次;在动议、民主推荐、考察、讨论决定和任职等环节,发挥监督职能,确保干部调整原则、民主推荐流程、考察结果等符合规范,做到征求意见一个不漏、信访举报一个不漏,征求意见37批次385人;维护"12380"举报平台,及时受理并回复群众举报、鼎城区信访局转交及常德市委组织部交办的领导干部信访件,梳理领导干部因私出国(境)证照,做到应备尽备、应交尽交。强化扶贫干部职责,加强驻村帮扶力量。126个区直、驻区单位派驻128名驻村干部,乡镇(街道、场)派驻403名驻村干部,保证40个贫困村和157个贫困人口100人以上非贫困村一村一队,为197支队伍选派协调组组长。实施老干部服务管理工作。制定《关于全区离退休干部两项待遇若干规定》,落实老干部"两项待遇"。组织全区离退休干部党支部书记培训班,鼓励老干部发挥余热,尧天坪镇离退休党支部获评"全省离退休干部先进集体"。开展"我和我的祖国"主题征文演讲比赛、"点赞新鼎城、银发耀江南"主题老年艺术节等庆祝中华人民共和国成立70周年主题活动、"道德储蓄""飞鸽传书"活动。

鼎城区公务员职务与职级并行制度实施工作动员会会场
(提供:陈克钧)

人才工作。抓干部教育工作。举办科干班和青干班,开展"习近平新时代中国特色社会主义思想"教育培训;聘请高校知名学者到鼎城区讲学,开展关于防范风险隐患重要论述和总体国家安全观的学习培训;推进干部网络在线教育,提升干部网络培训实效。抓人才引进工作。招录36名青年人才充实公务员队伍,面向全国选调34名(含19名"双一流"高校生)高学历青年,作为战略人才引进,充实到全区重要岗位。组建科技专家服务团。确定30名专家,为全区油茶、优质稻、畜牧养殖等领域提供技术指导。选派40名涉农科技特派员,开展科技下乡活动,为特色产业领域提供技术服务。

自身建设。开展大练兵活动,打造讲党性、重品行、作表率、公道正派、素质过硬的组工干部队伍。开展"微党课"比赛、辩论赛、演讲赛"三赛"活动,提升机关干部"开口能讲"的能力。组织青年干部参与写好一篇文、读好一本书、写好一笔字"三个一"活动,提升青年干部"提笔能写"的能力。组织机关干部定时开展学政策法规、学业务知识、学实践本领的"三学"活动,提升青年干部"问策能对"的能力。 (陈克钧)

宣传工作

【概况】 2019年,鼎城区宣传思想工作以习近平新时代中国特色社会主义思想为指导,积极作为,真抓实干,"学习强国"学用经验全国推介,融媒体中心改革工作全省一流、全市推广,乡风文明建设经验全省报道,开展新中国成立70周年系列活动,举办"天下常德"壁画成果展,"常德画墙"成为常德的文化地标,常德丝弦走出国门。全年,在中央、省级媒体报道经济社会高质量发展的稿件186条,央视新闻频道直播美丽的家乡"天然氧吧花岩溪"。鼎城区委宣传部年度绩效考核获评红旗单位。

意识形态。鼎城区委常务委员会移步融媒体中心召开,现场办公、现场解决问题。按照《常德市党委(党组)意识形态工作责任制实施细则》文件精神,落实党委(党组)"第一责任人""直接责任人""一岗双责"职责,构建横向到边、纵向到底的责任体系。制定《2019年宣传工作绩效评估项目指标》,完善考核制度,细化评分标准。将意识形态工作纳入全区各单位工作重点考核,纳入各乡镇关于社区、村的年终考核,纳入区委巡察组巡察范畴。区委第五、第六、第七轮巡察开展全区乡镇、区直单位党委(组)落实意识形态工作责任制巡察,促进各单位意识形态责任制的落实,成立区委意识形态形势分析研判领导小组，梳理排查意识形态领域风险点、薄弱点。出台《2019年鼎城区党委（党组）理论学习中心组专题学习重点内容安排》，制订区委理论学习中心组年度学习计划，对标省委，组织区委理论中心组学习12次，学习习近平新时代中国特色社会主义思想，邀请专家学者与上级领导解读新思想。鼎城区委书记、常德高新区党工委书记杨易进行庆祝中华人民共和国成立70周年主题宣讲，传达中共十九届四中全会精神。出台《中共常德市鼎城区委“不忘初心、牢记使命”主题教育理论学习方案》，以习近平新时代中国特色社会主义思想为主线，全区副科级以上领导干部通过自学、中心组学习、读书班、专题研讨班、知识竞赛、典型事迹报告会等方式，从思想、政治、行动上同党中央保持高度一致，推进习近平新时代中国特色社会主义思想往深里走、心里走、实里走。开展“学习强国”比学赶超活动，搭建各级学习管理组织400余个、吸纳学员4.3万余名，组织“学习强国”知识挑战赛，100余家单位1000余名选手参赛，96支队伍进入决赛。“领导带头、全员参与、赛事促动、督导强化”的做法被中宣部“学习强国”平台推介。

新闻舆论。开展庆祝新中国成立70周年系列宣传活动，展示新中国成立70周年的辉煌成就与光辉历程。围绕新中国成立70周年、“不忘初心、牢记使命”主题教育、区委经济工作会议和“两会”精神，开展“壮丽70年·奋斗新时代”“不忘初心、牢记使命”“扫黑除恶进行时”“脱贫攻坚在行动”等系列主题宣传。湖南省委宣传部组织中国新闻网、中国艺术报、湖南卫视等中央、省级主流媒体到鼎城区集中采访黄士元、莫大初先进事迹，光明日报、湖南日报等媒体用专版、头版要闻、微视频、音乐MV等形式宣传推介。总投资1.5亿元的鼎城融媒体中心业务大楼投入使用，融媒体中心硬件建设达全省一流水准，软件建设实行对内融合与对上融通相结合，打造事业加产业“双轮驱动”的发展格局，举办全市现场会，与全市同行交流工作经验。

常德市县级融媒体中心建设现场推进会会场

（提供：陈杰）

网信建设。成立鼎城区委网络安全和信息化委员会及办公室，成立鼎城区网信事务中心并升格为副科级公益一类事业单位。以网信工作人员、宣传工作干部为主，建立10名核心网评员队伍，参与重大网上舆情引导。利用鼎城新闻网站、手机报、微信公众号、微博等平台开设“壮丽70年 奋斗新时代”“十九届四中全会”等14项专题宣传。策划新媒体宣传活动，组织开展“新副食城年货节”“十美堂第六届油菜花文化节”“花岩溪国际帐篷节”等活动。清理注销乡镇、街道政务微信公众号，清理规范乡镇微信工作群，制定微信工作群管理制度。摸底属地629家网站，约谈和注销关停其中涉嫌非法赌博、传播淫秽色情内容的网站14家。加强微信小程序的审核把关。收集、处理、回应网民意见、诉求，将重要网民留言编辑成《涉鼎舆情》23期69条报区领导，领导批示督办12次。受理反馈市办《涉常舆情》72件，办理涉湘舆情线索5件，办结率100%。全年，报送网上舆情26472条。

精神文明建设。结合文明城市常态化管理，以城市管理提质年工作为抓手，开展文明城市常态化工作，推进文明单位创建工作，新申报市级文明单位11家、市级文明村镇10家、区级文明单位37家、区级文明村50家。结合农村人居环境整治、乡村振兴等，乡镇设置文明乡风主题墙、创作地方花鼓等，丰富农村精神生活。举办第六届“十佳善德公民”评选活动。向上推介典型人物，姜开斌获评全国第七届道德模范。姚高峰、伍孝政获评湖南好人，王国顺、刘明高、灌溪镇4名村民获评常德市第四届道德模范。永安小学聂天宇获评湖南省“新时代好少年”，武陵小学吕问冰等6名学生获评常德市“新时代好少年”。推进“户帮户亲帮亲、互助脱贫奔小康”“认领微心愿，争当圆梦人”学雷锋志愿服务。开展扶贫帮困、敬老助残、关爱社会、保护环境等志愿服务活动。开展“新时代好少年”评选推荐、文明校园建设、“我们的节日”、“少年传承中华传统美德”、中华经典诵读、戏曲、“我爱我的祖国·校园篇”等进校园活动。通过农家书屋、广播“村村响”向村民宣传普及“扫黄打非”知识，在全区中小学校、桥南出版物市场和图书馆张贴“绿书签”宣传海报，组织学生、群众加入“绿书签行动”签名活动。到重点部位、重点地区、重点场所、重点行业开展定期和不定期巡查，开展出版物市场、游商地摊书刊检查。

鼎城区第六届十佳善德公民评选表彰活动颁奖典礼
（提供：陈杰）

群众文化。贯彻《中华人民共和国公共文化服务保障法》，按照《湖南省现代公共文化服务体系建设三年行动计划》总要求，完善公共文化服务体系建设，按照“七个一”标准分批次进行全区302个村（社区）文化中心建设达标验收，提前1年落实工作。结合沅江隧道修建、阳明路改造，提质升级区体育馆外场坪，改造面积近7000平方米。以新中国成立70周年为主线，承办鼎城区“庆祝新中国成立70周年”——“欢乐潇湘”·常德市群众文艺演出百团大赛、鼎城区庆祝中华人民共和国成立七十周年暨第二届艺术周活动、2019年迎春精品群众文艺演出、鼓舞新时代——2019年湖南渔鼓传承保护汇报展演、常德市第十二届鼓书擂台赛、元宵大型有奖灯谜、“我是最美阅读追梦人”系列读书日等活动。举办惠民演出128场，放映农村公益数字电影6900余场，惠及群众约80万人次。落实常德画墙项目17幅壁画上墙安装工作，落实画墙全程3756米的壁画龙骨安装和大理石钢挂工程。举办“天下常德”壁画成果展。推进文旅融合发展，编制《常德市鼎城区全域旅游发展规划》及系列景区编制详规，启动黄土店镇沧山AAA景区创建工作。
（陈　杰）

统战工作

【概况】 2019年，鼎城区统一战线围绕区委工作中心及上级统战工作要求，引导党派、团体及统战成员聚力脱贫攻坚、助力乡村振兴。2019年区委统战部获评常德市统战宣传工作先进单位，获常德市统战工作实践创新成果奖。谢家铺镇下陈湾村等2个单位获评市级“同心示范点”；区侨联、民革鼎城总支、民盟鼎城区基层委员会、民进鼎城支部、致公党鼎城区工委、九三学社鼎城支社获评市级先进；许家桥回族维吾尔族乡获评湖南省民族团结进步模范集体。

2019年区委统战工作领导小组专题会议会场
（摄影：于璇）

巩固统一战线政治统战共识。强化学习教育。开办统战干部“每周一学”，推荐非公领域、党外干部、新社会阶层代表人士参加各类培训。聚力议政建言。引导统战各界代表人士围绕产业立区、乡村振兴等建言献策、参政议政。组织召开全区党外人士及非公经济代表座谈会，主要领导面对面听取党外人士及非公经济代表关于区委、区人民政府工作的意见和建议。整合资源创品牌。3月15日，区工商联与区市场监督管理局在南城天街广场，联合举办"3·15"国际消费者权益日活动，以宣传"2019年信用让消费者更放心"消费维权年为主题，5家工商联会员单位获常德市"维护消费者合法权益先进单位"称号。推进多党合作。支持民主党派自身建设，提高民主党派履职水平。各民主党派通过"不忘合作初心，继续携手前进"主题教育，开展社会服务10余次，惠及群众2000人次。

2019年鼎城区党外人士及非公经济代表座谈会会场

（摄影：于璇）

精准扶贫。组织全区企业家开展"万企帮万村"活动，制定行动方案，组织16名企业家结对帮扶全区200个贫困户，河洲甲鱼、勇福农业分别实施甲鱼养殖、香米水稻种植2个扶贫项目。开展"万企帮万村"活动专项评估工作，全区参与"万企帮万村"民营企业24家，累计受帮扶村27个，帮扶贫困户523户1536人。其中，实施产业帮扶项目投资总额282万元，帮扶292人；就业扶贫发放工资总额1156.3万元，帮扶549人；公益捐款捐物总额165.15万元，帮扶1027人；技能扶贫投入1万元，帮扶8人。组织非公企业开展"户帮户亲帮亲互助脱贫帮小康"活动，制定活动方案，推介养殖黑斑蛙的刘大军、带动农民种植香米水稻的熊桂华、开展爱心慰问的刘明高等先进典型。4月24日，邀请香港福扬行有限公司行政总裁谭泽生夫妇到逆江坪中心李红小学验收捐赠项目并开展捐资助学活动，现场奖励物资折合人民币近5万元。引进石板滩镇卫生院门诊楼重建工程，捐赠款30万元。和双桥坪镇官堰坪村贫困户结对帮扶，每季度开展走访慰问活动。

多党合作事业。支持各民主党派、知联会开展"不忘合作初心，继续携手前进"红色教育活动；配合民进市委开展民进鼎城区支部的换届及后续培训等工作；调训乡镇、街道党外干部，完善党外代表人士队伍数据库建设。通过走访、发放新的社会阶层人士统计表、调查问卷等方式，摸清全区新的社会阶层人士基本情况，建立新的社会阶层人士人才数据库，加强管理、培养和使用新的社会阶层人士。坚持党外干部选拔任用"六个共同"机制，以机构改革为契机，提拔重用党外干部。在区直单位开展摸底调查，选拔和培养优秀党外后备干部，充实党外干部队伍，全年，提拔交流党外干部12名；推荐和安排党外干部参加专题培训，选派李科、许翔、黄琳等党外干部参加全市党外中青年干部培训班。

非公经济领域统战工作。参政议政。鼎城区工商联围绕全区民营经济发展现状开展参政议政调研，区工商联组织撰写《营造一流营商环境，助力民营经济高质量发展》的提案、《打造一流营商环境，助力民营经济发展》的政协大会发言材料，会员尹国良在政协大会上发言。开展私营企业调查。4月，按照省、市相关要求，采取发放调查问卷、召开座谈会、实地调研等形式，开展规模企业调查、非公企业参与"一带一路"情况调查、年轻一代非公经济人士思想政治状况调查、民营企业履行社会责任调查等，获得企业发展第一手资料。组织开展市联调研座谈。4月10日，常德市政协副主席、工商联主席张业梅等一行到鼎城区实地调研走访企业并座谈，听取9位民营企业家的建言，区委副书记王时雨，区委常委、统战部部长瞿政前参与座谈。

民族宗教工作。开展民族团结进步创建活动，抓民族资金项目申报工作，实施少数民族乡村基础设施建设和民族团结示范创建等项目，争取资金35万元。落实民族优惠政策，审核193名"两种考生”资格。开展“宗教政策法规宣传月”“和谐寺观教堂”创建活动，建立完善慰问防渗工作机制。5月，调研走访全区宗教活动场所。

涉台涉侨统战工作。开展全国政协委员、全国台联副会长杨毅周率队到鼎城区调研考察台资企业常德龙弟源养老服务有限公司的服务对接工作，针对企业当前遇到的困难和面临的问题，协调各单位各部门研究，加强与企业沟通，在合情合理、合法合规的前提下为其解决问题。开展为侨服务凝聚侨心工作。以归侨侨眷的需求为导向，开展各类联谊和为侨服务活动。以现有的全国和省级“侨之家”为基础，拓展阵地建设。发挥海外侨务资源，引进海外捐赠学校和卫生院资金65万元。围绕“开放强区、产业立区”的战略目标，以“侨”搭“桥”，向海内外侨界人士宣传推介鼎城区创新创业的优良环境和政策，联系海外高层次人才到鼎城区投资兴业。2019年，引进日本新型无线充电项目并正式签订合作协议；联系日本诚竹新材料项目和美国新英格兰视光学院眼前节成像分析仪医疗器械项目；邀请澳门君天集团、湖南北欧投资管理有限公司及来自俄罗斯、老挝等“一带一路”沿线国家的侨界人士关于城市综合体建设开发项目、文化旅游项目进行投资考察。（于　璇）

【机构改革】 2019年，鼎城区委统战部根据《鼎城区机构改革方案》落实机构改革工作，机构职能调整后，区委统战部统一管理民族宗教、侨务工作，对外加挂鼎城区民族宗教事务局牌子，对外使用鼎城区政府侨务办公室名称。改革后的区委统战部内设综合办公室、党外代表人士工作办公室（新的社会阶层人士工作办公室与其合署办公）、民族宗教事务办公室及侨务工作办公室，行政编制由7个增至10个。（于　璇）

对台工作

【概况】 2019年，鼎城区对台工作以习近平新时代中国特色社会主义思想为指导，贯彻落实习近平总书记关于对台工作决策部署和省、市、区工作要求，反对和遏制“台独”，争取台湾民心，深化鼎台经贸合作和交流融合。

涉台服务。不定时走访、慰问涉台重点对象，掌握情况，了解需求，解决问题。全年，与台商洪至诚、陈清宗等面谈商讨10余次，实地考察投资项目基地花岩溪镇樱花谷，帮助出主意，想办法，化解矛盾纠纷。通过摸排，上报3名涉台特困群众和5名困难台属情况，为其争取上级解困资金1.4万元，救助涉台困难群众20余名，救助资金3.6万余元。协助台胞沈钦城找到失联28年的大陆亲属；接待涉台对象的来信来访。处理涉台纠纷4起，维护全区涉台稳定；落实中央惠台措施，配合上级和区公安部门，为20名台胞办理中华人民共和国台湾居民居住证。

对台经贸。鼎城区人民政府（产业办）邀请台湾高雄市燕巢社区合作农场法人代表何正诚到鼎城区参观考察，9月15日，何正诚到鼎城区推广培训果树多层次生态嫁接栽培法（水果盆栽技术），与鼎城区西洋陂田园综合体公司签约，以技术入股，参与公司发展经营。接待汉樱集团董事长洪至诚，商谈扩大花岩溪樱花谷项目投资事宜，该项目拟用5—10年时间投资3亿—5亿元。区委、区人民政府召开现场推进会3次；区人民政府副区长熊辉召集相关职能部门到现场调研，讨论解决该项目面临的问题；区委办主任雷建国主持召开该项目土地合同解除纠纷专题调度会。叫停陶然旅游有限公司吉祥山项目违建部分，开展整改工作。区委常委、区委副书记王时雨，区人民政府副区长钟科程联合召开蔡家岗龙弟源山庄康养项目可行性论证会，推进项目进度。与台商刘兰兰等联系，宣传推介鼎城，开展招商引资工作。

交流交往。鼎城区委台湾工作办公室秉持习近平总书记“两岸一家亲”理念，争取台湾民心，推动鼎台之间交流交往，保证民间往来不脱节，两岸亲情不断绝。为陆配马女士取得台湾身份证后在老家销户事宜进行沟通交流。常德台北同乡会理事长郭中一姐姐过世,派工作人员吊唁慰问。清明节期间,与区内部分台属联系,请他们邀请在台亲人回乡祭祖,增强台胞认祖归宗情感。邀请陆配回乡探亲、旅游、观光。邀请台湾教授何正诚到鼎城区举办果树多层次生态嫁接栽培法和高端水果推广培训讲座,全区200余人参加。11月8—10日,湖南应用技术学院邀请台湾博士陆炳文、戴晨志到校进行《新时代的公关、激励高手——激励、沟通、情绪智慧、口语表达》《新时代的公关、激励高手——技术、艺术、学术融合、应用实践》学术讲座。

鼎城区台商台胞台属代表迎新年座谈会会场
(提供:魏祖梅)

惠台措施。分解中央“31条”“26条”及湖南省“59条”惠台措施任务,下发分解表到各相关职能部门征求意见,在区委常委会议室召开相关部门负责人会议2次,讨论实施方案,区委督查室不定期督查执行情况。编印下发涉台政策资料及惠台措施汇编100份。 (魏祖梅)

【机构改革】 2019年,根据中共常德市鼎城区委文件常鼎发〔2019〕2号《中共常德市鼎城区委常德市鼎城区人民政府关于常德市鼎城区区级党政机关机构设置的通知》,鼎城区对台办公室整体转隶到鼎城区委办公室,名称为中共常德市鼎城区委台湾工作办公室(常德市鼎城区人民政府台湾事务办公室)。中共鼎城区委台湾工作办公室(鼎城区人民政府台湾事务办公室)是区委、区政府主管全区对台工作的办事机构。4月20日,区台办整体转隶到区委办,成为其组室之一,对外保留牌子,区委办常务副主任李勇岗任主任,成立区委对台工作领导小组,区委书记、常德高新区党工委书记杨易任组长。 (魏祖梅)

机构编制工作

【概况】 2019年,鼎城区委机构编制委员会办公室深化机构改革,优化资源配置,加强自身建设,创新体制机制和日常管理,履行机构编制工作部门职责,连续10年获评绩效考评先进或红旗单位。

机构改革工作。制定改革方案。解读湘办〔2019〕14号文件,按照中央、省、市相关精神形成汇报材料,向区委编委、区委常委领导汇报。召开区委常委会专题研究部署全区机构改革工作,成立鼎城区委深化机构改革领导小组和机构改革办公室,下设专项小组,择优抽调7名工作人员充实到机构改革办工作。成立5个考察组,摸底全区106家单位干部职工思想情况,和涉改的正科级单位计90名一把手一对一谈话,宣讲改革政策,听取干部职工关于机构改革的意见建议,出台《中共常德市鼎城区委办公室常德市鼎城区人民政府办公室关于印发〈常德市鼎城区机构改革实施方案〉的通知》(常鼎办发〔2019〕1号)文件。对标对表,推进机构改革。2月28日,召开全区机构改革动员大会,当天,区文化旅游广电体育局、区市场监督管理局等11家区直新组建部门集中挂牌。3月14日,区委常委会审议通过《鼎城区机构改革人员转隶实施方案》;3月26日,区委组织部、区人社局、区民政局三家试点单位转隶人员94人;4月24日,33家涉改单位693名人员转隶交接。按照时间节点,调整组建党政机构37个,制发部门“三定”规定文件19个、部门机构编制调整文件18个,根据“编随事走、人随编走”原则,转隶人员787人。成立乡镇(街道)机构改革工作领导小组,制发乡镇(街道)“三定”规定文件22个,在上级下达的行政事业编制总量内，各乡镇（街道）统一设置内设机构6个、执法大队1个、事业站所6个，明确乡镇的职能职责、审批权限。综合行政执法机构改革。对照中央出台的六大领域综合执法改革指导意见和湖南省实施意见，抓行政执法机构调整和体制重构工作，统筹推进综合行政执法机构改革。按照常编办复〔2019〕2号文件下发《关于开展鼎城区区直承担行政职能事业单位职能清理整合和机构调整摸底的通知》，清理承担行政职能的事业单位，涉改45个事业单位全部调整到位。制定出台《关于进一步严明机构改革纪律要求的通知》。

机构编制日常管理。推行机构编制实名制管理，机构编制信息化。启动实名制系统管编管人，校正和完善全区行政事业人员实名制信息，信息准确率100%。严格编制核准使用，凡涉及人员流动调配的，用人单位均向区委编委递交用编报告，经相关会议研究后，通过实名制系统下达编制使用核准通知单。推行线上机构编制业务办理，完善人员编制实名制管理，落实“三个一”：一账（机构编制台账）、一单（编制使用核准通知单）、一库（综合管理平台数据库）。严肃机构编制人事纪律，形成“人财编”管理联动机制。根据《中国共产党机构编制工作条例》要求，联合组织、人社、财政部门规范人员进出制度，坚持用编审批先行的原则，规范编制“申请、审批、使用”3个环节，每年、每季度有计划、按比例补充人员。全年，下达编制使用核准计划317名，入编231人，出编466人，划转449人，异动353人。建立组织编制人事联席会议制度，双数月24日定期召开组织、编制、人社部门联席会议，研究编制、人事等事项，规范人、财、编的管理，严肃干部人事编制工作纪律，合理配置人力资源。实行机构编制动态管理，挖潜机构编制资源使用效率。控制机构编制总量，严守人员编制“红线”，通过调研摸底，以新一轮政府机构改革为契机，挖潜编制资源使用效率，将职能职责弱化、人员编制富余的单位通过双向选择，将人员编制连人带编划转到职能职责增强或新增的部门。全区从原区公路局、区农机局、区畜牧局划转40余名人员编制到区应急局、区退役军人事务局、区民政局、区工信局等新设或职责增加的单位。规范事业单位登记管理，促进登记工作制度化。健全事业单位法人登记工作流程图、注销流程图、工作人员守则等制度，规范业务办理流程，按照行政审批标准化、规范化的要求，依照受理、审核、核准、公告等法定程序，开展事业单位设立、变更、注销、证书补领、重新申领证等基础性登记工作和机关、群团统一社会信用代码证书发放工作。全年，设立登记2家，变更登记74家105项，注销登记2家，落实490家事业单位的年检年审工作，年检合格率100%。

党建工作。开展主题教育相关工作。建立学习教育常态化制度，结合“不忘初心、牢记使命”主题教育，学习马克思列宁主义、毛泽东思想、中国特色社会主义理论体系、习近平新时代中国特色社会主义思想和中共十九届四中全会精神，通过学习强国平台、专题研讨、举办学习班、集中上党课、知识测试等形式，推动理论学习融入日常工作。加强思想教育引领，班子成员与全办干部特别是年轻干部定期开展交流谈心活动，正面宣传教育引导，掌握党员干部的思想动态，宣传党的路线方针政策和重大决策部署。学习宣传先进典型，开展向先进典型学习、开展对照先进典型找差距工作，组织全办工作人员听取全市先进事迹报告团姜开斌、李元成等9名成员的先进事迹报告。开展反面典型警示教育，通过案例分析会、参观警示教育基地、观看警示教育片等形式开展廉政教育，吸取反面典型教训，传播廉政理念和知识。加强党支部建设。制定印发“三会一课”、民主评议党员、党员积分管理、党员党性定期分析、谈话谈心、党组织党内情况通报等党内生活制度，开展党建活动，增强党的纪律观念。7月12日，党支部换届选举，郑军、高家念、张贤文当选党支部委员，郑军当选编办党支部书记。

6月28日，鼎城区委机构编制委员会办公室组织开展重温入党誓词活动 （摄影：王菊梅）

*干部队伍建设。*开展志愿服务活动，建立志愿服务队伍，组织“党员志愿者下基层”“机关党员进社区”“平安创建”“学雷锋”“关心下一代”“义务植树”等系列志愿服务活动，引导党员干部在为民服务的实践活动中强化党性锤炼。开展文明创建活动，参加学习强国知识竞赛、演讲比赛等活动。利用楼道和走廊墙面，宣传展示理想信念、党风党纪、社会主义核心价值观等内容。开展宣传宣讲工作，宣传党的政策，到联系点村入户开展扫黑除恶、创文知识及扶贫政策宣传宣讲活动，把党的声音传递到社区居民和农户。宣传机构编制政策，学习贯彻《中国共产党机构编制工作条例》，将机构编制业务学习纳入中心组学习，通过印制宣传册、微信、QQ等网络媒体开展宣传。抓信息报送工作，全年，报送市、区级信息37篇，市委编办、鼎城政府网（鼎极传媒）、鼎城组工采用30篇。 （罗雪梅）

【机构改革】 2019年，根据《中共湖南省委办公厅湖南省人民政府办公厅关于印发常德市县区机构改革方案的通知》（湘办〔2019〕14号）和《中共常德市鼎城区委办公室常德市鼎城区人民政府办公室关于印发〈常德市鼎城区机构改革实施方案〉的通知》（常鼎办发〔2019〕1号）等文件精神，调整优化区委机构编制委员会领导体制，中共常德市鼎城区委机构编制委员会办公室作为委员会的办事机构，承担委员会日常工作，作为区委工作机关，对外使用区事业单位登记管理局名称，归口区委组织部管理。调整后，区委机构编制委员会办公室内设机构4个，分别为办公室（加挂党建办公室牌子）、机构编制室、事业单位登记管理室、机构编制监督检查室。核定行政编制10名，其中主任（正科级）1名，副主任（副科级）2名，其他工作人员7名。撤销区事业单位登记管理局，将相关公益服务职责整合，组建区机构编制事务中心，为区委机构编制委员会办公室所属副科级公益一类事业单位。区机构编制事务中心核定事业单位编制5名，其中，主任（副科级）1名，副主任1名，其他工作人员3名。 （罗雪梅）

老干部工作

【概况】 截至2019年年末，全区离休干部46人，副处级及以上退休干部91人。3月，鼎城区委老干部局及所属事业单位整体并入组织部，组织部增设老干部管理办公室。2019年，鼎城区老干部管理办公室获评全市老干部工作先进单位。

*党建工作。*坚持政治引领，强化支部“五化”建设。在全区开展“双五好”评选活动，在重阳节表彰离退休干部先进集体10个、“最美老干部”80人。尧天坪镇离退休干部党支部获评“全省离退休干部先进集体”，吴中文获评“常德市最美老干部”。为提升党建工作水平，举办全区离退休干部党支部书记培训班，按季度组织全区离退休干部党支部委员进行集中轮训，组织到鼎城区“三个第一”红色教育基地开展党性体验。将党性教育融入老年教育，在区老干部大学开设课前5分钟思政课。

*活动开展。*把握老干部工作为党和人民事业增添正能量价值取向，围绕“庆祝中华人民共和国成立70周年”主题，开展正能量活动。举办以“我和我的祖国”为主题的征文、演讲比赛，以“点赞新鼎城、银发耀江南”为主题的鼎城区“庆重阳·第四届老年人艺术节”活动。9月，全市老科协创“五型”

满意会员之家工作经验现场会在鼎城区召开,区老科协作典型发言,推介工作经验;8月,区老摄影家协会举办“图说鼎城”摄影展,展出全区老摄影爱好者创作的近200幅作品;9月29日,区老年诗词书画协会在区文化中心举办重阳节艺术展,展出诗词、书法、绘画作品100余幅;区老年保健协会到全区乡镇、街道倡导科学养老,为32位百岁老人送去祝福和慰问;区关心下一代工作委员会带领“五老”人员开展“道德储蓄”“飞鸽传书”活动。

老干部“两项”待遇落实。着力在为老干部服务上下功夫,力求在为老干部服务上追求更细、更深、更实、更准。2019年,制定《鼎城区离退休干部两项待遇的若干规定》,为落实老干部“两项”待遇提供制度遵循;开展走访慰问活动,在春节、生日走访慰问全区离休干部和副处以上退休干部,重点帮扶高龄、重病、家庭有特殊困难的离退休干部。完善离休干部“一人一策”规范性服务措施,在区属定点医疗机构开通离休干部“六优先”绿色通道,即离休干部凭离休证享受挂号优先、就诊优先、检查优先、住院优先、取药优先、结算优先,为离休干部就医提供方便。在中华人民共和国成立70周年之际,区委组织部举行为全区离休干部颁发中共中央、国务院、中央军委特制的“庆祝中华人民共和国成立70周年”纪念章的活动。

(贺玲俐)

鼎城区向离休干部颁发“庆祝中华人民共和国成立70周年”纪念章仪式

(提供:贺玲俐)

党校工作

【概况】 鼎城区委党校建于1959年2月,位于常德市鼎城区红云街道办事处德安社区隆阳路566号,占地面积12540平方米,建筑总面积8692.52平方米。2006年10月,该校经湖南省委组织部、湖南省委机构编制委员会办公室、湖南省委党校验收合格,确定为中专体制,机构级别为副处级。2019年,鼎城区委党校改革,机构级别为区委直属正科级公益类事业单位。学校领导机构为校务委员会,下设办公室、教务科、教研室、后勤科。学校有多媒体会议室2个,大型会议室可容纳300人,中型会议室可容纳160人;有多媒体教室2间,分别可容纳60人和50人;有学员宿舍 2 栋,可满足130人同时住宿,室内配有热水器、电视、空调等;有学校食堂,可接待300人同时就餐;有文体活动室,篮球场、羽毛球场、乒乓球场等;图书馆藏图书2万余册,配有图书管理员。

干部培训。举办科级干部培训班1期、青年干部培训班1期,承办纪检监察干部业务能力提升班2期、发展对象培训班2期,培训学员577人。充实培训内容,设置军训、基本理论、党性锻炼、党纪党规、能力素质培养、专题研讨、外训调研和区情教育等课程。丰富培训形式,在传统讲授式的基础上,创新研讨式、体验式、现场教学等新式教学方法。开展党性教育活动,组织学员到镇德桥镇、尧天坪镇和石板滩镇进行党性锤炼;围绕乡村振兴和发展特色农村集体经济的课题,安排学员到鼎城区草坪镇、谢家铺镇和浏阳市等特色乡镇进行实地走访调研。增强师资力量,邀请湖南省委党校、常德市委党校专家教授和其他业务部门科局长授课。邀请6名区委常委领导给青干班学员上党课,邀请鼎城区委书记、常德高新区党工委书记杨易参加青干班学员座谈会。抓学员管理。坚持全面从严治校,实行军事化管理。培训期间,实行打卡制度,每天上课之前、下课之后及就寝时打卡,统一食宿作息，着迷彩服军训，每周一上午7:30学员着正装参加升国旗仪式。实行学员积分管理，学员参加活动或在活动中获奖，给予一定奖励学分，给予迟到、早退、旷课等违规学员扣分处理，得分情况实行每周一通报。实行学员分组竞赛，根据报名顺序，每10人编为1个学习小组，指定1名干部任小组长，负责组织小组的课题研讨、外训学习、演讲、朗诵、辩论等活动，并按成绩给予评奖。抓教育教学。2019年，该校教师“下乡镇”“入部门”，开展宣讲50余场，培训党员2000余人次。打造3堂党性教育现场教学课，其中现场教学课“中国译介马克思主义第一人”通过市委组织部初选，申报2019年全省党性教育精品课。3月，青年教师宁宇在全市党校系统教学比赛中获三等奖。9月，3名教师参加全区学习强国知识竞赛，团体赛获前6强，个人赛获前3强。抓师资培训。3—4月，派青年教师王靖雯和教育长魏涛到清华大学跟班学习；7月，全体教师分两批参加“新时代‘不忘初心、牢记使命’大型主题教育”师资培训班；10月，4名青年教师到市委党校参加“打造党校教育精品课”师资班培训；11月，青年教师王艳参加省委党校师资培训班。

现场教学课堂 （提供：王慧）

2019年第一期科干班学员到浏阳市外训 （提供：王慧）

科研咨询。全年，落实结项课题1项、省级立项课题1项、市级立项课题2项，协助学员完成课题研究3项，参与区政协课题研究1项。在党校系统理论研讨会中，报送论文5篇，其中1篇获省级三等奖；在全市庆祝新中国成立七十周年理论征文中，报送征文2篇。制定任务。年初，召开教师工作会，加强关于已有科研制度的执行力度，根据执行中的情况反馈及时加以修订和完善，明确提出教师的年度科研任务，要求所有教师每年必须发表论文或获奖论文1篇以上，参与课题研究1项以上，到基层调研30天以上。开展调研。引导和鼓励年轻教师科研，形成合理的科研队伍结构。围绕红色资源开发、社会治理、赵必振生平事迹等课题开展专题研究。办班期间，把教师分成3小组，与学员到各地开展调研，形成调研报告3篇。整合资源。在校内，以重点课题为龙头，发挥学员优势，采取“学员＋教师”模式，取得第一手研究资料；在校外，与相关部门合作，参与区政协“乡村振兴”等课题研究，以《完善乡村产业发展规划 夯实产业发展基础》为题在全区政协常委会上进行专题发言。

队伍建设。开展“主题党日”和“不忘初心、牢记使命”主题教育活动。年初所有党员制订《2019理论学习计划》；每周五开展“主题党日活动”，学习中共十九大精神和习近平新时代中国特色社会主义思想；“学习强国知识学习”全覆盖，每天更新党员学习情况，实行积分管理，按时予以公布；组织党员到镇德桥镇党校、尧天坪镇文甲农民起义纪念碑、赵必振纪念馆等地参观学习。成立“不忘初心、牢记使命”主题教育领导小组及工作机构，研究制定“区委党校‘不忘初心、牢记使命’主题教育理论学习工作方案”，以表格化、清单化的形式明确时间、任务、责任人。实行规范管理。制定并落实考勤制度、请假制度和财务报账制度。落实岗位责任制，坚持每周一（天气好）8:00升国旗，无故未参加的人员予以通报。开展扶贫工作。结合扶贫点村的实际情况制定帮扶措施，抽调1名干部全年驻村开展工作，要求全员参与扶贫，根据贫困户家庭的致贫原因，因户施策，一户一策或一户多策进行帮扶，帮扶责任人走访贫困户，了解贫困户的困难和需求并提供具体的物质帮助和政策指导，全年，投入扶贫资金10余万元。规范后勤保障。投入10余万元用于基础设施建设，在食堂安装电子监控设备，配备消毒柜，更换教室投影仪，升级改造宿舍住宿环境，维护水电和硬件设备。（王　慧）

全体教职员工参与每周一升旗仪式　（提供：王慧）

【机构改革】 2019年，根据《中共常德市鼎城区委机构编制委员会关于区本级机构改革涉改科级事业单位调整有关事项的通知》（常鼎编〔2019〕1号），鼎城区委党校（区行政学校、区社会主义学校）改为区委直属正科级公益类事业单位。

（王　慧）

接待工作

【概况】 2019年，鼎城接待服务中心接待各类宾客100余批次，500余人次。

接待服务。接待湖南省人大、湖南省委环保督查组、常德市“四大家”等厅局级以上领导到鼎城区调研考察；接待服务省、市及兄弟县市党政主要领导到鼎城区调研、参观考察、指导交流以及商会、企业到鼎城区投资洽谈；落实全区老干部春节团拜和重阳节座谈会接待服务工作；落实湖南省脱贫攻坚年度考核组到鼎城区实地考核接待服务工作；指导区总工会参与全国总工会慰问团送温暖接待服务工作；落实中组部、湖南省委组织部到鼎城区调研接待服务工作；落实西藏组织部、常德市委组织部到鼎城区考察接待服务工作。8月30日，接待湖南省沅江市党政近90人的考察团；9月27—29日，负责服务庆祝新中国成立70周年“天下常德壁画成果展”参会嘉宾的食宿安排，全国知名画家35名，省内外嘉宾近80人。

党建工作。把党建工作摆在首要位置，以抓党建促进全面工作。在思想上坚持用中共十九大四中全会精神和习近平新时代中国特色社会主义思想武装干部职工头脑。参加机关工委组织的各项学习和培训，参加区级各项调训和学习。组织集中观看《黄文秀同志优秀事迹专题片》《“伟大历程辉煌成就——庆祝中华人民共和国成立70周年大型成就展”网上展馆》等教育片。加强支部党员管理，开展党支部目标管理。开展“不忘初心、牢记使命”主题教育活动，加深理论学习，开展谈心谈话，征求意见，撰写高质量调研报告，召开班子专题民主生活会和党员组织生活会。落实党费收缴工作和党员年统工作。11月，组织在职党员到文甲农民起义红色教育基地开展理想信念教育。

（谢国波）

【机构改革】 根据《中共常德市鼎城区委机构编制委员会关于区本级机构改革涉改科级事业单位调整有关事项的通知》（常鼎编〔2019〕1号），鼎城区委区政府接待处更名为鼎城区接待服务中心，为鼎城区委直属正科级公益类事业单位。

（谢国波）

档案工作

【概况】 2019年，鼎城区档案馆获湖南省档案宣传工作先进集体称号，获评区绩效考核良好单位。至年末，馆藏档案237个全宗、196654卷（册）。全年接待档案查阅708人次，查阅档案938卷，查准率98%。扫描馆藏洞庭湖生态经济区档案专项数据文本5万页。

档案指导。自农村土地承包经营权确权登记

颁证档案工作启动至2019年年末，区档案局和区档案馆联系区经管局等部门通过实地察看和会议座谈等形式指导档案整理和数字化工作，提出建议，督导落实。12月，协助区档案局进行全区95个科级单位档案工作的年终考核检查。

档案宣传。组织开展以“新中国的记忆”为主题的档案宣传等系列活动。6月4日，发动全区各单位开展“6·9”国际档案日宣传和档案业务知识学习活动，摆放宣传盾牌90块、开启电子显示屏52个；6月6日，在人群密集街道处悬挂宣传横幅标语、设立档案知识咨询台进行档案宣传，发放宣传资料200余份，接受群众咨询100余人次，在鼎城广电台、手机报、微信、QQ等各类媒体上开展系列宣传活动。组织开展主题为“新中国的记忆”国际档案日征文活动，从各单位上报征文中甄选出8篇报送湖南省档案局。

鼎城区档案馆开展“6·9”国际档案日宣传活动
（摄影：彭秋娟）

信息报送。全年报送信息30篇，国家级媒体上稿5篇，省级媒体《档案时空》杂志社上稿6篇，常德档案信息网上稿6篇，其他媒体上稿4篇。

档案资源建设。2019年，接收图书资料年鉴1本，接收9个单位的档案10549件，其中接收乡镇单位（撤、并、转）档案7715件。在全年接待查阅工作中，全程公开办事程序和服务承诺，其中核定工龄、年龄及社保、退伍军人占60%，修志占10%，核实土地、山林权属占30%。

组织建设。开展“不忘初心、牢记使命”主题教育、学习领会习近平新时代中国特色社会主义思想、推进“两学一做”学习教育常态化制度化等系列活动，全年，开展“主题党日”活动40次，组织召开支委会14次、党员大会4次、党课4次，举行读书班4期、集中研讨交流3次、四项教育活动8次，开展在职党员进社区服务4次、下基层志愿服务活动12次、困难党员慰问帮扶10余次，开展支部换届工作。开展党风廉政建设和反腐败工作，组织开展党风廉政建设和反腐败专题研究会议4次，落实“两个责任”，组织开展谈心谈话100余次。全馆联系五宝山村结对帮扶贫困户7户22人（其中6户19人已脱贫），全年，走访贫困户50人次，为6名帮扶贫困户购买“湘女关爱保”，开展飞鸽老人与特殊儿童结对活动。

项目建设。鼎城区综合档案馆建设项目于2010年立项（湘发改投资〔2010〕1439号），列入国家中西部地区综合档案馆建设项目，鼎城区委、区人民政府将该项目纳入“十三五”规划重大建设项目。区综合档案馆总建筑面积6473平方米，地址在祥云路中心广场以西、金霞路以北，原广电中心规划区内。2017年12月末，项目筹建工作完工。2018年1月23日，开工建设。综合档案馆馆舍功能布局按照相关建设标准施行，主体工程部分地面砖铺设、暖通设施、消防管道、外墙干挂和玻璃幕墙工程完工，二次装修、基础设施和密集架等设备设施的初步设计方案完工，拟于2020年6月末投入使用。10月31日，湖南省委办公厅档案宣传教育处处长邹毅率验收组一行到鼎城区实行综合档案馆建设项目进行功能验收。区委常委、区委办主任雷建国，区人民政府副区长蒋宏武出席。（彭秋娟）

10月31日，湖南省验收组实地考察验收鼎城区综合档案馆建设项目
（摄影：邹敏）

【机构改革】 2019年3月，根据常鼎编〔2019〕1号《中共常德市鼎城区委机构编制委员会关于区本级机构改革涉改科级事业单位调整有关事项的通知》，鼎城区档案局(鼎城区档案馆)承担的行政职能划入中共常德市鼎城区委办公室。中共常德市鼎城区委办公室对外加挂鼎城区档案局牌子，鼎城区档案馆调整为中共常德市鼎城区委办公室所属正科级公益类事业单位。 (彭秋娟)

史志工作

【概况】 2019年，中共常德市鼎城区委党史研究室(常德市鼎城区地方志编纂室)学习贯彻中共十九大会议精神，围绕年初确定的史志工作要点，开展各项工作。鼎城区委党史研究获评2019年度湖南省地方志系统先进集体、2019年度鼎城区文明单位。《鼎城年鉴(2018)》获评全国地方志优秀成果(年鉴类)区县级综合年鉴一等年鉴、获湖南省地方志优秀成果(年鉴类)一等奖。

史志编研。2月21日，2019年全区史志工作会议召开，部署年鉴组稿工作，并要求提高年鉴编纂效率，缩短年鉴出版周期。11月，《鼎城年鉴(2019)》由线装书局出版发行。该书由常德市鼎城区人民政府、常德市鼎城区地方志编纂室主编，记述时限为2018年1月1日至12月31日，设类目30个、分目187个、条目370个，配表格5个，成书76万余字。系列丛书《鼎城史鉴1》印行，《鼎城史鉴2》进入校稿阶段。《红色鼎城》初稿定稿，该书是反映鼎城区革命情况的“红色家谱”。《放羊坪村志》《常德市鼎城区人力资源和社会保障志》等志书出版，为全方位展示鼎城提供系统资料。

2月21日，2019年全区史志工作会议召开 (摄影：龚萱)

党史宣传教育。全年，开展党史宣讲15场，覆盖全区党员。实施党史陈列馆日常接待管理，配备专业讲解员2名，接待参观人员21批次，党史陈列馆成为各单位开展党员干部革命传统教育、爱国主义教育的重要场所。通过新媒体、采用新形式进行宣传，拓宽外宣交流渠道。7月1日，上线微信公众号“鼎城史志”，推送信息50余条，关注者600余人次；注重“鼎城史志”网站建设，全年，向中国共产党历史网、百年湘潮网、常德史志网及区内媒体报送史志信息80余条；与鼎城区广播电视台联合推出《听红色故事，做红色传人》栏目，从7月1日起每周黄金时间播出2期鼎城红色故事，听众覆盖全区及周边区县，《湖南日报》予以报道。

8月26日，鼎城区委党史研究室主任曾世平为2019年全区教育系统暑期干部培训班宣讲党史 (摄影：龚萱)

专题研究。赵必振研究工作。6月2日，赵必振研究会学术委员会成立，出台《赵必振研究工作规划(2019—2023)》与《常德市鼎城区赵必振研究会2019—2020年度学术研究课题资助方案》，明确2019—2023年的工作目标和任务，鼓励专家学者形成研究成果；9月，启动《赵必振年谱长编》编纂工作；10月，编研组到广东省、广西壮族自治区所属9个城市收集赵必振生平资料。阳明文化研究工作。6月13日，常德阳明文化研究中心成立，启动《王阳明与常德》编纂工作；8月，组织专家到湖北省相关城市、湖南省怀化市沅陵县考察王阳明文化，收集研究资料；12月5日，鼎城区委常委、区委办主任主持召开《王阳明与常德》组稿交流会，落实组稿任务，明确时间节点。

8月，常德阳明文化研究中心到湖南省怀化市沅陵县龙兴寺考察 （摄影：龚萱）

走访调研。鼎城区委党史研究室组织到平安建设联系点村十美堂镇郑家窖村，脱贫攻坚联系点村、党员志愿者下基层联系点村韩公渡镇株木山村，在职党员进社区联系社区斗姆湖街道南垸社区走访调研，开展平安建设、脱贫攻坚、党员志愿者下基层、在职党员进社区服务工作，向群众宣传综治民调、打击地下“六合彩”及电动车上牌入网等工作部署和精神。4月，全体干部到紫薇佳园（二期）小区开展“联居民创满意”活动，下班后进行扫楼式的入户走访，建立民情台账，收集社情民意，排查矛盾纠纷。

日常管理。年初制定出台《2019年工作手册》，按制度管理单位人、财、物。每月初制定月工作计划表和文件办理情况汇总表，每周五集中调度工作，督促各项工作按时按质按量完成。坚持民主集中制，“三重一大”事项均召开班子成员会实行民主决策，尊重每个班子成员的意见。

（向玲灿）

【《常德市鼎城区人力资源和社会保障志（1949—2018）》出版发行】 2019年5月，《常德市鼎城区人力资源和社会保障志（1949—2018）》出版发行。该书由鼎城区人力资源和社会保障局组织编纂，鼎城区委党史研究室终审，是鼎城区第一部按正规程序运作，并经方志出版社审稿、公开出版发行的部门志书。《常德市鼎城区人力资源和社会保障志（1949—2018）》包括概述、大事记、专志、人物、附录等部分，专志设篇、章、节、目等层次，成书744页，97万余字。全志围绕人社工作的性质、任务、主要职能和作用展开，反映鼎城区劳动人事和社会保障的历史和现状，记述改革开放以来人力资源和社会保障工作发生的变化和取得的成就。

（向玲灿）

【赵必振研究会学术委员会成立】 2019年6月2日，赵必振研究会学术委员会成立暨2019—2020年度研究课题资助方案推介会在湖南师范大学学术中心举行。赵必振研究会学术委员会受聘学术委员、特聘研究员代表及鼎城区相关领导等30余人参会。会议由中共省委党史研究院副院长谢承新主持，中共湖南省委原副书记文选德应邀出席会议并讲话。会上，常德市鼎城区赵必振研究会会长龚严程宣读《关于成立赵必振研究会学术委员会的通知》，标志着赵必振研究会学术委员会的正式成立。学术委员会由15名学术委员、42名特聘研究员组成，中南大学马克思主义学院教授曾长秋担任主任。常德市鼎城区委常委、区委办主任雷建国宣读《中共鼎城区委关于实施〈赵必振研究工作规划（2019—2023）〉的批复》。常德市鼎城区委常委、区人民政府常务副区长李卫民宣读《鼎城区人民政府关于实施〈常德市鼎城区赵必振研究会2019—2020年度学术研究课题资助方案〉的批复》，鼓励国内外专家、学者开展赵必振学术课题研究，形成新的学术生长点，积累优秀研究成果。文选德指出，要最大限度地搜集、整理好研究资料，深度挖掘赵必振学术资源和当代价值，推动研究成果的展示与转化工作，为探索建立马克思主义早期传播理论体系做出贡献。

（向玲灿）

6月2日，赵必振研究会学术委员会成立暨2019—2020年度研究课题资助方案推介会会场　（摄影：龚萱）

【常德阳明文化研究中心成立】 2019年6月13日，常德阳明文化研究中心成立暨《王阳明与常德》编纂启动座谈会在鼎城区右岸文化中心“自心书院”召开，会议由鼎城区委常委、区委办主任雷建国主持。会上，鼎城区委党史研究室主任兼常德阳明文化研究中心主任曾世平从工作思路与任务、工作进度安排、编辑工作原则方面汇报阳明文化研究工作。会前，常德阳明文化研究中心举行揭牌仪式，鼎城区委常委、区委办主任雷建国，区人大常委会原主任、研究中心顾问徐政国为研究中心揭牌，各高校教授及地方文史专家参加揭牌仪式。

（向玲灿）

【“鼎城史志”微信公众号上线】 2019年7月1日，鼎城区委党史研究室微信公众号——“鼎城史志”上线。公众号设“工作动态”“红色鼎城”“史志苑地”3个板块。“工作动态”板块发布单位政务活动信息，“红色鼎城”设红色故事、红色人物2个栏目，与鼎广电台合作推出《听红色故事·做红色传人》节目，挖掘鼎城红色资源。“史志苑地”设图说党史、赵必振研究会、常德阳明文化3个专栏。

（向玲灿）

【机构改革】 2019年，根据中共湖南省委批准的《常德市鼎城区机构改革方案》，原中共常德市鼎城区委党史资料征集办公室（常德市鼎城区人民政府地方志办公室）更名为中共常德市鼎城区委党史研究室（常德市鼎城区地方志编纂室），为区委直属正科级公益类事业单位。主要负责党史、地方志及文献资料的征集、研究、整理、保存等相关工作，承担党史联络、学习教育和宣传工作，指导全区党史、地方志业务编纂工作等。6月13日，中共常德市鼎城区委党史研究室（常德市鼎城区地方志编纂室）挂牌。

（向玲灿）

6月13日，中共常德市鼎城区委党史研究室（常德市鼎城区地方志编纂室）挂牌　（提供：龚萱）

鼎城区人民代表大会常务委员会

Dingcheng District People's Congress Standing Commitee

鼎城区十七届人民代表大会第六次会议会场

概述

重要会议

重要活动

审议与任免

依法监督

鼎城年鉴（2020）

概　　述

【概况】 鼎城区人民代表大会常务委员会（简称鼎城区人大常委会）有综合性办事机构1个(办公室)，工作机构1个，专门委员会7个，有区人大代表314人，其中非中共党员代表104人，妇女代表101人，少数民族代表14人。有市人大代表64人，其中非中共党员代表22人，妇女代表18人，少数民族代表2人。有省人大代表8人，其中非中共党员代表5人，妇女代表1人，少数民族代表1人。2019年，区人大常委会召开常委会会议10次，主任会议13次，听取和审议专项工作报告21个，组织开展集中视察3次，交办审议意见、视察意见18件，作出决议决定14个。落实区委创先争优总要求，在2019年度全市人大工作先进评选表彰的13项工作中，该区9项工作位列全市先进，其中6项工作排名全市第一，2项工作排名全市第二，1项工作排名全市第三。新闻舆论和人大制度理论研讨工作均位居全市第一。

决议决定。修订《鼎城区人大常委会讨论、决定重大事项的规定》，作出区全域旅游发展规划、省级森林城市建设总体规划等决议决定。

“五行”活动。环保世纪行，区、乡联动开展“6·5”环保宣传活动，推进“蓝天、碧水、净土”保卫战。农产品质量安全行，督促开展农产品质量安全专项整治，助力该区创建“国家农产品质量安全县”。农民健康行，督促区人民政府消除卫生室“空白村”，改善农村居民就医条件。民族团结进步行动，听取全区民族宗教工作情况汇报，组织开展少数民族聚居区脱贫攻坚专题调研和少数民族特困户走访慰问活动。司法公正常德行，督促组委会成员单位开展涉民营企业系列活动，召开监察和司法机关与民营企业家恳谈会，开展司法监督经验做法被《中国人大年鉴》《人民之友》《人民代表报》推介。

机关建设。组织开展“不忘初心、牢记使命”主题教育，开展专题学习研讨、对照党章党规找差距、调研成果交流、党组成员上党课、重温入党誓词等活动，征求人大代表关于区人大常委会领导班子及班子成员意见建议，召开“不忘初心、牢记使命”专题民主生活会。实施《鼎城区人大常委会2019年机关绩效评估办法》，常态化开展中央八项规定学习、警示教育及“两同时”谈心谈话，开展以“向力力案”为镜鉴，以案促改工作。运用“智慧党建”系统，落实“三会一课”制度，抓党员管理。抓意识形态工作，“鼎城人大”网站改版升级。

代表工作。指导市、区代表小组开展活动，全年各代表小组组织集中学习、视察调研、扶贫帮困等活动90余次。定期邀请各级人大代表列席区人大常委会会议，参与常委会视察调研。落实代表履职保障经费，规范乡镇、街道人大代表联系群众工作室建设运行，推进人大代表活动阵地向村居延伸。年末，每个乡镇、街道至少有2个村(居)设立人大代表联系群众活动室。推进代表述职工作，12名市人大代表在常委会会议上作口头或书面述职，130余名区人大代表回原选区向选民进行述职。推介代表履职事迹，向国家、省、市媒体推介赵金秋、唐小兰、文先华等代表优秀事迹。实施《鼎城区人大代表建议星级管理办法》，选取10件重点建议由主任会议成员牵头重点督办，问题得到解决。

联系交流。开展上下对接和横向联系，全市代表工作会议、全市人大调研与新闻舆论工作会议在该区召开，配合省、市人大常委会开展视察、调研、执法检查16次。长沙市雨花区等19个单位到该区学习交流。每季度召开乡镇、街道人大工作片会1次。　（王湘庭　王萧宇　张冰）

鼎城区人大常委会配合常德市人大常委会到鼎城区调研侨务工作　（提供：徐万）

表 2　　鼎城区重点建议一览表

序号	建议标题	领衔代表
1	关于加大对山丘区渠道疏浚建设资金投入的建议	刘四华
2	关于将统筹修建乡村公路“错车台”工程纳入乡村振兴战略的建议	徐政国
3	关于扩大试点、分类指导,加快推进我区农村人居环境整治的建议	徐　杰
4	关于进一步推进心理健康教育进家庭进社区进学校的建议	熊春花
5	关于进一步扶持我区中小企业发展的建议	熊胜龙
6	关于尽快启动乡镇垃圾中转站运行的建议	王立军
7	关于清理整顿农村茶馆、严禁赌博行为的建议	陈学明
8	关于加强江南城区物业管理的建议	王　斌
9	关于加快推进居家养老服务工作并制定相关政策的建议	陈贵吉
10	关于校车问题的一些建议	王碧峰

优秀建议:鼎城代表团吕舒提出的“关于加强我市电动车管理的建议”。　（王萧宇）

【湖南省人大常委会到鼎城区调研自然保护区管理工作】 2019年3月11—12日,湖南省人大环资委副主任委员石光明率省人大常委会调研组到鼎城区专题调研自然保护区保护管理工作。常德市人大常委会副主任王先蒙、戴君耀,鼎城区人大常委会副主任钟泽英、区人民政府副区长熊辉陪同调研或参加座谈会。调研组实地调研鼎城区花岩溪自然保护区、实验区、野生楠木群保护小区保护管理情况,分别在花岩溪自然保护区及区人民政府召开调研座谈会,听取基层代表及有关部门汇报,详细了解该区自然保护区保护管理工作情况。　（周书礼）

湖南省人大环资委副主任委员石光明(中)率调研组到鼎城区调研自然保护区管理工作　（提供:周书礼）

【西藏自治区隆子县人大代表团到鼎城区考察学习】 2019年12月1日,西藏自治区隆子县委副书记、县人大常委会主任洛桑率隆子县人大代表团到鼎城区草坪镇,考察学习鼎城区乡村振兴、农村人居环境整治及美丽乡村建设工作,常德市人大常委会副主任宋云文陪同考察。在草坪镇陡惠渠社区,考察团一行察看社区综合服务中心村务公开栏、人居环境整治专栏和乡村大舞台,参观农家文化诗墙。在草坪镇三角堆村,考察团参观了该村村级综合服务平台、幸福屋场、产业基地及村民庭院,了解该村通过村级爱卫协会管理村貌、动员全村群众开展美丽庭院评选、发动乡贤完善基础设施建设、发展产业增加集体经济收入等方面的工作经验。　（周书礼）

西藏自治区隆子县人大代表团到鼎城区考察学习　（提供:周书礼）

【机构改革】 关于区人大常委会办事(工作)机构和区人大专门委员会设置:组建区人大社会建设委员会。整合区人大内务司法委员会、区人大财政经济委员会、区人大教育科学文化卫生委员会的相关职责,组建区人大社会建设委员会,作为区人大专门委员会。区人大内务司法委员会更名为区人大监察和司法委员会(区人大法制委员会与其合署办公)。组建区人大民族华侨外事委员会,作为区人大专门委员会。将区人大教育科学文化卫生委员会的民族华侨外事工作职责调整到区人大民族华侨外事委员会。设立区人大常委会预算工作委员会,作为常委会工作机构,与区人大财政经济委员会合署办公。区人大城乡建设环境资源保护委员会更名为区人大环境与资源保护委员会。区人大常委会办公室加挂区人大常委会信访办公室牌子。调整后,区人大常委会设正科级办事(工作)机构2个:区人大常委会办公室(区人大常委会信访办公室)、区人大常委会选举任免联络工作委员会;区人大设正科级专门委员会7个:区人大民族华侨外事委员会、区人大监察和司法委员会(区人大法制委员会与其合署办公)、区人大财政经济委员会(区人大常委会预算工作委员会与其合署办公)、区人大教育科学文化卫生委员会、区人大环境与资源保护委员会、区人大农业与农村委员会、区人大社会建设委员会。关于区人大常委会办事(工作)机构和区人大专门委员会有关内设机构调整:区人大常委会办公室设正股级公益性事业单位1个,即区人大常委会新闻中心。区人大财政经济委员会设副科级公益性事业单位1个,即区人大预算联网监督事务中心。调整后,区人大常委会办事(工作)机构和区人大专门委员会共设2个内设机构。

(张 冰)

重要会议

【鼎城区人大会议】 2019年3月22日,鼎城区十七届人民代表大会第四次会议闭幕。大会应到代表315人,实到代表299人,符合法定人数。会上,经与会代表酝酿,以举手表决方式一致通过区人民政府工作报告、计划工作报告、财政工作报告、区人大常委会工作报告、区人民法院工作报告和区人民检察院工作报告的决议。宣读了会议一号、二号公告,当选的区人大常委会委员、表决通过的区十七届人民代表大会专门委员会主任委员向宪法宣誓。

2019年6月20—21日,鼎城区十七届人民代表大会第五次会议召开,到会代表299人。会议通过了补选办法(草案),当选的区人大常委会副主任和区人大常委会委员向宪法宣誓。

(王湘庭)

鼎城区十七届人大五次会议会场 (提供:王湘庭)

【鼎城区人大常委会会议】 2019年2月26日,鼎城区十七届人大常委会第16次会议举行。区人大常委会主任杨君、副主任刘运华、李湘建、李润初、沈国华及区人大常委会全体组成人员参加会议,区人民政府副区长杨凡、区监察委、区人民法院、区人民检察院等相关单位负责人列席会议。会议听取和审议区人民政府关于2018年度环境状况和环境保护目标完成情况汇报,审议区人民政府关于《常德市鼎城区全域旅游发展规划》议案,并作出决定,听取2018年度司法公正常德行活动情况汇报、2018年度开展规范性文件备案审查工作情况汇报。会议还进行了相关人事任免。

2019年3月15日,鼎城区第十七届人大常委会召开第17次会议,区人大常委会主任杨君,副主任刘运华、钟泽英、李润初、李湘建、沈国华出席会议,区委常委、区人民政府常务副区长李卫民,区人大常委会副主任提名人选王志新、刘志平,区人民政府副区长杨凡及区监察委、区法院、区检察院及相关部门负责人列席会议。会议听取区机构改革领导小组办公室关于区人民政府工作部门设立、增加、减少及合并情况汇报。审议通过区人大常委会主任会议、区人民政府提请的相关人事任免案。期间,拟任区人民政府工作部门主要负责人逐一作任职前发言,常委会组成人员进行审议发言和无记名投票表决，区人大常委会主任杨君为通过任命人员颁发任命书，通过任命人员向宪法进行宣誓。会议还审议通过了区十七届人民代表大会第四次会议相关事宜，包括常委会工作报告（讨论稿）、常委会2019年工作要点（草案）、代表资格审查报告（草案）等。

2019年4月24日，鼎城区十七届人大常委会召开第18次会议。区人大常委会主任杨君，副主任钟泽英、李润初、李湘建、沈国华出席会议，区委常委、区人民政府常务副区长李卫民，区人大常委会副主任提名人选王志新、刘志平，区人民政府副区长钟科程及区监察委、区人民法院、区人民检察院、相关部门负责人列席会议。会议听取了2019年区级财政50万元以上专项资金绩效目标申报和2018年度绩效评估结果运用落实情况汇报，听取和审议了2018年该区城建项目和城建资金计划执行情况及2019年城建项目计划安排（草案）情况汇报。

2019年6月18日，鼎城区第十七届人大常委会举行第19次会议。区人大常委会主任杨君，副主任刘运华、钟泽英、李湘建、沈国华出席会议，区委常委、区人民政府常务副区长李卫民，区委常委、区纪委书记、区监察委主任王明东，区人大常委会党组成员、副主任提名人选王志新、刘志平，区人民政府副区长、市公安局鼎城分局局长洪振坤，区人民政府副区长钟科程及区监察委、区人民法院、区人民检察院、相关部门负责人，部分乡镇、街道人大负责人，部分市、区人大代表列席会议。会议评析了肖智权等三人犯强迫交易罪、寻衅滋事一案，市公安局鼎城分局、区人民法院、区人民检察院、区司法局等单位作表态发言。听取了区人民政府关于乡村振兴战略实施、贯彻实施《中华人民共和国体育法》《湖南省全民健身条例》情况汇报。会议补选了市人大代表，以无记名投票的方式通过边巴次仁等同志人事任命，通过任命人员向宪法进行宣誓。会议还审议了区十七届人民代表大会第五次会议有关事项，接受相关辞呈。

2019年8月29日，鼎城区十七届人大常委会第20次会议举行。区人大常委会主任杨君，副主任刘运华、钟泽英、李湘建、王志新，区人大常委会党组成员、区总工会主席沈国华出席会议，区领导李卫民、洪振坤、王直华及有关部门负责人列席会议。会议听取和审议了2018年区级财政预算执行和其他财政收支审计情况、财政决算报告（草案）及2019年1—7月财政预算执行、区人民政府关于贯彻实施《中华人民共和国农民专业合作社法》《中华人民共和国国防动员法》、全区民族宗教工作情况汇报，开展市人大代表述职评议，进行相关人事任免。

2019年10月25日，鼎城区十七届人大常委会第21次会议举行。区人大常委会主任杨君，副主任刘运华、钟泽英、李湘建、王志新，区人大常委会党组成员、区总工会主席沈国华出席会议，区领导李卫民、洪振坤、熊辉及有关部门负责人列席会议。会议听取和审议了2019年区人民政府关于财政预算调整方案（草案）、2018年度全区财政预算执行审计排查问题整改、区人民政府《湖南省常德市鼎城区省级森林城市建设总体规划（2018—2027年）》的议案、区“一府两院”办理区人大四次会议人大代表议案、建议、批评和意见等情况汇报。区人民法院部分法官、区人民检察院部分检察官开展履职评议，任命向际万、丁建英为鼎城区人民检察院副检察长，决定向际万为区人民检察院代理检察长。会议学习传达区人大常委会党组关于优化经济发展环境评议工作有关意见和要求。

2019年11月8日，鼎城区十七届人大常委会召开第22次会议，专题评议区人民政府优化经济发展环境工作。区领导李卫民、王明东、王少贤、刘运华、钟泽英、李湘建、王志新、洪振坤、王直华出席会议。会上，区教育局等11家被评议单位负责人作情况汇报。区人民政府副区长王直华汇报优化经济发展环境工作情况汇报。会议宣读区人大常委会评议调查报告，以无记名投票方式进行民主测评。区卫生健康局、区司法局负责人作表态发言。

2019 年 12 月 19 日，鼎城区十七届人大常委会第 23 次会议举行，区人大常委会主任杨君及区人大常委会全体在家领导出席会议，区领导李卫民、钟科程及有关部门负责人列席会议。会议听取和审议鼎城区 2019 年财政预算绩效管理工作等情况汇报，审议通过《区人大常委会讨论、决定重大事项的规定（修订稿）》，听取和审议区人民政府关于居家和社会养老服务工作情况汇报，听取区“一府两院”落实人大常委会决议、决定，办理人大常委会审议意见、主任会议交办书情况汇报，听取区人民法院司法体制改革后内设机构情况汇报。会议还进行了相关人事任免，决定于 2020 年 1 月 8—10 日召开鼎城区十七届人民代表大会第六次会议，并补选余怀民、杨学平等 7 人为常德市第七届人民代表大会代表。

（王湘庭　张冰）

鼎城区十七届人大常委会第 18 次会议会场

（提供：张冰）

【鼎城区人大常委会主任会议】 2019 年 2 月 22 日，鼎城区人大常委会主任杨君主持召开区十七届人大常委会第 31 次主任（扩大）会议，副主任刘运华、钟泽英、李润初、李湘建、沈国华出席会议，区人民政府副区长杨凡、区森林公安局负责人列席会议。会议听取了区人民政府关于全域旅游发展规划情况汇报，安排部署区十七届人大常委会第 16 次会议、区十七届人民代表大会第四次会议的筹备工作。

2019 年 3 月 5 日，鼎城区人大常委会主任杨君主持召开区十七届人大常委会第 32 次主任（扩大）会议，副主任刘运华、钟泽英、李润初、李湘建、沈国华及常委会副主任提名人选王志新、刘志平出席会议。会议讨论研究区十七届人民代表大会第四次会议和区十七届人大常委会第 17 次会议筹备、区人大各专门委员会对口联系单位等工作，安排部署人大及两院报告征求意见座谈会等近期重点工作。

2019 年 6 月 12 日，鼎城区人大常委会主任杨君主持召开区十七届人大常委会第 35 次主任（扩大）会议，副主任刘运华、钟泽英、李润初、李湘建、沈国华，区人大常委会党组成员、副主任提名人选王志新、刘志平出席会议。区委常委、区人民政府常务副区长李卫民，区委常委、区纪委书记、区监察委主任王明东列席会议。会议听取区人民政府、区监察委员会有关人事事项报告，研究部署区十七届人民代表大会第五次会议、区十七届人大常委会第 19 次会议筹备工作。

2019 年 11 月 29 日，鼎城区人大常委会主任杨君主持召开区十七届人大常委会第 42 次主任（扩大）会议，副主任刘运华、钟泽英、李湘建、王志新、刘志平出席会议。会议传达学习区委常委 2019 年第 34 次会议精神，安排部署区十七届人大六次会议筹备工作。

（王湘庭　张冰）

鼎城区十七届人大常委会第 31 次主任（扩大）会议会场

（提供：张冰）

重要活动

【概况】 2019年，鼎城区人民代表大会重要活动如下：

4月3日，2019年常德市人大调研与新闻舆论工作会议在鼎城区召开。会议回顾全市人大综合调研与新闻舆论工作情况，安排部署2019年市人大常委会研究室各项重点工作。常德市人大常委会党组副书记、副主任王先蒙出席会议，各区县(市)人大常委会相关负责人及办公室主任等参加会议。会上，鼎城区人大常委会主任杨君致辞。鼎城区、澧县人大常委会相关负责人作经验交流发言。

4月15日，常德市人大常委会党组书记、副主任沈习森带领市人大常委会组成人员、市直相关部门主要负责人到鼎城区视察环境保护工作。鼎城区委书记、常德高新区党工委书记杨易，区领导杨君、李卫民、李润初、钟科程陪同视察。沈习森一行视察鼎城区斗姆湖街道餐厨垃圾处理、常德高新区污水处理厂，了解江南城区餐厨垃圾环保处理、高新区污水处理厂建设运行情况等。

5月17日，2019年鼎城区人大监察和司法工作暨司法公正常德行活动动员会举行。会议传达了常德市监察和司法工作联系会和司法公正常德行动员会会议精神。区人大常委会主任杨君，区委常委、区纪委书记、区监察委主任王明东，区委常委、区委政法委书记朱正权，区人大常委会副主任李湘建，区人民政府副区长、市公安局鼎城分局局长洪振坤出席会议。会上，李湘建作工作报告；区活动组委会副主任、区人大监察和司法委（法制委）主任委员龚天宝宣读《常德市鼎城区人大监察和司法委(法制委)2019年工作要点》；区活动组委会副主任、区人大常委会办公室主任周跃华宣读《常德市鼎城区2019年司法公正常德行活动方案》《常德市鼎城区人大常委会关于开展法官、检察官履职评议工作方案》；王明东宣读2018年司法公正常德行活动先进单位表彰通报。

5月21日，鼎城区人大常委会专题视察农村人居环境整治工作。视察人员到灌溪镇富贵坪村，草坪镇夹溪岭村、三角堆村、陡惠渠社区等地，视察农户改厕、垃圾中转站建设运转、农业面源污染综合治理项目实施、农村绿化、美化、亮化及“幸福屋场”建设等工作。详细了解该区“户分类、村收集、镇集中、区转运”的农村环境卫生保洁机制，城乡垃圾一体化清运处理体系，人居环境整治“五步工作法”等典型经验做法。

7月2日，鼎城区人大常委会组织召开2019年财政资金绩效评价第一次专家评估会。区人大财经委员会全体成员、区财政局相关负责人及评估专家、中介机构、预算单位财务负责人参加会议。会上，各主审中介机构分别汇报区工信局、区林业局、区公路局养护中心3个部门整体支出绩效评价情况，预算单位围绕评价报告有关内容作解释说明，区财政局业务股室提出审查意见，评估专家结合中介机构绩效评价报告内容、绩效评价指标体系等方面提出意见建议。

7月19日，2019年上半年鼎城区经济形势分析座谈会召开，区人大财经委主任委员高道初主持会议，区人大常委会副主任王志新出席会议，区财政局、常德高新区财政局、区自然资源局、区工信局、区税务局、区商务局、区国资中心、区房产事务中心负责人及区人大财经委全体人员参加会议。会议听取了各单位负责人关于上半年工作任务完成情况汇报，重点分析经济运行中存在问题；与会人员围绕下半年经济形势分别作交流发言，围绕如何推动该区经济发展建言献策。

9月9—10日，常德市人大代表工作座谈会在鼎城区召开，100余名与会人员参观视察鼎城区代表工作及重点项目建设情况。会上，武陵区、鼎城区等9个区县(市)人大常委会负责人发言，王怀军、胡小明、赵金秋3位优秀代表分享履职经验。9月10日，与会人员视察市代表驻武陵区第三代表小组活动室、鼎城区石板滩镇、市代表驻鼎城区第四代表小组活动室和“常德画墙”建设项目，了解乡镇人大代表联系群众工作室、市人大代表小组活动室建设情况和"常德画墙"建设成果。区领导杨君、刘运华参会并陪同视察。

9月23日，常德市人大常委会副主任宋云文一行到鼎城区视察调研民族华侨外事工作。常德市人大民侨外委主任委员胡秋兰、鼎城区人大常委会主任杨君、副主任李湘建，区人民政府副区长王直华等陪同调研。宋云文一行到许家桥回族维吾尔族乡人民政府、该乡中堰村村部、中堰村清真寺等地，询问基本情况，并与乡、村两级负责人进行交谈。座谈会上，宋云文一行听取了鼎城区人大常委会关于区人大民侨外委工作情况汇报，区人民政府关于区民族宗教工作情况汇报，区委办关于外事、港澳、对台工作情况汇报，区委统战部关于侨务工作情况汇报。

10月12日，常德市人大常委会党组副书记、副主任王先蒙到鼎城区实地调研通村公路建设情况和桥南人防工程。在黄土店镇黄土坡村，王先蒙详细询问村组道路建设情况，实地察看急需硬化道路。王先蒙到桥南人防工程现场，了解相关情况，肯定了桥南人防工程运行情况。鼎城区人大常委会主任杨君，鼎城区委常委、区委宣传部部长宋雨泓陪同调研。

10月14日，西藏自治区隆子县优秀青年干部索朗顿珠、旦增曲扎、德吉3人，到区人大常委会机关开展跟班学习，分别被安排在办公室、监察和司法委、财经委3个委室。学习期间，3人参与区人大常委会机关"不忘初心、牢记使命"主题教育交流研讨、五级人大代表视察区公检法扫黑除恶专项斗争、区人大常委会评议区人民政府优化经济发展环境工作会议等重大中心活动。

11月1日，鼎城区人大常委会组织驻会常委会组成人员及国家、省、市、区、镇五级人大代表视察区公检法扫黑除恶专项斗争情况。区"一府一委两院" 相关负责人及西藏自治区隆子县到区人大常委会机关跟班学习人员参与视察。视察人员察看了公安业务技术用房、区人民检察院党建阵地、法治宣传阵地、区人民法院诉讼服务中心、执行指挥中心等地，听取了市公安局鼎城分局、区人民法院、区人民检察院开展扫黑除恶专项斗争工作情况汇报，参与视察人员进行发言。

11月26日，常德市人大常委会副主任宋云文一行到鼎城区开展归侨侨眷权益保护 "一法两办法"实施情况专题调研，常德市人大民侨外委主任委员胡秋兰，市侨联党组书记、主席郭震宇，区人大常委会副主任刘志平，区人民政府副区长蒋宏武，区侨联主席周茜等陪同调研。宋云文一行到鼎城区贫困侨眷邱道前家中，了解其家庭和生活情况。随后实地调研鼎城区迎宾社区"侨之家"建设情况，参观归侨侨眷书法展示、侨法宣传栏、归侨侨眷文体活动中心等阵地建设。

12月2—5日，湖南省人大常委会办公厅副巡视员胡长春一行到鼎城区，调研农村产业发展及耕地抛荒情况。鼎城区人大常委会副主任钟泽英陪同调研。

12月2日，区人民政府办公室负责人介绍了鼎城区农村产业发展及耕地抛荒基本情况和存在问题，并提出工作建议，与会各职能部门负责人根据本部门职能职责作汇报发言。

12月3—5日，胡长春到鼎城区蒿子港镇进行实地调研，与乡镇、站办所负责人、村支两委干部、种粮户、合作社成员等进行座谈，详细了解当地农村产业发展及耕地抛荒基本情况和存在问题，并提出改进工作的意见建议。

12月18日，鼎城区人大常委会组织驻会常委会组成人员视察常德高新区工作，并召开座谈会。区人大常委会主任杨君，副主任刘运华、钟泽英、李湘建、王志新、刘志平出席视察活动，常德高新区党工委副书记、管委会主任杨学平等陪同视察。视察人员视察响箭重工、斯盛能源、工程机械配套产业园项目建设现场，观看常德高新区工作宣传片，听取常德高新区工作情况汇报。

（王湘庭　张冰　周文俊　周书礼　姚英　王萧宇　徐万　黄西里）

常德市人大常委会副主任、党组书记沈习淼（前排左二）一行到鼎城区视察环境保护工作　　（提供：张冰）

全市人大代表工作座谈会会场　　（提供：王萧宇）

审议与任免

【概况】 2019年，鼎城区人大常委会落实中共中央、国务院《关于全面实施预算绩效管理的意见》，听取和审议"同级审"、全区国有资产管理等情况汇报，审查批准区级财政决算、区级财政预算调整方案。听取和审议审计查出问题整改情况汇报，整改问题44个。听取2018年度"司法公正常德行"工作情况汇报，听取2018年度规范性文件备案审查工作情况汇报，听取和审议全区居家和社区养老服务、年度环境状况和环境保护目标完成、城建项目和城建资金计划执行及计划安排等情况汇报。听取贯彻实施《中华人民共和国农民专业合作社法》《中华人民共和国国防动员法》《中华人民共和国体育法》《湖南省全民健身条例》的情况汇报，得到区人民政府回应。坚持党管干部和人大依法任免相结合，全年任免国家机关工作人员110人次，任命人民陪审员118人次。召开区十七届人大五次会议，大会补选的2名常委会副主任和1名常委会委员均满票当选。

（王湘庭）

依法监督

【概况】 2019年，鼎城区人大常委会为16个50万元以上财政专项资金和6个单位财政整体支出情况进行绩效评价监督。发挥预算联网监督事务中心作用，实行全区各单位预算执行情况全过程监督，分析、研判和预测经济形势。以"服务民营企业，助推发展环境优化"为主题，随机抽取2名员额法官、2名员额检察官进行履职评议，评析涉及区公检法司四部门办理的一起涉民营企业典型案件，指出问题8个。组织听庭评议活动6次，邀请各级人大代表参与100余名，吸引市民近200人次旁听。组织国家、省、市、区、镇五级人大代表视察区公检法部门扫黑除恶专项斗争情况。审查常委会拟作出的决议决定、审议意见及主任会议交办书43份。专题视察农村人居环境整治工作，交办垃圾中转站闲置问题，年末全区启用垃圾中转站13个。开展优化经济发展环境工作评议，区人民政府及11个被评议单位交办问题得以整改。

（王湘庭）

鼎城区人民政府

Dingcheng District People's Congress Standing Commitee

鼎城区人民政府十七届三次全体会议会场

概　　述
政府办公室工作
招商促进事务工作
重点工程
民政工作
行政审批服务工作
信访工作

鼎城年鉴（2020）

概　述

【概况】 2019年，鼎城区地区生产总值364.6亿元、增长8.9%，一般公共预算收入22.7亿元、增长9.1%，财政收入30亿元。城乡居民人均可支配收入分别36460元、17195元，分别增长8.8%、9.2%。三次产业结构比调整至16.7：32.0：51.3，服务业为经济增长贡献率50%。社会消费品零售额增长10.8%、规模工业总产值增长13.1%、规模工业增加值增长13.5%、工业税收增长58%。全年内联引资91.8亿元，引进外资1.99亿美元，新签约项目57个，其中亿元以上项目34个。新注册企业1313家、工商个体5496家。新增规上限上服务业企业29家，电子商务、文化创意等新型业态初具规模。新获批高新技术企业19家，高新技术产业增加值65亿元。

园区产业。推进项目建设，引进亿元项目34个，其中，10亿元项目7个，上市企业、“500强”企业、外资企业各3家。新开工亿元工业项目19个、新投产13个。引进正大国际、超级电容、多碳电池等战略项目，中联建起成为全市继常德卷烟厂后产值过百亿企业。强化科技支撑，全社会研发经费投入12.2亿元，增长62.7%。引导50家企业与清华大学、北京航空航天大学、中南大学、湖南大学等高校开展产学研合作，新设博士工作站、协同创新研究院各1家。举办“智汇洞庭·科创常德”专场、省创新创业大赛等活动。完善基础配套，新建标准化厂房23万平方米，建成面积100万余平方米，建设生活配套园22万平方米。塔铁西路、岗中大桥、岗中东路等建成通车，园区污水处理厂正式运营。优化发展环境，建立省级中小企业公共服务平台，出台支持民营企业发展十条措施，落实产业基金 5 亿元。组织专场招聘会8场，解决企业用工3216人。

三大攻坚。推进脱贫攻坚，“两不愁三保障”问题清零。农村危改1325户，发放助学金736.1万元，贫困人口就医实行“先诊疗后付费”，报销比例90%。全年脱贫4323人，贫困发生率降至0.28%。抓污染防治，开展长江经济带问题整改年度工作和“夏季攻势”工作。实行蓝天保卫战，落实攻坚目标，开展秸秆（垃圾）禁烧、扬尘治理、“散乱污”企业整治。落实河（湖）长制，整治砂石码头（堆场）33处，珍珠退养600余公顷。湖区实施十年禁捕，431户渔民签订退捕协议。开展石板滩石煤矿区生态修复工作，查处砂石盗采案件39起、刑事打击70人次。防范化解重大风险，开展政府投资项目“四清”行动，政府性债务风险整体可控。推进“国有资产管理年”活动，规范经营性资产管理。

城乡发展。完善基础建设，城建投入18.8亿元，沅江隧道、沅水四桥建成通车。推进阳明湖水系治理一期工程及新城西区、阳明湖板块路网建设。江南城区水厂扩容提质完工，新铺设乡镇管道燃气60千米。编制村庄规划58个，建成乡镇污水处理厂15座，自然村通水泥路530千米，改造危桥7座。提升城市品质，实施路长制，打造样板街，善卷路、鼎城路等6条主干道提质升级，新增公共停车位325个。改造老旧小区 6 个。新副食城、新轻纺城搬迁运营。常德画墙首批18幅壁画上墙，举办“天下常德”壁画成果展，接待游客近100万人次。推进乡村振兴，建成高标准农田6133.33公顷、高效油茶基地2400公顷，发展高档优质稻46666.67公顷。精为天获批国家级农业产业化龙头企业，十美堂镇获省级农业产业强镇。推进农村集体产权制度改革，开展土地确权登记。拆除“空心房”1176栋，新增建设用地646.67公顷，争取专项资金6.76亿元。开展“三面五清”村庄清洁行动，改厕2.6万个，农村垃圾集中处理全覆盖。抓示范片区建设，湖南省农村改厕现场会在灌溪镇召开，草坪镇获湖南省整域推进美丽乡村建设试点乡镇，鸟儿洲国家湿地公园通过国家验收。

民本民生。抓社会事业发展，优化教育环境，阳明中学实行整合，江南中学搬迁，“芙蓉学校”启动建设，推进常沅小学扩建。化解超大班额41个、大班额54个，实施农村学校建设三年行动计划。推进“医共体”综合改革，常德市第四人民医院晋升三级综合医院，“6S”精益化管理获全国金奖。中国计生协计生家庭维权项目点落户郭家铺街道。发展文体事业，杨超获世界残奥射击锦标赛金牌，“常德丝弦”走进央视。创建沧山AAA级景区，举办花岩溪国际帐篷节、十美堂镇油菜花节。完善社会保障，各类社保基金征缴13.44亿元，新增城镇就业6071人，农村劳动力转移就业4368人，城乡居民医保参保率98%。实施养老改革，城乡低保月人均补差水平超省考核标准。维护社会稳定，挂牌督办重大风险事故隐患172个，关闭原桥南副食城、轻纺城，消除消防安全隐患。江南城区烟花爆竹经营点整体退出。全年未发生较大以上安全生产事故，扫黑除恶专项斗争综合排名全市第一，连续六年保持全省平安区县(市)称号。国庆“特护期”无一人进京上访，安保工作获省、市先进。

（杨若凡）

表3　　2019年鼎城区人民政府常务会议议题一览表

会议届次时间	议 题 内 容
鼎府17届30次（1月21日）	区长朱金平在区人民政府101会议室主持召开区人民政府常务会议，听取区人民政府办综合组负责人廖进武关于2019年《鼎城区人民政府工作报告》起草情况汇报，区财政局局长王志新关于2019年全区预算安排及2018年相关群体解困工作情况汇报，区发改局局长潘文斌关于鼎城区2018年国民经济和社会发展计划执行情况与2019年国民经济和社会发展计划（草案）情况汇报，阳明湖公司董事长贺盛福关于永安硒城排口综合治理工程情况汇报，区城管执法局局长王磊关于常德高新区和特色乡镇建立城管机构及人员经费情况汇报，区人民政府办副主任彭龙关于要求域外本区施工企业设立分公司有关问题情况汇报。会议邀请区人大代表杨建华、魏云端，区政协委员郭峰、王兆基，区人民政府法律顾问罗畅列席会议
鼎府17届31次（2月21日）	区长朱金平在区人民政府101会议室主持召开区人民政府常务会议，听取区人民政府督查室主任张跃红关于2018年区人民政府工作开展情况和区人大建议政协提案办理情况及2019年区人民政府工作报告征求区人大政协意见的情况汇报，区环保分局书记郭高文关于生态环境问题整改工作情况汇报，湖南省地质矿产勘查开发局403队技术人员杨秀煜关于鼎城区石板滩镇石煤矿区生态环境修复实施方案汇报，区城管局局长王磊关于城市管理提质年工作方案汇报，区住建局局长李国忠关于2019年城建方案编制工作情况汇报。会议邀请区人大代表张孝胜、吴平，区政协委员罗子清、谭静，区人民政府法律顾问文红俊列席会议
鼎府17届32次（3月18日）	区长朱金平在区人民政府101会议室主持召开区人民政府常务会议，听取区人民政府办副主任刘德关于区人民政府十七届三次全体会议方案情况汇报，区公安分局副局长李新民关于全区扫黑除恶专项斗争工作情况汇报，区公安分局副局长胡南顺关于全区禁毒工作情况汇报，区稳定办主任王勇关于全区信访维稳工作情况汇报，区卫健局局长林新忠关于区二中医院迁建工作情况汇报。会议邀请区人大代表魏云端、陈阳，区政协委员郑华、吴文华，区人民政府法律顾问罗光照列席会议
鼎府17届33次（3月25日）	区长朱金平在区人民政府101会议室主持召开区人民政府常务会议，听取区征地拆迁安置指挥部张家祥关于出台《鼎城区集体土地征收房屋拆迁安置办法》等相关问题情况汇报，区农业农村局局长钟兴满关于全区大棚房整治工作情况汇报，区教育局工会主席何建喜关于引进广东光正教育集团项目情况汇报。会议邀请区人大代表龙军胜、李红波，区政协委员庞雅尹、李海燕，区人民政府法律顾问罗畅列席会议
鼎府17届34次（4月26日）	区长朱金平在区人民政府101会议室主持召开区人民政府常务会议，听取区人民政府办主任李三葆关于完善常德市鼎城区人民政府工作规则情况汇报，区财政局局长刘俊关于加强财政管理工作情况汇报，区教育局局长涂华军关于省、市教育大会精神和江南城区义务教育大班额化解工作情况汇报，区畜牧水产事务中心主任张胜保关于《鼎城区畜禽水产退养反弹进行责任追究的暂行办法》制定情况和鼎城区生猪定点屠宰管理工作情况汇报，区农业农村局局长钟兴满关于该区“两区”划定工作情况汇报和关于鼎城区创建国家级现代农业产业园工作情况汇报，区水利局局长钟伟胜和区自然资源局局长李军华关于河道非法采砂、挖砂(洗砂)及取土场整治情况汇报，区消防大队大队长向国君关于落实《消防工作责任状》情况汇报，江南新城公司董事长张明仲关于2019年项目建设情况汇报。会议邀请区人大代表陈阳、陈丽军，区政协委员杨凌、刘术兵，区人民政府法律顾问何光照列席会议

续表 3

会议届次时间	议 题 内 容
鼎府 17 届 35 次（5 月 13 日）	受区长朱金平委托，区委常委、区人民政府常务副区长李卫民在区人民政府 413 会议室主持召开区人民政府常务会议，听取商务局副局长冀定辉关于桥南轻纺城关闭实施方案情况汇报
鼎府 17 届 36 次（5 月 20 日）	受区长朱金平委托，区委常委、区人民政府常务副区长李卫民在区人民政府 101 会议室主持召开区人民政府常务会议，听取区林业局局长雷绘玻关于创建省级森林城市情况汇报，区住建局局长李国忠关于乡镇污水处理厂建设项目情况汇报，区自然资源局局长李军华关于城乡建设用地增减挂钩暨“空心房”整治工作情况汇报
鼎府 17 届 37 次（5 月 31 日）	区长朱金平在区人民政府 101 会议室主持召开区人民政府常务会议，会议审议《关于进一步加强区属国有企业管理的有关规定（草案）》《鼎城区区属投融资企业负责人经营业绩考核暂行办法（草案）》，听取区发改局刘志伟关于修改《常德市鼎城区政府投资建设项目监督管理办法》及《常德市鼎城区政府投资建设项目变更程序规定》情况汇报，区统计局蒋志斌关于全区 1—5 月份经济运行情况汇报，区应急管理局王成猛关于全区 1—5 月份安全生产工作情况汇报，区住建局李国忠关于引进湖南省欣厦建设工程有限公司情况汇报，区商务局冀定辉关于桥南轻纺城关闭工作情况汇报，区发改局冀万喜关于 2019 年全国政策性粮食库存数量和质量大清查核查工作情况汇报
鼎府 17 届 38 次（6 月 28 日）	区长朱金平在区人民政府 101 会议室主持召开区人民政府常务会议，听取常德市生态环境局鼎城分局郭高文关于“三线一单”编制工作情况汇报，区农业农村局钟兴满关于国家级现代农业产业园创建、特养场改革及支持河洲甲鱼特色产业发展工作情况汇报，斗姆湖街道汪其明关于实施斗姆湖小学整体搬迁新建促进斗姆湖城市建设情况汇报，区发改局冀万喜关于将原区调度办项目调度等职能划入区重点建设项目事务中心情况汇报，区石板滩镇石煤矿区生态修复治理指挥部办公室石冬华关于石板滩镇废弃石煤矿坑生态修复治理提速工作情况汇报，审议《关于进一步强化生态环境保护真抓实干履职尽责工作要求的规定（送审稿）》《关于进一步加强区属国有企业管理的有关规定(草案)》《鼎城区区属监管企业负责人经营业绩考核暂行办法(草案)》
鼎府 17 届 39 次（7 月 25 日）	区长朱金平在区人民政府 101 会议室主持召开区人民政府常务会议，听取区财政局刘俊关于贯彻落实中央减税降费和防范化解政府债务风险重大决策部署情况汇报，区住建局李国忠关于政府性投资项目规范管理情况汇报，区政府办刘德关于绩效评估工作情况汇报，区统计局蒋志斌关于 2019 年上半年经济运行情况汇报，区发改局冀万喜关于《鼎城区乡村振兴战略规划(2018—2022 年)(送审稿)》编制和启动“十四五”规划编制工作情况汇报，区市场监管局徐晓斌关于全区食品安全工作情况汇报
鼎府 17 届 40 次（8 月 30 日）	区长朱金平在区人民政府 101 会议室主持召开区人民政府常务会议，听取区国资中心刘先春关于落实《关于湖南省省级党政机关和事业单位经营性国有资产集中统一监管的实施意见》情况汇报，区财政局刘俊关于全力抓收入、大力控支出、倾力保运转工作情况汇报，区财政局黄国平关于债务风险防控和化债方案实施情况汇报，区住建局陈泽平关于政府性投资项目“四清”工作情况汇报，常德市生态环境局鼎城分局郭高文关于当前生态环境保护工作情况汇报，熊辉关于贯彻落实全国稳定生猪生产保障市场供应电视电话会议精神情况汇报
鼎府 17 届 41 次（9 月 29 日）	区长朱金平在区人民政府 101 会议室主持召开区人民政府常务会议，传达学习常德市人民政府区、县、市座谈会精神及曹立军走访鼎城区指示精神；听取区禁毒办胡南顺关于 2019 年全区禁毒工作情况汇报，市公安局鼎城分局李新民关于 2019 年全区“扫黑除恶”专项斗争情况汇报，区交警大队郑立军关于全区道路交通安全管理工作情况汇报，区卫健局林新忠关于组建鼎城区医疗集团情况汇报，区教育局涂华军关于教育工作情况汇报，常德市生态环境局鼎城分局郭高文关于创建省级生态文明建设示范区工作情况汇报；研究马路市场清理整治工作和常德市第四人民医院南院建设工作
鼎府 17 届 42 次（10 月 21 日）	区长朱金平在区人民政府 101 会议室主持召开区人民政府常务会议，听取区财政局刘俊关于鼎城区 2019 年调整预算情况汇报，区债管办刘砾关于防范化解政府性债务风险情况汇报，区发改局冀万喜关于全区事业单位公务用车改革情况汇报，区商务局冀定辉、区住建局李国忠关于德江南项目遗留问题及招商工作情况汇报，常德市生态环境局鼎城分局郭高文关于蓝天保卫战工作情况汇报
鼎府 17 届 43 次（11 月 25 日）	区长朱金平在区人民政府 101 会议室主持召开区人民政府常务会议，听取区民政局李书跃关于全区乡镇居委会合并工作情况汇报，区财政局刘俊关于 2020 年部门预算编制方案情况汇报，区司法局刘荣关于全面推行行政执法 " 四项制度 " 情况汇报，阳明湖开发建设指挥部办公室刘开俊关于阳明湖板块工程变更情况汇报，区发改局冀万喜关于全区争取上级资金工作实施方案情况汇报

表 4　　2019 年鼎城区人民政府区长办公会议议题一览表

会议时间	议题内容
2 月 18 日	区长朱金平在区人民政府 101 会议室主持召开区长办公会议，听取区棚改办主任李军华关于全区棚改工作情况汇报，沅江隧道鼎城分指办公室主任周德新、江南新城公司董事长龙凌云关于沅江隧道配套路网建设情况汇报
4 月 1 日	区长朱金平在区人民政府 101 会议室主持召开区长办公会，听取区应急管理局、区消防大队关于全区安全生产暨消防安全工作情况汇报，分析研判消防安全形势，安排部署下阶段工作
4 月 18 日	区长朱金平在区人民政府 101 会议室主持召开区长办公会，听取临江棚改协调领导小组、江南城发公司关于临江棚改项目情况汇报
6 月 18 日	区长朱金平在区人民政府 101 会议室主持召开区长办公会，听取区现代农业产业园管委会副主任、区农业农村局局长钟兴满关于国家现代农业产业园创建工作相关情况汇报，并研究创建工作
9 月 9 日	区长朱金平在区人民政府 101 会议室主持召开区长办公会议，听取区应急管理局王成猛关于 2019 年 1—8 月全区安全生产工作情况汇报，区农投公司熊先成关于畜牧良种场整体划转区农投公司情况汇报

政府办公室工作

【概况】 2019 年，鼎城区人民政府办公室着眼全局、服务发展，推进办公室规范化建设，建设“规范严谨零差错、责任担当靠得住”的干部队伍，发挥“坚强前哨”“巩固后院”作用。

以文辅政。办公室按照“转形式、接地气、出精品”思路，文稿起草精细化、个性化、实用化，发挥以文辅政作用。全年围绕“三大攻坚战”、产业发展、园区建设和城市管理提质年等工作，撰写各类材料 268 篇，其中讲话材料 72 篇。开展乡村振兴、民生实事等调研活动 23 次，形成调研报告 5 篇。

协调服务。落实“周一碰头会”制度，协调调度全区性工作，汇总上一周工作情况，部署该周工作；优化《区政府领导一周工作安排》机制，保证区人民政府领导活动安排科学合理、目的明确；实行整体联动运行机制，创新接待理念，整合接待资源。全年牵头接待省、市领导及其他区、县、市考察 5 次，获常德市人民政府领导认可。

精文简会。控制文件会议规格数量，提升文件会议质量，提高工作效率。全年以区人民政府、区人民政府办名义发文比 2018 年减少 31.3%，区人民政府办会比 2018 年减少 50%。

信息编报。围绕重点、焦点、热点，收集挖掘信息，提高信息的含金量和采用率。向省、市上报信息 533 条，前三季度，湖南省人民政府办公厅采用信息 7 条、常德市人民政府办采用信息 6 条。安排人员到湖南省人民政府办公厅跟班学习，跟班人员报送信息被国务院办公厅采用 4 条，为领导决策提供参考。

督查督办。围绕项目建设、招商引资、经济运行调度等重点工作开展督查。分类建立动态台账，定期收集问题建议，及时反馈进展情况。创新督查方法，通过开展联合督查、连续督查、暗访督查、社会督查等方式，推动工作落实。全年开展督查活动 10 次，督查调研 2 次，形成材料 2 篇，优秀亮点 10 个。办理领导批示件 14 件，如期办结率 100%，编发《督查通报》8 期、《督查专报》16 期。

舆情化解。实行市民诉求快速处理机制，值班室、区长热线办 24 小时专人值班，全年接待来访市民投诉事件 248 起，处理大型群体集访 18 次，接到常德市委、市人民政府领导“涉常舆情”签批件 47 件，“市长信箱”转办市民来信 128 封，市长热线交办件 9 件，“红网问政湖南” 交办件 19 件，回复率 100%。

中心工作。开展贫困点村走访 8 次，投入 10 万元，支持点村基础设施建设。推进“三城四区五中心”建设，助推“产业立区‘三五’千亿工程三年行动计划”。建立政银企联席会机制，引导全区金融机构助推区域发展。牵头推进文体广新、医药卫生、教育等社会事业体制改革。持续优化经济社会发展环境，开展百名股长效能监察行动等重点活动。

自身建设。学习贯彻习近平新时代中国特色社会主义思想，把中央大政方针和省、市、区重要决策部署落实到工作中。开展“不忘初心、牢记使命”主题教育工作。组织开展专题研讨 3 次，开展革命传统教育、警示教育、先进典型报告会等活动。党组成员开展调查研究，形成调研报告 17 篇，检视问题 120 条，并制定整改措施落实整改。

（杨若凡）

招商促进事务工作

【概况】 鼎城区招商促进事务中心是鼎城区人民政府直属正科级事业单位。设招商服务部、投资促进部、项目调度部和综合协调部，主要承担发布招商项目、出台招商指南、提供投资咨询，策划组织全区重大招商引资活动，统筹全区重大招商项目的洽谈、签约、跟踪、调度和服务等职能。

招商引资。2019 年，鼎城区招商促进事务中心围绕区域经济发展加快产业布局，转变招商思路、创新招商方式、扩大招商领域，以商招商、产业链招商、联盟招商，聚焦“三个五百强”、聚焦重点领域，开展招商引资“316”行动。全年，组织招商洽谈活动 50 场次，对接客商 200 余人，在省、市招商活动中发布推介项目近 10 个。全区新签约项目 57 个，其中亿元以上项目 42 个、5 亿元以上项目 11 个、10 亿元以上项目 9 个；引进上市企业 3 家、500 强企业 3 家、外资企业 2 家。

项目建设。实施项目管理。将所有重点推进的项目纳入全区重大项目建设管理系统，组织项目联络员进行专题培训，建立 2019 年重大项目信息库，实现项目信息资源共建共享。实施项目预审。会同相关职能部门按照项目预审程序为通威渔光互补、尚能渔光互补、上海电气风力发电、湖南兵装检测、淡水湖公园、龙门洞生态旅游等项目进行现场选址踏勘及召开预审会议，形成初审意见。注重全程代理。精简完善原有代理流程。明确专人，全程代理临江棚改、鼎城区看守所、光伏发电等重大项目。推进项目调度。制订《鼎城区 2019 年项目建设年度计划》，全区重大项目按“六大板块四大领域”进行调度。与项目建设板块区域和相关职能部门联系。昊宇门窗、粤港模科、中晟智造、远大住工二期、特养场光伏发电等 11 个项目建成，永安小学投入使用，红云路建成通车、滨江大道通车，常德画墙第一批 17 幅壁画上墙，广电中心投入使用，三馆一中心主体建设完工，推进鼎城区看守所、德善陵园、阳明湖水系综合治理、双蔡公路、蒿子港码头等项目，通威渔光互补项目拟于 2020 年 4 月并网供电。

鼎城区委常委、区人民政府常务副区长李卫民（右排中）主持召开全区重大项目建设调度会 （摄影：全新胜）

队伍建设。打造学习型团队。坚持政治理论学习，按方案开展“不忘初心、牢记使命”主题教育活动，贯彻“守初心、担使命、找差距、抓落实”总要求，通过批评与自我批评、对照党章党规找差距，提升干职大局意识、业务水平。利用周五“主题党日”集中开展中共十九大精神集中轮训和“两学一做”学习教育，用习近平新时代中国特色社会主义思想指导实践、推动工作。打造服务型团队。坚持服务投资业主，帮助解决问题，服务群众，每月到黄土店镇沧山村开展社区志愿服务活动，每季度到郭家铺社区开展党员下基层活动，慰问困难党员和空巢老人。打造活力型团队。组织到赵必振纪念馆开展红色教育活动，重温入党誓词、牢记入党承诺。开展登山比赛、参与“德马”等工会活动。推进项目建设，抓开工、促进度、保质量，创新工作机制、优化服务环境、打造品牌亮点、开展暖企行动，推进新江南快速发展。

党员志愿者进社区活动　（摄影：全新胜）

扶贫工作。中心结对帮扶贫困户 14 户 47 人，根据贫困户致贫原因，因户施策，制定产业帮扶、金融扶贫、技能培训、教育助学、社会保障兜底和健康医疗保障政策等帮扶措施。每月到扶贫点村开展帮扶活动，全年回访脱贫户 4 次以上，走访未脱贫户 12 次，慰问帮扶困难户，帮助解决低保、就业等实际问题。（金　刘）

【机构改革】 2019 年，根据鼎城区委、区人民政府关于事业单位改革发展的相关文件精神要求，撤销鼎城区投资促进事务局，整合招商服务、投资促进等公益服务职责，组建区招商促进事务中心。2019 年 7 月 8 日，鼎城区招商促进事务中心举行揭牌仪式，鼎城区人民政府副区长蒋宏武出席揭牌仪式。（金　刘）

区人民政府副区长蒋宏武（右）为中心揭牌
（摄影：全新胜）

重点工程

【概况】 2019 年，鼎城区重点工程领导小组确定纳入市重点工程建设项目 29 个，项目投资 448.29 亿元，拟年度投资 101.99 亿元，占总投资计划 22.7%。其中，鼎城区年产 70 万吨原浆啤酒生产线项目（一期）、智能终端产业园项目、中芯半导体产业园建设项目、等速万向节项目、蓝天智能制造装备研发创新平台及产业化基地建设项目、中联恒通智能装备产业化项目、智能水表产业基地建设项目、强胜建筑垃圾资源化利用项目、汽车配件产业园项目、城镇化混凝土成套智能装备及物联网融合创新项目、信兴电子科技建设项目、高星国际商贸物流城建设项目、产业工人生活配套园项目、阳明湖啤酒小镇项目、阳明湖板块市政道路管网建设项目、桥南工业园整体搬迁及城市片区改造项目、黔张常铁路项目、滨江大道项目、阳明路提质改造工程、德安南路项目、移堤至走马岗公路改造项目、大路陂至白洋湖公路改造项目、水系综合治理工程一期项目、江南新城建设工程、阳明湖片区棚改安置小区建设项目、常德画墙项目均开工建设。（杨　婷）

民政工作

【概况】 2019年，鼎城区民政系统围绕中心、服务大局，持续保障改善民生，推进“五化”民政建设。被湖南省民政厅评为全省“五化”民政创新示范先进单位，民政综合工作全市排名第一，被常德市文明办授予市级文明单位称号。被区委、区人民政府评为平安建设优秀单位、安全生产和消防工作优秀单位。在全区优化经济发展环境评议中获第一名。区民政局机关支部被评为全市优秀基层党组织，欧阳宙被评为全区优秀党务工作者。

社会救助。全区农村低保人均救助标准210元/月，超额考核标准10元/月。城市低保人均救助标准368元/月，超额考核标准8元/月。全年，发放城乡低保资金3530万元。农村特困人员供养标准5500元/年。失能、半失能特困人员护理费标准分别为6000元、3000元。筹资530万元为全区特困人员发放新棉衣、棉鞋和床上用品。核对救助对象6416户17560人，新增救助对象核对率和复查核对率100%。为低保对象和特困供养人员购买意外伤害保险474.33万元。残疾人两项补贴按照每月65元的标准发放，计发放617万元。孤儿基本生活补助按照每月800元的标准发放，计发放30.24万元。在郭家铺街道启动城乡低保救助一体化试点，即生活在城区的低保救助对象不分户籍性质，一律按城市标准救助。募集慈善资金511.8万元，救助困难群众1000余人，为124名寒门学子发放助学金40.5万元。实施“福彩圆梦·孤儿助学”工程，争取中央福彩公益金，为全区17名应届和在读全日制本科、大专、高等职业院校及在校硕士研究生的孤儿，按照1万元/人·学年标准发放助学金。

养老事业。高龄老人津贴发放到位，发放高龄老人生活补贴近300万元。拟定居家和社区养老方案，规划试点项目90个。每个乡镇建成1—2个示范性互助幸福屋，谢家铺镇、草坪镇等乡镇全镇推广。社会福利中心主体工程及绿化配套设施完工，实现试运营，至年末入住老年人40人。引进专业养老机构开展乡镇敬老院托管改革试点，年末3所乡镇敬老院签订托管协议。在郭家铺街道开展居家和社区养老改革试点，郭家铺街道8个社区66名分散供养的特困老人、重病重残低保老人和独居高龄老人，享受由政府购买的关于生活照料、医疗保健、家政保洁、精神慰藉等方面的居家养老上门服务。为民营养老机构拨付床位补贴和运营补贴46.18万元。

社会事务。创新婚姻登记服务，推行婚姻登记服务五项便民举措，实行照相服务零收费。办理结婚登记3454对，补办结婚登记852对，办理离婚登记2012对，受理婚姻档案查询450对。建设神仙窝人文公园，6月24日项目开工，开展项目建设招标、场地平整、道路建设及相关手续办理工作。销售福利彩票约7400万元。开展不规范地名清理工作，清理不规范地名20余条。督促住建、房管等部门清理小区不规范地名10条。为非强制火化区自愿火化对象发放惠民殡葬补贴近3万元。

社会治理。优化乡镇居委会设置，由原92个社区居委会合并为81个社区居委会。依法登记社会组织8家，全区202家社会组织按照网上申报、网上办理要求，开展年检工作，年检率80%以上。开展社会组织涉企收费清理规范工作。开展村规民约、居民公约评选活动，推荐上报省市优秀村规民约15条，全区村规民约修订率100%，草坪镇兴隆街村规民约被省民政厅评为优秀村规民约。开展留守儿童和困境儿童摸底调查，厘清“两类儿童”底数，建成示范性儿童之家24家。为维护儿童权益、开展儿童关爱活动打造阵地和服务平台。开展鼎城区国家地名志和国家地名词条解释编纂工作，上报国家地名志词条解释10条，国家地名词典释文62条。配合扫黑除恶专项斗争工作，启动基层组织领域涉黑涉恶村干部摸底排查工作，向排查出存在违规违纪问题的18名村干部下达罢免通知书，并督促乡镇处置。开展常德市鼎城区与益阳市桃江县、安化县行政区域界线联合检查工作，勘定边界线85.5千米。开展18个老区项目建设，投入建设资金72万元。进行《革命老区发展史》《常德老区（鼎城专刊）》编写定稿，公开出版发行6000余册。（黄胜波）

【湖南省民政厅副厅长杨薇一行到鼎城区调研】2019年2月26—27日，湖南省民政厅副厅长杨薇一行到鼎城区，调研农村互助幸福屋及相关养老服务工作。在鼎城区谢家铺镇互助幸福屋，调研组参观了互助幸福屋内各项功能配套设施，详细了解谢家铺镇居家和社区养老工作开展情况。谢家铺镇建成农村互助幸福屋19处，有近2000名老年人在幸福屋生活，282名失能、半失能老年人得到帮扶，互助幸福屋由废弃、闲置房屋改造而成，大多由老人自行管理。2月27日，调研组到鼎城区周家店镇实地调研农村“抱团”养老工作。杨薇说，鼎城区养老服务工作在领导重视、工作举措、创新性等方面成效明显，走在了全省前列。希望全区进一步加强自身能力建设、深化改革创新模式，让鼎城区养老服务工作更上台阶。鼎城区人民政府副区长熊辉陪同调研。（黄胜波）

2月27日，湖南省民政厅副厅长杨薇（中）到周家店镇调研农村“抱团”养老工作（提供：黄胜波）

【鼎城区社工站揭牌】2019年3月21日，由常德市民政局、鼎城区文明办、鼎城区民政局、常德市恒德社会工作服务中心共同主办的“2019年社工周宣传活动暨鼎城区社工站项目启动仪式”在鼎城区体育馆举行。常德市民政局局长龚美爱，鼎城区委副书记、区人民政府区长朱金平为鼎城区社工站揭牌，全区22个街道、乡镇社工站同时成立。社工站职能是，为当地社会救助、农村留守儿童关爱保护、养老服务、社工专业人才队伍建设等工作提供专业且优质的服务。宣传活动的主题为“追梦新征程，社工在行动”。鼎城区社会工作服务以郭家铺社区和德安社区为据点，实施湖南省社工人才支持“三区”计划之常德市鼎城区社工服务项目，发挥社工专业优势，从多方面、多角度、多维度发展鼎城区社会工作和志愿服务工作。常德市恒德社会工作服务中心通过招投标承接鼎城区社工项目。当日，鼎城区民政局组织近30名志愿者参与活动组织和服务工作，向周边市民讲解社会工作内涵和意义，号召民众参与社会工作。（黄胜波）

3月21日，常德市民政局局长龚美爱（左），鼎城区委副书记、区人民政府区长朱金平（右）为鼎城区社工站揭牌（提供：黄胜波）

【鼎城区社会福利中心揭牌】2019年7月4日，鼎城区社会福利中心举行揭牌仪式，区人民政府副区长熊辉为社会福利中心揭牌。鼎城区社会福利中心位于鼎城区大湖南路郭家铺街道孔家溶社区，是集养老院、福利院、光荣院于一体的综合性社会福利机构，占地面积3公顷，建筑面积4.1万平方米，设置床位1080张，其中医疗床位108张。项目分三期施工，第一期以医疗养护为主的养老院项目和第二期光荣院项目主体建设完工。区社会福利中心主要承担政府集中供养老人和自费托养老人服务工作，有智慧养老、抱团养老、旅居养老等个性化服务模式，拟在5年时间内，实现养老服务综合管理标准化，成为全市、全省“医养结合”的养老服务标杆。（黄胜波）

7月4日，鼎城区人民政府副区长熊辉（左二）为鼎城区社会福利中心揭牌（提供：黄胜波）

【常德市人大调研鼎城区居家和社区养老服务工作】 2019年9月20日，常德市人大常委会党组书记、副主任沈习淼一行到鼎城区谢家铺镇，调研鼎城区居家和社区养老服务工作。调研组实地察看了鼎城区谢家铺镇官桥坪村互助幸福屋建设情况，听取了鼎城区居家和社区养老服务工作情况汇报。鼎城区利用原闲置的老村部或学校，建设互助幸福屋及社区居家养老服务中心，全区建成互助幸福屋近100个；建立区级养老服务信息平台，录入老年人和养老服务机构基本信息，在服务派单、服务对象呼叫、服务质量跟踪确认等方面实现信息化管理；培育引进专业养老服务企业，引导和鼓励社会组织、家政、物业等养老机构提供养老相关服务，探索“互联网+养老”在居家和社区养老服务中的应用。沈习淼指出，要继续加强养老管理和服务人员培训，打造专业养老人才队伍；要不断改革创新，完善当地居家和社区养老工作体制机制，为老龄事业、养老产业健康有序发展提供保障。鼎城区委副书记、区人民政府区长朱金平，区人大常委会主任杨君，区人大常委会副主任李湘建陪同调研。（黄胜波）

9月20日，常德市人大常委会副主任、党组书记沈习淼（左二）到鼎城区谢家铺镇调研鼎城区居家和社区养老服务工作（提供：黄胜波）

【机构改革】 2019年3月28日，区民政局举行机构改革人员转隶交接仪式，相关涉改单位负责人参加交接。区民政局机构改革指导组组长吴弟友到会并讲话。区民政局按照区委机构改革要求，根据“编随事走、人随编走”原则确定23名人员划转到新单位工作。作为全区机构改革第一批试点单位，鼎城区民政局在4月末率先完成改革，理清了职能职责，所有人员调整到岗到位，工作正常运转。依法清理涉及民政部门的行政许可、非行政许可和办事服务项目，将62项行政职能纳入互联网+政务服务平台。取消养老机构设立许可，临时救助审批权下放乡镇，城乡低保申请、老龄证、社会救助申请等10项业务实现村一级办理。

（黄胜波）

鼎城区民政局机构改革人员转隶交接仪式（提供：黄胜波）

行政审批服务工作

【概况】 2019年,鼎城区行政审批服务局按照“放管服”改革、政务公开和服务工作要求抓落实。政务服务中心办理各类服务事项263848件,接待办事群众249580人次,办结率100%。其中,外挂大厅办理各类服务事项179127件，接待办事群众127490人次;网上办理各类服务事项46922件。整合梳理鼎城区“一件事一次办”目录106项,下沉乡镇(街道)、村(社区)事项52项。

行政审批制度改革。2019年,行政审批流程优化再造3607套,与国务院“互联网+政务服务”平台行政审批项目库逐项梳理对接，实现与国家政务外网的“一网融通”,全区行政审批权力事项优化率100%。清理规范行政审批中介服务事项205项,取消行政审批证明(盖章)事项34项。引导行政审批要素梳理工作向纵深发展，主导性开展行政审批政策文件清理工作,取消时效过期、政策调整性文件。在机构“三定”方案中重点强化“行政审批股”的机构设置和单位内部职能分配调剂工作,要求有审批职能的单位,设立行政审批股(办)。

电子政务。项目配置率100%，配置合格率100%。按照湖南省人民政府“一件事一次办”审改工作部署,抓行政审批服务事项流程优化再造。鼎城区人民政府网站区长信箱栏目受理信件253件,诉求办结率100%。郭家铺街道、镇德桥镇、乔家岗村3个基层政务服务点远程视联办件试点成功。针对乡镇、村(社区)离城远,群众办事难的问题，选择3个基层政务服务点作为远程视联办件试点，在政务服务一体化平台上搭载远程视频系统，在群众办事出现特殊情况而基层窗口人员不清楚解决办法的情况下，直接向业务主管部门实时联通,远程指导办理。

政务公开。受理政府信息依申请公开27件，其中鼎城区人民政府受理4件，鼎城区各行政机关受理23件,办结自然人申请23件、商业企业申请2件、法律服务机构申请2件。鼎城区人民政府网站区长信箱栏目受理信件253件，诉求办结率100%。

政务服务。根据为民服务事项类型,为方便群众办事,办事窗口实行综合设置,设置综合窗口12个,投入项目资金26万元,添置网上自助一体机，为12个综合窗口添置“好差评”综合评价系统,实行窗口服务质量和水平动态评价。自助服务区设置自助电脑查询终端4台、一次性自助办理设备4台(套),以满足身份证办理、商事注册登记查询与办理事项自助需求。强化“放管服”监督员作用,向社会聘请5名义务监督员,开展监督监察管理,配合开展全天候随机巡查督办。

党建工作。局党组履行管党治党主体责任,规划党建工作思路,严格党组议事规则,执行民主集中制,坚持末位发言,开展调研工作;落实班子成员“一岗双责”和双重组织生活会制度;召开民主生活会1次。开展党支部选举工作,落实“三会一课”工作制度,支部召开党员大会5次,开展主题党日活动19次，上党课5次，召开组织生活会1次;系统全面学习中共十九大,十九届二中、三中、四中全会精神;组织党员参观赵必振纪念馆、镇德桥镇党校红色教育基地;开展“不忘初心、牢记使命”主题教育,制定专题教育学习、调研、检视问题及整改工作方案。召开动员会和总结会各1次,组织读书班学习研讨4次、集中学习10次、开展专题调研1次、讨论发言14人次;针对“放管服”改革、“一件事一次办” 和落实省委全面加强基层建设“1+5”文件等工作开展调研,领导班子成员撰写调研报告,梳理调研中反映和发现的问题,形成问题清单、责任清单、整改清单。

脱贫攻坚。帮助扶贫点村韩公渡镇镇龙庵村注册登记“常德黄花湖种养专业合作社”;建成“火龙果” 产业扶贫基地，镇龙庵村95个贫困户195人与基地签订委托帮扶协议，每人每年享受160元保底分红。

综治工作。民调联居民120户,入户230余人次，发放宣传资料近1000份，协同公安窗口抓捕犯罪嫌疑人2名。

纪检工作。年初召开党组会专题研究党风廉政和反腐败工作，定期分析党风廉政建设形势，细化分解党风廉政建设工作任务，明确领导班子责任分工，实现“一岗双责”；党组书记上党风廉政建设党课1次；上报两同时谈心谈话登记表；配合派驻纪检组工作。制定完善各项管理制度，严格制度执行，严肃上班纪律，落实出勤指纹打卡考勤制度。 （陈臻炜）

【机构改革】 2019年3月1日，根据《中共常德市鼎城区委常德市鼎城区人民政府关于常德市鼎城区区级党政机关机构设置的通知》（常鼎发〔2019〕2号），设置“常德市鼎城区行政审批服务局”为鼎城区人民政府工作部门。根据《中共常德市鼎城区委机构编制委员会关于区本级机构改革涉改科级事业单位调整有关事项的通知》（常鼎编〔2019〕1号），明确将区人民政府政务服务中心承担的行政职能划入区行政审批服务局，改为区行政审批服务局所属副科级公益类事业单位。2019年8月12日，《中共常德市鼎城区委办公室常德市鼎城区人民政府办公室关于印发〈常德市鼎城区行政审批服务局职能配置、内设机构和人员编制规定〉的通知》（常鼎办〔2019〕28号）文件明确常德市鼎城区行政审批服务局（简称区行政审批局）是区政府工作部门，为正科级，行政编制8名。2019年10月25日，根据《中共常德市鼎城区委机构编制委员会办公室关于调整区行政审批服务局所属事业单位机构编制事项的批复》（常鼎编办〔2019〕18号），设立常德市鼎城区大数据中心（加挂常德市鼎城区政府网站牌子），为区行政审批服务局所属正股级公益一类事业单位，核定事业编制7名。撤销鼎城区政务服务信息管理办公室、鼎城区人民政府网站技术维护中心。 （陈臻炜）

信访工作

【概况】 2019年，鼎城区信访工作围绕推进信访改革，引导群众依法逐级走访，在源头预防，责任落实，及时就地化解矛盾纠纷等方面开展“四重攻坚”“百日攻坚”“百日会战”“让老人回家”活动，创建“三无”区县。全年信访工作绩效评估位列全市第二。坚持信访工作服务中心，服务大局，落实全国及省市两会、新中国成立70周年庆典、非洲论坛、武汉军运会等特护期信访工作。新中国成立70周年庆典期间，无一人进京登记上访。全年，受理群众来信来访1873批3888人次，分别比2018年下降40.78%、42.18%。反映的问题主要集中在征拆领域、农业农村、民生保障、涉法涉诉方面。区委、区人民政府主要领导主持召开维护稳定和信访工作会议，交办信访问题522件。全年未发生一起群体性事件、极端个人事件及因信访稳定问题产生的网络舆情事件。

队伍建设。完善基层信访网络，配齐配强信访干部，提高基层就地化解信访问题能力。乡镇建立综治、司法调解和信访“三位一体”工作机制，开展创“三无”（无集体上访、无越级上访、无信访积案）活动，引导群众逐级信访；建设信访干部队伍。组织信访干部业务培训10批350人次。

专项治理活动。排查信访老户，研究治理方案，明确工作要求，落实工作责任，围绕反复、越级、集体信访及扬言闹事的信访人，落实责任，限期查明上访原因，妥善处理，保证信访人反映问题办结率100%；执行法律政策，根据不同对象，采取不同措施，开展疏导教育工作；发挥基层组织和群众作用，采取组织调解，把问题解决在基层，解决在内部，解决在萌芽状态。 （杨玲波）

链　接

《湖南省农村最低生活保障办法》(选录)

第二章　享受农村最低生活保障待遇的条件

第八条　农村困难家庭申请享受农村最低生活保障待遇,应当符合下列条件:

(一)具有当地农村户口;

(二)共同生活的家庭成员年人均纯收入低于当地农村最低生活保障标准。

第九条　本办法所称共同生活的家庭成员,是指:

(一)配偶、共同生活的子女;

(二)共同生活的父母、祖父母、外祖父母;

(三)父母双亡或者无抚养能力,与兄、姐共同生活的未成年或者虽已成年但无独立生活能力的弟、妹。

(四)父母双亡,与祖父母或者外祖父母共同生活的未成年或者虽已成年但无独立生活能力的孙子女、外孙子女。

(五)共同生活并已形成赡养、扶养和抚养关系的家庭其他成员。

第十条　本办法所称家庭纯收入,是指申请人提出申请时的前 12 个月,共同生活的家庭成员的全部货币收入和实物收入的总和(按照统计部门的统计口径计算)。

根据国家有关规定,农村居民享受的奖励、荣誉津贴、抚恤补助金、优待金、独生子女保健费、计划生育奖励扶助金、新型农村合作医疗报销的医疗费、医疗救助金、助学金、奖学金、勤工俭学收入,以及临时性社会救助金等,不计入家庭收入。

第十一条　有下列情形之一的家庭,不享受农村最低生活保障待遇:

(一)在劳动年龄内具有正常劳动能力,不从事生产劳动的(在校学生除外);

(二)有能力耕种而不耕种,导致所承包土地抛荒的;

(三)家庭实际生活水平明显高于当地农村最低生活保障标准的;

(四)不如实申报或者拒绝核查家庭收入的;

(五)因酗酒、赌博、吸毒等原因导致家庭实际生活水平低于当地农村最低生活保障标准,通过教育仍不改正的;

(六)县级以上人民政府规定的其他不享受农村最低生活保障待遇的情形。

第十二条　农村最低生活保障标准由市州或者县级人民政府民政部门会同财政、统计、物价等部门拟定,报本级人民政府批准,并报上一级人民政府备案后公布执行。

第十三条　农村最低生活保障标准根据能够维持当地农村居民全年基本生活所必需的吃饭、穿衣、用水、用电等基本费用确定。

第十四条　农村最低生活保障标准应当根据当地生活必需品价格的变化和人民生活水平的提高,适时调整。

第三章　农村最低生活保障待遇的审批

第十五条　农村困难家庭申请享受农村最低生活保障待遇,由家庭成年成员持本人居民身份证、户口本、家庭收入材料和其他相关材料,向村(居)民委员会提出书面申请,也可以直接向乡镇人民政府或者街道办事处提出申请。

家庭成员均无行为能力、无法正确表达意愿的,可以由其近亲属、其他村民或者所在村民小组代为申请。

第十六条　村(居)民委员会应当自收到当事人的申请之日起 20 日内,对申请人的家庭成员劳动力状况、经济收入状况和实际生活水平进行调查核实后,召开村(居)民代表会议或者评议小组会议进行民主评议,并将调查核实情况和民主评议意见在村(居)务公开栏进行第一榜公示 7 日。公示期满后,将公示情况、民主评议意见、申请人的有关材料和村(居)民委员会的初审意见上报乡镇人民政府或者街道办事处复核。

第十七条　乡镇人民政府或者街道办事处应当自收到村(居)民委员会的上报材料之日起 20 日内,对申请人家庭有关情况进行复核,并将复核情况在村(居)务公开栏进行第二榜公示 7 日。公示期满后,将公示情况、申请人家庭的有关材料和乡镇人民政府或者街道办事处的复核意见上报县级人民政府民政部门审批。

中国人民政治协商会议鼎城区委员会

Dingcheng Committee of the CPPCC

中国人民政治协商会议常德市鼎城区第九届委员会第六次会议会场

概　述

重要会议

鼎城年鉴（2020）

概 述

【概况】 党的建设。中国人民政治协商会议常德市鼎城区委员会坚持旗帜鲜明讲政治，把党的领导贯穿政协工作全过程和各方面。2019年12月，在韶山举行的全省政协系统党的建设工作会议上，区政协党组作经验交流发言。守政治规矩，执行重大问题请示报告制度，结合开展重要履职活动、落实意识形态工作责任制等情况，向区委作专题汇报5次。召开党组会议15次，专题研究党建工作及区政协常委会议、主席会议协商审议事项。把学习教育、调查研究、问题检视、整改落实贯穿全过程，组织开展“不忘初心、牢记使命”主题教育。按照“四个对照”“四个找一找”要求，党组班子检视出10个方面具体问题25项。结合庆祝人民政协成立70周年，组织开展政协理论研讨、“学习强国”知识竞赛、书画作品征选等系列活动。探索“互联网＋党建”模式，依托政协云网络平台开设“政协党建”专栏，开展交流讨论活动，打造“指尖上的党建阵地”。

鼎城区政协“不忘初心、牢记使命”主题教育工作会会场

（提供：聂德其）

服务发展。按照“四个一线”工作要求，与区委、区人民政府目标同向、步调一致。组织开展重点协商、监督活动21次，形成的履职成果为党政决策提供参考。区政协常委会议开展“发展壮大乡村产业，推动实施乡村振兴”开展专题协商，提出“完善产业发展规划、培育新型经营主体、推进产业融合发展”等5个方面建议15条。召开主席会议专题协商全区城建项目实施方案，提出“量力而行统筹规划、突出重点民生项目、提升项目建设绩效”等建议。组织委员结合阳明湖板块、常德画墙、滨江大道等重点项目建设情况开展视察，为全区项目建设出谋划策。区政协党组成员、主席会议成员按照区委统一安排，在临江新区建设、国家现代农业产业园创建、油茶产业发展、新城西区建设等项目建设中履职尽责，发挥作用。针对采砂取土乱象频发问题，调研了解情况，提出“加强组织领导、严厉打击整治、科学规划布局、加强审批监管”等建议。坚持绿色发展理念，组织委员围绕蓝天保卫战、河长制、农村人居环境整治等工作，开展禁止露天焚烧秸秆、保障农村安全饮水、治理黑臭水体等问题调研协商，参与督导巡查。

区政协主席韩才渊（左二）调研小城镇建设工作

（提供：聂德其）

交流合作。党组成员集中走访党派团体组织及成员70余人次，开展交流互动。区各民主党派、工商联和有关人民团体利用政协平台履职尽责，参与区政协组织的调研视察、民主监督等活动40余人次，提交集体提案11件。9月，召开鼎城区庆祝人民政协成立70周年座谈会，6名党派团体负责人、各界代表发言，所提意见建议得到区委领导肯定。主动参与省、市、区政协工作“三级联动”，协助开展环洞庭湖生态经济区建设专题调研，承办全市区县（市）政协主席例会，推介该区经济社会发展、生态文明建设等方面工作。接待重庆市武隆区、长沙市望城区等地政协调研考察9批次，开展

交流协作，借鉴先进地区成功经验助力鼎城区发展。组织委员主动发声，新挂牌成立委员工作室12个，打通政协联系群众“最后一公里”。注重以文化人、存史资政，编纂出版《鼎城文史概览》丛书，以该书为素材联合鼎城融媒录制历史纪实栏目《文化鼎城》，宣传推介鼎城历史、弘扬鼎城文化。

鼎城区庆祝人民政协成立70周年座谈会会场
（提供：聂德其）

《鼎城文史概览》丛书首发式
（提供：聂德其）

助力民生。坚持履职为民理念，为解决市民关心关注的民生问题出点子、谋良策。区政协九届四次会议委员提出的180余条建议和审查立案的104件提案中，反映民生类问题近60%，大部分得到相关部门重视和解决落实。组建民主监督小组6个，以“扶贫政策落实情况”为题，瞄准解决“两不愁三保障”突出问题，集中监督区扶贫办等7家单位在产业扶贫、教育扶贫、健康扶贫等工作中政策落实情况。开展“三个一”扶贫行动，注重提升结对帮扶实效，帮助300余个贫困户增加收入，解决一批就学、就业、就医等问题，张惟鹏、姚高峰两名委员获评常德市“最美扶贫人物”。聚焦看病就医问题，围绕“推进全区医疗保障改革与发展”开展协商，提出“推进医共体建设、加强医保基金监管、提升医疗服务水平”等具体建议10条。开展重点提案协商督办，关于规范乡镇生猪定点屠宰、加强农村道路管护等反映民生问题提案得到办理落实。建立政协云网络平台微建议协同联办机制，审查受理办复微建议42条，关于规范江南城区交通秩序、加强校外托管机构监管等建议得到相关部门回复落实。

能力提升。抓委员学习培训，组织推荐60余名委员，参加全国政协干部培训中心，清华大学、厦门大学学习培训班；举办“政协讲坛”4期，开展“习近平总书记关于加强和改进人民政协工作的重要思想”专题辅导。完善考核激励机制，树立姚伟胜、陈长付、伍文华等爱岗敬业、无私奉献的优秀委员典型，教育引导委员发挥主体作用。搭建网络议政平台，通过政协云、鼎级传媒视频直播议政性常委会议协商，近1万人互动交流，提出意见建议200余条。推动政协协商与基层协商融合，开展协商视察活动45次，形成以政协协商带动和影响基层协商的局面。落实机构改革工作要求，调整完善专委会机构设置及职能职责，增设委员学习联络委、农业农村和人口资源环境委两个专门委员会。围绕打造“学习型、服务型、创新型、廉洁型”机关建设目标，完善各项规章制度，抓内部管理，保证事事有人管、责任能落地。贯彻执行中央八项规定及其实施细则，出台集中整治形式主义官僚主义措施7项，逐项抓整改落实，营造风清气正、担当履职的工作氛围。

区政协举办“政协讲坛” （提供：聂德其）

提案工作。区政协委员、参加区政协的各单位围绕中心、服务大局,开展调研,建言献策,提出提案 160 件。通过审查,确定立案 104 件,其中集体提案 32 件。区委、区人民政府将提案办理纳入绩效考核体系,主要领导批示重点提案,分管领导领办提案。区政协党组召开会议研究部署提案工作,常委会适时将提案关注的热点、难点纳入调研、视察课题,重点提案形成主席会议成员领衔、提案委协调、专委会督导督办格局。相关单位办理提案实行一把手牵头,专题研究,按期办结。委员通过政协云、政协讲坛等载体开展学习、调研,提高提案水平。截至 2019 年 8 月,所有立案提案均已办复。已经解决或基本解决的 36 件,占 35%;正在解决或列入规划逐步解决的 62 件,占 60%;因条件或政策所限暂未能解决的 6 件,占 5%。

重点事项民主监督。2019 年 7—12 月,鼎城区政协以“扶贫政策落实情况”为监督主题,通过统一委派民主监督小组,开展区扶贫办、区农业农村局、区水利局、区教育局、区卫健局、区医保局、区住建局 7 个单位专项民主监督。6 个监督小组在实施监督阶段组织召开各类调研座谈会 40 余次,发放调查问卷 700 余份,走访党员干部和贫困户 500 余人次,收集各类意见建议 100 余条。9 月 24 日,召开 2019 年重点事项民主监督工作评议会,实行各对口监督单位“一对一”点评,客观评价各单位扶贫政策落实情况,指出存在问题,提出意见建议。 (聂德其　高振君　朱玉瀚)

表 5　　鼎城区重要提案一览表

序号	提案人	案　　由
1	区工商联 郭家铺街道政联处,李纲文	关于营造良好社会环境,促进民营经济健康发展的提案
2	民建鼎城区工委 区政协社会法治和民族宗教委	关于加强乡镇生猪定点屠宰,保障食肉安全的提案
3	蒿子港镇政联处 草坪镇政联处,李科、徐忠平、张爱群、周小波	关于加强鼎城区农村安全饮水工作的提案
4	区住建局系统政联组 区政协委员学习联络委	关于推进建筑废弃物资源化利用的提案
5	区住建局系统政联组 区政协委员学习联络委	关于创新工作举措,推进城市管理精细化的提案
6	区政协提案委	关于推进田园综合体试点建设,助推乡村振兴的提案
7	区政协经济科技和外事委	关于大力发展电子商务,助推我区经济发展的提案
8	区政协文教卫体和文史委	关于大力发展学前教育,努力实现“幼有优育”的提案
9	全成勇　苏永红	关于加强新时代鼎城区乡村治理的提案
10	吴小燕	关于清理农村茶馆,严厉打击赌博行为的提案

(高振君)

【区政协举行骨干培训班】 2019 年 5 月 11—19 日,2019 年鼎城区政协常委培训班在厦门大学举办。培训邀请厦门大学、厦门市委党校专家、学者、教授,分别围绕当前中国的宏观经济形势和热点问题、着力提升委员履职能力、特朗普时期的中美关系新变局、政协委员法治思维的养成等专题进行授课。培训安排了厦门文明城市基础建设亮点、爱国主义教育基地和厦门经济特区纪念馆 3 次现场教学,帮助学员们启迪思想,更新理念,开阔视野,提升党性修养。 (聂德其)

【“服务走访委员月”活动】 2019 年 3 月 25 日—4 月 15 日,区政协以“强化责任担当、积极建言资政,广泛凝聚共识、助推鼎城发展”为主题,由区政协主席会议成员带队,采取实地走访、召开座谈会等形式集中开展“服务走访委员月”活动。通过活动开展,宣传贯彻中共十九大、全国两会精神和中央、省委、市委、区委经济工作会议和区两会精神。以走访为契机,围绕推动全区经济社会发展、改善民生等重点工作及区政协 2019 年履职重点,察实情、听实话、谋实策。活动中,征求意见建议和社情民意信息 30 余条。 (聂德其)

【首次网络协商议政】 2019年7月17日,鼎城区政协召开议政性常委会,围绕“发展壮大乡村产业,推动实施乡村振兴”课题开展协商。常委会议协商首次采取通过政协云手机软件和鼎级传媒网络平台进行全程同步视频直播,组织委员和社会各界人士开展交流互动。在会议视频直播过程中,通过移动履职平台参与交流互动、提交建议的委员、社会各界人士7000余人次,围绕协商主题提出意见建议。 (聂德其)

【《鼎城文史概览》丛书出版发行】 2019年9月29日,《鼎城文史概览》丛书举行首发式,标志着由鼎城区政协牵头,历时3年时间编撰、介绍鼎城区人文历史的第一部百科全书正式出版发行。区领导韩才渊、宋雨泓、杨凡、涂国祥、罗旺甫、梁正凡、周伟建、蒋利荣、胡小芳参加活动。《鼎城文史概览》丛书为四卷本,约160万字,分史事、文化、典籍、人物卷。是一部集资料权威性、历史真实性、鉴赏可读性为一体的文史专著,丛书所选史料广泛,内容包括重大历史事件的记录,经济、社会、政治发展的史实,有宏观概述,有微观事件,是鼎城区人文社会历程的反映。它的意义不仅在于重现鼎城发展历程,更在于推介传承鼎城历史文化,是了解、宣传、推介鼎城的教材和名片。 (聂德其)

【庆祝人民政协成立70周年座谈会】 2019年9月29日,鼎城区召开庆祝人民政协成立70周年座谈会,学习贯彻习近平总书记在中央政协工作会议暨庆祝人民政协成立70周年大会上的讲话精神。鼎城区委书记、常德高新区党工委书记杨易,区政协主席韩才渊出席会议并讲话。区政协原主席张传德、许中诚应邀出席。区领导李卫民、瞿政前、雷建国、涂国祥、罗旺甫、梁正凡、周伟建、蒋利荣、胡小芳出席会议,区政协离退休老干部,区各民主党派、工商联、有关人民团体负责人,部分驻区省、市政协委员参加座谈。会上,胡小芳等围绕学习贯彻习近平总书记重要讲话精神,结合人民政协70年光辉历史和鼎城政协事业发展历程,畅谈思想感受和体会,围绕新时代全区政协工作提意见建议。 (聂德其)

重要会议

【区政协全体会议】 2019年3月19—21日,政协鼎城区九届四次会议在常德市江南城区召开。听取和审议政协常德市鼎城区第九届委员会常务委员会工作报告;听取和审议政协常德市鼎城区第九届委员会常务委员会关于九届三次会议以来提案工作情况的报告;大会参政议政发言;列席鼎城区第十七届人民代表大会第四次会议,听取政府工作报告,协商讨论政府工作报告及其他有关报告;表彰先进政协联络处(组)、优秀提案;审议通过有关人事事项;审议通过政协常德市鼎城区第九届委员会提案委员会关于九届四次会议提案审查情况的报告;审议通过政协常德市鼎城区第九届委员会第四次会议有关决议;开展政协委员培训。

6月18—19日,政协鼎城区第九届委员会第五次会议举行。大会补选副主席1名,常务委员2名。梁正凡当选政协鼎城区第九届委员会副主席,涂国祥、高用海当选常务委员。 (聂德其)

【区政协常委会】 2019年3月13日,鼎城区政协召开九届十次常委(扩大)会议,审议通过关于区政协机构设置调整决定(草案)、区政协九届四次会议相关事宜、区政协常委会2019年工作要点(草案),安排部署区政协九届四次会议相关工作。鼎城区政协领导涂国祥、罗旺甫、梁正凡、周伟建、蒋利荣、胡小芳参加会议。

6月18日,鼎城区政协举行九届十二次常委会议。会议以举手表决方式审议通过有关人事事项和关于召开鼎城区政协第九届委员会第五次会议的决定(草案);区政协九届五次会议议程、日程(草案);区政协九届五次会议大会秘书长、副秘书长名单(草案);区政协九届五次会议分组讨论安排(草案);鼎城区政协第九届委员会第五次会议选举办法(草案);鼎城区政协第九届委员会第五次会议选举工作人员名单(草案)。鼎城区政协主席会议成员韩才渊、涂国祥、罗旺甫、梁正凡、蒋利荣、胡小芳、戴芳参加会议。

7月17日,鼎城区政协召开九届十三次常委会,围绕"发展壮大乡村产业,推动实施乡村振兴"课题开展协商,并首次采取政协云手机软件和鼎级传媒网络平台进行全程同步视频直播,组织委员开展交流互动。 (聂德其)

【区政协主席会议】 2019年1月16日,鼎城区政协九届十九次主席会议举行,专题协商《鼎城区2019年城建项目实施方案(草案)》。区政协主席韩才渊、区人民政府副区长钟科程、区政协副主席涂国祥、罗旺甫、蒋利荣,区政协秘书长戴芳出席。

3月12日,鼎城区政协召开九届二十次主席会议,部署2019年政协工作,协商讨论鼎城区政协九届四次会议筹备相关工作。区政协领导涂国祥、罗旺甫、梁正凡、周伟建、蒋利荣、胡小芳参加会议。

4月23日,区政协举行九届二十二次主席会议,听取2019年度委员走访月活动情况汇报、协商通过区政协九届四次会议重点提案督办安排和《区政协联络处(组)目标管理考核办法》。

6月17日,鼎城区政协举行九届二十四次主席会议。协商通过拟任免鼎城区政协第九届委员会副主席提名人选名单(草案),常委、委员提名人选名单(草案),委室主任、副主任提名人选名单(草案)。协商通过关于召开区政协九届五次会议的决定(草案),区政协九届五次会议议程、日程(草案),大会秘书长、副秘书长名单(草案),分组讨论安排(草案)、选举办法(草案)和选举工作人员名单(草案)。协商通过区政协九届十二次常务会会议议程。鼎城区政协主席会议成员韩才渊、涂国祥、梁正凡、蒋利荣、胡小芳、戴芳出席会议。

7月3日,鼎城区政协举行九届二十五次主席会议,专题听取全区扫黑除恶工作情况。鼎城区政协党组成员、主席会议成员韩才渊、涂国祥、罗旺甫、梁正凡、蒋利荣、胡小芳、戴芳参加会议。区人民政府副区长、区公安局局长洪振坤应邀出席会议。

7月15日,鼎城区政协召开九届二十六次主席会议,协商区政协九届十三次常委会议工作方案和《关于发展壮大乡村产业 推动实施乡村振兴的建议案(草案)》。区政协领导韩才渊、涂国祥、罗旺甫、梁正凡、周伟建、蒋利荣、胡小芳、戴芳参加会议。

9月18日,鼎城区政协九届二十七次主席会议专题视察江南城区义务教育大班额化解情况。区政协主席韩才渊,区人民政府副区长蒋宏武,区政协党组副书记涂国祥,区政协副主席罗旺甫、梁正凡、周伟建、蒋利荣、胡小芳,区政协秘书长戴芳及部分政协委员和职能部门负责人参加。

9月20日,鼎城区政协召开九届二十八次主席会议,听取各民主监督小组关于重点事项民主监督工作情况汇报,协商区政协九届十四次常委会议工作方案。区政协主席韩才渊,副主席罗旺甫、梁正凡、蒋利荣,秘书长戴芳出席会议。

10月17日,区政协召开九届二十九次主席会议,围绕"全区医疗保障工作改革与发展"课题开展专题协商。区政协主席韩才渊主持会议,区人民政府副区长杨凡应邀出席并讲话,区政协党组副书记涂国祥,副主席梁正凡、周伟建、蒋利荣、胡小芳,秘书长戴芳出席会议。

12月12日,区政协召开九届三十一次主席会议,回顾总结2019年工作任务开展情况、工作亮点和经验,谋划2020年工作思路和重点。区政协主席韩才渊,党组副书记涂国祥,副主席罗旺甫、梁正凡、周伟建、蒋利荣,秘书长戴芳出席会议。

(聂德其)

链 接

中国人民政治协商会议章程(选录)

1982年12月11日中国人民政治协商会议第五届全国委员会第五次会议通过　根据1994年3月19日中国人民政治协商会议第八届全国委员会第二次会议通过的《中国人民政治协商会议章程修正案》、2000年3月11日中国人民政治协商会议第九届全国委员会第三次会议通过的《中国人民政治协商会议章程修正案》、2004年3月12日中国人民政治协商会议第十届全国委员会第二次会议通过的《中国人民政治协商会议章程修正案》和2018年3月15日中国人民政治协商会议第十三届全国委员会第一次会议通过的《中国人民政治协商会议章程修正案》修订。

第五章　地方委员会

第五十条　省、自治区、直辖市设中国人民政治协商会议的省、自治区、直辖市委员会；自治州、设区的市、县、自治县、不设区的市和市辖区，凡有条件的地方，均可设立中国人民政治协商会议各该地方的地方委员会。

第五十一条　每届中国人民政治协商会议地方委员会的参加单位、委员名额和人选及界别设置，经上届地方委员会主席会议审议同意后，由常务委员会协商决定。

每届地方委员会任期内，如有必要增加或者变更参加单位、委员名额和决定人选，经本届地方委员会主席会议审议同意后，由常务委员会协商决定。

第五十二条　中国人民政治协商会议的省、自治区、直辖市、自治州、设区的市、县、自治县、不设区的市和市辖区的地方委员会每届任期五年。

第五十三条　中国人民政治协商会议各级地方委员会设主席，副主席若干人和秘书长。

第五十四条　中国人民政治协商会议各级地方委员会的全体会议每年至少举行一次。

第五十五条　中国人民政治协商会议各级地方委员会全体会议行使下列职权：

（一）选举地方委员会的主席、副主席、秘书长和常务委员，决定常务委员会组成人员的增加或者变更；

（二）听取和审议常务委员会的工作报告、提案工作情况报告和其他报告；

（三）讨论并通过有关的决议；

（四）参与对国家和地方事务的重要问题的讨论，提出建议和批评。

第五十六条　中国人民政治协商会议各级地方委员会设常务委员会主持会务。

常务委员会由地方委员会主席、副主席、秘书长和常务委员组成，其候选人由参加各该地方委员会的各党派、团体、各民族和各界人士协商提名，经全体会议选举产生。

第五十七条　中国人民政治协商会议地方委员会常务委员会行使下列职权：

（一）召集并主持地方委员会全体会议；每届第一次全体会议前召开全体委员参加的预备会议，选举第一次全体会议主席团，由主席团主持第一次全体会议；

（二）组织实现中国人民政治协商会议章程规定的任务和全国委员会所作的全国性的决议以及上级地方委员会所作的全地区性的决议；

（三）执行地方委员会全体会议的决议；

（四）地方委员会全体会议闭会期间，审议通过提交同级地方人民代表大会及其常务委员会或人民政府的重要建议案；

（五）协商决定地方委员会委员；

（六）根据秘书长的提议，任免地方委员会的副秘书长；

（七）决定地方委员会工作机构的设置和变动，并任免其领导成员。

第五十八条　中国人民政治协商会议各级地方委员会的主席主持常务委员会的工作。副主席、秘书长协助主席工作。

主席、副主席、秘书长组成主席会议，处理常务委员会的重要日常工作。

主席会议受常务委员会的委托，主持下一届第一次全体会议预备会议。

第五十九条　中国人民政治协商会议各级地方委员会可以按照需要设副秘书长一人至数人，协助秘书长进行工作。

第六十条　省、自治区、直辖市的地方委员会设立办公厅，专门委员会及其他工作机构的设置，按照当地实际情况和工作需要，由常务委员会决定。

自治州、设区的市、县、自治县、不设区的市和市辖区的地方委员会的工作机构的设置，按照当地实际情况和工作需要，由常务委员会决定。

United Front&Community groups

民主党派·社会团体

鼎城区妇女第十二次代表大会会场

中国国民党革命委员会常德市委员会鼎城总支委员会
中国民主同盟常德市鼎城区委员会
中国民主建国会常德市委员会鼎城区工作委员会
中国民主促进会鼎城区支部委员会
中国农工民主党常德市鼎城区总支委员会
中国致公党常德市鼎城区工作委员会
九三学社常德市鼎城支社
鼎城区党外知识分子联谊会
鼎城区总工会
共青团鼎城区委员会
鼎城区妇女联合会
鼎城区科学技术协会
鼎城区归国华侨联合会
鼎城区工商业联合会
鼎城区文学艺术界联合会
鼎城区残疾人联合会
红十字会

鼎城年鉴(2020)

中国国民党革命委员会常德市委员会鼎城总支委员会

【概况】 2019年，中国国民党革命委员会常德市委员会鼎城总支委员会在统战系统争先创优。信息宣传等工作在党派内领先;姚伟胜、张惟鹏在区政协第九届六次全会工作报告中被点名表扬,张惟鹏被评为常德市“最美扶贫人物”,数名党员获市、区表彰。袁崇宇由长茅岭中学考入湖南幼儿师范高等专科学校工作；张伍立调任新疆某兵团某师某团社会事务办主任；王勇由鼎城区司法局矛调股股长调任鼎城区现代农业农垦投资开发有限投公司任副总经理。

参政议政。党派所属党员参政议政,全会期间上交提案6份，有5人在全会分组讨论等会场作参政发言。

关爱抗战老兵。春节前、端午节前、建军节前。到鼎城区周家店镇蜘蛛山村1组、石公桥镇赵家垱村2组，分别为抗战老兵赵祥敏和向家财送去大米、植物油、空调扇、凉席、牛奶、空调被和慰问金。

7月29日，民革鼎城总支党员慰问抗战老兵向家财(左二) （摄影:康凯）

学习教育活动。5月7—11日,民革鼎城总支组织全体骨干和部分党员赴延安开展现场学习活动;6月22日,组织党员开展“立足岗位积极进步”主题学习教育活动，为建设边疆优秀党员张伍立举行欢送会,表扬上进党员袁崇宇、王勇。

5月9日，民革鼎城总支骨干党员赴延安开展现场教育活动 （摄影:康凯）

扶贫助学。9月7日,民革鼎城总支组织以党派内的政协委员为主的人员6人，到花岩溪镇栖凤山村资助贫困家庭学生6名，给每名学生送去1000元。

9月7日，民革鼎城总支党员到栖凤山村开展扶贫助学活动 （摄影:杜华）

配合调研。3月8日,接待并配合中国国民党革命委员会湖南省委员会、中国国民党革命委员会常德市委员会开展“与中部协同发展,助力脱贫攻坚”调研活动。 （唐松山）

中国民主同盟常德市鼎城区委员会

【概况】 2019年，中国民主同盟常德市鼎城区委员会（简称区民盟）学习贯彻中共十九大会议精神、中央统战工作会议和民盟中央十一届四中全会精神,以"两学一助"为主线,落实民盟市委工作部署,抓思想建设、制度建设和组织建设,履行职能。民盟鼎城区委被民盟常德市委评为先进基层组织,刘优群被民盟省委评为优秀盟务工作者,彭放被民盟省委评为社会服务优秀盟员、石明被民盟省委评为优秀盟员。

组织建设。1月,召开盟区委全会,安排布置全年工作;召开支部班子成员会,学习中共十九大精神及习近平新时代中国特色社会主义思想。组织盟员政协委员、人大代表及部分盟员,召开纪念"五一"口号发布70周年座谈会。传达学习中央、省委统战工作会议精神,凝聚思想共识。培养入盟积极分子5名,发展盟员一名,拟筹建民盟善卷支部。

参政议政。在市、区"两会"上,提交政协提案14份,人大建议案3份,在区政协全会作"创新工作举措,推进城市管理精细化"发言。区政协全会分组讨论中,有11人次发言,唐诗球撰写的《关于加强鼎城区餐厨废弃物管理》提案报区委常委、区人民政府常务副区长李卫民签批,被列为区政协十大重点督办提案。向区人大、区政协及民盟市委提交社情民意15篇。向区委统战部、民盟市委报送信息稿件20篇,纳稿10篇。委员石明被民盟常德市委评为参政议政先进个人。开展"开拓投融资渠道,强化产业发展保障"课题调研,5月,赴湖北、河南考察调研乡村产业发展情况,6月,到区内乡镇、科局调研,7月,形成调研报告。8月,在政府工作专题协商直播平台发言。12月,"加快鼎城区物流园区建设,推进现代物流业快速发展"课题结题并提交区政协,报鼎城区委书记、常德高新区党工委书记书记杨易签批,被列为区政协十大重点督办提案。

活动开展。每月推荐1名优秀盟员,在民盟市委微信公众号和民盟区委微信群发布优秀事迹,营造比学赶超氛围。5月,民盟主委刘优群、机关一支部主委唐诗球等到厦门大学培训,组织委员肖佳音参加市社会主义学院培训;6月,联合民盟市委开展"社情民意培训班"活动,派副主委成小兵、第二支部主委刘思静参加民盟省委举办的履职能力培训班。走访慰问退休盟员15名;走访慰问农村特困儿童5人。民盟淮阳支部开展"同心工程——爱心助学"活动,到2019年年末,减免特困学生学杂费、奖学金发放500余万元。开展庆祝"三八——药山之旅""建设美丽鼎城,共享绿色家园"植树活动、"德景园——翰墨春晖,老年书画艺术展义卖"、清明祭扫鲁易烈士活动。联合区政协走访慰问盟员政协委员13人。到灌溪镇、草坪镇及区农业局、财政局等10家单位调研。到井冈山开展红色教育活动。民盟淮阳支部组织4000余名师生,开展"我和我的祖国"大型快闪活动。参加民盟市委庆祝建国70周年征文活动,刘优群的诗歌《初心》获一等奖。配合民盟省委、民盟市委在淮阳中学签约"同心班"2个。参加民盟市委组织的建盟70周年庆祝大会,选送节目2个(舞蹈、男女生对唱)。

(刘优群)

中国民主建国会常德市委员会鼎城区工作委员会

【概况】 中国民主建国会常德市委员会鼎城区工作委员会(简称民建工委)成立于2000年12月20日。2019年年末,有民建会员43人,其中市政协委员4人,区政协委员和政协常委7人,区人大代表和常委3人,副处级干部1人。年度发展新会员2人。

组织建设。会员通过多种平台,学习中共十九大,中共十九大二中、三中、四中全会精神,开展"不忘合作初心、继续携手前进"主题教育。按照坚持数量和质量原则,发展民营企业会员2人。11月,组织部分会员赴澳大利亚参观驻澳企业。民建工委承担农业品牌建设和产业振兴调研课题,并在政协常委会上发言。工委撰写的《加强乡镇定点屠宰,确保食肉安全》提案获评政协优秀提案。

社会化服务。会员企业云港生物、鹤王蚊香异地搬迁改造，德希望公司物流、食品、环保建材发展，惠源农牧携手红星集团新建肉品冷链、加工一条龙企业。会员李玉兰、陈列靖获评民建市委组织工作、社会化服务工作先进个人，刘明高被评为市级道德模范，会员杨亮获组织提拔，会员企业九申燃气、云港生物进入全区纳税百强，被区委表彰。帮扶十美堂镇紫流村各项建设，支持建设图书室，倾斜项目资金改造农田建设。（杨 凌）

中国民主促进会鼎城区支部委员会

【概况】 2019年，中国民主促进会鼎城区支部委员会（简称民进鼎城支部）有会员26人（发展3人），其中教育界11人，科技、文化界2人，律师界1人，非公有制经济界2人，行政事业单位10人。区政协委员7人（常委2人）。2019年，民进鼎城支部被民进市委会评为先进基层组织“明星支部”。

组织建设。6月，民进鼎城支部召开第三次委员会，选举新一届班子成员，蒋利荣担任支部主委，潘云芳、沈亚力、顾伟担任支部副主委，刘银艳、张雅静当选支部委员。2019年，民进鼎城支部发展会员3名，其中湖南应用技术学院2名，周家店镇司法所1名。

社会服务。发挥自身优势，关注少数民族聚居地区教育教学，打造“同心乡村”特色品牌。8月，民进鼎城支部到中堰村开展“金秋助学”活动，给7名大学贫困学子送去资助金7000元。

参政议政。2019年，民进鼎城支部针对社会热点、难点问题，围绕区委、区人民政府中心大局反映社情民意、建言献策。刘银艳撰写的《加大残疾儿童抢救性康复救助力度，实现抢救性康复全覆盖》提案被区残联采用，杨胜军撰写的《双蔡干线进度缓慢，有关部门需及时介入》提案被列为区政府、区交通局督办提案，沈亚力撰写的《关于青少年道德价值观的引导》提案被区教育局多次回复。（沈亚力）

民进鼎城支部传达学习区委经济工作会议精神

（提供：沈亚力）

中国农工民主党常德市鼎城区总支委员会

【概况】 2019年，中国农工民主党常德市鼎城区总支委员会（简称农工党鼎城总支）学习贯彻中共十九大精神，履行参政党职能。农工党鼎城总支被农工党湖南省委评为“先进基层组织”、被农工党常德市委评为“不忘合作初心、携手继续前进”主题教育活动先进单位和社会服务工作“先进集体”。党员蒋斌、李科、汪志红被农工党常德市委评为“优秀党员”。

培训学习。开展“不忘合作初心、携手继续前进”主题教育活动。4月，组织总支全体委员及骨干党员传达学习全国“两会”精神和区委经济工作会议精神。5月，选派总支副主委李科参加常德市第9期党外干部中青班学习。9月，总支全体党员赴郴州市汝城县沙洲村“半条被子”故事发源地和湘南起义纪念馆开展红色教育，重走先辈道路，重温革命历史。

参政议政。农工党鼎城总支有省、市、区各级人大代表、政协委员14名。他们履行职能，参政议政，区人大、政协两会上，均有重点提案和建议纳入大会发言或书面发言。党员李科撰写的“发挥‘新乡贤’引领作用、助推实施乡村振兴”的建议，受到区委领导肯定。

社会服务。定期为“同心乡村”黄土店镇沧浪坪村开展义诊活动和免费送医扶贫活动。全年，开展同心义诊和医疗扶贫活动2次，免费为部分贫困户赠送中秋慰问物资折合人民币1万余元，为同心乡村村民、敬老院老人赠送药品折合人民币2万余元。

队伍建设。经党员推荐、个人申请、组织考察等程序，全年，农工党鼎城总支发展专业技术人才党员1名，考察培养医药卫生和环境保护界入党积极分子4名。 （李　科）

中国致公党常德市鼎城区工作委员会

【概况】 2019年，中国致公党常德市鼎城区工作委员会围绕中共常德市委、市人民政府“开放强市、产业立市”战略部署，服务“抢抓新机遇、建设新江南”，被致公党常德市委评为先进单位。

思想宣传。学习习近平新时代中国特色社会主义思想，开展“不忘合作初心、继续携手前进”主题教育。以“纪念新中国成立70周年和中国共产党建党98周年”为主题，开展学习宣传活动，增进政治共识，提升思想境界。4月，召开工委2019年度工作会议，传达学习全国两会精神、《中国致公党章程》《致公党湖南省基层组织活力指数评估实施办法》。8月上旬，工委4名骨干党员参加致公党常德市委“不忘合作初心、继续携手前进”主题教育活动。8月中旬，工委12名骨干党员到桂东县红色教育基地和汝城沙洲村开展爱国主义教育活动。

参政议政。工委围绕国家大政方针和全区经济社会发展，拓宽参政议政途径，完善工作机制，发挥参政议政作用。注重发挥在政协组织中的作用，4月，区领导走访鼎城区工委党员，召开座谈会，与会党员围绕课题调研、社情民意、社会服务等方面谈想法、提建议。全年，与区政协共同开展调研考察、视察座谈、民主监督等活动8次，提交提案、社情民意信息6件。工委主委蒯建英撰写的《关于加强乡村治理的建议》被湖南省政协采纳。省政协《文史博览·人物》第102期“问策湖湘”进行专题采访，围绕“村庄精英如何助力乡村振兴”建言献策。10月，开展推进农村垃圾治理课题调研，提交的调研报告入选区政协大会参政议政发言。

社会服务。工委按照“发挥优势、突出重点、量力而行、注重实效、持之以恒”方针，开展社会服务品牌建设，开展社会服务活动。以斗姆湖办事处机场社区为试点，开展同心社区创建工作，经过前期考察、筹备，创建工作有序开展。在社区设立工作室服务社区居民，工作室配有会议室、荣誉墙及社会主义核心价值观、党史人物宣传栏，开展社情民意收集以及讲座、咨询、学习等活动，打造工委党员服务社区居民的重要基地。组织开展走访慰问活动4次，为30余户贫困户、10余名困难学生送物质和助学金折合人民币2万余元。

组织建设。工委加强自身建设，提高党员队伍素质和基层组织活力，落实《致公党湖南省基层组织活力指数评估实施办法(修订)》《致公党湖南省基层组织活力指数统计表(修订)》等文件精神，调动支部党员积极性，立足本职岗位发挥作用。工委党员中行政事业单位人员7人、非公经济人士5人，其中担任市级及以下政协委员3人，担任省政协委员1人，知识、年龄结构得以优化。党员侯奇伟获评第八届“常德科技之星”，李其臻作品入选全国第十二届书法篆刻展，获第六届常德原创文艺奖。 （许　晓）

九三学社常德市鼎城支社

【概况】 九三学社常德市鼎城支社成立于2005年9月，2019年有社员19名，其中区政协委员7名，区政协常委2名；区人大代表1名，区人大常委1名。2019年，九三学社常德鼎城支社被九三学社常德市委评为目标考核先进单位，曾潜、杨胜、涂南被九三学社常德市委评为优秀社员。

参政议政。在区政协九届六次全会期间,支社向大会提交集体提案1件,个人提案4件。社员(政协委员)韩丽芳代表九三学社常德市鼎城支社作“加快推进医共体建设,开创分级诊疗新格局”发言。

学习教育。开展“不忘合作初心、继续携手前进”主题教育活动。以庆祝多党合作制度确立70周年活动为契机,开展社史教育,传承九三学社精神,通过学习社史和九三先贤故事,宣传优秀社员事迹,发挥榜样力量,带动社员发扬和践行“爱国、民主、科学”的九三学社精神。与现场红色教育学习相结合开展主题教育活动,让社员了解、感知、触摸红色历史。

“九企合作”与“同心乡村”建设。开展“九企合作”活动,支持该社社员办好自己的企业,努力服务好地方经济和社会发展。开展“同心乡村”创建工作。在同心乡村创建点鼎城区谢家铺镇下陈湾村,开展送科技、送文化、送健康及扶贫帮困活动。 (张全丰)

11月27日,支社组织社员到郴州市桂东县、汝城县革命老区,开展“不忘合作初心,继续携手前进”红色传统文化实践教育活动 (提供:张全丰)

鼎城区党外知识分子联谊会

【概况】 鼎城区党外知识分子联谊会成立于2008年,会员以党外副科级以上领导干部,中、高级知识分子,新社会阶层人士为主组成,是具有政治联盟属性的群团组织。2019年,鼎城区党外知识分子联谊会有会员42人,其中市人大代表2人、市政协委员3人、区人大代表3人、区政协委员6人、副处级干部2人。

协商议政。鼎城区党外知识分子联谊会向市级以上统一战线报送信息39条,调研报告4篇,向区人大十七届四次会议、区政协九届四次会议提交议案、提案5件。

学习培训。9月,组织会员参观镇德桥国防教育走廊和乡镇党校。11月,组织全体会员学习中共十九大四次会议和政协第十三届一次全会精神。11月,组织会员参观遵义红色教育基地,进行“不忘初心,牢记使命”思想教育活动。

同心工程。2019年,区党外知识分子联谊会结对“同心村”1个,结对帮扶留守儿童、特困家庭10对,资助金额5万元。在淮阳中学、谢家铺中学、石公桥中学开展免费验光送眼镜活动。开展“金秋助学”活动,资助贫困学子1.2万元。

组织建设。2019年,吸收媒体、经济人士入会5人。选送5名会员参加中共常德市委组织部、统战部组织的党外干部培训班。 (龚 林)

鼎城区总工会

【概况】 2019年,鼎城区总工会团结带领全区职工推进区“三城四区五中心”建设,年末,全区建有基层工会4851家(总涵盖法人单位793家),会员数50693人,其中农民工会员29956人。

组织建设。3月29日,鼎城区总工会第十五届委员会第三次全体会员大会召开,大会履行相关人事程序,通过胡祈军替补为鼎城区总工会第十五届委员会委员、常委、副主席,杨斌不再担任鼎城区总工会第十五届委员会委员、常委、副主席职务的决定。工会组建。落实湖南省总工会“基层组织建设年”工作要求,参加全市工会组织建设。推进现场会,会上,胡新军以“推进基层组织建设,协同推进五个年建设”为题作典型发言。以“五有”为抓手,制定《鼎城区总工会2019年度组建工会和发展会员实施方案》《非公企业工会主席岗位津贴管理办法》。8月5日,在高新技术产业园举办“八大群体”暨农民工集中入会仪式,吸收400余人加入工会组织。乡镇(街道)及园区100人以上35家企业均成立工会组织,100人以上企业建会率100%。典型示范。全年申报创建市级模范职工之家1家(常德高新技术产业园工会联合会)、创市级模范职工小家1家(草坪镇中心小学工会小组),推荐优秀工会积极分子(高新技术产业园工会干事吕玉琼)申报“湖南省职工最可信赖娘家人”评选。全年分别为16家获省级以上模范职工之家称号的单位进行复查验收并通过复查。规范建设。开展实名制信息采集工作,按“十有”“五个一”要求规范企业工会工作,区总工会班子成员实行联点企业,培育常德国力变压器有限公司、常德同达机械制造有限公司、湖南塘桥科技发展有限公司、湖南和畅(常德)食品科技有限公司4家高新区企业为工会工作规范化建设示范点。以开放创新的全局视野,开展基层工会主席岗位培训,新任工会主席、工会干部岗位培训全覆盖。文体活动。开展“书香三八”读书活动,参与单位93家,女职工参赛率85%以上,参与活动人数5864人,收集征文作品84篇、家书32篇、视频作品18个、书画作品40幅、摄影作品95张。组织开展“迎新年职工健康跑”活动,全区110家基层工会组织,近5000名工会会员参加。网络宣传。建立“鼎城工会”网站,“鼎城工会”微信群、QQ群,开展新媒体工会集中宣传聚合联动行动,在区微信政务公众号发布劳模宣传、工会资金使用等专辑5次;在“鼎城手机报”发布专辑3期、微信公众号发布信息21期57条、图片80余幅,其中《湖南工人报》刊登5篇,《常德日报》刊登3篇。经费审计。区总工会经审会实行第三方审计机制,全年审计基层工会26家,计拔审计20家,实行工会经费全程监督。文化宫建设。全年筹集资金7600万元,文化宫建设项目二期征地规划完工。

劳动竞赛。组织非公企业开展“安康杯”劳动安全竞赛活动,全区222家企业、1613个班级、35249名职工参加。4月23日,在隆腾物流园举行物流行业职业技能大赛;7月,组织10名选手参加常德市总工会叉车大赛;11月,选派2名选手参加常德市总工会中药炮制工比赛;组织20名高技能人才和劳模工匠师徒开展“结对子”活动。

劳模管理。开展2019年湖南省“五一劳动奖章”推荐评选工作,朱德元、廖池贵获湖南省“五一劳模奖章”称号,詹焰明获湖南省实体经济企业优秀班组长称号。4月29日,召开五一劳模座谈会,区领导出席座谈会。开设电视宣传专栏,为朱德元、吴代军、廖池贵、段和平、方明华5位劳模和先进工作者拍摄优秀事迹电视专题片。9月18日,在鼎城云溪谷农业综合产业园召开全市劳模讲坛暨劳模助力乡村振兴交流会现场会。劳模慰问。5—6月,组织32名省级以上劳模进行身体体检,8月,组织军转劳模疗休养,9月,组织8名省、市级以上劳模疗休养;进行劳模低收入生活困难和特殊困难补助申报情况摸底,春节走访慰问何学高、杨桂元等全国、省部级劳模33名,送慰问金、困难帮扶经费、低收入补助金计27.79万元。

维权帮扶服务。开展维权帮扶、职业培训,实施精准脱困解困工作。“双联”帮扶,全年区直65家单位联系32家困难企业,帮扶困难职工2376人,解决资金16万元。开展“春送岗位”活动,4月份,在高新区组织企业与求职者面对面洽谈,当场签约60人。开展“一户一产业工人”培训10期345人,签约90%以上,以“小背篓”培训基地为载体,培训月嫂、育婴师、高端护理人才135人。在高新区佳泓公司开展装备制造工作技能提升培训150人(一期),以优秀项目报送湖南省总工会。开展职工医疗互助互济活动,第七期互助互济活动参加人数15500人,报销医药费70万元,第八期参加人员15000人,涵盖单位205个。开展城市困难职工脱困解困工作,为全区56名城市特困职工建档,实施跟踪帮扶。开展“送清凉”活动,慰问一线高温作业工人370余人,4.88万元。开展工资集体协商工作，涉及 2 个行业、一个区域性集体，签订合同 371 家，涵盖职工人数 2 万余人。开展“爱心超市”送温暖活动，筹措资金 11 万余元，援助贫困职工 2398 名。 （丁明辉）

共青团鼎城区委员会

【概况】 2019 年，共青团鼎城区委员会学习贯彻习近平新时代中国特色社会主义思想，围绕团的根本任务、政治责任、工作主线，开展各项工作。

组织建设。11 月 27—28 日，共青团常德市鼎城区委员会第十八次代表大会召开，参会代表 217 人，其中正式代表 187 人，特邀和列席代表 30 人。大会选举产生新一届团区委领导班子，陈伊拉当选共青团常德市鼎城区委书记，陈峙宇、刘思毅、刘爽（挂）、向灵芝（兼）、黄志刚（兼）当选副书记。

活动开展。以五四运动 100 周年为契机，围绕“青春心向党·建功新时代”主题，引导全区各级团组织开展五四主题活动；围绕“信党、爱党、感恩党”主题，开展“鼎城青年新春佳节话党恩”座谈会；以“爱国主义”教育为主线，针对不同群体，分年龄、分层次开展“我与国旗合个影”“红领巾新向党、争做新时代好少年”等活动；联合区委宣传部、区文明办、区教育局、区妇联等单位，开展“我爱我的祖国主题活动·校园篇”“鼎城故事微视频演讲大赛”。

“青春心向党·建功新时代”五四主题活动现场 （提供：陈伊拉）

青春助力。发挥鼎城区青年企业家协会作用，吸引全区优秀青年企业家以协会为平台，相互交流沟通、共同服务社会、助力鼎城经济发展。发挥“鼎城青年”志愿者队伍作用，开展鼎城区“快递从业青年服务月”、青年志愿者服务春运“暖冬行动”“常德市第八届老年人体育健身大会”“青春助力脱贫攻坚”等志愿服务项目。围绕社会主义核心价值观，建设青年网宣员队伍，壮大网上思想引导队伍力量。在五四、建党、国庆等重要时间节点，组织青年网宣员开展网络正面宣传，弘扬网络主旋律；开展网络舆论斗争，澄清模糊认识、驳斥错误言论、破除网络谣言。

常德市第八届老年人体育健身大会志愿服务 （提供：陈伊拉）

选树典型。五四期间，举行鼎城区 2019 年度纪念五四运动 100 周年暨“双十佳青年”表彰活动，从科创、教学、从医、文艺、新闻、企业等领域表彰一批优秀青年。挖掘先进典型，向上级团组织推荐优秀青年参与各类评选表彰，吴兰获 2019 年“湖湘青年英才”支持计划人选、叶诚志获 2019 年常德市青年“五四奖章”。

鼎城区 2019 年度纪念五四运动 100 周年暨“双十佳青年”颁奖典礼现场 （提供：陈伊拉）

服务青年。按照“1+100”团干部直接联系青年工作要求，开展团干部直接联系青年工作。通过“青年之家”“青青E家”等平台项目,推进服务向基础延伸;开展“禁毒知识宣传”“法治进校园”“关爱留守儿童五个一”“合力监护、筑梦未来”“金秋助学”等活动,推进服务学生向校园走近。开展“关注快递从业青年”“圆梦微心愿、我们在行动”“青年学堂、助梦成长”等活动,推进服务社会向常态发展。

阵地建设。党建带团建,发挥党建引领作用,以镇德桥镇党校为依托,6月，增建鼎城区团建展示馆,探索乡镇团校建设。利用智慧党建平台、党史陈列馆、党性教育室、团建展示馆等教育场所,为团员开展线上思想引导和线下实践体验相结合的教育培训,完善团校教育功能。

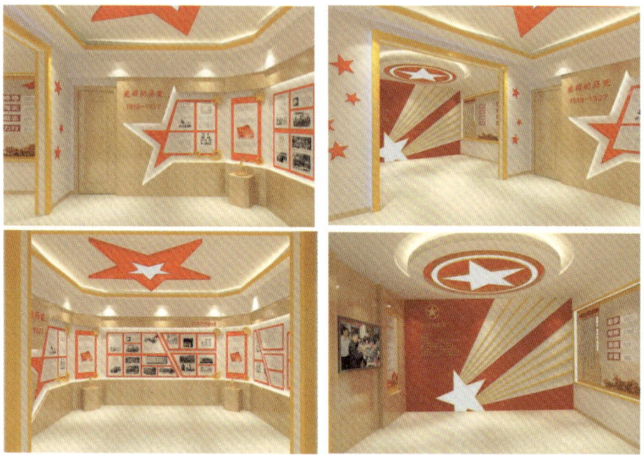

团建展示馆 （提供:陈伊拉）

干部队伍建设。通过以会代训、选派培训等方式开展团干部理论学习，提高团干部思想政治素质,更新完善业务知识,增强工作能力。抓团干部作风建设,要求全区团干部时刻保持清醒头脑,做到慎言、慎行、慎独、慎微,“练好”“带好”“管好”党的助手和后备军队伍。 （陈伊拉）

鼎城区妇女联合会

【概况】 党建工作。2019年，鼎城区妇女联合会(简称区妇联)常态化开展周五“主题党日”活动、“三会一课”。结合扶贫帮困,全体党员每季度在扶贫点村开展下基层志愿服务活动。开展在职党员进社区工作,为社区居民送课堂、送知识。按期进行区妇联机关党支部换届，选举产生新一届支委会班子和支部书记。

活动开展。组织全区200余名妇女“两代表一委员”开展“践行四讲四比,争当时代先锋”中国妇女十二大精神宣讲交流。组织全区妇联干部学习两会精神解读。组织开展“晒幸福感党恩,爱家乡建新功”“新春佳节话党恩”宣讲活动。4月13日，区妇联启动“巾帼心向党、礼赞新中国”群众性宣传教育系列活动。举办“追寻红色记忆,诵读红色经典”女性朗读节活动,60余名基层妇联负责人和朗读爱好者参加;组织16支队伍、400名旗袍爱好者和志愿者参加区旗袍文化协会周年庆主题活动。开展“不忘初心、牢记使命”主题教育,把握“不忘初心、牢记使命”主题教育“守初心、担使命,找差距、抓落实”总体要求,举办读书班,每月集中2天学习;到基层调研座谈,听取镇村妇联干部代表和优秀女性代表意见建议;参观区检察院法治教育基地,开展警示教育;参观镇德桥镇党校,接受革命传统教育;邀请老一辈先进妇女工作者和省“三八红旗手”等优秀人物,聆听她们的初心故事和使命担当。组织全区妇联系统负责人,以“学榜样,践初心”为题,观看视频、交流发言,学习典型。

鼎城区妇联到石板滩镇开展“巾帼心向党·礼赞新中国”宣传活动 （提供:刘俊妤）

组织改革。区妇女第12次妇女代表大会召开,全区参会妇女代表223名,会议选举产生新一届妇联领导班子，表彰2019年度鼎城区“三八红旗手”“三八红旗集体”。建设基层妇联组织，乡镇、街道、村社妇联均实现“五有五亮”。全区16个区直战线机关妇委会集中换届，配备妇委会工作班子，含妇委会主任1名，妇委会委员2—3名。配备各科局单位妇代会成员班子。

*妇女和家庭工作。*发挥村社妇联执委作用，组建巾帼志愿者服务队303支，开展“美家美妇·她行动”“户帮户亲帮亲，互助脱贫奔小康”主题活动，实施“3+1”妇联执委帮扶措施，引导全区妇女群众和家庭投身乡村“振兴巾帼行”活动。举办2019年基层妇联执委培训班，学习湖南省第13次妇代会精神、婚姻家庭纠纷调解技巧、妇幼保健惠民政策等内容。举办“你好，巾帼”纪念“三八”国际劳动妇女节颁奖典礼，表彰“全国最美家庭”、2018年度“鼎城区最美家庭”、2018年度“鼎城区十佳村社妇联主席”、2018年度“鼎城区三八红旗手(集体)”、2018年度“鼎城区百优娘家人”等先进个人和集体126个。开展寻找“最美家庭”活动，举办“全民阅读进家庭”系列活动。组织“相伴同悦读·共抒家国情”亲子诵读会，参加家庭40组，准备作品10余篇。开展“好家教好家风好家训”巡讲活动10场次，获益家长近1000人次，开展公益讲座，倡导科学教育理念。全区首个村级家长示范学校在覃家岗村挂牌成立，100余名家长参加开学典礼并接受第一堂家庭教育课。年末，全区村(社)家长学校24个，涉及乡镇(街道)5个。开展“寻找一本遗失的书”图书捐赠活动，全捐赠书籍近3000册、拼图84份，利用节日或活动契机，赠送给贫困家庭孩子和留守儿童。联合区检察院开展“关爱成长，呵护健康”法治进校园活动，为近500名家长和师生讲述“女童保护”和防拐防骗知识。承办湖南省“儿童青少年预防近视科普妈妈行”活动3场，受众800余人。

鼎城区妇联联合鼎城区妇幼保健院开展“寻找一本遗失的书”图书捐赠活动 (提供：刘俊妤)

*关爱妇女儿童。*推进“两癌”项目实施，“两癌”免费筛查10686人。到乡镇(街道)妇女学校，举办健康知识培训讲座8次。全年为49名贫困母亲争取全国妇联“农村贫困母亲两癌救助”公益金49万元。启动助力健康扶贫——“两癌”免费检查“湘女安康行动”，动员全区脱贫攻坚后盾单位为近2300名贫困妇女捐赠“湘女关爱保”，赠保金额12万元。实施儿童维权。至年末，受理婚姻家庭矛盾调解318起，和解258起，减少离婚率。接待沅江市政协到该区考察婚姻调解工作，开展婚调工作经验交流学习。三八国际妇女节期间，开展维权周法治宣传活动，宣传《中华人民共和国妇女权益保护法》《中华人民共和国婚姻法》《中华人民共和国反家庭暴力法》等法律法规知识。在“6·26”禁毒日、“反家暴日”“国家宪法日”等时间节点，开办“禁毒流动微课堂”宣教讲座，发放各类宣传资料近2000份。关爱特殊困难群体。实行“情暖家庭，爱在鼎城”扶贫帮困常态化。定期走访慰问韩公渡镇立新村25户贫困户。推进“知心屋”、ECD项目，全年开展个辅8次，团辅4次；每月定期开展早教辅导活动，项目落地受好评。促进女性创新创业。组织200余名妇女群众开办女性电子商务培训班，发挥互联网和实体产业结合优势，诚信经营。联合人社部门开展“春风送岗位”活动，设立女性就业咨询台；利用“鼎城姐妹”微信公众号开辟招聘专栏。举办“巾帼脱贫月嫂(育婴师)免费培训

班”12 期,参训人数 600 余人,为全区贫困女性提供职业技能培训,促进再就业。（刘俊妤）

沅江市政协到鼎城区考察婚姻调解工作座谈会会场
（提供:刘俊妤）

鼎城区妇联到尧天坪镇开展“两癌”免费筛查及湘女安康行动知识宣讲（提供:刘俊妤）

鼎城区科学技术协会

【概况】 常德市鼎城区科学技术协会（简称区科协)成立于 1958 年 12 月,是鼎城区科学技术工作者的群众组织,是鼎城区委领导下的人民团体,是鼎城区委、鼎城区人民政府联系科学技术工作者的桥梁和纽带,是全区推动科学技术事业发展的重要力量。第六次区科协代表大会选举委员 35 人、常务委员 17 人、正副主席 3 人,杨建新当选科协主席。2019 年,区科协机关编制 11 人,下辖正股级事业单位 1 个:鼎城区科普中心。区科协组成单位有区级学会(协会、研究会)16 个,乡镇(街道)科协22 个,村(社区)科协 305 个。

社区科普。以社区为平台,以活动为载体,创新科普活动形式内容,围绕“食品安全”“防灾减灾”“低碳环保”“健康养生”等主题,开展宣传活动,营造科普气氛。9 月 20 日,区科协组织各乡镇科协在社区广泛“全国科普日”活动,丰富社区居民科普知识。创建 3 个科普示范社区,规范基层科普行为。宣传崇尚科学、保障安全的理念,普及疾病防治、健康卫生知识,邀请常德市科普讲师团特聘专家到社区举办健康知识讲座、种养应用技术培训等 30 余场次讲座与培训,发放科普宣传册 5000 册、科普知识宣传单 10 万余份。科普工作人员入户宣传科普知识,引导居民崇尚科学,爱护环境,加强锻炼,不参与地下“六合彩”,远离毒品与传销。

郭家铺街道办事处科协开展 2019 年全国科普日活动现场（提供:关军）

乡村科普。抓科普阵地建设。鼎城区建有农村专业技术协会 65 个、农村科普示范基地 51 个。在普及科学技术、推动农业结构调整、推动农业产业化经营、促进农民增收等方面发挥作用。硒产品学会、油茶协会、昌明生猪养殖示范基地等创建的科普惠农服务站,分别建起科普信息室、科普培训室、科普图书室、科普宣传栏等科普设施,建立科普活动、科普服务等工作台账。开展“送科技下乡”活动。5 月,联合区科技局、团区委到鼎城区谢家铺镇开展“送科技下乡”活动。以送农资下乡、农业科技咨询、发放科普书籍、科普宣传及科技文艺演出等形式开展服务。设置科技咨询服务点,发放科普丛书 2000 册、科普宣传单 1.5 万份,展出食品安全、防灾减灾，环境保护、禁毒、安全生产、卫生健康、有机农业和转基因科普知识科普宣传展板，邀请常德市科普讲师团专家到乡镇进行油茶技术培训等讲座。助力科技扶贫工作，区科协脱贫攻坚联系点村为许家桥回族维吾尔族乡民族村，已脱贫54户192人，未脱贫2户3人。2019年，调研贫困村1个、非贫困村8个，走访慰问贫困户28户。组织帮扶责任人每月至少慰问帮扶对象1次，访贫问需；为贫困户进行科技扶贫，提倡种植富硒食用菌，发放科普丛书；帮助贫困户寻求政策帮助，实现危房改造；以扶贫产业为主，辅以经济帮助。

鼎城区农村沼气安全生产宣传活动现场　（摄影：关军）

网络科普。2019年区科协推进网络科普工作，发动全区各类科普人群参与“湖南省第三届科学素质网络竞赛”“科普信息员注册”等活动。利用微信、微博等传媒进行全民科普，截至2019年年末，参与网络科普人数11万人次。邀请“常德市科普讲师团”专家到各校开展科技创新知识讲座，组织全区科技辅导老师开展青少年科技创新培训，鼎城区委组织部领导胡代彬等到江南中学、武陵小学科技实验室开展调研。10月16日在区教育局召开2019年青少年科技创新工作暨科技辅导员培训会，表彰第17届常德市青少年科技创新大赛单位和个人，并邀请常德市科普讲师团专家吴昌云为全区100余名科技辅导员进行专业培训。组织队员参加国家、省、市级青少年科技创新大赛。1月4—5日，在第17届常德市青少年科技创新大赛中，鼎城区代表队获7项金奖23项银奖50项铜奖。4月，参加“第40届湖南省青少年科技创新大赛”，该区代表队在大赛中获3金4铜。7月22—25日，在第34届全国青少年科技创新大赛中，鼎城区代表队获银牌1枚。12月20—22日，区科协联合区教育局承办第18届常德市青少年科技创新大赛，该区代表队获4金13银33铜。

2019年鼎城区青少年科技创新工作暨科技辅导员培训会会场　（提供：关军）

服务管理。根据常德市科协《星级学会创建标准》要求，督促各学会对照星级学会创建标准，添置必备硬件设施，收集整理各种软件资料，为全区18个学会开展上门指导，区建筑业协会被评为“五星级学会”。2019年，区科协与各学会会长沟通，与民政局衔接，指导各学会开展年检工作，全区各学会基本恢复并完成年检工作。发动各学会会员撰写论文和新闻信息，向省、市科协投稿，每个学会每月至少上报论文1篇、信息2篇，作为年终考核。

（关　军）

【鼎城区科学技术协会第六次代表大会召开】 2019年11月19—20日，鼎城区科协召开鼎城区科学技术协会第六次代表大会，选举产生新一届领导班子：杨建新当选协会主席，舒仁华当选协会副主席，熊宏曼当选协会副主席兼秘书长。年末，鼎城区科协已建立村（社区）科协组织305个。

（关　军）

常德市鼎城区科学技术协会第六次代表大会会场
（提供：关军）

鼎城区归国华侨联合会

【概况】 2019年，鼎城区有海外华人华侨、港澳同胞、归侨及其眷属2万余人。其中，海外华人华侨、港澳同胞3000余人，主要分布在美国、澳大利亚、加拿大、法国、英国、西班牙、日本、新加坡等18个国家和地区；海外留学及归国留学人员1000余人。有规模侨资企业6家，包括联嘉机械、同达机械、张家山庄、鼎兴布艺、福祥天茶业、申友农林，涉及机械制造业、布艺软装业、农林业、销售和加工业、餐饮业、文化体育、教育等产业。2019年鼎城区归国华侨联合会（简称区侨联）被评为常德市侨联工作先进单位。

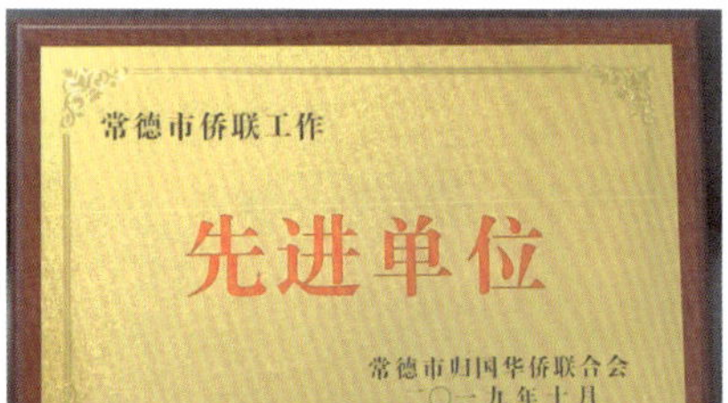

常德市侨联工作先进单位奖牌　（摄影：林雨霏）

服务经济发展。引进优质外资项目和海外高新技术项目。引进日本京都大学新型无线充电项目；邀请欧盟湖南商会会长唐勇到鼎城区投资考察环保农业全产业链综合项目；联系美国新英格兰视光学院眼前节成像(Scheimpflug)分析仪医疗器械项目和日本诚竹新材料项目；邀请澳门君天集团以及来自欧洲、俄罗斯、老挝等"一带一路"沿线国家的侨企及侨界人士投资考察城市综合体建设开发项目、文化旅游项目。引进涉侨、涉海外的公益捐建项目。邀请香港福扬行有限公司行政总裁谭泽生夫妇到该区开展捐赠考察，在逆江坪中心小学教学楼捐建项目验收仪式上开展奖学奖教活动，现场奖励优秀学生和优秀教师，资助贫困学生；为石板滩镇卫生院门诊楼重建工程引进海外捐赠款30万元。

环保农业全产业链综合项目考察洽谈会会场
（摄影：白星）

拓展内外交流。邀请美国前财政部官员、美国蓝基因公司副总裁约翰·邓拉普和美国杜兰大学孙立春教授到常德参加第6届德商恳谈会；组织该区侨资企业湖南福祥天茶业有限公司和区龙头企业精为天生态农业股份有限公司参加北德侨界代表考察交流座谈会；组织该区中学生参加第20届"世界华人学生作文大赛"，17名学生分别获一、二、三等奖；开展"侨心向祖国"系列活动。

第20届世界华人学生作文大赛（鼎城）颁奖仪式现场
（摄影：林雨霏）

侨情调查。开展全区重点侨情调查工作，更新和完善侨情资料信息。

依法维护侨益。联合司法局将“一法两办法”纳入区“宪法宣传周”活动，开展“侨法进社区”“侨法进乡村”等活动，发放涉侨政策法规知识问答宣传册；为美国华人汪为正与其亲属住宅纠纷提供法律咨询服务，妥善解决矛盾纠纷。

鼎城区侨联联合区司法局开展侨法宣传活动

（摄影：林雨霏）

加强侨界联谊。春节组织召开全区归侨侨眷新春工作联系会；中秋节开展鼎城区“月是故乡明”归侨侨眷中秋主题座谈会。在节前开展“送温暖·暖侨心”走访慰问活动。

助力精准扶贫。开展帮扶点村扶贫工作任务，向上级侨联部门为贫困侨眷胡道瑜争取房屋修缮资金，落实“两不愁、三保障”政策，改善困难侨眷居住条件。

（林宇霏）

【日本京都大学新型无线充电产业落户常德高新技术产业开发区】 2019年5月7日，由鼎城区侨联引进的日本新型无线充电项目签约仪式在常德高新区技术产业开发举行，常德高新技术产业开发区管委会主任杨学平代表常德高新技术产业开发区与日本京都大学博士后、无线充电技术专家王策签约。鼎城区委书记、常德高新技术产业开发区党工委书记杨易出席并见证签约。签约仪式上，杨易、杨学平与王策一行洽谈，围绕项目投资协议具体内容展开磋商。根据协议，王策及其研发团队拟在常德高新技术产业开发区注册总部公司，建立研究院和生产基地，注册资金1亿元，主要从事无线充电技术后续研发及产业化生产。新型无线充电项目基于第3代无线充电技术，通过放射性电波进行无线充电，具有充电距离远、建设成本低等特点，应用于智能交通、5G网络等领域。

（林宇霏）

5月7日，日本京都大学博士后、无线充电技术专家王策（中）出席新型无线电充电项目考察洽谈会 （摄影：白星）

5月7日，常德高新区管委会主任杨学平（前左）与日本京都大学博士后、无线充电技术专家王策（前右）签约无线充电项目 （提供：林宇霏）

【情系教育多善举 捐资助学暖人心】 2019年4月24日，香港福扬行有限公司行政总裁谭泽生夫妇到鼎城区花岩溪镇参加逆江坪中心李红小学捐资助学会。鼎城区委统战部常务副部长熊晓勇，花岩溪镇党委书记葛辉琳，鼎城区侨联主席周茜，鼎城区教育局党委委员匡永等出席活动。原逆江坪小学教学楼始建于1976年，存在安全隐患。鼎城区侨联与海外及港澳爱心人士联系，谭泽生、李红夫妇捐赠30万元，协助学校修建教学楼，该项目于2019年2月建成并投入使用。活动仪式上，熊晓勇和周茜为谭泽生夫妇颁发聘书，聘请他们担任逆江坪中心李红小学荣誉校长。谭泽生夫妇现场为学校10名优秀教师、20名优秀学生和10名贫困学生资助400元奖学奖教资金，并为每名学生赠送学习用品，折合人民币近5万元。

（林宇霏）

4月24日，香港福扬行有限公司谭泽生(中)、李红(前排左四)夫妇与逆江坪中心小学师生代表合影

（摄影：白星）

【帮扶侨眷胡道瑜家庭修缮房屋】 2019年9月23日，鼎城区侨联一行到双桥坪镇五同庵村查看特困侨眷胡道瑜房屋修缮情况。马来西亚侨眷胡道瑜家房屋年久失修，墙体裂缝，屋顶多处漏雨，存在安全隐患。区侨联到胡道瑜家中了解情况，向湖南省侨联申报扶侨帮困资金，与镇、村两级研究制定房屋修缮方案，联系施工方现场勘测，签订施工合同。工程于2019年9月6日动工，到2019年年年末，翻新房屋交付胡道瑜使用。 （林宇霏）

双桥坪镇五同庵村特困侨眷胡道瑜房屋修缮前后对比图

（摄影：白星）

鼎城区工商业联合会

【概况】 2019年，鼎城区工商业联合会(简称区工商联）以习近平新时代中国特色社会主义思想为指导，学习贯彻中共十九大精神和习近平关于发展民营经济的系列讲话精神，围绕全区工作中心，为推动“开放强区、产业立区”做出贡献。区工商联被评为全区平安创建先进单位、绩效考核良好单位。

政治建设。完善党组议事工作制度，党组书记带头履行第一责任人责任。抓支部“三会一课”“主题党日”活动，规范支部“五化”建设，发挥支部战斗堡垒作用和党员模范带头作用。抓非公党建，引导企业家支持党建，发挥党员企业家模范作用，指导所属商会开展党建工作，以党建促会建，促企建。组织全区非公经济人士学习贯彻习近平系列重要讲话及其在民营企业座谈会上的讲话精神。配合开展政治巡察工作，7—9月，迎接区委第四巡察组为期3个月的政治巡察，区工商联党组开展巡察整改工作。开展“不忘初心、牢记使命”主题教育，按照“守初心、担使命，找差距、抓落实”总要求，查摆问题，通过召开班子民主生活会，剖析问题，制定整改措施，加强党的政治意识。

组织建设。各乡镇(街道)分会、行业协会工作开展有序，十美堂镇分会参与油菜花节和助学活动；蒿子港镇、蔡家岗镇、花岩溪镇、斗姆湖街道、玉霞街道、红云街道等组织分会会员参加“户帮户亲帮亲”活动；常德市食品日用品流通协会获评全市“四好”商会。

脱贫攻坚。开展“万企帮万村”活动。组织16家企业结对帮扶贫困户200户，河洲甲鱼、勇福农业分别实施甲鱼养殖、香米水稻种植扶贫项目。开展“万企帮万村”活动专项评估工作，进行摸底自查。截至年末，全区参与“万企帮万村”民营企业24家，累计受帮扶村27个，帮扶贫困户523户1536人。开展“户帮户亲帮亲”活动。制定活动方案，召

开全区“户帮户亲帮亲互助脱贫奔小康”工作会议，推介黑斑蛙养殖户刘大军、香米水稻种植户熊桂华、爱心人士刘明高等先进典型。参加“户帮户亲帮亲”活动企业146个，产业帮扶1161户91.37万元、就业帮扶473户163.72万元、助学帮扶351户43.91万元、公益帮扶801户69.71万元。

参政调研。专题课题调研。7月25日，湖南省工商联秘书长祝拥军一行到鼎城区开展“推动简政减税降费政策措施落地见效，推动民营经济高质量发展”第三方评估。发放调查问卷70份，召开企业家座谈会，针对企业用工、债务清欠、企业融资、优化环境及政策落细、落实上向调研组提出具体意见和建议。“两会”参政议政。区工商联围绕民营经济发展现状开展参政议政调研，会员撰写的《打造一流营商环境，助力民营经济发展》提案，在政协大会上发言。

经济服务。招商引资。1月17日，组织异地常德商会鼎城籍企业家召开“迎老乡回故乡建家乡”新春招商引资推介暨项目集中签约会，集中签约项目9个，总投资116亿元。诚信经营。联合区市场监督管理局举办“3·15”国际消费者权益日活动，以“2019年信用让消费者更放心”为题，推动鼎城区“诚信经营·幸福鼎城”放心消费创建工作，金桥糖酒、新德希望等5家工商联会员单位获2018年度常德市“维护消费者合法权益先进单位”称号。建立驻会检察官制度。区工商联与区检察院建立联系机制，制定驻会检察官工作制度。8月27日，组织开展题为“检察护航民企发展”开放日活动，营造法治环境。 （刘　勋）

鼎城区文学艺术界联合会

【概况】 2019年，常德市鼎城区文学艺术界联合会（简称区文联）贯彻落实中共十九大精神，以习近平“在文艺工作座谈会上的讲话”精神为指引，开展文艺活动，繁荣文艺创作，组织文艺工作者下基层，服务群众，推动鼎城文艺事业发展，扩大鼎城文化影响力。被湖南省文联、常德市文联以“乡镇文联建设先进典型”予以推介，文字经验报至中国文联。5月，鼎城区美协10位画家作品入选入展全国13届美展暨新中国成立70周年湖南省美展，1人获优秀奖。鼎城区作协青年作家许玲在《湖南文学》《湘江文艺》等省级重要刊物发表作品，其中1篇被国家级刊物《小说月报》选刊。区文联选送作品参加2019年常德市原创文艺奖评选，短篇小说、戏剧、曲艺、书法4个门类4件作品获常德市原创文艺奖。2019年，常德市鼎城区文学艺术界联合会被湖南省文联评为先进单位。

党建工作。年初，区作协成立党支部，选出党支部书记，所有党员造册登记，组织党员赴新化县参观红色教育基地、开展主题党日活动。区诗词学会赴林伯渠故居开展“传承红色经典”主题党日教育活动。文联机关组织全体在职干部及退休老干赴鼎城、澧县、临澧、津市等地参观赵必振故居、文甲农民起义纪念碑、林伯渠故居等红色文化教育基地，开展主题党日活动。

鼎城区文联到林伯渠故居开展主题党日活动
（提供：刘银艳）

扶贫工作。文联扶贫工作联系尧天坪镇下午冲村，派出副主席田力军驻村帮扶，任村第一书记。4名干职包有贫困户15户，下村走访8次。发放慰问物资2次，价值近7000元。与贫困户手拉手、心谈心，为贫困户排忧解难，落实“两不愁三保障”等政策。

鼎城区文联主席蒋利荣（中）到扶贫点村走访慰问贫困户
（提供：刘银艳）

队伍建设。3 月 10 日，鼎城区朗诵演讲协会（简称区朗协）成立大会在右岸艺术中心举行，区朗协正式成立，选举新一届班子，杨君武当选协会主席，协会会员 126 人。全年举办专题朗诵会 12 场。12 月 31 日，鼎城区音乐家协会成立，选举理事 28 名，选举新一届班子，胡惠芳当选协会主席，协会会员 60 人。12 月 6 日，鼎城区作家协会第三次代表大会召开，70 余名代表及领导参加，选出新一届作协班子，麻建明当选第三届作协主席。12 月 14 日，鼎城区诗词学会召开，60 余名代表参会，选举出新一任领导班子，雷光银当选会长。

文艺窗口建设。《朗州》杂志年内编印 2 期，总第 69 期。“鼎城文艺”公众号发布信息 19 条，关注人数 500 余人，下属协会开办《善卷风》出版 1 期，《樊溪》出版 1 期，《乌儿洲》出版 1 期。

活动开展。1 月 25 日，区书协与区摄协联合举办《纪念改革开放 40 周年暨撤县建区 30 周年书法摄影联展》，组织近百幅作品参展，接请市区重要领导参加开幕式，观展群众 1000 人次。7 月 14 日，鼎城区文联、鼎城区书协联合举办书法公益讲座开班，近百名书法爱好者参加，王政、李其臻等 3 位老师授课。举办“朗州新韵——我的祖国我的家”庆祝新中国成立 70 周年征文大赛。该赛事自 2019 年 4 月启动，面向鼎城区各行政事业单位、作家、文学爱好者征稿，以鼎城区历史变革、风情习俗、生活场景、人物事件等为主要描写对象，反映新中国成立 70 年的变化。收到投稿 269 件，评出一等奖 3 名，二等奖 6 名，三等奖 15 名，优秀奖 30 名。10 月 28 日，举办颁奖晚会，晚会演职人员、获奖人员及观众近 300 人，鼎城区委副书记王时雨出席晚会并为获奖者颁奖，区委宣传部部长宋雨泓发表讲话。

1 月 25 日，纪念改革开放 40 周年暨撤县建区 30 周年书法摄影联展开幕
（提供：刘银艳）

乡镇文联工作。鼎城区有乡镇文联 3 家，周家店镇文联吹打乐队伍、广场舞队伍、拔河队分别举办了专场比赛，吹打乐老牌谱经过整理，收集牌谱 172 个，拟出版发行。6 月 12 日，十美堂镇举办首届诗词创作培训班，60 余名诗词爱好者参加培训。草坪镇结合三农建设项目试点多的优势，以“文化 + 旅游 + 乡村振兴”为载体，发展旅游观光、农耕体验、休闲度假、健康养老等休闲旅游产业，注重乡土味、地方味、传统味，打造有灵魂新乡村。

（刘银艳）

【第二届鼎城文艺奖举办】 为扶持和奖励文艺精品力作、文艺协会以及优秀文艺人才，促进鼎城区文艺事业发展，鼎城文艺奖自 2017 年设立，每两年举办一届。第二届鼎城区文艺奖于 2019 年 4 月 20 日启动，7 月 31 日结束，历时 100 天，收到作品 87 件，评出文学类获奖作品 18 件，摄影类获奖作品 26 件，音乐戏曲类获奖作品 9 件、书法美术类获奖作品 10 件，奖励奖金 11 万余元。

（刘银艳）

鼎城区第二届文艺奖颁奖现场 （提供：刘银艳）

【《鼎城文艺人物志》系列访谈节目开播】《鼎城文艺人物志》系列访谈节目走访了鼎城区文艺界德艺双馨的文艺家，与他们交流创作思想、心路历程，解读文艺家们作品内涵。该节目展示文艺家们创作成果，表达鼎城文艺家们坚持“文艺反映时代主题”“文艺为人民服务”理念及为建设文化鼎城积极进取的精神风貌，采取主持人访谈＋现场记录＋文艺家自述的形式，每期节目时长约 10 分钟。节目录制了 10 位文艺家，6 月下旬至 9 月中下旬，在鼎城区广播电视台《鼎级生活》栏目中播出，每周推出一期，同步推送到《鼎级传媒》公众号。

（刘银艳）

鼎城区残疾人联合会

【概况】2019 年，鼎城区残疾人联合会（简称残联）以脱贫攻坚为统揽，牢记使命，务实创新，助力残疾人脱贫奔小康目标如期实现。被评为全市残疾人工作绩效考核红旗单位。

康复服务。为残疾人免费发放辅具 2155 件。在全区 36 个卫生院开展社区康复站挂牌工作和残疾人家庭医生签约服务工作，为 3925 名建档立卡贫困残疾人开展家庭医生签约服务，服务率 100%。为符合条件的 1035 名精神残疾人免费送药。资助15 名建档立卡精神残疾贫困户免费住院 3 个月。为 197 名低视力残疾人配备助视器。为 200 名肢体或视力残疾人开展功能训练。开展儿童康复训练 80 人。实施市残疾人康复中心成人肢体康复训练 12 人。

鼎城区残联携手常德致恩精神康复医院精准康复送药活动发放现场 （提供：梁明珠）

教育就业。落实《湖南省残疾人大学生及贫困残疾人家庭大学生子女资助管理办法》《湖南省高中阶段残疾学生和高中阶段贫困残疾人家庭子女资助管理办法》，资助残疾家庭和残疾大学生 41 名，资助残疾家庭和残疾高中生 92 名，发放助学金 30.1 万元。开展“三残”儿童教育工作，全区盲、聋哑、弱智儿童入学率 98.9%。推行按比例安排残疾人就业工作，年审核实全区 208 家用人单位残疾人就业情况，城乡新增就业 100 人。残疾人保障金征收 337 个单位 1000 余万元。举办残疾人就业专场招聘会 2 场，16 名残疾人与用人单位签订用工协议。投入 28.1 万元扶持 49 个从事种、养、加工业及个体工商残疾人创业户。实施农村残疾人阳光增收计划，在周家店镇、韩公渡镇、中河口镇、蔡家岗镇、草坪镇 5 个乡镇，为 220 名农村残疾人开展实用技术培训，其中建档立卡贫困残疾人 147 人，参加培训的建档贫困残疾人家庭占任务数66.8%。

周家店镇农村残疾人阳光增收计划启动仪式现场 （提供：梁明珠）

维权保障。为6646名重度残疾人审核发放护理补贴，为2855名困难残疾人审核发放生活补贴，所有符合政策的建档立卡残疾人均享受两项补贴。为180名精神、智力和重度肢体残疾人提供居家购买服务。全额资助2049人建档立卡重度残疾人贫困户参加城乡居民医疗保险，资助总额22.539万元。代缴5365名重度和建档非重度未脱贫残疾人养老保险，其中建档立卡1764人(重度1492人、建档未脱贫272人)。为760名残疾人打卡发放机动轮椅车燃油补贴，为蔡家岗镇、石板滩镇、韩公渡镇3个乡镇145户贫困残疾人家庭进行无障碍改造。

组织建设。更新17140名持证残疾人基本服务状况和需求信息数据动态。开展下乡上门办证活动，全年开展上门评残工作19次，集中办(换)证204人，入户上门办(换)证198人，计服务402人(其中服务建档立卡贫困户156名，服务农村低保户62名，服务特困供养人员31名)。抓舆论引导，在中残联、省、市、区等各类媒体上稿75篇，在全国助残日期间举办鼎城区首届十佳“美好残疾家庭”评选活动，评选十佳“美好残疾家庭”。在全国第十届残疾人运动会暨第七届特奥会和世界残疾人射击锦标赛上，运动员杨超分别获5金1铜、2金3银。残疾人高攀的国画作品《梅花》获全省文化周活动三等奖。（梁明珠）

运动员杨超(右一)在全国第十届残运会暨第七届特奥会颁奖现场（提供:梁明珠）

【残疾预防活动进校园】贯彻落实《残疾预防和残疾人康复条例》，实施残疾人精准康复服务。2019年，区残联和教育局联合常德爱耳眼科医院、常德致恩精神康复医院，在逆江坪中学开展中学生视力预防讲座、青少年心理健康宣传、青春期心理健康辅导及视力筛查、康复等活动。为239名中学生开展低、弱视力筛查，为筛查出的83名低、弱视力学生免费配镜或重新换镜。（梁明珠）

红十字会

【概况】2019年，鼎城区红十字会坚持国际人道主义宗旨，把开展“三救三献”作为工作重点，开展纪念“5·8”世界红十字日和红十字“博爱送万家”活动，推进各项工作。

理论学习。区红十字会全体人员参加区卫健局组织的主题党日活动，学习中共十九大会议精神和习近平新时代中国特色社会主义思想。在“不忘初心、牢记使命”主题教育中，按照“守初心、担使命、找差距、抓落实”的总要求，落实理论学习、调查研究、检视问题、整改落实工作。

制度建设。理顺财务管理体制，争取政府及财政部门的支持，在三定方案确定人员编制的基础上，实行财政独立预算，做到有编制、有机构、有人员、有经费、有办公地点，能独立开展工作。完善基层工作网络，11月12日，区委常委会议专题听取区红十字会关于换届工作情况汇报，研究同意以两办名义联合下发《关于做好红十字会基层组织建设工作的通知》，完善全区红十字会基层基础工作网络。

业务工作。制定完善应急预案。按照上级要求，修订完善《鼎城区红十字自然灾害应急预案》，详细规定组织领导、工作职责、应急措施、应急行动等方面，为开展自然灾害救助工作提供政策依据和行动指南。普及救护知识。开展自然灾害预防、备险知识宣传教育、义务诊疗活动，结合“5·8”世界红十字日、“5·12”防震减灾日，在区委、区政府、常德市第四人民医院、桥南市场设立宣传点、制作宣传盾牌，在鼎城路开展宣传教育一条街活动。联合常德市第四人民医院在严家岗小学、江南小学、区过江隧道指挥部、花岩溪镇茄子冲村、三元武道跆拳道馆、区纪委监委、区委办等单位开展应急救护知识竞赛和普及培训，现场进行外伤止血、包扎、固定、搬运技术以及心肺复苏等技能的讲解。全年，开展救护培训7批3690人次，发放宣传资料2万余份。开展“博爱满人间”募捐活动。争取区委、区政府支持，以“两办”名义下发《关于开展2019年度“博爱满人间”募捐活动的通知》，在全区开展“博爱满人间”募捐活动，收到110个机关部门、企事业单位集体和个人捐款。2019年年末，区红十字会根据对象申请、镇村组织审查、媒体公示、集体审核等程序救助特困家庭167户。申报市级以上人道救助对象。年内申报小天使基金2例、省级人道救助对象9例、市级人道救助对象27例。全年，争取国家、省、市级人道救助对象和审核救助的区级人道救助对象205人次。（肖佳英）

鼎城区委副书记王时雨(右六)慰问黄土店镇敬老院老人 (提供:肖佳英)

鼎城区人民政府副区长、区红十字会会长杨凡(右一)为镇德桥镇敬老院老人发放棉被等物资 (提供:肖佳英)

【鼎城区红十字会第五次会员代表大会召开】 2019年12月20日，鼎城区红十字会第五次会员代表大会在区委党校召开，区委常委、组织部部长王少贤出席开幕式并讲话，区委常委、区委办主任雷建国主持开幕式，市红十字会专职副会长张洪、区人大常委会副主任刘志平、区人民政府副区长杨凡、区政协副主席蒋利荣出席会议。参加会议的正式代表163人，特邀代表3人，没有代表的31个区直单位分管政工负责人列席会议开幕式。大会授予贺辉波“红十字爱心人士”称号，听取并通过区红十字会第四届理事会工作报告，以举手表决的方式选举区红十字会第五届理事会理事78人。在第五届一次理事会议上，以举手表决的方式选举王建民、尹长权、刘克茗、何林海、李国琪、张四平、张建国、肖双华、肖佳英、杨凡、洪智林、聂建平、舒建华、彭长秀、彭艳芬、熊照文16人为常务理事，区人民政府副区长杨凡当选为区红十字会会长，王建民、肖双华、肖佳英分别当选为常务副会长、兼职副会长和秘书长。大会决定聘请区委副书记、区人民政府区长朱金平为名誉会长。（肖佳英）

12月20日，鼎城区红十字会第五次会员代表大会会场 (提供:肖佳英)

链　接

社会团体登记管理条例(选录)

(1998年10月25日国务院令第250号发布
根据2016年2月6日《国务院关于修改部分行政法规的决定》修订)

第一章　总　则

第一条　为了保障公民的结社自由,维护社会团体的合法权益,加强对社会团体的登记管理,促进社会主义物质文明、精神文明建设,制定本条例。

第二条　本条例所称社会团体,是指中国公民自愿组成,为实现会员共同意愿,按照其章程开展活动的非营利性社会组织。

国家机关以外的组织可以作为单位会员加入社会团体。

第三条　成立社会团体,应当经其业务主管单位审查同意,并依照本条例的规定进行登记。

社会团体应当具备法人条件。

下列团体不属于本条例规定登记的范围:

(一)参加中国人民政治协商会议的人民团体;

(二)由国务院机构编制管理机关核定,并经国务院批准免于登记的团体;

(三)机关、团体、企业事业单位内部经本单位批准成立、在本单位内部活动的团体。

第四条　社会团体必须遵守宪法、法律、法规和国家政策,不得反对宪法确定的基本原则,不得危害国家的统一、安全和民族的团结,不得损害国家利益、社会公共利益以及其他组织和公民的合法权益,不得违背社会道德风尚。

社会团体不得从事营利性经营活动。

第五条　国家保护社会团体依照法律、法规及其章程开展活动,任何组织和个人不得非法干涉。

第六条　国务院民政部门和县级以上地方各级人民政府民政部门是本级人民政府的社会团体登记管理机关(以下简称登记管理机关)。

国务院有关部门和县级以上地方各级人民政府有关部门、国务院或者县级以上地方各级人民政府授权的组织,是有关行业、学科或者业务范围内社会团体的业务主管单位(以下简称业务主管单位)。

法律、行政法规对社会团体的监督管理另有规定的,依照有关法律、行政法规的规定执行。

第二章　管辖

第七条　全国性的社会团体,由国务院的登记管理机关负责登记管理;地方性的社会团体,由所在地人民政府的登记管理机关负责登记管理;跨行政区域的社会团体,由所跨行政区域的共同上一级人民政府的登记管理机关负责登记管理。

第八条　登记管理机关、业务主管单位与其管辖的社会团体的住所不在一地的,可以委托社会团体住所地的登记管理机关、业务主管单位负责委托范围内的监督管理工作。

法治

Nomocracy

鼎城区人民法院搬迁新址举行升旗仪式

概　　述
公　　安
森林公安工作
交　　警
公安消防
检　　察
法　　院
司法行政

鼎城年鉴(2020)

概 述

【概况】 2019年，鼎城区政法系统贯彻中央、省委、市委政法工作和区委经济工作会议精神，推进落实，忠诚履职。社会大局和谐稳定，无上访村建设工作连续三年获评全市先进区县。区委、区政府高度重视政治安全和社会稳定工作；扫黑除恶专项斗争主要指标全年综合排名全市第一；平安建设工作连续三年获评全省先进，保持全省平安县(市)区称号。常德市公安局鼎城分局获评全市公安机关绩效评价先进单位、扫黑除恶成绩突出单位，在重点工程、重点企业治安环境专项整治行动中，排名全市第3。鼎城区人民法院办理破产案件12件，涉及债权近25亿元；开辟涉企案件绿色通道，审结涉中联案件593件。鼎城区人民检察院建立完善公益诉讼线索移送、信息共享、查处协作等机制，工作经验获省人民检察院推介。鼎城区司法局组织律师服务企业40家，开展针对性问诊21次，提出意见建议近50条，预防化解企业经营法律风险。鼎城区公安局交警大队开展蓝天保卫战，参与大型活动安保，获评全市交警系统绩效考核优秀单位。鼎城区民政局综合工作考核排名全市第一，获评全省“五化民政”创新实验先进单位，在全区优化经济环境评议中获第一名。

社会稳定维护。区委常委会、区人民政府常务会定期研究重大涉稳事项、意识形态领域重点阵地和政治重点人员教育管控；信访维稳战线抓实重大事项社会稳定风险评估、情报收集研判、矛盾纠纷排查化解、突出信访问题“三联三包”、重点人员分级分类管理等工作；政法机关落实依法维稳、维权，开展警示宣传教育。全年，化解信访积案76件，调处各类矛盾纠纷2953件，处理突发事件45起，依法警示训诫118人次，行政拘留17人次，刑事打击3人次。到市赴省进京上访量比2018年同期下降38.95%，建国70周年大庆特护期无人员进京。

扫黑除恶专项斗争。以中央扫黑除恶专项督导和10月督导回头看为契机，实施扫黑除恶线索核查、专案侦办、打财断血、打伞毁网和行业清理攻坚。全区侦办涉黑涉恶犯罪组织14个，其中，涉黑犯罪组织2个、涉恶犯罪集团2个、涉恶犯罪团伙10个；收缴枪支14支；破获涉黑涉恶案件194起，刑拘198人，逮捕176人，起诉152人，判决149人；查封、扣押、冻结资产3200余万元，中央、省扫黑除恶督导组交办线索29条，办结28条；查处涉及涉黑涉恶腐败和“保护伞”党员干部30人。各行业主管单位摸排涉黑涉恶线索14条，清理强占集体资源面积286.67公顷，侦破非法采矿、采砂案件6起。

平安建设工作。全年，培育平安类社会组织30个，平安志愿者近6000人。开展“情暖家庭”结对帮扶、“万人百日大巡防”、“19”众创平安志愿活动。“江南小学家校共建平安校园”“蔡家岗平安星家”“谢家铺老年幸福屋”等共治共建共享社会治理模式被中央政法类媒体推介。配备组建驻村辅警和城市快警，完善雪亮工程运行监管，接入监控4774路。盗窃、抢劫案件发案率比2018年同期下降15%、38%。政法机关刑事案件破案率比2018年同期提高10%；审结各类刑事案件435件，判处罪犯766人；涉恐涉邪等高危重点人员在控率100%。

执法司法工作。区人民法院受理案件比2018年同期增长16.74%，结案率比2018年同期增长10.87%。区人民检察院追诉漏罪6条、漏犯7人；公益案件侦办经验获省人民检察院推介。区委政法委评查案件192件，督促整改问题45件次；开展扫黑除恶循案深查59件次，发现问题线索19个，均落实整改。化解办结上级交办涉法涉诉信访积案9起。开展司法救助工作，发放救助金90余万元。

回应民众关切。开展禁黄禁赌、地下“六合彩”、禁毒专项整治和娱乐服务场所“毒黄赌”整治。行政拘留涉黄涉赌违法人员381人，移送起诉150人，训诫教育3000余人，杜绝城区及乡镇墟场街面茶馆，打击整治突出治安问题。坚持“四个倒逼”锤炼队伍作风，即坚持明察暗访倒逼问题整改，坚持监督执纪倒逼突出治安问题整治，坚持案件评查倒逼司法执法规范和业务能力提升，坚持责任连带倒逼选人用人程序规范、违纪违规主动问责。开展“不忘初心、牢记使命”主题教育，提升队伍形象。全年，全区政法系统4个基层单位、7名政法干警获省级部门表彰，政法队伍满意度测评高于全省平均分0.66分。（梅　超）

【鼎城区获评常德市建设“无上访村(社区)”优秀县市区】 2019年1月17日，常德市建设“无上访村(社区)”总结表彰暨工作推进会召开。鼎城区获评建设“无上访村(社区)”优秀县市区，全区6个乡镇(许家桥回族维吾尔族乡、尧天坪镇、蔡家岗镇、蒿子港镇、周家店镇、十美堂镇)、15个村(社)(郭家铺街道报国村、谢家铺镇下陈湾村、蒿子港镇福美村、石公桥镇王家桥村、黄土店镇清水冲村、黄土店镇友谊社区、花岩溪镇吴家坝社区、尧天坪镇金峰社区、周家店镇建设社区、中河口镇爱祐村、牛鼻滩镇同春垸村、镇德桥镇朱家桥村、灌溪镇乐福村、石板滩镇拾柴坡村、蔡家岗镇坛坪村)获评建设“无上访村(社区)”工作优秀(先进)单位。（梅　超）

1月17日，鼎城区获评建设“无上访村(社区)”优秀县市区（提供：梅超）

【常德市扫黑除恶线索台账管理规范化试点现场会在鼎城区召开】 2019年1月29日，常德市扫黑除恶线索台账管理规范化试点现场会在鼎城区召开。与会人员实地查看鼎城区扫黑除恶线索管理、核查案卷模板；鼎城区作“建立54321机制，精准线索核查回复”经验介绍。会议总结了2018年常德扫黑除恶工作，安排部署规范扫黑除恶线索管理工作。会议要求，2019年全市政法干部要保持谦虚、严谨、细致的工作作风，提高政治站位，学习上级指示精神，建设扫黑办阵地，夯实工作责任，毁‘伞’摧‘网’、源头治理，坚持以扫黑除恶工作带动公安、政法工作。（梅　超）

【常德市“情暖家庭”现场会在鼎城区召开】 2019年4月24日，市委政法委副书记彭智明，常德各区(县)政法、教育、民政分管负责人，到鼎城区观摩“情暖家庭”等政法工作。观摩团到谢家铺镇官坪村听讲解、翻阅台账、查看设施、和老人们及“情暖家庭”志愿者交流，了解“情暖家庭”幸福互助屋运行模式及运行效果。幸福互助屋采取“政府补贴、儿女自愿捐款、社会爱心人士捐助”模式，建设老年活动中心，解决老年人养老问题，实现老年人“老有所依、老有所乐”，鼓励老人们做“政策宣传员、矛盾调解员、情暖家庭服务员、人居环境监督员”。（梅　超）

4月24日，常德市“情暖家庭”现场会在鼎城区召开（提供：梅超）

【鼎城区扫黑除恶暨打击整治地下“六合彩”新闻发布会召开】 2019年7月8日，鼎城区召开扫黑除恶暨打击整治地下“六合彩”新闻发布会，向社会通报阶段成果，回应社会关心问题。鼎城区开展扫黑除恶专项斗争，打击贾氏兄弟、胡某某涉黑犯罪组织2个,天津天狮、刘某某恶势力犯罪集团2个,涉恶犯罪团伙10个,查封、冻结、扣押涉黑涉恶资产1655万元,收缴枪支14支,破获涉黑涉恶案件177起,刑拘188人,逮捕167人,起诉121人,判决95人。开展打击整治地下“六合彩”专项行动。截至7月上旬,全区涉赌刑事立案31起,破案29起,刑事拘留39人,执行逮捕8人,移送起诉59人。受理涉赌行政案件96起,结案94起,行政处罚156人。其中地下“六合彩”刑事立案10起,破获9起,刑事拘留14人,移送起诉19人。

（梅 超）

【机构改革】 2019年4月,根据《常德市鼎城区机构改革实施方案》,中共常德市鼎城区委防范和处理邪教问题领导小组办公室整体转隶至区委政法委,设为区委政法委内设机构,名称为反邪办公室,负责全区防范和处理邪教工作。2019年6月,依据中共常德市委办公室、市人民政府办公室下发的《关于成立常德市平安建设领导小组的通知》,原区社会治安综合治理领导小组办公室撤销,成立区平安建设领导小组办公室,负责组织、协调、指导全区平安建设工作。2019年12月,依据中共鼎城区委办公室、区人民政府办公室下发的关于《区维护稳定工作联席会议制度(试行)》的通知,原区维护社会稳定领导小组办公室撤销,成立区维稳联席会议办公室,负责协调、调度全区稳定工作。

（梅 超）

公 安

【概况】 常德市公安局鼎城分局有编制478个,其中政法专项编制406个、农机移交事业编制56个、其他事业编制16个。有在岗人员483人(含交警93人),其中民警457人、职工26人。有通过劳务派遣的协辅警500人(含交警123人)。鼎城分局内设机构17个,区看守所、治安拘留所等直属机构2个,派出机构21个。其中,城区派出所4个,驻区农场派出所1个,乡(镇)派出所16个。2019年,鼎城分局各项业务指标均排名全市前列。被湖南省公安厅评为“2019年度全省公安机关执法质量优秀单位”,被常德市公安局评为“全市公安机关绩效评估先进单位”、“新中国成立70周年大庆安保维稳工作先进单位”、“扫黑除恶”专项斗争成绩突出单位,经侦“云端行动”、刑侦命案积案攻坚、“践行新使命、忠诚保大庆”主题实践活动位于全市先进行列,重点工程企业经济环境专项整治排名全市第三,被常德市人大评为“司法公正常德行”优秀单位,被区委、区政府评为“绩效评估红旗单位”“社会治安综合治理考评红旗单位”“全面深化改革工作、统战工作、党委办公室工作优秀单位”“市级文明单位”。在2020年全市公安局局长会议上作“扫黑除恶”工作典型发言。

安保维稳。抓重点管控,高风险等级重点人员在控率100%,特护期间全区进京上访“零发生”;抓依法维稳,办理涉稳案件13起,刑事拘留2人,行政拘留12人,推进“12·16”专案办理;回访审查在册邪教人员1000余名,行政拘留7人;排查涉恐风险、关注人员常态管控和反恐宣传工作,全年未发生涉恐案事件;监管网上阵地,推进“净网2019”专项行动,行政处罚4人,教育训诫1人;开展“枫桥式派出所”创建、“百万警进千万家”活动,信访案件办结率100%,矛盾纠纷化解率90%以上,公安部三局肯定了鼎城分局“警司联调”机制;行政处罚违反实名制登记管理旅馆18家、机修业11家、网吧3家,查处违规燃放烟花爆竹案件30起,行政拘留4人;落实看守所安全管理措施,在押人员非正常死亡、监管场所安全事故、重大涉监舆情零发生。

打击治理。全区刑事案件立案数较2018年下降3%,抢劫、盗窃、毒品犯罪发案率分别下降29%、17%、32%。推进扫黑除恶,打击涉黑团伙1个、涉恶犯罪集团2个、涉恶犯罪团伙3个,破获涉黑涉恶案件62起。破获“3·31”生产销售伪劣产品案、徐某某跨省流窜入室盗窃案、杨某某杀害网约车司机案、“1·26”开设赌场案、刘某某等人非法吸收公众存款案、湖南鑫安物流有限公司涉嫌非法经营案等案件。完善缉毒破案“合成作战”机制，查处吸毒人员343人，移送起诉81人，强制戒毒151人，社区戒毒115人，缴获各类毒品4.6千克，缉毒破案工作排名全市第一。打击涉企违法犯罪、排查化解矛盾纠纷，刑事拘留44人，行政拘留30人，在区人大评议中排名全区第二。

基层基础。推进基础建设，新建业务办公大楼于年末正式启用；看守所（武警中队）项目进入设计招标阶段；蒿子港镇、黄土店镇、双桥坪镇派出所在建，红云镇、蔡家岗镇派出所拟动工建设。按照“全省一流”标准，建设执法办案管理中心（投资1500余万元）、刑事技术室、视频侦查实验室、电子物证检验鉴定室等；“一标三实”信息采集率、准确率、及时率95%。完善刑侦信息系统建设，提取生物检材64份，录入现场勘查信息1000起，其中10类案件现场734起，男性家族系统摸底排查工作完结；技侦工作站实体运行，新建人脸卡口100个，整合“雪亮工程”监控2900个并接入公安视频专网，监控视频和治安卡口联网率100%。新建WIFI围栏100处、电子围栏20处。推进“物联网”防盗系统建设，建成基站508个，电动车上牌6万余辆。通过信息研判破案82起，通过视频摸排、情报分析、人脸识别抓获35人，串并案件13串，通过指纹、DNA等技术比中27人，利用痕迹物证串并案件7串。

改革工作。推进“放管服”改革，推广应用“湖南公安服务平台”，平台注册近8万人，通过平台回复群众业务咨询218人次，办理预约业务64人次。推进境外人员管理工作，办理“三非”案件3起；落实执法监管机制改革，在全市率先建成高标准执法办案管理中心，探索建立执法办案智能管理新模式，执法办案全流程、全时空、全要素智能监督管理，物价鉴定、常规体检、心理辅导、数据保障等辅助功被纳入中心统一管理，解决办案周期长、成本高等问题，得到省公安厅、市公安局肯定，被湖南省公安厅评为“2019年度全省公安机关成绩突出重点改革项目”。鼎城分局“采取刑事强制措施人员移送起诉率”排名全市前列，省公安厅执法监管平台20项执法状况动态指标位于全省第一方阵。推进治安防控机制改革，落实“一村一辅警”建设，278个建制村均建设警务室，配齐专（兼）职辅警，为驻村辅警配发警用电动车121台。在江南城区建成“城市快警”平台2个。

5月9日，鼎城区公安“城市快警”启动仪式举行

（提供：赵文敏）

队伍建设。加强党支部建设，发挥党组织战斗堡垒作用。建设警营文化，规划建设高标准荣誉室、文化长廊等硬件设施，为队伍教育管理提供新的阵地平台；推进政治建警系列工程，开展“践行新使命、忠诚保大庆”主题实践活动、“红色之旅”活动；开展“鼎城公安卫士”评选表彰活动，举行升国旗暨新业务办公大楼揭牌仪式；推进党风廉政建设“十个一”、执法问题专项整治、纪律作风集中教育整训、重点业务专项督察等队伍管理专项活动，主动向区纪检委移送问题线索10条13人；落实民警岗位津贴、加班补贴等经济待遇，实施公安机关执法勤务、警务技术职级序列套改；推行优抚慰问、错时休假等制度，为25名民警争取各类优抚资金100万余元；办理维护民警执法权益案件6起，刑事拘留3人，行政拘留7人。

创先争优。刑侦大队获评“2019年度全省公安机关打击治理电信网络新型犯罪工作成绩突出单位”，法制大队获评“2018—2019年度全省公安法制工作成绩突出集体”，刑事科学技术室获全市首届刑事技术职业竞赛团体第一名刑侦大队丁敬君被国家公安部评为“2019年度打击整治涉枪涉爆犯罪成绩突出个人”，警务保障室刘吉军获评“2019年全省公安机关警务保障优秀个人”，刑侦大队宋崇明获评“2019年度全省公安机关‘扫黑除恶’专项斗争先进个人”，刑事技术室戴贝贝获评“湖南省青年岗位能手”“巾帼建功标兵”，国保大队张爱生获评“全省反恐工作先进个人”，经侦大队朱芯仪获评“2019年度全省公安机关‘云端行动’先进个人”。

扫黑除恶。集中打击“三贷三霸”，打击涉嫌“套路贷”的“李某某涉恶犯罪团伙”，移送起诉11人。抓“扫黄禁赌”，回应群众关注关切，侦办“1·02”组织卖淫案、“1·26”开设赌场案等黄赌刑事案件57起，刑事拘留96人，移送起诉70人。推进“洞庭风雷”专项行动，围剿涉砂类黑恶势力，侦破涉砂案件6起，省督“1·30”非法采矿（砂）案破获刑事案件22起，鼎城分局扫黑除恶工作经验被全市推介。（赵文敏）

8月14日，湖南省公安厅鼎城分局侦破“1·30”非法采矿案新闻发布会（提供：赵文敏）

【评选表彰首届“鼎城公安卫士”】 首届“鼎城公安卫士”评选表彰活动是深化主题教育、展示队伍形象、和谐警民关系的重要载体和平台，经过单位推荐、网络投票、民主评议、党委审定等环节，评选出丁敬君、郭作全、黄兆华、杨俊、张建、胡敏、杨登桂、刘威、李壘、郑明10名首届“鼎城公安卫士”，12月30日，举行颁奖典礼，通过网络平台同步直播，扩大宣传覆盖面和影响力，市人民政府副市长、公安局局长李忠，区委副书记、区人民政府区长朱金平，区委副书记王时雨等与会领导同志予以肯定。（赵文敏）

12月30日，首届“鼎城公安卫士”颁奖典礼举行（提供：赵文敏）

【新建业务办公大楼启用】 常德市公安局鼎城分局业务办公大楼于2008年开始立项申报，2015年动工建设，2016年8月主体工程建设完成，2019年年末揭牌启用。新的业务办公大楼规划建设了执法办案管理中心、刑事技术室、党建和文化建设阵地等功能区域。（赵文敏）

12月31日，鼎城公安分局新业务办公大楼揭牌启用（提供：赵文敏）

森林公安工作

【概况】 2019年，鼎城区森林公安局在编民警11人、协警10人，全年侦办刑事案件17起，刑事拘留33人，起诉11起34人；立林业行政案件1起，办理1起。在节假日、夜间处警100余起，其中国庆期间处警4起26人次。开展“司法公正常德行”“蓝天保卫战”“打击非法转运、贩卖野生动物违法犯罪专项行动”活动，办结“许家桥乡黑山岗被非法采矿案”“草坪镇张某初非法狩猎案”“灌溪镇溪沿居委会1组‘羊虎岗’农用地被非法占用案”等案件。抓森林防火工作,全年没有发生一起森林火灾。落实脱贫攻坚任务,开展灌溪镇富贵坪村、十美堂镇小茅村驻村扶贫工作。鼎城区森林公安局被湖南省森林公安局评为2019年度“执法质量优秀单位”,被常德市森林公安局评为2019年度“目标管理优秀单位”,排名第一,被区人大常委会评为2019年度“司法公正常德行”先进单位。赵三明被评为“全国2016—2019年森林防火工作先进个人”。

党建工作。按期召开支部委员会、党员大会、组织生活会,组织主题党日、党员进社区服务、党员志愿者入村服务、党员集中轮训、重温入党誓词、脱贫帮扶等活动,学习习近平新时代中国特色主义思想、学习习近平“不忘初心、牢记使命”论述摘编,践行社会主义核心价值观,提高全体党员民警的政治理论水平和政治素养,树牢“四个意识”,坚定“四个自信”。组织全体党员开展红色革命传统教育、送法进社区、大练兵及集中读书班、集中学习研讨等活动。

执法打击。侦办刑事案件17起,刑事拘留33人,起诉11起34人,立林业行政案件1起,办理1起。在节假日、休息日、夜间处警出动警力530余人次,出动车辆120余台次。开展全区蓝天保卫战和制止非法挖砂取土专项行动,立非法采矿(砂)案3起,刑事拘留10人。开展打击破坏野生动物资源犯罪专项行动,立刑事案件3起,刑事拘留非法狩猎犯罪嫌疑人1名。

11月7日,整治非法挖砂取土夜间巡逻巡查
(提供:何娟)

森林防火。落实全省森林防火各项指示会议精神,按照“党政同责、一岗双责、失职追责”“谁管辖、谁负责、谁管理、谁负责”的原则,鼎城区人民政府出台《森林防火责任追究办法》,重点林区乡镇及花岩溪国家森林公园按照“五包责任制”要求,与村居及造林大户签订森林防火工作责任书。开展森林防火安全“清坟大行动”,在集中坟葬区开设防火隔离带,清理率超过90%,建设隔离带8000余米,集中摸底隔离率100%。在防火紧要期、高火险期进行阶段性宣传,开展森林防火进学校、进社区、进单位、进乡镇、进农户工作。在册登记全区防火乡镇范围内所有造林大户,进行防火宣传培训,落实防火责任,清理坟场、墓葬区、大户造林区等重点地区、重点部位。在高火险期间,巡逻巡查高火险地段,杜绝野外用火。全年森林火灾零发生。

脱贫攻坚。承担灌溪镇富贵村、十美堂镇小茅村脱贫攻坚任务,选派2名人员参与驻村专职脱贫攻坚工作,结对贫困户,定期走访慰问,上门帮助扶贫、解决生活困难。至年末,富贵村26户72人脱贫,小茅村16户53人脱贫。（何　娟）

6月6日,区森林公安局局长严豫军(右一)带队到十美堂镇小茅村慰问
(提供:何娟)

【机构改革】 2019年10月15日,公安部宣布行业公安改革,森林公安转隶由公安部统一领导。12月12日,根据公安部“10·15”行业公安改革要求,区森林公安局将森林防火指挥部办公室日常工作

职责移交给区林业局。12 月 30 日,区森林公安局财政独立,成为财务一级核算单位,由财政局行政政法股归口管理。（何　娟）

交　警

【概况】 2019 年，鼎城区公安局交通警察大队在编在岗民警 90 人(其中职工 6 人);聘用交通辅警 86 人; 下设 8 个机关股室、1 个治超站 、2 个城区中队和 6 个农村中队计 17 个二层单位,辖区国省主干道及县乡村公路通车里程近 5000 千米,机动车拥有量 13.8 万辆,机动车驾驶人 17 万人。2019 年,鼎城区公安局交通警察大队“五坚持五促进”工作经验被湖南省公安厅简报推介, 被公安部交管局推广;车管所被省交警总队评为 2018 年度县级车辆管理系统人民满意窗口; 八中队被省交警总队评为全省公安交警系统抗击冰雪雨雾恶劣天气成绩突出集体; 鼎城区公安局交通警察大队被常德市交警支队评为 2019 年蓝天保卫战交通管理先进单位、2019 年全市公安交管工作先进单位、2019 年全市春运道路交通安保工作先进单位;法制股获 2019 年常德市“巾帼建功先进集体”称号;大队《创新缉查布控“全覆盖”模式,实现交通违法查处“精准化”》获常德市公安机关第三届微改革微创新大赛银奖。1 名民警获评 2019 年全省公安机关春运战时交通安保工作成绩突出个人;2 名民警获评全市公安系统新中国成立 70 周年大庆安保维稳工作先进个人。

队伍建设。以政治建警为统领,结合“践行新使命、忠诚保大庆”实践活动,启动“队伍建设年”活动,组织落实“十二个强化”,开展“不忘初心、牢记使命”主题教育、中共十九大思想专题学习、习近平新时代中国特色社会主义思想专题学习、周五“主题党日”等活动,健全抓党建促队建工作机制,落实党建队建主体责任,通过队伍政治建设推动公安交管工作发展。排查队伍中存在的政治站位不高、警容风纪不整、工作纪律不严、服务意识不强、内务管理不力、担当作为不够及“四风”方面的问题 50 余个,限期整改到位。 警示、提醒谈话 11 人,辞退处理 3 名违纪辅警,全年无一起民警违法违纪事件发生。关爱民警,从优待警,增强队伍凝聚力、战斗力。

交通秩序。抓城区治乱、治堵,开展城市疏堵保畅攻坚战。建立城市交通综合协调机制,明确城区交通规划、交通安全宣传、停车场规划建设、小街小巷管理等责任到各成员单位和街道、社区,纳入城市管理日常调度和考核。落实“三同时”机制,新建、改建、扩建的道路实行交通安全设施与道路建设主体工程同时设计、 同时施工、 同时投入使用。完善交通基础设施建设,组织江南城区滨江大道、红云路、阳明大道等新建道路、路口的红绿灯设施等交通安全设施的规划、设计、建设等工作,集中整治交通标志不全、交通标线不清、交通指示混乱等问题。城区建成智能交通系统 9 套、已招标在建 33 套。打造交通秩序样板街,以“城市管理提质年”活动为契机,与城管、交通等职能部门和各市场、各街道、社区联动协作。打造善卷路、鼎城路等 6 条交通秩序样板街;开展联合执法行动 60 余次,解决行人不遵守信号灯、不走斑马线过马路,人行道等公共区域乱停乱放、摩的占道揽客、三轮电动车非法上路营运等影响城市秩序和市容市貌的各类交通顽疾。打击重点交通违法。开展“强制法、防事故”“除隐患、防事故、保大庆”、全区道路交通管理“百日安全行动”、普通国道省道通行秩序整治、农村安全守护、中南片区联合整治、江南城区“蓝天保卫战”机动车排放不合格交通违法整治,打击酒驾、醉驾、毒驾、超速、客车超员、货车超载、非客运车辆载客等严重交通违法行为,消除各类交通安全隐患,现场查处重点交通违法 15286 起、非现场交通违法 121173 起,其中酒驾 609 起,醉驾 122 起,毒驾 4 起,超速违法 52778 起。行政拘留 45 人,以危险驾驶罪刑事立案 149 人。

10月28日，鼎城区公安交通警察大队开展"蓝天保卫战"整治行动　（提供：黄窈慧）

12月2日，鼎城区公安局交通警察大队进校园宣传交通安全知识　（提供：黄窈慧）

事故预防。全区道路交通事故四项指数比2018年同期下降，无较大及以上交通事故。开展隐患清零行动。健全"五类车辆""四类企业""三类人员"重点安全隐患定期"清零"机制，交通安全工作由"末端管理"向"源头治理"延伸，清零客运车、校车、农村面包车等重点车辆检验、报废、违法及驾驶人审验、换证等源头隐患21536起。治理事故隐患点段。道路隐患治理被纳入政府为民办实事重点项目，累计筹集资金800万余元，整治升到306、205等省、市挂牌督办事故易发多发危险路段10处，新增红绿灯设施4处，安装波形防护栏20千米，联合相关部门、乡镇依法取缔国省道"马路市场"15处，规范整顿乡村集市20处。开展交通安全宣传"七进"活动、"预防二次事故"主题宣传活动、"安全生产月"主题宣传活动，通过设置宣传展板、悬挂宣传横幅标语、发放宣传资料、乡镇交通安全宣传栏、农村大喇叭等形式，宣传交通安全法律法规、安全驾驶和文明交通常识，多次开展主题宣传活动，定期在乡镇墟场赶集日开展巡回流动宣传活动，发放宣传资料2万余份，建设乡镇交通安全宣传阵地示范点7个。拓展"双微"平台等新媒体宣传模式，开展典型交通违法、典型交通事故警示教育，在湖南经视、湖南都市、人民公安报、红网等省级以上媒体发稿100余篇，曝光典型事故案例、严重交通违法案例。

协同共治。落实湖南省人民政府"一办法两方案"，依托道路交通安全社会化管理机制，推进交通安全协同共治。争取党政支持。区委、区政府召开4次专题会议研究部署交通安全工作，部署开展道路交通秩序综合整治、"马路市场"专项整治等行动。区委书记杨易，区委副书记、区人民政府区长朱金平提出道路交通安全工作指导意见和具体要求，分管副区长洪振坤到路面一线现场督办交通隐患整治工作。推进全区道路交通安全委员会平台建设，健全了例会、通报、约谈、考核"四项制度"，召开工作例会4次，开展专项督查5次，印发督查通报5期，约谈部分落实交通安全主体责任不到位的客货运企业5次，下达"违法清零"整改通知书261份。落实农村道路交通安全信息化综合管理应用系统建设和使用工作，按期完成基础信息采集录入、动态分析、远程监督、数据共享等信息化管理工作，录入各类信息25万余条。

执法服务。实行日常训练与集中培训结合，单位组织与个人自学结合，培训教育与竞赛比武结合，提升民警业务素质和执法水平。增加执法装备投入，发挥现代科技执法、指挥调度装备的作用。按照规范使用执法记录仪进行执勤执法及窗口服务视频记录。完善执勤执法装备配备和使用管理，保障一线民警、辅警依法履职和自身安全。落实公安交管"放管服"改革新举措，交通违法处理实行"自助办"、网上处理；车驾管实行"18类业务一证办”“申请材料四个减免”“网上办”等便民举措，办理驾驶人科目一考试12157人(次)，参考合格率80%；摩托车科目一和科目三参考合格1625人(次)。（黄窈慧）

公安消防

【概况】 2019年，鼎城消防救援大队坚持“预防为主、防消结合”工作方针，以“法治、廉洁、效能”三项满意为目标开展火灾防控工作，提高全民消防安全素质，落实全年各项工作任务。

防火监督。围绕“预防重特大火灾尤其是群死群伤恶性火灾事故”的工作目标，推进依法防控、重点防控、基础防控、全民防控“四大防控”体系，实施重大活动、节假日的消防安全保卫方案，落实鼎城区“两节”、“两会”、清明、五一、高考、国庆等重大节日及活动期间的安保工作；开展“3·15”消防产品专项行动、“夏季消防安全隐患专项行动”“三合一场所专项治理”“易燃易爆场所专项治理”“电气线路、电暖器专项整治”“电动自行车专项整治”“大型商业综合体专项整治”“冬春火灾隐患防控”等专项行动。全年，检查社会单位1883家，下发责令改正通知书1653份，处罚存在违法行为单位24家、查封存在消防安全隐患单位18家，责令“三停”消防行为违法单位5家，计处罚款19.7万元，拘留消防违法违纪10人；立案查处重大火灾隐患9家，督促整改；派出所消防民警出动3.2万人次，整改火灾隐患4.4万处，网格员开展检查1.6万次，组织消防宣传活动百余场次。

消防安全知识宣传　（提供：叶虎）

隐患排查整治。整改桥南市场、桥南轻纺城重大火灾隐患，排查桥南财富广场、常德火柴厂、“三合一场所”重点火灾隐患，发动13个部门、22个乡镇(街道)推进“三合一”场所摸底工作，“搬离”或关停部分场所，整治安全隐患。规范新桥南副食城、桥南轻纺城、久光商厦、南城天街、桥南市场、金旺地商业街等单位的消防安全日常管理，推行行业标准化管理达标创建。推进“强执法防事故”行动，给予6起典型火灾事故的责任单位和责任人行政处罚。推进“三合一”场所专项整治，按照社区摸排、乡镇街道初步执法、区直部门联合执法管控、宣传教育先行、整治9项达标验收的总要求，通过政府引导，召开现场会、印发资料、微信推送警示案例、集中进行消防培训、建立“智能”烟感报警器平台等方式，化解“三合一”场所消防安全重大风险。在冬春火灾防控期间，抓住隐患整治的9个方面，采取上门、提醒，宣传发动，执法管控方式进行普查、整改、宣传和验收，防控火灾发生。

行政许可。2019年，鼎城消防救援大队以务实公正、执法为民为服务理念，政务窗口全年受理建设单位工程消防设计审核、消防竣工验收15件，下发“公众聚集场所营业前消防安全检查合格证”11家。

灭火救援。全年，接警161次，发生火灾104起，抢险救援46次，出动车辆412辆，出动警力3012人，抢救被困人员148人，疏散被困人员477人，抢救财产价值3600万元。

队伍建设。组织全区19支乡镇专职消防队进行业务技能片区大比武和拉动演练，督促整改人员、装备保障、运行机制不健全的问题，要求各队落实值班值守、强化责任、增加投入，提升灭火实战能力。落实区消防安全委员会下发〔2019〕10号文件《关于加强农村志愿消防队伍建设的紧急通知》，组建村级微型消防站，明确建站时间节点、任务目标和器材配置标准，组织培训、演练，落实长效管理，强化保障，将乡镇专职队、村级消防站与“智能”烟感器平台及消防部门119接警信息平台

联动,发挥村级微型消防站(村、社区微型站)打早、灭小的重要作用。 (叶 虎)

检 察

【概况】 2019年,鼎城区人民检察院依法履行批捕、起诉职能,惩治各类刑事犯罪。全年,受理报捕案件315件427人,批准逮捕253件352人,不批准逮捕71件103人;受理移送审查起诉刑事案件731件1169人,提起公诉564件879人。针对反映强烈的严重暴力犯罪、涉众型犯罪、网络犯罪,采取提前介入、引导侦查,提升打击力度和打击成效,增强人民群众的安全感、幸福感。

扫黑除恶专项斗争。受理提请批捕的涉黑涉恶案件43件74人,其中批准逮捕46件91人,不批准逮捕6件11人;受理移送审查起诉的涉黑涉恶案件17件106人,其中提起公诉19件74人。胡某等22人组织、领导、参加黑社会性质组织案,经该院起诉后,胡某等人分别被判处二十年至一年两个月不等的有期徒刑。向公安机关移送涉黑涉恶案件线索9条,向纪检监察机关移送疑似“保护伞”线索13条。9月6日,鼎城区人民检察院在全市检察长会议上作扫黑除恶专项斗争工作经验介绍。11月4日,鼎城区人大常委会组织五级人大代表到院视察,给予了扫黑除恶专项斗争工作肯定。

民营经济发展。联合鼎城区工商联出台《服务非公经济驻会检察官工作机制》,落实驻会挂职、联席会议、信息交流通报等机制,提升联动效应,服务企业发展。组织开展“护航民企发展”检察开放日、送法进企业、民营企业家观摩庭审等活动5次,引导企业依法经营,防范生产经营活动中的法律风险。依法审慎办理涉企刑事案件,涉民营企业刑事犯罪案件不起诉2人。辖区内某民营企业涉嫌非法占用农用地案,经审查并综合考量涉案企业的征信和社会贡献,依法作出不起诉决定,公正处理案件,保障企业发展。

8月27日,开展民营企业家检察开放日活动

(摄影:尹志)

三大攻坚战。防范化解重大金融风险,批准逮捕破坏社会主义市场经济秩序犯罪21件31人,其中已提起公诉40件78人。重点惩治非法吸收公众存款、集资诈骗罪等涉众型经济犯罪,常德邵商置业有限公司湘西北国际五金机电城非法吸收公众存款案被依法提起公诉。打击扶贫领域犯罪,给予脱贫攻坚工作司法保障。帮扶尧天坪镇朱家冲村,分批次投入资金20余万元,开展公路整修、堰塘整改、危房改造、贫困户合作社等民生项目建设。全村98户327名贫困人口于2019年全部脱贫。依法打击滥伐林木、非法采矿等破坏环境资源犯罪,批准逮捕26人,提起公诉38人。按照区委统一部署,落实联点乡镇秸秆、垃圾露天焚烧督查责任,开展蓝天保卫战。

落实认罪认罚从宽制度。贯彻宽严相济刑事司法政策,涉嫌轻微刑事犯罪案件,决定不起诉158人。落实适用认罪认罚从宽制度,减少社会矛盾,节约司法成本。8月至11月,认罪认罚从宽工作制度办理案件适用率由4.35%提升至59.29%,量刑建议采纳率83.5%。11月,鼎城区人民检察院在全省检察机关适用认罪认罚从宽制度推进会上作经验发言。

未成年人发展保护。落实最高人民检察院“一号检察建议”,惩治性侵未成年人犯罪,批捕2人,起诉4人;开展“携手关爱,共护明天”检察开放日、“送法进校园”等活动,开展法治巡讲4场次,发放法治宣传册400余册，受众8000余人次。给予未成年人司法保护，坚持“教育、感化、挽救”方针，办理未成年人犯罪案件21件24人，为4名未成年犯罪嫌疑人作出不起诉决定。

履行公益诉讼职能。推动鼎城区委、区人民政府落实《关于支持检察机关开展公益诉讼工作的通知》。与监委、法院、环保、国土等部门会签规范性文件6份，建立公益诉讼线索移送、信息共享、查处协作等配合机制。保障人民群众“舌尖上的安全”，重点监督日常生活食品，惩治危害食品安全违法行为，提起公诉8件9人。联合区市场监督管理局到全区零售药店进行拉网式执法检查，立案30件，依法发出诉前检察建议书30份。

完善监检衔接机制。推进职务犯罪检察专业化建设，健全监检衔接配合机制，激发办案组织整体效能，落实检察机关与监察机关无缝衔接、执纪与执法相互贯通工作。受理监察机关移送案件9件13人，起诉7件7人。区公积金管理部郝某利用职务便利、盗取缴存户公积金295万元一案，审查起诉至鼎城区人民法院，郝某被判处有期徒刑七年六个月，处罚金人民币50万元。

刑事诉讼监督。完善立案监督和侦查监督，防止冤假错案。向公安机关发出纠正违法通知书26份，监督立案3件3人，监督撤案1件4人，追捕漏犯7人。落实行政执法与刑事司法衔接，监督行政执法机关移送涉嫌犯罪案件5件6人。强化刑事审判监督，向鼎城区人民法院发出纠正违法通知书10份、量刑建议书564份，采纳率97.5%。

民事行政检察。运用多元化监督手段，构建一体化监督格局，加强监督力度。2019年，办理各类民事行政案件46件，其中受理民事诉讼及执行监督案件9件。开展审判监督专项活动，办理审判人员违法监督案件2件，督促履职1件。监督民事行政诉讼活动全过程，为不服法院裁判的监督申请，经审查确属正确的裁判，做好当事人的解释说服工作，消除当事人误解，服判息诉，维护司法权威。

刑事执行检察。维护在押人员合法权益，依法办理羁押必要性审查案件15件15人，依法建议无羁押必要的15名在押人员变更强制措施；办理在押人员控告、举报、申诉案件13件13人，均给予有效处理。监督社区矫正，开展暂予监外执行人员专项检察活动，审查暂予监外执行案件3件3人。

接受监督制约。主动向鼎城区人大常委会汇报包括扫黑除恶专项斗争、检察护航非公经济发展等工作10余次。走访人大代表75名，邀请35名政协委员参加专题座谈，通报检察工作情况，听取意见建议。开展“司法公正常德行”活动，配合区人大常委会开展“两官”（2名员额检察官）履职评议活动；开展涉企案卷评查、走访调查及评议意见整改等工作，拓展检务公开广度和深度，落实案件信息查询、诉讼权利义务告知和办案结果告知等制度，接待律师辩护代理85次，公开、更新程序性信息1305条，法律文书530份，文书公开率100%，推动司法办案工作公开透明。

队伍自身建设。巩固“不忘初心、牢记使命”主题教育成果，开展“三会一课”、主题党日活动，推进党支部“五化”建设。开展全员练兵活动，通过专题培训、案例研讨、庭审观摩多阶梯培训模式培养人才。发挥员额检察官“传帮带”新入职人员的作用。完善教育培训方式，采取交流培训、业务竞赛等形式，组织参加各类业务培训180余人次。派员参加省市检察机关业务竞赛比武活动，提升队伍专业水平。2019年，24名干警受到区级以上表彰奖励。

（沈绍刚　方珍）

11月1日，鼎城区人民检察院检察干警到镇德桥党校接受革命传统教育洗礼 （摄影：尹志）

【"信访法治宣传月"活动】 2019年5月29日，常德市鼎城区人民检察院开展2019年"司法公正常德行"系列活动——"信访法治宣传月"活动。该院控申、公诉、案管、民行、政工等部门干警到鼎城区汽车总站，向群众宣传关于信访规定和检察机关控告须知等相关法律制度，详细阐述"12309"检察服务中心具体职能，并现场接受咨询。 （尹 志）

5月29日，鼎城检察院干警向群众宣传法律常识

（摄影：尹志）

法 院

【概况】 2019年，鼎城区人民法院贯彻中共十九大和十九届历次全会精神，完成区十七届人大四次会议上确定的主要目标任务。全年受理各类案件9521件，比2018年同期上升16.6%；结案9144件，比2018年同期上升19.1%；其中，执行结案3703件，执行到位金额4.1亿元。区人民法院在全省法院系统执行攻坚战专项活动中获嘉奖，扫黑除恶工作排名全市前列。

审判执行。刑事审判。审结刑事案件586件，判决967人。惩处危害群众安全感犯罪，审结故意伤害、强奸、交通肇事等犯罪案件45件。惩治侵犯群众财产权益犯罪，审结盗窃、抢劫等犯罪案件98件。依法打击毒黄赌犯罪，回应社会关切，审结毒黄赌犯罪案件165件，判处318人。落实《中华人民共和国监察法》实施背景下司法对接，审结贪贿、渎职等职务犯罪案件6件6人。保护人民群众"舌尖上的安全"，审结生产销售有毒有害、不合安全标准的食品犯罪案件8件9人，均判处实刑。民商事审判。审结民商事案件4264件。重视民生保障，审结道路交通事故、医疗损害赔偿等侵权纠纷344件，标的额9808.5万元。关注家庭亲情修复，审结婚姻家庭、继承等家事纠纷633件。维护市场交易秩序，审结买卖、承揽、服务等合同纠纷484件。促进房地产市场规范发展，审结涉房屋、土地、建设工程合同纠纷等397件。助推"乡村振兴"，审结土地承包、租赁等涉农生产经营案件32件。行政审执。注重行政争议实质化解决，审结行政诉讼案件291件，向行政机关提出司法建议书5份。积极适应行政案件集中管辖改革，分批次到武陵区、澧县、桃源、汉寿巡回办案17次。支持重点工程建设，审结行政非诉案件95件、非诉强制执行及执行异议案件7件，受理了涉及沅江隧道、临江棚改等9个工程项目72户的拆迁案件，带动200余户征拆，依法处理李某某、左某某行政拆迁案件。执行工作。执行结案3703件，首执案件2028件，首执案件结案率97.7%。建设执行指挥中心，健全网络查控全国4000余家金融机构金融财产查询、冻结的功能。实行财产网络拍卖常态化，网拍成交金额9692.3万元。追查被执行人财产申报责任，推进失信被执行人信用惩戒体系建设，限制高消费1693人次，发布失信被执行人信息452人次，司法拘留137人次，移送涉嫌拒执犯罪6人，判处5人。

司法质效。抓案件质效。落实院庭长监督，出台《院庭长带头办案实施办法》，推进院庭长办案常态化，全年院庭长办理案件6210件，占全院结案数的67.9%。由院庭长审理所有发回重审案件，案件发改率降低40%。出台《"四类案件"监督管理实施细则》，案件息诉率90%。修订案件质量评查细则等4项制度，全部案件由庭室自评，全院重点评查案件106件，合格率99.1%。追责上诉改判及发回重审案件被评定为重大瑕疵及以上的负责法官。落实随案评查工作，上诉案件评查全覆盖，审核案件379件。完善年度司法绩效考核指标，下发审管通报30份。建立临期案件预警机制，案件平均办理周期54.7天。管控一年以上长期未结案件，1年以上长期未结案件“清零”。抓法院“两庭”建设。法院机关整体搬迁，“一站式”诉讼服务中心分9个功能区，为当事人提供导诉、立案、查询、调解等15项诉讼服务；执行指挥中心集征信管理等12项功能于一体；新建科技法庭14个，实现同步录音录像及庭审直播功能全覆盖。建设“智慧法院”并应用到日常工作中，发挥方便群众、辅助办案、智能办公的作用。修缮改造派出法庭2家，开通“云上法庭”系统平台。完善诉讼服务机制。对接最高人民法院诉讼服务指导中心信息平台，设立包含智能导诉、诉状打印、风险评估、网上缴费等功能的自助诉讼服务区，2个“一站式”建设通过湖南省高级人民法院督导评估。解决群众诉求，化解上级交办、督办涉诉信访案件16件。抓司法体制改革。完善法院组织体系和司法人事制度管理，实行10个内设机构改革。推进以审判为中心的刑事诉讼制度改革，刑事案件辩护律师全覆盖。完善人员分类管理，招录干警13名、聘用制书记员48名、辅警3名。修改立案工作规定，实行案件繁简分流、快慢分道、轻重分离，落实随机分案；探索试行格式化裁判文书改革。

全功能诉讼自助区投入使用 （提供：王晨）

全省首台智能司法导诉机器人在鼎城区人民法院“上岗” （提供：王晨）

阳光司法。主动接受各方监督。向人大及其常委会汇报工作10次，走访座谈人大代表50余人次，办结人大专委会督办案件2件，接受五级人大代表视察。接受民主监督，向区政协专题汇报“扫黑除恶”工作1次。修订完善《邀请人大代表参加旁听评议庭审活动实施办法》，邀请代表委员等开展听庭评议活动20余场次。开展“司法公正常德行”活动，评析涉企典型案件1件，2名法官接受履职评议。开展陪审工作。根据人民陪审员法，协助增选陪审员119名，培训陪审员196名。完善陪审员轮流报到值班制度，每天6人到法院（法庭）值班陪审，陪审案件随机分配，普通程序案件全覆盖，陪审员参审率100%，国家、省、市多家媒体推介陪审员工作经验。推进司法公开。完善全国法院四大公开平台建设，开通“网上立案”服务。审判流程信息有效公开率98.9%，依法网上公布裁判文书8655份，开展庭审直播1400场。依托乡镇（街道）审判执行工作联络站，开展巡回法庭、送法进基层等活动30余场。通过官方“两微”、网站等新媒体平台发布法院工作动态，推送典型案例50余件，发布法律热点问题解答100余条。

国、省、市、区、镇五级人大代表到鼎城区人民法院视察 （提供：王晨）

重点工作。环境优化。开展暖企活动，送法进企业近20家，召开企业家座谈会4次，发布以案说法企业篇案例10个。推进涉企案件“绿色通道”建设，审结涉中联重科、南方新材料等企业案件778件，涉案金额7.5亿元。保护民营经济发展，审理涉民营企业案件2331件。推进破产案件办理，杜绝涉稳群体性事件发生，“九高生物”和“顺心食品”破产案实现破产重组结案。扫黑除恶。审结黑恶案件21件,判处91人,其中判处5年以上有期徒刑18人,判处1年以上5年以下有期徒刑52人。胡某某等22人黑社会性质组织犯罪案被市中院维持原判,寇某某等23人“天津天狮”恶势力犯罪集团案及杨某某等11人、刘某某等12人、段某某等9人恶势力犯罪案的所有犯罪人员均被判处实刑。查扣黑恶案件涉案人员名下房产1套、车辆3台,追赃513万元。三大攻坚。化解金融风险,审结农商行、工行、长沙银行等金融借款合同纠纷案件163件,结案标的金额近8.5亿元。审结诈骗、非法集资类案件47件,涉及人员49人,金额0.5亿元。保卫“绿水青山”,审结涉环保资源类诉讼案件15件、非法采矿及关联犯罪案件6件,判处35人;审结非法占用农用地案件5件,判处10人。参与脱贫攻坚,拨付扶贫点村资金15万元,危房改造15户,硬化、亮化村组道路6千米,脱贫7户18人。发挥法院职能,为生活困难当事人减免缓诉讼费或发放司法救助金91人次。

队伍建设。抓政治建设。法院工作坚持共产党的绝对领导,树立“四个意识”,坚定“四个自信”,做到“两个维护”。开展“不忘初心、牢记使命”主题教育,开展专题学习4次,交流座谈4次,检视问题77条,制定整改措施109条。落实各项党建制度,开展谈心谈话达205人次、“周五党日”“党员志愿者下基层”等活动57次,集中上党课3次,开展党性教育活动10批次。抓能力建设。提升干警业务水平,参加专业培训25人次,组织大型讲座2次,内部业务技能知识培训190人次。开展“四讲四比”素质教育,组织业务技能比武1次,开展专项案件评查活动3次,组织“学习强国”竞赛1次。抓作风建设。党组会议专题研究廉政建设和反腐工作5次,组织全院性警示教育6次。开展“突出问题集中整治”“队伍作风建设集中整训”活动,开展院内督查20次,发督查通报10期。落实廉政监察员制度,1名违反办案工作纪律的人员按要求作公开检讨,全院违纪违法“零立案”。（王　晨）

【鼎城区人民法院机关党委和机关纪委成立】 2019年3月15日,鼎城区人民法院召开党员大会,院党组副书记、副院长覃益平宣读上级党组织关于成立鼎城区人民法院机关党委的批复。大会审议通过《鼎城区人民法院机关党委和机关纪委选举办法(草案)》,并根据《中国共产党党章》有关条例规定,采取差额选举、无记名投票的方式选举产生第一届机关党委和机关纪委。王爱明等7人当选为第一届机关党委委员,罗立明等3人当选为第一届机关纪委委员。（王　晨）

3月15日,鼎城区人民法院机关党委和机关纪委成立
（提供:王晨）

【湘潭大学法学院·知识产权学院法学教育实践基地在鼎城区人民法院挂牌】 2019年8月23日,湘潭大学法学院知识产权学院法学教育实践基地在常德市鼎城区人民法院正式挂牌,鼎城区人民法院党组书记、院长覃红卫,湘潭大学法学院·知识产权学院党委书记黄德华出席授牌仪式并讲话。实践基地的建立,有利于打破高校教育和司法实践之间的“壁垒”,为大学生提供实践平台,助力他们将所学转化为所用,为法院工作开展注入新鲜血液、开辟新时代高素质法律人才。（王　晨）

8月23日,湘潭大学法学院·知识产权学院法学教育实践基地授牌仪式
（提供:王晨）

司法行政

【概况】 2019年，鼎城区司法局人民调解工作被中华全国人民调解员协会评为“全国先进单位”，十美堂镇司法所被湖南省司法厅授予“全省司法所工作表现突出单位”称号、石板滩镇司法所所长郝文峰被湖南省司法厅授予“突出个人”称号。

普法依法治理。推进“七五”普法，开展“送法下乡”、农村法治宣传教育月、青少年法治宣传教育周，“法律服务一条街”等活动96次，上专题法治课23场，展示横幅192条、盾牌近1000块。落实“谁执法，谁普法”责任制，根据机构改革后职能调整，明确各单位责任和宣传主题，指导全区法治宣传工作开展。2019年，全区普法学习学时完成率100%，参考率100%，合格率99.98%。

湖南省法润三湘公共法律服务志愿者鼎城区大队开展普法宣传活动现场 （提供：吴欣融）

人民调解。2019年，全区各级调解组织调处各类矛盾纠纷2953件，其中矛调中心调处重大疑难矛盾纠纷和群体性事件41起，成功率100%。创新开展律师调解工作，设立律师调解工作室6个，律师参与矛盾纠纷调解8起。完善“警司联调”工作机制。与鼎城区公安局联合开展“警司联调室”工作试点，试点单位郭家铺镇“警司联调室”联合调处矛盾纠纷127件，调处成功率100%。

法律服务与管理。强化区级公共法律服务中心服务功能，现场解答各类法律咨询1332人次，受理、交办矛盾纠纷15起，办理公证业务2850件。全区执业律师代理各类案件224件，司法鉴定机构办理鉴定367例。降低法律援助门槛，办理各类法律援助案件274件。开展“万家中小微企业免费法律体检”活动。完善企业法律顾问制度，担任法律顾问40家。

鼎城区司法局在高新区开展“暖企”法律服务活动 （提供：李小芬）

社区矫正。执行手机APP定位、佩带定位手环和定期指纹打卡签到，全方位监管社区矫正人员，防止脱管、漏管现象发生。联合鼎城区检察院开展社区矫正工作督查，向相关基层司法所下发整改通知书，并进行通报，限期整改到位。全区在册的所有社区服刑人员无一人脱管、漏管。4月，开展行为规范教育轮训活动，每月开展新入矫社区服刑人员的入矫教育。

法治政府建设。组织召开区委全面依法治区委员会第一次会议，审议通过相关组成人员名单以及各项工作细则和工作要点。参加阳明大道招标座谈会、李华安征地拆迁案件调度会等会议。按照法定要求和程序，开展政府规范性文件合法性审查并及时向市政府和区人大常委会报备。2019年，报备政府规范性文件3件、区政府办规范性文件7件、备案部门规范性文件6件。13名区政府法律顾问参加政府常务会议12次、区长办公会和各种专题会议65次。收到行政复议申请8件，比2018年同期下降42.8%；办理以区政府为被申请人的行政复议案件4件，比

2018年同期减少20%。行政复议9件,行政应诉16件。制定推行“四项制度”实施方案及相关办法,综合评查全区行政执法机关的行政许可、行政处罚案件,通报评查中暴露的问题,并下发建议函。

“扫黑除恶”专项斗争。2019年,鼎城区司法局把扫黑除恶纳入“七五”普法的重要内容,开展易受黑恶势力引诱、拉拢的青少年、外出务工等重点人员和重点区域的法治宣传。发挥人民调解“第一道防线”的作用,组织全区基层司法所走访村(社区),排查黑恶势力犯罪案件线索。落实刑事辩护的指导,实行涉黑涉恶案件代理报备制度、集体讨论制度和判决旁听制度。律师备案登记参与辩护涉黑涉恶案件57件,开展谈心谈话16次,约谈律师16人,派员参与案件庭审旁听8次。组织辖区内社区服刑人员集中开展“扫黑除恶”专项斗争精神的学习和考试,签订承诺书。

(严柳　吴欣融　余志高　胡中福　李小芬　刘又源　臧华民　王延芳　张章)

鼎城区司法局2019年“扫黑除恶”专项斗争动员大会会场
(提供:严柳)

【社区服刑人员特赦工作】 2019年,国家主席习近平签署主席特赦令,根据十三届全国人大常委会第十一次会议的决定,特赦9类服刑罪犯实行。鼎城区司法局通过区、镇(街道)两级逐一排查、档案查阅、专网查询、政策宣讲、社区服刑人员个人填报等形式集中开展摸底排查工作,多渠道确定特赦条件符合人员。通过筛选提出特赦建议,经常德市司法局审核同意后报送常德市中级人民法院予以审理,常德市中级人民法院作出特赦裁定。2019年9月12日,鼎城区司法局社区矫正工作局为符合特赦条件的社区服刑人员送达常德市中级人民法院作出的特赦裁定书,并进行解除社区矫正宣告。

(刘又源)

军事

Military Affairs

联勤武装巡逻

退役军人事务

人民武装

武警内卫

鼎城年鉴（2020）

退役军人事务

【概况】 鼎城区退役军人事务局于2019年2月28日挂牌成立,属区人民政府的工作部门,机构级别为正科级。主要职责:(一)贯彻执行中央、省、市关于退役军人思想政治、管理保障和安置优抚等工作政策法规,拟订全区退役军人事务发展规划,并组织实施;褒扬彰显退役军人为党、国家和人民牺牲奉献的精神风范和价值导向。(二)负责全区军队转业干部、复员干部、离休退休干部、退役士兵和无军籍退休退职职工的移交安置工作和自主择业、就业退役军人服务管理工作。(三)组织指导全区退役军人教育培训工作,协调扶持退役军人和随军随调家属就业创业。(四)贯彻落实国家、省、市关于退役军人的特殊保障政策,并组织实施。(五)组织协调落实全区移交地方的离休退休军人、符合条件的其他退役军人和无军籍退休退职职工的住房保障工作,以及退役军人医疗保障、社会保险等待遇保障工作。(六)组织指导全区伤病残退役军人服务管理和抚恤工作,贯彻落实有关退役军人医疗、疗养、养老等机构的规划政策。承担全区不适宜继续服役的伤病残军人相关工作。(七)组织指导全区拥军优属工作。负责全区现役军人、退役军人、军队文职人员和军属优待、抚恤等工作;贯彻执行关于国民党抗战老兵等有关人员优待政策并指导实施。(八)负责全区烈士及退役军人荣誉奖励、纪念活动等工作,依法承担烈士墓修缮保护工作,审核拟列入全区重点保护单位的烈士纪念建筑物名录,总结表彰和宣扬退役军人、退役军人工作单位和个人先进典型事迹。(九)指导并监督检查退役军人相关法律法规和政策措施的落实;开展全区退役军人和有关人员的帮扶援助工作。(十)完成区委和区政府交办的其他事项。(十一)职能转变。区退役军人事务局应加强退役军人思想政治工作和服务保障体系建设,建立健全集中统一、职责清晰的退役军人管理保障体系,协调各方力量更好地为军人军属服务,让军人成为全社会尊崇的职业,褒扬彰显退役军人为党、国家和人民牺牲奉献的精神风范和价值导向,更好地为增强部队战斗力和凝聚力做好组织保障。

2月28日,常德市鼎城区退役军人事务局挂牌成立
(提供:邓敏)

军人服务体系建设。2019年,鼎城区退役军人事务局按照有机构、有编制、有人员、有经费、有保障"五有"标准要求,推进区、乡镇(街道)、村(社区)三级"两站一中心"退役军人服务保障体系建设。7月,成立由区委书记任组长的区退役军人事务工作领导小组和办公室;11月,退役军人事务工作领导小组召开专题工作会议,研究2019年度退役士兵安置工作相关问题,区退役军人服务中心、24个乡镇(街道)及305个村(社区)挂牌成立退役军人服务站,配备分管领导、专职工作人员和兼职工作人员。落实阵地建设和政治文化建设,全区三级"两站一中心"均组建并运行,形成横向到边、纵向到底、上下贯通、全面覆盖的退役军人服务保障体系,打通退役军人服务"最后一公里"。

退役士兵社保服务。符合政府安排工作退役士兵社保接续工作开展至年末,接待咨询办理人员,录入部分退役士兵社会保险补缴受理系统,登录系统388次。通过大走访、大调研活动督导检查各乡镇服务站,向乡镇负责人进行交办,要求各乡镇每天登录部分退役士兵社会保险补缴受理系统，每天通报各乡镇登录情况，解决系统登录次数偏低的问题。

退役军人信息采集。开展退役军人信息采集核实、悬挂光荣牌工作。落实信息采集工作中档案丢失、信息采集不够准确、异动人员上报不及时、各乡镇没有信息采集配套设备高拍仪、身份证读取器等问题；申请优抚对象核查终端仪20台。

拥军优属。3月26日，中共常德市委常德市人民政府常德军分区联合印发《关于进一步做好新时代拥军优属工作的意见》(常发〔2019〕2号)。该区安排部署相关工作任务，出台落实意见任务分解表，明确相关单位主体责任，开展自查自清工作。重新审核全区优抚对象，补办优抚对象审核资料；停发资料不全人员抚恤金148人；组织伤残军人、老复员军人50人分3批参加疗养活动；10月，开展大走访活动，走访慰问烈士健在父母生活现状及主要诉求、2003—2005年转业安置士官群体、“庆祝新中国成立70周年纪念章”发放对象，并到各乡镇进行走访调研。八一建军节期间，开展全区重点优抚对象帮扶解困，投入资金1200万元慰问退役军人。

安置就业。华斌医药、福吉物业公司等企业员工以退役军人为主，为拓宽退役军人创业就业渠道，鼎城区政府从资金政策等方面给予扶持，推荐6家公司(企业)、3个村级退役军人之家申报“双带双促”资金。华斌医药和福吉物业获评省“优秀退伍军人之家”。6家公司(企业)吸纳退役军人就业，推荐到市、区就业。联合常德市退役军人事务局开展送政策送岗位到军营活动，参加技能培训73名，参加常德职业技术学校大专学历提升50人。11月，利用1周时间为该区退役义务兵士兵开展岗前培训。召开全区退役士兵安置工作第一次会议，为符合政府安排工作的转业士官纳编。至年末，接收2019年退役士兵档案数份，办理报到落户手续数人。 (邓　敏)

人民武装

【概况】 2019年，鼎城区人民武装部深入学习贯彻习近平新时代中国特色社会主义思想，聚焦主业打基础，稳中求进谋发展。被湖南省军区表彰为“先进人武部”“军事训练先进单位”“财经管理工作先进单位”。政委郭罗军被湖南省军区表彰为“优秀人武部主官”，军事科长王振华被湖南省军区表彰为“军事训练先进个人”，干事周龙荣立三等功1次。灌溪镇武装部部长周建军被人社部、军委政治工作部、国防动员部联合表彰为“全国国防动员工作先进个人”，在湖南省军区作先进典型事迹报告。

思想政治建设。3月，在陈辉烈士公园组织开展“铭记光辉历史、聚力强国强军”专题教育，邀请全国劳模、一级战斗英雄何学高，优秀战退军人邓双全为全体专武干部讲述战斗故事；组织开展义务植树；看望慰问区文联患病儿童家庭；为江南中学患白血病学生捐款。5月，邀请优秀现役军人田鑫作事迹报告。6—9月，选派50名基干民兵参加常德市庆祝新中国成立70周年歌咏比赛。8月29日，在区融媒体中心举办常德市“民兵大学习、奋斗新时代”知识竞赛暨“我是中国民兵，我奋斗、我精彩”主题故事会活动。开展脱贫攻坚工作，抓联点村基础设施、农田水利建设、村组道路硬化和软弱涣散党组织整顿，全年投入帮扶资金及物资价值20余万元，协调地方投入资金及物资价值60余万元。

国防教育。在善卷中学、江南小学开展“军队英模进校园”国防教育巡回宣讲活动，依托右岸文化艺术中心开设“民兵学习宣讲广角”，花船庙小学国防教育示范学校建成。开展题为“赞颂辉煌成就、军民同心筑梦”第19个全民国防教育日宣传活动，在镇德桥镇国防教育中心基地承办常德市主题教育推进会。

民兵整组。9月23日，在灌溪镇召开全区基层武装部星级达标建设任务部署会。组织抗洪抢险、森林灭火和反恐维稳训练。

军事训练。选派2名参谋长参加湖南省军区军事比武集训，获两个单项第一名。参加军分区“澧水-2019”跨区机动支援检验性演练和“湘江-2019”演习。7月18日，出动车辆1台、冲锋舟3艘，转移鼎城区第一中学被洪水围困师生约200人、行李100余件。

兵员征集。开展“返乡大学生征兵宣传”活动，组织“携笔从戎征兵宣传月”活动暨大学生预征启动仪式。全区网上报名应征1739人，为部队输送合格兵员数人。　　（李玉华）

武警内卫

【概况】 2019年，武警鼎城中队以习近平新时代中国特色社会主义思想为指导，贯彻习近平强军思想，以《军队基层建设纲要》《基层正规化管理规定》为依据，着眼“抓班子带队伍、抓经常打基础、抓落实促提高、抓能力保中心、抓安全促稳定”要求，开展“传承红色基因，担当强军重任”“不忘初心、牢记使命”主题教育，抓经常性基础性工作落实，推进中队建设发展。2019年，1人获评优秀基层干部，9人获评优秀士兵，1人加入党组织，中队应急班获武警常德支队“集体嘉奖”。

执勤岗位　　（提供：蔡子宇）

军事训练。开展基础课目训练，突出共同课目、专勤专训、班（组）训练、处突及森林防火和抗洪抢险救援训练，抓技能、智能、体能、心理素质和作风纪律训练。开展实战化训练，落实实打实投实爆训练、高强度训练和复杂环境下训练等险难课目训练。抓“两官”训练，培养“四会”教练员，提高指挥、训练、教育、管理能力。开展军事民主、岗位练兵比武竞赛和技术革新活动。

战备工作。开展根本职能教育、形势战备教育、战斗精神教育；制定各类战备方案，组织战备演练；落实战备值班、节日战备等制度，规范“三室一库”管理，落实“三分四定”。

组织建设。以能力建设，先进性、纯洁性建设为主线，树立党性原则。党支部学习贯彻党的理论和路线方针政策，建设学习型、服务型、创新型基层党组织。坚持民主集中制，落实党管党员、党管干部，落实组织生活制度，开展批评与自我批评。团支部围绕中心工作、适应青年特点，开展学雷锋学英模、学习成才活动。军人委员会发挥“三大民主”，调动官兵参与管理、实施监督。

服务地方。加强与地方政府和目标单位联系，全年，出动兵力50余人次，配合鼎城区看守所武装押解勤务10余次。定期组织森林灭火演练。出动兵力10余人次，处置严重交通事故4起，救助救治受伤群众7人次。汛期期间，抽组兵力开展应急演练。国庆期间，出动兵力30余人次，实施江南城区城市联勤武装巡逻，协助鼎城区公安局抓获售卖假手机人员1名。武汉世界军人运动会期间，派人员参与执行交通要道设卡任务。常德柳叶湖国际马拉松赛期间，出动兵力10余人次参与赛场安保勤务。

双拥共建。尊重地方人民政府，遵守法律法规和民族宗教政策，执行群众纪律和交往规定，开展军民共建与和谐创建活动。利用节假日开展义务献血、植树造林、打扫公共卫生、祭奠革命烈士等活动。第四人民医院（南区）为中队开设绿色通道，定期到中队巡诊，解决官兵看病难问题。鼎城区人民政府区长朱金平、区退役军人事务局、区人民武装部、区公安局和区看守所等单位领导看望慰问中队官兵，关心关爱官兵成长进步，帮助中队解决问题。　　（蔡子宇）

链　接

《伤残抚恤管理办法》(选录)

中华人民共和国退役军人事务部令

第1号

《伤残抚恤管理办法》已经退役军人事务部部务会议审议通过,现予公布,自2020年2月1日起施行。

部长　孙绍骋

2019年12月16日

第五章　抚恤金发放

第二十四条　伤残人员从被批准残疾等级评定后的下一个月起,由户籍地县级人民政府退役军人事务部门按照规定予以抚恤。伤残人员抚恤关系转移的,其当年的抚恤金由部队或者迁出地的退役军人事务部门负责发给,从下一年起由迁入地退役军人事务部门按当地标准发给。由于申请人原因造成抚恤金断发的,不再补发。

第二十五条　在境内异地(指非户籍地)居住的伤残人员或者前往我国香港特别行政区、澳门特别行政区、台湾地区定居或者其他国家和地区定居的伤残人员,经向其户籍地(或者原户籍地)县级人民政府退役军人事务部门申请并办理相关手续后,其伤残抚恤金可以委托他人代领,也可以委托其户籍地(或者原户籍地)县级人民政府退役军人事务部门存入其指定的金融机构账户,所需费用由本人负担。

第二十六条　伤残人员本人(或者其家属)每年应当与其户籍地(或者原户籍地)的县级人民政府退役军人事务部门联系一次,通过见面、人脸识别等方式确认伤残人员领取待遇资格。当年未联系和确认的,县级人民政府退役军人事务部门应当经过公告或者通知本人或者其家属及时联系、确认;经过公告或者通知本人或者其家属后60日内仍未联系、确认的,从下一个月起停发伤残抚恤金和相关待遇。

伤残人员(或者其家属)与其户籍地(或者原户籍地)退役军人事务部门重新确认伤残人员领取待遇资格后,从下一个月起恢复发放伤残抚恤金和享受相关待遇,停发的抚恤金不予补发。

第二十七条　伤残人员变更国籍、被取消残疾等级或者死亡的,从变更国籍、被取消残疾等级或者死亡后的下一个月起停发伤残抚恤金和相关待遇,其伤残人员证件自然失效。

第二十八条　有下列行为之一的,由县级人民政府退役军人事务部门给予警告,停止其享受的抚恤、优待,追回非法所得;构成犯罪的,依法追究刑事责任:

(一)伪造残情的;(二)冒领抚恤金的;(三)骗取医药费等费用的;(四)出具假证明,伪造证件、印章骗取抚恤金和相关待遇的。

第二十九条　县级人民政府退役军人事务部门依据人民法院生效的法律文书、公安机关发布的通缉令或者国家有关规定,对具有中止抚恤、优待情形的伤残人员,决定中止抚恤、优待,并通知本人或者其家属、利害关系人。

第三十条　中止抚恤的伤残人员在刑满释放并恢复政治权利、取消通缉或者符合国家有关规定后,经本人(精神病患者由其利害关系人)申请,并经县级退役军人事务部门审查符合条件的,从审核确认的下一个月起恢复抚恤和相关待遇,原停发的抚恤金不予补发。办理恢复抚恤手续应当提供下列材料:本人申请、户口登记簿、司法机关的相关证明。需要重新办证的,按照证件丢失规定办理。

经济监督管理

The Economic Supervision Management

常德市鼎城区市场监督管理局挂牌仪式现场

发展改革与物价管理
自然资源管理
市场监督管理
应急管理
环境保护
审　　计
统　　计

发展改革与物价管理

【概况】 2019 年，鼎城区发展改革与物价管理局围绕“三城四区五中心”建设，履行综合管理职能，实施项目带动与开放强区、产业立区战略。全年地区生产总值 370 亿元，增长 8.2%；固定资产投资 256 亿元；三次产业结构比调整为 15.2：28.4：56.4；一般公共预算收入 25.4 亿元，增长 12.8%；城乡居民人均可支配收入分别为 36326 元、17180 元，增长 8.4%、9.1%。

招投标管理。拟定《常德市鼎城区政府投资建设项目招标投标监督管理办法》，为 27 个项目进行开标现场监督，应招标率、应公开招标率均 100%。

价费监管。完善价格监督体系，落实收费目录清单管理，实行监测并公开全区 12 大类 135 种商品的价格；完善成本审核制度，根据《湖南省定价成本监审目录》的相关规定，清理成本监审项目，为后期的价格制定和调整做准备。

争项争资。围绕交通水利基础设施、乡村振兴、创新能力、棚改及配套、生态环保、教育卫生等重点领域，全年争取上级基本建设资金 15 亿元。

“十四五”规划编制。6 月，启动“十四五”规划编制工作，成立区专项工作领导小组，召开全区“十四五”规划编制工作领导小组会议，拟定 12 个重大前期研究课题清单。

粮食生产。全区粮食播种面积 10.30 万公顷，比 2018 年增加 0.19 万公顷，增长 1.92%；粮食总产量 63.62 万吨，比 2018 年增加 1.75 万吨，增长 2.82%；粮食单产 27.47 千克 / 公顷，比 2018 年增加 0.27 千克，增长 0.88%。建立高档优质稻基地 3.84 万公顷，比 2018 年增加 0.22 万公顷，增长 6.2%，基地合同订单履约率 100%。鼎城区被评为全市落实粮食安全省长责任制优秀单位。

（杨　婷）

【机构改革】 2019 年，根据常鼎编发〔2019〕41 号文件，鼎城区发改局划入鼎城区商务粮食局粮食职责、鼎城区民政局的救灾物资储备职责、区直其他部门的物资储备相关管理职责；划出价格监督检查与反垄断执法职责、农业投资项目管理职责、药品和医疗服务价格管理职责、重大项目稽查职责、组织编制并实施主体功能区规划职责、应对气候变化和减排职责。

（杨　婷）

自然资源管理

【概况】 2019 年，常德市鼎城区自然资源局落实各项重点目标任务，发挥自然资源基础保障作用，获评常德市城乡建设用地增减挂钩暨农村“空心房”整治工作突出贡献单位、区绩效考核红旗单位、区宣传思想工作优秀单位、区全面深化改革工作优秀单位、全区老干部工作优秀单位。

党建工作。抓组织建设。完善“党组负主责，党组书记亲自抓、分管领导分工抓，支部书记具体抓”责任体系，通过支部教育、管理、服务每名党员，引领发挥先锋模范作用；推行支部五化建设，完善各项制度，规范推进党建。抓党员管理。开展“全员学业务”活动，推进业务工作落实，通过在各对外窗口设置“党员模范岗”，发挥党员先锋模范作用。抓党建活动开展。组织开展重温入党誓词、听党史党课、“学习强国” 学习和挑战、“我和我的祖国”快闪、志愿者服务、红色教育培训、“不忘初心，牢记使命”主题教育等活动。

业务发展。抓收益组织。2019 年，新增储备土地 22 宗 72.07 公顷；5 月 10 日，举办 2019 鼎城区地产招商推介会，推介储备地块 11 宗 49.20 公顷，挂牌成交 6 宗 22.94 公顷，成交总价款 8.56 亿元，增减挂钩暨空心房整治产生收益 3.3 亿元。抓项目保障。预审用地项目 39 宗 72.41 公顷；报批用地项目 27 个 120.51 公顷；实施征拆项目 51 个，落实 46 个，征地 136.43 公顷，拆迁 681 户 20.32 万平方米、安置 715 户；落实征地拆迁控违拆违“春雷行动”各项任务，鼎城区自然资源局获评全市先进单位，5人获评先进个人，1个项目获评十佳项目。抓增减挂钩。制定方案，注重宣传引导，发挥示范作用，倒排时间节点，完工十期项目，总投资6.76亿元，建设总规模618.67公顷，涉及16个乡镇1500余个地块，拆除“空心房”1176栋15.7万平方米；9月通过区级验收和市级复核，10月通过湖南省自然资源厅指标确认，新增耕地437.47公顷，其中水田347.63公顷，旱地89.84公顷，林地120.35公顷，其他农用地60.85公顷；该项工作位居全市第一。抓国土调查。开展第三次国土调查，落实既定方案和技术规程，核实调查数据。抓空间规划。开展空间规划前期工作，完成全区资源环境承载力与国土空间开发适宜性评价及空间规划实施评估工作初稿，开展城镇开发边界模拟划定工作，落实省级“多规合一”试点村蒿子港镇长安村村庄规划编制工作、生态保护红线评估优化工作、全区村庄分类与布局工作和国土空间开发保护现状评估工作、国土空间发展战略研究工作。

资源整治。抓开发项目。实施开发项目10个，总投资9104.23万元，建设总规模319.26公顷，拟新增耕地219.08公顷；实施旱改水项目1个，投资1807.89万元，建设规模86.22公顷，拟新增水田82.40公顷；启动开发项目7个，拟投资2596.22万元，建设总规模56.53公顷，拟新增耕地50.83公顷。抓整治项目。落实省投整治项目3个，总投资3087.87万元，建设总规模1366.67公顷；落实市投整治项目7个，总投资1240万元，建设总规模551.68公顷；落实区投整治项目7个，总投资214.42万元，建设总规模174.73公顷；正在实施省投整治项目3个，总投资3061.03万元，建设总规模1333.33公顷。抓矿业秩序。开展矿山布局、非法开采、生态修复、安全生产等专项整治。完善石板滩石煤矿区生态修复综合治理方案，将完成时限2023年年末提速到2020年年末；实行6号矿坑喷浆挂壁、泥浆隔离、黏土回填和原位中和治理；省投400万元的新堰湾5号矿坑回填治理工程竣工；发布《鼎城区区级发证采矿权出让收益市场基准价》；推进采矿权新设、整合、延续工作，启动编制《鼎城区砂石土矿开采专项规划(2019—2025年)》。抓执法监察。与政法部门联动，推进非法挖砂(制砂)取土、“大棚房”、违建别墅等专项清理整治，开展2016—2018年度卫片违法用地查处整改，打击震慑违法，处理12336违法举报线索38件；全部拆除大棚18个0.96公顷、部分拆除大棚3个0.32公顷、补办手续大棚8个0.37公顷；上报违建别墅问题5宗，行政处罚后补办手续4宗，拆除1宗7400平方米；查处土地违法案45起，矿山违法案9起，其中移送公安2起，申请法院强制执行44起。

民生权益。抓不动产登记。推行“最多跑一次”，实行一窗受理、限时办结、一站式服务，精简材料、优化流程，落实服务承诺、首问负责、一次性告知、限时办结、疑难问题会审等制度，开展延时、上门、预约、免费邮寄、业务分流等服务；处理历史遗留问题与“问题楼盘”，全年核发不动产证书(证明)2.5万本。抓地灾防治。投资430万元的5个地灾治理和1个地质勘查项目完工；完成1∶5万地灾隐患点变更调查，开展山洪地灾应急演练，排查77户的易地扶贫搬迁项目地灾隐患，处理险情9起。抓脱贫攻坚。安排专人驻镇德桥镇同心坝村扶贫，由19名责任人帮扶贫困对象，全村贫困户70户254人，脱贫65户239人，2019年脱贫1户6人，低保兜底4户9人；安排专人驻双桥坪镇王家咀村扶贫，由9名责任人帮扶贫困对象，全村贫困户96户298人，脱贫56户200人，2019年脱贫37户92人，低保兜底3户6人。抓扫黑除恶工作。开展重点领域涉黑涉恶摸排，收集线索，清查临时用地、土地整治、执法案件、土地出让、征地拆迁、不动产登记等情况并建立台账，向区扫黑办移送线索8条，其中1条非法占地线索被公安侦办，抓捕2人。

(李　明)

【城乡规划管理】 2019年，鼎城区城乡规划管理工作围绕打造“八有四业三家”规划团队工作目标开展，聚焦“开放强市、产业立市”发展战略。健全规划编制，完善规划编制体系。修编江南城区东片区控制性详细规划，并通过规划部门专家评审会；实施桥南工业园及周边地块城市设计；启动江南城区西片区4个地块的主要技术经济指标调整；推进鼎城区50个村庄规划编制工作。抓规划服务与管理工作。优化经济发展环境，主动服务江南城区临江棚改，福捷华中城、粤港模科配套项目，沅江隧道管理中心、江南污水厂扩容提质，南金城建设等重点项目。审批提速，创新规划服务和规划管理方式。办理《建设项目选址意见书》10本，办理“建设用地规划许可证”32本，核发建设项目规划设计条件43份，审批建设项目规划方案12个，核发“建设工程规划许可证”98本，核发“建设工程规划核实合格证”110本，核发“乡村建设规划许可证”10本。创新监察执法机制模式。结合监察执法，摸排涉及行业的问题线索，根据形势任务不同，采取差异化监察执法模式，实施“走访企业摸排查，拆违现场观察查、批后监管日常查，巡查发现暗中查，参与征地拆迁重点查”工作方法，从公房到私房、从验线到规划条件核实，查找强买强卖、暴力抗法等问题线索。跟踪监察项目23个，总建筑面积1589848平方米，验线项目4个，验收项目8个，巡查发现违法建设并移交区拆违办23起，违法建设面积31655平方米。（左　刚）

【执法监察大队】 2019年，鼎城区自然资源局执法监察大队围绕防范和遏制各类自然资源违法行为，加大查处整改力度，履行工作职责，落实各项任务。开展土地卫片整改，采取内业举证、外业核实、查处与整改同步的方式，利用土地变更调查成果，开展下发的1050个图斑内外业核查，摸清监测图斑涉及地类、面积、用途、位置、用地单位等基本情况，违法图斑整改卫片图斑13个，落实整改3个，整改面积3.77公顷。查处违法案件46件，涉及面积80.19公顷，收缴罚款856626元，其中查处非法占地案40件，占地面积77.95公顷，收缴罚款727382元，查处非法采矿案件6件(其中非法挖砂取土5件、超深越界1件)，移送森林公安机关1件，收缴罚款129244元。开展动态巡查，组织巡查1100余次，出动车辆700余台次，发现制止违法行为90余起。核实处理信访，接收各类举报件54件，调查回复54件，阻止人员上访。整改闲置土地，核实闲置土地26宗，举证24宗，剩下2宗为道路未修通和法院查封。阶段性清理违建别墅，甄别上报违建别墅1宗1幢。实施“大棚房”专项整治，分批次上报“大棚房”问题47个，并分类处理，全部拆除10处，部分拆除5处，补办手续1处，不予处理25处，部分拆除、调规、补办手续6处，通过专项清理整治，立案查处4处，复垦面积2.56公顷。落实“蓝天保卫战行动”，安排蓝天保卫战巡查值班专门小组，进行巡查登记，立案查处9月7日巡查中发现的石公桥镇园艺场非法采砂1处。

（李　明）

【征地拆迁管理处】 2019年，鼎城区自然资源局征地拆迁管理处围绕全区经济发展总体目标，重点保障“一城四区五中心”和上级重点工程用地需求，按照“依法征地、以情拆迁、和谐发展”的工作思路，坚持“文明征地、和谐搬迁、妥善安置”的目标，落实征地拆迁政策，创新征地拆迁工作方式，全体参与、配合鼎城区征地拆迁安置指挥部落实《鼎城区集体土地征收房屋拆迁安置办法》(常鼎政发〔2019〕6号)拟定工作；建立健全每月报表制度，引进档案管理系统，实行档案电子化管理；全年实施强制腾地项目2个，启动项目51个，完成征地补偿项目45个，征地130.80公顷，拆迁房屋690户，拆除面积213517平方米，发放征拆安置补偿资金964505663元。（李　明）

【国土资源储备中心】 2019年，鼎城区自然资源局国土资源储备中心围绕“做大储备库存、做实储备收益、做活土地市场”宗旨，制订年度土地储备计划和收益计划，重点推进项目建设，服务保障地方经济建设与发展。全年报批储备地块6批次,储备土地22宗,总面积72.07公顷;承办“善卷故里·幸福鼎城”2019鼎城区地产招商推介会,重点推介江南城区优质地块11宗,挂牌成交公安局以南地块、江南小学以北地块、江南小学西北角地块、福广安置小区以东地块、福广安置小区以南地块和中梁集团以西地块6个储备地块,财政收益6.5亿元。转变工作思路,科学制定价格,稳定江南城区土地市场。通过与财政部门项目对接,盘活2019年土地专项债券资金8600万元,申报2020年土地专项债券资金2亿元;作为双桥坪镇王家咀村扶贫后盾单位,从人力、物力、财力等方面支持驻村扶贫工作队开展精准扶贫,与镇村干部交流探讨脱贫工作和发展规划,到王家咀村走访调研,看望慰问贫困对象,了解生产生活情况,为他们排忧解难。 (李　明)

【不动产登记中心】 2019年,鼎城区自然资源局不动产登记中心围绕提升不动产登记服务水平和工作效率,改革创新,推进“最多跑一次”改革,全年核发不动产权证书、证明25090本,其中证书7891本,证明17199本。优化办事流程,完善办证大厅设置,梳理优化不动产办理流程,绘制流程优化图,在办证大厅公示办理流程、收费标准及依据;按照便民利民原则,整合房屋测绘、土地测绘、不动产落宗、公证服务窗口至同一区域;放置不动产自助查询机,设置群众办事休息等候区,方便群众办事,提供优质服务。缩减办理时限,提高办事效率,将不动产异议、注销、查(解)封登记、不动产登记资料查询办理时限由法定30个工作日缩减为即时办结;不动产首次登记、转移登记、变更登记等办理时限由法定30个工作日缩短至5个工作日,不动产抵押登记办理时限由法定30个工作日缩短至3个工作日。开展“互联网+”不动产登记工作,提高便民利民服务水平,升级不动产登记系统功能,与湖南省自然资源厅统一部署的不动产“外网申请、内网审核”平台进行业务衔接和功能调试,开通网上信息查询、网上预约申请、办证进度查询等功能,实现不动产登记“外网申请、内网审核”。优化服务举措,在延时服务、绿色通道和上门服务等基础上,推出证书、证明免费快递送到家、电话告知办理结果等创新服务。 (李　明)

【土地开发整理中心】 2019年,鼎城区自然资源局土地开发整理中心围绕全区耕地占补平衡和补充耕地任务,整治土地开发,通过项目法人制和合同制管理、实行项目公告制、严格工程“招投标”、规范“三部一场”建设、管理工程质量、强化监理单位作用、规范项目设计变更、强化工程款项管理等,落实各个项目,实施开发项目10个,总投资9104.23万元,建设总规模319.26公顷,拟新增耕地219.08公顷;实施旱改水项目1个,投资1807.89万元,建设规模86.22公顷,拟新增水田82.40公顷;启动开发项目7个,拟投资2596.22万元,建设总规模56.53公顷,拟新增耕地762.45亩。实施省投整治项目3个,总投资3087.87万元,建设总规模1366.67公顷;实施市投整治项目7个,总投资1240万元,建设总规模551.68公顷;实施区投整治项目7个,总投资214.42万元,建设总规模174.73公顷。在实施省投整治项目3个,总投资3061.03万元,建设总规模1333.33公顷。

(李　明)

【机构改革】 2019年,鼎城区自然资源局按照机构改革要求,划出监督防止地下水污染、农田整治项目管理、地质灾害防治、风景名胜区和自然遗产及地质公园管理4项职责,组织编制并实施主体功能区规划,水资源调查和确权登记管理,划入森林、湿地等资源调查和确权登记管理职责;按照常德市编办文件精神,划入规划职责,负责规定城市规划区以外建设项目选址、规划方案审查、审批等,原常德市规划局鼎城分局事业编制总额中划入编制12个,成立空间规划和信息事务中心,负责规划实施与管理相关事务。 (李　明)

市场监督管理

【概况】 2019年，鼎城区市场监督管理局获评湖南省食品安全工作A级(先进)单位、常德市食品安全工作优秀单位、常德市知识产权工作优秀单位、常德市“三小”整治工作优秀单位、常德市市场监管行政执法工作优秀单位、鼎城区绩效考核先进单位、鼎城区平安建设工作优秀单位、鼎城区落实党风廉政建设责任先进单位、鼎城区党委办公室先进单位。

工商行政管理。优化营商环境。印发《企业集群注册登记管理办法》，放宽企业住所登记条件，降低市场准入制度性成本，利用住所资源，拓展“大众创业、万众创新”的发展空间。印发《鼎城区电子商务经营者市场主体登记办法》，规范网络经营行为。实行“放管服”改革。推进实行“一厅办理、一站导办、一窗受理、一网通办、一次办结、一单速达”，提升行政审批服务效率。压缩企业登记审批时限，企业设立登记事项承诺时限由3个工作日压缩至1.5个工作日，实际办理工作日为1个工作日。变更、注销、备案及股权出质登记、迁移等简易事项立即办理。推进“一件事一次办”落实，由区市场监管局牵头的46项事项，实现线上线下同质服务、一次办成、一窗受理、一网通办覆盖100%。推进企业“简易注销”，完善市场主体退出机制，简化企业清算程序、优化注销流程，缩短注销时间。开展消费维权。开展“12315”进商场、进市场、进超市、进企业、进景区“五进”宣传活动，贯彻落实《中华人民共和国消费者权益保护法》《湖南省消费者权益保护条例》。2019年受理消费者投诉举报案件638件，在规定时间内办结率100%。实行“双随机、一公开”抽查。按照双随机信息抽查要求，采取实地核查的方式检查随机抽取的176户企业，2家企业因隐瞒年报信息真实情况被列入经营异常名录。指导非公党建工作。指导非公经济组织落实“三会一课”等党建活动，组织非公经济组织党员接受理想信念和爱国主义教育；组织非公经济组织党组织开展爱心助学活动，为贫困应届大学生捐款7.5万元。

食品药品安全监督管理。食品安全监管。抓餐饮服务食品安全，开展小餐饮“明厨亮灶”提质工程建设，打造以鼎城路为主的食品安全示范街，创建示范店。登记造册全区302名食品安全协管员和769名农村厨师基本情况，农村集体聚餐备案2765起。开展中小学校校园(含幼儿园)及周边“食品安全护苗行动”专项检查工作。下达责令整改通知书到72家存在问题的学校食堂及周边餐饮单位，立案处罚5家。行政约谈2家网络订餐交易平台负责人，督促其规范经营。组织落实“两会”“三考”等重大活动餐饮服务食品安全保障工作。开展食品专项抽检215批次，立案调查抽检中发现的16批次不合格食品和问题食品。部署开展猪肉及猪肉制品专项整治行动，查处销售不合格猪肉及猪肉制品违法行为。开展月饼市场专项检查，严把月饼生产和销售质量安全关。中秋节期间无证月饼禁止上市销售。2019年，全区未发生一起重大食品安全事故(件)。为38家药品零售企业、5家三类器械零售企业、46家二类器械经营企业进行GSP认证检查，发放二类医疗器械备案凭证46家。检查中药饮片生产、经营、使用单位461家，下达整改文书35起，立案查处3起。开展执业药师“挂证”行为专项整治。查处“挂证”执业药师2人，查处未凭医生处方销售处方药案件21起。开展无菌和植入性医疗器械及医疗器械“清网”行动专项整治、特殊药品和专管药品专项整治。定期开展禁毒知识、安全用药知识宣传，发放药品宣传资料2000余份、禁毒资料1000余份，义诊200余人次。

质量技术监督管理。特种设备安全监管。2019年，检查使用单位193家，设备2690台，下达《特种设备安全监察指令书》29份，消除安全隐患29处，立案查处3起，处理电梯投诉8起。抓检验检测，保持设备定检率。5月，举办全区重点特种设备使用单位和气体充装单位负责人安全管理工作培训，提高特种设备使用单位的安全意识和责任意识。重点工业产品监管。检查工业产品获证生产企业原辅材料控制、企业质量管理体系运行情况、企业出厂检验控制能力、产品标识标注情况。配合开展“双随机,一公开”专项检查和“飞行检查”行动,执行监督抽查计划,及时了解企业产品质量动态。产品质量监管。重点检查取暖器生产企业、加油站、汽修厂、建筑工地使用的安全网、床上用品生产厂家、纤维制品生产企业、竹筷制品生产作坊,立案查处 7 起。开展建筑工地安全网专项检查和整治,不合格率 33%。开展农资专项执法打假行动,采取抽样检验和外观标识及计量执法相结合的方式,抽查农资样品免费检测 30 家,检测合格率 100%。开展建材市场专项整治行动,从开工兴建的建筑工地入手,检查中发现的涉嫌无生产许可证、不符合强制性标准的水泥、钢筋等建材产品,追查来源。开展“CCC”认证产品执法检查,重点检查全区范围内生产、销售的低压电器、电线电缆、开关、门窗玻璃、纤维制品质量。计量器具监督检查。2019 年,计量器具强制检定 3785 台件,产品质量抽查检验 48 个批次,合格率 100%。开展大型衡器、民用三表、加油机、医疗计量器具、计量标准器具的监督管理和巡查工作。

知识产权工作。开展“4·26”世界知识产权日和知识产权宣传周等宣传活动。落实《鼎城区科学技术奖励办法》,为确权发明专利每件给予 3000 元资助。促进企业知识产权转化运用,组织长岭烟机等 13 家企业申报市级知识产权试点企业,组织云港生物等 8 家有资质的企业申报省级知识产权战略实施专项项目。帮助百特随车、粤港模科、瑭桥科技等 7 家科技型企业融资 500 万元。加大专利保护,全年办理商标侵权案件 31 件。

价格监督检查。检查乡镇卫生院医疗服务收费情况和药品价格执行情况。立案调查鼎城区农业机械化学校继续收取已取消的非学历教育短期培训费现象;检查常德市桥南市场物业服务有限公司、财富广场、久光国际等单位的转供电执行情况。

重点领域“雷霆”行动。摸底排查全区不同规模的成品油加油站 61 家,抽查成品油 44 个批次,检测出不合格的成品油 10 个批次。开展 6 家销售安全帽的市场主体抽样检测 10 批次,检测出 7 个批次的安全帽不合格。开展“霸王条款”专项检查。检查企业合同 20 家,给予 2 家企业采用格式条款合同排除消费者解释格式条款的行为立案调查。开展“烟草市场”集中整治,查处无烟草零售经营许可证从事卷烟零售经营的违法案件 19 件,下达责令改正通知书 30 份。开展“保健市场乱象百日行动”集中整治,责令关停以会销形式销售保健品的经营户 1 家;查处以会销形式推广“冠瑞高电位治疗仪”的违法案件 1 件。开展无证无照经营专项清理行动 16 次,清查各类无证小食品作坊、小食品店 65 户,查处无证经营商店 16 家,立案 7 起。

脱贫攻坚。解决扶贫点村 1400 米道路硬化、5400 米道路拓宽,落实 1000 米灌溉沟渠浆砌基础、4 口山塘去淤。成立双鑫合作社建设,与 27 户贫困户签订产业扶贫协议,发展优质稻与油茶产业;配合社区开垦油茶基地 10 公顷。落实危房改造政策,筹措资金 5 万余元,为 3 户贫困户改善住房条件。

(陈雨薇)

【“3·15”国际消费者权益日活动】 2019 年 3 月 15 日,鼎城区市场监督管理局、鼎城区消费者委员会开展“3·15”国际消费者权益日宣传咨询活动。活动围绕“信用让消费更放心”的消费年主题,突出“党建引领 诚信为本 互促共赢 健康发展”的常德特色,倡导市场主体诚信经营,共创放心消费环境。活动现场设置各类宣传咨询台,开展相关法律法规维权咨询、商品真假识别、现场答疑、处理消费者投诉等。鼎城区人民政府副区长蒋宏武,区政协副主席周伟建,区政协副主席胡小芳,区委组织部副部长、区“两新”工委书记刘克茗,区政府办副主任伍斌勇,区市场监督管理局党组书记徐晓斌等领导出席仪式,并为获得常德市 2018 年度“维护消费者合法权益先进单位”称号的 6 家企业颁奖。

(陈雨薇)

3月15日,"3·15"消费者权益日活动现场

（提供:陈雨薇）

【机构改革】 2019年2月28日,鼎城区市场监督管理局成立。原市工商行政管理局鼎城分局、市质量技术监督局鼎城分局、区食品药品监管局的相关职责,以及价格监督检查、知识产权管理相关职责整合,组建鼎城区市场监督管理局,并承担鼎城区食品安全委员会日常工作。不再保留市工商局鼎城分局、市质监局鼎城分局、区食品药品监管局。鼎城区市场监督管理局主要负责市场综合监督管理、市场主体统一登记注册、组织和指导市场监管综合执法工作、协助上级开展反垄断执法工作、产品质量安全监督管理、特种设备安全监督管理、食品安全监督管理、计量和标准化管理、认证认可管理、知识产权保护、消费维权、药品及医药器械监管等职责。（陈雨薇）

应急管理

【概况】 2019年,全区发生生产安全事故2起,死亡2人,事故起数、死亡人数、经济损失同比2018年下降,无较大以上安全生产事故。鼎城区应急管理局获评常德市应急管理工作先进单位,蒿子港镇获评省级安全生产示范乡镇,许家桥回族维吾尔族乡、谢家铺镇获评市级安全生产示范乡镇,石松桥镇王家桥村获评湖南省综合减灾示范社区。

机制建设。落实安委会"双主任"制,制定《鼎城区安全生产会工作规则》《鼎城区安全生产约谈实施办法》《鼎城区安全生产委员会成员单位联络员会议制度》《鼎城区安全生产信息报送工作制度》,修订《区级领导安全生产责任清单》。乡镇(街道)安全生产、消防和森林防火实行网格化管理,每个社区(村)1个网格,建1个微型消防站,配备相关消防设备。建立安全生产失信行为联合惩戒,失信生产经营单位被纳入"黑名单"管理。建立举报奖励制度,向社会公布举报奖励电话,按照举报奖励办法给予奖励。

宣教培训。组织安委会成员单位领导、全区安监人员、相关企业负责人参加各类安全生产培训会,参训人员500余人。开展"三学三比"学习宣传大练兵活动。通过区委常务会、区政府常务会等组织学习《训词》及系列讲话。在鼎城电视台开辟学习专栏。开展"安全生产月""安全生产鼎城行"活动,宣传教育培训与安全生产服务活动相结合,乡镇、企业开展八查八帮、八查八促服务活动,提高乡镇安全意识和安全管理水平,督促企业落实主体责任,服务企业500余家。开展安全宣传"七进"(进企业、进学校、进机关、进社区、进农村、进家庭、进公共场所)活动,推进安全生产宣传教育。发放宣传资料69659册,展示宣传盾牌800余块,开展安全技能比武11场。

安全生产培训现场（提供:林云）

执法监管。组织开展"隐患清零"行动、"强执法防事故"行动、"大宣传大排查大管控大整治"百日行动、"三零"行动、"防风险保平安迎大庆"活动,开展"三比三严"(比数量、比增量、比质量,严格程序、严格惩戒措施、严格自由裁量)安全监管

执法质量排行榜活动，开展优秀执法案卷、执法能手评选。组织执法活动23300次，立案查处273起，经济处罚1255.95万元，曝光违法典型459起，挂牌督办重大风险隐患51个，查处违法违规企业504家，问责领导干部25人，抓捕涉嫌犯罪人员101人。在全市综合执法排名中排名第一。

打非治违。全年打击各类非法违法企业1375家，责令停产停业322家，暂扣或吊销许可证照533个，取缔关闭209处，行政拘留50人。联合区市场监管局、区公安局打击烟花爆竹非法经营网点，杜绝非法生产现象。

应急救援。成立应急指挥中心和应急救援大队，改善应急值班值守条件，落实24小时和领导带队值班值守制度。开展桥南市场、沅江隧道、地震、花岩溪国际帐篷节等综合性应急演练，开展专项预案演练2次，部门预案演练2次，乡镇政府综合预案、企业预案演练270余次。

防灾减灾。开展第11个全国“5·12”和第30个“10·13”国际防灾减灾日宣传活动，发放资料2万余份，展示盾牌53块、横幅22条，102所中小学、110所幼儿园组织演练30余次。2019年，全区发生自然灾害8次，受灾76536人，转移人口21户70人，农作物受灾面积27492公顷，直接经济损失9736万元，为5户严重损坏房屋进行恢复重建、15户进行维修，为69户一般损坏资金救助重建。全年争取上级救灾资金350万元，解决受灾群众基本生活困难。 （林　云）

【鼎城区安全生产专业委员会成立】 2019年，鼎城区安全生产专业委员会成立，鼎城区安全生产专业委员会实施“双主任”制，由区委书记杨易、区人民政府区长朱金平担任主任。制定《鼎城区安全生产委员会工作规则》，在全市率先推行安委会下设专业委员会制度，分管副区长担任专业委员会主任，成立道路交通安全委员会、消防安全委员会、建筑施工安全委员会、特种设备安全委员会、市场商贸安全委员会、文化旅游安全委员会、农业农村安全委员会、工业企业生产安全委员会、宾客旅店安全委员会、高危企业生产安全委员会、教育安全委员会11个专业委员会，分别由交警、消防、住建、市场监管、商务、文旅广体、农业农村、工信、公安、应急、教育部门牵头，负责组织成员单位开展该行业领域的安全生产工作，落实安全生产责任。 （林　云）

【机构改革】 2019年2月28日，鼎城区应急管理局挂牌成立，该局是区政府工作部门，正科级，加挂常德市鼎城区防汛抗旱指挥部办公室牌子，下设办公室、政工室、危险化学品安全监督管理股（加挂烟花爆竹安全监督管理股牌子）、安全生产基础股、安全生产协调监督股、行政审批服务股、救灾和物资保障股、火灾防治管理股、防汛抗旱股9个内设机构，另设应急指挥中心、应急救援大队、宣教中心3个所属事业单位。承担原区安全生产监督管理局的职责、区政府办公室的应急管理职责、市公安局鼎城区分局的消防管理职责、区民政局的救灾职责、市自然资源局鼎城分局的地质灾害防治职责、区林业局的森林防火相关职责、区地震局的地震灾害救援职责、区水利局的水旱灾害防治相关职责、承担区安全生产委员会办公室日常工作。 （林　云）

2月18日，鼎城区应急管理局挂牌仪式　（提供：林云）

环境保护

【概况】 2019年，鼎城区开展污染防治攻坚战、蓝天保卫战、水污染防治、土壤污染防治等工作，完结第二次全国污染源普查，推进生态文明体制改革，抓争资治污、石板滩生态修复治理，全年未发生生态环境事故。污染防治攻坚工作获常德市人民政府真抓实干激励支持奖励，大气污染防治工作获评全市先进单位。

环境质量。PM2.5年均浓度值48微克/立方米，PM10年均浓度值61微克/立方米，优良天数265天（有效监测天数353天），优良率75.1%，空气质量综合指数4.31，空气改善幅度居全市前列，环境空气质量改善率在市城区5个国控站点中排名第一。区内地表水考核断面水质优于Ⅲ类，国控断面水质达标率100%，集中式饮用水源水质达到Ⅲ类标准比例高于96.4%。开展土壤污染治理与修复，黄土店土法选金废渣风险管控工程竣工验收，石公桥镇农田镉污染治理与修复示范项目完成73.6%工程量，超过年度任务。

大气污染治理。成立蓝天保卫战集中攻坚指挥部，建立蓝天保卫战微信工作群，全天候24小时巡查管控开展禁烧控尘大气污染工作。按照以时保日的要求落实重点时段、重点领域区域的大气污染管控，清明节、中元节期间提前部署宣传，实行网格化管理，进行环境空气质量相关数据日分析、周排名，“以分保时、以时保日、以日保月”。针对重点问题，区委区政府召开专题调度会。江南城区25个在建工地落实“6个100%”，主次干道机械化清扫率93%以上。在主要路口设立3个检查点进行机动车尾气检测，处罚并劝返闯禁车辆1859台次，清理排查黄标车175台，消除柴油车排气口“冒黑烟”现象。监管全区混凝土企业，落实扬尘防治要求，监管餐饮行业油烟净化装置安装清洗，控制秸秆、垃圾露天焚烧，完善巡查、通报等工作机制，约谈禁燃管控不力的单位，联合开展工业企业提标改造、锅炉窑炉综合整治等，巩固取缔的藕煤加工厂和散煤堆场，防止死灰复燃。

水污染防治。实行饮用水水源保护。核查区级以下饮用水源保护区信息，划定千吨万人水源地饮用水源保护区15处；编制鼎城区饮用水源保护区环境综合整治实施方案，整治五里溪水库等3个水源保护区水环境。实施重点流域污染防治。退养珍珠养殖187.4公顷，全区532个畜禽规模养殖场废弃物资源化利用设施建设配套470个，占比88.35%；验收枉水河水系二期鸟儿洲生态湿地修复与保护工程环境综合整治工程；冲天湖周边生活污水截污处理工程完工，解决冲天湖周边生活污水影响冲天湖水质。实施黑臭水体治理。整治永兴河、杨家港河、阳明湖水面、永安硚；建设建制镇污水处理设施主体15个；江南污水厂新增投资4200万元，实施提质扩容改造，出水水质达到城镇污水一级A排放标准，该项工作排名全市前列。完善“河长制”工作。全年区、乡、村三级河湖长巡河湖3万余次，河道保洁15650千米，沟渠清淤1612千米、塘坝1253口，拆除侵占堤防岸线违法建筑28处，拆除河湖拦栅、栏网、网箱213处，拆除矮围15处，砍伐欧美杨660公顷；整治河道管理范围内砂石码头（堆场）33处，搅拌场及河湖“清四乱”51处；打造区、乡级样板河湖22条，沅江风光带样板河创建被湖南省河长办推介为全省示范。

土壤污染防治。编制全区涉镉企业、污染地块整治方案，按照整治方案进行验收销号。二是做好土壤修复项目的申报工作。申报“鼎城区原武陵精锑冶炼厂修复治理工程项目”“常德市鼎城区原湘北电镀厂污染地块治理修复项目”，“常德市鼎城区石煤矿区地下水污染控制与生态修复工程实施方案”通过答辩，进入国家项目库。在黄土店镇设立农业环境定位监控点3个，在石公桥镇建立小流域农业面源污染监测，定期采取水样、土样和农产品样品检验检测，把握全区农业环境质量变化趋势。

生态环境保护。实施生态保护，全区林业用地面积70241.7公顷，湿地总面积29184.81公顷，森林覆盖率32.06%，增加森林碳汇储备，构筑绿色生态屏障。实施农村环境综合整治，编制《鼎城区农村生活污水治理专项规划》等方案，其中蔡家岗镇舒公殿村纳入2019年农业面源污染防治工程建设示范村名单，推进农村“厕所革命”，改(新)建农村户用厕所25918户。实施自然保护区生态环境监管，开展全区湿地公园和自然保护区的综合环境整治活动，实行鸟儿洲湿地公园境内禽类和珍珠养殖退养、围栏拆除。打击非法挖砂、取土、制砂等破坏生态环境行为，关停或取缔取土采砂场28家，查处违法占用林地、滥伐林木等破坏森林资源违法案件27起，查处水行政违法案件20起。创建省级生态文明建设示范区，成立鼎城区生态文明示范区创建工作领导小组，编制《鼎城生态文明示范区规划》。

第二次全国污染源普查。入户调查全区工业源672家、入河排污口39个、生活源锅炉4个、集中式污染治理设施7个、行政村221个、规模化畜禽养殖场314家，进行污染源录入、核算、审核、校对，通过国家数据核查验收。

环评审批。按生态环境保护行政许可标准化要求，精简审批环节，缩短审批时间，提高审批效率；推进“互联网+政务服务”，优化政务服务流程，服务经济高质量发展。全年通过环评审批项目68个，依法否决先忠木材加工厂、鼎城驿宇环保科技有限公司等6家高污染项目，把住环境准入关。

监管执法。落实生态环境监管执法“双随机、一公开”制度，全年出动执法人员1100余人次，检查企业900余家次，下达各类环境行政命令330余份，立案24起，涉及处罚金额116.15万元，移送公安机关5起，行政拘留5人。受理各类环境污染投诉437件，处理回复率100%。

环境监测。在全区13处万人以上和18处万人以下饮用水源保护区进行2次109项水质监测，进行13处地下水饮用水源水质监测1次39项、江南城区35个社会区域噪声监测及主要街道交通噪声监测、辖区内36家重点污染源企业监督性监测，清洁生产审核辖区内4家企业、26家重点企业环境统计。

环境应急。编制《鼎城区突发环境事件应急预案》《鼎城区25处集中式饮用水源地突发环境事件应急预案》《鼎城区环保局突发环境事件应急预案》《鼎城区重污染天气应急预案》，在区政府网站予以公示。进行企业环境应急预案备案管理，进行重点行业、重点领域、重点企业日常监管，全年未发生突发环境事件和环境污染事故。

工业危废及放射源管理。实行危险废物产生单位(含医疗机构)登记备案管理，调查、整改生态环保部2019年打击固体废物环境违法行为专项行动卫星遥感发现的疑似问题2处，落实全区使用放射性同位素和射线装置单位2019年核安全宣贯暨辐射安全与防护培训、涉汞企业调查、危险废物和一般工业固体废物处置能力调查评估以及医疗机构Ⅲ类射线装置2018年辐射评估工作，督促2家社区卫生服务中心补办辐射许可证。

环境宣传。借助环保世纪行活动契机，在全区开展常德市首届十大“最美绿色卫士”网上投票活动，陈文华当选。在“6·5”环境日，各乡镇(街道)及有关单位通过电子宣传屏、宣传盾牌、发放环保资料，宣传环境保护法规和常识。利用电视、网络和微信等新媒体宣传，在鼎城电视台开创《环保执法在行动》《洞庭湖生态环境整治专项行动》《蓝天保卫战》等栏目，追击污染事件，展现环保执法新形象，提高公众环保意识。

争资争项。环保、发改、住建等部门全年争取生态环保治理项目资金4.18亿元，通过实施乡镇污水处理厂建设、土壤重金属污染治理、饮用水源保护区周边污染整治、石板滩石煤矿区整治等生态治理修复项目，改善全区生态环境质量。

突出环境问题整改。2017—2018年度，中央、省环保督察及中央生态环保督察“回头看”向鼎城区交办群众举报(信访)生态环境问题交办件141件，至2019年末已全部办结。反馈生态环境领域突出问题53件，整改47件，剩余6件当前正在推进中。市交办29个长江经济带生态环境问题整改26个，剩黑臭水体治理、乡镇污水处理厂建设、石板滩矿区生态修复治理3个问题正按时间节点推进。

(姜开专　丁凌云)

【石板滩石煤矿区环境整治】 2019年，石板滩煤矿区环境整治工作采取大会战方式开展，办结西山寺水库、马蹄子湾、印山矿区和新堰湾矿区截排导流、安全防护、废石堆覆土复绿、雨污分流、废水治理等风险管控，实施伍房石煤矿生态修复、西山寺水库应急治理、马蹄子湾回填治理工程，实施天鹅山废石堆、西山寺废石堆黏土覆盖、植草复绿工程。建成日处理量1.5万吨的污水处理厂2座。争取长江经济带绿色发展专项资金7000万元、地下水污染控制与修复中央专项治理资金1400万元、矿山修复资金400万元。（姜开专 丁凌云）

3月30日，常德市委副书记、市人民政府市长曹立军（右五）督导石煤矿综合治理 （摄影：周素芬）

【机构改革】 2019年，鼎城区成立生态文明体制改革专项小组，整合发改、水利、农业、国土等部门生态保护职能。12月13日、12月28日，挂牌成立常德市生态环境局鼎城分局、常德市鼎城生态环境监测站和鼎城区生态环境保护综合行政执法局。（姜开专 丁凌云）

常德市生态环境局鼎城分局、常德市鼎城生态环境监测站、鼎城区生态环境保护综合行政执法局挂牌成立 （摄影：高小英）

审 计

【概况】 2019年，鼎城区审计局贯彻落实上级审计机关决策部署，围绕区委区政府工作中心，加强自身建设，履行审计监督职责。全年，完结审计项目23个，审计处理处罚资金20036万元，依法上缴财政资金375.45万元，整改落实有关问题资金818万元。依法向纪委监委及相关部门移送审计事项8个。提交审计信息72篇，发表审计信息文章37篇（国家级1篇、省级3篇、市级33篇），发表计算机成果6篇；提出审计建议90条，均被采纳。全体干职创先争优，黄芳获评为常德市“芙蓉百岗明星”，金鑫获评鼎城区“百名优秀共产党员”，辛雨霏获评鼎城区“三八红旗手”，李叶获评鼎城区“十佳青年”。鼎城区审计局获评绩效考核先进单位、平安建设先进单位、党风廉政建设红旗单位、宣传思想工作优秀单位，通过常德市文明标兵单位第三次复检。

政府投资审计。整合资源，重点项目实施跟踪审计，以独立第三者身份监督政府重点工程建设，实现审计关口前移。实施已竣工重点工程项目决算审计，着重揭示工程管理中存在的问题和短板，完结工程决算审计项目3个、工程造价结算审计129个，送审金额210968.28万元，审定金额177716.20万元，核减工程造价33252.08万元，审减率15.76%。

预算执行审计。审查预算编制、调整、批复情况，审查预算执行情况、专项资金管理情况，开展预算执行和财务收支审计，落实预算执行的合规性和预算支出绩效评价。审计本级预算执行1个、部门预算执行审计5个、国企审计1个、专项审计3个（与民生资金审计同步进行）。把发现问题、分析问题，提出建议，推动整改，整章建制相结合，把审计成果与反腐倡廉、巡视巡察、干部考核相结合。以财政预算执行审计整改为主线，落实经济责任审计结果公开、问题整改和责任追究，规范与制约权力运行，发挥审计利剑作用。在审计过程中，坚持审前廉政谈话、审中廉政监察、审后廉政回访的管理监督机制。发挥党组的主体管理责任和纪检组的监督责任，将廉政责任压实在审计第一线并贯穿于审计工作全过程，筑牢审计干部“打铁必须自身硬”廉洁自律的思想基础，增强责任意识和服务意识。抓预防警示教育机制建设，落实特约监督员和项目廉政监督员制度，逐一对照检查市委县级交叉巡察组巡察出的问题，实行整改落实。

经济责任审计。办结区委组织部下达经济责任审计项目14个(16名领导干部)、简易程序46个(44个单位)。审计落实中央“八项规定”相关要求情况，把领导干部所在部门、单位各类补助发放、各类惠农补贴资金使用纳入审计范围，责令滥发滥补的各类补助予以退回并全额收缴财政，规范工资补助发放，警醒违纪违规人员。在门户网站公示年度审计经济责任项目，接受社会监督，将查证的问题及时上报区委、区政府。区委巡察组结合审计报告，将审计问题整改情况纳入巡察范围，责令被审单位进行整改。经济责任审计查出主要问题金额62569万元，已上缴财政152万元；审计提出建议59条，提交审计信息2篇、信息简报2篇。

自然资源资产审计。以《领导干部自然资源资产离任审计重点事项审计操作指导》为指导，通过学用结合，培养审计人员有关自然资源资产审计的能力素质，了解和掌握审计思路与方法，积累审计经验。开展领导干部自然资源资产离任审计项目1个。

民生资金审计。开展残疾人就业保障金项目审计1个，参与保障性安居工程和扶贫资金项目专项资金审计，实施“三农”、教育、医疗、水利等民生工程审计。监督检查与民生相关政策落实情况，揭露查处严重损害群众利益的问题，揭示反映政策落实不到位、目标未实现及资金分配不合理、管理不严格、制度不完善等问题。(张友明)

【常德市鼎城区委审计委员会成立】 2019年10月，常德市鼎城区委审计委员会成立。24日，鼎城区委书记、常德高新区党工委书记杨易在区审计局主持召开区委审计委员会第一次会议。区委副书记、区人民政府区长朱金平，区委常委、区人民政府常务副区长李卫民，区委常委、区纪委书记、区纪检委主任王明东，区委常委、区委办主任雷建国参会。(张友明)

10月24日，鼎城区委书记、常德高新区党工委书记杨易(中)在区审计局主持召开区委审计委员会第一次会议 (提供：张友明)

统　　计

【概况】 2019年，鼎城区地区生产总值364.6亿元，同比增长8.9%。其中，第一产业增加值60.8亿元，比2018年增长3.5%；第二产业增加值116.6亿元，比2018年增长11.7%，其中工业增加值78.8亿元，增长13.1%；第三产业增加值187.2亿元，比2018年增长9.6%。三次产业结构比16.7∶32.0∶51.3。社会消费品零售总额、规模工业增加值增速、高新技术产业增加值增速、工业税收增速等指标全市第一。归纳整理《2019年鼎城统计年鉴》资料，编印《统计月报》10期、《统计分析》13期，发布《鼎城区2018年国民经济和社会发展统计公报》。

住户调查。启用新一轮住户调查样本120户，其中包含城镇样本50户、农村样本70户，分布在玉霞街道、郭家铺街道、草坪镇、石板滩镇、中河口镇、十美堂镇、双桥坪镇、蔡家岗镇、牛鼻滩镇、石公桥镇、谢家铺镇，从常沅社区、迎宾社区、孔家溶社区、陡惠渠社区、莲花堰社区、南洲村、同兴村、全家坪村、泉垱村、永福村、芦茅岗村、古龙山村12个调查点中按随机原则各抽取10户作为调查样本。推行调查样本启用和电子记账,通过分调查点上门现场培训的方式,组织全部记账户集中培训2轮;进行个性问题个别辅导多轮。截至年末,鼎城区住户调查仍使用纸质记账仅3户,推广使用手机记账直传97.5%。鼎城区住户调查工作获评2019年市级先进单位。

畜禽监测。按上级要求监测调查该辖区生猪养殖户340个,其中大型养殖户18户,涉及乡镇11个,普查小区29个。监测牛规模养殖户2户,涉及乡镇2个,普查小区2个。监测家禽规模养殖户24户,涉及乡镇11个,普查小区21个。实行生猪调出大县调查月报制,牛、羊、禽调查季报制。落实台账登记,发放《生猪生产台账》到生猪大型养殖户和存栏100头及以上的中小型养殖户,指导养殖户规范登记《生猪生产台账》。开展数据回访和生产形势调研,获取和对比新样本2018年同期数据,回访调研对象以生猪养殖户为主,兼顾牛、羊、禽养殖户。通过询问2018年同期生产情况、价格、能繁母畜存栏、仔畜数量等评价把握生产趋势。分季核定猪、牛、羊、禽数据,对每季的猪牛羊禽数据进行评估上报。

统计执法。推进"双随机"抽查、内部稽查、重点检查和专项检查"四位一体"统计执法监督机制。利用统计执法"双随机"抽查的方式,重点抽查"四上"企业和固定资产投资项目,抽查区级直接执法检查单位7家;围绕第四次全国经济普查,针对性展开统计执法监督,杜绝出现重大统计违法案件;落实上级转办、领导批示、受理举报和业务科室移送统计违法案件的执法检查和案件处理工作;结合工作实际根据《湖南省统计局统计业务工作内部稽查办法》相关要求开展各专业内部稽查。

统计普法宣传。突出重要时间节点进行普法,开展"9·20"中国统计开放日、"12·4"全国宪法日和"12·8"统计法颁布日纪念宣传活动,开展统计法律法规宣传,推进统计法治宣传"六进"活动。丰富普法内容和形式,加强领导干部普法工作,把统计法律法规纳入党校(行政学院)领导干部教育培训必修课,由区统计局党组书记、局长蒋志斌亲自授课,提高统计法律法规知晓率,2019年普法宣传累计4000人次。

扶贫工作。带领帮扶责任人进村走访入户,与贫困户共商脱贫巩固提高措施,给贫困户送物资,送温暖,献爱心,增进与贫困户感情联系,增强脱贫信心。投入驻村经费9万元,硬化道路1.5千米,帮助贫困户肖要华解决安全饮水问题,帮助贫困户伍刚、许万清解决临时救助3000元。

综治维稳。召开综治维稳专题会议9次,参与永安、德安、常沅社区平安创建活动及民调宣传活动8次,发放承诺书及调查问卷1878份,组织干部职工参与完美社区建设、志愿者服务和创文明城市工作,2019年,鼎城区统计局获评综治维稳工作先进单位。

党建工作。完善机关内部管理制度;开展机关和老干支部主题教育学习。配合完成区委第六轮巡视巡察工作,提升党风廉政建设水平,增强班子凝聚力和战斗力。投入9万元用于党建、统计、创文及反腐败等文化宣传阵地建设和红色教育活动,全年,开展"主题党日"活动23次、党员进社区活动3次、党员志愿者下基层服务以及扶贫帮困活动49人次。 (李佳琪)

10月18日,鼎城区统计局机关党支部赴芷江学习

(提供:李佳琪)

【第四次经济普查】 2019年，鼎城区组织开展第四次全国经济普查工作，投入人力802人次、资金280万元，完成第四次全国经济普查主体任务。该项工作分为普查区划分及绘图、单位清查、普查登记三个阶段的具体工作，普查登记全区8248个法人单位和731个产业活动单位各项经济指标，鼎城区第四次全国经济普查领导小组办公室获评“湖南省第四次全国经济普查先进集体”。 （李佳琪）

鼎城区第四次全国经济普查领导小组办公室获评“湖南省第四次全国经济普查先进集体” （提供:李佳琪）

【鼎城区统计局区级文明单位创建】 2019年，鼎城区统计局改善机关环境，建成阳光书屋，硬化机关单位文化墙，邀请专家开展文明礼仪知识讲座、消防知识讲座、统计业务知识培训、未成年人思想道德教育培训；全年上传好人好事线索300余条，开展“道德讲堂”教育活动、湖南好人候选人推荐活动、常德市第四届道德模范推荐活动、文明家庭评选活动；为双桥坪、乔家岗、红星社区投入资金23万余元；全年累计宣讲政策50余人次，科普知识30余人次，走访困难户20余次，首次获评“区级文明单位”。 （李佳琪）

9月26日，鼎城区统计局机关党支部赴赵必振纪念馆学习 （提供:李佳琪）

财政·税务

Public Finance & Taxation

鼎城区税务人员面向纳税人作减税降费公开承诺

财　　政
国有资产经营管理
住房公积金管理
税　　务

鼎城年鉴(2020)

财　政

【概况】 2019年，鼎城区财政部门围绕区委经济工作会议和区十七届人大四次会议精神确定的工作任务，科学安排支出，抓资金监管，财政收入稳定增长，保障各项重点支出，财政运行平稳。

一般公共预算收支。全区一般公共预算收入254092万元，比2018年同期增加28870万元，增长12.82%。其中，地方一般公共预算收入153931万元，增加16172万元，增长11.74%；上划收入100161万元，增加12698万元，增长14.52%。地方一般公共预算收入中，税收收入108034万元，增加10422万元，增长10.68%；非税收入45897万元，增加5750万元，增长14.32%，占地方一般公共预算收入29.82%。一般公共预算支出630067万元，增加112262万元，增长21.68%。剔除上级指定专门用途的专项和2018年结转支出160581万元，地方可用财力安排的支出469486万元(含专项转移支付)，为预算的114.29%。

收支平衡情况。地方一般公共预算收入153931万元，加上级补助收入409053万元，加地方政府一般债券转贷收入61766万元，加上年结转收入28242万元，加调入预算稳定调节基金14621万元，加调入资金(从政府性基金预算和国有资本经营预算调入)62318万元，一般公共预算总收入729931万元。一般公共预算支出630067万元，加地方政府一般债券及其他一般债务还本支出41266万元，加上解支出10097万元，加安排预算稳定调节基金20414万元，一般公共预算总支出701844万元。收支相抵，年终滚存结转下年支出28087万元。

政府性基金预算收支。政府性基金预算收入99919万元，加上级补助收入7253万元，加地方政府专项债券转贷收入31340万元，加上年结转收入2493万元，政府性基金预算总收入141005万元。政府性基金预算支出74041万元，加上解支出200万元，加地方政府专项债务还本支出1741万元，加调出资金（调出到一般公共预算)62318万元，政府性基金预算总支出138300万元。收支相抵，年终滚存结转下年支出2705万元。

国有资本经营预算收支。国有资本经营预算收入445万元，加上年结转收入5万元，国有资本经营预算总收入450万元。国有资本经营预算支出100万元，加调出资金(调出到一般公共预算)345万元，国有资本经营预算总支出445万元。收支相抵，年终滚存结转下年支出5万元。

社会保险基金预算收支。机关事业单位基本养老保险、城乡居民基本养老保险、城镇职工基本医疗保险、城乡居民基本医疗保险、工伤保险、失业保险等社会保险基金收入134408万元，其中保险费收入61181万元、财政补贴收入70443万元；社会保险基金支出132824万元(社会保险待遇支出125482万元、大病保险支出4778万元、上解上级支出77万元)。收支相抵，当年结余1584万元，加上年结余84133万元，年终滚存结余85717万元。 (彭宏伟)

【行政政法资金管理】 2019年，按照“保工资、保运转、保民生”原则，科学安排支出，保障行政政法系统重点支出和基本运转支出需要。全年，安排各项经费52139.6万元，比2018年增加11276.22万元，增长27.59%。根据绩效评价结果，审核测算区级专项资金，压减工作事务性专项资金10%。控制“三公”经费支出，“三公”经费支出比2018年下降10%。监管指标申请，超进度申请的指标不予审核通过。宣传解读《财务管理类文件汇编》相关文件规定，规范财政行为。 (周子益)

【乡镇财政资金管理】 2019年，乡镇信息化业务平台和乡镇国库集中支付系统审核指标11386笔13.11亿元。其中，预算内指标4896笔3.95亿元，录入、审核财政专户指标6490笔9.16亿元，制止新增债务10笔138万元。全年，发放补贴项目64

个，服务农户537536户次，补贴资金4.8亿元。其中，扶贫类补贴13项，服务农户73596户次，补贴资金3600余万元。代发银行更换为农村商业银行，通过“物理网点＋自助机具”“流动服务＋助农服务点”等模式，在全区建设村级助农取款服务点180个，安装自助存、取款设备71台，乡镇助农服务终端36个，POS机2400余台。引入农业银行在石公桥镇惠民补贴打卡试点项目。设置自助查询机、补登折机，开通手机语音查询系统，免收惠农补贴对象“一卡通”卡折工本费、小额账户管理费、省内异地存取手续费、短信提示费等收费项目。发放惠农补贴明白折20余万户，为贫困户发放惠农补贴明白折和扶贫补贴明白折1.6万户。投入60余万元，维修改造部分乡镇财政所办公设施。（贺吉瑞）

【国有资产管理】 2019年，全区行政事业单位行政性非经营性资产估值19.45亿元。其中，房屋及构筑物14.08亿元，占比72.41%；通用设备2.35亿元，占比12.08%；专用设备2.33亿元，占比11.95%；家具用具及动植物0.55亿元，占比2.83%；文物和陈列品0.02亿元，占比0.13%；图书档案0.12亿元，占比0.61%。公共基础设施中，有市政道路97.33千米（含常德高新区园区），城市排水管网263千米，城市环卫设施1118个，城市道路照明设备8255盏，公园绿地51.39万平方米，文化体育设施217个，辖区等级公路3176千米。坚持“资产清理评估，实物公开处置，资产专户储存”处置程序，全年国资收益24181.51万元。（张玉明）

【农林水项目资金管理】 2019年，实施区级农业项目财政投入2550万元（区级现代农业产业园建设资金300万元，乡村振兴战略项目资金605万元，水稻绿色高质高效高产创建资金120万元，水稻集中育秧资金300万元，县级粮食产量基点调查资金64万元，油料产业发展项目资金200万元，农村环境整治资金846万元，农产品安全监管资金115万元）、中央农业支持保护补贴资金11550.7万元、中央农业适度规模经营补助资金1515.57万元、稻谷目标价格补贴资金4160.79万元、棉花目标价格改革中央补贴资金2213.84万元、高标准农田建设资金11812万元，累计投入33802.9万元。争取农村“厕所革命”实行整村改厕推进项目资金1475.9万元（无害化卫生厕所改造25918座）、畜禽粪污资源化利用整县推进项目资金3700万元、农村人居环境整治专项中央预算内投资项目资金2000万元，用于农村人居环境整治。争取国家级现代农业产业园创建资金1亿元。投入油茶基地建设财政资金2162.03万元，其中整合省级油茶专项资金新造项目444.58万元，整合长江防护林项目150万元，整合省级油茶低改项目资金200万元，整合2019年中央财政造林补助资金82万元，区级财政投入奖补资金1285.45万元。向该区水利项目财政投入1885.31万元（农村安全饮水工程款及管养资金925.31万元，水利秋冬修300万元，汛前应急除险资金100万元，水利工程管养费200万元，汛物资储备60万元，河长制工作经费200万元，沟渠疏浚区级配套资金100万元）。争取2019年第一批中央水利发展资金4287万元、2019年第一批省级新增水利预算资金2688万元、2019年第三批省级新增水利预算资金322万元、2019年第八批中央水利救灾资金100万元、2019年市级水利工程建设专项资金120万元，水生态治理及中小河流治理等其他水利工程中央预算内基建资金6612万元、2019年重点流域水环境综合治理中央预算内基建资金875万元。（周辉华）

【政府采购工作】 2019年，政府采购项目预算5.8亿元，采购合同金额4.52亿元，节约资金1.27亿元，节约率7.8%。发布政府采购信息518条，预算金额500万元以上（含500万元）的政府采购项目在法定政府采购信息发布媒体公告，在《湖南日报》《常德日报》公告项目采购作息。规范政府采购操作流程，营造“和谐采购，阳光采购”的采购环境。改革公务用车制度，区直机关保留公务用车的车辆配备、更新、处置及管理体制按照《常德市鼎城区公务用车管理办法》执行。按照省市事业单位公务用车改革要求，调研摸底事业单位公务用车情况，出台《鼎城区事业单位公务用车改革实施办法》，启动事业单位车改。 （孙建国）

【国库集中支付】 2019年，集中支付上线运行预算单位及专项204家，集中支付金额1052498.24万元，比2018年同期增加44024.6万元，增长4.37%。其中，直接支付99901笔1045534.62万元，占支出总额99.34%；授权支付20378笔6963.62万元，占支出总额0.66%。取消财政工资统发，将工资发放工作下放到各预算单位。清理规范支付审核文件，按照“按财政预算、按用款计划、按项目进度、按规定程序”原则进行审核支付；贯彻落实中央八项规定，实行各预算单位“三公经费”动态监控与预警止付。推进公务卡改革，全区142家预算单位均实行公务卡结算改革，累计申发公务卡2976张，预算单位通过公务卡结报支出5988万元，占授权支付比例85.99%。梳理监控规则，除“三公经费”使用额度、公务卡结算情况外，重点监控资金拆分、向特殊收款人账户大额转账支出、向单位自有账户划款支出、频繁提现违规行为，形成长效监管机制。 （朱 静）

【预算绩效管理】 2019年，推进预算绩效管理工作，年初部门预算应用2018年绩效评价结果4个，落实绩效评价问题整改项目16个；组织区民政局、区工信局、区林业局、区公路养护中心、蔡家岗镇政府、郭家铺街道办事处6个预算单位2018年部门支出进行整体绩效评价；实施2018年“农村危房改造”等16个项目专项重点评价；实行2019年723个专项及118个预算单位绩效目标管理；进行绩效运行监控3次，专项资金运行监控全覆盖；实行预算绩效管理信息化平台建设及评价结果信息公开。所有乡镇、街道办事处均纳入预算绩效管理范围，开展社保基金预算试点绩效评价，资金覆盖面由2018年的一般公共预算、政府性基金会预算扩大到第3本预算。通过政府采购方式引进第三方评价机构5家，实行3年内末位淘汰。建成预算绩效管理信息化系统，组织全区预算单位150人进行培训，年末，通过验收上线。为6个单位和16个专项开展第三方重点评价，评价金额10.38亿元，比2018年增长3.42倍。开展内部专家点评4次。应用预算绩效评价结果，上年问题整改与下年预算挂钩，下达《问题整改通知书》涉及16个单位，收回、上缴财政资金138.13万元，资金收回率100%。 （罗红英）

11月27日，鼎城区2020年部门预算编制工作布置会会场 （提供：彭宏伟）

【财政资金监督检查】 2019年，重点检查5个单位扶贫资金，规范扶贫资金使用管理，落实中央、省、市、区各项扶贫政策。联合会计股等股室，随机抽取3家会计代理记账机构进行会计信息质量、执业质量、设立条件专项检查，督促整改会计代理记账机构存在的问题。开展2017—2019年一卡通发放情况自查自纠及重点检查，监管惠民惠农财政补贴资金，实行群众监督，保证资金按时拨付，足额到位。按照“互联网＋监督”要求，督促各业务股室和区直各单位及时将数据录入系统，配合区纪委督促全区305个行政村和社区上传账务、原始凭证、三资台账。 （张 易）

【非税收入管理】 2019年，非税收入统筹9500余万元。实行非税收入测算，联合财政预算等部门审核、编制全口径非税收入年度预算,健全非税收入征收管理制度。办理罚没物质申报和处置手续,履行监管职能,保证罚没收入足额入库。实行票据电子化管理,完善微信移动缴费平台。健全非税收入监督检查机制,将非税收入日常稽查与专项稽查结合,非税收入票据年检年审与非税收入稽查结合,开展热点部门、热点项目非税收入执收执罚工作稽查。（刘吉文）

【社会保障资金管理】 2019年,拨付社会保障资金17.02亿元。落实全区688名退职老年乡村医生生活困难补助115.63万元、城乡74.27万居民基本公共卫生服务经费5124.63万元;按政策标准落实3.3万名计划生育对象计划生育扶助资金5818.43万元(含社保补助、独生子女保健费、计生手术减免和并发症治疗);落实64万居民基本医疗保险对象各级财政补助资金33493.67万元;用于乡镇敬老院建设、基本养老服务补贴资金273万元。开展城乡低保人员清理认定工作,提高低保人员待遇,城市低保保障标准由510元/月提高到550元/月,月人均补助水平由350元提高到360元,发放城市最低生活保障待遇1118.96万元;农村低保保障标准由330元/月提高到350元/月,月人均补助水平由180元提高到200元,发放农村最低生活保障待遇2783.7万元。落实6100名农村特困人员、城市三无人员供养救助资金44479.8元;发放77名孤残儿童基本生活费102.6万元;发放35名百岁老人生活补贴25.2万元,2100名90—99岁高龄老人生活补贴252万元;按65元/(人/月)标准,发放11000名重度残疾人护理补贴和困难残疾人生活补贴747.3万元。落实城乡医疗救助资金280.6万元;为困难群众发放临时救助826.3万元;为各类优抚对象发放优抚待遇6637万元。全年,社保基金收入21.67亿元,其中企业职工养老保险8.69亿元、失地农民养老保险1.49亿元、城乡居民养老保险2.33亿元、机关事业单位养老保险3.85亿元、城镇职工医疗保险及大病互助金1.36亿元(含生育保险)、特殊人群医药费0.04亿元、城乡居民医疗保险3.42亿元、工伤保险0.32亿元、失业保险0.17亿元。全年,基金支出23.44亿元,其中,企业职工养老保险11.95亿元、失地农民养老保险0.42亿元、机关事业单位养老保险3.86亿元、城乡居民养老保险1.46亿元、城镇职工医疗保险及大病互助金1.12亿元(含生育保险)、特殊人群医药费0.04亿元、城乡居民医疗保险4.27亿元、工伤保险0.23亿元、失业保险0.09亿元。落实“先诊疗后付费、一站式结算”健康扶贫政策,贫困人口住院报销比例占90%左右。（刘 华）

【脱贫攻坚资金管理】 2019年,收到扶贫资金7541万元,其中中央财政扶贫资金1307万元,省级扶贫资金4540万元,市级扶贫资金19万元,区级专项扶贫资金1500万元。整合项目资金7787万元,投入到贫困村及300人以上非贫困村改善基础设施建设和提升公共服务水平。健全“互联网+监督”问责机制,发挥“清风连心桥”微信监督群作用。发现问题线索78个,立案61起,党纪处分62人,组织处理140人,公开曝光典型案例10件、通报曝光11人。实行扶贫对象动态管理,调整新增409人,清退及自然减少2046人。年末,建档立卡贫困人口14172户43654人,已脱贫11598户37403人,未脱贫2574户6251人(返贫13户37人)。举办工作队员、农村党支部书记、区乡两级干部分级分类培训班17期,培训1868人次,全区扶贫干部培训全覆盖。（周大庆）

【投资评审】 2019年,区财政投资评审中心开展各类工程预、结算评审项目388个,送审金额31.23亿元,审定金额27.12亿元,净审减金额4.11亿元,综合审减率13.16%。落实限时办结制度,实时显示项目评审时间,推进初复审进度,实行项目完结月盘底、旬调度、年考核,特殊项目倒排时间节点,未按时完结项目的进行问责、追责。落实“不惟增、不惟减、只唯实”评审理念,提高质量及管理水平，发挥财政资金使用效益。保障重点工程建设，参与大型项目设计方案审核，规范其他费支出标准。

（王建超）

国有资产经营管理

【概况】 常德市鼎城区国有资产经营管理中心（简称区国资中心），是鼎城区人民政府直属正科级事业单位。主要贯彻执行国家、省、市有关国有资产监督管理的方针政策和法律法规，制定区国有资产监督管理的有关制度和办法并组织实施；代表区人民政府，依法履行出资人职责，保障出资人权益，监管区属国有企业、全区行政企事业单位经营性资产及城市公用无形资产。出台《全区经营性资产管理暂行规定》，确立全区经营性资产由国资中心代表区人民政府履行统一监管职责的工作思路，全区经营性资产实行统一登记、统一产权、统一经营的收益统筹管理制度；明确将区属国有企业（含行政事业单位所办企业）纳入区国资中心统一监管范围。

9月24日，区国资中心挂牌成立　（提供：刘禹希）

清产核资。开展国有资产调查摸底工作，全区，7家监管国有企业有资产847宗、资产账面评估价值274.94亿元；86家区属单位、乡镇有经营性资产925宗，剔除注入平台资产，有资产571宗，估价44.28亿元；行政企事业单位各类出租合同994份。

国企管理。拟定《2019年度经营业绩考核暂行办法》，突出分类考核和任务导向，细化各监管企业年度工作目标和工作重点，完善工作措施；出台《关于进一步加强区属国有企业管理的暂行决定》，实行提出企业用工“员额制”，企业用工实行限额管理；实行企业“工资总额”制度，明确企业工资总额与经营业绩考核挂钩，员工薪酬由企业根据内部考核制度在工资总额内自行发放。完善修订企业资产管理、融资管理、资金管理制度。

防化债务风险。指导企业开展合规融资，保障债务还本付息。全年，该区没有发生一起债务违约风险事件和舆情事件，未新增违规举债融资行为。

（刘禹希）

住房公积金管理

【概况】 2019年，常德市住房公积金管理中心鼎城管理部归集资金4亿元，占年度归集任务的108.58%；新增缴存人数2010人，占年度目标任务的458.90%；发放贷款2.27亿元，占年度控制额的99.92%；贷存比97.41%，贷款逾期率零；提取住房公积金2.28亿元，占全年归集额的56.86%。

内部管理。修订完善《鼎城区住房公积金管理部2019年度党风廉政建设和反腐败工作方案》《2019年度鼎城区住房公积金管理部党支部党员积分管理规则》《鼎城区住房公积金管理部保密工作领导小组成员及职责》《落实“产业环境优化年”实施方案深化行政责任制推进机关效能建设各项制度》等；推进“支部五化”建设，开展学习教育活动；落实干部教育培训网络及“学习强国”平台学习，管理部党员干部利用“学习强国”平台自主学习；每周周五开展“三会一课”及“主题党日”活动，每次活动均制订活动方案，落实责任人；精细党员积分管理，党支部细化党员积分管理细则，把窗口服务工作纳入党员积分管理，按细则记载加减分申请，报请党支部研究通过，及时向全体党员公示；抓党风廉政建设，定期研究党风廉政工作，落实谈心谈话制度，全年开展谈心谈话4人12次，组织观看廉政教育视频3次，上廉政党课2堂；开展“业务整顿月”活动，结合业务管理中的漏洞，总结经验,汲取教训,从办理每一笔业务、整理每一份档案等细节入手,完善风险防控措施,从源头上铲除问题产生的土壤,杜绝问题再次发生;收集公积金优惠政策、窗口优质服务、贷款风险防范等方面意见建议,制订改进措施,及时进行反馈,把握审核、审批关,坚持按规定办、按程序办;参加常德市住房公积金管理中心举办的“不忘初心,牢记使命”主题教育知识竞赛,激发干职学习热情。

归集扩面。到缴存单位、民营医院、民营学校、商业楼盘进行宣传,并征求意见建议,收集公积金优惠政策、窗口优质服务、贷款风险防范等方面意见建议,召开专门会议进行研究,制定相应改进措施,及时进行反馈;2月,参加由区政务公开办、区政府网、区广播电视台承办的《阳光政务》访谈直播节目,和听众网友互动交流公积金热点问题;建立未建缴民营医院、学校走访台账,掌握工作进度,工作适时跟进;3月,湖南响箭重工科技发展有限公司在该部开户缴存,汇缴人数184人,新开户10人以上民营企业5家;财政供养人员跨年度预算公积金财政补贴部分到位,行政事业单位绩效、综治、文明奖、“13个月工资”均纳入缴存基数。

2月,常德市住房公积金管理中心鼎城管理部参加鼎广电台《阳光政务》节目宣传 (提供:丁时秀)

房贷发放。全年,发放公积金贷款659户。推进组合贷款工作,到南金城、华中城、桃花源府等楼盘及银行网点张贴《组合贷款流程图》《住房贷款还本付息对照表》,现场宣讲组合贷款政策流程。6月,发放70万元组合贷款一笔;以预约排队方式消化积压贷款客户800余名;严格新开发楼盘准入调查,落实贷款政策规定,掌握贷款额度年限,实行贷前调查和贷后管理,把贷款风险降到最低,逾期率控制在0.033‰以内;开展“征信关爱日”宣传,在全国第12个“信用记录关爱日”,整合银行、楼盘、街道、社区各方资源,实行设点宣传、散发宣传手册折页、制作宣传盾牌、悬挂宣传横幅,播放宣传动画片等,帮助市民接触征信、了解征信、关注征信,计散发宣传手册折页300余份,张贴宣传海报10幅,制作宣传盾牌5个,面对面解答客户征信疑问100人次。

资金提取。全年,办理购建房、退休、年月对冲还贷等提取46000余笔。开展网上业务办理,实行退休提取、月对冲还贷、结清公积金贷款网上自助办理;坚持“纸质资料、电子档案资料”双重审核标准,坚持易发多发的“异地购房提取、偿还商业银行住房贷款提取、大病提取”等提取业务一查到底,通过网上查询房屋备案信息、查验增值税发票真伪、联系当地公积金管理部门和不动产中心、询问客户还贷信息、查询个人征信、咨询医保中心等方式核实提取资料的真实性。建立提取业务回查机制,每月定期开展自查自纠,建立骗提清册台账和失信人员黑名单。

调研宣传。开展支部建设专题调研,撰写《关于党建工作和业务工作“两不误、两促进”的调查与思考》调研报告;在《湘潮》发布文章1篇,在常德市人民政府网站发布文章5篇,在湖南省公积金研究会发布文章17篇,在《常德日报》发布文章3篇,在常德市公积金中心内外网发布信息报道20篇。通过区电子政务公开办第一时间发布公积金新动态、新政策。

脱贫攻坚。住房公积金管理中心鼎城管理部结对蔡家岗镇花园村贫困户12家。开展经常性走访慰问,选派1名工作人员长年驻村帮扶。工作队坚持工作日吃住在村,逐户走访农户,与农民朋友同吃同住,宣讲惠民政策,了解民情民意。为贫困户捐赠慰问物资、扶贫资金,谋划脱贫对策,把危房改造、教育助学、发展生产、医疗救助、特惠保等帮扶措施落实到每户贫困户。5月，出资为结对的贫困家庭18—60岁女性成员集中购买中国人寿“湘女关爱保”，该保险含女性安康、意外伤害、意外住院3个项目，最高保额2万元。9月，全体帮扶干部到扶贫点村参加扶贫业务培训，开展中秋节慰问活动，为贫困户送去大米、食用油、月饼等生活物资和慰问品。10月，结合“不忘初心，牢记使命”主题教育要求到扶贫点村开展扶贫调研活动，与贫困户现场座谈，并送去慰问金。11月，全体帮扶干部到扶贫点村开展扶贫活动，到12户贫困户开展调研，聆听贫困户诉求，帮助疏理情绪，落实扶贫责任。（朱华君 丁时秀）

4月27日，常德市住房公积金管理中心鼎城管理部主任朱江桦（左一）走访慰问贫困户（提供：丁时秀）

税务

【概况】 国家税务总局常德市鼎城区税务局由原常德市鼎城区国家税务局、湖南省常德市鼎城区地方税务局合并组成，于2018年7月20日正式挂牌成立，负责鼎城区税费征管工作。2019年，通过省级文明标兵单位验收，获评常德市“双联”困难帮扶工作先进单位，获评鼎城区先进党组织、鼎城区平安建设优秀单位。

组织收入。全年，税收收入209400万元，比2018年同期增收22223万元，增幅11.86%。把握收入质量关，抓重点税源动态监控，保证税款应收尽收。实施千户集团以及重点税源企业分月采集和比对分析，掌握税源变化情况，剖析变化原因。抓欠税清理，运用催报催缴、欠税公告、发票管控、强制执行、联合惩戒等手段，保证税款征收到位。重视增值税专票管理，严格管理增量、增额、升版等业务，提前介入，阻断虚开增值税专票案件1起。

减税降费。区税务局把减税降费列为年度工作主题和“一号工程”，统筹业务力量，完善机制高效运转。成立鼎城区减税降费工作领导小组，统一部署全区减税降费工作。召开“县长税课”座谈会，联合地方政府及各部门联手优化营商环境。建立指导协调、信息沟通、督导检查等21项工作运行机制，督导11个工作组开展工作。统筹宣传力量，开展“减税降费春联征集”“青春骑行送税法”“税法进校园”“创响三湘 减税降费进园区”等宣传活动，发放各类宣传资料20余万份，向宣传辅导对象推送政策5万余人次；举办社保费降率等政策宣讲培训会议，开展纳税人培训21期，培训纳税人7500余人次。统筹政策落实力量，落实减税降费税收优惠政策。减税降费3亿元，惠及全区企业3500余户、个体户1.2万余户，普惠面92%以上。

办税服务。落实国家税务总局第一批取消20项税务证明事项工作要求，取消发票丢失登报作废声明等证明事项，推行税收优惠政策“清单式”管理与无纸化办税，精简涉税资料，上报资料比2018年同期减少50%，平均办税时间缩短30%。落实首问责任、限时办结、延时服务、领导值班等制度，组织税务干部面向纳税人作“减税降费”公开承诺，将减税降费政策红利送到纳税人手中。开设减税降费咨询辅导专窗和服务专栏，帮助纳税人准确理解和享受到各项税费优惠政策。拓展办税服务终端，打造智能化办税服务厅，引导纳税人自助办税、分流办税、错峰办税，提速办税流程，实行新办纳税人首次办税实名认证“承诺制”和全程网上办理，为8953户纳税人开通电子税务局，单位纳税人使用率99%。发挥管理部门协同效能，推行车辆购置税电子完税信息办理车辆登记业务，开展“银税互动”，为60余户企业和个体工商户取得无抵押信用贷款5000余万元。

法治建设。按照《国家税务总局关于取消20项税务证明事项的公告》《国家税务总局关于取消一批税务证明事项的决定》,依法依规办理涉税事项。规范行政处罚裁量权,处罚违反税收管理、发票违法、逃避缴纳税款等行为,规范公正文明执法。推行税收行政执法公示、全过程记录、重大行政执法决定法制审核制度,成立依法行政工作领导小组和三项制度推进领导小组,制定《优化税务执法方式全面推行“三项制度”实施方案》。落实行政许可审批制度,监控行政许可受理流程、办理质量和办结时限,压缩增值税专用发票的最高开票限额审批时限至10个工作日。听取纳税人意见建议,开展民营企业走访活动,走访民营企业纳税人45户,召开纳税人座谈会5场,解决纳税人问题28个;向人大、政协、纪检委等部门汇报减税降费政策落实情况,主动接受监督。

队伍建设。开展“不忘初心,牢记使命”主题教育,抓主题教育与干部思想政治工作、作风建设、队伍管理、税收工作结合,举办研讨班学习3期,开展体验式教学与革命传统教育。党委班子走访调研局内各单位和企业17家,征求意见建议56条,均纳入整改台账,立行立改。召开党委专题民主生活会和支部组织生活会,对照党纪条规找差距、订措施,开展批评与自我批评。规范局机关、鼎城路办公区、高新区税务分局和红云街道办事处税务所党支部党员阵地建设。规范网络学习,通过“学习强国”平台开展学习,参加学习党员214名,平均积分3000分。组织兴趣小组、工会小组精准扶贫和爱心捐款活动。 (贺国荣 严淞俞)

【鼎城区召开“县长税课”座谈会】 2019年7月8日,鼎城区召开“县长税课”座谈会,鼎城区委副书记、区人民政府区长朱金平,鼎城区委常委、区人民政府常务副区长李卫民等领导参加座谈。会上,鼎城区税务局局长李敬平以“扛实减税降费责任,促进经济高质量发展”为题,从实施减税降费的背景与意义、新出台减税降费政策、税务部门所做工作等方面,汇报减税降费落实情况,从“培植税源促增长、部门联动促落实、信用管理促遵从”等方面,向参会领导建言献策。 (贺国荣)

鼎城区“县长税课”座谈会会场 (提供:贺国荣)

金融

Finance

农村商业银行草坪支行在先锋村村部为当地村民开办金融夜校

鼎城年鉴(2020)

概 述

【概况】 2019年，鼎城区金融机构23家，从业人员900余人，营业网点73个。2012—2019年，全区引进股份制商业银行6家，分别是长沙银行鼎城支行、兴业银行鼎城支行、华融湘江银行鼎城支行、广发银行鼎城支行、民生银行鼎城支行、交通银行鼎城支行；保险公司6家，分别是中国人民财产保险、人寿保险、人寿财险、中华联合保险、人民人寿、太平洋财险；引进证券公司1家，即方正证券股份有限公司鼎城分公司；引进小额贷款公司2家，分别是信和、华丰贷款公司。

金融规模。截至年末，全区14家银行业金融机构各项存款余额329.97亿元，比2018年同期增长6.95%；各项贷款余额275.17亿元，比2018年同期增长19.05%。全区6家保险公司保费收入4.69亿元，比2018年同期增长8.96%；赔付支出1.99亿元。区内2家小贷公司信和、华丰第四季度贷款余额1.07亿元。

资本市场。精为天在新三板挂牌，惠源农牧在湖南股权交易所挂牌，响箭重工、九申燃气、精为天、瑭桥科技、粤港模科5家企业进入2019年湖南省重点上市后备企业资源库。促进企业发展，出台《鼎城区企业上市(挂牌)扶持奖励办法》。引导成立2亿元的常德鼎合科创产业投资基金，主要服务于高新园区的中小企业，与斯盛能源、苏格尔电器(芯片)公司、德迪机械、湖南砍得拉科技公司达成合作，计投资1.9亿元。

金融创新。开展“双创”(创新创业)示范户评选及与之相匹配的金融产品创新活动，推动美丽乡村建设和金融普惠工作。截至年末，累计评选出双创示范信用户2888户、授信金额3.24亿元，累放双创贷款10864笔、5.67亿元，当前双创贷款1677户，余额1.73亿元。

金融环境。以宣传、摸排、监测预警、科学处置为工作重点，建立防范处置“一非三贷”长效工作机制，打击“一非三贷”等非法金融行为，落实投资行业、寄卖行专项整治工作，开展宣传教育和风险排查，防范各类非法金融风险。推进社会信用征信体系建设，健全联合惩戒机制，改善金融法治环境。提升农村普惠金融服务站覆盖率，打造农村综合性服务平台。引导政策性金融、商业性金融机构加大贫困地区信贷倾斜力度，推进金融精准扶贫。引导区内金融机构，围绕回归本源、服务实体经济开展金融服务，加快业务创新、优化信贷流程，丰富信贷服务手段，提高金融服务实体经济水平。搭建政银企对接平台，建立政府协调引导、部门联系扶持、金融机构主动服务、企业诚信发展“四位一体”的联动长效机制，实行政银企对接常态化、制度化和规范化。 (刘芷恒)

中国人民财产保险股份有限公司常德市鼎城区支公司

【概况】 中国人民财产保险股份有限公司常德市鼎城区支公司成立于1996年12月，位于常德市鼎城区玉霞街道善卷路，公司在全区设有中心乡镇三农营销服务部7个、非中心乡镇三农保险服务站24个、村级保险服务点295个，公司有员工46人、三农体系服务人员365人。设有综合部、财产险部、车险部、农险部、责任意外险部、续保业务部和中介业务部7个科室。2019年，保费收入14686万元，利润1758万元，综合成本率82%。鼎城支公司坚持以党建引领发展，贯彻落实集团公司“3411”工程战略，提出“三改变、三创新”经营战略，发挥地处城乡接合部、农业生产发达的区位优势和经济特点，抓城市市场、农村市场、政府合作等重点工程，整合各乡镇力量，突出“三农”商业保险发展，2019年，三农常规业务保费收入1100余万元，上缴各项税金1400万元。2019年，鼎城支公司被评为全省先进单位；被区委授予“千万以上纳税大户”称号；被省、市公司评为“经营管理先进单位”；获人保财险总公司全国“农业保险标杆支公司”称号；公司经理陈洁获“全国金融五一劳动奖章”。

全国金融五一劳动奖章证书　　（提供：杨薇薇）

政策性农业保险工作。以湖南省财政厅等部门联合下发的《关于印发湖南省2015年农业保险实施方案的通知》(湘财金〔2015〕8号）文件为依据，按照“政府引导、市场运作、自主自愿、协同推进”的原则组织实施。开展水稻种植业保险和能繁母猪及育肥猪等养殖业保险。政策性农业保险主要承保政策如下：(一)水稻(含早、晚稻)保险费率和基本保费。水稻保险费率为5%，保费16元/亩/季。(二)棉花保险费率为8%，保费24元/亩。(三)油菜保险费率为6%，保费9元/亩。(四)能繁母猪保险费率为6%，保费60元/头。2019年中央、省、市、区财政关于农业保险费用的补贴标准分别为种植业保险，中央财政补贴40%，省财政补贴25%，市财政和区财政补贴10%，另外25%的保费由农户、龙头企业和农村专业合作经济组织承担。养殖业(能繁母猪)保险，中央财政补贴50%，省财政补贴30%，另外20%的保费由养殖户、养殖企业和农村专业合作经济组织承担。育肥猪由财政补贴20%，养殖户、养殖企业和农村专业合作经济组织承担80%。　　（杨薇薇）

中国人寿保险股份有限公司常德市鼎城支公司

【概况】 中国人寿保险股份有限公司常德市鼎城支公司成立于1995年，位于玉霞街道鼎城社区隆阳路178号，在鼎城区范围内13个乡镇设立营销服务网点，有员工29人，设客服部、综合部、个险部、银保部、团险部、培训部、收展部7个部门和经理室，公司个险、银保、团险、收展4个业务部门营销员650人，其中个险450人，银保30人，团险60人，收展110人。2019年，总保费2.11亿元，其中新单保费3867.51万元、新单期交保费3869.51万元、续期保费1.51亿元、短期险保费2030.41万元、10年期及以上保费1975.05万元、短期险赔款1147.34万元、为当地税务部门上缴各项税费90.34万元。

业务发展。公司各部门、各业务渠道为市民提供健康、意外保险保障，个险、银保渠道，为各个家庭提供意外、大病、医疗保障，为各阶层人群提供资产保值、资产传承等各类产品保障，银保渠道获全省“2019年度银保渠道短期险三十强”称号。公司团险部推进民生保险业务，联合区扶贫办，全年扶贫保险保费51.8万元，惠及全区9500余人；与区民政部门合作，实现特困、低保人员意外伤害、疾病住院、住院护理及特困安葬保险保费460余万元，惠及全区各乡镇2.18万余人；联合区民政局、区计生协会、区教育局，为全区50—80岁老年人及其他相应人群提供保险保障。公司团险部全年收取短险保费1215.47万元，支付短险赔款844.6万元。

扶贫工作。2019年，鼎城支公司派专人驻村帮扶韩公渡镇永寿寺村，安排专项资金3万元开展扶贫点帮扶，公司班子成员到贫困村走访慰问帮扶对象，为贫困户送去米、油等物资及慰问资金，帮助困难户解决日常生活问题。支公司为女性帮扶对象购买“湘女关爱保”，提供保险保障。帮助贫困人员脱贫，保证脱贫人员不返贫。

中国人寿鼎城支公司到韩公渡镇永寿寺村开展扶贫工作
（提供：谭艳平）

党建工作。鼎城支公司贯彻“党要管党，从严治党”要求，落实支部书记抓党建责任机制，坚持“三会一课”制度，推进“两学一做”，开展“不忘初心、牢记使命”主题教育活动，把“守初心、担使命、找差距、抓落实”贯穿主题教育全过程。7月，组织全体党员开展“不忘初心、牢记使命”主题党日活动，到红色景点，重走革命先烈们走过的路，回顾党的历史，感怀党的恩情。抓风控防控，廉政建设，公司全员全年无违法、违纪和违规情况发生。

（谭艳平　周超　黄俊　付建波）

中国人寿鼎城支公司开展“不忘初心　牢记使命”主题党日活动　（提供：谭艳平）

中国工商银行股份有限公司常德鼎城支行

【概况】 中国工商银行股份有限公司常德鼎城支行有营业网点3个，在职员工52人。2019年，营业收入8453万元，其中利息净收入7475万元，手续费及佣金净收入978万元；拨备前利润7690万元，人均创利润148万元。

业务发展。至年末，两项存款余额19.07亿元。其中，对公存款余额7.7亿元，储蓄存款余额11.37亿元。对公存款较年初增长2.8亿元，排名全市第一。储蓄存款较年初增长8276万元，两项存款增量排名全市同业第一。两项贷款余额24.78亿元。其中公司贷款余额14.23亿元，当年累发7072万元；个人贷款余额10.55亿元，当年累发3.7亿元，较年初净增2.05亿元，个贷净增额全市排名第二。融e行月均动户8114户，融e联月均动户2332户，融e购月均动户393户，新增企网证书79户。信用卡有效发卡新增600张，ETC7800户，e分期4040万元，商户二维码90户，新装POS机10台。个人不良贷款余额340万元，较年初减少134万元，无公司不良贷款。

内部管理。实行“一票”否决制度，逐级传导压力。开展员工异常行为动态暨基层机构负责人行为动态和履职执行力排查、“十大领域和关键环节”“综合整治”等专项排查。抓案防警示等系列教育，召开案防暨员工思想行为动态分析会6次，传达省、市分行案防会议精神。坚持行领导轮流值班制，定期进行安全检查及夜巡等300余人次，落实各项制度，实现安全运行，开拓业务发展。

队伍建设。2019年，支行开展“不忘初心，牢记使命”主题教育集中学习研讨会5次，民主生活会2次，支行班子成员进行基层调研，形成调研报告，开展调研成果交流会。班子成员对照党章党规找差距，进行检视剖析，开展批评与自我批评，解决支行员工实际困难。开展管理人员与关键岗位人员集体廉政谈话，传达习近平总书记关于进一步纠正“四风”加强作风建设重要批示，审视和整改形式主义、官僚主义、违反中央八项规定精神等典型问题。坚持正确用人导向，坚持好干部标准，把政治过硬作为选拔高素质专业化干部第一位的要求，七一前夕，支行召开党员大会，全体党员投票向市分行推荐1名优秀党员和1名优秀党务工作者，并在全行发文予以表彰。

企业文化。组织晨训、班后、面授培训等学习活动，组织参加网上（在线）及其他在岗学习考试，提高员工队伍素养和业务技能。组织开展工会活动5次、老干部活动1次，组织汽排球队、羽毛球兴趣小组。组织全员参与慈善一日捐，看望和慰问生病入院员工10次，增强员工的凝聚力，向心力。

（刘　霞）

中国农业银行股份有限公司常德鼎城支行

【概况】 中国农业银行常德鼎城支行有营业网点12个，分别为蒿子港分理处、石公桥分理处、灌溪分理处、石门桥分理处、玉霞路分理处、善卷分理处、武陵分理处、南门分理处、桥南支行、西洞庭支行、德山支行、支行营业部。有自助网点2个，分别设立在南站汽车总站、鼎城区妇幼保健院。全行员工263名，其中在职员工147人、离退休老干(含内退)116人。该支行内设5个部室即综合管理部、财会营运部、风险管理部、公司业务部、个人金融部；设“五大中心”即三农服务中心、个人消费贷款中心、自助网点加钞中心、清收中心及法律事务中心、优质文明服务检查中心。

业务发展。2019年年末，各项存款余额59.3亿元，较年初净增1.42亿（其中，储蓄存款余额47.74亿元，较年初增长3.21亿元；对公存款余额11.51亿元，较年初下降1.79亿元），存量、增量均居区域内四大行之首。各项贷款余额41.56亿元，较年初净增6.2亿(其中，公司贷款余额19.88亿元，比年初净增3.46亿元；个人贷款余额21.68亿元，比年初增长2.74亿元)；该支行根据区域特色，结合市场需求，推出面向桥南中高档客户的信贷产品——桥南市场“助业快e贷”，发放“助业e贷”3458万元，年末余额1952万元；结合四大园区(桥南工业园区、常德高新园区、常德经开区、西洞庭管理区)合作，以“银政担”为契机，支持小微企业，净投放7100万元，其中“纳税e贷”净增34户1870万元；普惠法人小微贷款月均增量6495万元，在湖南省2019年度普惠金融专营机构(30家特色支行）考核中以134.3分位列湖南省第一，德山支行以134.3分位于特色网点考核的湖南省第二，并获评2019年常德市民营和小微企业金融服务示范窗口。组织开展送金融知识下乡活动4次，覆盖5个乡镇，累计投放“惠农e贷”1.37亿元，较年初净增7837万元，精准扶贫贷款比年初净增920万元。代发石门桥、石公桥涉农直补资金7617.8万元。全年，营业收入1.91亿元；拨备前利润1.44亿元。抓内控与基础管理，全年保持零发案；获评“常德分行2019年度一级支行经营管理先进单位、优秀一级支行班子”，在常德分行2019年运营业务技能比武中获“团体三等奖”；获评鼎城区委“平安建设”优秀单位，是唯一获得综合性平安奖的中央驻鼎城区企业；获鼎城区2019年度企业纳税100强第34名。

脱贫攻坚。该支行定点驻村扶贫帮扶对象是鼎城区谢家铺镇金陵桥村20户92人，支行委派员工专职驻村帮扶，组织支行7名帮扶责任人到贫困户家中走访、慰问及帮扶，驻村帮扶队员为金陵桥村在鼎城区民政局申请到扶贫资金6万元。6月23日，驻村帮扶队员杨明军病故，其驻村扶贫事迹在常德电视台、常德日报、学习强国等渠道报道，被推荐为2019年湖南分行感动农行人物参选。

(卓传辉)

【西洞庭、德山支行并入中国农业银行股份有限公司常德鼎城支行】 2019年5月6日，中国农业银行股份有限公司德山支行、中国农业银行股份有限公司西洞庭支行管理模式调整，两个二级支行隶属关系由中国农业银行股份有限公司常德分行直管调整为中国农业银行股份有限公司鼎城支行管辖，鼎城支行对外营业网点由10个增至12个。

(卓传辉)

中国银行股份有限公司常德市桥南支行

【概况】 中国银行股份有限公司常德市桥南支行成立于2005年3月，有员工14人。2019年，支行贯彻落实总行“坚持科技引领、创新驱动、转型求实、变革图强、建设新时代全球一流银行”要求，以“激发活力、敏捷反映、重点突破”为经营理念，抓重点项目和重点业务。以“益农贷”“中小企业信贷工厂”授信新模式为转型发展突破口，加快重点业务提速发展。扩大授信业务规模，抓对公、对私业务扩户增存工作；优化资产业务结构，拓展零售贷款和中小企业授信新模式业务；优化中间业务结构，为桥南市场、财富广场、桥南工业园、高新区等一批民企和私营业主及十里外滩、碧桂园、中梁、义乌小商品城等楼盘提供服务。推出多款贸易融资类产品，推出“海外直贷”“海外代付”“内保外贷”“外保内贷”等业务，为常德市外贸企业提供多渠道低成本资金融通。该支行具备外汇业务办理资格，直接服务外贸企业，提供国际结算、贸易融资、信用证、保函等产品。开展服务“三农”工作，粮食贷、油茶贷等特色贷位居全区第一。截至2019年年末，支行本外币各项存款余额5.4亿元，各项贷款2.6亿元，不良率0.013%。 （张立新）

中国邮政储蓄银行股份有限公司鼎城区支行

【概况】 中国邮政储蓄银行股份有限公司鼎城区支行坚持党建引领，学习贯彻习近平新时代中国特色社会主义思想和中共十九大精神，响应国家普惠金融政策，服务实体经济，支持民营和小微企业发展，开展“三农”金融服务，助推乡村振兴战略，强化风险防范和内控管理，倡导合规文化建设，加快业务结构调整和服务能力提升。直2019年，区支行创新推动“99+1”直联平台建设，通过直联村建立，支持乡村振兴、服务中小微企业、三农业务等健康发展。至年末，中国邮储银行股份有限公司鼎城区支行累计发放各项涉农资金贷款7000余户，投放金额14亿元；支持“三农”创业贴息贷款2000余人，投放金额近2亿元；涉农小微企业投放3亿余元。向不同客户群体推行不同产品。向有快速融资需求的客户，推出快捷贷品，资料齐全的客户最快3天即可获批，最高额度500万元；针对轻资产客户，引入担保公司进行担保合作，通过利率优惠降低企业融资成本，拓宽企业融资渠道，最高额度2000万元；向优质客户，线上、线下同时推出发票贷、税贷通和小微易贷，满足客户短期流动资金需要，最高额度300万元；根据不同行业的需求客户，推出政采贷，通过应收账款质押，最高额度500万元；民营幼儿园通过收费权质押，最高额度500万元；民营加油站通过整体资产抵质柙，最高额度3000万元；与政府合作的企业，通过应收款质押的方式，可申请政企贷，最高额度500万元；向拟上市或已上市企业，推出新三板挂牌贷及新三板股权质押贷；经营正常优质存量企业，在拟申请贷款品种和授信额度及期限不增加的情况下，可进行无还本续贷，最长可续贷5年。截至2019年年末，鼎城区支行收入、利润超产，人均劳动生产率及增幅均位居全市第一，被省分行授予2019年度“十佳支行”称号。 （田 杰）

中国建设银行股份有限公司常德鼎城支行

【概况】 中国建设银行股份有限公司常德鼎城支行是城区单一网点型支行，在岗员工17人。2019年，该行贯彻落实上级行战略部署，服务实体经济、践行三大战略，拓展客户及市场。截至2019年年末，各项存款余额24.6亿元，比年初新增1.9亿元。其中，对公存款新增0.6亿元，个人存款新增1.3亿元；各项贷款余额19.15亿元，比年初新增2.58亿元。其中个人类贷款10.25亿元，公司机构类贷款8.9亿元；中间业务收入1134万元，经营净利润7551万元。

业务发展。为益丰大药房总体授信17.5亿元，其中，并购贷款额度9亿元，流动资金贷款3亿元，承兑汇票4亿元，低风险业务1.5亿元；全年累计发放承兑汇票4452笔9.2亿元；发放江南新城棚改贷款6亿元，后续储备项目3亿元；为湖南应用技术学院流动资金授信及业务申报5000万元；为佳达电缆授信及业务申报4000万元。响应上级行"服务实体经济、践行三大战略"号召，发展普惠金融业务，全年累计营销投放8580万元，全市排名第三。其中，房押快贷7712.43万元，在全市分组竞赛中，获小组第一名。发展大个金业务，个人存款全年时点新增1.34亿元，日均新增1.52亿元计划，网均新增位居全市第一，上半年个人存款新增近4亿元，全市排名第一，全省城区行排名第一，获市行90万元中收奖励。夯实个人客户基础，个人有资产客户新增7684户，全市排名第四位；折算前个人加权有效客户增长2868户，全市排名第二位；信用卡客户新增1062户，新增客户活跃率63.98%，全市排名第二位。全年活跃商户新增249户，商户存款日均1.62亿元，年新增存款3820万元，户均19.48万元，全市排名第一位。发展电子银行，全年新增手机银行8847户，新增总量全市排名第一，善融个人客户新增2725户，全市排名第二。

内部管理。鼎城支行党用党的思想武装动员党员，发挥党建引领作用，抓业务发展，利用四个融合激发员工创先争优热情。落实安全营运机制。坚持"合规"管理，贯彻各项制度文件，实现安全运营；抓优质服务提升服务能力，通过制定优质服务考核实施细则，强化柜面日常规范化服务管理，倡导"以客户为中心"服务理念，提升服务质量；开展员工教育培训，坚持每周一学每月一考，提升员工业务能力、营销能力。发展战略。突出零售优先战略努力提升市场份额，通过抓代发和拆迁资金源头、落实分层分群维护，客户群体规模、结构和质量均得以大幅提升；发展普惠金融业务；抓重点客户走访维护，坚持培育新增长点，走访维护益丰、江南新城、湖南应用技术学院等重点客户，挖掘新增长点；响应上级行发展战略，开启第二发展曲线。落实零售优先政策，发展个金业务，抓分层分群维护，推动"维护营销一体化"转型，发展个人客户群体；提升综合营销能力，开展综合交叉营销。通过江南新城棚改贷款，获批隆阳路地块拆迁资金项目，获客户近300户，发放拆迁资金3.8亿元。

（周子杰）

长沙银行股份有限公司鼎城支行

【概况】 长沙银行股份有限公司鼎城支行于2012年4月成立。该支行坚持"政务银行、市民银行、中小银行"的战略定位，支持鼎城区经济建设与社会发展，对接鼎城区"抢抓新机遇、建设新江南"的发展战略，打造长沙银行"湖南人自己的银行"形象。业务发展。长沙银行股份有限公司鼎城支行下设公司业务团队、零售业务团队、结算业务团队，全行员工18人。截至2019年年末，该支行一般性存款余额12.34亿元，表内外贷款余额20.12亿元。该支行获"湖南省金融消费者权益保护标准化网点""总行五星级网点"称号。金融服务。2019年，该支行在农村金融服务站建设方面实行挂图作战，三个月内农金站签约超100家，通过开展站长培训、电影下乡、金融知识宣传等活动，助力乡村振兴，推进农村金融服务体系建设。（施坤林）

华融湘江银行股份有限公司常德鼎城支行

【概况】 华融湘江银行股份有限公司常德鼎城支行于2015年2月1日正式对外营业。截至2019年年末，网点各项存款7.03亿元，获华融湘江银行总行创效突出十佳班组称号。

业务发展。华融湘江银行股份有限公司常德鼎城支行定位于区县支行级网点，坚持"小""精""专""新""特"的市场定位，发掘、培育、巩固具有发展前景的中小企业客户。该行提供流动资金贷款、个人投资经营性贷款、创业担保贷款、小微企业“给力贷”、惠农担系列粮食贷、生猪贷、特色贷、房屋按揭、理财产品、大额存单、三方存管、基金定投、贵金属等产品。开展节日活动及社区活动，在市场周边开展大型贵宾客户答谢、消费者权益保护知识宣传、品牌宣传等活动，通过信用卡优惠活动、贵宾达标提升福利活动等让客户享受更多优惠。

资金投放。发展传统公司类贷款和个人住房按揭贷款，利用惠农担系列专项贷款投放助力新农村经济发展，创业担保贷款助力小微企业客户进行创业，以理财产品 + 大额存单双管齐下的方式促进存款和高端客户增长。截至 2019 年年末，华融湘江银行股份有限公司常德鼎城支行投放各项贷款 14.2 亿元，存贷比 202.4%。

内部管理。2019 年，该支行按常德分行要求实行绩效考核体系的改革和完善。构建目标精简明确、业绩链接薪酬、考评挂钩职位的新型绩效考核机制，通过调整薪酬结构，使薪酬绩效考核的结果与员工贡献紧密联系。考核方式分为工作目标考核、产品计价、服务考核，制定客户经理、柜员条线的考核管理办法，每月打分，实行透明的绩效打分机制。2019 年，零风险、零不良。

服务品牌。华融湘江银行股份有限公司常德鼎城支行抓服务态度和工作效率两个重点，及时处理客户需求、有效反馈客户意见，明确各岗位、各部门的工作职责，重点解决客户服务满意度、客户问题反馈两大问题。强化服务考评、落实奖惩措施，提供“诚信、周到、方便、快捷”的服务。强化基层人员的服务培训，实行机具定位、操作定型、限时服务、提高服务的标准性、规范性，建立重大投诉及时处理机制、优化客户意见处理流程，提高客户满意度。

（郑晓彦）

常德农村商业银行股份有限公司鼎城支行

【概况】 常德农村商业银行股份有限公司鼎城支行，（以下简称常德农村商业银行鼎城支行），是鼎城区辖内历史最悠久的金融机构之一，负责管理鼎城区辖内 4 个街道办、18 个乡（镇）的 22 家支行和 14 个分理处，计 36 个网点，有员工 330 余名，是鼎城区网点分布最广、从业人员最多的金融机构。2019 年，该支行围绕区委经济工作会议上提出的“抢抓新机遇，建设新江南”的目标，坚持“客户至尊，员工至尚”服务理念、“兴农兴商 至诚至信”经营理念。红云支行被中国人民银行长沙市中心支行授予 2019 年“湖南省金融消费权益保护标准化网点”称号，黄土店支行被共青团常德市委员会授予“青年文明号”称号，第二十八党支部获评湖南省农信系统“全省示范党支部”。

业务发展。截至年末，该支行辖内各二级支行存款总额 1078915 万元，较年初增加 82463 万元，比 2018 年同期增长 8.26%；存款日平 1040465 万元，较年初增加 46503 万元；各项贷款余额 479063 万元，较年初增加 54840 万元，比 2018 年同期增长 12.93%；表内不良贷款余额 18391 万元，较年初压降 1528 万元；评选“双创”示范户 2888 户，授信 32491 万元，发放双创示范贷款 56703 万元。创新存款业务。1 月，常德农商银行推出 1 万元起存、利率上浮 45%、可不限次数不限金额提前支取的智能存款，丰富城乡居民的存款选择，提升存款收益。12 月 21 日，常德农商银行推出 20 万起存、利率上浮 55%的大额存单业务，收益率高、流动性好、安全性强、存期灵活，稳定优质存款客户群体。

党建工作。2019 年 9 月 5 日，鼎城区委组织部和常德农商银行联合印发《“党建共创 金融普惠”行动实施方案》，以大走访为主要形式，以金融普惠为目标，通过践行“不忘初心、牢记使命”落实普惠金融服务，提升百姓获得感、幸福感，推动乡村振兴和地方经济社会发展。全年，该支行辖内各二级支行和区内各乡镇在全区建立网格小组376个，开展“金融知识下乡”“金融大讲堂”等普惠金融活动。在大走访中，走访辖内所有行政村，初步建立辖内所有城乡居民的家庭基本信息档案、困难户和重点户的信息档案，每个村至少走访困难户5个、重点户30个，截至年末，辖内22家二级支行走访农户10512户。

金融扶贫。2019年，湖南省农村信用联合社提出“农村信用社姓农，服务乡村振兴是重大使命”的号召，常德农商银行要求每位党员干部承包2个以上的自然村，推动乡村振兴。在走访中，摸清鼎城区大致经济状况，为区内贫困户送温暖，向区内中小微企业、种养大户和小商户等宣传各项存贷政策，打造常德农商银行“有温度的百姓银行”形象。落实精准扶贫政策，派出扶贫专员专职驻扎在对口扶贫点谢家铺镇古龙山村，开展定点驻村扶贫。组织干部员工下村看望慰问结对贫困户，截至年末，支行结对的28户贫困户脱贫27户，剩下1户低保户。参加各级政府召开的扶贫相关会议30余次，领会政府关于做好小额扶贫贷款工作的各项精神。发放小额扶贫贷款1150万元，收回到期小额扶贫贷款3588万元，帮助辖内14621名建档立卡贫困户开展金融脱贫和产业脱贫。

便民服务。服务教育。常德农商银行联合支付宝开通“学加家”支付宝教育缴费平台，鼎城支行对接区内教育部门，在鼎城区的大中院校、中小学以及各种正规培训学校中安装“学加家”缴费系统。学生家长自助缴纳学费和其他费用，各级教育机构自主查询管理学生缴费情况，方便家长缴费，提升教育机构的收费效率和安全系数。服务社保医保。2019年年初，鼎城区政府机构改革及职能调整，常德农商银行鼎城支行配合政府开展征缴工作，与区人民政府、区税务局、区医疗保障局、区人社局对接，开展会谈，开通线上手机银行缴费功能，在辖内各乡镇投放缴费专用POS机275台。二级支行协调柜台资源，落实社保和医保线下缴费工作，抽调专人，开辟专柜，加班加点，克服“时间紧、任务大”的困难，与区税务、区社保部门下乡督导，到灌溪镇、蔡家岗镇和石板滩镇，召开征缴工作督导会议。服务企业。2019年，鼎城支行到各企业主动问询，为有需求的企业送上金融活水，助推辖内经济发展。对接区农业农村局、畜牧水产局、林业局等单位，了解农村种养政策和“一乡一业”“一村一品”信息，并与相关二级支行分享收集的信息，服务乡镇创业者和二级支行。（刘　锐）

农业·林业·水利

Agriculture & forestry & water conservancy

鼎城区国家现代农业产业园

鼎城年鉴（2020）

农业农村工作

【概况】 2019年，鼎城区农业农村工作以习近平新时代中国特色社会主义思想为指导，贯彻落实中央和省、市、区“三农”决策部署，实施乡村振兴战略，推进高质量发展，抓产业扶贫。2019年，鼎城区被农业农村部命名为“国家农产品质量安全县”，被中共湖南省委实施乡村振兴战略领导小组授予“2019年度实施乡村振兴战略先进县市区”称号，区农业农村局2019年度高标准农田建设工作受到省农业农村厅通报表扬，区农业农村局党委书记、局长钟兴满被农业农村厅授予“全国农业农村系统先进个人”称号，中共常德市鼎城区农业农村局委员会被中共常德市委授予“先进党组织”称号，区农业农村局被常德市农业农村局评为全市农业技术推广、粮油生产、植保植检、农业行政执法和农药管理工作先进单位，被区委、区人民政府评为平安建设工作区级优秀单位、安全生产和消防工作良好单位，被区委办公室评为2019年度全面深化改革工作优秀单位。

乡村产业。发展水稻、蔬菜、水产等重点主导产业，培育精为天粮油、河洲甲鱼、供港蔬菜等农产品特色品牌，新增农业产业化国家重点龙头企业1家、市级龙头企业4家，“三品一标”获证或进入认证程序农产品11个，“常德香米”产业园获批创建国家现代农业产业园，弘富源供港蔬菜产业园等8个特色产业园被认定为2019年区级示范园。推进农村一、二、三产业融合，发展农产品加工业、休闲农业、乡村旅游，农产品加工业年营业收入超180亿元，休闲农业、乡村旅游，年营业收入超3.6亿元，十美堂镇获评全省农业产业强镇、全市农业特色小镇。组织精为天生态农业股份有限公司等3家企业参加“常德品牌·中国品质”——常德农业品牌推介北京站活动，签订农产品购销协议8个、农业投资项目协议2个，销售总额13亿元，投资总额6.58亿元。完善智慧农业信息平台，开展农药监管信息、物联网信息、电子商务信息等平台建设，新建或改建益农信息社174个。

“常德品牌·中国品质”农业品牌推介北京站活动

（摄影:汪建国）

农村人居环境整治。集中开展“三面五清”村庄清洁行动，建立“户分类、村收集、乡集中、区转运处理”的农村垃圾市场化处理模式，清理农村生活垃圾8.1万吨，垃圾集中处理率100%。推行垃圾分类减量试点，每个乡镇建设1个农村生活垃圾分类示范村。落实农村改厕任务25918个，全省湘西北片区农村改厕培训班及现场会在该区召开，灌溪镇“整镇推进农村厕所革命试点”经验得到省农业农村厅认可。

产业扶贫。推行重点产业扶贫“四带”模式，制定出台《2019年鼎城区产业扶贫实施方案》《鼎城区建立贫困户产业发展指导员制度实施方案》《鼎城区重点产业扶贫项目2019年实施方案》，明确产业扶贫责任主体，细化工作任务，搭建信息平台，落实技术指导。全年实施优质稻生产基地建设、油茶低改新造、光伏发电等产业扶贫项目154个，投入资金1913万元，直接和间接受益贫困人口3000余人，人均增收800元。其中，由精为天、华茂诚信、震坤农林牵头，组织11家帮扶主体，在全区9个乡镇的13个村实施常德香米、菜篮子工程、鼎城茶油3个重点产业扶贫项目，帮扶贫困户545户，涉及贫困人口1714名，实现“村村有帮扶产业、户户有帮扶项目”。

种植结构调整优化。坚持“稳播面、攻单产、提品质、增效益”，推广种植高档优质稻、早稻专业化集中育秧，开展“稻油”“稻稻油”水旱轮作试点。建立弘富源、华茂诚信等10个蔬菜标准化生产基地，千亩供港种植基地、百亩供京种植基地各1个，推进蔬菜提质增效，支持鼓励企业和合作社参加粤港澳大湾区“菜篮子”对接，拓展直销、外销和出口渠道。发展品质好、效益高、有特色的经济作物，增加绿色优质产品供给。2019年，全区粮食播种面积10.18万公顷，总产63.04万吨，分别比2018年增加746.67公顷、增加1.17万吨；油菜收获面积4.08万公顷，总产7.53万吨，分别比2018年增加720公顷、增加0.13万吨；蔬菜（含菜用瓜）播种面积2.27万公顷，产量54.04万吨，分别比2018年增加846.67公顷、增加2.51万吨。

新型经营主体培育。划定水稻生产功能区和油菜籽、棉花生产保护区面积10.14万公顷，落实2018年高标准农田建设任务1600公顷，2019年高标准农田建设任务5800公顷开展。推进“大棚房”问题专项清理整治行动，全部拆除大棚18个，部分拆除大棚3个，补办建设用地手续8个，恢复农业生产功能面积1.28公顷。建立中、晚稻新品种展示示范基地20公顷，开展晚稻品种生态适应性鉴定试验55个。建立农业科技示范基地2个，在谢家铺镇、十美堂镇等乡镇开设农民田间学校，开展线下、线上农民教育培训1350人，遴选种养大户和乡土专家等200人作为新型农业经营主体带头人。

农产品质量安全监管。建立市级标准化生产基地1个、区级标准化生产基地10个，全区10个省级以上龙头企业和“三品一标”认证企业纳入“身份证”管理。推进化肥减量增效，恢复绿肥生产，落实种植面积1.5万公顷。开展耕地保护与质量提升促进化肥减量增效示范666.67公顷，推广应用测土配方肥面积15.13万公顷。推进农药减量控害，建立稻虾综合种养病虫害防控示范片1个、水稻二化螟绿色防控示范片1个，重点开展草地贪夜蛾防控，水稻病虫害专业化统防统治面积6.68万公顷。推进农业行政执法，检查农资经营门店575家次，抽检农药、种子等50余批次，核发农药经营许可证142家，立案查处违法案件5起。推进农产品质量安全监管，建立健全监管体系，从产地环境、农业投入品、标准化生产等环节发力，从源头上确保“舌尖上的安全”。2019年，全区农产品质量安全抽样检测合格率99.85%，连续17年未发生农产品质量安全事故。

乡村振兴战略实施。2019年，鼎城区整合农田水利基础设施建设、现代农业生产发展、美丽乡村建设、高标准农田建设、农村人居环境整治、现代农业产业园建设等资金近8亿元投入乡村振兴工作。编制《鼎城区乡村振兴战略实施规划（2018—2022年）》《鼎城区乡村振兴示范片重点村建设规划》，制定出台《鼎城区2019年度实施乡村振兴战略工作方案》《鼎城区2019年度实施乡村振兴战略工作考核办法》。重点打造“鼎城茶油”“常德香米”“河洲甲鱼”3大区域公用品牌，培育精为天粮油等农业产业化龙头企业5家，建成高效油茶基地0.24万公顷、河州甲鱼养殖基地0.3万公顷、稻虾养殖基地0.35万公顷，全年新创省级美丽乡村示范村1个、市级美丽乡村示范村3个、区级美丽乡村示范村8个，建设美丽庭院示范村庄10个、美丽庭院示范户1000户。拆除“空心房”1176栋、房屋面积15.7万平方米，新增耕地397.53公顷，通过区级验收和市级复核。坚持“文化、休闲、旅游”目标定位，打造草坪镇乡村振兴示范片。10月，全市农村人居环境整治暨“三大攻坚战”推进现场会在草坪镇召开，得到常德市委书记、市人大常委会主任周德睿肯定。11月26日，湖南省委书记、省人大常委会主任杜家毫到草坪镇示范片调研，给予“鼎城经验”“草坪模式”肯定。12月，草坪镇三角堆村被中央农办、农业农村部、中宣部、民政部、司法部认定为全国乡村治理示范村。

（吴　波）

11月26日，湖南省委书记、省人大常委会主任杜家亳(中)到鼎城区草坪镇三角堆村考察　　（摄影:刘建红）

【鼎城区获"国家农产品质量安全县"称号】 2019年11月1—3日，农业农村部举办的第二届国家农产品质量安全县与农产品经销企业产销对接活动在江苏省徐州市国际会展中心举行，鼎城区被农业农村部授予"国家农产品质量安全县"称号，是湖南省第二批国家农产品质量安全县唯一代表，鼎城区委副书记、区人民政府区长朱金平参加现场授牌仪式。国家级农业产业化龙头企业——精为天生态农业股份有限公司董事长彭长秀上台发言推介产品。活动期间，农业农村部、省农业农村厅领导到鼎城区展位巡展，鼎城区"常德香米""河洲甲鱼" 品牌农产品在活动现场被重点推介。

（吴　波）

【机构改革】 2019年2月28日，常德市鼎城区农业农村局正式挂牌。鼎城区委副书记王时雨、区委组织部副部长刘克茗出席挂牌仪式。区农业农村局、区农机化局、区畜牧水产局、区农经站、区能源服务中心、区农教办、区农开办全体班子成员，特养场党委书记、农垦开发总公司董事长，区农业局二层骨干、局机关在职干部职工参加挂牌仪式。区委副书记王时雨，区委农办主任、区农业农村局党委书记、区农业农村局局长提名人选钟兴满为鼎城区农业农村局揭牌。鼎城区农业农村局整合区委农村工作领导小组办公室的职责、区农业局的职责，发改部门的农业投资项目、财政部门的农业综合开发项目、国土部门的农田整治项目、水利部门的农田水利建设项目等管理职责，组建区农业农村局。

（吴　波）

2月28日，常德市鼎城区农业农村局正式挂牌

（摄影:刘建军）

养殖业

【概况】 2019年，全区发展生猪120.78万头，省市下达生猪出栏指标46万头，出栏80.53万头，分别比2018同期下降6.07%、6.98%；牛发展8.37万头，出栏2.79万头，比2018同期增长1.09%、1.82%；山羊发展24.08万只，出栏15.81万只，比2018同期下降3.95%、4.18%；家禽发展2223.75万羽，出笼家禽1375.51万羽，比2018同期均下降1.1%左右。全区养殖水面1.337万公顷，比2018同期持平；累计起水成鱼6.032万吨，比2018同期下降0.4%。

动物疫病防控。抓春秋两季重大动物疫病集中免疫工作和非洲猪瘟防控工作，责任100%落实到位、应免尽免100%落实到位、动物疫情监测100%落实到位，病死畜禽无害化处理率100%。非洲猪瘟防控工作按上级要求与程序落实，全年下拨猪口蹄疫、禽流感、猪瘟等各类疫苗332.52万毫升(头份)，发放防疫手册1500份、非洲猪瘟防控宣传资料(明白纸)5000余份。全年检测猪、牛、羊、禽等血清样3396份，整体免疫效果90%以上，防控指标达标。

畜禽水产品质量安全。结合“不忘初心、牢记使命”主题教育活动,在全区开展水产品、投入品、屠宰等专项整治行动。出动执法人员91人次,检查畜禽水产品养殖场(企业)156家,检查兽鱼药饲料经营门店、饲料生产企业等33家,检查屠宰企业1家,抽检水产品、饲料等样品42个,下发问题整改清单2个,全部整改到位。开展畜禽水产品抽样检测。在各农贸市场、养殖场(户)、养殖投入品经营门店,抽取生鲜乳、猪肉、水产品、禽肉、禽蛋、生猪尿样、草食畜肉、饲料等各种样品256个,检测合格率100%。实施城乡一体化“放心肉”工程。为彻底改变乡镇屠宰设施设备简陋、无肉品品质检验人员、检疫流于形式、污水污物直排、环境污染投诉等混乱现状,确保让市民吃上“放心肉”。在全区启动实施城乡一体化“放心肉”工程,取缔各乡镇不合格屠宰点(场),由城区合格屠宰场宰杀后再集中统一配送。

禁捕退捕。8月,区畜牧水产事务中心开展禁捕退捕宣传发动、联合人社、公安等部门,开展调查摸底工作。至年末,渔民378户退捕,其中专业渔民323户,其他渔民55户,收回捕捞证323本、拆解船只376条、回收网具42759.2千克,下拨资金近1600万元。是全省第一批完成该工作的区县。 (尤建国 王建忠 陈双林 陈平)

8月6日,鼎城区畜牧水产事务中心在沅水渔政执法码头开展鱼类人工增殖放流活动 (提供:龙亭汝)

农业机械化管理

【概况】 鼎城区农机事务中心是全额拨款的正科级事业单位,2019年3月机构改革,鼎城区农业机械化管理局更名为鼎城区农机事务中心,负责全区农机新技术、新机具的引进与推广、农机培训、农机安全生产监督管理等职能。农机安全生产工作在全市排名第一,连续五年全获省先进,农机安全生产“监理大队—中队—乡镇—农机专管员—农户”五级监管体系在全省推广,农机宣传进校舍、到田间地头的做法在全省推广。

农机装备及作业水平。2019年,鼎城区农机总动力92万千瓦,拥有各种农业机械12.62万台(套)。水稻生产三项主要环节机械化作业综合水平85.7%。全区农机原值1.9亿元,争取项目资金1700万元,惠及农户384户。

农机购置补贴和农机报废更新补贴。全年,发放补贴申请表591份,通过个人申请、乡镇农业综合站推荐、网上申报、省市农机中心审核、网上公示,发放农机具购置补贴761台(套),其中耕整地机械303台、收获机械266台、农产品初加工机械15台、动力机械84台、中央创新产品(无人植保飞机)11台、田间管理机械14台、设施农业5台、收获后处理机械21台、种植施肥机械43台。

农机新项目启动。启动智慧农机大数据平台试点项目,利用互联网、大数据、云平台、GPS定位等数字技术,实行农业机械和云平台联网,网上可清晰地看到农业机械的作业面积。通过该项技术,可以看到鼎城区秸秆粉碎的面积及程度,可通过卫星定位,精准感知到秸秆焚烧点,让打赢“蓝天保卫战”更高效。推出“共享农机”模式,通过数据后台让农机扫码即用,打造出农民用得起的高端农机共享平台。至年末,有3家农机服务公司使用“共享农机”,在全区各乡镇投放“共享农机”200余台,该项工作于2月26日被中央电视台专题报道。

机械化推广项目。鼎城区是全省水稻育插秧机械化技术示范推广项目(区),2019年,建立谢家铺镇、黄土店镇、草坪镇等10个水稻机械化育插秧示范基地,召开水稻机械化育插秧现场演示会技术培训班10余次。全年水稻机插(播)60000公顷、机收面积114666.67公顷;推广遥控无人植保飞机15台、推广化肥同步深施机100余台,根据农作物生长情况适时适量进行药物喷洒,减少人力成本、减少农药施用量7.5吨、减少化肥施用量400吨;推广秸秆粉碎机械,促进秸秆还田面积33333.33公顷,推广插秧机50台、水稻直播机1台。

农机培训。组织各类培训班20期,培训农机专业技术人员1400人、农机驾驶员500人,培训新型职业农民工150人;召开演示会4次,发放宣传资料4000余本。

春耕备耕技术培训现场 (提供:梁晨晨)

农机社会化服务体系建设。在新建农机合作服务组织(专业合作社)过程中,鼎城区农机事务中心注重各服务组织的经营管理、节本增效、维护修养和操作适用,并给予全方位的指导与服务。年末,全区有农机合作社130家、社员1307人、总资产2.8亿元,农机原值1.9亿元。14家农机合作社升级为省级现代农机专业合作社;4家合作社创建为省级示范社、3家合作社创建为市级星级社,带动全区合作社作业服务面积76666.67公顷,增强了区域内机械化示范作用。

7月3日,区农机事务中心在蔡家岗镇举行农机安全事故应急演练 (提供:梁晨晨)

农机安全生产。2019年,全区新考农机驾驶员218人、期满换证31人;新增上户农业机械583台、报废更新农业机械161台,开展隐患排查125次,开具隐患整改通知书61份、由区政府通报40份、与机手签订农机安全生产责任状1852份。开展为期14天的送检下乡服务,计年检农业机械1799台、年检率88%,其中上线检测大中型拖拉机374台、年检收割机215台,查找出安全隐患100余个。抽调12名监理人员参与执法,会同政府、交警、安监、公路部门在全区各乡镇开展专项整治行动,检查农机56台次,现场切割处理改拼装车辆11台。 (梁晨晨)

扶贫工作

【概况】 2019年,鼎城区扶贫开发办公室把巩固脱贫成果、提高脱贫质量、实现高质量脱贫放在首要位置,解决“两不愁三保障”突出问题,开展“回头看回头查回头帮”,落实工作责任,加大工作力度,厘清脱贫路径,抓精准扶贫、精准脱贫。

贫困退出。出台《鼎城区2019年脱贫攻坚暨质量建设年工作方案》《鼎城区脱贫攻坚巩固提升工作方案》,区、乡、村签订脱贫攻坚责任书,制订年度减贫计划,层层落实减贫任务和工作责任。坚持动态管理,做到应纳尽纳、严格退出、防止返贫、规范清退。2019年,脱贫1693户4323人。贫困户以户为单位,按照“一超过,两不愁,三保障”标准执行贫困退出。经村民主评议、贫困户确认、村级公示、村支部书记和村委会主任签字、乡镇入户核实、乡镇公示上报、县市区抽查复核、市评估核查、区批准公告9个程序进行贫困户脱贫认定。

脱贫攻坚投入。根据《鼎城区扶贫资金管理办法》,所有扶贫资金均由国库集中支付,区扶贫办组织验收,乡镇专账管理,按照“四自二会三公开”建管模式进行管理,所有资金计划、实施结果均公告公示,确保资金安全,全年收到扶贫资金7541万元,其中中央财政扶贫资金1307万元,省级扶贫资金4540万元,市级扶贫资金19万元,区级专项扶贫资金1500万元;整合项目资金7787万元,投入到贫困村及300人以上非贫困村,改善基础设施建设、提升公共服务水平。

建档立卡动态调整。开展扶贫对象动态管理,调整新增409人,清退及自然减少2046人,调整前系统内有建档立卡贫困人口14448户45291人,其中脱贫11879户38944人,未脱贫2571户6356人,动态调整后,建档立卡贫困人口14155户43644人,其中脱贫12283户41750人,未脱贫872户1894人。

扶贫宣传。注重扶贫系统干部培训,联合区委组织部举办工作队员、农村党支部书记、区乡两级干部分级分类培训班6期,参训1062人次,其中举办为期一周脱贫攻坚业务的封闭式培训1次;开展建档立卡贫困户政策落实“回头看”入户核查,组织进村入户宣传脱贫攻坚的目标任务、工作要求、政策措施,宣传扶贫开发、扶贫济困先进事迹,总结推广扶贫开发中的经验做法,发挥典型引领作用,增强干部群众打赢扶贫攻坚战的信心和决心;建立帮扶信息平台,及时发布帮扶信息,开展贫困户助学、就业、救助。

驻村帮扶和结对帮扶。全区40个贫困村、8个贫困人口300人以上的非贫困村,由市、区两级派驻工作队,后盾单位中市直、驻市有关单位25个,区直、驻区有关单位126个,选派工作队员141名;贫困人口100人以上的非贫困村委托乡镇选派工作队149支,派驻工作队员380人。所有贫困户均安排财政供养人员落实结对帮扶,贫困村的贫困户由驻村联点单位落实结对帮扶责任,每人结对帮扶最多不超过5户。实现驻村帮扶和结对帮扶全覆盖,结对帮扶贫困户14184户43764人。

基础设施改善。全年整合项目资金7787万元,完善农村基础设施建设,注重向贫困村和贫困人口较多区域倾斜。修建自然村通水泥路517千米,实现水泥路组组通,解决贫困群众出行问题;加强农村环境整治,落实农村改厕25918户;所有贫困村农网改造升级,贫困村用电质量改善;实现宽带网络村村通、4G网络全覆盖、广播电视村村响,信息网络更加畅通。新建和改扩建村级组织活动阵地305个,建设党务、政务、商务三务合一的公共服务平台,为群众提供医疗卫生、文化活动、金融办理等公共服务。 (元 凡)

【中共鼎城区第十二届委员会第六次全体会议专题研究部署脱贫攻坚工作】 2019年10月30日,中共鼎城区第十二届委员会第六次全体会议专题研究部署脱贫攻坚工作,鼎城区委书记、常德高新区党工委书记杨易代表区委常委会作工作报告,全会表决通过《中共常德市鼎城区第十二届委员会第六次全体会议关于高质量打赢脱贫攻坚战的决议》。 (元 凡)

【鼎城区脱贫攻坚业务培训班】 2019年7月2—6日,鼎城区举办全区脱贫攻坚业务培训班。为学习贯彻习近平总书记和中央、省、市关于扶贫工作的部署要求,查找当前工作中存在的突出问题,提升全区脱贫攻坚工作人员的业务素质和能力,在区委党校举办全区脱贫攻坚封闭式业务培训班,打造懂业务、会指导、善于发现问题解决问题的脱贫攻坚骨干队伍。 (元 凡)

【机构改革】 2019年机构改革,组建鼎城区扶贫开发办公室,为区人民政府工作部门,内设机构3

个，分别是：办公室（加挂党建办公室、财务室牌子）、贫困监测股（加挂社会行业扶贫股牌子）、精准帮扶股（加挂金融产业扶贫股牌子）。主要负责组织、协调、指导全区脱贫攻坚工作，拟定全区扶贫开发规划和政策措施，组织实施精准扶贫精准脱贫。 （元 凡）

农村经营管理

【概况】 2019年，鼎城区农村经营管理工作获评全省农村土地仲裁先进单位、全市农村经营管理工作综合先进单位、鼎城区综治工作先进单位。

新型经营主体发展。工商注册登记农民合作社836家、家庭农场290家，经区农经站认定的家庭农场968家。较2018年年末，分别增加101家、22家、151家。根据《农业农村部办公厅关于做好家庭农场名录系统信息填报和监测有关工作的通知》（农办政改〔2019〕6号）文件精神，召开全区经管工作负责人会议部署工作，2019年，各单位通过系统填报录入系统农场数1000家。根据湖南省农业农村厅等部委下发的关于印发《开展全省农民专业合作社“空壳社”专项清理工作实施方案》的通知（湘农联〔2019〕1号）文件精神，召开全区农经工作负责人会议，部署“空壳社”清理工作，清理各类型合作社空壳社70家。评选十佳新型农业经营主体，并表彰授牌。争取全省首批百强农民合作社项目2个，省级示范创建项目2个，省级示范家庭农场创建项目5个。

9月，湖南省家庭农场主培训班在尧天坪镇小蜜蜂家庭农场现场参观学习 （提供：卢凡冰）

农村土地承包管理。翻印新的《农村土地承包法》1000余份，举办经管系统干部专题培训，制作宣传盾牌，在石板滩镇、黄土店镇墟场利用赶集巡回宣传，村村响广播播放1个月。开展回头看，收集错误信息，建立证书修改变更花名册。落实档案整理工作，开展异地整理，当前整理扫描完毕。全区确权农户16.93万户，回归成品档案15.48万户。调处各类纠纷381起，立案仲裁2起。2019年，鼎城区农村土地仲裁工作在全国、全省仲裁培训班模拟开庭，现场教学。鼎城区拍摄的仲裁视频《口头约定引发的争议》入选农业农村部，仲裁工作经验在国家《农村经营管理》杂志上发表。组织农村土地承包现状专题调研，归纳总结人口异动、弃耕抛田、征地占用、历史遗留、自留田地、机动耕地、实测面积、调整结构、移民安置9大矛盾，形成专题调研报告，并向区委区政府汇报。结合清产核资工作，开展全区宅基地现状专题调研。2019年，全区清理农村空心房1176宗15.7万平方米，平整复垦新增耕地437.37公顷，增资3.3亿元。

9月19日，鼎城区农村土地仲裁工作在全国农村土地仲裁培训班上现场教学 （提供：卢凡冰）

农村集体经济组织发展。截至2019年年末，集体组织成员身份确认率和集体经济组织成立率100%，确认农村集体经济组织成员654603人，成立农村集体经济组织293个，开展经营性资产股份合作制改革试点村5个。区产改办通过村镇推荐和区级审核方式，评估出产改工作村级先进单位35个、先进个人78个，进行通报表彰。和区委组织部联合开展全区村支部书记产改政策培训；

利用《阳光政务》直播平台，宣传产改原则、任务、程序、进度、重点等政策。起草《农村集体经济组织成员身份确认办法指导意见(讨论稿)》，出台《鼎城区农村集体经济组织成员身份确认办法指导意见》，制定2019年改革工作方案。

土地流转服务。全区耕地流转面积4.21万公顷，占农户承包耕地面积的67%，涉及农户11万余户，流入新型经营主体(合作社、家庭农场、种植大户、农业龙头企业)3.8万公顷。 (卢凡冰)

农民教育培训

【概况】 2019年，区农民教育培训工作完善“一体系，两平台”即“一主多元”培训体系。吸纳区农机校、区农技推广中心、乡镇农校及其他社会力量参与，以农业园区、农业企业、农民专业合作社为基地，组织新型职业农民参与多层次、多形式、广覆盖、经常性、制度化教育培训；构建以区农民教育办公室(农科教中心)为支撑的专业化、多元化新型职业农民培训平台；构建新型职业农民培育“1+N+X”基础平台；建立“空中课堂”“固定课堂”“流动课堂”“田间课堂”。开展培训130期，培训农民13766人，其中新型经营主体带头人培训39期3550人，该办直接培训13期1200人。实用技术培训110期10216人，该办直接培训27期1916人。新型职业农民培育7期350人，该办直接培训2期100人。扶贫培训18期1016人，由该办直接培训。按照“围绕主导产业，培养专业农民，进村办班指导”工作思路，结合“三农”工作实际，以“脱贫攻坚”“美丽乡村建设”等活动为契机，围绕品牌农业、特色农业、观光农业、园区农业，开展各类实用技术培训，培训5000人次以上，参训农民学习掌握1—2门农村实用技术。按照“科教兴农、人才强农、新型职业农民固农”战略要求，重点组织从事农业、农村生产经营服务的职业农民，开展系统职业技能培训，优化劳动力素质结构，增强农民在农业领域和农村就业的能力与生产经营服务水平，推动农业经营专业化、标准化、规模化、集约化发展，推进农村二、三产业发展。开展新型职业农民培育6期300人，参训农民学员均成长为农民合作社骨干、水稻种植大户、生猪养殖大户、柑橘栽培大户、家庭农场主。结合农时，应对寒潮暴雪、干旱、低温冷害等灾害，开展适时应用技术指导。农广校结合冬春反常气候和多次寒潮影响，开展专项重点培训活动，把柑橘冻害影响降到最低。根据棚膜蔬菜生产特点，采取到田间地头、蔬菜大棚，进行适时技术跟踪指导服务。 (张学勇)

农村能源服务

【概况】 2019年，鼎城区农村能源服务中心围绕“不忘初心、牢记使命”主题教育工作，以“创新、协调、绿色、开放、共享”为理念，坚持党建与业务相融合、相促进，争取各级项目资金，调动养殖户的积极性，突出综合利用，在提供清洁能源、改善农村环境、提高农民生活水平等方面，发挥了职能作用。

党建工作。按照《中国共产党支部工作条例(试行)》，落实“三会一课”制度，把学习教育、调查研究、检视问题、整改落实贯穿“不忘初心、牢记使命”主题教育始终。加强支部“五化”建设，落实党建工作责任制，健全完善党员管理制度，实行轮流值班与周一例会制度。分解考核指标到责任股室，任务落实到人，逐月对标评估，发现问题，及时整改。

安全生产。辖区内沼气池实行建档立卡，开展沼气安全隐患网格式排查，维修整改有安全隐患的沼气池，全年维修户用沼气池601口，更换管道、灶具100口，维修大型沼气池3处。开展省、市督办的区园艺场联户沼气工程100立方米储气柜隐患整改，争取市级项目资金，由常德鑫富源环保能源有限公司将该100立方米储气池迁移到居民区50米以外改良新建。普及沼气安全生产与使用知识，利用村村响广播、流动宣传车、宣传牌，在尧天坪镇、花岩溪镇、许家桥回族维吾尔族乡、十美堂镇、蔡家岗镇、黄土店镇等沼气用户较集中的乡镇，开展农村沼气安全生产知识宣传与培训。

6 月 16 日，区农村能源服务中心在许家桥回族维吾尔族乡许家桥村开展沼气安全生产宣传

（提供：聂祚飚）

项目建设。抓农村能源项目建设管理，牛鼻滩镇腾达生猪养殖场大型沼气工程配套设施续修工程完工，该项目属中央投资建设地方配套项目，总投资 26 万元，用于主道连接养殖场大型沼气工程 205 米水泥路面硬化和沟渠桥梁建设等。

脱贫攻坚。双桥坪镇兴国寺村是区农村能源服务中心的对接扶贫点。落实精准扶贫，改善结对帮扶贫困户的生产生活条件，派专人负责掌握结对帮扶贫困户的脱贫动态，落实在职党员与贫困户结对和单位扶贫工作经费。全年对接扶贫点村走访慰问 7 次，点村常驻 1 名党员为专职扶贫工作队员，累计为对接扶贫工作整合资金达 5 万余元。

（丁胜伟　罗晓玲　聂祚飚）

【湖南省农业农村厅调研员尹邦友到鼎城区调研】 2019 年 4 月 11 日，湖南省农业农村厅农业资源保护与利用处调研员尹邦友、湖南省农村能源技术推广站站长卜静波等 3 人，到鼎城区调研农村能源工作，常德市农村能源办主任潘磊陪同调研。尹邦友一行听取了区农村能源服务中心党支部书记、主任郭知鑫的汇报，到区园艺场李家桥村养殖业主刘安星养殖小区联户沼气工程“沼气管道供气”现场进行实地走访，并进行沼气安全运行技术指导。尹邦友指出：要在新形势下，更加发挥好农村能源在农村人居环境整治、新农村示范点建设、畜禽粪污资源化利用、农村“厕所革命”中的积极作用。要抓农村能源后续服务，不断巩固农村沼气建设成果，学习桃江、常宁等地农村能源后续服务和安全生产管理、稳定农村能源队伍和技术人员力量的先进做法，充分发挥农村能源效益；加强沼气安全生产力度，确保沼气安全使用。（丁胜伟）

4 月 11 日，湖南省农业农村厅调研组到鼎城区调研农村能源工作（提供：丁胜伟）

【“认领微心愿，争当圆梦人”活动】 鼎城区农村能源服务中心作为市级文明单位，持续打造“雷锋家乡学雷锋”活动品牌，从 2019 年 4 月中旬始，按照市、区文明办要求，开展“认领微心愿，争当圆梦人”主题活动，实行志愿服务供需对接，学习市、区文明委（办）下发相关文件精神，制定活动方案，抓“微心愿”活动时间节点及征集、整理、认领、圆梦等活动环节，采用“一对一、一对多、多对一”等“微心愿”行动方式，每个志愿者认领助学助困、助残助老等“微心愿”，帮助困难群众解决衣食住行学中困难。4 月 26 日，志愿者各自带着自费购买的书包，牛奶，裙子、运动鞋，食用油和大米等学习或生活物质，到鼎城区红云街道办事处停车场社区，走访慰问 8 户孤寡老人、留守儿童及病残人家庭，开展志愿者向认领的“微心愿”圆梦行动的活动。

（丁胜伟）

【“迎端午、献爱心”志愿服务活动】 2019 年 6 月

4 日,区农村能源服务中心开展"迎端午、献爱心"志愿服务活动,全体文明志愿者到中河口镇敬老院,为 23 名老人送粽子、大米、毛巾、牙刷、牙膏、花露水、香皂等生活日用物资,新购买洗衣机 1 台,为老人们打扫院落卫生,为老人们送上节日祝福,与敬老院 23 名孤寡老人共庆端午佳节。

(肖全兵)

6 月 4 日,区农村能源服务中心开展"迎端午、献爱心"志愿服务活动 (提供:肖全兵)

【机构改革】 2016 年 10 月 28 日,中共常德市鼎城区委机构编制委员会关于印发《常德市鼎城区农村能源服务中心主要职责内设机构和人员编制规定》的通知(常鼎编发〔2016〕46 号文件)中规定:根据《中共常德市鼎城区委、常德市鼎城区人民政府关于印发〈常德市鼎城区人民政府职能转变和机构改革方案的实施意见〉的通知》(常鼎发〔2015〕4 号)文件精神,将常德市鼎城区农村能源领导小组办公室更名为常德市鼎城区农村能源服务中心(简称区能源服务中心),副科级,为区农业局管理的公益类事业单位。内设机构有综合办公室(财务室)、工程建设管理股(行政审批办公室)、行业发展股。区农村能源服务中心全额拨款事业编制 10 名。2019 年机构改革,鼎城区农村能源服务中心隶属常德市鼎城区农业农村局。有在职参管公务员 6 人,工勤人员 3 人,提前离职未退休(已下编)2 人,下属农村能源技术服务中心在职人员 1 人。办公地点在鼎城区财政局五楼。

(丁胜伟)

气　象

【概况】 2019 年,鼎城区气象局以中共十九大精神为引领,推进各项工作。

党建和党风廉政建设。推进全面从严治党,制定 2019 年度局党组领导班子成员党风廉政责任制清单,落实中央八项规定精神,开展党风廉政宣传教育月活动、建党 98 周年"学习强国"知识竞赛暨诗歌朗诵等系列庆祝活动。接受鼎广电台"政务访谈"专栏访谈。组织开展"不忘初心、牢记使命"主题教育活动,制定活动实施方案,成立活动领导小组,学原著、悟原理,用习近平新时代中国特色社会主义思想武装头脑、指导实践、推动工作。推进支部"五化"建设,通过"三会一课"、主题党日、民主生活会、组织生活会、民主评议党员、谈心谈话等活动,争创优秀基层党支部,1 人获湖南省气象部门"优秀共产党员"称号。

气象服务。开展元旦、春节、两会、清明、五一、高考、国庆等重大节会期间专题服务。发布决策服务材料 101 期,发布道路结冰、暴雨、冰雹、大雾、雷雨大风、干旱等预警信号 100 余次,发送预报预警短信超 5 万人次,强降水过程预报预警服务 8 次。推进气象防灾减灾标准化建设,完善全区气象防灾减灾"六个一"大数据搜集整理,开展"油茶"专项气象服务和全区其他大宗农作物气象服务。与农业、水利、国土、环保、交通等部门合作,为全区 12 家单位提供气象基础资料,专业气象服务受到合作单位肯定。为涉及气象灾害相关单位、专业合作社、个人开具气象证明 30 余份,与油茶、水蜜柚等特色产业大户合作。全年专业气象服务收入 18.8 万元。

社会管理。组织防雷安全生产专项检查,检查生产经营单位 61 家,联合区教育局开展高考、中考考点防雷安全检查和全区中小学校防雷安全执法巡查。开展"大排查大管控大整治"百日行动,参与全区"强执法防事故"行动,落实企业安全生产主体责任。组织开展“全民义务植树、共建绿色家园”活动。开展世界气象日、防灾减灾、科技活动周、安全生产月等气象科普知识宣传。开展“我们的节日”、道德讲堂、志愿者服务等活动，落实文明创建软硬件建设。全区“突发事件预警信息发布系统”建设资金通过财政评审，建设经费正在审批中。全区“道安监管云”气象监测站的建设通过区政府第四十一次常务会研究同意，在进行财政评审。“三农”专项建设正在推进。组织炮兵及指挥员驻守各炮点，主要蹲守在北部庆丰水库、红旗水库炮点、南部跃进水库炮点伺机作业。全年作业36次，消耗火箭弹111枚。 （邬泽伟）

【“3·21”世界气象日科普宣传】 2019年3月21日，鼎城区气象局与常德市气象学会在许家桥回族维吾尔族乡联合举办“智慧气象”科普活动，通过宣传手册、展板等形式向公众讲解气象知识。在活动现场，气象知识及防灾减灾的宣传展板吸引群众驻足观看。气象工作人员分发防灾减灾、气象灾害应急避险、防雷手册。在现场设立气象知识咨询台，工作人员耐心详细进行解答。设立“常德气象”微信公众号二维码及获取天气方式的展板。

（邬泽伟）

3月21日，区气象局开展世界气象日科普宣传活动

（提供：邬泽伟）

【“5·12”防灾减灾日主题宣传活动】 2019年5月12日，在全国第十一个防灾减灾日，由鼎城区应急办牵头，区气象、区国土、区水利、区消防、区民政等部门联合在鼎城区第一中学门前进行以“行动起来，减轻身边的灾害风险”为主题的宣传活动。在鼎城区气象局咨询台前，区气象局工作人员摆放气象宣传展板、灾害天气知识宣传单，悬挂宣传标语，向现场群众发放《乡村雷电灾害防御手册》《应急避险指南》《农村气象灾害避险指南》，解答相关问题。让市民认识雷电灾害多发的形势和防雷安全工作的重要性。活动期间，发挥宣传媒体作用，通过电视、农村村村响广播、短信、微信、电子显示屏方式向学校师生和市民宣传防雷科普知识，加强预热宣传和活动报道，扩大活动覆盖面和影响力。 （邬泽伟）

5月12日，区气象局开展“5·12”防灾减灾日主题宣传活动

（提供：邬泽伟）

林　　业

【概况】 2019年，鼎城区发放林木采伐许可证1291份，涉及采伐蓄积130298立方米（包括花岩溪林场、森华公司、茂源公司），出材量91209立方米。受理木竹运输许可1918起，核发省木材运输许可证1171份，省内运输许可证747份，涉及商品木材68760.8立方米、活立木1029.7立方米。受理临时占用林地16宗、永久使用林地20宗。森林禁伐减伐总面积21834公顷。森林病虫害发生面积1700公顷，实施无公害防治1267公顷。湿地保护面积23100公顷，湿地保护率79.15%。人工造林2000公顷、封山育林1000公顷、退化林修复1800公顷、森林抚育4000公顷、义务植树165万株，义

务植树尽责率93%,义务植树成活率92.8%。培育珍贵树种苗木20万株、优质油茶苗258万株、杉树苗100万株。至2019年年末，全区林地面积70240公顷,森林覆盖率32.06%,森林蓄积量283万立方米,有省级林业龙头企业13家、市级林业龙头企业5家，林业总产值37.2亿元，年增长率17.8%。2019年,鼎城区林业局被国家林业和草原局评为以县为单位的国家林下经济示范基地、“全国生态建设突出贡献先进集体”,被国家林业和草原局、中国农林水利气象工会全国委员会联合授予第四届“中国林业产业突出贡献奖”表彰,被常德市林业局评为全市林业工作“优秀单位”。党委办公室工作、统战工作、武装工作、党风廉政建设工作、社会治安综合治理工作、安全生产工作等被评为优秀或先进等次。

党建工作。提高政治站位。局党委书记履行党建第一责任人职责,压实班子成员“一岗双责”责任,把政治建设作为履职首责,推动思想建设、组织建设、作风建设、纪律建设开展。按要求开展“不忘初心、牢记使命”主题教育,坚持读原著、学原文、悟原理,深入调研,检视问题,解决问题9个。引导党员干部树立“四个意识”、坚定“四个自信”、做到“两个维护”,全局形成以党建为统领的思想共识和工作格局。加强基础建设。按照基层党建工作重点,坚持重心下移,聚力在建强支部上用功使劲。落实支部建设“五化”要求,建立健全制度规定,通过月提示、季调度、年考核和不定期督导等方式,落实“三会一课”、主题党日、双述双评等制度。规范支部阵地、强化智慧党建平台运用,创新党建方式、提供党建活动场所、保障党建经费。精细管理服务,根据单位实际,制定党员积分管理制度,坚持每月一考核,每月一公布。树立正确用人导向,发挥党员先锋模范作用,加强支部战斗堡垒作用。强化监督管理。执行中央“八项规定”要求和省委、市委、区委有关规定,加强制度建设,强化规矩意识，构建防控廉政风险防火墙。在强化监管上,建立廉政风险责任制。局党委建立班子成员廉政风险防控责任制，建立各股室廉政风险防控清单,明确廉政建设责任及接受监督内容。落实“两同时”谈话、警示教育等制度。将重点廉政风险岗位人员、窗口工作人员、办公室与财务室工作人员纳入例行谈心谈话的范围,将“两同时”谈话贯穿全年,各班子成员累计开展例行谈话、提醒谈心谈话、“两同时”谈话290次以上。开展警示教育2次,并邀请区纪委领导到会指导。加强涉林资金监管。开展生态公益林、退耕还林等涉林项目资金清理检查,查出的问题限期整改,向纪委移交未在规定时间内整改到位的线索4起。畅通监督渠道。与派驻纪检组联系,实行执法办案工作监督检查。

9月29日,鼎城区林业系统警示教育大会会场

（提供:牟吉奎）

植树造林。根据创建省级森林城市总体规划,按照科学搭配彩叶树种、全面消除绿化死角的原则,有计划、分步骤、多形式开展国土绿化。2019年,营造林生产8800公顷。在境内沅澧干流及其支流、2条国道、5段高速公路、1条铁路、桃花源机场生态廊道可建范围内，区划生态廊道可建小班160个、规划生态廊道建设面积387公顷。开展以建设农田林网、打造“多彩鼎城”为主题的全民义务植树活动。义务植树月期间,区直和驻区单位干部职工开展农田林网道路绿化和乡村振兴示范片道路绿化,各乡镇发动群众,因地制宜,围绕城边、村边、路边、水边、房边等空隙地开展义务植树活动,全区义务植树165万株。示范开展秀美村庄建设。推进草坪镇兴隆街村、教门冲村、陡惠渠居委会3个秀美村庄示范村建设，选取100户示范户

开展庭院经济模式为主的示范户建设。启动创森造林工程。在十美堂镇等湖区乡镇实施以提高湖区森林覆盖率为重点的创建省级森林城市造林工程。

森林资源管理。实施森林督查,落实保护发展森林资源目标责任制。实施公益林保护19992公顷,发放补偿资金434.94万元;实施森林禁伐减伐21834公顷,区政府投入24.27万元专项资金用于林农补助;实施太阳山等“三山”保护3858公顷,补贴金额169.92万元。开展“绿盾”“绿卫2019专项执法”、森林督查、生态环境专项整治、非法取土采砂专项清理整治、违建别墅专项清理整治等行动,开展涉林重点领域治理,办结涉林违法行政案件14起。开展专项整治行动,查处案件21起,向相关部门移送违法案件线索8条、涉黑涉恶线索3条,向有关乡镇发出建议函35件,关停或取缔取土采砂场28家,恢复林地52.3公顷。试点特色油茶林投保3333公顷,商品林投保39333公顷,公益林投保18253公顷。

林业有害生物防治。实施松材线虫病疫木除治,除治疫木13512株,禁止疫木调出。开展松材线虫病春季普查和越冬代松毛虫调查、启动松材线虫病传播媒介综合防治、采购林用烟剂40件预防黄脊竹蝗和竹青虫爆发,预防林业有害生物危害。

野生动植物保护。开展“湿地保护日”“世界野生动植物日”“爱鸟周”宣传。开展“野生动植物及其产品经营许可证”“湖南省地方重点野生动物人工繁育许可证”年审年检。根据《湖南省清理规范猎捕、繁育、经营利用野生动物行动实施方案》要求,督导检查全区境内野生保护动物人工繁育场所、辖区内餐馆酒店农贸市场、宣传法律、法规,在野生动物主要分布区和集群活动区进行清网、清套、清夹,加强重点地区监测、巡护,纠正各类乱捕乱猎和不规范经营行为。

湿地保护修复。鸟儿洲国家湿地公园试点建设通过国家验收评估,小微湿地建设获省、市好评。根据《洞庭湖生态环境专项整治三年行动计划》要求,为探索湿地生态修复,建立健全生态环境治理体系,推进鼎城区湿地生态环境综合治理,启动马家吉河段至冲天湖区域湿地生态修复项目,项目投入99.28万元,修复面积121.8394公顷,建设长度13.199千米。项目采取湿地植物种植、退渔(耕)还湿、水系联通、净水清洁养殖、河岸鸟禽栖息地修复等措施实施。

优化经济发展环境。抓政务服务质量。行政许可服务事项由14项清理至10项,取消采伐林木权属证明材料等33项行政审批证明事项,规范森林资源资产评估等3项中介服务事项。行政许可服务事项纳入“互联网+政务服务”平台,10项政务服务事项进窗口,按照“一支笔”“一张表格”审批制审批,审批时限平均增速70%,永久性征占用林地审批时间不超过7个工作日。推行林业站一站式全程代理服务,落实“一件事一次办”工作要求,打通为林农服务的最后一公里。落实减税降费政策。按政策取消林权交易费、勘测费,降低营林规划设计、验收服务费,为服务对象年平均减免费用近80万元。抓企业服务效能。落实《领导服务联系企业工作制度》,由8名班子成员结对联系林业企业,提供一对一服务,支持金标粮油、申友农林等16家企业发展资金近400万元,协调处理用地手续办理、原材料进场等问题9起。抓科技服务水平。启动建设油茶标准化示范基地4个,开展油茶高效栽培等技术培训15期,培训林农1100人次,安排区、乡两级林业工作人员参加省级以上业务培训15人次。在全区优化经济发展环境评议工作中,区林业局排名第七。

油茶产业发展。鼎城区人民政府下达2400公顷生产计划,实际生产2847公顷,新造1020公顷,超计划13%;油茶低改1827公顷,超计划21.7%。实施鼎城茶油品牌建设,鼎城茶油地方标准由湖南省质监局发布,天地农耕公司参加深圳、香港产销对接和国际美食博览会,并获好评。开展油茶特色园区建设,推进云溪谷油茶特色小镇加工配套建设,编制产业规划。

森林防火。在春节、清明节、国庆节连续晴天高温情况下,未发生一起森林火灾,全年森林防火工作“零火灾”。

驻村扶贫。2019年,鼎城区林业局联系扶贫点村谢家铺镇匡家桥村、双桥坪镇王家咀村,派出驻村工作队员3名,坚持到贫困户家中,上午走访,下午汇总整理问题,提出解决问题意见。为贫困户匡建民家庭解决因车祸致贫问题,为贫困户杨启权大儿子头部肿块手术费用想办法,其父子2人被聘为护林员。驻谢家铺镇匡家桥村工作队被评为2019年先进工作队。 (牟吉奎)

【林权管理服务中心】 2019年,鼎城区林权管理服务中心以“稳机构、打基础、强管理、抓服务”为主线,推进各项工作。乡镇林业站日常监督管理工作。抓乡镇林业站“一站式、全程代理服务”工作,以“利民、便民、公开、规范、高效”为原则,推进乡镇林业站从管理型向服务型转变,让群众少跑腿、能省钱、不误事。抓森林保险工作。协助国寿财保公司和中华财险开展全区森林资源投保和理赔工作,全区18253公顷生态公益林,43333公顷商品林于10月末投保,收取保费134.6万元。全区发生森林保险理赔案件23起,涉及面积352公顷,赔付金额253.8万元(其中商品林理赔案件17起,面积259公顷,赔付金额224.8万元;生态公益林理赔案件5起,面积93公顷,理赔金额29万元)。抓山林纠纷调解工作。全年参与调处林权纠纷18起,办结17起,其中乡级矛盾1起。受理涉林来信来访来电20余次,答复相关政策咨询30余次。林下经济发展。2019年,鼎城区获评以县为单位的国家级林下经济示范基地县,常德市震坤农林开发有限公司成功申报省级林下经济示范基地,获省级林下经济扶持项目资金10万元。林下经济总产值5.5亿元以上。开展林权登记林调工作和森林资源流转的审核、审批工作,组织林调5起,审核、审批森林资源流转2起。 (周立泉)

【国家森林草原防灭火办公室督查鼎城区春节前森林防灭火工作】 2019年1月30日,国家森林草原防灭火办公室督查组到鼎城区督查春节前森林防灭火工作。鼎城区领导王直华、熊辉参加汇报会并陪同。督查组听取鼎城区委、区人民政府关于春节前森林防灭火工作开展情况汇报,查看鼎城区林业局森林防灭火装备器材,到花岩溪国家森林公园实地查看森林防灭火工作落实准备情况。督查组给予鼎城区森林防灭火工作高度评价,指出鼎城区委、区人民政府政治站位高,高度重视森林防灭火工作,坚持了预防为主、重在防范的工作理念,工作责任落实,各项工作措施到位,连续3年零火灾,工作经验值得推介。 (牟吉奎)

国家森林草原防灭火办到鼎城区调研森林防灭火工作会议会场 (提供:牟吉奎)

【常德市委副书记、市人民政府市长曹立军考察云溪谷油茶特色小镇油茶基地】 2019年9月26日,常德市委副书记、市人民政府市长曹立军一行到鼎城区谢家铺镇调研云溪谷油茶特色小镇油茶基地建设情况,鼎城区委副书记、区人民政府区长朱金平,鼎城区人民政府副区长熊辉陪同。 (牟吉奎)

9月26日,常德市委副书记、市人民政府市长曹立军(右)一行考察云溪谷油茶特色小镇油茶基地 (提供:牟吉奎)

【鼎城区林业局获评“全国生态建设突出贡献先进集体”】 2019年9月5日，从全国退耕还林还草工作会议获悉，鼎城区林业局获评“全国生态建设突出贡献先进集体”，该次受表彰的全国生态建设突出贡献先进集体中，常德市仅1个。鼎城区林业局坚持生态保护优先、科学谋划发展的思路，全区森林资源保护加强、国土绿化推进、森林质量提升，森林生态屏障成型。实施世界银行贷款造林、封山育林、珍贵树种培育等营造林项目，开展森林城市、乡村建设，森林蓄积量年增长4%以上，林地面积稳定在7万公顷。（牟吉奎）

国家森林乡村——石板滩镇毛栗岗村村貌
（提供：牟吉奎）

水　利

【概况】 2019年，鼎城区水利系统全体干部职工凝心聚力，推进各项工作。

防汛。2019年，鼎城区出现前涝后旱的情况。入汛后遭受多轮强降雨过程，6月初至7月上旬，该区遭遇多次强降雨过程，平均降雨331.1毫米，较2018年同期133.1毫米偏多148%。冲柳高低水长时间高水位运行，出现垮坡5处；超美水库3次达到汛限水位，超汛限运行9天；牛屎湖超警戒水位运行3天。入汛以来，区防汛指挥部履职尽责，科学调度，全区水情保持平稳，未形成大的洪涝灾害，所有河道均保持在警戒水位以下运行。通过信息平台发送气象短信近3万条，转发气象专报、预警等144份，下发工作通知42份，重点抓水库安全度汛、山洪灾害防御和堤防巡查。各分指挥部及区直水利工程单位按照防汛要求报送水位数据，为科学调度全区控制性水利工程提供数据参考。适时调度苏家吉水闸、泵站等控制性水利工程，保证高低水水位控制在警戒水位以下。区防指派出6个督查组开展为期一周的拉网式防汛督查，现场下发交办函12份并通报存在问题的13个单位，要求及时整改，确保度汛安全。

抗旱。该区连续30天遭遇35℃以上高温天气，连续80天无有效降雨，旱情严重时全区近8000公顷作物受旱、2300人饮水困难。区防指数次组织抗旱会商并下发抗旱相关通知，要求各级各部门认识旱情的严重性，保证人畜用水安全抗旱工作底线，有计划蓄水保水，严格控水、合理用水。各乡镇通过乡镇出资、村级自筹、以工代投等形式解决部分山塘蓄水、渠道输水、河坝拦水问题。中、小型水库采取分区分时段供水，坚持“先高后低、先远后近”原则。湖区冲柳高低水做好蓄水保水工作，为后期抗旱留足水源。区防指从西毛里湖向冲柳高水补水1500万立方米，缓解冲柳高水流域的干旱问题。对接区气象部门，于9月10—11日分别在双桥坪镇庆丰水库、区园艺场、跃进水库进行人影作业，发射火箭炮12枚，实行有效增雨。

日常管理。实行河道规范管理，派专人管理湖区一、二线堤防、险工险段、穿堤建筑物，做到任务到人、责任到人。落实每周周一、周三、周四堤防及河湖巡查制度，重点督查巡查人员到岗到位、履职尽责、工作落实等方面的情况，全年开展堤防检查评比4次。创新水库管理举措，开展水库管护员培训，签订水库管护责任书，明确管护责任人、安全责任人，编制全区中、小型水库度汛方案、应急预案及重大安全隐患水库疏散转移方案，保证电话畅通、水位水量清楚、巡查观测记录完善。实施泵站管理，按照创建规范化泵站管理模式，制定开停机申报制度，督促各泵站日常工作按规范执行，节约排渍电费。抓财务管理。所有专项资金实行一套账核算，反映水利系统财务信息和预算执行信息。区直水管单位账目采取下放集中核算的方式，提高区直水管单位财务工作的整体责任性。落实专项资金监督管理,提高资金使用效率,落实财务日常收支工作管理。抓水土保持宣传,区人民政府常务会议把水土保持方案审批手续纳入取土、采矿等项目(企业)审批手续中。参与水土保持委员会打击非法取土、采石、采矿、制砂专项整治行动,现场核查相关项目44个,下达整改通知37个,查处水土保持违法企业2家。

争资争项。落实区人民政府下达的固定资产投资和争资争项任务,累计入库固定资产投资项目10亿元,完成争资争项任务近2亿元。实施洞庭湖除险加固一期规划、农村安全饮水扩容提质规划、易涝区排渍规划,规划资金近6亿元。

河(湖)长制工作。拆除侵占堤防岸线违法建筑28处,拆除河湖拦栅、栏网、网箱213处,拆除矮围15处,珍珠退养600余公顷,砍伐欧美杨660公顷。河道管理范围内33处砂石码头(堆场)、搅拌场全部按要求整治到位并销号;打造区乡级样板河湖22条,沅江风光带样板河创建被省河长办推介为全省示范。出动车船428次,出动执法力量1876人次,打击沅澧两水非法盗采砂石行为14起,移送涉案人员39人。

秋冬修水利建设。2019—2020年的秋冬修水利建设坚持以国、省投为主导,镇村为主体,整合资金,贯穿治水惠民,抗灾保收的主线,投资13亿元(其中国省投资项目2.69亿元、区级投资项目300万元、筹劳折资项目1.1亿元、融资投资项目6.6亿元、部门涉水项目2.8亿元),重点实施中小河流治理、沟渠疏浚、易涝区排涝能力建设、水库除险加固、机电整修、水厂扩容提质、水系生态治理等工程,增强全区防汛保安、抗灾保收及保障饮水安全能力。

农村安全饮水。投入156万元,实施韩公渡流花口水厂、韩公渡立新水厂、中河口惠民水厂、谢家铺关门洲水厂5处巩固提升工程,饮水提质惠及4.66万人。配合市水利局编制《全市农村饮水安全巩固提升万吨以上规模水厂规划》,全区规划"两西"大水厂片区、牛鼻滩大水厂片区、五溪大水厂片区、沧山大水厂片区、城乡供水一体化片区水源工程。组织乡镇水利站、村居摸底核查全区建档立卡贫困人口饮水安全问题3次,逐户建立饮水安全台账。全区18个乡镇、2个农林场、3个街道办(不含玉霞街道办)建档立卡贫困人口14184户43764人饮水安全问题得到解决。整改领导交办、舆情反馈、群众投诉、核查发现的饮水问题。在草坪镇新建增压泵站2处,解决该镇三角堆村、兴隆街村用水高峰时段供水不正常的问题。在许家桥回族维吾尔族乡杨公庵村新建增压泵站2处,解决该村80余户群众水压不足、水量偏小的问题。铺设近300米支管解决尧天坪镇伍福桥社区三组贫困户朱克勇家的自来水问题。现场调研全区问题突出水厂9处,优化11处水厂巩固提升应急改造方案。按常政办发〔2008〕9号文件精神,落实五保户、困难户区级水费补贴资金161.76万元,全额补贴到相关水厂。

库区移民后扶工作。2019年,因政府机构改革,库区移民后扶工作职能由原区扶贫移民开发局划转到区水利局。区水利局按照后扶人口管理规定,年度后扶人口由乡镇上报改为通过交叉检查,结合计生、公安、民政等部门资料核实后确定,并对核减人口实行公示公告,由区库区移民事务中心以书面形式把核实情况告知当事人,规范后扶人口管理。截至年末,登记人口17684人。编制年度项目实施计划,投入移民专项资金3034.78万元。改善基础设施,加强产业培育,督查重点移民村整村推进工作。全年接待移民信访22人次,所诉问题全部妥善解决;处理平信5件,办结5件。全年未发生越级集访和群体性事件。

党建工作。利用干职大会、周五主题党日、三会一课时间集中学习贯彻习近平新时代中国特色社会主义思想,开展"不忘初心、牢记使命"主题教育。开展党委中心组学习12次、主题党日集中学习27次,开展专题讨论4次。鼓励干部职工利用业余时间学习《中国共产党章程》《习近平谈治国理论》《习近平关于"不忘初心、牢记使命"论述摘编》等书籍,学习自觉化、常态化。开展结对帮扶、党员进社区、党员志愿者下基层等活动，组织党员干部到基层、到点村为留守儿童、孤寡老人、困难群众、弱势群体送书籍、送资金、送物资。全年开展党员进社区活动3次、党员志愿者下基层6次。开展“七一”建党节系列活动，召开全系统表彰大会，表彰优秀党务工作者9名、优秀党员37名，走访慰问老党员、困难党员24户，组织机关党员到尧天坪文甲农民起义纪念碑和镇德桥镇党校进行党性学习，重温入党誓词，接受革命传统教育。组织开展庆祝新中国成立70周年系列活动，参与全区“红歌”比赛，国庆节当天组织全体干职集体升国旗、观看阅兵式。经过培训考察，发展党员3名，预备党员转正4名，上报入党积极分子8名。（李佳锴）

【善卷垸】 善卷垸位于沅水南岸，北临沅水，东抵枉水，有临洪大堤33.5千米，沿大堤穿堤建筑物27处，总集雨面积91平方千米，保护斗姆湖街道办事处、红云街道办事处、玉霞街道办事处、郭家铺街道办事处、德山镇、许家桥回族维吾尔族乡等及省、市、区属450余个党政机关、企事业单位、近16万人口生命财产安全，桃花源机场、桥南市场、国道319、207国道，常张、常吉高速公路及11、22、50万伏高压输电线路等基础设施坐落在垸内，保护固定资产总值100余亿元。

2019年，善卷垸组织排查穿堤设施30处、防汛隐患1处，重点隐患实行登记造册，编制度汛预案。召开全垸防汛抗旱工作会议，划分防汛抗旱任务，确定防汛岗位责任制。划分全线33.5千米大堤清基扫障任务到单位每位职工，结合水利局信息平台每周巡查堤防3次。开展水法宣传，加强水政执法人员素质，提高执法水平，加大水事案件侦查。全年水政监察中队人员采取分班巡查、统一行动的方式配合上级部门，查处违法盗采挖砂卵石事件4起。（谢华胜）

【八官崇孝垸】 八官垸属于沅澧垸，处于沅澧水尾闾的冲积平原之上，是洞庭湖水系的西洞庭湖部分。该垸四面环水，垸内地势较为平坦，地势西北略高于东南，防汛堤段总长99.639千米，穿堤建筑53处，有电排机埠12处。该垸面积约21333.33公顷，辖牛鼻滩镇、韩公渡镇、区特养场、贺家山原种场，30个行政村，总面积221.8平方千米，总人口10.26万人，其中城镇人口1.54万人，农村人口8.72万人，耕地13200公顷，地区生产总值12.8亿元，固定资产总值15.5亿元。是洞庭湖畔粮、棉、渔、油及珍珠生产的重要基地之一，也是湖南省确保垸之一。

2019年，八官崇孝垸防汛抗灾工作，班子成员、技术骨干组成检查队伍，排查辖区内重点穿堤建筑物、险工险段安全隐患3次，由垸委会筹措资金，处理存在隐患的穿堤设施、险工险段。召开2019年防汛抗旱工作动员大会，分析防汛工作总形势，提出工作任务，落实防汛抗旱岗位责任制，重点抓防汛抢险队伍组建，熟悉演练防汛预案。抓堤防管理。针对沅水一线大堤、高水间堤、低水间堤，制定堤防及河道保洁管理考核细则。落实日常巡查工作，禁止焚烧秸秆；安排专人进行穿堤建筑物及险工险段的日常养护工作。设立主任、股长、党员示范样板堤，指导管养工作。堤面平整高水间堤3+400—4+800、1+200—13+100处堤段，埋土回填坑洼较深处，解决辖区防汛堤段路面畅通问题。抓水政执法，上半年河道巡查409人次，处理群众举报26起，打击非法采砂船只近20艘。其中，移交公安机关3起，报水政监察大队2起，切割吸沙设备2台。查获并封存非法吸沙船3艘。2019年，沅水一线大堤在全区水利系统2次堤防检查中分别获第一名、第二名。该垸一线临洪大堤在鼎城区水利局“关于湖区堤防及河道保洁管理考核评比”中，获全区一等奖。（葛慧峰）

【民主阳城垸】 民主阳城垸位于洞庭湖滨，澧水尾闾，属澧水水系。东隔澧水尾闾洪道与安乡相望、南临汉寿西湖管理区，西南接八官崇孝垸，西连冲柳垸，北临津市西毛里湖垸。全垸集雨面积343.29平方千米，占沅澧大圈集雨面积的24.7%。

垸内防洪保护人口17.3万人，保护耕地面积19210公顷，是鼎城区粮、棉、油、渔主产区。各类堤防总长98千米。其中澧水一线大堤长33.12千米。大堤16处穿堤建筑物，其中进水闸4处，交通闸1处，排污管1处，电排出水管6处，电排总装机容量8245千瓦。

2019年，民主阳城垸开展汛前安全检查，2月25日至3月17日，垸防指在澧水大堤、高水间堤和两湖渍堤以及穿堤建筑物处，进行多次汛前安全检查，发现的安全隐患，及时处理并向上级反映汇报。召开垸防汛抗旱工作会议，落实防汛岗责，并以文件的形式下发，签订防汛责任状，明确防汛队伍、防汛任务、防汛责任、防汛纪律。建立险工险段及穿堤建筑物台账，落实防守行政责任人、技术负责人和防守人员，组建穿堤设施管护队伍、工程技术队伍、巡堤查险队伍、专业抢险队伍，开展防汛抢险知识专业培训。修订防汛预案，落实防汛物资器材，建立台账，与供货单位和个人签订防汛物资商储和民储协议。签订穿堤建筑物与管护人员责任书，按照区河道站要求落实堤防巡查制度，实行动态巡查登记，登记建档沿线穿堤设施的运行情况和栏卡设施的启闭情况。按照区水利局要求和单位堤防管理制度，堤防管理人员每周一、三、四巡查责任堤段，登记上报巡查情况，并按要求传送图片和视频至堤防管理工作微信群。3—10月进行澧水大堤杂草清扫5次，进行高水间堤杂草清扫3次。落实堤顶防汛公路日常养护，及时修复沙河口至陶家湾段因运输外洲林木而损坏的路面。不定期开展水政执法巡查，全年巡查32次，其中夜间巡查9次，查处水事违法案件11起，查获非法盗采卵石采砂船6艘，参与省市水政联合执法5次，参与区水政大队执法5次。在“世界水日”“中国水周”期间，开展“送法下乡、水利普法”活动。分别到中河口镇、蒿子港镇、十美堂镇进行水法宣传，悬挂标语横幅20余条，散发宣传材料3000余份。调查摸底全垸取水工程，填报长江流域取水工程核查表。

（雷光华）

【冲柳垸】 冲柳垸位于鼎城区中部，东与民主阳城垸交界，南与八官崇孝垸隔河相望，西南与柳叶湖管委会接壤，北抵津市八宝湖，省道306线贯通全垸。垸内所辖镇德桥、石公桥、周家店、区园艺场、区特养场三个乡镇二个农渔场，64个行政村，总人口9.6万人；垸内总集雨面积366平方千米，耕地面积1.77万公顷，垸内经济以农业为主工业为辅，是鼎城区粮、棉、油及鲜鱼生产的主要基地之一。垸内有防洪大堤长109千米，其中高水81.12千米、低水27.88千米。沿堤有穿堤建筑物76处，其中外排装机23处/43台/5055千瓦，外排主干渠387千米。垸内有小(Ⅰ)、(Ⅱ)型水库24座，撇流渠道25条65千米。

开展防汛抗旱工作。2019年5月8日，冲柳垸召开防汛抗旱工作会议，各乡镇指挥召开防汛抗旱工作会议，成立领导班子，明确岗位职责，制定预案。汛期全垸干职及工程技术人员采取电话抽查和现场督查的方式，拉网式排查所管辖堤段、涵闸、水库，发现问题及时整改，不能整改的按要求制定预案并及时上报，指导各分所防汛抢险突击队员集训演练，调阅巡查记录，清点备份商储、民储点所储物。组织督查5次，保证制度执行到位，人员岗责落到实处。落实河(湖)长制。成立河长办工作办公室，各乡镇成立领导班子和工作班子。在“中国水周·世界水日”期间，开展水法宣传，规范水政执法。开展《中华人民共和国水法》《中华人民共和国水土保持法》《水源保护条例》等法律法规宣传，要求水政执法人员持证上岗、严格执法、公正执法、文明执法，印发各类宣传资料6600份，出动宣传车6场次，树立各类宣传牌20块。全垸24座水库取缔承包养殖合同，河库内禁止直排生活污水、人畜粪便，禁止倾倒垃圾、土石和其他废料，杜绝劣五类水质。

（陈志勇）

【冲柳排水工程管理处】 冲柳排水工程管理处主要职能是负责沅澧大圈冲柳地区1164平方千米的防洪、排涝、抗旱和沅水防汛水位观测任务。受益范围包括鼎城、武陵、津市、汉寿四区县市和柳叶湖度假区、西洞庭、贺家山农场，受益面积4.5万公顷，人口50万人。该工程其主要作用是将上游丘岗入湖的山水和湖区垸内渍水按照“先自排，后提排”的原则从苏家吉水闸和泵站注入沅水。苏家吉排洪站与苏家吉水闸，冲柳新（老）五甲拐水闸联合统一协调运行，解决冲柳地区排渍机埠被迫停排的威胁，从根本上减轻冲柳地区渍涝抢排的防汛压力。

2019年，冲柳排水管理处加强值班值守和预警响应，坚持领导班子成员带头防汛值班制度，确保24小时信息畅通，及时做好雨情、水情、工情的观测、监控以及数据资料分析、统计上报。根据区防汛抗旱指挥部指令，严格苏家吉排洪站、苏家吉水闸、新老五甲拐水闸调度，科学合理开关闸门和实时开机排洪。6月强降雨期间，苏家吉排洪站开机运行253台时，抢排渍水3560万立方米。在区水利局统一部署和安排下，结合“中国水周·世界水日”活动，开展水法规宣传，在苏家吉排洪站、苏家吉水闸、新老五甲拐水闸悬挂宣传横幅6条，张贴标语30张，送法下村和发放宣传资料110份。排洪站、水闸工程管理人员每天进行工程200米以内河道的日常巡查1次，每周向周边群众宣传河湖管理与保护的重要性1次。全年制止违法电鱼行为2起。 （何　敏）

【五里溪水库管理所】 五里溪水库属中型水库，控制集雨面积50.25平方千米，总库容2040万立方米，正常库容1380万立方米，相应水位59.20米，以水库为总水源，以渐河为总干渠组成五里溪中型灌区，灌溉面积3526.67公顷，受益乡镇包括蔡家岗镇、石板滩镇、灌溪镇，武陵区河洑镇白合村、洪流村、南湖村，武陵区丹洲乡。抓防汛抗旱工作。结合冬季蓄水少、有利检查时机，开展全面检查，查看五里溪分指范围内水库、堤防、穿堤建筑物、险工险段。汛前，会同各乡镇进行重点排查。5月16日，召开2019年度防汛抗旱工作会议，会议分析防汛抗灾形势，部署防汛抗灾工作，分指与五里溪水库管理所和所辖乡镇签订《责任状》，现场交办险工险段防守与涉河工程防汛工作等问题。按照区防指要求，补充五里溪水库防汛物资，主要补充碎石300立方米。用现场储备、商储等方式补充防汛物资。坚持落实防汛值班制度，确保上传下达及时准确。6—9月，辖区内多晴少雨，水库蓄水出多入少，进行调查摸底，掌握灌溉亩数，科学调度水库，制订输水计划，按照先远后近、先高后低、先旱后湿放水原则，保证无漏水、漫堤现象。抓河（湖）长制工作。聘请专业队伍为水库大坝每月进行砍草除杂1次；聘请专人清除垃圾，保证水库大坝外观整洁、无高秆杂草。自筹资金购买电动摩托车1台，每周巡查水库周边2次，发现问题及时上报处理。结合水法宣传，6月，开展“节水护水我先行”活动，采取走村入户发资料、流动宣传车广播、村村响播放、设置盾牌标语等方式，宣传河长制政策和环境保护相关法律法规。 （杨小峰）

【牛鼻滩电排管理站】 牛鼻滩电排管理站位于常德市鼎城区八官崇孝垸，东临汉寿西湖垸，南临沅水，西接护城丹洲垸，北界冲柳垸，东北与属民主阳城垸的西洞庭农场及同心障相邻，四面环水。垸内有常德市鼎城区、武陵区2镇1乡1场和贺家山农场，总面积255.28平方千米。 （曾祥保）

【沙河口电排管理站】 沙河口电排管理站位于民主阳城垸，该垸在常德市东北方，东隔澧水洪道与安乡相望，南临汉寿及西湖农场，西南接八官崇孝垸，西连冲柳垸，北临津市西毛里湖垸。垸内有西洞庭农场、西湖农场的部分分场。垸内总面积34326.67公顷，耕地面积18713.33公顷（其中水田11433.33公顷），居民14.93万人。民主阳城垸土地肥沃，水源充足，是鼎城区主要农产品、水产品及粮食生产基地之一，年主粮食67438吨，棉花5815吨，油菜7275吨，水产品10900吨，垸内绝大部分生产、生活依赖机电排灌作业。 （高立峰）

枉水灌区管理工作

【概况】 防汛抗旱。2019年枉水灌区年降雨量1650毫米，根据水情发展趋势，枉水分指采取措施，调度防汛工作。抓责任落实。5月19—23日、6月23—25日、6月29日—7月2日超美水库3次达防汛水位，分指启动四级响应，全员投入防汛。抓防汛督查。启动督查程序，查方案落实，查巡查值守，查夜间防守责任落实，查重点部位值守，查指挥所值班备勤，查物资到位等情况。抓动态调度。组织召开中型水库防守专题调度会，从值守人员、物资器材、防守部位、巡查方法方面，落实一库一方案，科学调度。8月下旬，灌区内作物受旱面积2446.67公顷，成灾面积940公顷，绝收面积156.67公顷，致人、畜饮水困难2700人、300头，粮食因旱损失0.27万吨，直接经济总损失900万元。枉水灌区分指召开专题会议，按预案合理调度抗旱用水，协调灌区内各乡镇进行行水管理。按照旱情变化，提前谋划，分派抗旱任务，实施水量分配和矛盾协调，指导跃进、沧山管理处各技术班组落实抗旱责任，保障农田正常灌溉、人畜饮水安全。

枉水灌区管理局检查沧山水库汛前准备工作

（提供：张娟）

水利工程建设。审计2017年度灌区续建配套与节水改造项目工作，实施2019年度枉水灌区区级补助资金项目水毁工程及灌区水价改革测算工作。开展2018年度枉水灌区配套与节水改造省级追补资金项目设计、招标工作及枉水灌区量测水设施项目实施。

队伍建设。落实党建工作责任制。按照2019年党建工作要求，党委召开会议专题研究2019年党建工作，印发党建工作要点、理论学习计划、党风廉政建设工作要点等文件。组织专题学习，强化党规党纪意识。把学习贯彻习近平新时代中国特色社会主义思想贯穿主题教育全过程。明确学习内容、通读所有篇目，坚持通读、深读、精读相结合。主题教育期间，每月集中学习不少于3天，每月集中研究不少于1次，以理论学习带动调查研究、检视问题、整改落实，以问题整改成效检验理论学习成效。采取学习、读书班、支部学习、读书心得交流等形式，围绕“明初心、守初心、坚定理想信念”“担使命、履职责、矢志为民服务”开展学习研讨。提高自律意识，筑牢党员思想防线。通过学习，提高党员干部廉洁意识，增强拒腐防变能力，在节假日和重要时间节点进行廉政提醒，抓廉洁自律和作风建设工作。

灌区维养和水毁工程。2019年，政府下达灌区维养资金50万元，拟实施渠道除险加固工程9条12处。年末，实际渠道除险加固施工9条12处，投资68万元。政府解决水毁资金37万元，拟实施渠道除险加固工程4条10处。年末，实际渠道除险加固施工4条10处，工程造价37万元。

新增量测水设施建设项目。项目批复投资426万元，其中中央投资298万元，地方配套投资128万元，实际到位资金362万元，其中中央资金298万元，地方配套资金64万元。该项目于2018年10月8日开工，2019年8月完工。实际建设量测水站38处、视频监控站15处，改建量测水站9处，改造综合信息管理系统平台1处。投资365万元。

灌区续建配套与节水改造省补资金项目。项目批复投资288.39万元，其中省补资金264万元，灌区自筹24.39万元。该项目于2019年10月11日开工，到2019年年末，改造西干支渠防渗衬砌2.3千米，投资180万元。 （张 娟）

【沧山管理处】 主题教育工作。召开动员会，每月开展集中学习3天、集中研讨1次，上主题党课，开展红色革命传统教育。对照党章党规查找不足，召开民主生活会，征求群众意见建议和上级反馈问题，检视自身问题，形成问题清单。针对基层单位体制机制、工程运行维护、人员状况、经费来源等方面，开展调查研究，形成调研成果。对照问题清单，分类制定整改措施，督促整改落实到位。

防汛抗旱工作。2019年，沧山管理处落实各项防汛指示，做好防汛抗旱准备，该区域安全平稳度过汛期、旱期。抓防汛抗旱责任落实，召开支委会6次、职工会3次。按岗位职责开展技术抢险、巡查、运行管护、信息统计、后勤保障。开展汛前安全大检查，2月至3月，组织技术和管理人员，启闭水库枢纽大坝、溢洪道、输水涵闸设施，检查灌区干渠及附属涵闸渡槽等工程设施，登记备案，列出问题清单，实施金霞干渠青龙井泄洪闸、牛耳冲隧洞出口多处山体滑坡，凉水干渠3组山体滑坡等险工险段水毁改造修复工程，制定预案，加强巡视检查。开展防汛工作督查，配合上级督查灌区两乡镇防汛工作3次。落实一库一方案，修订完善沧山水库防汛抢险应急预案，抗旱方案。补充防汛物资储备，水库补充防汛“三石”950立方米，备足编织袋等物资。加强值班备勤工作，汛前汛期汛后，实行24小时值班备勤，及时传递信息、落实工作任务。调度水工程运用，在总结往年雨水情况基础上，根据上级预测预报，分析沧山水库雨水汛旱情况，汛初分次空库迎洪，留足防洪库容。全年水情雨情平稳，汛期水库未达防汛水位，未发生险情。在保证工程安全的基础上，保持水库适度蓄水，保证抗旱灌溉水源充足。在抗旱工作中，召开支委会4次、职工会2次，调度安排抗旱任务落实，检查主干渠道，到黄土店镇、谢家铺镇调查，回复并处理金霞干渠尾水供水不足问题1次。7月上旬起，按预案合理调度抗旱用水，协调灌区内各乡镇做好行水管理。8月初，按区指和柸水分指要求，派出工作组到乡村指导抗旱，统筹兼顾上下游，保证农田正常灌溉；督促水厂抓生产和维护抢修，人畜饮水安全。

工程建设管理。沧山水库工程包括枢纽工程和灌区工程2类，枢纽工程有3座主副坝和溢洪道、输水隧洞，灌区工程有主干渠道4条76千米及附属渡槽、暗管、涵洞、闸门及启闭设施60余处。推行工程规范管理。建立工程管理制度，落实到岗到人。按工程划分岗位责任，落实巡查制度，建立巡查台账枢纽工程主汛期每日巡查，非汛期每月巡查。枢纽工程每处均明确专人负责除草、卫生等维护管理。安排专人常年打捞水面垃圾，组织职工清理水面2次。渠道配套节制闸、泄洪闸专人管理，灌区渠道行水期由工程管理人员巡视，发现并处理问题。开展安全生产工作。落实管理处、水厂、电站安全责任制，完善安全设施，购买灭火器、绝缘服、绝缘棒等器材。按照反恐工作要求，配备防恐、防暴器材，组织防暴演练1次。协助区水利局抓沧山水库除险加固工程建设的安全生产工作。抓河长制工作。安排部署河长制工作计划，落实巡河业务，制作水源保护标示标牌10块，清理水面白色垃圾8次，制止河道排污违法行为1次。

沧山水库输水闸门重建施工现场（原斜拉式改立式）
（提供：罗飞跃）

配合实施项目建设管理。11月,沧山水库除险加固工程建设启动,沧山管理处分批次空库泄水至适宜施工水位。组织协调建设方管理进场工作,派工作人员到村入户协调施工环境,踩点选址,实地勘测。进入施工阶段,单位工作人员全部分组设岗,确定职责,配合工程建设,选派10人参加建设指挥部小组管理工作,派工作人员昼夜值班,现场监督工程质量和进度。 (罗飞跃)

【跃进管理处】 党员队伍建设。2019年,组织干部职工政治理论、业务知识等教育培训,提高干部职工整体素质。周五主题党日活动常态化,开展主题党日活动46次,其中学习中共十九大精神和习近平新时代中国特色社会主义思想16次,开展扶贫等志愿者活动8次、红色教育2次,不忘初心、牢记使命主题教育学习8次,召开支委会12次。支部书记毛纯以“始终不忘理想信念这一根本”“铭记党史,不忘初心,牢记使命”“明初心、守初心、坚定理想信念”为题授课3次,枉水灌区管理局副局长娄立新上以“共产党员就是要‘不忘初心、牢记使命’”为题授课1次。注重提升党员队伍整治理论水平,增强党员队伍政治意识、大局意识、廉洁自律意识和遵纪守法观念。

防汛抗旱工作。3月进入部署和落实阶段,按照防大汛、抗大旱、救大灾思路,立足“早”字,注重“实”字,制定水库防汛抗旱预案,落实各项规章制度,补充防汛必备物资,防汛抗旱物资提前到位。制定抗旱调度方案,配合乡镇实施水量分配和协调矛盾等工作。

河长制工作。成立河长制办公室,明确专人负责日常工作,每座中型水库和河流明确1名班子成员负责,按照河长制要求,开展日常巡河工作,每月至少巡河1次,建立巡河台账,发现问题反馈给责任乡镇限期处理。

水利工程维修与维护工作。争取区级财政资金20.13万元,金刚河合井坝高昏抽筒处理、金刚河合井坝低昏堵塞处理、麻家溪隧洞出口淤塞处理、五溪渡槽漏水处理、大洋湖挡水钢闸门更换、金刚河闸门维修6处工程完工。配合鼎城区水利局做五溪水库大坝除险加固施工前期工作,已通过湖南省水利厅专家评审会评审。派出工程技术人员,指导协调灌区量水设施建设项目。收集上报许家桥回族维吾尔族乡、尧天坪镇、花岩溪镇、草坪镇、花岩溪管理处5个单位的水情、雨情、汛情、险情,指导防汛抗旱,水利建设和小型水库管养等工作。 (章庭珍)

工业

Industry

湖南响箭重工科技有限公司混凝土泵车

概　述

电　力

概 述

【概况】 2019年,鼎城区工业和信息化局(简称区工信局)贯彻区委经济工作会议精神,围绕“开放强区、产业立区”战略,做大做强企业、产业、园区。工业经济运行监测协调工作获全省先进,鼎城区中小企业服务中心获评湖南省中小微企业核心服务机构,推进新型工业化、园区目标管理工作获全市先进,工业稳增长获评市政府真抓实干成效明显地区,党委办公室、宣传思想、统战等工作获全区先进。在区人大评议区政府11个工作部门“优化经济发展环境工作”中,区工信局获第三名。

经济指标。全年,完成工业总产值355亿元,增长24.5%;工业入库税金7.5亿元,增长60%;工业用电增长26.5%;新增规模工业企业30家。其中,133家规上工业企业总产值302.5亿元,增速15.8%(全市排名第一);工业增加值增速13.5%(全市排名第一);入库税金6.59亿元,增长73.8%(全市排名第一);实现利润16亿元;规模工业万元增加值能耗下降率11.8%;工业固定资产投资增长5%,其中工业技改增速3%。新引进亿元工业项目24个,新开工亿元工业项目19个,新投产亿元工业项目13个。

招商引资。全年,招商项目3个:投资5亿元通威100兆瓦韩公渡镇渔光一体光伏发电项目开工建设;投资9亿元上海电气100兆瓦蔡家岗镇风电项目、投资6.4亿元特变电工80兆瓦双桥坪镇风电项目,与区政府签订投资协议,完成前期申报审批资料。区工信局招商引资2.2亿元,超额1.2亿元;争资争项1680万元,超额1380万元。

企业帮扶。在高新区设置办公室,配合园区,靠前服务企业。发挥桥梁纽带作用,开展银企对接,由政府推荐,通过财鑫公司提供担保、平台公司反担保形式为企业解决贷款3100万元,惠及企业15家,通过市工业投为企业解决过桥资金9192万元。举办鼎城区“创客中国”比赛,培育辅导机械制造、生物医药、食品加工等行业12个项目,其中云港生物、响箭重工两家企业进入全省20强,分别获省决赛二等奖、三等奖。开展送政策下企业活动,落实各项惠企政策措施,兑现工业企业用电增量奖励144.92万元,城镇土地使用税补贴70万元,新增设备投资奖励229万元。在全区开展百名领导干部服务百家企业活动,营造“亲企、重企”氛围。倡导“鼎城人用鼎城造”,更新《鼎城区鼓励使用消费本地名优产品名录》,采购当地名优产品,全年政府采购当地产品3.36亿元。

绿色发展。中联建起创建湖南省绿色工厂,特力液压实行两型企业认证,正荣机械、湘沅实业通过自愿性清洁生产审核。规模工业单位增加值能耗下降率11.8%。规范电力行政执法,维护企业发展权益,引导50余家用电大户企业进入电力市场直接交易,全年降低企业用电成本100余万元。抓传统产业绿色改造提升建设,推进实施特护期重点用能企业错峰生产计划,开展沿江1—5千米范围内化工生产企业排查摸底工作,排查“散乱污”企业20家,提升改造15家,关停取缔3家,整合搬迁1家,占总进度95%。

信息化工作。培育孵化互联网产业,组织企业申报移动互联网项目,常德天河互娱电子竞技有限公司获批补助30万元。到精为天、佳达电缆、德山表业等企业开展两化融合评估调查,组织企业申报“双创”平台试点,引导精为天申报2019年制造业与互联网融合发展试点。落实第五批电普试点建设民生项目,全年建成站点12个。举办“企业上云”培训班2期,推进300余家工业企业实现信息、管理和业务上云。启动草坪镇、灌溪镇、石板滩镇三个乡镇的通信线路迁改工作。

行政执法。全年,出动执法人员368人次,检查企业及用电大户142家,发现安全隐患234处,整改208处,停电、停业66家(次)。参与协调处理鹤王蚊香棚户改造、广德医药破产重整、万家炊破产清理及非法集资等问题，维护企业和社会稳定。为移动、电信、联通运营商，及电力公司协调矛盾；与桥南管委会沟通，按文件精神免收通信租赁费，为电信、联通两家企业各节约租金64万元。鼓励工业企业上报黑恶势力违法犯罪线索，上报价值线索4条。

机关建设。开展“不忘实心、牢记使命”主题教育，利用主题党日开展“新春佳节话党恩”、班子成员讲党课、“我和我的祖国”歌曲演唱、“联学联创”特色主题党日活动。全年上报各类文字信息102条，被《常德日报》、常德市工信局网站、廉洁常德公众号、鼎城区人民政府网站、鼎城手机报等宣传媒体采用82条。抓文明单位建设，组织工会活动3次；组织干职参加穿越桃花源、花岩溪帐篷节、常德马拉松赛事等活动；组织参加全区气排球比赛并获第二名。（聂志兵）

道德讲堂　　（提供：曾博麟）

【鼎城区工信局做客鼎广电台《阳光政务》】 2019年3月26日，鼎城区工信局党组成员、总经济师任红霞一行4人走进鼎广电台《阳光政务》直播间，与听众朋友进行“零距离”交流。节目中，任红霞向听众们介绍了区工信局的单位职责、阐述工业与信息化工作思路和工业经济目标，相关人员现场解答惠企政策、企业服务、信息化建设、电力执法等方面问题。（吴晓娇）

鼎城区工信局做客鼎广电台《阳光政务》

（提供：吴晓娇）

【2019年“创客中国”中小微企业创新创业大赛鼎城区初赛举行】 2019年6月14日，由鼎城区工业和信息化局主办，鼎城区中小企业服务中心、鼎城区中小企业公共服务平台承办的2019年“创客中国”中小微企业创新创业大赛鼎城区初赛，在华邦国际大酒店成功举行。鼎城区人民政府副区长王直华、常德市中小企业服务中心主任陈纯进、鼎城区工信局全体班子成员出席活动。大赛以“围绕产业链，打造创新链”为主题，旨在激发创新潜力，集聚创业资源，营造“双创”氛围，打造中小微企业交流展示、产融对接、项目孵化、产业链对接和创新产品推荐平台。来自机械制造、生物医药、食品加工等不同行业的12个优秀项目参加比赛。比赛现场，参赛企业通过抽签，依次上台进行项目展示和评委互动问答，评委从项目的创新性、经济效益、社会效益、可推广性、可复制性等方面进行打分。最终，常德市淘发源生物科技有限公司获一等奖，常德云港生物科技有限公司、湖南响箭重工科技有限公司获二等奖，湖南省斯盛新能源有限责任公司、湖南云谷生物科技发展有限公司获三等奖，常德市源宏食品有限责任公司、常德市金佰特节能环保科技有限公司等7家企业获优胜奖。

（吴晓娇）

2019 年"创客中国"中小微企业创新创业大赛鼎城区初赛现场 （提供：吴晓娇）

【双桥坪镇官堰坪村"爱心角"】 双桥坪镇官堰坪村是鼎城区工业和信息化局脱贫攻坚工作联系点村，贫困人口数在鼎城区排位第三，经过帮扶，村级基础设施和基本服务得到完善。贫困户住房、医疗、教育助学、产业帮扶得到保障。截至 2018 年年末，已脱贫 119 户 412 人，19 户 42 人未脱贫。2019 年冬天，大雪降临、寒风刺骨，他们仍穿着陈旧单薄的衣服在田地里劳作。驻村帮扶工作队队长谷以泉在微信群里发了一条"欢迎帮扶责任人及后盾单位干职为官堰坪村贫困户捐赠衣物传递爱心"，第二天就收到区工信局干职捐赠的衣服、鞋子 100 余件。工作队员在官堰坪村村部开辟了"爱心角"，将大家捐赠的物品整理上架，给村民温馨提示："衣物您如果用得上，请安心带走"；向捐赠人承诺："您所献的爱心我们会及时传递给贫困户"。爱心角"开张"第一天，就有 3 个贫困户领走衣服、鞋子、围脖等物品 10 余件。驻村工作队队员如是说："我们帮扶的贫困户大部分已经脱贫，但我们还要提高他们的生活质量，让他们把有限的资金用于发展生产，我们的'爱心角'会坚持做下去，在品种上还将增加雨伞、雨鞋、毛毯、手套等生产生活必需品。" （谷以泉）

爱心角 （提供：谷以泉）

【"企企通·万企上云"工作部署会召开】 2019 年 7 月 26 日，鼎城区工信局召开"企企通·万企上云"工作部署会，会议由区工信局党组成员、副局长张建国主持，区中小企业服务中心主任吴慧英、中国联通鼎城分公司负责人王策及 20 余家规模企业代表参会。会上宣读了《关于 2019 年鼎城区中小企业开展"企企通·万企上云"活动的通知》，联通公司负责人向与会企业介绍"云网一体化"相关知识，粤港模科网络事业部负责人介绍使用云业务后为企业带来的便利和效益。会议指出，企业"上云"是企业降低经营成本，提高生产经营效率和管理水平的重要手段，各企业要提高思想认识，把握时代发展趋势，将企业"上云"纳入经营发展的重要议程，各运营商要让利给企业，给企业降本增效，助力企业腾"云"发展。下一步，区工信局通过政策宣传、评选标杆企业、举办多形式的培训对接会等措施，营造"企业上云"氛围，加快"企业上云"进程。 （吴晓娇）

【"金秋助学·成就梦想"公益行活动】 2019 年 8 月 26 日，鼎城区工信局携手鼎城区企业家协会，到双桥坪镇官堰坪村，开展2019“金秋助学·成就梦想”公益行活动。鼎城区工信局党组书记、局长马庆云，区工信局党组成员、副局长张建国，区企业家协会部分爱心企业家、受助学生及家长等40余人参加。该活动得到区企业家协会支持和关注。精为天生态农业股份有限公司董事长彭长秀、湖南湘北水泥有限公司董事长赵金秋、常德市鼎城区武陵水泥有限公司董事长杨启贵、湖南亲零嘴食品有限公司董事长刘明高等22位企业家，为贫困学子送去助学金。“金秋助学·成就梦想”公益行活动为贫困学生筹集善款7万余元。　（吴晓娇）

8月26日，区工信局携手区企业家协会到双桥坪镇官堰坪村开展“金秋助学·成就梦想”公益行活动
（提供：吴晓娇）

表6　2019年鼎城区规模工业企业基本信息一览表

序号	企　业　名　称	法人代表	地址
1	湖南特力液压有限公司	芦晓岚	灌溪工业园
2	常德辰州锑品有限责任公司	彭德森	郭家铺街道
3	湖南中联重科建筑起重机械有限责任公司	腾明友	灌溪工业园
4	常德市鼎城年丰粮油饲料有限公司	胡春喜	双桥坪镇
5	精为天生态农业股份有限公司	彭长秀	石公桥镇
6	常德市鼎城金标粮油工业有限公司	徐建明	桥南工业园
7	常德天美乐冷冻食品有限公司	赵军科	桥南工业园
8	常德市鼎城区裕佳食品有限公司	廖进夫	中河口镇
9	湖南宏旺石油有限公司	刘　震	桥南工业园
10	常德市先玉网具有限责任公司	陈先玉	郭家铺街道
11	湖南省佳达电线电缆有限公司	林义祥	灌溪工业园
12	常德市鼎城区武陵水泥有限公司	杨启贵	灌溪工业园
13	湖南湘北水泥有限公司	赵金秋	蔡家岗镇
14	常德长岭机械制造有限公司	袁付华	灌溪工业园
15	常德东鼎动力机械有限公司	高克松	灌溪工业园
16	常德市联嘉机械有限公司	王建忠	桥南工业园
17	常德市佳诚机械有限公司	罗　益	桥南工业园
18	常德质中电通讯设备制造有限公司	黄跃贤	桥南工业园
19	常德金煜机械有限公司	宁自珍	石板滩工业园
20	常德佳鸿机械有限责任公司	铁美珍	灌溪工业园
21	常德市迪格机械制造有限公司	张春华	灌溪工业园
22	湖南武陵机械制造有限公司	陈颂东	灌溪工业园
23	湖南润田农机装备科技股份有限公司	贺胜浩	蒿子港镇
24	湖南常德南方水泥有限公司	全必刚	石板滩工业园
25	湖南省天和建材有限公司	汪建球	桥南工业园
26	常德市荣程机械有限公司	朱四文	灌溪工业园

续表 6

序号	企业名称	法人代表	地址
27	湖南响箭重工科技发展有限公司	阎 军	灌溪工业园
28	常德市格佳机械有限公司	毛国英	灌溪工业园
29	常德市振东机械有限公司	江 帆	灌溪工业园
30	湖南常德南方新材料科技有限公司	邵明福	桥南工业园
31	常德华利烟机配件有限公司	宁艳华	石板滩工业园
32	常德市三金结构件制造有限公司	周 亮	灌溪工业园
33	常德市鼎城永欣机械制造有限公司	刘孝华	石板滩工业园
34	常德鹏达机械加工有限公司	彭世金	灌溪工业园
35	常德市中凯机械工业有限公司	陈跃明	灌溪工业园
36	常德市鼎城合力机械有限公司	唐丁尖	灌溪工业园
37	湖南福祥天茶业有限公司	曾 义	桥南工业园
38	常德牛牛米业有限公司	姜大新	许家桥回族维吾尔族乡
39	常德云港生物科技有限公司	邓家国	桥南工业园
40	常德科锐新材料科技有限公司	肖志才	灌溪工业园
41	常德湘沅实业有限公司	易建平	灌溪工业园
42	常德市鼎城区奥兴机械有限公司	李必顺	灌溪工业园
43	常德市鑫文天工贸有限责任公司	邓小兵	灌溪工业园
44	湖南省双豹粮食机械有限公司	蔡胜黎	桥南工业园
45	湖南常德德山表业有限公司	陈 勇	桥南工业园
46	常德市广汇气体有限公司	沈正湘	灌溪工业园
47	常德市景云塑业有限公司	刘景云	桥南工业园
48	常德湘大环保科技有限公司	徐联菊	桥南工业园
49	湖南善德堂中药饮片有限公司	熊中平	郭家铺街道
50	常德市金佰特节能环保科技有限公司	赵克军	桥南工业园
51	常德顶兴混凝土制品有限公司	胡长跃	桥南工业园
52	常德市万家炊电子科技股份有限公司	刘兴成	桥南工业园
53	湖南林宇科技发展有限公司	郑发元	桥南工业园
54	常德汇泉食品有限公司	何永德	桥南工业园
55	常德市鼎城区正荣机械制造有限公司	代正荣	灌溪工业园
56	常德富贵铸造有限公司	唐必来	灌溪工业园
57	常德市鼎城区天野竹业有限公司	唐应龙	花岩溪镇
58	常德鼎城荣泰机械制造有限公司	周小军	石板滩工业园
59	常德立欣电子科技股份有限公司	邬书郎	灌溪工业园
60	常德同达机械制造有限公司	杨开新	桥南工业园

续表 6

序号	企　业　名　称	法人代表	地址
61	常德顺心食品有限公司	白建政	桥南工业园
62	常德市鼎城区升湘机械有限责任公司	郑　斌	灌溪工业园
63	常德市鼎城区众鑫棉业有限公司	余　红	谢家铺镇
64	常德市鼎城区自来水公司	刘　择	红云街道
65	常德七一水泵制造有限公司	谢　芳	草坪镇
66	常德市鼎城区新顺杰包装有限公司	周菊霞	桥南工业园
67	常德鹤王蚊香有限公司	伍可夫	玉霞街道
68	常德市敬佩粮油有限公司	丁时来	周家店镇
69	常德八百里酒业有限公司	贺胜忠	桥南工业园
70	常德天厦建材有限公司	姚　飞	双桥坪镇
71	湖南诚曜生态农业发展有限公司	刘建平	尧天坪镇
72	常德芙蓉烟叶复烤有限责任公司	侯　军	灌溪工业园
73	常德中和峰海金属结构制造有限公司	王剑锋	桥南工业园
74	常德隆程建材科技有限公司	胡　忠	蔡家岗镇
75	常德市北方饲料有限公司	程祥福	桥南工业园
76	常德金果园科技食品有限公司	罗方浩	桥南工业园
77	湖南常德航力服饰有限公司	李　敏	桥南工业园
78	湖南省希母生物科技有限公司	邓　飞	周家店镇
79	湖南瑭桥科技发展有限公司	官昌友	灌溪工业园
80	常德宜利管道制造有限公司	杨朝晖	桥南工业园
81	湖南和畅(常德)食品科技有限公司	王昌宏	灌溪工业园
82	常德市勇福农业发展有限公司	熊桂华	十美堂镇
83	常德天富生态农业发展有限公司	李凤文	中河口镇
84	常德市运达废弃油脂再生资源有限公司	严海军	斗姆湖街道
85	常德湘联木业有限公司	程度文	石板滩工业园
86	常德辉煌家俱有限公司	欧俊君	桥南工业园
87	湖南百特随车起重机有限公司	郑　斌	灌溪工业园
88	常德众鑫机械有限公司	李建念	桥南工业园
89	常德市飞泓光电科技有限公司	胡艳梅	灌溪工业园
90	常德市博亿新能建材有限责任公司	陈景新	尧天坪镇
91	湖南天正科贸有限公司	胡卫红	石板滩工业园
92	湖南亲零嘴食品有限公司	刘志伟	灌溪工业园
93	常德远大建筑工业有限公司	龙启满	灌溪工业园
94	常德铭饰家木制品有限公司	宋清平	灌溪工业园
95	湖南荣星互联家居文化产业有限公司	袁荣彤	灌溪工业园

续表 6

序号	企 业 名 称	法人代表	地址
96	常德市兴隆建材有限公司	梁战坤	周家店镇
97	湖南新湘达门窗有限公司	刘连财	灌溪工业园
98	湖南粤港模科实业有限公司	叶诚志	灌溪工业园
99	常德市鼎城盛祥混凝土有限公司	汪哲屹	石板滩工业园
100	常德市鼎城区依林建材有限公司	杨依林	尧天坪镇
101	常德市鼎城区南盛木业有限公司	陈南友	中河口镇
102	常德市五富建材有限公司	李新安	双桥坪镇
103	湖南霖辰科技贸易有限公司	朱厚霖	灌溪工业园
104	常德三友机械有限公司	陈和清	桥南工业园
105	常德市鼎城胜利冷气配件有限公司	龚浩然	桥南工业园
106	常德市鼎城区捷昇打火机制造有限公司	聂　松	石公桥镇
107	常德津沅食品有限公司	贺胜义	桥南工业园
108	常德市鼎城信达油品有限公司	禹芳银	桥南工业园
109	常德国力变压器有限公司	张家跃	灌溪工业园
110	湖南德迪机械有限公司	郑国栋	灌溪工业园
111	湖南天晟源消防科技有限公司	谭　军	灌溪工业园
112	湖南昊宇幕墙门窗有限公司	陈　宏	灌溪工业园
113	湖南凯盛钢结构有限公司	童科寰	灌溪工业园
114	常德天工机械有限公司	刘冬顺	石板滩工业园
115	常德市鼎城区中义机械有限公司	熊建明	灌溪工业园
116	湖南玉道环保科技有限公司	张　颖	灌溪工业园
117	常德市金恒机械有限公司	熊建明	灌溪工业园
118	常德市鼎城奕通机械制造有限公司	吴桃英	灌溪工业园
119	常德佳致钢化玻璃有限公司	黄国政	灌溪工业园
120	常德市鼎城东方恒康竹业有限公司	徐诗刚	桥南工业园
121	常德鑫芙蓉环保有限公司	倪正富	石板滩工业园
122	湖南旭宸环保科技有限公司	唐菱浠	灌溪工业园
123	常德市源宏食品有限责任公司	孙　权	桥南工业园
124	常德定海金铸建材有限公司	陈克学	桥南工业园
125	常德佳成明辉机械制造有限公司	宁爱民	灌溪工业园
126	常德瑞齐隆科技发展有限公司	刘孝华	灌溪工业园
127	湖南浩天翼航空技术有限公司	刘明星	灌溪工业园
128	湖南省斯盛新能源有限责任公司	林　泳	灌溪工业园
129	湖南翔拓新创实业有限公司	邱先见	灌溪工业园
130	湖南旭昱新能源科技有限公司	刘　海	灌溪工业园
131	常德市鑫鹏建材有限公司	杨　辉	许家桥回族维吾尔族乡
132	常德永盛液压机械有限公司	龚德梅	石板滩工业园
133	湖南海盛环保建材有限公司	汪建强	石板滩工业园

电　力

【概况】 2019年，国网鼎城区供电公司售电量9.79亿千瓦时，比2018年增加4975万千瓦时，增长3.04%；售电均价675.42元/千千瓦时，比2018年减少21.53元/千千瓦时。电费回收率100%。电费自然回收率99.49%，全市排名第4。用电负荷29.24万千瓦，比2018年增长7.56%。安全生产平稳有序，电网连续安全运行25周年。

电网建设。投入资金1.006亿元（其中网改9803万元），实施主网110千伏蒿子港变电站和35千伏秧田、中河口变电站主变压器扩容改造。新建改造10千伏配电线路10条（新建6条，改造4条），实施325个自然村、137个重过载台区网改、大修、技改及农维项目的施工。投入资金1857万元，实施“重点民生实事”项目，涉及行政村15个，居民9800户。建设扶贫村，完善村网结构，提升供电质量，为村民脱贫致富打基础。

优质服务。改善营商环境。优化营商环境实施方案，通过政策宣传、主动服务，开展转供电用户情况核查，清理桥南市场、财富广场等转供电客户16个，编制信息台账实行专项整治。缩短办电时间。高压、低压客户办电流程分别压减至4个、3个，客户提交资料种类、临柜次数和办理环节减少50%，低压、高压客户平均接电时间分别缩短至2.5天、13.4天。执行一般工商业目录电价，2次降价平均降低6.87分/千瓦时，降价总额1433.97万元，降幅8.9%。开展“三走进”、台区设备特巡、居民客户走访等专项工作，解决客户各类用电问题。结合党建工作，推进“八大服务工程”，弘扬“人民电业为人民”企业宗旨，完善现代服务体系，畅通供电服务“最后一公里”。

（周阁洪）

青年员工张潇（中）获“鼎城区五一劳动奖章”

（提供：周阁洪）

常德高新技术产业开发区

Changde High-tech Industrial Development Zone

常德国家高新区

鼎城年鉴（2020）

概　述

【概况】 2019年，常德国家高新技术产业开发区（简称常德高新区）以习近平新时代中国特色社会主义思想为指导，自觉践行新发展理念，贯彻落实创新引领开放崛起战略，抓项目、强产业、促发展，推进千亿园区工业新城建设，迈出高质量发展步伐。

产业基础。主要经济指标增速居省、市园区前列，技工贸总收入、工业总产值、规模工业总产值、规模工业增加值、高新技术产业产值、工业税收6项指标增速均居全市第一，综合排名在全省园区中前进38个位次。技工贸总收入500亿元、工业总产值380亿元、规模工业总产值270亿元、规模工业增加值60亿元，分别增长22%、36.2%、23.3%、16.8%。产值过亿元的企业63家，税收过千万元的企业10家、过亿元的企业2家。财政收入10.5亿元、税金8亿元，分别增长50%、76%。一般公共预算收入4亿元，增长82.96%，其中地方税收3.8亿元，增长72.32%。新增规上工业企业20家，累计120家。固定资产投资40亿元，增长21%。

发展质量。引进项目42个，合同引资额262.61亿元。其中，亿元以上项目34个，5亿元以上项目9个，10亿元以上项目7个；引进上市企业3家、500强企业3家、外资企业3家。新开工亿元工业项目23个，新投产亿元工业项目14个，4个项目纳入省重点项目、7个项目纳入全省“五个100”重大项目、2个项目纳入全市“100大新开工项目”。获批国家现代装备制造高新技术产业化基地、国家级科技资源支撑型双创载体、国家级科技企业孵化器，举办“智汇洞庭·科创常德”专场活动、“常德高新区第二届高新技术交流会”、湖南省创新创业大赛等活动，聘请戚发轫、庄逢辰等8名院士、专家为园区科技发展顾问，组建中小企业公共服务平台、常德市返乡创业联合会。

科技创新。争取上级资金1.9亿元，获批省重大项目5个，中联建起获批2019年国家品牌培育试点企业，斯盛新能源获批2019年国家工业强基重点产品工艺“一条龙”应用计划示范企业，武陵机械等27家企业获批市级工程技术研究中心，孵化器入驻企业近300家。新增高新技术企业19家，累计44家，高新技术产值增加值增长24.5%，高新技术产值占工业总产值比重66%，较2018年提高5%。投入研发经费8.43亿元，增长36.6%，占GDP比重9.7%。申请专利272项，授权315项。与湖南大学联建博士工作站及“金融发展与信用管理研究中心”，与广东工业大学联建“协同创新研究院”。申报省级外贸服务平台，外贸业绩“破零”企业4家，“倍增”企业3家，年进出口额2000万美元以上或合同外资1000万美元以上外商投资项目2个，外贸进出口额1.65亿美元，增长43.7%。

园区形象。建成标准化厂房23万平方米、总量100万平方米；实施浦轧Ⅰ、Ⅱ回线配电工程及浦石、浦武等电力线路迁改；塔铁西路、樟树西路、岗中大桥、岗中东路、富强路建成通车。生活配套园建成单身宿舍825套、公寓547套，酒店式公寓楼、科创大楼当前正在进行地面施工，市二中医院建设前期工作完结。安置小区入驻683户3290人，入住率85%。推进桥南园区整体退出，建立企业生产现状、搬迁意愿台账。落实污水处理设施整改工作，建成提升泵站4座，配套管网21000米。全年获批用地指标66.67公顷，启动征拆项目11个，征地90.85公顷。

自身建设。落实企业问题交办函制度，受理并解决企业反映问题121项，实现“最多跑一次”“一件事一次办”改革事项；产业基金到位6.5亿元，提供担保资金1.33亿元，减税降费1.2亿元；举办用工培训200余场次、培训企业员工5000余人，组织用工专场招聘会8场、解决用工3216人。打击涉黑涉恶集团1个、抓获犯罪嫌疑人23人，破获涉企案件7起、挽回直接经济损失100余万元，落实污染防治攻坚战任务，全年未发生较大以全生产事故，获批成立应急管理局、行政审批局、综合行政执法局。引进高学历干部16名，开办首届“实体经济发展与园区运营管理”和青年干部专题培训班。

（廖进武　罗伟）

办公室工作

【概况】 2019年，常德高新技术产业开发区办公室围绕大局、服务发展，履职履责、担当作为，落实年度目标任务。

精准服务。履行“三服务”职能职责，践行“文经我手无差错、事经我办请放心”岗位承诺。办理市、区两级人大代表建议、政协委员提案7件，满意率100%，解决涉及产业发展、项目建设、招商引资等事关园区发展的热点、难点问题。发挥协调督办作用，落实省、市民生实事办理，达到考核指标。受理民生热线300余个、“市民留言”12条、市长热线等上级交办件59件，均已办结或回复，办理回复率100%。建立健全应急值守机制，实行24小时值班值守，接待来访群众30余批次100余人次，处理信访问题15个。开展应急演练和处置，制定应急预案3个。承办“科创常德、智汇洞庭”、全市项目建设流动现场会、组建常德市返乡创业联合会等活动，参与各类大型招商活动的筹备协调工作。起草会议报告和讲话稿100余篇、各类汇报材料90余篇、其他材料200余篇。采编、上报党务、政务信息200余条，《做好三篇文章、助推园区发展》等信息被省、市采用刊发，党务、政务信息工作排名全市前列。编发常德高新区简报6期，及时印发上级政策和各类政策信息。组织开展大型调研活动3次，招商引资等考察调研成果转化为实际工作加以推进。深化改革工作获评全市先进，成功创建“市级文明标兵单位”。创新督查方式方法，抓领导批示件、党工委会议、主任办公会、专题调度会和重大活动、重大项目落实情况督查，落实安全生产、环境保护等工作专题督导，《坚持真督严导、助推园区发展》经验全市刊发。统筹安排全年服务党工委会议、主任办公会、专题会议80余场次，审核文件115份，处理明传电报130余份，传递领导批示件180余份，承办各类大型活动80余次，接待重宾30余次，均未出现差错，活动组织得到认可。

能力建设。推进办公室治理能力和治理体系建设，结合办公室“三定”方案和职能职责，经过调研和征求意见，形成《常德高新区办公室业务流程》，规范办文办会、活动组织、文字材料起草等工作和文明机关创建、综合保卫等上级交办的工作。开展“三表率一模范”活动，围绕建设政治过硬、作风优良、素质全面的干部队伍，培养干部能力，锻炼35岁以下干部综合素质，组织参加青年干部培训班、实体经济运行培训班等活动，选派5名干部参加督查、外事、保密、信息技术等培训。每月开展一期读书会，进行干部写作、信息等知识培训，现场开展点评。完善功能配套，投入40万元，改造11楼视频会议室。加强档案管理，对园区档案进行清理盘点，2017年档案实行电子化归档。规范管理机要通信设备，落实筹建文印室前期工作，规范机关公车管理。

政治建设。坚持用习近平新时代中国特色社会主义思想武装头脑，树立大局意识、政治意识、服从意识、争先意识，贯彻落实上级和党工委、管委会的安排部署。要求办公室全员当模范、做表率、争先进，实行绩效考评制。修订完善工作、学习、民主生活会、廉政建设、内务管理、奖惩激励等各项制度，用制度管理、按制度办事。推行民主集中制，重大问题、重大事项集体研究、集体决策。开展“整顿作风、整章建制”作风纪律整顿活动，压制“慵、懒、散、慢、奢”等不正之风，兴“清廉、敬业、和谐、务实、创新、学习”优良作风。落实意识形态工作责任制，把意识形态工作要求体现到办公室各项工作中，反对和抵制各种错误思想。贯彻政治纪律、廉洁纪律，常态化开展“两同时”谈话，开展党内组织生活。遵守财经管理各项规定，盘点办公室财务收入与支出，树立过“紧日子”的思想，压缩非生产性支出，2019 年，办公室接待费用比 2018 年减少 20%，其他支出保持下降态势。落实食堂管理和机关管理，过年过节遵守作风建设各项规定。

（廖进武）

党群工作

【概况】 2019 年，常德高新技术产业开发区党群工作积极进取、开拓创新，落实上级交办的各项工作任务，部署 2020 年工作。

党建工作。落实党工委中心组学习制度，党工委每月开展中心组学习 1 次，制定常德高新区党工委理论学习中心组学习实施办法及 2019 年理论学习中心组专题学习计划，把学习贯彻习近平新时代中国特色社会主义思想作为首要政治任务，落实意识形态建设。抓党工委班子成员双重组织生活，建立党工委班子成员讲党课、联系企业制度。推行党建任务清单制度，按照党章、《党支部工作条例》及党支部“五化”建设的要求，制定党工委、机关党委、机关各党支部任务清单，定期提醒、定期督查、定期评比。完善机关党员联系企业党建工作制度，每名机关党员联系 1 家以上非公企业，每月下企业至少 1 次，了解企业情况、宣传相关政策、解决具体问题、指导党建工作。结合实际开展形式多样的党建活动，制定《高新区机关基层党组织党建活动经费管理制度》，指导各支部按要求开展“三会一课”、主题党日、党性教育、红色教育培训、学习调研等活动，拓宽活动内容，丰富活动内涵。通过使用党建平台进行监管，完善智慧党建网信息录入，及时更新“支部五化”。落实全国党员管理信息系统的操作使用，实时掌握党员基本情况。严格党费收缴管理，核算更新党费标准，通过智慧党建平台录入党费基数，党员在手机上按月缴纳。党费收缴统一由银行转账，党费账目公开透明，及时公示通报。落实“不忘初心、牢记使命”主题教育工作。与市委主题教育办公室和指导组衔接，初拟主题教育领导机构、工作机构建议方案，成立高新区党工委主题教育领导小组，起草高新区主题教育《实施意见》和党工委班子《实施方案》、企业党组织《实施方案》等文件。筹办动员部署会，党工委班子成员召开研讨会、调研报告及调研成果交流会、对照党章条例准则找差距专题会议，形成检视问题清单、个人问题整改清单，并到所联系的机关支部上党课。

干部队伍。组织开展党组织书记、党务干部、业务骨干、年轻干部培训班，提升干部业务能力和整体素质。举办首届常德高新区年轻干部培训班，开展公文写作、课件制作、团队协作等培训。对接国内优秀高等院校，分三批轮训园区干部职工，7 月组织 40 余名干部职工赴深圳大学学习。举办“高新区干部大讲堂”，鼓励干部人人讲业务。

人才引进。采取面向社会公开招聘的方式，选聘编外聘用人员 8 名。常德高新区被市委组织部、市人才办纳入全市人才引进计划，面向社会公开招聘全日制硕士研究生 10 名。与公安分局联合开展警务辅助人员招聘工作。推荐 7 名园区企业高层次人才纳入“湖南省 2019 引进科技创新人才”，累积获奖励资金 400 余万元。申报创新创业服务中心为“联湘创新创业工作站”，获扶助资金 20 万元。

机构建设。落实市委常发〔2018〕11 号文件精神，向市编办报告在园区新设立应急管理局和综合行政执法局，设立自然资源分局、公安分局、生态环境分局等派驻机构，调整完善纪检监察机构，设立监察工委；筹备干部人事档案的接转工作，完善档案室建设及相关设施配备，与鼎城区人力资源和社会保障局及组织部衔接，落实纸质档案的转接手续。

（孙　林）

科技和产业发展

【概况】 2019 年，常德高新技术产业开发区科技和产业发展工作抓生产、促投资、保增长，开展企业实地调研，帮助企业稳定生产、创新升级、加快发展,取得成效。

经济指标。1—9月,规模工业总产值168亿元,实缴税金4.8亿元,分别比2018年同期增长21.7%和100.9%,增速全市第一;规模工业增加值40.6亿元,增速15%,全市第一、全省第三;固定资产投资39.66亿元,其中工业固定资产投资24.8亿元,基础建设投入14.8亿元。新增规模工业企业8家,总数109家;新获批高企13家,拟于年末获批7家,总量拟达44家。累计设立产业基金5亿元,完成率100%。新引进亿元工业项目18个,超目标值2个;新开工亿元以上工业项目14个,新投产亿元以上工业项目6个,分别完成目标值的87.5%和75%。建成标准化厂房4.44万平方米,使用率95%。

项目建设。落实领导包联责任制,密切跟踪高新区40个重点项目,推进项目建设,2019年新签约的18个项目,有9个项目开工建设。加大重点项目培育和申报,推荐45家企业申报省科技项目,其中省重大项目5个;指导推荐56家企业申报工信口战略性新兴产业、制造强省专项、"双百"等项目。其中,4个项目纳入省重点、7个项目纳入全省"五个100"、2个项目纳入全市"100大新开工项目"、17家企业纳入"1515"工程扶持名单。推荐正大国际科技、斯盛新能源、中联建起、坎德拉等7家企业申报2020年"5个100"重大项目。争资争项,加强产业扶持,为园区42家规上企业争取市科技重大项目、制造强省项目、省100个重大产业项目、用电补贴等科技、工信、发改口项目资金支持,计3582.37万元。

创新发展。与湖南大学联建博士工作站及"金融发展与信用管理研究中心",与广东工业大学联建"协同创新研究院",获批"国家现代装备制造(常德)高新技术产业化基地""国家级科技资源支撑型双创载体",武陵机械等11家企业获批市级工程技术研究中心,帮助特力液压申报省级工程技术研究中心,帮助正大国际申报重点实验室。聘请戚发轫、庄逢辰院士为园区科技发展顾问;推动园区企业与高校产学研合作,园区50家企业与湖南大学、中南大学、清华大学等高校建立长期产学研合作关系。"中联重科全产业链招商"活动签约项目6个,总金额19.1亿元;"智汇洞庭·科创常德高新区专场"活动获得省、市领导认可,现场签约产学研合作项目3个、科技成果转化项目3个;举办"湖南省创新创业大赛""常德高新区第二届高新技术交流会"活动。

企业服务。落实"银政担贷"服务,授信27家企业,放款资金1.33亿元。落实"一站式"审批服务,重点围绕亿元以上在建项目、储备项目和重点技改项目,开展指导、协调及服务工作,实现"不见面式"业务办理,办结企业备案项目12个、招投标项目3个、可行性研究批复2个,皆在一天内办结。落实企业专项技能培训,根据企业需求,组织、承办"专利挖掘与布局讲座""高企申报培训会""企业研发投入归集"等大型知识讲座7场次,培训人员1500余人。通过实地走访和微信群反馈,查询企业用地、用工、配套、融资、断水断电等8类121项问题,解决落实78项。落实园区440家企业经济普查任务。

(柯　丽)

招商合作工作

【概况】 2019年,常德高新技术产业开发区招商合作局按照市、区两级政府的部署,落实园区强化抓经济,重点抓服务,突出抓项目要求,开展招商引资和项目建设。引进项目29个,完成全年任务目标的161%,合同引资额130.3亿元。其中,亿元以上项目18个,完成全年工作120%;5亿元以上项目5个,完成全年工作83%;10亿元以上项目4个;引进上市企业3家,引进500强企业2家,首次落户湖南1个,引进外资企业3家。外贸进出口额18493万美元,占全年总任务的112%。其中,外贸业绩"破零"企业4家,占全年任务的133%;"倍增"企业3家,占全年任务目标的300%;年进出口额2000万美元以上或合同外资1000万美元以上外商投资项目2个；常德高新区成功申报省级外贸服务平台。

内部管理。明确岗位职责，组建招商部4个、综合部1个、投资部1个。分解下达年度目标任务，明确工作职责。规范工作流程，建立规章管理制度，每个项目进行对接、洽谈、考察、预审，形成汇报材料。定期召开局务会研究拟签约项目情况，形成会议纪要，包括起草合同、走会签程序、送律师法审、项目签约、合同备案归档，每个项目从前期接洽到最后签约落地形成一整套资料程序。增强业务水平，组织全体人员研究学习，参与高新区组织的学习活动。

开放型经济。根据省、市相关政策条例，园区拟定出台《常德高新区支持开放型经济发展十条》，给予外向型企业到高新区投资、生产和发展优惠政策。营造开放型经济发展环境，园区与海关对接，推进公用型保税仓库建设，落实建设责任主体层层落实，拟于2020年完成公用型保税仓库建设工作，完善园区物流基础建设，减少园区企业外贸数据外流现象。通过外贸服务平台摸底园区外贸企业情况，促进企业向外向型经济发展。帮助企业开拓国际市场，发动组织外贸企业参加广交会、高交会、中国国际进口博览会(上海)、东盟博览会(泰国)及世界各地的贸易展会，抢抓订单，扩大进出口，支持外贸企业发展。

招商引资。围绕目标任务抓活动招商，2019年，参加或组织深圳招商引资推介会、新春招商会、珠海商会联络会，对接粤港澳大湾区投资推介会、第二届中国国际进口博览会、东盟博览会(泰国)、深圳高新技术产业交流会等16次大型活动。邀请北欧投资、正大国际、飞沃新能源、中国民营企业家，人大商学院、深兰科技等客商到园区较大规模企业考察30余批次。邀请中国钢研、新松机器人、轻准科技、浩宇纸业等考察60余批次。一般性常规接待80余批次。赴北京、上海、广东等地考察企业30批次。围绕主导产业抓产业链招商，通过引进龙头企业、向上下游企业招商，打通建链、补链、强链；借助中联重科建筑起重机械有限公司，推进中国工程机械配套产业园项目，引进荣程机械、中义机械、中联下料中心等中联配套企业。洽谈恒磊机械、德凯机械等企业。围绕创新服务抓科技招商，利用创新创业中心推进产学研融合，推进企业与高校、科研院所互动互补，园区与湖南大学等10余所高校建立合作关系，推动企业与高等院校和科研院所开展产学研合作；与发达园区对接学习，与佛山高新区缔结友好园区，与商务部漕河泾产业转移促进中心签署产业转移、项目信息资源共享合作协议。对接学习沿海地区先进经验做法，支持重点企业延伸链条领办园区，打造优势特色产业创新聚集区。围绕落户企业抓以商招商，通过对接2018年引进的非晶硅太阳能电池项目，继续引进软件开发与设计的智能PDU(5G)研发设计生产项目。通过“京东常德商事创新示范园”，进驻近200家线上电商企业，引进实体项目“现代宠物食品产业园项目”。当前，镜阵光伏发电、太空小镇等以商招商的项目正在洽谈。围绕异地老乡抓亲情招商，迎老乡回故乡建家乡，以情招商，联系异地常德籍优秀企业家。引进周信橡塑、华府全屋定制家居等项目。当前天鼎丰非纺织布、德环保节能科技、湖南南岳太阳能、智慧停车等项目正在洽谈。围绕完善金融服务功能抓资本招商，通过产业基金、孵化种子基金等金融服务引进正大国际科技产业园、智能显示绑定生产线、深圳精密制造等项目。当前中国钢研科技集团、京东云数字经济产业园等一批优质项目正在洽谈。围绕重点区域抓驻点招商，对接北京、上海、广州、深圳等发达地区，派驻专门工作人员驻点招商，引进正大国际科技产业园、深圳一致精展、新型无线充电技术等项目。中国船舶重工集团、深兰科技、乐泽控股等一批大型企业正在洽谈。围绕重大项目招商，由主要领导主持调度、招商超级电容产业化、正大国际科技产业园重大项目。通过调度、“一对一”跟踪服务，正大项目实验室和办公室装修竣工，厂房一期出产品。围绕特殊情况开展委托招商（商会、顾问),与深圳常德商会、珠海常德商会签订战略合作协议,为雷光醒、李建军等优秀人员颁发招商顾问聘书。

(刘　茜)

建设管理

【概况】 2019年,常德高新技术产业开发区建设管理局围绕管委会总体工作部署和工作目标任务要求,以服务项目建设为主线,以增强服务意识为动力,以提高建设工程质量、进度为突破口,落实建设工程行政审批服务和建筑施工现场的监督管理工作,确保园区项目开工建设及塔铁西路、岗中大桥等园区重点基础设施项目建设进行。

“放管服”改革。根据常政发〔2018〕10号、常建通〔2019〕8号文件下放的权力清单,常德高新区建设管理局与市局对接,住建领域的19项行政权力事项均承接到位,并正常开展相关业务工作。3月,入驻政务中心工程建设项目审批窗口,根据制定的办理流程,实行“前台综合受理,后台分类审批,综合窗口出件”和免费帮代办服务等制度,实现企业与群众办事“只进一扇门”“一件事情一次办”“园区事务园区办”。取消法律法规未要求的申报资料,精简材料申报材料30%以上。截至10月,办理业务20项,咨询业务30项。其中,办理施工许可证6项,建筑总面积329148.76平方米、工程总造价60907.4万元,施工图审查备案8项,限额发下工程设计审核登记6项,初步设计批复5项。参与工程制度审批改革,园区工业投资建设项目的全流程审批时间压缩至50个工作日以内,审批时间压缩50%以上。各类审批服务事项按时办结率、群众满意率、无差错率均为100%。在湖南省工程项目动态监管平台上受理业务,企业可在网上自主申报项目立项和施工许可事项,实现从“来回跑”到“零跑路”。主动跟踪并解决中联恒通、国力变压、蓝天智能、高星商贸物流城等项目在报建过程中出现的问题,得到业主单位肯定。落实政府购买施工图审查服务,由财政支付园区12个重点项目的施工图审查费用,计66.38万元。

项目建设。1—11月,园区开工重点项目7个,总投资43.5亿元,已开工13个,分别为坎德拉科技、华斯特林、中联建起、蓝天智能、中联恒通、常德水表、强胜建筑、响箭重工、捷芯电子、华云智谷、高星物流、恒天纺织、西部建设,选址拟开工项目4个:正大科技、超级电容产业园、智能显示绑定、高空作业平台;中联恒通项目土方平整竣工,年底厂房封顶;斯盛能源建成投产。

基础设施建设。基础设施投资36.66亿元,塔铁西路、樟树西路建成通车;岗中大桥、岗中东路拟于2020年11月建成通车;富强路拟于2020年12月竣工通车;枫树西路正在进行路基施工;富强东路、高新大道、飞龙西路招投标工作完结。生活公园当前正在进行土方平整;科创大楼正在进行基础施工;建成厂房22906.63平方米,其中园区标准化厂房三期建成钢构厂房7.9万平方米,框架厂房3.22万平方米,拟于2020年12月建成;6万平方米石板滩标准化厂房在进行前期工作。金丹路(常德大道—富窑路)段、太阳大道西延线(中联大道—高新大道)纳入2019年市级城建项目。浦轧I、II回线配电工程竣工,浦轧II、浦石、浦武迁改,浦铁、浦砖电力迁改,浦铁、浦砖迁改等,投资960余万元。根据园区建设规划,220千伏岗滨I、II回,岗高I、II回,岗铁I、II回,铁创I、II回,岗漳I、II回,110千伏铁浦I、II回向电力部门申报并纳入2019年电力迁改范围。开展林业用地行政许可申报7个批次12个地块16.73公顷,5个批次8个地块3.47公顷正在申报办理。安置岗市、溪沿、富贵、和谐安置小区683户3290人,其中溪沿、富贵、和谐安置小区拆迁户入住率98%,岗市安置小区入住率85%。中联路临街商铺启动招租。生活配套园建设有单身宿舍825套、公寓547套,2栋三层食堂,1栋综合服务中心及配套商业用房;二中医院异地搬迁项目启动。与市交通局、市公交公司召开企业座谈会,共同商议优化园区公交线路相关方案。

污水管网改造。核心园区企业工业污水全部收集进入污水处理厂。9月,建成生态滤池1.2公顷,尾水排放至老澌河方案通过专家意见评审。建成配套管网20.1千米,其中沅澧大道9.6千米,岗中路1.6千米,富强路1.6千米,富窑路2.8千米,塔铁路1.2千米,中联大道2.8千米,五岗路0.5千米。建成塔铁路与沅澧大道交汇处污水提升泵房1座,新澌河以东企业污水通过泵站提升后再经污水管道接入污水处理厂。在建配套管网11.462千米,总投资6000万元。其中,石板滩镇区2条主线,长8985米;灌溪镇区2条主线,长2447米;新建污水提升泵站4座。

质安监管。成立常德市建设工程质量安全监督管理处高新区分站,开展园区工程质安监工作。纳入园区监管的在建项目6个,组织质量安全检查专项行动5次,开展例行检查、随机检查。联合市住建局质安处、鼎城区稽查执法大队开展园区18个在建项目执法检查8次,查找问题214条,下达《停工整改告知函》13份,警示约谈建筑公司2家,作出书面检讨书1份;与灌溪镇城管中队联合专项执法检查2次,受检查在建设项目16个,查处案例7起,处罚单位(个人)7家(人),处罚金额4万元,均由鼎城区城管局立案。落实扬尘防治6个"100%"要求,开展扬尘治理专项日常巡查271次;其中白天巡查167次,发现问题65处;夜间巡查104次,发现问题31处,均整改到位。

队伍建设。把党风廉政建设摆在首要位置,贯彻落实中央八项规定。围绕"守初心、担使命,找差距、抓落实"总要求,落实学习教育、调查研究、检视问题、整改落实等内容。开展廉政谈心谈话,规范部门干部职工行为,监督管理,严肃纪律,限制违法违规行为发生。抓业务学习,号召干部职工向书本学、向实践学、向市区建设主管部门学,抓住每一次学习机遇,学习现代建设及管理所需知识,适应园区发展需求,提升自身素质,提高解决实际问题的能力。

(欧阳旭丹)

社会事务工作

【概况】 2019年,常德高新技术产业开发区社会事务局按照市委市政府、区委区政府、党工委管委会决策部署,落实上级交办的各项工作任务。

生态环保。完善生态环境保护工作机制,购买第三方专业环保服务,3—6月,排查园区企业,建立和完善生态环境问题清单,开展中联建起、武陵机械等44家企业生态问题交办工作,督促企业落实整改,完善"一企一档""一园一档"。定期召开党工委会、主任办公室及专题调度会议研究部署生态环境保护工作,推进园区污染防治工作,管委会办公室督察工作落实情况。落实节假日生态环境保护应急值班制度,应对突发环境事件。制定《常德高新区污染防治攻坚战2019年度工作方案》《常德高新区污染防治攻坚战"2019年夏季攻势"任务清单》。8月初,购买第三方专业巡查队伍,在园区内开展日巡夜查,及时发现环境问题并及时移交处理。推进污染防治攻坚战任务,14台企业锅炉大气污染物执行特别排放限值要求,常德国力变压器有限公司VOCs治理,污水处理厂达标稳定运行任务认定并销号,常德市瑭桥机械厂VOCs治理设施验收,园区管网配套建设、推进空气自动站建设及园区大气污染综合治理任务;办结湖南林宇科技发展有限公司VOCs治理任务,该公司按要求清退厂内喷涂场所。配合市生态环境局开展高新区辖区内中联建起、南方水泥等5处空气质量监测小微站验收工作,园区可通过监测软件实时掌握大气环境数据。制定和下发《常德高新区2019年特护期1—2月大气污染防治工作方案》《常德高新区清明节期间大气污染防治工作方案》《常德高新区2019年蓝天保卫战工作方案》《2019年度常德高新区锅炉大气污染物执行特别排放限值提标整治工作方案》《常德高新区2019年中元节期间大气污染防治管控方案》《常德高新区大气污染防治工作约谈问题整改方案》,落实不同时段、不同区域的大气环境治理。通过微信群、电话等方式及时转发预警指令信息和上级指示，园区建设管理局、科技和产业发展局、公安分局等部门根据信息采取应急措施，落实值班值守，确保管控处置到位；园区企业落实预警指令和指示精神，执行减排限产措施并报告落实情况；园区保洁每天洒水降尘4次以上，雾炮车根据指令安排及时开启雾炮作业，快速响应预警信息并驰援市城区雾炮作业。施工工地落实6个“100%”要求。施工工地重点环节和部位实行精细化管理，未落实的施工单位不准开工建设。加大执法力度，查处无证参运渣土、敞开冒尖运输渣土和散装建筑材料、车轮带泥等违规行为。扩大道路机械化清扫和洒水范围，根据上级指令开启雾炮车作业，增加道路冲洗保洁频次，降低道路积尘负荷。落实在建工地和道路巡查检查，及时发现扬尘问题并处置。推进水环境治理，落实污水处理厂监管，督促污水处理厂落实办公秩序整治、出水流量计工程改造及尾水悬浮物、总磷超标问题整改。制定《常德高新区长江经济带生态环境问题整改实施方案》，按市长江办工作安排，每月22日上报园区长江经济带生态环境问题整改推进情况。5月中旬制定《常德高新区污水处理设施整治专项行动工作方案》，排查园区管网情况，清理管网淤积等情况。绘制园区雨污管网走线图，制定《园区2019—2020年雨污管网建设规划》并按时序推进。开展巡查，打击企业偷排行为。8月中旬，制定《常德高新区突出生态环境问题整改方案》，推进塔铁路污水管网配套、灌溪镇和石板滩镇污水管网建设。配合市生态环境局编制“三线一单”(生态保护红线、环境质量底线、资源利用上线和环境准入负面清单)并提供相关佐证材料。实施土壤污染风险管控，对照《湖南省涉镉等重点行业企业排查重点企业名录》开展重点排查工作，填报在产污染源排查表1份，落实涉重金属重点企业特力液压和天热镀锌的监管工作，督促2家企业落实土壤污染风险评估，配合鼎城区环保局落实危险废物管理。推进中央环保督察“回头看”及市民投诉举报环境问题整改，2家公司问题整改完成情况验收并销号，及时回复市民投诉举报环境问题调查处理结果，相关问题移交鼎城区环保局依法依规处理，惩治环境违法行为。

安全生产。坚持党政同抓，健全完善安全生产责任体系，常德高新区高度重视安全生产工作，按照“党政同责、一岗双责”的总体要求，制定《常德高新区安全生产目标责任考核办法》《常德高新区班子成员安全生产责任清单》，落实党政领导班子安全生产责任。把安全生产监管工作纳入年度考核内容。落实监管责任，各相关部门、企业逐级签订安全生产工作责任书。年终按照工作成效兑现奖惩，造成安全生产事故的，实行年度考核“一票否决”和责任追究。坚持源头治理，按照“管行业必须管安全、管业务必须管安全、管生产经营必须管安全”的原则开展工作。坚持重点整治，着力防范生产安全事故发生，开展执法检查，按照“全覆盖、零容忍、重实效”总体要求，以工贸行业、危险化学品、有限空间作业、人员密集场所、建筑施工、道路交通等为重点，采取明察暗访、联合执法、专项整治等形式，针对性开展执法检查，行业领域安全检查全覆盖，该部门不能执行的案件，申报上级单位进行执法并协同配合。全年检查企业380家，出动执法人员1140人，下达现场检查记录380份、责令整改指令201份，现场处罚企业35家，立案处罚企业4家(含联合执法)，处罚金235100元。坚持抓宣传培训，提高群众安全意识，通过落实企业主体责任集中培训，利用户外大屏、展板、多媒体、微信、公众号、网站、横幅标语和向群众企业发放安全生产知识宣传手册，宣传“生命至上，安全发展”的理念。全年摆放安全生产宣传展板150块、发放宣传手册4000余份、制作横幅标语200余条、观看安全警示教育片1200余人、应急演练80余场、培训企业300家次。

信访综治。协调处理铭城重钢建设工程施工合同纠纷等遗留问题，协调处理南方水泥环保投诉及周边问题，2019年，收到信访、投诉件20件，涉及劳动纠纷的13件；接待群众信访投诉30余起。接到信访件或信访群众，第一时间与涉事公司取得联系，通过协调会、面谈、调研等方式组织双方协商，加大日常监管，与灌溪法庭、区劳动局、区劳动监察大队等部门联系，协助员工通过法律途径维护合法权益，多元化化解矛盾。全年为民工讨回薪资80余万元。10月15日，社会事务局联合区司法局、常德市鼎城公证处、湖南先锋律师事务所、湖南宏声律师事务所开展“暖企”法律服务活动，为园区企业提供免费法律服务，现场普及《中华人民共和国劳动法》《中华人民共和国劳动合同法》《工伤保险条例》《中华人民共和国公司法》等法律知识，发放法律知识宣传读本300余册，接受法律咨询50余起，律师事务所与园区企业签订免费法律服务协议50余份。联合灌溪镇、石板滩镇及公安分局在园区开展安保巡逻，发放调查问卷3000余份，发放扫黑除恶宣传读本3000余份。（杨雪阳）

财政工作

【概况】 2019年，常德高新区落实“一年大见成效、三年突破千亿”的发展目标，财政工作实行规范化管理。常德高新技术产业开发区财政局贯彻落实中共十九大精神，以习近平新时代中国特色社会主义思想基本方略为指导，财政收入增长超过预期目标，财政运行平稳，预算执行良好。

财政收支。1—10月，财政收入79958.13万元。其中税收地方收入32023.62万元、同口径比2018年同期增加15757.69万元、增长96.87%（税收总收入67997.4万元，上划收入35973.78万元），上级体制补助收入17000万元，土地出让收入9858.32万元，国有资本经营收益10016.05万元，非税收入575.74万元，2018年结转及2019年上级专项补助8388.87万元，其他收入180.77万元。1—10月，财政支出78122.28万元。其中，人员和公用等基本支出1960.08万元，专项支出47676.51万元，其他支出474.66万元（一号大道管养费、控违、镇村同治、辅警工资、办公楼水电、公务用车租赁等），体制上解区财政10711万元，其中税收上解9000万元，非税上解1711万元，预备费支出517.52万元，鼎力化债支出11700万元，上级专项补助列支4731.82万元。收支相抵，期末结余1835.85万元；全年财政收入10.83亿元，其中税收地方收入3.68亿元，比2018年增长68.03%。

独立金库。根据市、区要求，2019年高新区金库正式运行，运行后辖区内各项财政收入自动报解中央、省、高新区金库，实现“自己挣钱自己花”。高新区金库的运行，有助于园区培植财源，发挥财政职能，促进经济发展。

非税收入征管。承接市政府下放的172项经济社会管理权限，向市非税局汇报，争取市非税局支持，把园区视同区县对待，向高新区单独提供非税票据、同意收入独立征收管理。

支出保障。重点保障化解政府性债务、基础设施建设、产业扶持、招商引资、土地报批。落实各类支出管理制度，强化预算约束，按照年初预算执行，严控追加，强化“三公”经费管控，确保“三公”经费支出只减不增。按照中共中央、国务院《关于全面实施预算绩效管理的意见》（中发〔2018〕34号）有关精神，开展绩效评价工作，推进预算绩效管理，建立预算编制有目标、预算执行有跟踪、预算完成有评价、评价结果有反馈、反馈结果有应用的预算绩效管理机制。

企业服务。开展政策舆论宣传，引导企业用好中央政策，实施普惠性税费减免，给予科技创新和技术研发税收支持，扩大增值税期末留抵退税政策执行范围。减轻企业负担，提高企业盈利能力，增强企业增加投资、扩大规模积极性，推动实体经济发展。开展全市税收宣传月启动仪式、减税降费进园区宣传周活动，辖区纳税人全年享受减税降费红利1.2亿元。投入1000万元“风险补偿资金”开展“银政担贷”业务，累计为24家企业发放贷款10900万元，企业负担的担保费率由1.8%下降到1%，缓解企业融资难、融资贵问题；足额安排资金，为规模企业用电、人才引进等给予补助，重点支持扩大生产所需的要素资源保障。出资5000万元与常德市鼎力实业有限公司、上海合金汇盈资产管理股份有限公司共同设立鼎合科创产业投资基金。主要投资于常德高新区入园或拟落户的优质的具有技术创新、消费升级、产业变革性质的新经济类科创型企业的股权，包括生物科技、大健康、人工智能、智能制造、新材料、新能源、节能环保等战略性新兴产业领域初创期、高速成长期及即将上市企业；当前，已投资4家企业1.85亿元。

风险防范。规范融资平台管理，厘清支出与债务责任，严格管理融资和债务资金，动态监控鼎力公司债务余额、月度还款计划，防范化解债务风险，促进园区经济稳定健康发展。

投资评审。截至2019年10月末，财政投资评审中心办结各类工程和征拆项目预、结算评审及经费审核项目197个，送审金额18.4亿元，审定金额16.31亿元，净审减金额2.09亿元，综合审减率11.36%。

政府采购。全年申报采购人13家，成交项目46个，预算金额2175.3万元，实际采购金额2156.3万元，节约19万元。

规范管理。组织学习落实《中央八项规定精神》，自编发放《财务管理制度汇编》，落实三公经费的控制，细化支付凭证审核，事前控制违规支出、超预算支出；配合纪工委，逐一核查各单位支出凭证，不符合规定的支出，不予报销或整改；推行公务卡结算制度改革，加大宣传力度，增加办卡量，明确结算内容，最大限度减少现金支付结算，规范单位财务管理；规范专项支出管理，预防挤占和挪用，开展专款支出预算指标对应审核和执行控制工作，提高预算执行能力。

工资发放。2019年年初，搭建工资统发系统，在新增职员、异动工资、提取数据、同步短信等方面操作更加简单、方便快捷。确保工资及时发放，保证短信同步推送。（夏文斌）

监察审计

【概况】 2019年，常德高新技术产业开发区监察审计局把握关口，开展党风廉政建设工作。把握重要制度决策关，关键事项规范化管理。重大项目决策上规范程序，聚焦园区项目建设和产业发展等重点领域，推动出台《工业用地综合效益评估管理办法》《政府投(融)资工程建设项目管理办法》，把重要敏感性工作纳入规范化制度化管理。在重要人事决策上强化监督，出台《编外聘用人员管理暂行办法》，规范编外聘用人员进人条件、程序及薪酬制度、考评晋升机制等。在重要制度出台上严格把关，在招商引资接待、公务用车管理等制度的出台过程中，不符合中央八项规定精神的提议提出质疑、予以否决，确保重要制度决策正确、管理规范。把握廉政教育宣传关，从严治党。召开常德高新区警示教育大会，组织全体干部职工观看宣传警示片《越界》，从重大案例中汲取教训，引以为戒。组织参加“不忘初心·传廉声”配音会，让廉政文化建设更丰富、更新颖、更有活力。开展落实中央八项规定精神大宣讲，组织学习相关典型案例情况通报。组织领导班子及各部门负责人赴林伯渠故居纪念馆开展廉政教育活动。把握纠正“四风”监督关，强化纪律意识。重要节点加强提醒，下发开展纠“四风”监督检查的通知，督查隐形变异的四风问题，抽查部分单位三公经费使用情况。抽查政务服务中心大厅工作人员上班纪律、节假日值班人员到岗情况。开展财务专项检查，进行财务支出审核规范专项整治，把公务接待、公务用车、差旅、会议、培训等经费开支纳入监督重要内容。坚持问题导向，正确运用监督执纪“四种形态”，查办市纪委交办问题线索，追责问责2人，收缴资金5640元，把财务大整顿纳入“不忘初心、牢记使命”主题教育。全年开展廉政审查5次33人。把握谈心谈话督导关，强化责任落细落实。开展常规谈，督促指导班子成员和中层骨干落实“两同时”谈话制度，开展关键岗位、重要部门、重大项目负责人警示谈话，开展可能引发腐败的苗头性、倾向性问题对象提醒谈话，为受到诫勉谈话、问责处理的2位干部开展引导谈话。把握基层服务优化关。走访联系常德远大、荣程机械等企业，组织企业党员重温入党誓词，并为企业支部党员上廉政党课。坚持“服务企业发展、服务党员成长、服务员工进步”和“实在、实际、实惠”的理念，为企业存在的问题提供实时帮助。与所联系企业建立“清风连心桥”微信监督群，信访重心下移，实行“互联网＋监督”管理。把握黑恶线索排查关，开展扫黑除恶工作。开展扫黑除恶专项斗争，查找涉黑涉恶“保护伞”线索。成立常德高新区扫黑除恶专项斗争监督执纪工作领导小组，专项工作小组下设办公室，由监察审计局承担具体工作。与公安局高新分局（筹）建立协同办案工作机制，落实案件跟进与线索移送共享。成立刘某某涉恶案件纪检工作专班，建立工作台账，落实扫黑除恶会商会制度，开展涉恶核心成员、案件主要当事人等“三必问，六必查”工作。2019年，高新区查办企业党员涉恶案件1起，发现涉恶“保护伞”问题线索1条。把握重点领域整治关，提升主题教育成效。开展“不忘初心、牢记使命”主题教育问题专项整治，下发通知，各单位开展自查自纠，如实填报专项整治问题清单。督导高新区领导班子、党员干部贯彻落实习近平新时代中国特色社会主义思想及中共中央重要决策部署。开展违规经商办企业专项治理，组织干部职工签订“公职人员无违规参与娱乐服务场所经营活动承诺书”，领导干部进行“提篮子”“打牌子”情况自查自纠。开展园区服务场所黄赌毒问题专项整治行动，组织干部职工进行吸毒检测，摸排线索。出台“九条措施”集中整治形式主义官僚主义，细化责任清单，同步跟踪监督检查落实情况。结合园区实际，印发《常德高新区整治群众身边腐败和作风问题工作方案》，重点整治园区环境保护领域、征地拆迁领域等，开展自查自纠。把握自身建设提升关，加强纪检干部业务培训。选派2名干部到市纪委跟班学习，提高办案能力；落实条规学习，重点突出《中国共产党纪律检查机关监督执纪工作规则》学习问答、释义和《监察机关监督执法工作规定》释义，组织集体学习1次，并根据个人情况开展自学；选派2名干部参加市纪委市监委组织的“秋冬大练兵”——贯彻《规则》《规定》培训班；组织各机关党支部纪检委员纪检业务知识集中学习3次；选派干部参加审计业务专题培训班。

（郑　玲）

创新创业服务中心

【概况】 2019年，常德高新技术产业开发区创新创业服务中心落实孵化基地大楼1至4层走廊楼道的整修，窗口展厅进行布局设计、装饰施工、展厅材料收集提炼，并进行布展。完成省级科技企业孵化器2018年度绩效评价（含众创空间）、2018年湖南省预算内“大众创业万众创新”示范建设专项绩效评价、2018年度省中小企业发展专项资金绩效评价、2019年中央引导地方科技发展专项资金申报、湖南省联湘创新创业工作站申报工作等。

国家级双创载体创建升级。开展国家级科技企业孵化器创建，搜集整理材料，通过省科技厅组织的专家评审和现场考察，并以国家级科技企业孵化器推荐报送科技部，11月予以批复下文。国家级科技资源支撑型特色载体升级。成功获批科技资源支撑型国家创新创业特色载体（全省2个高新区获批），获得国家专项资金支持5000万元。针对科技资源支撑型国家创新创业特色载体升级建设，制定双创特色载体目标规划、实施思路及绩效考评等系列配套实施方案。

创新创业服务平台建设。合作共建湖南大学共建博士工作站及金融发展与信用研究中心，实施湖南大学科技成果产业化转化，建设湖南大学常德科技创新示范园。合作共建广东工业大学常德高新区创新协同研究院，实施粤港澳大湾区高新技术产业转移承接孵化，推进智能装备关键共性技术的协同创新研发，创建国家级或省级工程技术中心。与鼎城区工信局、常德龙观科技有限公司(京东)合作共建常德国家高新区中小企业公共服务平台，对接湖南省中小企业公共服务平台，为中小微创新创业企业提供一站式政策宣讲、法律咨询、企业投融资等服务。与常德市人力资源与社会保障局合作共建“常德市返乡创业联合会”，有会员单位70余家，开展活动20余场次。与北京航空航天大学博士工作站、科技和产业发展局共同承办高新区第二届高新技术交流会，收到论文30余篇，评选优秀论文10余篇，发放奖金6万元。

创新创业活动开展。开展孵化企业招商13家，毕业企业5家，清退企业12家。开展创新创业大赛专题培训8场地、知识产权训练营5场次、双创资源升级服务沙龙12场地、中小企业发展专项资金项目政策解读与申报技巧专题讲座5场次、信息服务32场次、创业辅导12场次、人员培训14场次、投融资服务6场次、管理咨询13场次、一对一专业服务6场次等。第八届中国创新创业大赛暨第六届湖南省创新创业大赛（第二届常德市创新创业大赛)，动员组织报名企业39家，入围晋级赛的企业16家，入围行业半决赛的企业5家;2019年“创客中国”湖南省中小企业创新创业大赛，动员组织报名参赛企业27家，入围常德市决赛企业5家，入围湖南省决赛企业2家。（钟　斌）

人力资源服务中心

【概况】 2019年，常德高新技术产业开发区人力资源服务中心贯彻落实市委、市政府“开放强市、产业立市”战略，开展暖企行动，帮助企业缓解招工难、用工难问题。

用工情况调查。完善园区企业用工信息台账，调查园区企业从业人员信息，完善规上企业从业人员人数、学历、年龄、职称等信息。重点调研摸底企业缺工情况。年初统计，园区就业人员11000余人，其中用工上100人的企业30家，上500人的企业3家。园区企业缺工3300人，缺工上100人的企业6家，50余家企业存在不同程度的缺工情况。其中28家重点企业缺工2906人，缺技术工人988人，缺管理人员255人，缺普工1663人。

搭建供需平台。针对用工与就业信息不对称的问题，利用微信群、电视台、电台、网站等媒体定期发布园区企业招聘信息，全年收集发布园区企业招聘信息8期。全市“百家重点企业用工服务年”启动仪式暨专场招聘会到园区举办，主办、承办“服务用工乡镇行”，湘西、张家界扶贫等各类招聘会8场次。对接省中心，组织园区企业参加中南大学、湖南大学等高校校招会20场。园区企业加强自主招聘力度，截至第3季度，有3000人到园区就业。

企业用工服务。针对部分缺工较大的企业，采取定期电话询问、上门服务和召开座谈会等形式，了解企业招工动态和面临的困难，研究解决办法。针对中联建起焊工急缺的现状，主动联系常德技师学院，面向社会招聘学员30名，10月底举办第1期中联焊工培训班，培训学员学费、生活费、考证费等费用全免，培训达标后，与中联建起签约就业。针对园区重点欠缺技工人才现状，开展与常德技师学院的“连心桥”活动，启动订单培养紧缺人才校企合作试点，成立园区技能提升联合培训中心，主动联系当地职业院校、基层劳保站长、人力资源机构以及培训机构等，与企业开展对接合作。11月5日，组织园区企业与常德当地高职院校和有质资的培训机构开展“校企合作见面会”。宣传落实各类政策、文件，让企业及时享受政策福利。在落实企业养老保险缴费费率过渡政策中，园区有23家企业2030名员工享受政策，为企业减少费用227.8万元。（蔡　明）

政务服务中心

【概况】 2019年，常德高新技术产业开发区政务服务中心贯彻落实国务院和省、市“放管服”改革部署，以“便民、高效、廉洁、规范”为宗旨，提升政务服务效能，优化营商环境，推行“一件事一次办”改革，优化服务流程，提高政务服务质量和效率。

政务大厅建设。政务大厅设置税务、建设、不动产、科技和产业、商事登记窗口，实行“一窗受理、集成服务”模式，推进“最多跑一次”“一件事一次办”改革。推出企业开办一条龙代办服务和免费文印服务，落户高新区的新办企业，从注册登记、税务登记到银行开户2个工作日内全部免费办理。新增查询机1台、样表机2台、窗口评价器20个。窗口受理办事事项10186件，办结10186件，办结率100%。制定《常德高新区政务服务中心大厅管理办法》，落实窗口工作人员日常考勤和事前请假制度，每日不定时巡查，督促窗口工作人员按照大厅行为管理规范对外提供优质服务。

政务服务。组织引导相关职能部门梳理政务服务事项，清理委托下放的事项，已经承接到位的事项进行流程优化，精简申报材料，统一规范办事指南，推进权力清单标准化，实现与国家、省、市、区四级权力事项名称、编码、类型、依据的一致；暂未承接到位的事项进行情况分析，要求与上级部门对接，推动权力承接落实。推进“互联网＋政务服务”，组织具有行政审批职能的单位对照国家事项清单库和省事项清单库，梳理比对18项，在一体化平台上进行实施清单填报，按照上级部门要求的时间节点，推进一体化平台建设。（何　为）

宣传信息中心

【概况】 2019年，常德高新技术产业开发区宣传信息中心贯彻全国、全省、全市宣传思想工作会议精神，开展“不忘初心、牢记使命”主题教育活动，为“千亿园区、工业新城”提供思想保证与精神力量。

意识形态建设。落实中心组学习规则和“十大制度”，每月组织专题学习1次，每季度组织扩大学习1次。开展“不忘初心、牢记使命”主题教育，贯彻落实习近平总书记重要讲话精神，把习近平新时代中国特色社会主义思想作为学习重点，邀请专家进行营商环境优化、廉政警示教育等专题学习，开展金融服务“两进两促”“科创常德·智慧洞庭”“创新与梦想起飞·创业与时代同行”等专场活动。组织“学习强国”学习平台推广使用，创建学习组织53个，加入学习组织358人，活跃度、学习平均积分、供稿等工作位于全市“六小区”前列。其中《常德高新技术产业开发区：聚焦科技创新 促进园区发展》被湖南学习平台选用发布，《湖南常德高新区：守初心担使命 藏蓝显担当》被湖南学习平台与中共中央宣传部“学习强国”学习平台选用发布。组织开展“不忘初心、牢记使命”主题教育知识测试。测试以学习贯彻习近平总书记在“不忘初心、牢记使命”主题教育工作会议上的重要讲话精神为重点，涵盖中共十九大精神、《中国共产党章程》等内容，开展“不忘初心、牢记使命”主题教育红色经典诵读活动。

舆论宣传引导。每日更新维护网站及微信，推送第一手新闻，宣传推介园区经济建设工作与项目引进情况，官网发布信息270篇，微信公众平台推送503期。突出湖南日报新湖南客户端、红网时刻新闻、常德日报、市政府网、常德晚报、常德电视台、鼎城电视台市区主流媒体。推动网络治理从“外在管网”向“内在治网”转变，以宣传信息中心干部为主，建立4名核心网评员队伍，参与重大网上舆情引导，负责舆情信息收集。妥善处理《沅澧快线一号高新区灌溪路段大货车占道，影响交通安全》《常德高新区人才匮乏，屡屡出错令人刮目相看》《常德高新区叼嘴巴槟榔厂趁夜色排放废气》《关于大力引进优秀人才服务开放强市产业立市的引进人才给予补贴实施了吗？》舆情4条，收集、处理、回应网民意见和诉求。全年报送网上舆情23条，位居全市“六小区”第一方阵。围绕新中国成立70周年、高新区党工委经济工作会议和两会精神，组织开展“壮丽70年·奋斗新时代”、“不忘初心、牢记使命”主题教育、“奋战蓝天保卫战”

“扫黑除恶”“智慧洞庭·科创常德”“园区企业专场招聘信息”“2019 技能大赛”等主题进行宣传。制作招商手册与拍摄形象宣传片，2018 版本的招商手册进行中英文升级改版，制作新的园区形象宣传片。落实《中共常德市委宣传部关于做好庆祝中华人民共和国成立 70 周年社会宣传工作的通知》文件精神，在高新区一号楼前设计制作“庆祝中华人民共和国成立 70 周年” 主题景观与立体造型字“不忘初心 牢记使命 开放强市 产业立市”、中联大道和富窑路路口造型字 “成就企业家 厚待投资者”，在塔铁路口、重点企业路口、建筑工地围栏等进行宣传。两会期间，在“向两会报告 开放强市 产业立市新看点”专版推出《常德高新区工业企业速写》；在市委经济工作会议期间，《常德日报》要闻版推出《常德高新区奋力打造千亿园区》，并在第三版“开放强市产业立市”专版推出《追“高”逐“新”势如虹》，在今日头条、官微“常德发布”“常德市政府”“常德传媒”等转发。五一劳动节策划宣传报道《致敬劳动者、致敬工匠精神》，七一建军节策划宣传《点燃企业发展“红色引擎”》，十一国庆节策划 “壮丽 70 年·奋斗新时代 常德发展成就巡礼——常德高新区”连版宣传《看一座产业新城的“高新” 之变——解读国家级常德高新区发展密码》。开展专场招聘会，通过公众微信号推送“老乡，你有一封来自常德的家书”，通过暖企行动策划宣传推介高新区。《中联重科全球最大塔机智能工厂亮相》《打破垄断——中联重科全球最大吨位内爬式动臂塔机下线 最大起重量 120 吨刷新世界纪录》 分别在湖南经视宣传报道近 2 分钟，《常德日报》专版《汇聚吊装精英 铸造塔机巨匠》，《湖南常德：以特色产业壮大美丽经济》在《经济日报》报道，响箭重工上湖南新闻联播。参与“国庆强、小巨人企业采访常德行”“网络媒体园区行”“航拍常德”“过年，我们回家吧”等活动和传统佳节招商推介活动。

园区思想教育管理。制定《常德高新区宣传思想战线开展增强“脚力、眼力、脑力、笔力”教育实践工作实施方案》，成立领导小组，明确目标要求，布置重点任务，提出工作要求。推进“市级文明标兵单位”的创建工作，开展“与文明携手，与道德同行”为主题的道德讲堂活动，参加“不忘初心传廉声”活动，组织开展红色经典诵读会。结合元宵猜灯谜、清明祭英烈、重阳缅先贤等活动，开展未成年人理想信念教育和“比学赶超”精神教育。开展“护校安园”专项行动，集中督导检查灌溪中学。

企业文化建设。开展党建宣传，推进优秀企业文化健康可持续发展。发布中联建起正式开园、LH3350–1220 下线、技能大赛、中联焊工班培训开班的新闻宣传报道 39 条。其中，人民网 1 条，湖南卫视 1 条，湖南经视 4 条，湖南日报（新湖南）5 条，常德市电视台 6 条，常德日报现场云 1 条、专版 1 条、新闻 6 条，常德晚报 3 条，市政府 2 条，常德高新区官网及微信公众号 9 条。特力液压、响箭重工、粤港模科、湖南浩天翼、斯盛能源、佳鸿机械等企业在《经济日报》、人民网、《湖南日报》、红网、市电视台、《常德日报》 等各级媒体亮相。制定 2019 年文化产业实施方案，为规模化文化企业进行政策宣传督导，推动文化、旅游、体育、健康养老等产业融合，支持重点文化企业，为湘联木业和粤港模科申请文化产业引导资金近 30 万元。 （黄蔡芬）

桥南园区管理办公室

【概况】 2019 年，常德高新技术产业开发区桥南园区管理办公室秉承服务企业，创建平安园区的宗旨，落实各项具体工作。

安全生产。组织企业相关人员召开安全生产工作会议 2 次，及时传达和下发上级的通知精神和要求。制作安全生产宣传条幅和宣传牌。配合区安监局和社会事务局进行安全检查 97 人次，检查情况向企业及时反馈，责令企业整改存在的问题和事故隐患。

生态环保。配合市区环保局进行环保工作检查 76 人次，排查园区散乱污企业，检查督导相关企业环境污染整治工作，开展园区企业厂中厂拉网式排查和复查，逐一登记，建立台账；落实市生态环保局文件要求，淘汰取缔燃煤土灶5家。配合区蓝天办开展蓝天保卫战，与区工信局分工合作进行24小时不间断巡查442家次，确保涉及企业按照市、区蓝天保卫战要求落实，提升园区空气质量。

综治维稳。桥南园区出现金融诈骗1起、拖欠农民工工资事件1起。桥南园区管理办配合区稳定办、工信局接访，现场处置协调37次并及时开展安抚和思想工作，确保无人员伤亡等重大事件发生，维护园区稳定。

非公企业党建工作。配合企业党委到企业检查指导党建工作26次，了解企业生产经营状况和党员部分职工生活情况，主动帮助解决实际问题和建议。

江南大道征收。由高新区负责牵头、桥南园区管理办具体组织实施江南大道涉及桥南工业园8家企业的征收工作，2017年5月至2019年6月，在区征收办、评估公司的配合下办结江南大道涉及8家企业谈判协商及签订征收补偿协议。

园区企业整体搬迁。开展桥南园区65家企业基本情况摸底，形成原始成果材料，起草《常德高新区承接桥南工业园企业整体搬迁工作实施方案》，围绕桥南园区企业“搬得出、留得住、能发展”的总基调、总要求，推进桥南工业园整体搬迁工作。9—10月联系宜利管道对接高新区招商局并签约入驻园区，实现桥南园区整体搬迁“零”的突破。

（李向民）

常德市国土资源局高新区分局工作

【概况】 2019年，常德市国土资源局高新区分局以“双创双争”为工作主线，以提升用地管理水平为工作目标，落实各方面工作。落实常德市国土资源局“双创双争”工作方案，成立工作领导小组，分解任务到相关股室，贯穿日常业务工作。按照管委会“不忘初心、牢记使命”工作要求，开展研讨会2次、下企业调查研究，开展主题党课教育，把主题教育与“全员学业务、全面强素质、全力促融合”结合，提升干部职工业务水平。以整治群众身边的腐败和作风问题为重点，查找各股室廉政风险重点环节，总结表现形式，剖析形成原因、制定防范措施、加强主体责任，制定廉政风险点流程图和廉政风险点防控措施图。7月1日，湖南省国土资源厅纪检组进行专题调研，得到领导肯定。重点整治征拆领域的腐败问题。所有行政审批业务实行一次性告知，明确办理期限，督察各股室落实情况。坚持服务大走访，2个月内走访所有园区重点企业，与企业交换关于用地报批、土地出让、不动产登记发证和先行用地方面的意见，收到意见书7份，回复指导性意见2份，向其他部门转交意见2条。集中研究不动产登记落宗等共性问题，解决不动产登记难的问题。涉及优化经济发展环境方面的问题，采取措施进行整改。向辖区内所有村（居）委会和相关企业下发自然资源领域扫黑除恶资料和告知书，公布举报电话和举报信箱，在非法转让土地、非法采矿、破坏耕地、阻碍征地拆迁等方面做重点宣传。和高新区公安分局筹备组建立协调机制，查找和打击涉黑涉恶行为。实施用地保障，服务重点产业项目。组卷上报7个批次，涉及枫树路、鼎城茶油等28个项目，用地规模66.67公顷。高新大道、恒茂金属等11个项目的征地拆迁工作办结，征地90.85公顷，签订房屋拆迁协议127户，拆迁房屋面积52408平方米。出让标准化厂房和中联恒通等一批产业项目用地27宗，计121.13公顷。购买增减挂钩指标18.67公顷，办结11.29公顷增减挂钩项目，通过省厅验收。节约集约用地。坚持节约集约用地，采取企业员工生活和住宿向园区生活配套园集中，企业研发办公向科研大楼集中，中小企业生产向标准化厂房集中模式，出让9.51公顷土地用于生活配套园项目，出让7公顷土地用于科研大楼项目，出让52.13公顷土地用于标准化厂房项目。制定《常德高新区工业用地综合效益评估管理办法》,在投资强度、容积率下限值、土地税收产出率和企业用地退出机制等方面进行约束，根据企业的实际用地情况核减用地面积或分批次供地。空闲土地处置。落实湖南省国土资源厅挂牌督办的大棚房整治工作。开展别墅清理整治专项行动工作自查自纠上报工作，高新区涉嫌违建别墅1处，由鼎城区国土局立案查处，查处2018年度卫片执法检查下达的三宗1.2公顷违法用地,按整改要求补办建设用地手续。原厚霖机械和铭诚重钢空闲土地采取收回处置，重新盘活土地12.53公顷。针对用地规模较大但项目建设缓慢的工业企业和物流仓储企业，采取约谈和下达提示函的方式督促履行土地出让合同，摸底园区空闲土地,按批而未供、供而未建、建而未建满情况进行调查,建立台账,专题研究处置意见,并报管委会。促进消化存量建设用地，督促企业开工建设,履行土地出让合同约定,提高节约集约用地水平,加快项目建设。

（袁　敏）

常德市规划局高新区分局工作

【概况】 2019年，常德市规划局高新区分局发挥规划引领管控作用,提升规划服务水平,落实全年各项工作任务。

党建工作。定期开展“三会一课”,明确从中央到市局的政策精神和工作要求，指导分局各项中心工作推进。贯彻落实组织生活会和“两同时”谈话制度,定期开展主题党日活动。开展“不忘初心、牢记使命”主题教育活动,按照“守初心、担使命、找差距、抓落实”的总要求,落实各项工作任务。研究部署“扫黑除恶”专项行动,提出“优化经济发展环境”的工作方案并建立相关制度予以保障。设立党风廉政建设举报信箱,主动接受外部监督,并在市纪委网站发布党风廉政建设通讯稿。

规划编制。完善高新区城市功能，组织编制《灌溪镇新渐河以东控制性详细规划》,规划面积7平方千米,主要用于开发地块强度控制和医院、学校等公共服务设施布局,该规划正在组织报批。组织编制《常德高新区工程机械配套产业园规划》,用地面积133.33公顷。组织编制高新区入城口城市设计。科学解决石板滩园区大挖方、大填方的问题,实施园区竖向专项设计。推动高新区村庄规划编制工作,落实城规以外的灌溪镇7个村、石板滩镇6个村规划成果,正在修改完善。

规划服务。坚持“一线工作法”,主动到新入园及有搬迁和改扩建需求的企业,如响箭重工、海盛环保、标准化厂房三期等园区项目,办理相关规划手续,为每个项目明确了1名联系人。优化审批流程,工业项目和市政项目审批只需2人签字,在申报资料齐全的情况下当天办结，当天没有办结的按照“最多跑一次”的改革要求,由审批股室专人送达企业。实施产业项目预审制度,在资料缺少或审批要件不齐的情况下,签署预审意见,明确同意该项目进入其他审查程序，待资料齐全和条件满足后,转入正式审批,节约报建时间。落实为企业减负的相关政策,所有服务和审批项目零收费。梳理和完善辖区内村(居)民私人建房程序,加大服务力度，办结65户私人建房审批、37户现场踏勘工作,研究起草私房建设规划管理办法。2019年,办理选址意见书9件，规划用地许可证25本,建设工程规划许可证55本,规划核实54件。

规划执法。加强项目建设管控,要求规划执法监察工作人员提前介入，全程参与各类可能存在的违法建设,及时进行劝阻和制止。开展高新大道、常德大道、丹溪路两厢等重点地段日常监管巡查，一旦发现违法建设，立即移送城管部门处置,督查拆除,杜绝抢搭抢建、刚拆又建违法现象的发生。

（王　平）

常德市公安局高新区分局筹备组工作

【概况】 2019年，常德市公安局高新区分局筹备组明确责任分工,整合辖区资源,围绕新中国成立七十周年大庆安保维稳工作主线，抓班子、接队伍、搭架构，推进机构筹备和辖区公安业务工作开展。

安保维稳工作。国庆特护期间，无高危重点人员漏管失控，落实“五个坚决防止、三个确保”工作目标。执行24小时值班备勤、联勤值守、每日调度等工作措施，构建全天候勤务模式。国庆特护期间，执行公安部、省公安厅、市公安局战时纪律要求，实行三级勤务，9月26日至国庆特护期结束，启动一级勤务，全体全员在岗。国庆特护期间，每日保持一半以上警力开展日常巡逻，采取车巡步巡的方式，在白天、夜间多个时间段，进行辖区重点部位、重点场所、主干道等人员密集场所社会面巡逻防控。在辖区具有风险隐患的场所展开“地毯式”核查摸排，堵塞漏洞；在辖区旅馆、网吧、水电油气等重点场所、行业开展安全检查。为84家重点行业、场所建立详细档案，向存在安全隐患的场所、行业下达责令整改通知书。辖区风险隐患线索核查率100%，风险隐患摸排率100%。重视辖区重点人员列控列管。辖区重点人员340人，管控率95%，在控率65%。其中省厅、市局下发的涉枪重点人员在控率100%；涉恐重点人员关注人员采集率、合格率、及时率、准确率、管控率均为100%。国庆特护期间，在辖区12所幼儿园、小学、中学开展定时定点护校。9月27日起，启动全天候护校机制，护校人员进驻校园，保证学生在校期间有护校人员在校值守。督促学校方新增专职保安3名，安装防撞设施4处、减速装置4处，整改监控不达标1处。加强灌溪镇、石板滩镇墟场的交通管理和控制。其间，高新区未发生较长时间交通拥堵，未发生伤亡交通事故，未发生投诉等不稳定事件；开展夜查行动23次，保畅活动9次，查处交通违法行为253起，其中酒驾10起、醉驾4起、行政拘留1人；处理交通事故95起；落实6类重点违法清零报废车工作，大货车报废率100%。

机构筹备工作。2018年12月10日，常德市公安局高新区分局筹备组见面会在高新区管委会召开。2019年1月1日，分局筹备组正式挂牌运行，接管辖区内“两所一队”人员和公安业务工作，搭建筹备组业务管理架构，履行筹备县级公安机关的具体工作。5月7日，省公安厅政治部人事处副处长马千里、主任科员鲁洋一行赴高新区调研指导分局筹建工作并给予充分肯定。5月14日，市公安局政治部主任王朝春、人事科长覃波、筹备组组长方贻宏赴省公安厅进行专题汇报。5月27日，湖南省副省长许显辉批示同意把分局设立事项列入省公安厅党委会议研究议题。7月17日，省公安厅下达《关于同意设立常德市公安局高新分局的批复》。筹备组合理运用资金，建设临时办公场所，配置办公用具、网络通信设施等；开展原管委会三层办公楼及院落改造，新建750平方米值班备勤房；落实“一村一辅警”和“城市快警”建设。整合人员，抽调部分人员搭建临时工作架构。招录警务辅助人员30名，开展岗前培训，根据特长、技能合理分配岗位。配备指挥中心、视频会议室、政务中心等公安业务用房设施设备，铺设办公网络；新建值班备勤房14间，配备独立卫生间，配齐基本生活设施。该过渡办公场所于今年7月正式投入使用。新技术业务用房项目提请高新区党工委、管委会研究同意项目立项，完善各项手续及建设方案。

执法工作。2019年，接处治安类警情723起，刑事案件立案83起，行政案件受案84起，破获刑事案件30起，未点破刑案6起，刑事拘留44人，行政拘留46人，移送起诉46人，强制戒毒11人；接处交通类警情500余起，受案430余起，查处各类交通违法行为为700余起，其中饮酒驾驶43起，醉酒驾驶13起，查扣报废车辆5台，疏导交通堵塞50起，参与安保行动30起，查扣农用车5台，处罚农用车及大型货车76台，劝返农用车及大型货车2000余台次。打击以刘某某为首的涉恶集团，抓获涉案人员23人，其中刑事拘留15人，逮捕12人，刑拘转取保候审4人，直接取保候审1人，强制戒毒3人，行政拘留7人，移送起诉13

人。破获涉企案件12起,抓获涉案人员26人,刑拘17人,刑拘上网4人,移送起诉7人,行政拘留10人,为企业挽回经济损失100余万元。其中,3月23日,办理华云智谷公司挪用资金案,为企业挽回直接经济损失100余万元。配合高新区管委会和灌溪镇、石板滩镇政府,参与征拆矛盾纠纷调处化解,为拆违、控违执法行动提供保障,处置在建项目和工地阻工事件,出动警力1600余人次。选择在社区社情复杂、问题多发的企业和项目工地设立警务室、治安执勤室,配合派出所社会面的巡逻防控,配合快警平台快速反应机制,构建全方位预警、防暴、处突工作网络。2019年,建成企业警务室2个,项目工地治安执勤室1个。在辖区人大代表,政协委员,中联重科、响箭重工等67家规模以上企业开展走访联络及“大回访”工作,落实整改人大代表、政协委员、企业提出的问题、建议。召开灌溪镇、石板滩镇辖区企业法人代表、人大代表、政协委员座谈会,收集企业意见建议,探讨警企联防机制。采取派出所、快警相结合,步巡、车巡相结合,白天、夜间相结合,常态化巡逻管控辖区核心园区、重点部位、重点场所、主要道路等人员密集区域,重要时间节点增加巡逻密度、巡逻频次、巡逻半径。2019年,出动警力2000余人次。在高新区政务中心开设公安服务窗口,设备、网络、人员配备到位,筹备阶段采取专人上门服务的方式,为企业排忧解难。建成驻村警务室22个,配备必需办公设施及基本警用器械。22名驻村辅警招录完毕并配备到位,经过警务知识综合培训、派出所实际操作学习,下到各自责任村,开展线索摸排、情报收集等基础性工作。为22名驻村辅警配备两轮巡逻电动摩托车,电动摩托车统一加装警灯、警用标识等,增强群众辨识度,提高见警率。搭建快警平台1个,调剂民警4名、辅警12名,购置快警平台车1辆、处警车1辆、摩托车4辆及相应配套警用装备,开展接警处警、巡逻防控、应急处突等基础工作。维护翻修办公场所破损各处,改善民警辅警的工作环境、办公条件;落实警营文化建设,为两所一队配备新的门头、标志标牌、警示标语。2019年,捣毁卖淫嫖娼场所1个,行政拘留3人;捣毁“地下”六合彩写单窝点7个,侦破涉赌刑案4起,刑拘5人,行政拘留6人;侦破涉毒刑案6起,强制戒毒11人,行政拘留8人,移送起诉6人。在一号大道与老国道207平交路口,增设红绿灯2处、接顺路口1处;开展“安全生产月”“安全生产沅澧行”等安全宣传活动,提高民众交通安全应急处置意识,降低隐患风险。查处各类交通违法行为700余起,其中饮酒驾驶43起,醉酒驾驶13起,查扣报废车辆5台;查扣农用车5台,处罚农用车及大型货车76台,劝返农用车及大型货车2000余台次。疏导交通堵塞50起,参与大小安保行动30起。实行常态化执勤任务,开展重要时间节点、每日出行高峰时段秩序管控,保障路面交通畅通。

队伍建设。4月,获批成立常德市公安局高新区分局筹备组临时党组;6月,获批成立常德市公安局高新区分局筹备组临时党支部,落实党建主体责任。加快临时工会组织申报,保障民辅警合法权益,稳定民辅警队伍,发挥工会组织的纽带作用。制定纪律作风建设年方案、队伍作风建设集中教育整训方案,召开工作动员会。印制下发“十个严禁”“二十个不准”宣传手册200份;召开队伍作风建设集中教育整训会议2次,组织全体民警辅警观看《铁纪在前》等警示教育片,开展集体警示谈话;召开“不忘初心、牢记使命”主题教育动员大会,分别召开党小组会议;组织开展“不忘初心、牢记使命”革命传统教育,缅怀先烈,感悟革命初心;开展政治学习,要求分局机关、两所一队每周五开展政治理论学习。不定期、不间断开展民辅警值班备勤、上班纪律、内务管理、安保维稳等情况现场督查,通报批评违纪违规行为。开展自清自查,落实整改客观存在的问题。2019年,无一起民辅警违纪违法案件。 (何有缘)

企业党委工作

【概况】 抓支部学习教育。围绕树牢“四个意识”，坚定“四个自信”，做到“两个维护”，开展习近平新时代中国特色社会主义思想和中共十九大精神的学习宣传贯彻工作，学习传达中央、省、市相关重要会议精神。9月26日，企业党委统一培训53家企业党支部书记，提升组织工作能力，提高党建业务能力，增强学习的紧迫感和自觉性。落实“三会一课”等党内生活基本制度。每月开展主题党日活动1次，组织党员集中学习、开展组织生活、进行民主议事和志愿服务等；设支委的党支部，每月召开支委会1次，研究讨论支部工作；每季度召开党员大会1次，研究支部工作报告、党员发展、民主评议等重要事项；每年举行党课1至2次，每年召开组织生活会1次并进行民主评议党员工作，把会议内容及时上传至智慧党建系统。2019年，发展新党员14名，重点向35岁以下企业管理骨干、研发人才和技术能手倾斜、向示范党支部和党员比例偏低的企业和组织倾斜。5月始，园区所有企业党员的党费通过“我的常德”app和“智慧党建”公众号按月足额上缴。“七一”建军节，组织开展推优评先活动，表彰先进典型。加大困难党员帮扶力度，展开生活困难、老弱病残等困难党员调查摸底工作，制定帮扶措施，进行走访慰问和帮助扶持。鼓励和支持企业党支部创新组织生活形式，整合融合开展党内活动。鼓励采取灵活多样的形式开展党日活动，统筹开展主题党日活动和支委会、党员大会、党课、组织生活会和民主评议党员工作。适时邀请企业党支部书记或部分企业党员到管委会机关参加活动，发挥机关党建对企业党建的示范帮扶带动作用。结合中央反形式主义、官僚主义要求，简化过多记录留痕要求，允许企业党支部部分活动通过微信群、QQ群、红星云、智慧党建系统、学习强国APP等信息化手段进行学习、讨论。

抓企业支部组建工作。为佳达电缆、远大住工、斯盛能源、昊宇幕墙、新湘达门窗、福禧节能环保、浩天翼等条件较为成熟的企业组建党支部。党员人数不足3名的非公有制企业，根据地域相邻、行业相近的原则，合并组建联合党组织桥南第一联合党支部、第二联合党支部。新建党支部8家。按照党章和支部工作条例的要求，6月，为达到换届选举条件的40家非公企业党组织进行换届选举。按照基层党组织设置要求，根据企业党员人数变化情况，把国力变压器公司党组织形式由党委调整为支部；根据联合支部覆盖单位一般不超过5个的要求，把桥南园区联合党支部调整设置为2个联合支部。适时调整其他变化较大的企业支部。摸底排查入园企业，做到从业人数清、党员人数清、出资人情况清、经营状况清、组织建设情况清。暂不具备组建党组织条件的企业，明确企业党委工作人员建立工作联系，督促指导企业建立工会组织，招聘时优先考虑具有党员身份的求职者。落实企业党员摸排工作，动员引导党员主动亮明身份，接转关系，利用党员信息管理系统和智慧党建平台开展党员身份比对。

抓党组织和党员作用发挥。按照“守初心、担使命、找差距、抓落实”的总要求，开展园区企业党员的学习教育、检视问题和整改落实工作。高新区在全市主题教育工作推进会上作典型发言，介绍推进两新组织主题教育的经验做法，获得市委组织部的认可。围绕“不忘初心、牢记使命”主题教育，结合园区和企业实际，在企业党员中开展“亮身份、争先进”实践活动。把企业党建工作与企业安全生产、环境保护、依法用工等工作相结合，动员企业党组织参与企业平安企业创建、环保治污达标行动、构建和谐劳动关系等工作，引导非公企业党组织及党员在参与企业经营决策、提升科技创新能力、构建和谐劳资关系、推进企业文化建设、搭建政企交流平台和承担社会责任等方面发挥作用。

抓工作措施与组织保障。从机关选配50名经验丰富、熟悉园区工作的人员为党建工作指导员，负责宣讲中共十九大精神，指导支部开展“三会一课”、主题党日活动、组织民主生活会、民主评议党员等活动，指导企业的产业发展、安全生产、征地拆迁等工作，并直接与年终的评先评优、绩效奖励挂钩。坚持园区党工委领导带头联点示范，打造荣程机械、湘联木业、国力变压等15家企业党支部，为园区企业党建工作推进提供示范样板。为新成立的8家企业党组织，配送支部标配设施，包括支部牌子、章子、支部阵地上墙的相关制度及组织架构图、党建书籍、党旗党徽、三会一课记录本等。为开通智慧党建系统的企业支部配送相应的电子设备。落实新建企业党支部经费以奖代投奖励1万元，落实每个非公企业党组织负责人每月津贴300元，全年3600元，党员活动经费200元/人，全额返还非公企业党费，给予党建示范点、优秀共产党、先进党务工作者精神和物质奖励，完善企业阵地建设，配送党建书刊，全年党建工作经费60万元以上。（吕玉琼）

常德市鼎力实业有限公司

【概况】 常德市鼎力实业有限公司成立于2010年3月，系国有独资企业，注册资金1亿元，公司地址位于常德高新技术产业园内。2015年5月升级为市级投融资平台，信用等级为AA。经营范围涉及融资、城建、棚改、土地开发整理、工业及水务投资、国有资产经营等领域。公司内部设行政部、人力资源部、融资投资部、财务部、工程部、前期工作部6个部门，在职员工40人。下设3个子公司：常德市兴隆劳务有限公司、常德市鼎宏资产管理有限公司、常德鼎华城建投资开发有限公司。

财务与融资投资。申报2018年财务年报，截至2018年12月31日，公司资产总额220亿元，净资产145亿元。2019年偿还贷款本息269896万元，其中本金237896万元，利息32000万元；工程款按工程进度和合同约定支付8.5亿元。截至年末，融资到位资金102.155亿元。向工商银行申报的经营性物业贷款项目申报至省行审批，向农业发展银行申报10000万元常德蒿子港千吨级码头一期工程项目贷款，由财富证券承销的15亿元企业债取得省发改委转报文，并向国家发改委申报审核，由海通证券与中航证券联合承销的20亿元公司债获得上交所同意发行批文，申报由恒丰银行和中国国际金融股份有限公司联合承销的不超过20亿元中期票据、由长沙银行与中信建投证券联合承销的不低于12亿元PPN。办理标准化厂房一、二期不动产登记证、远大地块及标房一期扩建不动产登记证、桥南商居地块不动产产权证、中联8宗商居地块不动产产权证。

项目建设。2019年完工项目7个：塔铁西路、樟树西路、岗中中路、岗市大桥、五岗东路桥、标准化厂房三期6-10#、污水管网配套设施项目；在建及新开工项目5个：生活配套园项目、标准化厂房三期1-5#楼及12-14#楼、富强东路、岗中东路、五岗东路。

资本运作。转让荣星家居股份，投资收益200万元；常德鼎合科创产业投资基金投资联科科技1000万元、湖南欧旭机械有限公司250万元、湖南泽邦汽车零部件有限公司250万元；投资入股常德英泰新材料有限公司1000万元；增资基金1亿元；投资入股常德远大住工，获市国资委批准。

点村扶贫。帮扶贫困户25户，于2017年年末全部脱贫。2019年解决韩公渡镇立新村扶贫建设资金15万元，落实危改、助学、务工等扶贫工作，采取持续帮扶措施防止返贫。

（宋明霖　张燕）

商务

Business

鼎城区 2019 年新春招商引资推介会集中签约仪式

商务工作
供销合作社
桥南市场
桥南商贸城
桥南副食城
市场服务中心
物流产业

鼎城年鉴(2020)

商务工作

【概况】 2019年，鼎城区商务局被评为常德市招商引资暨开放型经济工作优秀单位、商务系统全市办公室综合工作优秀单位、市服务业工作优秀单位、市市场秩序工作优秀单位、区商务战线政协联络工作先进单位、区统战工作先进单位、区现代商贸工作先进单位、区安全生产工作先进单位和综合治理工作先进单位。

招商引资。推进“产业立区三年行动计划”，围绕鼎城“三城四区五中心”建设，创新招商方式、拓展招商领域，2019年，引进内外资总额105.4355亿元，占年度任务的105.12%，比2018年增长15%。内联引资91.8336亿元，占年度任务的101.81%，比2018年增长9.98%；利用外资19915万美元，占年度任务的134.56 %，同比增长52.1%。新签约项目57个，其中亿元以上项目42个，5亿元以上项目11个，10亿元以上项目9个，引进上市企业3家、500强企业3家、外资企业2家。

招商引资项目洽谈会会场　（摄影：肖友华）

外经外贸。以服务企业为抓手，利用国家、省、市开展的各类展销会活动和国外展销会机遇，帮助企业加大开拓国内外市场的步伐。外贸企业由2015年的17家增至当前37家，外贸进出口4244万美元，占年度任务的114.72%，比2018年增长46.8%（不含高新区）；外贸破零企业6家，倍增企业5家。全年外派劳务人员968人，新签合同5578万美元，实际工资收入2781.6万美元。

商贸流通。加快商贸流通业布局，新增13家规模以上企业入限，社会消费品零售额230.3亿元，增速10.8%。鼓励电子商务、现代商贸物流等新兴产业发展，与大型电商平台京东云签订战略合作协议，引进的湖南巨头网络科技有限公司采取“线上＋线下＋智能物流”方式，融合当地农产品进城、工业快消品下乡实现双向流通，已落户常德天和互娱电子竞技有限公司自主研发的享豚购物平台，吸纳网上用户50万人，农筹惠电商平台建立区级服务中心在51个贫困村建立村级服务站，农特产品网销零售额2亿元以上，促进新德希望、精为天、河洲甲鱼、小蜜蜂家庭农场等电商企业销售。

商务执法。按照省、市有关要求，开展成品油市场专项整治，打击非法经营的加油站和流动加油车，出动执法人员100余人次，取缔非法流动加油车7台，行政拘留5人，关停整改问题加油站12家，取缔非法经营的黑加油点3个。

加油站安全检查现场　（摄影：洪志明）

党建工作。坚持党建引领，开展党员干部理论学习和“不忘初心牢记使命”主题教育工作。根据2019年机构改革实际情况，经区直机关工委批准同意，成立鼎城区商务局机关总支部、局机关支部、江北老干支部和江南老干支部，并在8月末落实1个总支部委员会和3个支部委员会的选举工作。

鼎城区商务局中共十九届四中全会精神集中宣讲会会场

（摄影：杨洪波）

鼎城区 2019 年新春招商引资推介会会场

（摄影：胡蔓）

综治维稳。贯彻落实省、市、区信访维稳工作要求，主动积极作为，关停轻纺市场，排查安全生产隐患，实施蓝天保卫攻坚战，化解水产市场破产重整难题，全年接待来人来访 300 余人次，处理信访案件 20 余件，化解矛盾纠纷 15 起。

精准扶贫。联系双桥坪镇兴国寺村，精准对接贫困对象，完善扶贫工作台账，实行一对一帮扶。为贫困村、贫困户寻找致富门路，办实事，落实扶贫工作计划和资金 10 万元。协调住建部门解决贫困户的危房改造问题，帮扶村基础设施建设，硬化兴国寺村 4 组 200 余米组道，清理整治山塘周家大堰和朱家大堰，实施北中渠清淤工作。

（王文斌）

【鼎城区 2019 年新春招商引资推介会】 2019 年 1 月 29 日，鼎城区 2019 年新春招商引资推介会举行，会议邀请 100 余位鼎城籍在外优秀儿女回到家乡，贺新春佳节，叙桑梓情谊，话发展大计，湖南大学产学研合作、常德光正实验学校、中联施工升降机产业园、常德鼎城仁孚奔驰 4S 店等 15 个项目成功签约，签约总金额超过 70 亿元。鼎城区委书记、常德高新区党工委书记杨易出席会议并讲话，区委副书记、区人民政府区长朱金平出席会议，区委副书记王时雨主持会议。（王文斌）

【鼎城区 5 个重点建设项目集中开工】 2019 年 3 月 2 日，鼎城区举行 2019 年一季度重点建设项目集中开工仪式常德高星国际商贸物流城等 5 个重点建设项目集中开工，项目总投资 52 亿元。其中，常德高星国际商贸物流城项目总投资 30 亿元，拟在常德大道与桃花源路交会处的西北角打造规划面积 133.33 公顷，集专业市场集群、仓储物流中心、电子商务中心、超级购物中心、洲际酒店、AAAAA 写字楼等于一体的特大型现代生产生活服务综合平台。西站路（金霞路—花溪路）新建工程全长 1326 米，宽 30，建设总投资约 5500 万元。该项目是西区板块重要城市次干道，建成后能构建西区路网及完善道路交通骨架，促进板块开发。开工仪式分为常德高新区和江南城区两个会场同步进行。湖南省人大常委会党组成员李友志出席主会场活动并宣布项目开工，市、区领导陈恢清、杨易、朱金平等出席开工仪式。市委常委、常务副市长陈恢清在仪式上讲话指出，该次集中开工的项目都是投资力度大、发展前景好的优质项目，必将为鼎城区打造常德高新区和江南新城两大发展引擎注入强大动力，必将有力推动鼎城区、高新区和全市的发展。希望鼎城区委、区人民政府，常德高新区要牢牢抓住“项目为王、企业优先”两个关键点，进一步加大工作力度，为项目提供更加优质的建设环境。也希望项目建设单位抢时间、抓进度，严把安全质量关，推动项目早建成、早投产、早见效。市委、市人民政府将会一如既往地关心和关

注鼎城区和常德高新区发展，在用地、审批、资金等方面给予最大限度地支持。　（王文斌）

【湖南省欣厦建设工程有限公司总部建设项目成功签约】　2019年8月26日，湖南省欣厦建设工程有限公司总部建设项目签约仪式在鼎城区人民政府302会议室举行，区人民政府副区长钟科程，相关区直单位项目负责人出席签约仪式。鼎城区人民政府与湖南省欣厦建设工程有限公司成功签约。湖南省欣厦建设工程有限公司成立于2000年，经营范围包括按资质证书核定的经营范围内从事经营（涉及行政许可或资质的凭许可证和资质从事经营）；建筑设备租赁、安装、维修。拥有优秀的专业技术团队和先进管理模式，在业内具有良好的口碑。该项目落户于江南城区，总投资约7000万元，可解决当地1000人的就业问题，3年拟实现税收约8000万元。　（王文斌）

湖南省欣厦建设工程有限公司总部建设项目签约仪式
（摄影：王文斌）

【鼎城区商务局参加第八届湖南省电子商务大会】
2019年8月29日，鼎城区商务局及常德农筹惠食品销售有限公司一行参加2019年第八届湖南省电子商务大会。大会以“数字驱动，开放崛起”为主题，顺应行业发展新动态、新特点，旨在推动政府行业、企业和社会公众的信息共享，探寻行业发展的趋势，交流电商发展的经验，共同推动中国电子商务产业的发展。来自阿里巴巴、拼多多、Ebay、有赞、亿邦动力、killmall等知名电子商务企业探讨跨境电商、乡村振兴、电商扶贫、社交新零售等电商融合创新的新方向。通过大会，进一步明确鼎城区的电商扶贫、乡村振兴和社交新零售等领域的方向，开拓了思路。2019年，鼎城区发展电子商务，电商销售农产品零售额2亿元，40个贫困村通过电商销售当地农特产品交易746万元，培育88个农特产品业绩5万元以上的示范网店。　（王文斌）

【机构改革】　2019年3月，鼎城区商务粮食局实行机构改为鼎城区商务局，局机关内设办公室（加挂党建工作办公室）、市场管理股、投资管理股、流通管理股、贸易管理股、商务行政执法大队6个股室。下辖市场服务中心1个二级单位。主要负责全区招商引资、对外贸易、市场建设、电子商务、市场秩序监管和执法等，负责轻纺城、城区超市商场、全区加油站的安全生产管理。　（王文斌）

鼎城区商务局挂牌　（提供：王文斌）

供销合作社

【概况】　2019年，鼎城区供销合作社围绕区委、区人民政府“三农”工作，改进服务方式、完善服务体系、推动改革发展，在服务城乡居民、推进乡村振兴和农业农村现代化等方面发挥作用。开展业务学习，规范财务统计，农资保供货足价稳；开展脱贫攻坚、综治维稳工作。综合业绩考核获评全市先进，被评为平安建设区级先进单位。

基层党建。推进“党建引领、社村共建”活动，构建“党建、村建、社建”三建合一的综合服务社；

把“两学一做”学习教育融入“三会一课”“主题党日”党建活动中，组织党员围绕“不忘初心，牢记使命”开展“立足岗位践初心，砥砺奋进再前进”主题教育专题讨论；落实“三会一课”“主题党日”活动制度，推进基层组织生活“痕迹化”管理制度，完善党员干部谈心谈话制度。

综合改革。出台《2019 年区深化供销社综合改革工作实施方案》文件，明确区级社规范化建设、基层组织体系建设和加快发展社办企业目标任务；以《2019 年区深化供销社综合改革专项资金使用计划》为依据，落实财政保障；区级惠农综合服务平台“鼎城区人人供销惠农服务有限公司”正常运营，建成区级物流配送中心，联合湖南锦致生和网络科技有限公司在城乡布设网点 106 个；建成谢家铺镇、黄土店镇等乡镇中心社 9 个，在谢家铺镇、镇德桥镇推进村级社建设；推进草坪镇、花岩溪镇两个中心标杆社创建和放羊坪村、三角堆村、月亮州村 3 个规范化村级社建设。（易泽民）

桥南市场

【概况】 桥南市场地处玉霞路、车站路、鼎城路交汇处，占地面积 6.67 公顷，建筑面积 11.6 万平方米，有经营门面 4351 个，拥有服装、鞋帽、百货、日化、文化用品、床上用品、小家电、电子通信等十大强势专业，从业者 3 万余人，固定资产值 10 亿元以上，商品年成交额 30 亿元以上，辐射湘、鄂、川、黔、渝等 90 余个县市，是湘西北地区重要的物流、信息集散中心。

党建工作。市场工委把党建工作摆在首要位置，以抓党建促进市场全面工作，落实从严治党要求，严肃党内政治生活和加强监督，推进党建标准化、规范化、制度化建设，坚持“筑牢基层打基础，健全制度促规范、完善机制抓落实，注重制度添活力”，强化理论学习，提高政治站位，推进政治思想、组织纪律和党风廉政建设，落实“三会一课”及周五“主题党日”活动，开展党员志愿者服务、在职党员进社区、走访慰问、扶贫帮困、集中学习等活动。桥南市场管理委员会工作人员党员 132 名，非公总支党员 107 名；组织所有干部职工加入学用“学习强国”平台，评选 9 名党员参加区“学习强国”挑战赛；七一前夕，非公总支吸收预备党员 6 名，预备党员转正 6 名；抓“不忘初心、牢记使命”主题教育，按照“守初心、担使命、找差距、抓落实”总要求，通过深刻自省、互相提醒，红红脸、出出汗，提升桥南市场党组织凝聚力、战斗力。

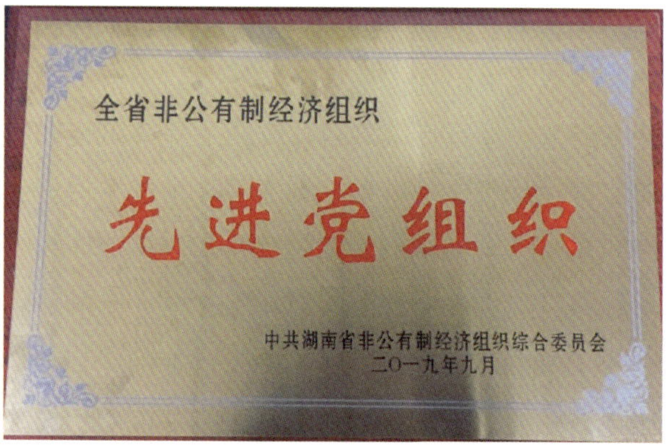

桥南市场获评湖南省非公有制经济组织“先进党组织”
（提供：刘新民）

消防安全。以“创建平安市场，构建和谐桥南”为指导思想，贯彻落实“隐患险于明火，防范胜于救灾，责任重于泰山”消防安全工作思路，把市场消防安全放在各项工作首要位置，实行人防、物防、技防相结合，推行三大举措，严防安全事故的发生。整章建制。出台规章制度和操作规程，落实目标管理岗位责任制，按章办事，严明奖惩，有功必赏，有过必罚。宣传教育。增强工作人员和经营业主消防安全意识，广播站全天播报消防法、消防安全知识和市场消防安全管理规定，聘请专家为各部室站工作人员和市场 4000 余名经营业主轮训。9 月 27 日，开展跨区域应急救援联合演练，出动 5 个中队，15 台消防车，100 余名消防官兵，区应急管理局、公安局等 7 家单位配合演练，市场工委组织干部职工、经营业主 500 余人参与演练。落实整改。实行日巡查、周检查和月整改制，对照标准排查，发现隐患及时整改，不过夜。2019 年，发现并处理消防设施存在问题 43 处，更换广播系统 1

套、自动报警系统1套，查处私用烤火炉门面17家、私自装修门面13家、顶部堆放货物门面26家，整改电源线路老化门面63家、吊顶超宽门面22家、超时经营门面17家，拆除长期关闭门面空开311个，整治市场内乱接电源门面54家、三合一场所（五运坪门面）私拉乱接门面6家，处罚市场内吸烟经营业主317起，劝阻顾客吸烟2300余人次。全年，市场未发生一起消防安全事故。

1月2日，常德市委副书记、市人民政府市长曹立军（中）检查桥南市场安全工作　（提供：刘新民）

9月27日，桥南市场跨区域应急救援联合演练（提供：刘新民）

市场秩序管理。3月初，市管系统按照管委会工作部署，开展经营秩序整治，重点针对市场小南门（五运坪南面出口）货运车辆占道、乱悬乱挂、货物出店、私拉乱接、三轮车无序停放、游商小贩乱窜等情况，通知其自行整改取缔，不听劝告没有整改到位的，依规下达整改通知书，强制整改到位。

设施建设。抓各种物业设施、电力设备日常维护保养。投入资金200万元，升级改造市场公厕，1月动工修建二、四区公厕，3月升级六区公厕，6月，二区、六区所属8个公厕投入使用，四区3个公厕7月末完工并投入使用。投入资金28万余元，维修更换物业设施设备，其中投入2.3万元更换市场内所有夜间值班灯，投入3.5万元改造五运坪电力照明系统，投入7000余元重新安装地下停车场电力系统，投入22万元维修屋面55处、吊顶7处、路面井盖6处、电梯20台次。投入资金50余万元，建设自饮水工程。该工程与公厕改造同步进行，8月投入使用，为所有经营门面免费提供用水卡。

扶贫工作。派专人任花岩溪管理处栖凤山村驻村扶贫工作队队长、第一书记，专职负责扶贫工作，工委书记杜阳辉与其他班子成员进行实地调研考察，开展扶贫帮困活动，按时间节点实现脱贫。修筑村组道路。工委带领商贸城，协同扶贫小组和村支两委，打通直连栖凤山村和紧门溪组的道路，全长6.2千米，7月末正式通行。比原来节省30余千米距离。硬化舒家冲到龚家洞瀑布1千米道路、易家坡到大冲1.9千米道路，实现村组级公路硬化。路灯建设。栖凤山村全村415户，辖村民小组7个，全村面积1187.5公顷，有村级主干道3条，没有路灯，村民夜间出行不便。桥南市场与区农村农业局对接，5月立项，9月中旬完工，9月21日路灯投入使用。“厕所革命”。根据中央、省、市、区关于推动“厕所革命”相关指示精神，2019年年初，全村旱厕改水冲式厕153户，总数275户，占栖凤山村住户66%。

综治维稳。制定安全、维稳、扫黑除恶、禁毒、防爆反恐等工作方案8套，处理上级交办涉嫌传销事件1起，与市场派出所配合，开展涉嫌传销人员警示谈话；办理群众网上来信回复21次，接待群众来访7次；到市场信访老户走访3次，了解其信访诉求，当前已形成初步协商意见，待上级部门审核批准后完善息访手续。

税收征管。宣传税收政策法规，开展税收征管秩序整顿、逃税抗税行为打击等活动，至10月末，税收收入57万元，占区委、区人民政府年初工作任务指标140%；开展鼎城路面（大圆盘至小圆盘)、善卷路面(大圆盘至商贸城大圆盘)临街商铺调查,为税收工作开展提供数据基础。

卫健工作。逐门面核查市场流入人口异常情况以及怀孕出生情况,澄清底子,市场流动人口全员信息电脑入库率100%。按照鼎城区2019年度城乡居民基本医疗保险参保要求,桥南市场指标任务2000人,实际参保人员2585人,收取保险金56.87万元,超额完成任务。根据医保局相关工作要求,受理相关资料11份,办理特殊病种证及年检27例。妥善处理医保来访14起。

业主委员会换届。根据中华人民共和国住建部《业主大会和业主委员会指导规则》第57条,桥南市场管委会于2019年4月23日组织召开换届动员会,聘请常德市"人和人"律师事务所律师为换届工作全程指导,审定核准选举程序和所有文字资料。5月21日,换届筹备组通过报纸、电视台发布《桥南市场业主委员会换届公告》,投放公告4000余份。至7月1日,业主自行投票741人,获授权投票1683人,占应投票总户数70.98%。7月25日,投票选举物业管理联络员,7月31日,投票选举业主委员会、业主监督委员会,8月15日,选举业主委员会和业主监督委员会正、副主任,8月22日,业主委员会和业主监督委员会揭牌办公。

盘活关闭门面。启动二区三楼北面长期关门的61个门面盘活计划,分两期实行改造,第一期48个门面划分为各24个门面的两大区块,第二期13个门面为一个整体,经营一、二线品牌文化用品。8月中旬均开门经营。 (刘新民)

桥南商贸城

【概况】 桥南商贸城总公司成立于1994年,位于鼎城区玉霞街道,南抵德山开发区,北依常德古城,携国道319、207于两翼,人口密集,毗邻薪城外滩、联华大超市、交通国际大酒店,属江东城区的门户。其占地13.37公顷,住户800余户。桥南商贸城属差额拨款事业单位,2019年,有职工110人,其中正科级干部3人,副科级干部2人,总公司下设办公室、财务部、人事部、保卫科、市管办、监理室、法务部7个科室。主要职能:负责商贸城农贸市场及中心场坪行政管理、承载商贸城区域内消防综治、安全生产、诉讼维稳、创建等中心任务。

党建工作。按区委、区人民政府总体要求,以学习型党组织建设为平台,采取党课专题学习研讨、支部集中学习、班子学习讨论等方式,在党员群众中开展"不忘初心牢记使命"主题教育活动42次,认真听取第十四督查组组长陈官祥党课,组织带领全体干职参观革命红色基地,进行户外主题党日教育活动3次,按照"弄懂、学通、做实"要求全体党员反复学、扎实学,确保学以致用。落实党风廉政建设责任制,开展党性党纪党风教育,引导党员干部讲党性、重品行、做表率,形成为民、务实、清廉的作风。全年,组织干职学习廉政教育片5次,上警示教育课3次。

9月29日,商贸城机关党支部到教育基地开展主题党日活动 (提供:陈香娟)

"三大攻坚战"。抓防范化解重大风险,为防止各类安全事故的发生,建立安全风险防范预警机制,组织人员开展辖区重点商户、住户、农贸市场,娱乐场所等不定期安全隐患排查,发现问题及时整改,落实安全责任,保障辖区安全生产有序进行。开展扫黑除恶、"平安580"等专项活动,处理商贸城区域内棚改暂缓尖锐矛盾引起的诉讼问题、南北摊位兑付资金遗留问题的处理、涉军群体及下岗职工的基本生活保障问题等,要求相关部门建立台账、制定防范化解预警方案和处理措施,压实工作责任，全年无一起集体非法上访事件发生，无一起安全生产事故发生。落实区委、区人民政府结对帮扶任务，花岩溪国家森林公园管理处栖凤山村是结对的帮扶点村，计11户结对帮扶对象，组织党员干部到贫困户摸底，了解其人口、就学、致贫原因、年收入、耕地农作物等方面，想扶贫办法、找扶贫点子，建工作台账，全年投入扶贫资金8万余元。抓污染防治，桥南商贸城1994年建立，基础设施简陋，道路毁损、下水道及水电网年久失修，覆盖面13.37公顷，商贸城干职每周3次进行中心场坪、农贸市场等集中整治，定期组织保卫部门到所辖区域内开展消防巡逻，要求车辆有序停放、垃圾及时清运，与环境保护部门、城市管理执法部门协调，实行区域内重点范围1天至少3次喷雾洒水。

区委常委、区人民政府常务副区长李卫民（右）到桥南商贸城指导棚改工作　（提供：陈香娟）

棚改招商。经区委、区人民政府审批，由湖南省住房城乡和建设厅、湖南省发改委、湖南省财政厅、湖南省国土资源厅批准立项，由区委、区人民政府支持，桥南商贸城总公司派人赴北京、长沙、株洲、岳阳等地，接洽访谈国企、央企、民营企业130余家，开展对接、调研和考察，当前，招商引资工作在进行中。

（陈香娟）

鼎城区人民政府副区长钟科程（中）到桥南商贸城督导棚改工作　（提供：陈香娟）

桥南副食城

【概况】　桥南副食城是常德市、鼎城区两级人民政府重点建设工程，是鼎城城区扩容提质的重点项目，位于桃花源大桥南段，江南新城区桥头堡，北临鼎城路，南靠花溪路，西至西站路，东达桃花源大桥。15分钟车程可达桃花源机场，20分钟车程可达火车站，城市主干路网合围。市场总投资5亿元，占地3.33公顷，建筑面积5万平方米。有独立商铺308个，配送中心1.7万平方米，地下停车场设有货梯，车辆出入便捷，经营、配送相对分离。集副食品交易、存储、配送、展销、信息服务、电子导购、结算汇兑为一体，是大型副食产品批发市场。2019年，桥南副食城围绕确定发展思路和目标，把加快发展作为第一要务，坚持以人为本和“优质、廉洁、团结、务实、创新、奉献”的企业精神，开展各项工作。

常德市人民政府副市长龚德汉（中）视察桥南副食城　（提供：刘燕）

新址开业。2019年1月12日,“湘西北糖酒副食农特产品展销会活动暨新桥南副食城开业仪式”举行,展销会汇聚全省(湘西北为主)300余家的优选副食和农特产品参展。展出商品近1万种,其中花岩溪国家森林公园管理处展出农家腊肉、米酒等100余种农家土特产。活动持续到1月31日。

2019湘西北糖酒副食农特产品展销会暨新桥南副食城开业仪式 (提供:刘燕)

市场管理。治理市场经营秩序,桥南副食城属人流、物流密集地,为保障市场日常管理工作正常有序,保障消费者合法权益,引导市场经营户文明经营、规范经营,营造“市场是我家,管理靠大家”的环境,桥南副食城加大巡查力度,引导经营户实行“门前三包”,劝导顾客有序停放车辆、不随地乱扔垃圾,治理违规经营、出店经营。制定市场日常经营管理制度,向经营户和消费者发放《新桥南副食城市场日常管理制度》2000余份。管理市场消防、安全,建立组织,夯实责任。根据市场实际情况成立消防安全管理工作领导小组,开展宣传培训,向员工、经营户和消费者发放《消防安全公开信》3000余份,组织员工、经营户参加消防培训20余次,邀请消防大队开展实战消防演习,邀请市场监督管理局等部门现场指导20余次。 (刘 燕)

【桥南轻纺城搬迁至桥南副食城】 原桥南轻纺城由于存在重大消防安全隐患,经多次整改仍不具备市场经营条件,2019年5月30日,原桥南轻纺城依法关闭,搬迁至桥南副食城,商业入驻率95%。 (刘 燕)

市场服务中心

【概况】 鼎城区市场服务中心是工商体制改革的产物,成立于2007年7月,是差额拨款的正科级事业单位。主要职责是负责全城区农贸市场的长效管理,下设轻纺市场管理所和朝阳路农贸市场管理所。轻纺市场地处江南城区常德一桥旁,1997年修建,占地面积7463平方米,轻纺城内6691平方米,门面316间,商户63家。市场内主要经营各种布匹、窗帘及配饰、床上用品等。朝阳路农贸市场始建于1985年,2008年提质改造,2009年市场评估价值2700余万元。农贸市场占地面积8016平方米,建筑面积10860平方米。其中门面80间,小菜摊、猪肉摊、牛肉摊、鱼摊、南杂摊66个,经营户90余户,经营品种有肉食、水产、蔬菜、南杂、鸡鸭、海鲜、冷冻食品等。年销售额近亿元,商品销广州、上海、湖北、贵州、四川、云南等地。

市场管理。贯彻落实《常德市鼎城区农贸市场长效管理考核办法》,实行市场内卫生、秩序、出摊占道、车辆停放长效常态化管理。集中宣传城区农贸市场“门前三包”制度,在市场内和摊位、门面业主签订“门前三包”协议538份,贴挂“门前三包”责任牌485块。采取疏、导结合方式,规范整治善池、善卷、维畅、桥南疏批等城区农贸市场并保持长效。市城市管理农贸市场考评综合评分99.8分。

消防安全。轻纺市场建设时间早,营运时间长,线路老化严重,是湖南省挂牌督导的重大消防隐患单位。开展消防宣传,组织消防培训和演练,建立班子成员带头负责、管理人员轮流值班、24小时值班巡查的人防措施,排查和整治消防安全隐患,全年,消防事故零发生。

综治维稳。班子成员带头对接维稳包保对象,加强联系,进行宣传引导,实行“五包一”,每月谈心谈话2次。参加“众创平安”活动12次。全年,未发生一起违规越级上访或恶性群访事件。

精准扶贫工作。区市场服务中心是草坪镇三角堆村扶贫后盾单位，成立由一把手带队，班子成员参加的扶贫工作小组。每月走访慰问结对帮扶贫困对象，针对不同家庭情况采取相应扶贫措施，解决其实际困难。帮助贫困户谢冬枝解决住院难题 2 次，帮助其孙女解决学杂费 6000 元；为贫困户王淑娥申请修缮屋面；为贫困户彭贵清筹集 2100 元购买生猪 1 头。全年走访贫困户 100 余人次，送去慰问物资折合人民币 1 万余元。

党建工作。市场服务中心有党员 46 名，设立机关支部、轻纺支部、农贸支部 3 个支部。年初召开专题会议研究部署党建工作，开展"不忘初心，牢记使命"主题教育活动，组织党员集中学习，定期开展学习研讨。组织中心全体党员参观镇德桥镇党性教育基地及尧天坪镇文甲起义纪念地。组织开展"学习强国"竞赛，一把手带队参加鼎城区"学习强国"挑战赛，林芳进入个人赛全区前六名。开展承诺践诺、设岗定责活动，在职党员到红云社区报到服务 12 次，党员志愿者每月下乡服务 60人次。

鼎城区市场服务中心全体党员赴镇德桥镇开展党性教育活动　　(提供：林长芬)

党风廉政。推进党风廉政阵地建设，发挥廉政文化渗透力、引导力和影响力，筹措资金 2 万余元，建立党风建设文化走廊、廉政文化宣传栏、制度教育宣传牌等阵地，营造廉政文化氛围，筑牢防腐拒变"防火墙"。

市场服务中心廉政文化走廊　　(提供：林长芬)

工会活动。开展全民义务植树活动，义务植树 385 株。12 月 23 日，组织开展登太阳山和拔河比赛活动。12 月 27 日，组织干职 23 人参加鼎城区"万人职工健康跑"活动。关心困难职工，为 7 名退休职工申请民政局慈善总会临时救助，开展困难职工、困难党员慰问活动，慰问困难职工 20 人次、困难党员 5 人次。　　(林长芬)

【桥南轻纺城(原)依法关闭】 2019 年 4 月 3 日，常德市人民政府督查室下发《关于限期关闭鼎城区桥南轻纺城市场服务中心、德运市场、金纺市场、五运市场的督办通知》(常政督办〔2019〕1 号)文件，鼎城区人民政府按照先关闭再处理后续工作的原则研究决定，于 2019 年 5 月 31 日前依法依规关闭桥南轻纺城，并引导经营户进驻新的市场经营。12 月末，经营户的存货搬空，桥南轻纺城挂牌至桥南副食城。　　(林长芬)

【朝阳农贸市场提质改造】 朝阳农贸市场于 2008 年重建，2019 年 9 月，进行鸡鸭摊位及鱼摊位等维修改造。改造鸡鸭摊位 9 个、鱼摊位 13 个、酱菜摊位 3 个，增加临时摊位 40 个，改造鸡门面下水沟 60 米及化粪池 2 座。计投入改造资金约 28 万元。　　(林长芬)

物流产业

【概况】 鼎城区物流办发展领导小组办公室简称物流办，其前身为鼎城大桥南联托运有限公司。2014年9月，根据鼎城区人民政府第17次常务会议纪要精神正式成立，于2016年10月搬入郭家铺永富路办公。其人员由桥南管委会7人、区交通运输局货运所全体工作人员13人组成。主要职责：制定、修改、完善全区物流发展规划；对物流业进行行业管理及行政许可；打击非法、保护合法；调解物流运输纠纷、处理各类物流投诉，听取各方意见及建议。协调各职能部门对物流业的管理以及上级机关交给的各项工作任务。物流办管理的物流企业主要集中在桥南隆腾物流园、桥南市场周边以及现停靠在郭家铺建材市场的零担班车，当前有物流企业共计130家，零担班车150辆，货运线路辐射沪、江、浙、鄂、赣、渝、川、豫、冀、闽、粤等省份及省内各市、县、区。2019年，鼎城区物流产业产值130亿元，上缴税金0.98亿元。

消防安全。向区委、区人民政府、区交通运输局和桥南管委会汇报，区委、区人民政府成立鼎城区隆腾物流园安全隐患综合整治领导小组，成员为公安、安监、消防、工商、税务、交通、商务、郭家铺街道8个部门单位。定期和不定期地开展消防、安全检查和整治，查出的隐患按职责权限实行处罚。督促隆腾物流园优化和整改园区喷淋设施、电子监控、电瓶车充电设施、摩托车停放棚等，安装超大显示屏和区内广播系统，不间断地播放违禁品、危爆物品清单，并增加门岗检查。

行业管理。区物流办依托鼎城区交通运输局货运所的交通行政执法职能，进行物流企业改革，实行备案登记，2019年备案登记率99%。不定期检查进入园区内的车辆和货物500余次，扣缴易燃、易爆、危险及有毒化学物品500余件。联合其他职能部门整治园区内的明火、私拉乱接、电烤炉烤火、堵塞消防通道、私改房屋结构和用途等行为，收缴烤火设备。查处车辆超限运输行为，根据交通部站场管理规定和交通部有关道路运输的法律法规精神，查处超限运输车辆，全年查车1500余次，强制卸货10次，查处无证经营企业1家，并勒令停止经营。每日巡查物流企业至少1次，检查物流企业是否按章经营，检查其消防、安全情况及有无违禁品。协调处理各种纠纷和货运矛盾100余起。依托鼎城区物流协会，促进行业自律。促进物流企业整合，扶持企业成立落货公司。

（陈　斌）

城市建设与管理

Urban Construction Administration

阳明湖公园

住房和城乡建设

房地产业

城市管理和综合执法

城市环境卫生

江南新城建设投资开发有限公司

常德市鼎城区现代农业农垦投资开发有限公司

阳明湖投资开发有限公司

城市供水

住房和城乡建设

【概况】 2019年,鼎城区住房与城乡建设局(鼎城区人民防空办公室)获评全市行业年度综合评比先进单位,获评市农村危改、安全生产等12个单项考核先进单位;获评全区绩效综合考核红旗单位、社会综合治理工作先进单位。

项目建设。市政项目建设。调度阳明大道改造工程及沅江隧道南出入口配套路网项目,用时3个月实现主路通车;滨江大道西段与北段的建设完工;落实断头路建设;推进阳明湖片区的江南大道、德安路、永富路、永安路和大湖北路、运达巷等道路的建设。污水治理项目建设。投资4.56亿元用于城市黑臭水体治理。实施杨家港河、永兴河、阳明湖大湖面整治;评审建新河设计方案,组织永安硚市政排口整治工程施工招标;实施江南污水处理厂扩容提质工程,用时100天时间建成试运行。城市提质项目建设。投入近80万元,升级改造小街小巷破损路灯,维护城市道路、人行道板及排水设施。全年,维修人行道板9500平方米,更换井盖450余套,维修车行道11300平方米,沥青路面灌缝23600余米,清理排水管网26.3千米,用管道视频检测技术发现并修复部分路段破损管道。

蓝天保卫战。落实环境保护工作要求,进行扬尘治理,落实24小时巡查无死角。开展扬尘治理专项整治行动110余次,巡查工地500余次,出动执法人员1100余人次。查处在建工地扬尘防治违法行为10起,组织扬尘防治警示约谈3起,立案5起,罚款3.8万元,移交鼎城区城市管理和综合执法局案件2起;规范全区12家混凝土企业,下达责令限期整改通知书4份,停工整改通知书3份,行政处罚2万元。

质量安全监管。抓项目质量,2019年,新增被监管项目44个,竣工验收项目18个,竣工验收项目合格率100%。全年,未发生工程质量和安全生产事故。抓消防安全。验收8个工程项目的消防工作,备案4个工程项目的消防验收,审查1个工程项目的消防设计。抓项目安全生产,开展建筑施工安全生产监督,鼎城区连续15年未发生建筑工程领域重大安全生产事故。

建筑企业培育。全区建筑企业由年初47家增长到年末52家,引进一级企业湖南欣厦建筑有限公司。全年,建成绿色建筑面积31.37万平方米、装配式建筑53718.46平方米。至年末,全区报建项目52个,建筑面积199.61万平方米,建筑总产值34.73亿元,带动近2万人口就业,上缴税收16561.64万元,税收较2018年同期增幅13.56%。

民生保障。实施水厂改扩建工程、更新和添置设备、改造管网工程提升供水产能,缓解江南城区用水难题。铺设燃气管道60.1千米,增加管道燃气用户5500户。改造棚户区1274户,其中拆迁515户、改扩翻建759户,投入资金2.19亿元。申报中央补助支持的10个老旧小区改造项目,涉及住户1310户,改造房屋72栋21.77万平方米,6个纳入考核范围的老旧小区,已进场施工。

人防建设。修建单建人防工程面积3.1万平方米、结建人防工程面积16.4万平方米,人防工程面积人均占比全市排名第一;启动区人防指挥中心项目建设。开展人防宣传教育"六进"活动,向社区、学校发放宣传资料60000余册。检测防空警报点工作情况,确保全区警报器系统完好率100%。维护和管理人防通信设施,落实专人负责,确保防空通信设施处于良好工作状态。定期维护保养车载警报器。

乡村振兴。投入8400万元,启动全区15个乡镇污水处理厂建设,年末,土建部分完工;拉网式摸排乡镇黑臭水体,发现黑臭水体5处,实施整治。开展19个乡镇污水与排水处理专项规划编制工作,通过湖南省住房和城乡建设厅评审。建设以草坪镇三角堆村、放羊坪村、兴隆街村为核心的乡村振兴示范片景观亮化工程,安装景观灯和路灯465基,在三角堆村建设生活生态污水处理站1个。

许家桥回族维吾尔族乡污水处理厂

（摄影：崔娟）

脱贫攻坚。争取上级专项资金3509万元，实施危房改造建设905户，其中包括已脱贫对象82户、历年已改造对象25户；开展4类重点对象的房屋危险性鉴定和历年改造对象的房屋安全评定工作，摸排对象23150户（其中，建档立卡贫困户14180户、分散供养五保户4327户、低保户1145户、贫困残疾人家庭3498户），逐户开展房屋危险性鉴定和房屋安全评定，经鉴定为AB级的房屋，在农户房屋明显位置张贴“房屋安全等级明白卡”予以告知，房屋鉴定和评定结果放入贫困户口袋书中，复核C、D级房屋，落实危房不住人，人不住危房。落实驻村帮扶工作任务，扶贫工作队驻村帮扶蔡家岗镇湖海坪村，实施全覆盖结对帮扶。帮助村打通断头路，扩宽部分村组道路；帮助农户种植柑橘。全村贫困人口123户407人，至年末，未脱贫4户。

党建工作。各支部组织开展三会一课、主题党日、“不忘初心、牢记使命”主题教育活动，组织党委班子成员到尧天坪文甲农民起义纪念碑接受革命传统教育，组织老干支部党员参观潘振武将军故居。全年，开展主题党日活动50余次、党员进社区6次，开展党员志愿者活动。组织部署“新春佳节话党恩”、庆祝建党98周年系列活动之“快闪”、庆祝新中国成立70周年歌咏比赛活动，抓“学习强国”平台业务学习。（朱小敏）

【行政审批制度改革】 2019年，鼎城区实行各审批阶段全省统一的“一份办事指南、一张申请表单、一套申报材料，完成多项审批”运作模式，精简审批材料20余件，精简审批事项15项；调整审批时序，初步设计审查、审批提前到工程建设许可阶段办理，地震安全性评价在工程设计前完成即可，节能评估与审查、水土保持方案审批、洪水影响评价审批、环境影响评价审批等评估评价和取水许可事项在开工前完成即可；实行联合图审和政府购买施工图审查服务，解决“多头审、多头改、多套图”问题，相关部门不再进行技术审查；实行一窗网上办理，提高审批效率。10月中旬，发放全区建设工程领域第一张电子施工许可证。（朱小敏）

鼎城区住建局发放全区建设工程领域第一张电子施工许可证

（摄影：崔娟）

【机构改革】 2019年4月，鼎城区政府机构改革方案出台，整合原鼎城区住房和城乡建设局、鼎城区房地产管理局、鼎城区人民防空办公室，组建鼎城区住房和城乡建设局（鼎城区人民防空办公室），6月划入消防监督管理职能。主要负责全区城乡建设的质量和安全，以及市政工程、住房保障、棚户区改造、人防工作、消防监管、小城镇建设和管理；承担建设工程执法、工程招投标、市政公用和建工企业的管理等工作。（朱小敏）

房地产业

【概况】 2019年，鼎城区住房保障服务中心（原鼎城区房地产管理局）推进棚户区和老旧小区改造，规范商品房开发,小区物业监管。

棚户区改造。实行周调度、日结账,推进征拆;两个半月时间内筹措专项债务 1.6 亿元、银行贷款 4.6 亿元和财政自筹资金 1 亿元;依法依规签约拆迁,采用临江棚改的征拆办法,半月签约半月落实棚改项目征拆目标;将社会力量参与棚改纳入政府征收管理体系,统一法定程序和补偿标准;坚持“六个统一”(即项目设计、清单编制、招标代理、施工监理、资料归集、手续办理)原则推进改扩翻项目建设。全年,落实棚改 1274 户,其中拆迁 515 户、改扩翻建 759 户,投入资金 2.19 亿元。鼎城区棚改工作在湖南省棚改检查验收获中肯定。

老旧小区改造。按照市政府为民办实事的工作要求,2019 年申报中央补助支持的 10 个老旧小区改造项目,涉及住房 1310 户,改造房屋 72 栋 21.77 万平方米,6 个纳入考核范围的老旧小区,拟于2020 年 1 月底改造完工。实行政府主导,共建共治。成立班子,制定方案,确立“统一设计、统一编制、统一监理”工作原则,坚持“问需于民、问计于民”工作思路,建立“街道实施、住保督导”工作模式。争取中央支持,地方配套。改造的 10 个老旧小区需要投入资金 1800 万元,中央补助支持 1655 万元,地方财政配套 145 万元。实行因地制宜,分类实施。根据小区新旧程度,结合居民改造意愿,采取先易后难的工作方法,6 月初试改金山宾馆、税务局、司法局 3 个居民院落,坚持与居民现场沟通设计、监理、施工等,统一规范水、电、气和通讯线管走向。10 月,启动废旧、煤炭、劳动服务 3 家公司院落的前期准备工作。注重长效,建管并重。帮助改造完工的老旧小区,在小区秩序、购买服务、社区治安等方面建立自我管理、自我约束的长效机制。

商品房开发。2019 年全区房地产固定资产投资 37 亿元,比 2018 年同期下降 17.8%;商品房供应 99.65 万平方米,其中住宅 93.21 万平方米,比 2018 年同期分别下降 17.9%和 17.4%;商品房销售 74.9 万平方米,销售额 42.9 亿元,比 2018 年同期分别下降 32.10%和 34.8%,其中住宅销售面积 62.1 万平方米、销售额 34.5 亿元,均价 5531 元/平方米,比 2018 年同期分别下降 32.5%、下降 31.3%、上升 1.11%;非住宅销售面积 12.8 万平方米,销售额 8.4 亿元,均价 6568 元/平方米,比 2018 年同期分别下降 30%、46.1%、22.9%;维修资金归集 0.55 亿元,累计 3.63 亿元,归集进度较 2018 年放缓。

物业监管。全区物业服务住宅小区 46 个,服务面积 383 万平方米,服务户数 3.2 万户,从业人员 1200 余人。为实施有效监管,在商品房小区交付使用前,监督开发商落实以公开招投标方式选聘前期物业企业;在小区竣工验收时,查验物业用房、业主公共用房和水电气等配套设施是否齐备;以区物业服务行业协会为依托,建立“双随机、一公平”监管手段,加强物业企业事中、事后监督及行业自律;在小区使用过程中,管理房屋专项维修资金,严守“三分之二业主同意”的使用底线,动用基金约 210 万元。（熊先道）

城市管理和综合执法

【概况】 2019 年,鼎城区城市管理和综合执法局获评湖南省城市管理综合执法工作突出单位,获评区党风廉政建设红旗单位、区宣传思想工作优秀单位、区统战工作优秀单位,获区先进党组织称号。

市容市貌整治。在学校、农贸市场、车站等重点区域周边进行巡查,派专人驻守,整治武陵小学等 10 所学校、朝阳农贸市场等 6 家农贸市场周边环境。组织整治行动 223 次,下达限期整改通知书 430 份,规劝占道经营 2600 处,取缔游商 2750 起,清理乱堆码 235 处,规范人行道非机动车乱停放 1.5 万次,整治占道修车洗车 512 处。办结一般程序行政处罚案件 155 起,处罚款 10.71 万元;办结简易程序行政案件 41 起,处罚款 2050 元。

3 月 14 日，鼎城区城管局整治出店经营

（提供：胡嫣）

蓝天保卫战。抓渣土运输源头管理，督促在建工地落实“净车出场”。集中检查城区各施工工地及重点路口过往渣土车，下达限期整改通知书 95 份，批评教育 90 次，立案处罚 32 宗，处罚金 29.02 万元。整治城区内砂石堆场，下达整改通知书 16 份，取缔 2 处，全覆盖并暂停营业 14 处。要求江南城区 527 家餐饮单位和 77 家夜市安装油烟净化设备，取缔城区所有露天烧烤。全年处理露天焚烧行为 49 起，立案处罚 31 宗，处罚金 2.2 万元。在城区主次干道 375 万平方米范围进行机械化清洗、洒水降尘作业。

控违拆违。2019 年，违法建筑物“零增长”。控拆工作成效位居全市前列，获奖金 200 余万元。全年，拆除违法建设 228 宗 34923 平方米。落实“春雷行动”任务，拆除违法建筑 145 处 16719 平方米；落实“五年存量”任务，拆除违法建筑 12 处 4284 平方米；落实“秋季拆存”和“冬季攻势百日会战”任务。

城市管理考核。修订完善《鼎城区城市管理考核评比办法》，突出重点难点问题的考核，加大处罚力度，扩大考核范围，将交警、交通、教育工作纳入考核体系。全年，在“一城四区”城市管理考评中，鼎城区获 1 个第一名、5 个第二名。

智慧城管平台。健全城市高空瞭望监控摄像点等基础设施建设，提升智慧城管运作水平，助推城管管理。全年，上报案件 161959 宗，立案 142997 宗，处置 141848 宗，结案 141790 宗，案件结案率 99.2%。

环卫清扫保洁。推进环卫市场化改革，健全环卫设施，新增或更换垃圾桶 2000 个，维修保养公厕、中转站。开展餐厨垃圾应急处置工作，处置餐厨垃圾 2922 吨。增加机械化作业频次，作业率上升至 70%以上。在桥南商圈周边及 6 条精品样板街实施“精细化”清扫，保持垃圾不落地、路面无污染、周边无死角的卫生状况。

园林绿化提质。为郭家铺安置小区、德山枉水桥、金霞路加油站等处进行绿化提质设计，开展国庆景观绿化，在善卷路、金霞西路、法院临街、三桥匝道宣传牌等部位进行绿化改造。新增绿地面积 30 万平方米，更换草花 239 万株。

行政审批服务。梳理事项目录，与国家和省基本目录匹配对接，提交 35 项目录，完成率 100%。提高服务，公共场地许可、城市建筑垃圾处置核准等 8 项业务实现网上办理。办理行政审批 52 例，办结率 100%；接待市民来访咨询 213 次，处理市民投诉 370 件。

法制建设。开展法制教育专题培训 30 课时，参训人员 600 人次。审核行政处罚案卷 182 份、行政许可案卷 43 份。在“一城四区”评比中，行政执法组单项排名获 6 个第一名、2 个第二名。创新法律顾问工作模式，采用律师常驻方式，全程指导协调执法。落实执法全过程记录制度，促进执法中队标准化建设，依托执法仪采集站建立专项档案留底管理。建成执法办案室并投入使用。

脱贫攻坚。2019 年，鼎城区城市管理和综合执法局联系扶贫点村韩公渡镇立新村，该村贫困户 158 户，全部脱贫，全年无一例到市级以上单位的上访记录，立新村摘掉贫困村帽子。

综治维稳。开展矛盾纠纷排查调解，杜绝行业内涉黑涉恶违法行为，调解矛盾 10 起，处置群众来信来访 20 件，处置中央扫黑除恶第十六督查组交办反馈意见 2 件。抓安全生产，处理安全隐患，全年无安全事故发生。

党建工作。完善制度建设，坚持周五主题党日活动和“三会一课”等学习制度。督促各支部开展主题党日活动，党组成员及各支部书记带头讲党课。加强党支部“五化”建设，成立局机关委员会，进行支部换届选举，配齐配强各支委班子，成立绿化中心党支部。组织全局党员开展新春佳节话党恩、学雷锋献爱心、扫黑除恶宣传、党史学习、观看红色电影、志愿者下基层和在职党员进社区等活动，全局党员进社区、下基层、到点村 523 人次。

纪律作风建设。开展为期 2 个月的“讲纪律、守底线、知敬畏、敢担当”纪律作风教育整顿，开展谈心谈话、自查自纠、相互帮助、相互提高等活动。抓队容风纪管理，实行全系统考勤联网大数据管理，实行考勤打卡制度，不定期督查干部职工到岗、着装、履责、文明执法、规范执法情况，一月一通报，与绩效挂钩。（胡嫣　彭佳倩）

【“城市管理提质年”活动】 2019 年是“城市管理提质年”开局之年，鼎城区委、区人民政府投入资金 1000 万元，由鼎城区城市管理和综合执法局牵头，开展“城市管理提质年”活动。成立桥南商圈综合执法中队，与相关职能部门互相配合，形成“组合拳”，开展桥南商圈秩序整治。由区级领导担任路长，统筹指挥相关部门组成专业队伍，在鼎城路、临沅路、桃花源路、金霞路、阳明路、善卷路 6 条道路进行管理提质，打造精品样板街。设置便民疏导点 3 个、便民早餐点 6 个，规范市容秩序。以城市管理相关内容为创作主题，设计制作宣教墙绘，张贴在桃花源大桥下面、幸福巷、隆阳路和德安路交汇处、鼎城路新日世纪城对面四处。旨在通过标语和漫画，向市民宣传城市管理的要求与重要性，营造全民参与、共建美好江南的氛围。

（胡嫣　彭佳倩）

【机构改革】 2019 年，按照区委办、区政府办关于印发《常德市鼎城区机构改革实施方案》（常鼎办发〔2019〕1 号）的通知要求，鼎城区城市管理和行政执法局更名为鼎城区城市管理和综合执法局。将鼎城区住房和城乡建设局的市政设施运行管理有关职责、园林绿化建设维护管理职责划入鼎城区城市管理和综合执法局。将鼎城区环境卫生管理处承担的行政职能划入鼎城区城市管理和综合执法局，改为鼎城区环境卫生服务中心，为鼎城区城市管理和综合执法局所属正科级公益类事业单位。鼎城区风景园林绿化管理处更名为鼎城区园林绿化服务中心，为鼎城区城市管理和综合执法局所属副科级公益类事业单位。2 月 28 日，鼎城区城市管理和综合执法局举行挂牌仪式，正式更名为鼎城区城市管理和综合执法局。

（胡嫣　彭佳倩）

2 月 28 日，鼎城区城市管理和综合执法局挂牌仪式

（提供：彭佳倩）

城市环境卫生

【概况】 常德市鼎城区环境卫生服务中心的主要职能职责：1. 按照国家、省、市有关法规、规章的规定，负责实施对城区环境卫生的具体管理工作；2. 按照城市建设总体规划和市容环境卫生管理需要，负责对城市公用环境卫生设施进行统一设置和管理。并参与对环境卫生设施的规划和设置；3. 负责做好城区主次干道的清扫保洁工作，收集、运输和处理城市生活废弃物；4. 负责对为纯居民户环境卫生提供有偿服务的清扫单位进行统一管理；5. 负责对城区建设施工单位在建设施工过程中所产生的渣土与废物进行统一监督管理；6. 协助区城市

管理监察部门搞好市容环境卫生管理监察工作。2019 年，城区清扫保洁面积 375.5 万平方米，比 2018 年增长 15 万平方米。建设冲水式公厕 14 座。建设中转站 14 座，日平均生活垃圾清运量约 180 吨。城区各主次干道设置分类式垃圾果皮箱 1300 余个，社区放置新添或更换塑料垃圾桶 1500 余个。鼎城区环境卫生服务中心获评 2019 年度鼎城区“宣传思想工作先进单位”，鼎城区通过全国文明城市的复评。

清扫保洁。城区清扫保洁以大湖路为界，分 2 个片区，由广东家宝园林绿化有限公司（东片区）和深圳剑峰清洁服务有限公司（西片区）负责。2019 年，2 家公司有城区清扫人员 450 人，清扫车辆 5 台，冲洗车、洒水车辆 15 台，电动垃圾收集车 100 余辆，主要负责城区各主次干道及社区街巷的清扫保洁、道路和人行道板洒水、冲洗作业及主干道机械化清扫作业。人工和机械化清扫从早上 5 时至晚上 11 时，街道清洗作业从晚上 11 时至凌晨 5 时。严格督导考核，环境卫生服务中心考核办公室负责督导考核 2 家公司的环境卫生作业，成立考核中队 2 个、夜间中队 1 个，考核中队负责白天环境卫生巡查与督导，夜间中队负责督促夜间冲洗作业，各中队建立考核台账，每月统计与总结 1 次。利用智慧城管系统和微信平台督促公司作业，通过网络快速反馈工作中存在的问题，全年通过网络处理智慧城管环卫案件 24473 件，处理网上和电话投诉 125 次，问题多在半小时内解决，特殊情况不超过 1 天。解决人大代表提案、政协委员建议 6 份，回复率、处理率 100%。将考核结果与市、区两级每月考评成绩挂钩，根据考核结果拨付承包经费。

渣土管理。抓政策和法规宣传，全年，在建筑工地宣传 300 余次，每月为渣土运输公司进行安全教育和驾驶员培训。规范工地施工现场管理，与城区施工单位签订环境卫生责任书。规范工地开工许可办证程序和要求，施工现场必须围挡封闭作业，工地进出口道路必须硬化并修建洗车平台，严禁车辆带泥上路。规范渣土运输车辆管理，渣土运输使用新型环保运输车，运输过程封闭，车辆清洗干净，运输无抛洒、无滴露现象，实施运输公司考核管理，实行连续考核末位淘汰制。联合相关职能部门，开展打击黑车参工参运行动 5 次。抓建筑垃圾清理和管理，与区城市管理和综合执法局许可在建工地 6 个，处置渣土污染事件 156 次，配合处理违规运输车辆 115 台次，清理乱扔乱倒建筑垃圾及城区积存建筑垃圾 4107 吨。

环卫收费。2019 年，环卫有偿服务收费 282.95 万元，其中门面生活垃圾处理费 42.26 万元，市场、机关事业单位生活垃圾处理费 93.75 万元，居民生活垃圾处理费 52.67 万元，渣土处置费 38 万元，其他生活垃圾处理费 56.27 万元，比 2018 年增收 15.7 万元。

垃圾清运。2019 年，城区生活垃圾清运由深圳龙吉顺实业发展有限公司负责，垃圾清运单价 1.41 元 / 千米·吨，运距约 32.18 千米，城区垃圾清运车辆 12 台，年清运生活垃圾 4.8 万吨，清运费用 250 万元。

镇村同治。镇村同治清扫保洁面积 60 万平方米，有大型洒水车 1 台，聘用清扫人员 63 名，主要负责灌溪镇区、汤家坪村、中心桥村、富贵村及石板滩镇毛栗岗居委会和荷花堰居委会的清扫保洁和洒水作业。

校园周边环境整治。根据区文明委、区“扫黄打非”办的统一部署，区环境卫生服务中心在 2019 年春、秋季开学期间，组织开展全区各中小学校园周边环境卫生专项集中整治。安排专人负责校园周边路段清扫、保洁，出动人员 423 人次，开学期间小商小贩遗留下来的白色垃圾、培训机构的传单等进行及时的清扫，清理学校周边的积存垃圾、杂草。进行校园周边道路、人行道、路沿石人机化作业，出动人员 95 人次、高压冲洗车 31 台次，保证路面干净、整洁。加强督导巡查，及时协调处理校园周边的环境卫生问题，清理垃圾死角，协助学校进行突击整改。

雾炮车进行喷雾作业（提供：贺用心）

点村扶贫。向扶贫点村谢家铺镇匡家桥村给予资金和物质支持折合人民币13.5万余元，结对帮扶8户贫困户，到贫困户家中开展访贫问苦、慰问解困，鼓励其发展养殖业、种植业，帮助劳动力就业。

党建工作。区环卫中心党总支下设机关和老干2个党支部，党员51人。利用周五主题党日活动开展重温入党誓词和“不忘初心、牢记使命”革命传统教育活动。走访慰问困难党员、困难职工、留守儿童、贫困户28人次。机关支部陈雪平获评2019年度常德市优秀共产党员。

（贺用心）

【机构改革】 根据《中共湖南省委办公厅湖南省人民政府办公厅关于印发常德市县市区机构改革方案的通知》(湘办发〔2019〕14号)、常德市委编办《关于鼎城区机构改革涉改科级事业单位调整的批复》(常编办复〔2019〕2号)、《中共常德市鼎城区委机构编制委员会关于常德市鼎城区城市管理和综合执法局机构编制调整事项的通知》(常鼎编发〔2019〕51号)等文件要求，鼎城区环境卫生管理处承担的行政职能划入鼎城区城市管理和综合执法局，单位名称改为鼎城区环境卫生服务中心，为鼎城区城市管理和综合执法局所属正科级公益类事业单位。2019年5月20日，鼎城区环境卫生服务中心办公楼搬迁至郭家铺隆腾物流园信息大厦，并挂牌成立。

（贺用心）

5月27日，区环卫中心整体搬迁至郭家铺隆腾物流园信息大厦并挂牌成立 （提供：贺用心）

江南新城建设投资开发有限公司

【概况】 2019年，常德市鼎城区江南新城投资开发有限公司投资总额33.3亿元，其中项目投资19.4亿元，还本付息13.9亿元，经营收入4.5亿余元。

项目建设。2019年，实施城市基础设施项目21个，投资17.9亿元。阳明大道主干道通车，开展“天下常德”常德画墙等重大基础工程建设，三桥桥头绿化改造、红云北路、滨江西路3个标段、滨江北路2个标段、沅江大堤4个阁楼、红云路桥、西站路桥、德安北路、体育馆附属工程等项目竣工；大湖北路、建新西路、永安西路、西站北路等项目开工；木家湖路、善卷北路、陈家港路、鼎城西路、德安南路、祥云路6个项目进入前期工作。推进房建项目6个，投资1.5亿元。兴发安置小区（三期）决算送审，滨江新城及清湖苑项目验收，阳明湖壹号项目进入基础建设，隆阳地块、湘运地块棚改项目等进入前期筹备阶段。推进善卷垸砂石场、芷湾砂石场等经营性项目。

融资化债。发行企业债券6.5亿元、信托投资1.96亿元、银票贷款2亿元、自接自盘2亿余元、社会融资1.9亿元，激活存量贷款13.7亿元。加快对接6亿元的中票发行、12亿元的PPN申报，绿色债13亿元进入国家发改委审批阶段、公司债12

亿元申报到上海证券交易所。抓债务化解工作,2019年年末,公司承担政府隐形债务较2018年年末下降3.23亿元,下降比例9.2%。向常德画墙、鼎城看守所、轻纺城、芦苇场等区内重点项目调出资金5000余万元。

自主经营。滨江新城小区经营收入4亿余元,朗泰·尚象郡1号楼物业收益约220万元,银行投资收益750万元,城区停车位和户外广告收益约80万元,沅江风光带场地运营收益约40万元。改造善卷路停车位,新增停车位312个。为原常德市交通建设投资集团有限公司移交的6宗地81880.06平方米、桥南市场193个门面5246平方米、尚象郡1号楼46404平方米等资产办证注资,新增注册资本约7.04亿元。

内部管理。调整基层党组织结构,增设专职副书记,党支部委员由3个调整为5个。开展“不忘初心、牢记使命”主题教育活动,公司党支部在阳明大道施工一线召开主题教育工作部署会。完善规章制度,聘请法律事务所梳理指导公司制度,优化公司组织架构及部门设置。开展员工教育培训,为员工进行有目的、有计划的培养和训练,提高员工的业务能力和思想水平。落实扶贫攻坚,公司班子入户走访贫困户,帮助困难群众脱贫,出资2万元为贫困户唐卫华维修破损房屋。 (邹 师)

江南城投公司班子成员走访贫困户

(提供:邹师)

常德市鼎城区现代农业农垦投资开发有限公司

【概况】 常德市鼎城区现代农业农垦投资开发有限公司(简称区农投公司)是鼎城区属国有独资公司、鼎城区五大国有企业之一,于2018年12月18日在常德市鼎城区市场监督管理局注册登记,2019年3月7日正式挂牌成立。业务归口鼎城区农业农村局管理,人员管理、绩效考核、投融资归口鼎城区国资中心管理。

交接工作。该公司于2018年11月与原鼎城区园艺示范场进行人、财、物交接,原鼎城区园艺示范场社会管理和综合服务职能交由石公桥镇政府管理,相关工作人员由该公司代管。踏勘原鼎城区园艺示范场400公顷国有土地边界,清理公司所属国有土地固定资产,登记造册。解决国土局土地平整(占补平衡)项目过程中住户地上物补偿问题,涉及原鼎城区园艺示范场内李家桥村、西洋陂村、园艺场社区330户的青苗补偿、山塘整修、土地租赁等工作;落实公司国有土地上项目建设与产业园建设所需供水、供电保障系统的配套工作。落实原区畜牧良种场改革,整体划转到区农投公司相关工作,成立区农投公司桥南分公司。

项目建设。和投资商联合成立西洋陂田园综合体公司建设西洋陂田园综合体项目,形成总体规划和详细规划,进入规划评审筹备阶段。田园综合体项目分3个片区:现代林农种植区主要发展林果种植、循环农业;林农科技加工区主要发展农林土特加工、中央厨房加工、物流仓储;养老文旅区主要建设林下经济博览园、养老社区、家庭农场、田园度假小镇、农耕文化园、农业科技园。拨付600万元植入产业发展。从事优质特色水果和农产品种植开发,建立优质特色水果基地和农产品基地,占地约27公顷,落实该项目土地平整、翻耕、基础设施建设、黄桃种植。利用区易地扶贫搬迁后续产业扶持项目结余资金建设桥南冷链物流产业园，项目实施地在区农投公司桥南分公司，冷库占地面积 800 平方米，使用面积 400 平方米，投资 450 万元，建设性质为改扩建，落实厂房修建和设备安装，拟于 2020 年 1 月中旬建成投入使用，建成后容量 300 吨。协助落实省级常德香米现代农业产业园建设以及湖南省常德市鼎城区国家现代农业产业园的前期建设。

区农投公司桥南冷链物流产业园冻库 （提供：袁婷）

农村基础设施建设。落实沧水、枉水河道采砂的规划编制、储量勘探、环境影响评价等前期工作。根据区委、区政府的要求，按照区政府 2019 年第 100 次专题会议的总体部署，论证、勘察周家店镇娥公桥村里堤堰、太平寺村龙堰、中伏堰以及斗姆湖街道黄市港渠道 4 处的复垦治理及河道的综合治理，开展前期准备工作。 （袁 婷）

阳明湖投资开发有限公司

【概况】 2019 年，阳明湖投资开发有限公司围绕区委、区政府"开放强区、产业立区"总体部署，推进产业发展工作。

骨干路网建设。常德阳明湖市政道路及管网 PPP 工程项目，总投资 18.53 亿元，建设期 2 年，运营期 15 年。包括丰家湾路、江南大道、永富路、德安路、永安路、德安路南沿线、阳明大道南沿线 7 条市政道路。配套基础设施建设包括给水工程、排水工程、路灯照明工程、管线入地工程、燃气管道工程、绿化工程等。当前动工建设 4 条，落实江南大道（滨江大道—阳明大道）沥青摊铺工作，拟于 2020 年 4 月通车，落实永富路、德安路、永安路基础工程施工，拟于 2020 年年末通车。

江南大道项目施工前后对比照片

（提供：李亚妮）

阳明湖水系治理。常德阳明湖水系综合治理（一期）PPP 工程项目总投资 15.13 亿元，项目建设期 2 年，运营期 18 年，包括永兴河黑臭水体治理工程、杨家港黑臭水体治理工程、大湖面工程、建新河工程、红云机埠工程。年末，全部开工建设，其中永兴河黑臭水体治理工程、杨家港黑臭水体治理工程、红云机埠完工，进入竣工验收阶段。

永安硚黑臭水体治理。永安硚城排口综合治理工程属于黑臭水体治理范畴的重大民生工程，位于金霞路最东端以北，根据设计方案，主要建设内容包括调蓄池清淤降底、新建截污调蓄池、截污输送管道、排污泵站、生态滤池、生态护岸和绿化景观。落实封闭调式蓄池基坑的 20000 米池底高压注浆工作，2#、5# 生态滤池基坑土方的约 6000 立方米开挖外运工作。3 月 4 日，鼎城区委副书记、区长朱金平现场检查永安硚工地，关注施工进度、质量、安全等方面。2 月 24 日，鼎城区人民政府副区长钟科程主持召开区政府专题会议，调度永安硚城市排渍口治理工程（主体）工作，协调处理工程建设中存在的实际问题，要求各部门配合支持，推进项目建设。

桥南工业园整体搬迁。桥南工业园整体搬迁项目位于江南城区阳明湖板块东侧，孔家融路以南、善卷路以西、报国路以北，大湖路以东，总面积约 110 公顷。板块以工业用地为主，国有城拆涉及企业 63 家（不含江南大道建设拆迁的企业），面积

约58公顷;集体农拆涉及农户约317户,面积约34公顷;其余约18公顷为已建成市政道路用地,无须征拆。申请2.4亿元银行贷款,启动11号地块的征收工作,同步进行招商引资工作。

(李亚妮)

【阳明湖开发建设指挥部周调度工作】 阳明湖板块是常德的城市新中心,是鼎城区的一号工程,时间紧、任务重、矛盾多。2019年,阳明湖开发建设指挥部坚持问题导向,突出矛盾调处,建立"周调度"制度,以专题汇报、现场调度、即刻解决的形式协调工作、化解矛盾,推进阳明湖板块开发建设。"周调度"制度实施期间,指挥部要求相关职能部门及街道办事处支持配合阳明湖板块开发建设,用调度会议纪要对照检查重点事项落实情况、重点矛盾化解情况。鼎城区委常委、区委办主任、阳明湖开发建设指挥部指挥长雷建国主持召开周调度会100余次,研究具体工作事项184项、简化提速行政审批126项、化解征地拆迁矛盾81起、解决施工建设问题145起。(李亚妮)

鼎城区委常委、区委办主任、阳明湖开发建设指挥部指挥长雷建国(右二)现场调度阳明湖板块建设

(提供:李亚妮)

城市供水

【概况】 2019年,鼎城区自来水公司供水1255万立方米,供水用户79195户。供水管道总长208.23千米,管网水质合格率98.5%,管网抢修及时率100%。各类供水设施、设备运行正常,无一起安全生产事故发生,江南城区和斗姆湖片区全天候安全、正常供水。

基础设施建设。投入近800万元改造1.4千米供水输水管线。投资10万元改造取水泵船、二泵房供水机组设施;更换DN100—400毫米闸阀28台;筹资近1000万元改扩建水厂,"一体化"供水设备投产运行,缓解江南城区用水需求有矛盾。

鼎城区自来水公司日产2.5万吨建钢结构一体化制水设备

(提供:刘晖)

环境整治。开展江南城区6万余户水表普查工作,改造死表、糊表140余户。整治江南城区、斗姆湖片区违章用水情况;制订1200块超期水表轮换计划;向银通金鼎湾20户现场无水表用户下达整改通知,投资10万元改造桥南家电城善德街、商贸城牌楼旁东侧居民、恒华国际旁巷道主管。

优质服务。在斗姆湖镇杨南桥村四组建设微型加压水泵站1个,解决该区域28户居民长期无自来水问题。使用短信服务客户5.2万户,全年发送短信23万余条,开通支付宝生活缴费平台和微信支付生活缴费平台。低保户用水优惠1020户,专项清理消防表欠费用户47户。建立客户信息动态管理机制,加强水表在线运行管理,将74块大口径机械表更换为无线远传超声波水表,扩大物联网智能水表的投入使用。供水服务热线电话"7389110"全天候24小时服务,全年受理服务5015次,受理区长热线、市民留言102次。公司软件系统升级改造,云河智慧水务平台正式运行。

(刘 晖)

交通·邮政·通信

Traffic & Postal services & Communication

交通安全管理业务培训（图为交警大队）

交通运输管理

公路管理

邮　　政

中国电信股份有限公司常德鼎城区局

中国移动通信鼎城区分公司

中国联通鼎城分公司

鼎城年鉴（2020）

交通运输管理

【概况】 2019年，鼎城区交通运输局获评常德市交通跨越大会战优秀区县、自然村通水泥路优秀区县、治理车辆超限超载优秀区县，交通运输“隐患清零”工作全省区县排名第6名。

公路建管养。双蔡公路、蒿子港千吨级码头主体工程完工。建成蔡家岗镇国防战备公路。投入686万元拆除重建八叶桥等7座危桥；投入18095万元实施517千米自然村通水泥路建设项目；投入840万元提质改造58千米农村公路；投入1010万元用于道路养护。开展“文明示范路”“农村公路管养示范乡镇”创建活动，路容路貌呈现“畅、洁、绿、美”。投入15万元实施15千米县道绿化补植工程，栽种樟树等绿化苗木1000株。乡村公路绿化里程440千米，植树13.7万株。

交通运政。2019年春运全区投入客车565台次、客船55艘，发送旅客83.5万人次，发送班次51487次，发放包车客运包车牌56块，春运高峰期，日发送旅客1.1万人次。实行站场管理，出站车辆安检率100%，无一辆超载和人货混装车辆出站，无一起交通事故发生。按照市交通运输局统一安排，开展“农村打非”“强执法防事故”专项行动。专项行动分宣传阶段、教育警告阶段、实施处罚阶段，通过广播、电视、报纸等新闻媒体宣传报道，制作宣传横幅悬挂在主要街道和经营场所，印制宣传单5000余份。全年查扣非法营运商务车、两轮摩托车、船船车452台，查处安全生产隐患10起，约谈企业5家，下达整改通知书19份，查处教练车38台、不按规定规范作业修理厂5家。开展“隐患清零”活动，落实运输企业安全生产主体责任。站场股、运政安全股按照“五不两确保”要求履责，维护运输市场秩序，保障旅客运输安全畅通，形成企业负责、政府监管、行业自律、社会监督的安全生产工作机制。

执法人员检查营运车辆 （提供：蒋代慧）

路政管理。实施超限超载违法车辆打击和涉超企业源头管理，保护公路路产、路权。全年查处违法车辆3500余台/次，卸载货物1800余吨，教育劝返车辆1100余台/次。6月20日至7月20日，开展为期一个月割厢板行动，依法打击车辆超限超载和其他违法行为，在全市治超工作中位列第一方阵。完善各项管理职责与规章制度，修订《重、特大事故，冰冻雨雪天气应急预案》及相关工作应急与处置方案。规范一案一档电子化、规范化案卷管理。针对冰雪恶劣天气制定应急预案，提前在险路、险段设置警示标志，会同公路部门开展路面扫障工作，确保全区公路、桥梁安全畅通。全年路政执法零投诉、零复议。

工程质量监管。实施全区517千米通村公路、58千米加宽通村公路和7座危桥改造项目，全方位监督质量安全，严格施工程序。安全监管中，及时指出个别施工人员不佩戴安全帽、安全围挡不到位、安全警示标志不显眼等问题，现场整改到位，下达停工通知书3份、整改通知书3份；进行关键工序和重点部位部件抽芯取样，严格监督。全年无一起安全责任事故发生，工程建设质量达标，合格率100%。

港政航政、水上安全管理。到18处渡口码头开展调查研究和监督检查，撤销4处渡口(6艘渡船)，连续34年水上交通安全无事故。利用全区砂石市场清理整顿契机，取缔500吨级以下小型货运码头；与市海事局直属处、蒿子港航道所开展联合整治行动9次，出动执法人员54人次；打击水上违法行为，开展巡港行动45次，出动执法人员300余人次，现场纠正违法行为17次。在砂石市场清理整顿工作中，配合区砂管办，关停全区29处砂石码头（堆场）。全区在册货船全部按要求加装生活污水处理系统，开展不定期巡查，确保处理系统处于运行状态。省际营运船舶5艘，年审办证率100%，落实了客渡船和保险工作，客渡船燃油补贴准确率达100%。（张力 陈波 刘明 蒋治 王芳）

【常德市交通跨越大会战重点项目推进会在鼎城区召开】 2019年3月28日，常德市交通跨越大会战重点项目推进会在鼎城区召开，常德市人民政府副市长汤祚国出席并作重要讲话，常德市交通运输局党组书记、局长向美华作工作报告，鼎城区委副书记、区人民政府区长朱金平作典型发言。会后，汤祚国一行参观了鼎城区刘镇公路、石公桥农村公路危桥改造项目、农村公路养护路段丁马线、沅澧快速干线1号大道鼎城段、国道319和国道207常德城区改线工程、草坪镇先锋村自然村通组公路、大西门渡口南岸等地，听取鼎城区抓交通项目建设经验介绍。（胡帮伦）

常德市人民政府副市长汤祚国（中）考察参观鼎城区草坪镇先锋村自然村通组公路 （提供：胡帮伦）

【"防风险、除隐患、遏事故"安全生产月宣传活动】 2019年6月19日，鼎城区交通运输局在常德桥南汽车总站开展第18个"安全生产月"宣传活动。活动以"防风险、除隐患、遏事故"为主题，在活动现场进行安全生产宣传万人大签名，平安志愿者进行道路运输、公路建设、水上交通安全等内容宣传，设置展板20块、横幅6条，向群众和站内司机、旅客讲解交通安全相关知识，发放各类安全手册800余份。（蒋代慧）

6月19日，交通运输局志愿者向群众宣传交通安全知识 （提供：蒋代慧）

【常德市委副书记、市人民政府市长曹立军调研鼎城区交通重点民生实事项目建设】 2019年9月26日，常德市委副书记、市人民政府市长曹立军到鼎城区开展走访调研，视察鼎城区农村公路危桥改造和自然村通水泥路项目建设。副市长龚德汉，市政府秘书长李正才，市政府办、市交通运输局等部门负责人及鼎城区委书记、常德高新区党工委书记杨易，区委副书记、区人民政府区长朱金平，区人民政府副区长熊辉等陪同调研。在许家桥回维乡八叶桥改造现场，曹立军查看工程建设进展，询问设计载荷等问题，听取鼎城区政府关于危桥改造实事工程情况汇报。他指出，危桥改造涉及老百姓出行安全，要抓好工程质量，把实事办好、好事办实。在双桥坪镇祝家垱村自然村通水泥路建设项目现场，曹立军询问该项目建设组织、资金来源等情况，鼎城区政府和市交通运输局等部门一一作答。他要求，公路建成后要抓好后续养护，做好超载超限管理，已破损的农村公路要搞好调研，提前谋划规划，确保群众出行安全便捷。（胡帮伦）

常德市委副书记、市人民政府市长曹立军(前排左二)查看危桥改造项目 (提供:胡邦伦)

【打造智慧交通平台　实现一件事一次办】 2019年,鼎城区交通运输局整合行政审批服务职能,打造智慧交通平台,推动"一件事一次办"落地实施,让数据多跑路,群众少跑腿。鼎城区有客运公司9家,增加班线、客运车辆变更等业务都需要通过交通运输局办理,按照工作流程,一项业务从申请到下发证书要走5道流程,至少20天才能办结业务。通过"互联网+政务"服务平台,可提前准备办证资料,只需递交一次申请,就能在6个工作日内办结业务。从智慧交通平台启用至年末,鼎城区交通运输局受理办结行政审批事项近1700件,办结率100%。 (蒋代慧)

公路管理

【概况】 2019年3月,鼎城区公路管理局更名为鼎城区公路建设养护中心,4月15日正式挂牌,隶属鼎城区交通运输局,正科级事业单位。中心在职职工255人,下设综合办公室、养护股、工程股、机料股、财务股、路政大队、综治办、督查室、治超办、后勤中心、工会、司机班12个股室,下辖公路养护道班24个,设临岗超限检测站、沅澧快速干线一号大道中心养护站两个二层单位,负责全区公路路产路权维护、路政管理、公路大中修工程、小修保养、桥梁检测,超限治理等工作,管养全区国道、省道总里程312.89千米。

机关建设。完善出台《鼎城区公路建设养护中心工作人员考勤管理办法》,建立奖惩激励机制,以制度管理人和事。推进"不忘初心,牢记使命"主题教育,抓作风建设和基层党建,坚持以公路养护、超限治理为中心,以党建为引领,研究制定"一树、二定、三强、四创"工作体系。抓"学习强国"平台学习,召开"学习强国"学习动员会,构建学习组织架构,成立领导小组,明确2名学习管理员,建立"学习强国"微信学习群,定期通报全局干职学习情况,建立实时排名靠后和每天积分无变化的干职"一把手"约谈机制,推动理论学习融入日常工作。2019年,公路建设养护中心获评全区绩效评比工作先进单位,获评全区党风廉政建设红旗单位,获评全市平安创建工作先进单位,机关支部获评全市先进基层党组织,老干支部获评全区先进基层党组织,公路养护评比获全市第一,超限治理工作获全市第一。

公路建设与养护。2019年,公路养护获评全市第一。开展管理养护路段全线日常保洁、清扫、桥梁观测、附属设施维护等工作。投入50万元用于县道044韩公渡镇挡土墙、苍武顶管、周家店镇樊溪桥栏杆修复、国道207绿化补栽、国道315绿化植树、国道319标线工程、周家店镇电信信号杆转移工程、全区道路安全隐患警示牌设置。购买冷补料80吨、灌封料60吨用于公路修复建设,累计修补坑槽1.1万平方米,断角处治3000平方米,裂缝处治6千米,清灌缝120千米,装运砂石、废土、垃圾700立方米,铲挖路肩3万平方米,清挖边沟20千米,培填路肩1000平方米,路基回填500立方米,修复波形护栏1.5千米。沅澧快速干线一号大道实现机械化养护,一号大道全长21.971千米,每天清扫保洁3次,调整用电模式,全年为财政节约电费近8万元。

公路机械化养护现场　　（提供：孟杰）

公路路政管理。以“爱护桥梁，保障安全”为内容开展路政宣传，结合安全宣传月开展“路域环境整治”行动，出动人员500余人次、车辆150余台次，拆除非公路标志牌50余块，清除路障300余处，取缔占道经营80余处，拆除乱搭乱建厂棚20余间，制止违法建房3处，办理行政审批案件2件。拆除违法棚屋12处、横跨公路横幅55条、路障78处、马路市场占道经营贩卖水果33处（周家店镇沿线）。出动宣传车20批次，发放宣传资料1000余份。

公路超限治理。2019年，鼎城区公路超限治理工作获全市第一。利用科技手段加强超限治理，全区7家重点货运源头企业均安装视频监控设备，并连接区治超信息平台实行远程监管。启用不停车检测系统4套，利用该系统通过非现场执法打击超限车辆111辆，通过法院强制执行3起。全区5个高速公路出入口平均超限率均控制在0.05%，其中二广高速花岩溪站5月、7月进出入口货车超限率均为零。开展治超领域扫黑除恶专项斗争、非法改拼装车辆整治、蓝天保卫战、交通问题顽瘴痼疾遏制违法超限超载行为专项行动。在一号大道和周家店镇设立“蓝天保卫战”临时检测点，24小时全天候值守，检测、劝返货运车辆1732车次；开展全区流动联合治超，查处超限超载车辆183车次，罚款10.2万元，卸载货物5752.69吨，驾驶证扣分903分。

蓝天保卫战治超值勤点　　（提供：孟杰）

脱贫攻坚。鼎城区公路建设养护中心脱贫攻坚工作联系牛鼻滩镇同春垸村，每月组织帮扶责任人到联系村开展扶贫工作，6月，从办公经费中出资13万元用于同春垸片村组道路建设和沟渠清淤工程，为同春垸村修建扶贫路2千米。

工程建设。投入402.4万元，用于永福桥拆除重建工程，桥梁全长70米，宽8.5米，7月26日，永福桥通过验收，恢复通车。

应对冰冻雨雪天气。区公路建设养护中心启动低温雨雪冰冻灾害应急预案，成立突发事件抢险、现场秩序维护、综合协调等4个工作小组，全员取消休假，分批次采购融雪剂100余吨、防滑砂200余立方米，制作警示牌100余块、锥形筒200余个，分发至各道路、桥梁重点区域。全区24个养护道班和1个中心养护站，采取24小时轮班巡查、值守，全区312.886千米管养公路安全畅通。　（孟　杰）

邮　　政

【概况】 中国邮政集团有限公司湖南省常德市鼎城区分公司是中国邮政集团有限公司常德市分公司下属机构，以邮政、快递物流、金融、电子商务等为主业，实行多元化经营。公司及下属机构为国家规定范围内的邮政业务提供普遍服务，按照国家规定办理国家规定的报刊发行，以及义务兵平常信函、盲人读物和革命烈士遗物的免费寄递等特殊服务业务。拥有集“邮政实物运递网”“综合业务计算机网”“实物流、信息流、资金流”于一体的“两网三流”核心竞争力。分公司职工328人，其中在职职工152人（内部退养职工2人，分流人员4人），劳务派遣工64人，离退休干部职工112人。2019年，鼎城区分公司设管理部室2个、专业部4个、支局所20个及空白乡镇网点 17个。分公司房屋建筑面积12553平方米，其中邮政服务生产用房4645平方米，其他用房1468平方米，非生产用房6440平方米。分公司服务范围2451平方千米，涵盖鼎城区所属辖区范围内的城区、乡镇、村组人员。邮路总长度3321千米(单程)；城市投递段道8条，农村投递邮路42条，有邮政报箱2组，邮政信箱信筒40个，信报箱格口1000个；直接投递的妥投点8500个。拥有邮政车辆10台，邮运投递汽车5台，其他生产用车5台。拥有ATM自动柜员机33台，邮资机1台。计算机总数126台，其中内部生产用微机44台，营业窗口微机74台，综合管理微机8台。鼎城区分公司以客户需求为出发点和落脚点，以促进社会和谐为目的，依托“公众服务”平台，向社会提供信函、贺卡、速递、包裹、汇兑、报刊发行、邮政储蓄、报刊发行、集邮、现代物流、服务“三农”、商业信函、电子邮政、邮送广告、代理保险与证券、代收水电费、代发工资与养老金等服务项目。2019年，邮政经营收入7917万元，较2018年同比增长5.79%。收入资金到位率100%，欠费率为零。邮储余额净增2.65亿元，余额规模33.99亿元。按照省、市公司和市邮政管理局的要求，分公司组织开展普遍服务网点(空白乡镇)专项检查自查，开展“微整治”等活动。党建、政研论文多篇获省市公司奖励；全年无重大事故发生，邮政资金、安全生产、邮件通信安全，安全工作获市县两级“内部治安保卫工作先进单位”；寄递事业部收入规模排名全市第二，县域第一；报刊发行工作获省标杆县奖，获市分公司先进单位奖与重畅报刊优胜奖；新邮预订工作全省第一个提前20天完成计划。斗姆湖支局获鼎城区三八红旗集体。9月，在中国邮政集团公司常德市分公司职业技能竞赛中，鼎城邮政团队获优胜综合奖第二名、团体奖第三名，伍洁获个人全能奖第一名、个人单项奖——文字录入第一名。2019年，分公司服务满意度:97.7分。

脱贫攻坚。2019年，鼎城区邮政分公司派驻骨干1名长期驻守扶贫点双桥坪镇官堰坪村，11名扶贫帮扶干部与贫困户结成对子，开展“三看三问三讲”帮扶走访活动。分公司负责官堰坪村贫困户44户135人，脱贫42户130人。全年，投入该村扶贫资金2万元。

业务发展。鼎城区邮政分公司寄递事业部有投递人员70人，负责全区乡镇各类报刊、邮件的投递，2019年，邮件收寄出口141.7万件，投递进口231.6万件，投递里程7000千米。拓展“互联网+政务”项目。借助省政府与省公司签订的“互联网+政务战略合作协议”，鼎城区分公司成立政务项目工作小组，安排专人派驻政务中心，处理政务中心相关工作。签订政府采购合同，实行公交、工商、不动产、公证处、税务等部门免费寄递。助力“放管服”改革，实现政府出资、邮政经营、群众受益。成立电商团队，由领导带队通过走访宣传，开发大型规模电商客户2户，中小型电商10余家，2户大型电商日均出口量均3000件左右。在寄递时将服务融入客户生产经营中，为客户供场地、融资金、引信息，让客户放心抓生产经营，提量增收。寄递事业部快包日均出口量0.6万—0.8万件，收入2.5万元左右。在双十一高峰期快包日出口量3万件，收入13万元。全年快包版块累计收入538.05万元。加强营投平台检查，发现问题及时整改。规范营业系统签到签退，营业系统签到签退率100%，为各营业网点重新制作“邮政公事”“作废”“红杯”等章戳163枚，规范网点经营和营投平台操作。实施全区网点设备的安装、调试工作，增强硬件设施与社会服务能力。将鼎城茶油推向“邮乐网”平台，实现销售110万元。在全区17个空白网点、20个自办网点进行普遍服务检查，包括四项基本业务开办情况，绿色包装箱，网点微整治，网点乱摆乱放，进口邮件话传投递，邮件投递时限，邮件信息录入及反馈等敏感问题，开展投递基本知识培训。开通第三方支

付业务，落实平信条码化工作。（沈美玲）

【《退役不褪志　退伍不褪色》定向邮折制作报印】 2019年7月1日，中国邮政集团有限公司湖南省常德市鼎城区分公司与常德市鼎城区退役军人事务局联合开发制作报印《退役不褪志　退伍不褪色》定向邮折24000套，邮折分为常德市鼎城区退役军人事务局简介、部门职责、“致烈军属及退役军人的一封信”等部分，折页底面印中华人民共和国主席习近平的阐述：“组建退役军人管理保障机构，维护军人军属合法权益，让军人成为全社会尊崇的职业。”（沈美玲）

中国电信股份有限公司常德鼎城区局

【概况】 2019年，中国电信股份有限公司常德鼎城区局顺应信息通信业智能化发展趋势，推进网络智能化、业务生态化、运营智慧化，实施网络、业务、运营、管理四大智能化重构。坚持“用户至上，用心服务”宗旨，落实国家“建设网络强国”战略部署，推进网络重构CTNet2025，打造移动、宽带、物联网等陆海空天一体化精品网络，提供高速、融合、安全的云网络和业务服务，推动数字经济与社会发展。

通信建设。编制光网建设发展总体规划，落实政府“乡村人居环境整治工程”“雪亮工程”民生项目，实施农村光网建设工作。建设“乡村人居环境整治工程”项目5个乡镇，建设“平安乡村”121个村，工程立项85个，投资总额325万元，年末全区基站331个，覆盖率100%。

社会事业。履行企业社会责任，响应并落实鼎城区委、区政府扶贫攻坚工作方案。开展包村蹲点扶贫工作，支持双桥坪镇兴国寺村村扶贫资金38000元，结对帮扶贫困户25户，帮助解决群众生产生活上的困难。开展送温暖、送科技信息、驻村帮扶、美丽乡村建设等活动，协助当地党委推进村级党组织建设、村务公开、信访工作、维稳工作、矛盾纠纷调处工作，发展村级经济。

中国电信股份有限公司常德鼎城区局信访维稳警示教育专题会会场（提供：戴华）

安全生产。与桥南市场管委会合作建设物联网联防消防站，完善消防导视系统、快速应急系统，开启物联网时代消防安全新规则。成立安全生产管理工作领导小组，规范责任部门、责任人、相关管理要求及处罚内容。（戴　华）

中国移动通信鼎城区分公司

【概况】 2019年，中国移动通信鼎城区分公司稳中求进，降本增效，综合考评位居全市中游水平。

业务发展。抓营销执行。公司市场部通过电话督导、对口帮扶，进行网格月度重点指标完成情况日通报。综合打分排名后五或放号、宽带等单项业务绝对值完成靠后的网格，予以电话督导；综合打分排名全区倒数后三的网格，由分管经理进行重点对口帮扶；收集综合打分排名全区前列网格经验做法，打造标杆，全区分享。抓存量经营。根据市公司政策持续开展存量客户话费专项竞赛活动，成立网点培训督导小分队，进行业务辅导和促销指导帮扶。将异业合作直降作为重点工作，鼓励渠道网点拓展异业合作，支撑渠道网点上小区、商超、社区等户外进行终端、异业促销活动。通过送家电、手机、宽带上门服务，拉动宽带和放号业务发展。引导超套餐客户通过短信、外呼等方式迁转到新资费，利用存一得二优惠活动，促进客户升档，为不愿意迁转到新资费又有流量和语音需求型的客户，主推对应的流量包和语音包。抓渠道管理。按照省、市公司渠道整合指导意见和 2019 年规划要求，制定渠道整合规划，发挥渠道营销能力和服务覆盖，全区实体渠道 256 个，其中自控渠道 18 家、指定专营店 138 家、小微渠道 48 家。抓客户满意度。分管领导组织召开满意度调查工作专题会，分析存在短板，解决突出焦点问题，针对投诉不满意客户开展一对一关怀，提升客户感知。常态化督导社会渠道为进厅客户进行“多说一句话”满意宣传，鼓励员工利用自己的人脉关系和生活圈子做宣传，以点带面，扩大宣传效果，形成公司与客户间的良好互动，树立公司正面形象。

5 月 17 日，中心营业厅促销现场 （提供：许剑剑）

5 月 17 日，分公司党支部开展“提升服务品质 连接美好生活”主题党日活动 （提供：许剑剑）

网络指标。优化网络信号。根据客户投诉，到中联重科、淮阳中学、红云居委会、周家店武岗寨等近十处地点进行详细测试，联合市无委、网优中心查处许家桥无线电干扰源 1 处，收缴无线电干扰器 1 台；联合区公安局、电子围栏厂家优化设置鼎城城区和西洞庭管理区的电子围栏，避免客户终端出现无法上网和通话的情况；优化广电中心等重点政企单位网络，解决弱覆盖问题。提升装维效率。督导铁通依照网格布局设立网格维护专员，实现 1 个网格总监对应 1 至 2 名装维员。加强网市协同，抓客户服务质量，开展装维服务培训。弱光整治、H5 满意度评测、装维处理满意度等服务质量及感知指标得以改善，4 月、5 月份在全市品质领先中获前三。实施降本增效。展开室分系统技术挖潜，优化资源配置合理应用室分双通道；研究利用农村家宽杆路和富余纤芯跳纤，开通对应的 2/4G 拉远小区；退网低利用率小区；暑假将放假区域的室分设备进行断电；进行 SDH 设备退网下电，计 100 余台，排全市前列；优化资源配置合理利用机房，每个站可以节省电费等其他相关配套费用 16260 元 / 年；成立三费降本增效行动小组，通过电力稽查，优化基站配置等措施，2019 年鼎城电费（自有和铁塔）同比下降约 100 万元，下降比例 10%。铲除基站盗电。三费降本增效行动小组进行铁塔公司基站电费的初步摸排，掌握私接乱拉电线的偷电情况。从 4 月始，联合鼎城铁塔办事处、区电力执法大队、供电所、当地乡（镇）政府，进行整治，到偷电情况严重的江南城区、十美堂、黑山嘴、牛鼻滩等乡镇的 12 处基站，拆除所有私接电线，节省电费近 17200 元。

10 月 31 日，常德市通信建设工程质量监督办公室鼎城区质量监督站授牌会议现场 （提供：许剑剑）

党团活动。加强政治理论学习。为常态推进“两学一做”，加强学习制度化，分公司党支部制定完善相关制度，下发《党员个人“三会一课”学习考核办法》《2019 年党建工作要点》《理论学习 2019 年学习计划》《宣传思想工作要点》《进一步加强鼎城分公司“六好党支部”创建工作的通知》，确保理论学习有目标、有计划、有考核。开展党建工作。

召开组织生活会和专题民主生活会，按照会议流程，开展会前征集意见、理论学习、谈心谈话、对照检查等规定环节。开展民主评议党员，年度内开展民主评议2次。落实“双述双评”。党支部书记胡良文代表党支部委员会，分别向上级党委、分公司党支部党员大会述职，并接受现场评议、考核。开展“不忘初心，牢记使命”主题教育活动，确保活动成效。开展“春耕行动”“荣耀二十载，奋斗新时代”“党建和创”“我们的节日”等主题活动，按月开展主题党日活动，制作“放歌新时代、我和我的祖国”视频、“聚焦企业成就贡献、员工幸福成长”抖音短视频，上报“我和我的祖国”征文1篇。选派姚懿玲参加市公司组织的“榜样·力量·担当”主题演讲比赛，获全市第二名。开展反复倡廉。组织观看警示教育片《永远在路上》《警钟长鸣》，收集员工优秀学习心得2篇，并上报市公司；开展关键岗位员工“我承诺”活动，分公司17名关键岗位党员员工针对个人岗位实际，进行廉洁从业承诺，手写承诺内容，通过台卡展示强化自律意识；组织全体员工通过移动网上大学，学习《中国共产党纪律处分条例》亮点释义等3门必修课、《新时代党员学习》等11门选修课程；分公司纪检委员为全体员工集中上课，学习《中共中央关于加强党的政治建设的意见》《中国共产党重大事项请示报告条例》《中国共产党纪律处分条例》《中国共产党廉洁自律准则》；制作主题漫画海报，开展反腐倡廉漫画展。开展官僚主义、形式主义集中整治。着重解决“四风”突出问题，对照贯彻落实党的路线方针政策、中央重大决策部署方面，联系群众、服务群众方面，履职尽责、攻坚克难方面，学风会风文风4个方面开展自查，分析原因，制定整改措施。丰富活动载体。组织开展支部书记面对面宣讲学习交流活动、“青春心向党·建功新时代”特别主题团日活动、“纪念五四运动100周年” 大会直播观看活动。开展信用公约宣誓活动、学雷锋志愿服务活动、为环卫工人送早餐送慰问活动、为留守儿童送温暖活动。

（许剑剑）

分公司党支部开展“不忘初心，牢记使命”主题教育活动

（提供：许剑剑）

中国联通鼎城分公司

【概况】 2019年，中国联通鼎城分公司以“关注社会，服务人生”经营理念为客户提供综合电信服务，为员工营造职业发展空间，为社会增添信息文明动力。以5G终端为引领，加速5G发展，推动创业转型，实现移动宽带业务向质量规模效益发展。截至年末，公司总主营收入6106万元，服务用户11.2万户。创建用户和员工满意企业，敢担当、勇创新、重实干；快乐工作，健康生活，营造团结、紧张、严肃、活泼工作氛围。抓4G专营店渠道建设，增加服务网点，投资1000余万元延伸渠道规模至乡镇及村组，进行整合布局，实施城区及大型重点乡镇服务门店5G整体形象升级。全年，中国联通鼎城分公司争取上级公司投入网络建设资金2950万元，开展辖区内重点项目和市民迫切需求的区域网络提质改造和项目新建，建设黔江—张家界—常德铁路鼎城区沿线4G站点13座及5G站点部署，新建光缆传输线路300余千米，城区4G优化更换新设备20余台套，农村光网提质改造追加60余个项目、新增端口数9000个、新增光网覆盖村组280个，新建4G站点28座、全区4G平均覆盖率93.15%、宽带光网平均覆盖率90%以上。

安全生产。组织全员学习《中华人民共和国安全生产法》和公司有关安全生产规章制度，宣传安全发展指导原则和“安全第一、预防为主、综合治理”方针，通过实地检查与督导执行，全年无一例安全事故发生。

（周宜静）

教育·科技

Education & Science and Technology

鼎城区幼儿园户外活动现场观摩会

概　　述

鼎城区第一中学

湖南应用技术学院

科　　技

防震减灾

鼎城年鉴(2020)

概　述

【概况】 2019年，鼎城区有各级各类学校204所。其中，学前教育128所，义务教育71所（小学26所、初中15所，九年一贯制17所，点校13所），高中阶段教育4所（普通高中3所、十二年一贯制1所），教师进修学校1所。在校学生67940人，其中学前教育16992人，义务教育43851人（小学30917人，初中12934人），高中阶段教育7097人。在职教职工6541人（幼儿园2174人，小学1437人，初中1026人，九年一贯制996人，高中665人，十二年一贯制253人），其中专任教师5095人（幼儿园985人，小学1377人，初中975人，九年一贯制921人，高中613人，十二年一贯制224人）。离退休人员4036人。2019年，义务教育迈入优质均衡期，“义教均衡”省级复检通过，中小学校综合差异系数降至0.37和0.349。在湖南省扶贫检查中，该区教育行业扶贫“零失误”“零扣分”，跻身全省前列。全年，发放各类资助资金1093.53万元，惠及学生1.9万人次。鼎城区教育基金获评全省“5A”。化解大班额54个，城区新增学位2500个。城区小学起始年级班额控制在每班50人左右，城区初中起始年级班额控制在每班55人以内。普职分流工作进入全市第一方阵。区人大召开优化经济发展环境现场评议会议，区教育局位列第四名。鼎城教育微信公众号点击量突破55万人次。成立了行政审批服务股，“四个一”目标基本实现，群众办事顺畅高效。教育宣传、信访、社会力量办学、工会、招生考试、社区教育、校车管理等工作获全市先进。区教育局获评市级安全风险防控、安全管理、内部保卫先进单位，获评区级平安创建优秀单位、安全生产与消防工作良好单位。

党建引领。成立鼎城区委教育工作领导小组，乡镇（街道）教育履责启动评估公示，纳入区委绩效考核。推进教育系统支部“五化”建设，投入10余万元用于智慧党建视频会议系统建设，10余所学校接入政务网络。成立民办教育机构联合党支部，成立淮阳、朗高、诗琪、非凡等民办学校党支部，党组织全覆盖。开展庆祝中国共产党建党98周年系列活动、“百名优秀共产党员”评选、“不忘初心、牢记使命”主题教育活动。江南小学党支部获市级优秀基层党组织称号，鼎城区第一中学向灵芝获评区级优秀党务工作者，逆江坪中学唐建媛获评区级优秀共产党员。

鼎城区教育系统“不忘初心、牢记使命”主题教育演讲比赛 （提供：余珂）

项目建设。全年，投入建设资金3113.68万元，建设项目30个。改善蔡家岗中学、斗姆湖中学、尧天坪中学、大龙站中学、周家店中学、灌溪中心小学办学条件。实施农村学校建设三年行动计划项目21个，竣工各类项目8个。争取芙蓉学校建设项目落户草坪中学。编制“两类学校”建设规划。13所学校创建市级标准化实验室。新建红云小学、兴发小学，启动常沅小学扩建。鼎城区二中、六中、九中三校整合到鼎城区九中，更名为阳明中学。常德财经学校校址移交鼎城区办学；江南中学迁址常德财经学校、原江南中学改办江南小学分校，改造提质后均于秋季投入使用。蔡家岗中学暑期迁址新校区。永安小学建设竣工。以校园环境整治为抓手，改善校容校貌。推动中小学（幼儿园）明厨亮灶工程，为所有公办中小学校、幼儿园食堂操作间加装部分摄像头，接入校园安全网，全程监控，督促城区部分民办幼儿园建立透明厨房。雷公庙中学引资50万元建设点校。钱家坪中学引资22万元改善办学条件。

区领导参加阳明中学揭牌　　（提供:余珂）

队伍建设。探索边远学校教师补充机制，补充教师91人；规范女高级教师管理，办理退休17名，留岗工作57名；开办鼎城区优秀骨干教师培训班，培养中青年骨干42人。举办教育系统暑期干部培训班，近300人参与。举行青年教师课堂教学比武，近五年入职中的108名教师参加。组织评选市、区级骨干教师和省、市、区级学科带头人，申报市级骨干教师90人、区级骨干教师350人，全区省级、市级、区级学科带头人分别增至5人、4人、80人。组织校园长（股长）到西北师范大学学习，评选表彰“百名优秀班主任”“百名教学能手”。制定出台局管干部管理办法、名优教师培养办法，启动师德师风建设年活动。健全教师培养机制，补充教师210人，缓解教师队伍年龄、学科、学历结构矛盾。启动2019年鼎城区“国培计划”，申报新入职教师省级试点项目，9月21日，举行鼎城区“国培计划（2019）”通识研修开班仪式；开展教师培训需求实地调研；各学科工作坊组织线下研修培训100余次，培养骨干教师800余人。逆江坪中学教师唐双球获评全省“优秀乡村教师”，谢家铺中学教师王碧峰被评为“送教上门”省级典范，鼎城区第一中学副校长蒋金海等10名优秀教育工作者事迹在鼎城区电视台展播。

质量建设。2019年高考，全区一本上线575人，上线率28.05%；一、二本上线1151人，上线率56.15%。学考平均分801.92，合格率93.89%。中考9科平均分589.46，合格率63.52%。鼎城区第一中学600分以上70人，占全省比率上升，一本上线379人，上线率51%；一、二本上线588人，上线率82%。文理实验班一本上线率100%，鼎城区第一中学1606班人均成绩超600分，空军飞行员上线2人，2名学生进入全省单科优秀。举办“我和我的祖国”主题读书活动、“我爱我的祖国”校园艺术节、鼎城区首届中小学生创客大赛，承办常德市青少年科技创新大赛、小学道德与法治骨干教师课堂教学展示活动。江南小学获评国家防震减灾科普示范校。丁家港中心小学在全国创新大赛上获1银2铜，成为省级知识产权示范学校。永安小学学子入选“新时代湖南好少年”，走上中央广播电视总台春晚。严家岗小学获评“省级优秀少先队”。开展中小学生田径运动会、大课间活动、校园足球联赛等活动。打破区运动会记录67人次，高中男子组获常德市校园足球联赛第2名，体育中考合格率98.5%。鼎城区第一中学、善卷中学、江南中学、武陵小学、淮阳小学成为首批“全民健身百校行”示范校。花船庙小学、永安小学分获全国校园足球、篮球特色学校。严家岗小学合唱节目在湖南电视台展播。

第18届常德市青少年科技创新大赛现场　　（提供:余珂）

学前教育。全区教育系统有注册幼儿园128所（公办园32所，民办园96所），其中普惠性幼儿园99所（32所公办、67所民办）。在园幼儿16992人（小班5190、中班5643、大班6159）。制定学前教育发展行动方案，推进公办园建设、普惠园创建、小区配套园治理等工作。学前教育公用经费纳入财政预算。投入资金185万元，用于公长岭岗、中河口、谢家铺3所农村公办幼儿园改扩建任务，提供公办学位500个。新增普惠性民办园17所，普惠性民办园占民办园总数70%。组织幼儿园园长及骨干教师200余人参加培训。举行幼儿教师五大技能比武活动，推荐10名优胜者参加全区教育系统“青春心向党、建功新时代”青年教师比武。开展亲子韵律操展演活动，12个分赛区125所幼儿园参演。举办全区幼儿户外活动现场观摩会，桃源县、澧县等到区考察学习。

民办教育。全区有各类各级民办教育机构222所，其中培训机构122所，幼儿园96所，小学2所（诗琪双语学校、朗州实验学校），高级中学1所（常德朗州高级中学），十二年一贯制学校1所（淮阳中学）。在园幼儿12639人，占学前教育在校生74.38%；在校小学生1309人、初中生1097人，占义务教育阶段在校生5.49%；在校普通高中生2737人，占普通高中在校生38.56%。有在职教职工2111人，其中专任教师1104人，占全区专任教师21.67%。各类注册资产6.87亿元。

安全稳定。安全教育、排查整改、演练防控常态化，全年未出现一起较大以上安全责任事故。消除安全隐患114处，安防建设实现“三个”100%，校车运行平稳安定。组织开展“5·12”防灾减灾日应急疏散演练。武陵小学获评湖南省安全文明校园。江南小学“家校联动，共创平安”经验全市推介。

（余　珂）

鼎城区第一中学

【概况】 2019年鼎城区第一中学有教职工287人，正高级教师1人，特级教师2人，市、区骨干教师及学科带头人65人。教学班级49个，学生2588人。

党建工作。开展“不忘初心，牢记使命”主题教育，组织主题教育知识考试和竞赛，到鼎城区“三个第一”基地（“中共常德地区第一个地下党支部”镇德桥镇踏水桥党支部、“中国译介马克思主义第一人”石板滩镇赵必振纪念馆、“打响湘西北地区反对国民党反动派第一枪”尧天坪镇常德文甲农民起义纪念碑）开展革命传统教育。12月17日，学校开展中共十九届四中全会精神宣讲活动，区委党校副校长邓春初向全体教职员工宣讲全会精神。党建指导员、支部书记上党课，组织党员学习讨论、开展调研、写心得。9月28日，鼎城区第一中学主题教育读书班（扩大）11人到镇德桥镇党校参观学习。12月4日，学校召开“不忘初心，牢记使命”专题民主生活会，区政府党组成员、副区长蒋宏武，区委巡回指导组第十五组组长陈德祥、驻教育局纪检组组长黄娟到会指导。9月11日，学校党委成员、常德市党代表及工作人员到尧天坪镇官坊湾村，看望贫困户，了解扶贫工作队驻队队员工作和生活情况。

上级关怀。1月3日，鼎城区委副书记、区人民政府区长朱金平到鼎城区第一中学调研指导工作。1月15日，鼎城区人民政府副区长蒋宏武到校走访调研。1月24日，鼎城区委书记杨易、区人民政府副区长蒋宏武到学校慰问优秀教师代表。4月12日，永州市东安县禁毒办负责人蒋浩华、教育局副局长文柏军、公安局禁毒大队大队长彭炜一行7人，到校交流学习毒品预防教育工作。5月29日，鼎城区委常委、组织部部长王少贤，区教育局党委书记、局长涂华军到学校调研指导工作。6月5日，鼎城区委书记杨易，区委常委、区委办主任雷建国，区人民政府副区长蒋宏武，区教育局党委书记、局长涂华军视察指导备考工作。9月5日，学校80名教师参加由鼎城区委、区人民政府主办的第35个教师节座谈会。9月27日，“志宏基金”表彰2019年度鼎城区第一中学优秀教师颁奖仪式举行，区教育局副局长陈少栋、区教育基金会理事长朱方源、区教育基金会秘书长宋才林、校长杨建宇和副校长陈建龙及该校2019年度“十佳系列”30位教师参加颁奖仪式。

6月5日，鼎城区委书记、高新区党工委书记杨易（中）到鼎城区第一中学高考考点视察指导准备工作　（提供：雷坤）

民主治校。公开、公平、公正落实教职员工竞聘上岗制度。7月9日,组织召开第八届教职工代表大会第八次会议,以教代会民主决议通过的《2019年教职员工全员聘任操作办法》为依据,建立能上能下、能进能出机制,推进教师全员竞聘,激发教师队伍活力。采取招聘、选调等方式引进一批骨干教师、优秀教师,加强学校工作活力,提升师资力量,优化学科建设、拓展发展潜能。强化学校民主管理职能,突出教职工主人翁意识,1月14日,召开第八届九次教职工代表大会,收集整理教职工提案25条,大会审议通过《学校工作报告》《学校工会报告》《学校财经工作报告》,表决通过《鼎城一中申报中、高级专业技术职务量化评分细则》。

师德师风。制定《鼎城一中师德师风建设工作方案》,推动《鼎城一中科室、年级评价方案》实施,贯彻"学生有惑,责任在我"育人理念,使教师以"传道、授业、奉献"为己任,视"正己、爱生、敬业"为天职。2月15日,2019年上学期开学工作教师大会举行,校长杨建宇作"渗透学科素养、打造高效课堂、提高教学实效"专题报告,要求全体教师要深入课堂改革,贯彻渗透理念,把提高学生能力落实到具体教学实践中。2月21日,召开行政干部(扩大)会议,组织学习区教育局《关于进一步严肃人事纪律加强队伍管理的通知》,传达区纪委书记王明东《在中国共产党常德市鼎城区第十二届纪律检查委员会第四次全体会议上的工作报告》精神。8月28日,召开2019年下学期全校教职工开学工作大会,区委组织部副部长尹国平宣读区委组织部关于蒋金海担任学校党委副书记、副校长决定。校长杨建宇作主题报告,强调学校各项管理要真抓实干,严格高效,全体教职员工要敢于负责、担当、批评、挑战,要在具体教育教学中让学生养成好习惯、掌握好方法、塑造好心态。

对外交流。4月9日,海军工程大学"优质生源基地"授牌仪式在校举行。海军工程大学原训练部副部长郭尚芬、研究生院副院长叶利民、模拟训练中心主任龚立,区教育局副局长陈少栋,校长杨建宇,副校长蒋金海、陈建龙及部分师生参加仪式。与汉寿一中交流办学经验,校长杨建宇,副校长蒋金海、刘凌军及教务科科长周晖与汉寿一中副校长胡浩一行参加交流。5月14日,常德市高中物理教师(蒋金海)工作坊2019年第一次线下研修活动在常德外国语学校举行,活动由示范课展示、专家点评、颁奖、学年研修计划部署、线上学习培训等环节组成。举行《"新高考"背景下普通高中教学管理策略研究》课题开题论证会。受常德市教科院邀请,参加"常德市首届新高考高中生涯规划教育研讨会"。举行《湖南省农村高中思想政治学科核心素养的实践路径研究》课题开题论证会。市教科院规划与发展研究室主任肖焕之、教授刘忠义、政治教研员刘建德,区教研室主任李恒斌、政治教研员周晓艺等专家莅临指导。12月6日,与衡铁一中交流办校经验。

教学教研。抓教学常规,重视过程管理。从备、教、批、辅、考等方面为教师教学行为量化打分,严格备课管理,强化"一课一研",实行"个人精备+集体讨论+个人修改"集体备课。进行课堂巡查,学生课堂违纪353次、日通报120余次、周通报18次、月通报5次、教师听课5218次,定期检查教案、听课6次,教案、导学案抽查24次,听课抽查12次,作业抽查12次。组建课堂质量专家队伍,采取推门听课形式,现场打分、写指导意见,课后现场检查备课情况并随机抽取10名学生评价课堂质量。推进"渗透"课堂教学,规范"三案"(导学案、练习案、检测案),形成"探、论、评"学习,完善以"渗透"为核心的课堂活动,打造适合该校发展的课堂教学模式。语文组姜杨、数学组肖雄、英语组周艳慧在常德市第一届青年教师教学比武中获"市级教学能手"称号,政治组陈蓓获常德市思政教学风采竞赛一等奖,英语组李娟获常德市英语读写教学研讨一等奖,化学组涂双双获常德市化学核心素养教学展示二等奖。参加湖南三湘好教育同课异构比赛,教师方敏、曾雅琴获省二等奖。

学校成立学生社团17个，社员2000余人，各社团开展活动20余次，参与人数3800余人次。全校各级在研课题7个，教师参研率近30%，教师全年发表和参评论文近100篇。全国高中数学联赛，3人获国家级奖，全国高中数学能力竞赛10人获省级奖；高中化学竞赛，2人获国家级二等奖，3人获国家级三等奖；生物奥赛，4人获国家级二等奖，7人获国家级三等奖；机器人大赛2人获省级荣誉；创新英语大赛，1人获国家级奖，23人获省级奖；第二十届华人作文大赛一等奖1人，二等奖2人，三等奖2人。学生在各级刊物发表习作50余篇。历史组辅导学生参加市级历史小论文竞赛，25人获市级以上奖励。2019年高考一本上线率52%，一、二本上线率84%，600分以上考生70人，文科、理科人均成绩均位居全市省级示范性高中第五，学考全科合格率100%，全科优秀率44.94%，位居全市第二。

鼎城一中2019届高三二轮复习研讨展示课

（提供：雷坤）

德育工作。派德育团队到河北衡水地区中学及与该校联考相关的学校开展交流学习。开展以“初心·梦想·超越”为主题的高考百日誓师大会和“使命·责任·担当”为主题的高三成人礼活动，调整端正学生心态。开展保护母亲河、清明文明祭扫、慰问常德市福利院儿童等活动，增强学生环保意识、文明意识、爱心意识。开展第三十三届军政训练系列活动，呈现学生综合素质、精神面貌。组织主持人选拔大赛、“拥抱青春、筑梦鼎一”新生合唱比赛、“祖国在我心中”校园艺术节晚会、“庆国庆”主题征文大赛，“我和我的祖国”主题演讲比赛。高二年级学生欧阳毓曼在第五届湖南省“建设伟大中国，建设美丽家园”主题演讲比赛中获二等奖。推动心理健康教育介入，开展“5·25”心理健康周、“鼎城一中学生良心发展问卷调查”活动，关心呵护学生成长。

总务后勤。严明财经纪律，规范办学行为，规范财务管理制度。严格教育收费治理，加强行风建设，各项收费工作严格执行物价部门收费标准，合理开支，定期向学校汇报财务运行情况。管理、清理固定资产。坚持“后勤保障，物尽其用，杜绝浪费，教学所需，文明高效”原则，加强后勤管理，增收节支，避免浪费。把握后勤“服务于教学、服务于师生”宗旨，坚持“安全第一、服务第一”原则，保证食品卫生安全。把食材、食品准入关，把生产操作关、餐具消毒关、员工个人卫生关，实现“明厨亮灶”。

工会工作。推进民主管理，坚持教代会制度，组织教职工参与学校民主决策、民主管理和民主监督，让教职工有地方说话，有机会说话。建立校务公开工作运行机制，在干部选拔任用、教工聘任、教师职称评定、教师岗位晋档、评优评先等方面实行校务公开。增强教职工爱国主义意识，开展庆祝中华人民共和国成立70周年教职工歌咏比赛。关心教职工生活，为教职工谋利益、办实事、办好事。坚持慰问制度，走访看望生病住院的教职工、困难家庭，安抚教职工病故直系亲属。开展文体活动，活跃教职工文化生活。

宣传工作。抓信息化建设和管理，完善省级示范性高中网上督导评估平台建设机制。建强通讯员队伍，通过校园网、督导评估平台、微信公众号、宣传橱窗、广播电台、红网和各种教育信息网等多种校内外信息渠道，开展文明创建宣传，扩大学校社会影响力，彰显学校引领作用。 （雷　坤）

湖南应用技术学院

【概况】 湖南应用技术学院前身是1994年5月由李少夫、齐淑兰举办的常德电脑技术学校,1998年成为国家高等教育学历文凭试点院校;2004年5月经湖南省人民政府批准成立湖南同德职业学院;2014年5月经教育部批准,升格为本科院校,更名为湖南应用技术学院,2018年5月获学士学位授权。2019年,学院东、西校区坐落在常德市江南城区,校园总规划面积143公顷,校舍建筑面积31.73万平方米,固定资产总值7亿元。学院设有农林科技、机电工程、设计艺术、信息工程、经济管理、外国语、文化传媒学院(公共课部)、马克思主义学院、创新创业学院及继续教育学院等教学院(部),开办园林、水产养殖、机械设计制造及其自动化、物联网等本科专业19个,开办财务管理、国际经济与贸易、计算机网络、商务英语等专科专业11个。有教职员工798人,其中专任教师532人、兼职教师122人,教授45人、副教授118人,博士学位教师21人、硕士学位教师272人。学校有在校生12097人(其中本科生6235人),有校内实验实训室165个,校内外固定实习实训基地108个,学院藏书110.2万册,配套计算机3000余台,宽带网络闭路电视覆盖全校。从办学至2019年年末,培养大、中专毕业生4万余人,短期培训技术人员3万余人,学生就业率96%,学院曾获全国民办教育先进集体、中国民办高等教育优秀院校、全国民办高校内涵建设优秀院校、湖南省就业一把手工程先进单位、湖南省招生就业先进单位、湖南省职业教育先进单位、湖南省高校大学生创新创业示范基地优秀示范校、湖南省和常德市"十佳民办学校"等称号,被誉为"潇湘明珠""明珠民校"。2019年,有4名教职工和84名学生分别获省、市表彰,学校党组织获评2019年常德市市直教育系统先进基层党组织。

党建工作。党委班子成员和各总支(支部)书记为师生党员及入党积极分子上专题党课45余次。组织全体师生党员开展"不忘初心、牢记使命,书写人生新华章"等主题活动,落实"三会一课""主题党日活动""民主生活会"等组织生活制度。开展"参加1次志愿服务、为身边群众至少办1件实事好事"等为民服务活动,开展党员"对标创先,奉献在岗位"、走访贫困学生家庭"访贫帮困""扶贫扶志、立德树人"助学帮扶活动。开展对口扶贫和助力美丽乡村建设工作,组织教师党员专家到扶贫点桃源县桃花源镇黄土坡村,义务帮助点村进行村落园林和庭院建设规划设计,出资20万元助力村容村貌提质改造;出资150万元为贫困村、贫困户购买农产品,助力脱贫攻坚。推进"支部五化建设",制定《湖南应用技术学院党支部"五化"建设工作实施细则》,培养教育入党积极分子,抓新党员发展质量,管理党员组织关系,建立专属档案室规范党员档案管理,完善台账。

教育教学。制定校、院两级学科建设规划,增强全员学科建设意识;通过遴选学科建设方向、组建学科团队,全年申报省级线下一流本科课程6个,开展相应学科中期检查工作。以"教育信息化背景下民办高校设计类专业应用型人才培养的探索与实践""以学科竞赛为依托强化地方高校特色和优势学科实践教学改革探索"为代表的教研教改成果分别获湖南省第十二届教学成果三等奖2项、校级教学成果一等奖3项。组织教师参加省级教学竞赛,获三等奖1项。获批湖南省教研教改课题立项16项,10项教研教改课题通过湖南省教育厅结题验收。开展课堂教学评教、教案检查评比、奖励优秀教师等,强化教学督导。制定《湖南应用技术学院管理办法》等10余项教学管理制度,启动2019版人才培养方案修订工作,完善教育教学管理制度体系,推进教育教学管理制度化、规范化。5月,汽车服务工程、行政管理、物流管理3个专业通过学士学位授权资格评估,获学士学位授权资格;9月,酒店管理专业通过湖南省教育厅申报专业审查、教育部备案,开始招生;年末,经教育部批准，设立财务管理、文化产业管理2个本科专业。规范本科毕业生毕业(设计)论文工作，锻炼和提升学生专业应用能力和素质。组织学生参加各类学科竞赛，获省级团体三等奖5项，省级优秀组织奖1项，省级个人二等奖1项，省级个人三等奖3项。

本科教学合格评估。学校贯彻“以评促建、以评促管、以评促改、评建结合、重在建设”评建方针，评建处开展本科教学工作合格评估材料的建档归档整理，年内督导听课560学时，校领导听课110学时，听课面涵盖学校10个学院(部)326名教师。优秀率14.5%，良好率56.5%，合格率26.8%，基本合格率2.2%。查看备课本、教学手册、作业批改等教学资料。教学督导组巡课班级65%，巡课中发现的成绩和问题及时与各教学院(部)进行交流，检查督促林学、英语、环境设计、机械电子工程本科专业学士学位授权评估4个。推进规范管理，抓教学过程管理和教学文档资料收集，抓教学管理规范化、制度化建设，推进以课改为中心的教学改革。采编上报2019年本科状态数据和本科教学质量报告。

国防教育。成立学校征兵领导小组，制定工作方案、措施和目标。4月10日，90余人参加军委国防动员部、教育部召开的全国大学生征兵工作网络视频会议。发放宣传册5000余本，组织在校大学生问卷调查1000余份，开展以“青春有梦当奋进，携笔从戎献国防”主题班会教育活动，召开全校班主任、辅导员专题工作会议4次，布置网上报名和通报总结网上报名情况。2019，获评湖南省高校征兵工作先进单位。

学生服务。落实学院关于家庭经济困难学生“奖、贷、补、缓、免”相关政策规定，建立以生源地贷款为主导，以奖学金、助学金、特困补助、勤工助学和社会捐助形式为辅助的助学体系，设立校内勤工助学固定岗63个，接收190余名困难学生上岗工作，人均月收入1500余元。为2453名缴纳学费困难学生开通绿色通道，累计金额1954.32万元。全年，利用学院帮困资金奖励和资助学生1108人，总金额160余万元；奖励和资助学生2627人，累计金额约1134万元。为应征入伍在校大学生办理学费补偿申请，金额150.14万元。

招生就业。2019年，招收新生4168人，其中本科生2550人，报到率98.61%，专科生1057人，报到率96.06%。2019年，毕业生2280人，其中专科生1534人、本科生746人，2133名毕业生办理就业报到证，截至8月31日初次就业率91.75%。举办2020届大学生大型就业供需见面会及专场招聘会50余场，参会企业200余家，提供就业岗位3500余人，1500余人达成就业意向，500余人签订相关协议。

“双创”培育。新建学校创新创业孵化基地，完善创新创业工作室40余个，创立企业5个；汪颜等7人获2019年省级创新创业优秀毕业生；2019年常德市首届“模科”创新创业大赛在该校举行。参加湖南省第五届“建行杯互联网+”大学生创新创业大赛，申报参赛项目300余个，获省级三等奖2项、获常德市创业大赛三等奖2项、获国家级大学生创新创业项目立项15项，湖南省大学生创新创业项目立项46项，校级立项45项、通过结题验收9项。

专业建设。农林科技学院园林专业是湖南省“十三五”专业综合改革试点专业。信息工程学院与一线城市企业、当地企业及高校合作，互派学生进行合作研究、技术交流及学生联合培养等。设计艺术学院依托地域资源优势，以培养掌握传统工艺与现代高科技手段的时尚原创设计人才为目标。机电工程学院是机械制造类行业应用型高级工程技术人才培养基地，有专业技术教师队伍，建有校内实习工厂，与大型高端制造企业建立产学研合作、协同育人实践教学实习基地及就业基地。经济管理学院注重学生技能训练。外国语学院开展国际交流合作，举办竞赛活动。文化传媒学院、马克思主义学院、公共课部抓队伍建设，提升教师教学水平。

湖南应用技术学院与湖南文理学院召开结对帮扶推进会
（提供：潘艳艳）

队伍建设。2019年，学院引进人才142名，其中博士7人，副高及以上职称30人，优化师资队伍结构。组织138人参加继续教育培训和考核。受理50名高校教师资格证审核评定等工作。为465名教职工购买“五险一金”，开展新进新出学校教职工各种社会保险的增减、变更工作。实施“青年骨干教师研修计划”，入选省青年骨干教师培养计划4人、省内外高校课程进修25人、推荐国内访问学者4人、参加各级各类培训457人次。实行人才分类分级管理，开展岗位设置与聘任工作，全年晋升副高职称14人、晋升讲师（实验师）32人、认定为助教（助理实验师）23人。开展医疗保险参保工作和特殊病种申报工作。

科技工作。全年，该校教师参加各级各类项目申报18种，并由一般项目转向重点及国家级课题申报；科研项目立项61项，已获批立项项目31项（包含湖南省教育厅科研项目），其中重点项目5项，优青项目6项；湖南省高校思政工作研究课题2项；湖南省社科成果评审委员会2项；湖南省教育科学“十三五”规划课题3项；湖南省教育科学研究工作者协会课题9项，其中重点课题4项；常德市社会科学联合会课题13项，其中重点课题1项；常德市科协建言项目1项；获软件著作权45项，实用新型专利20项，外观设计专利7项。3月29日，邀请湖南省教育科学研究院盛正发教授到该校进行“教育科学规划课题的申报技巧”专题讲座。在2019年湖南省教育科学研究工作者协会优秀论文征集评选活动中，该校7名教师获奖，其中一等奖1名，二等奖3名，三等奖3名。举办各类学术报告15场，教师参与国内大型学术会议6场。

校园建设。新建并启用教学楼2栋、学生公寓3栋，新征校园面积5万余平方米；改扩建东校区广场、绿化、道路和运动场；升级改造运动场，增加夜间照明设备；为学生宿舍开通管道燃气，添置燃气锅炉，保证低温时期热水供应；新增800千伏安箱式变压器2台，解决用电需求；投资370余万元新建机械电子实验室、数字媒体VR实验室、媒体制作实验室，新购电脑200余套、更新升级机房3个、更换多媒体教室投影设备及物联网实验器材。

（潘艳艳）

科　技

【概况】 区科技局是鼎城区政府工作部门，位于鼎城区红云街道幸福巷。设有办公室、工业科技股、农村与社会发展科技股3个股室和1个二级事业单位（鼎城区技术市场管理办公室）。

科技计划项目申报。组织全区46家科技企业、公司、专业合作社申报市级以上科技创新项目46个，争取资金近2500万元，其中市级重大科技专项7个，全市位居第一；区级实施科技计划项目25个，绩效评价良好。

科技创新绩效指标任务。2019年，全区科学技术研发经费（R&D）12.35亿元，增速95.35%，全市排名第三；高新技术产业增加值40.41亿元，增速39.36%。全市排名第一；完成进度70.89%，全市排名第一；占GDP比重17.38%。10月争取湖南省财政厅、湖南省科技厅真抓实干奖补资金200万元（市县引导资金），争取常德市政府科技创新真抓实干奖补资金50万元。

高新技术企业发展。组织并服务科技企业如天和互娱、源宏食品、鑫芙蓉环保等17家科技企业成功申报高新技术企业，全区高新技术企业47家。通过科技创新平台建设、技术转让交易、产学研合作等，促进科技成果转移转化。助推响箭重工、瑭桥科技、科锐新材料、精为天等公司企业分别与北京航空航天大学、中南大学、湖南大学、南京农大等高校院所开展产学研合作，全区近60家科技企业与高校院所签署战略合作协议，5家企业纳入全市工程技术研究中心培育计划，2家企业纳入省级工程技术研究中心培育计划；河洲甲鱼、精为天组织申报国家级“星创天地”，震坤农林组织申报省级“星创天地”，亿泽科技成功申报市级“星创天地”。支持东鼎动力、佰特随车吊等5家公司和企业到科技银行贷款近1500万元，帮助部分中小企业解决融资难的问题。

农村科技服务工作。会同林业、农业农村等部门组建鼎城区科技专家服务团，聘请湖南文理学院教授王京仁为技术团长，聘请专家30名。专家团专家和相关企业、公司、专业合作社签署服务协议，覆盖18个乡镇，累计开展活动12场次。组织开展科技活动周送科技下乡活动。到谢家铺镇施家陂村组织2019年度“科技活动周”启动仪式暨送科技下乡活动，为农民朋友送科技书籍3000余册、科技资料5000余份，举办科普宣传讲座3次；组织科技专家服务团成员到20余家企业、公司开展技术合作对接联络近30场次；围绕富硒水稻、油茶、水果、中药材等产业，组织专团专家实施农业新技术、新品种引进与推广，如优质水稻栽培技术推广、油茶新造技术推广示范基地建设、白芨栽种技术推广。

送科技下乡活动　　（提供：石新明）

成果转移转化和产学研合作。开展多种形式宣传，利用科技下乡和下企业调研活动向企业宣传技术市场政策与法规，为企业辅导技术合同的主要内容及分类、认定程序、优惠政策等。推进技术交易机构的技术开发和成果转化。转变服务方式，变管理为服务，收集整理全区有高技术含量、高附加值项目，建立项目库，组织中小企业进入技术市场，开展技术交易，促进科技成果向现实生产力转化。精为天生态农业股份有限公司与南京农业大学开展精米、食用油、健康胚芽糙米食品等系列产品产学研合作，项目金额4000万元；湖南华茂农博生物科技有限公司与湖南省土壤肥料研究所签订有机废弃物肥料化技术服务协议，项目投入500余万元；常德市中晟农牧有限公司与中国科学院亚热带农业生态研究所签订标准化蛋鸡无抗养殖技术合作协议，项目拟投入8000万元；湖南润田农机装备科技股份有限公司与湖南农业大学签订农用中小型机械开发技术合作协议，项目投入约300万元。

企业产学研合作牵线搭桥会会场　　（提供：石新明）

综治维稳。制定扫黑除恶及综治民调众创平安活动实施方案，明确组织领导、具体目标、措施和要求。召开局党组会、局务会、全体干部职工大会，安排部署扫黑除恶综治民调工作，宣传扫黑除恶及民调知识十问十答，组织干部职工测试，利用局网站、电子显示屏、宣传盾牌等宣传扫黑除恶、综治民调知识。参加社区平安创建活动，每月19日，组织党员干部职工到社区为当地居民宣传扫黑除恶、众创平安、民调知识。召开专题会议研究措施，实行重点人员重点稳控疏导，化解矛盾。全年无其他信访问题。

科技扶贫。区科技局脱贫攻坚工作联系双桥坪镇大龙站居委会，班子成员开展结对帮扶活动，每人到点村走访慰问10次以上，宣传有关政策，投入扶贫经费近6万元，帮助点村和贫困户解决问题和困难。 （石新明）

【机构改革】 2019年4月，区科技局所属二级机构鼎城区知识产权管理办公室整体转隶到鼎城区市场监督管理局。隶属区人力资源社会保障局管理的鼎城区外国专家管理职能转隶到区科学技术局。 （石新明）

防震减灾

【概况】 2019年4月，按照机构改革要求，鼎城区地震局调整为应急管理局所属副科级事业单位。全年，鼎城区地震局建设工程抗震设防审批30项，举办大型宣传活动3次，组织、参与地震应急演练1次，新建地震宏观监测点1处。

防震减灾应急宣传。开展防震减灾应急科普知识宣传，科普宣传进学校、进机关、进社区、进工厂、进乡村、进家庭。5月10日，联合区防震减灾领导小组成员单位在鼎城区第一中学开展以“提高灾害防治能力，构筑生命安全防线”为主题的防灾减灾宣传活动。活动中，宣传推广防震减灾知识，讲解相关问题，向周边市民发放《地震知识宣传手册》1000余份，现场讲解30余人次。5月23日，“鼎城区2019年科技活动周启动仪式暨送科技下乡活动”在鼎城区谢家铺镇施家陂村举行，现场发放防震减灾宣传资料500余份，接待咨询群众100余人次。10月13日，开展题为“加强韧性能力建设，提高灾害防治水平”的第30个国际减灾日活动，该活动以乡镇、村为重点，各乡镇结合实际，利用宣传栏、电子显示屏等方式进行防震减灾知识宣传，组织应急疏散演练。抓应急演练，防灾减灾宣传周期间，在全区中小学校进行应急演练，提高师生自救、互救和应对紧急突发事件能力。

完善地震监测网点。开展震情跟踪和群测群防工作，提升地震宏观异常测报能力，发挥地震宏观异常观测在地震监测预报中的作用，新增地震宏观观测点1处，环境改造及仪器安装完工并投入使用。 （汪　成）

Cultural, sports and health tourism

文化·体育 卫生·旅游

2019“新奥杯”第四届中国花岩溪国际帐篷节

概述
广播电视
卫生健康
计划生育协会
疾病预防控制
妇幼保健
常德市第四人民医院
常德市第二中医医院
常德花岩溪国家森林公园
湖南鼎城鸟儿洲国家湿地公园

鼎城年鉴（2020）

概　述

【概况】 2019年，鼎城区文旅广体局以习近平新时代中国特色社会主义思想为指引，坚持以“开放强区 产业立区”为战略重点，扣住文化强区、产业立区工作重心，推进“三城四区五中心”建设。

专业文化。抓艺术节目创作，创作生产现实题材作品花鼓小戏《寸土不让》《谷酒飘香》，小品《王屠夫美容院》，常德丝弦《陈毅拜师》《曾子杀猪》等节目。12月，常德丝弦应邀走进中央电视台。举办鼎城区2019年“黄士元戏剧曲艺创作工作室”笔会，邀请专家一对一辅导作者作品，修改和再创作重点剧本80个。组织开展青年演员专业技能培训，提升青年演员专业表演、器乐演奏水平。选派业务骨干参加全国文艺创作（曲艺）培训班、全国首期曲艺专家名家精品创作研修班、2019全国文艺创作（曲艺）培训班。

群众文化。贯彻《中华人民共和国公共文化服务保障法》，完善公共文化服务体系。按照“七个一”的标准分批次验收全区18个乡镇、4个街道办事处、3个农（林）综合文化站和302个村（社区）文化阵地建设，提前1年落实各项工作。以新中国成立70周年为主线，承办鼎城区“庆祝新中国成立70周年”——“欢乐潇湘”·常德市群众文艺演出百团大赛、鼎城区庆祝中华人民共和国成立七十周年暨艺术周活动等大型群众文化活动，获常德市百团大赛2项金奖。以“我是雷锋家乡人·湖湘文化送春风”等为主题开展送戏下乡活动，举办惠民演出128场，放映农村公益数字电影6900余场。开展声乐、舞蹈等公益性免费开放和培训活动，培训1.2万人次。坚持走出去、请进来的原则，与兄弟县市衔接沟通，到张家界市慈利县开展文化交流活动，学习公共文化服务体系建设、青少年体育后备人才培养、文旅体产业融合等方面的先进经验。

党员志愿者送文化进社区惠民演出　（提供：严波）

文化遗产保护传承。强化文物安全责任，开展文物保护专项行动，打击盗掘古墓葬犯罪活动，配合公安机关抓捕盗掘明—荣庄王墓犯罪嫌疑人5名。开展索县城址保护规划编制方案评审工作。复排传统花鼓戏《东川寻夫》，发挥杜美霜作为全国人大代表、常德花鼓戏国家级传承人的影响力，开展传播交流展演活动。打造常德市2019“文化与自然遗产日”亮点，在常德市群艺馆和鼎城文化中心举办“花鼓戏保护成果展演活动”。开展传统戏曲进校园活动，在各中小学校开展常德花鼓戏、常德丝弦普及辅导。

2019全国非遗曲艺周非遗曲艺驻场演出　（提供：严波）

旅游。以品牌建设为重点，推动全域旅游发展。编制《常德市鼎城区全域旅游发展规划》、环太阳山、花岩溪、鸟儿洲旅游发展规划、《黄土店沧山景区总体规划》和《黄土店沧山景区创建国家AAA景区提质规划》。建设沧山景区的龙虾基地游道、景区标识系统、游客中心和沧浪文化墙绘工程，创建国家AAA级景区。指导德云农庄建设五星级乡村旅游服务点。落实常德画墙项目18幅壁画上墙安装、3756米龙骨安装和大理石钢挂工程。成立吉祥山项目建设领导小组，召开专题调度会，组织环保、国土、规划、住建等职能部门现场办公，挂牌督办项目中存在的问题。青山沟项目投入资金1000余万元，项目一期工程完工。启动全区35块旅游标识牌建设工作。修建区内旅游厕所14座，摸底排查全区旅游厕所，完善信息、精准定位。举办以“生态花岩溪，健康好‘食’光”为主题的花岩溪生态美食节和以“沙潮春暖 十美流金”为主题的第六届十美堂油菜花节；承办以“帐营花溪、畅享鹭乡”为主题的2019“新奥杯”第四届中国花岩溪国际帐篷节；配合湖南卫视《乡村合伙人》栏目组在花岩溪景区拍摄专题节目，宣传推介花岩溪；组织花岩溪景区参加亚洲文化旅游展，推介“花溪鹭乡 善德鼎城”的全域旅游形象。

群众体育。募集体彩公益金240万元，安装村级全民健身路径75套。提质升级鼎城区体育馆外场坪，改造面积近7000平方米。落实全国体育场地统计调查工作，现场调查并联网录入全区24个乡镇街道场地。组织落实第五次国民体质监测派给鼎城区检测任务。加强社会体育指导员队伍建设，举办社会体育指导员培训班3期，培训学员133人。举办2019年“新奥杯”第四届中国花岩溪国际帐篷节、“新奥杯”2019年鼎城区第八届篮球联赛、2019年鼎城区第三届气排球联赛等群众体育活动。鼎城籍残疾人运动员杨超在澳大利亚悉尼2019年世界残奥锦标赛射击金牌1枚、银牌3枚，取得2020年东京残奥会参赛席位。

2019年鼎城区第三届气排球联赛　（提供：严波）

2019年“新奥杯”第四届中国花岩溪国际帐篷节（提供：严波）

竞技体育。抓青少年体育苗子选拔输送工作，与区教育局沟通协调，与市体校、教育局联系，配合市体校教练员在全区各乡镇开展体育后备人才选拔。配合市文旅广体局组队参加2019年湖南省青少年锦标赛获4枚金牌，其中1名运动员达国家一级运动员标准、7名运动员达国家二级运动员标准。与区教育局联合举办鼎城区第二十七届中小学生田径运动会、鼎城区第二届中小学生羽毛球比赛。

产业发展。促进文旅体融合，制定2019年文化产业实施方案，落实“开放强市、产业立市”战略部署，推进产业立市三年行动计划。进行规模化文化企业政策宣传、督导，鼓励其履行义务扩大生产规模。推动文化、旅游、体育、健康养老等产业的融合，发挥文化产业专项资金的杠杆作用，培育文化产业发展新动力，支持重点文化企业的发展，全年文化产业增加值占GDP比重4%以上，文化旅游入规企业总产值7亿元。区内各景区全年接待国内外游客496.5万人，比2018年同期增长6.55%，

旅游总收入 37.33 亿元，比 2018 年同期增长 15.37%。抓住体育事业“生命线”，提升体彩公益形象，科学谋划站点布局，多种方式推进网点建设，开拓行业渠道 16 个，全年体彩销量 5000 余万元。

（严　波）

【直播卫星“户户通”建设】 2019 年，按照《湖南省人民政府办公厅关于加快推进广播电视村村通向户户通升级工作的实施意见》（湘政办发〔2018〕73 号）和湖南省广播电视局、湖南省财政厅《关于切实做好数字广播电视户户通工程有关工作的通知》（湘广电发〔2019〕23 号）要求，成立鼎城区直播卫星“户户通”工程建设领导小组，鼎城区人民政府副区长杨凡任组长，鼎城区文旅广体局党组书记、局长杨珂任副组长，鼎城区人民政府办公室、文旅广体局、财政局、纪委监委、网络公司、各乡（镇）政府、农林场等单位主要负责人为成员。制定《鼎城区广播电视直播卫星“户户通”工程实施方案》，与鼎城区财政局对接，落实财政配套资金。结合各乡镇摸底情况，分解建设任务，与鼎城区网络公司签订安装合同，明确其协助各乡镇、场用户信息的摸底核实上报，设备安装服务等工作职责，落实全区直播卫星“户户通”1000 户工作任务。

（严　波）

直播卫星“户户通”设备安装　（提供：严波）

【机构改革】 根据《中共湖南省委办公厅湖南省人民政府办公厅关于印发常德市县市区机构改革方案的通知》（湘办〔2019〕14 号）和《中共常德市鼎城区委办公室常德市鼎城区人民政府办公室关于印发〈常德市鼎城区机构改革实施方案〉的通知》（常鼎办发〔2019〕1 号）文件精神，整合全区文化旅游广电体育职能职责，成立常德市鼎城区文化旅游广电体育局，为常德市鼎城区人民政府正科级工作部门，对外使用鼎城区文物局名称。2019 年 2 月 28 日，常德市鼎城区文化旅游广电体育局在鼎城区体育馆正式挂牌，鼎城区委书记、常德高新区党工委书记杨易，区委常委、宣传部部长林红华，区委常委、区委办主任雷建国等区领导出席挂牌仪式。

（严　波）

常德市鼎城区文化旅游广电体育局挂牌　（提供：严波）

常德市鼎城区文化旅游广电体育局挂牌　（提供：严波）

广播电视

【概况】 鼎城区融媒体中心负责执行党和国家有关新闻宣传、广播电视管理等方面的方针和法律法规；负责宣传党的路线、方针、政策发挥党和政府的喉舌作用，把握正确舆论导向；负责全区新闻宣传工作,巩固、壮大主流思想舆论阵地;负责统筹、审核、发布全区的新闻,消息;负责建设、管理、运营全区的互联网宣传阵地,按照移动优先的原则,利用移动传播技术,形成渠道丰富、覆盖广泛、传播有效、可管可控的移动传播矩阵;负责开展“媒体+政务”“媒体+服务”等综合服务业务;负责面向用户提供政务服务、生活服务、社交传播、教育培训等服务;负责建设、管理社区信息枢纽;负责全区广播、电视的安全播出、传输和覆盖;负责区内政府性的广播建制节目、电视片摄制;负责应急广播和“村村响”工作;负责广播、电视、新媒体等播出平台建设、运营和管理;负责传媒公司的监管。鼎城区融媒体中心下设10个正股级部室:综合办公室、总编室、技术保障部、财务部、新闻采编部、新媒体运营部、党群服务部、电视播出部、电台制播部、“村村响”中心台,从业人员146人。2019年,鼎广电台听收听率位列“全省十强”,鼎城电视外宣工作获评湖南广电通联工作先进集体,数名记者获评省广电“十佳通联记者”,农村广播“村村响”节目受到中宣部和省、市肯定,微信公众号《鼎级传媒》成为鼎城区内手机阅读的必备,影响力排名全市前列。

功能融合。鼎城区融媒体中心有电视频道1套,城市广播系统1套,调频广播1套,农村高音喇叭6080只,调频广播听众100余万人,有线网络电视用户10万户,微信公众号粉丝9万户,手机报用户6万户,手机客户端用户10万户。该中心融合广播、电视、门户网站、手机报、微博、微信等建立《鼎级TV》《鼎城新闻网》等,开办《鼎级传媒》《鼎广1068》公众微信号,与红网联合开办鼎城手机报、鼎城时刻新闻,与湖南日报联合开办“新鼎城”,基本建成全媒体中心,构建“中央厨房”采编模式,实现新闻信息的“一次采集、多种生成、多元传播、全方位覆盖”。同一条新闻可以通过电视、电台、网站、手机报、“村村响”、微信等多平台同时播出,实现立体化、互动式传播。通过资源重组、平台重构、体系重塑,在做好新闻传播的基础上,把握正确舆论导向,围绕建设“抢抓新机遇、建设新鼎城”,推进“融媒体+政务服务”“融媒体+民生服务”建设工作,实现政务公开、民生互动、网络问政、社会服务等多重功能融合,形成区域内传播的绝对优势,引导群众、服务群众。鼎广电台新开播的生活服务类栏目《大忙小忙人人帮》,为听众解决难题3000余个。老牌节目《阳光政务》每周接请1个单位现场回答听众问题,搭建政务服务连心桥,成为常德地区群众信赖的“空中信访局”。10月23日,全市融媒体中心建设改革推进会在鼎城区融媒体中心召开,区委常委、宣传部部长宋雨泓以《把握新思维增添新动能 全力推进一流县级融媒体中心》为题,作鼎城区媒体融合改革做法典型发言。湖南省委常委、宣传部部长张宏森实地考察,高度评价鼎城区探索区级媒体融合改革经验,肯定鼎城区融媒体中心的改革做法。

鼎城区市场监督管理局做客阳光政务直播间
(提供:周志梅)

广播电视。鼎城区融媒体中心电视中心采取开辟专栏、连续报道、专题报道等方式,延伸新闻触角深度和广度。开辟《美丽鼎城 你我同行》《脱贫攻坚进行时》《蓝天保卫战》等20余个专栏,推出《劳模风采》《优秀共产党员》《谁不说俺家乡好》《共和国的同龄人》等10余组系列报道。历时1月余拍摄鼎城形象宣传片《魅力鼎城》,6月正式对外发布,获区委主要领导肯定。拍摄全台第一部VR作品《鼎城区镇德桥镇》,两天内在党报头条阅读量30万次以上,累计阅读量上100万次。微信公众号“鼎极传媒”打造新闻“微时代”,成为鼎城舆论宣传的重要阵地，在全市媒体微信公众号排名前五，综合影响力在全市位于前列。围绕全区重点工作和社会关注的热点，“鼎极传媒”推出一图解读、招聘信息发布、社会热点评论等，《超燃!常德市鼎城区4万名党员为党歌唱》阅读量两天内2.5万次。学习强国平台上稿100余篇，排全市第二。10月初，电视中心注册今日头条号，一月余发稿50余篇。宣讲鼎城故事、展示鼎城形象，在中央、省、市媒体上稿时长处于全市第一方阵。在中央电视台上稿9条:《离家的行囊 满满当当的思念》《植树节设立40年 祖国处处添新绿》《湖南常德:村里来了共享农机》《全国春耕稳步推进 智慧农业显身手》《湖南:推进高标准农田建设 保粮食稳产高产》等，央视直播间走进鼎城区，央视焦点访谈聚焦鼎城区生态保护工作成果;在湖南卫视“湖南新闻联播”和“午间新闻”上稿1300秒，在常德电视中心上稿近20000秒。开办节目《1068欢乐颂》，开设专栏《学习新思想 邀您读金句》《不忘初心 牢记使命—听红色故事 做红色传人》。构建“1+8”传播架构:FM106.8鼎广电台、“鼎级传媒”微信公众号、鼎城手机报、鼎城新闻网、鼎级TV网、“新湖南”鼎城频道、今日头条、“鼎级云”APP8个平台共融互通，打造新型主流舆论宣传媒体。取消传统媒体“单兵作战”模式，在采、编、播流程上打破不同媒体“各自为战”格局，建立集移动采编、内容管理、终端分发、传播效果分析等多功能系统于一体的智能指挥调度工作平台“中央厨房”，建成“一体策划、一次采集、多种生成、多元发布”的新闻生成全新流程。以鼎城区微信矩阵为基础，推动形成渠道丰富、覆盖广泛、传播有效、可管可控的移动传播矩阵，实现传播效果最大化。按照“市场化运作”的理念，从单一模式的常规广告创收向“全媒体终端营销”的多元化方向发展。拓展音、视频制作，影视、专题生产的经营方向，组织开展群众性文化、教育、科普、会展、节庆等活动，以实时直播、图文直播方式，开展线上、线下活动，壮大媒体产业，助推融媒事业发展。策划执行鼎城区庆祝新中国成立70周年系列活动、“鼎城区不忘初心牢记使命学用学习强国知识竞赛”“乡村大直播——走进中河口镇”“青春心向党，建功新时代——鼎城区纪念五四运动100周年暨双十佳青年颁奖典礼”“鼎城区医保局庆五四暨我是年轻的医保人演讲比赛”等活动。直接参与人数近1万人，通过网络收看互动人数500余万人次，举办“庆祝新中国成立70周年天下常德壁画成果展”、爱国主义教育活动《我爱我的祖国主题活动校园篇》活动，电视、电台中心基本达成党组年初下达的创收目标。

播出管理。制定和修正各项规章制度，形成规范化管理机制。为确保节目安全优质播出，在各种重要保障期启动广播电视安全播出预案，应急指挥部人员部署指挥。值机人员树立政治敏感性和责任心，遵守值机纪律和操作规程，监听、监看电台和电视台播出节目内容，全年各媒体安全播出。（周志梅）

【鼎城区融媒体中心挂牌】 2019年7月1日，鼎城区广播电视台从临沅路30号搬入阳明路与新叶路交汇处;9月29日，正式挂牌，更名为鼎城区融媒体中心。融媒体中心占地面积16683平方米，总建筑面积14749平方米，广电发射塔高168米。包含1000平方米的融媒体“中央厨房”1套，800平方米演播室1套、200平方米演播室1套、80平方米演播室1套、50平方米演播室1套、广播直播间4套、广电后期制作播出用房12间。总投资1.5亿元，2017年7月动工建设，2018年12月建成。（周志梅）

鼎城区融媒体中心大楼 （提供:周志梅）

卫生健康

【概况】 2019年，鼎城区卫生健康工作以改革为动力，以保障人民身体健康和促进人口长期均衡发展为目标，以推进健康鼎城建设为落脚点，实施“医改攻坚、优生服务、家庭发展、健康促进、行风优化”五大工程。

综合医改。建设紧密型医共体，9月27日，鼎城区公立医院管理委员会成立，常德市第四人民医院挂牌成为鼎城区医疗集团总医院。建立分级诊疗制度，全区家庭医生签约率60%，重点人群签约率75%，贫困人口签约率100%。建立现代医院管理制度，常德市第四人民医院6S精益管理获全国金奖，成为行业标杆，在鼎城区妇幼保健院及12家乡镇卫生院推行。

健康扶贫。把健康扶贫纳入卫生健康工作年度目标管理，核实基础信息，落实“三提高”“两补贴”“一减免”“一兜底”等综合措施，协调定点医院开辟“绿色通道”，为健康扶贫对象提供“先诊疗后付费”“一站式”即时结算。全区健康扶贫对象住院医疗费用平均报销比例90%以上。

医疗服务。优化医疗服务体系，常德市第二中医医院整体迁建选址常德高新区，常德市第四人民医院二期工程住院大楼投入运营提上议事日程，鼎城区妇幼保健院布局乡镇医联体在蒿子港镇拉开帷幕。加强医护人才培养，与省内知名医学机构签订人才培养协议，年内选派40名中医药适宜技术人员到湖南省中医药大学参加为期45天的培训。改善医德医风，日常监督巡察医疗卫生机构711家，限期整改69家，立案查处19家。管控医疗安全，全年无一起医疗事故发生。

公共卫生。关联居民健康档案人脸识别库与居民就医所有检验检查数据，增强公共卫生服务的有效性和数据的真实性。防控重大疾病特别是重大传染疾病，年内无重大传染病疫情暴发流行，无重大突发公共卫生事件发生，无重大餐饮安全事故，无重大负面舆情。开展血防工作，查螺2830万平方米，灭螺558万平方米，查病17.5人次，无新感染血吸虫病例，救治救助晚期血吸虫病人103人次。开展卫生计生监督规范化建设。

计划生育。2018年10月1日至2019年9月30日，全区出生人口6562人，人口出生率8.25‰，符合政策生育率98.54%，出生人口性别比107.53。综合评先评优、选人用人实施计划生育前置审查2845人次。农村适龄妇女“两癌”免费检查10683人次，免费婚前医学检查1946对，免费孕前优生健康检查9121对，免费孕产妇产前筛查人数2379人，全年无孕产妇死亡，出生缺陷发生率和儿童死亡率低于全国、全省平均水平。全区确认计划生育奖励扶助对象4万人，兑现资金4000余万元。

（王艳仁）

计划生育协会

【概况】 2019年，鼎城区计划生育协会(以下简称计生协)加强组织建设，开展省级流动人口计生协示范区、青春健康教育示范点创建活动，推进计生基层群众自治工作，开展生育关怀行动，推进计生协计生家庭维权项目，落实中国计生协帮扶、省级“三结合”和计生特殊家庭重病大病住院补贴、计生保险、创业扶贫贷款贴息等服务项目，提升宣传服务水平，帮扶失独家庭1029户，帮扶城乡计生特殊对象3710人，资助计生困难家庭大学新生184人。

理论学习。鼎城区计生协全体人员参加卫生健康计划生育局组织的主题党日学习活动，学习中共十九大会议精神和习近平新时代中国特色社会主义思想。撰写学习心得体会，制订学习计划，进行自学。在“不忘初心、牢记使命”主题教育中，按照“守初心、担使命、找差距、抓落实”的总要求，坚持理论学习、调查研究、检视问题、整改落实。发放中共十九大精神宣传手册、公共卫生服务等宣传资料。教育引导协会干部听党话，跟党走，提高干部的政治理论水平和法治意识，提升业务能力。

队伍建设。开展能力建设培训。6月27日，开展计划生育政策法律法规、能力建设及心理咨询专题讲座主题培训活动。现场学习讲解中共十九大精神及相关计划生育政策法律法规，邀请鼎城区心理咨询师协会特聘讲师、国家二级心理咨询师金庭梅作心理学讲座。建立健全计生协基层组织。乡、村两级配备专职副会长，295个建制村（居）的计生协秘书长全部配备到位，2986个村民小组全部配备计生协小组长，将当地卫生院院长、社区服务中心主任和村医增补为理事，优化完善会员组织结构。

常规服务。开展"送温暖"活动。开展"春节送温暖""母亲节送温暖"等活动。春节期间，走访慰问特困计生家庭100户，送去春节慰问金；5月，与非凡教育学校联合开展"母亲节·感恩"活动，为10名特困计生家庭母亲发放慰问金。开展"5·29"活动。5月21日，召开以"关爱计生家庭 助力健康鼎城"为主题的"5·29"宣传服务活动暨表彰大会，服务育龄群众的生产、生活、生育、生殖健康。会员表演自编、自导的配乐诗朗诵、独唱等节目，表彰蔡家岗镇等5个"五好乡（镇）协会组织"、蒿子港镇长安村等35个"五好村（居）协会组织"、杨菊英等80名"五好优秀协会会员"，为郭家铺社区颁发"中国计生协计生家庭维权项目"牌匾。开展"7·11"宣传服务。纪念"7·11"世界人口日，贯彻落实中国计生协计生家庭维权项目点要求，开展宣传教育引导活动。7月11日，在鼎城区委机关悬挂"充分发挥计生协会作用 保护妇女合法权益"等横幅，展示展板30余块，宣传习近平总书记在中国计生协"八代会"上的重要指示、计划生育法律法规、人口计生政策、妇女权益保护法、反家暴法、人口老龄保健知识等。中河口镇、郭家铺街道、灌溪镇等25个乡镇（街道），在社区（村居）人口集中的集市口、村部广场、大街小巷开展计生法律法规、全面两孩政策、国家公共卫生服务等宣传活动，悬挂横幅标语300余条，展示宣传展板350余块，开展义诊30场次，举办健康讲座20场次，免费发放药具5000份，接待咨询群众5000人次，免费测量血压2000余人。挂牌成立"计生家庭婚姻纠纷调解接待室"。联合区妇女联合会，以民政局婚姻登记处为平台，7月15挂牌成立计生家庭婚姻纠纷调解接待室，聘请金牌调解员2名，实行全天候坐班制，询问和调解来访夫妻，记录调解详情，定期回访，调解成功率82%以上。服务农村三留守人员。6月11日，鼎城区计生协走访慰问花岩溪镇计生贫困家庭的留守老人10名，送去慰问金。花岩溪镇茄子冲村计生协定期进行计生贫困家庭留守老人和儿童走访慰问。落实住院护理补贴。截至11月末，享受住院护理补贴580人次，资金计51.47万元，完成率102%。推进"三结合"项目。与非凡教育机构，谢家铺镇林木种植基地、猕猴桃基地，蔡家岗镇油茶基地等合作"三结合"项目，给予其政策优惠和资金倾斜，为计生家庭提供就业指导和部分工作岗位。提供心理疏导。6月27日，开展心理疏导实操讲座，聘请专业心理咨询老师，授课指导三留守人员心理问题。全区计生协秘书长50余人参加讲座。实施特色关爱。8月，开展"新生·金秋助学"活动，资助考取二本以上的计生家庭大学新生50名，发放助学金。开展中国计生协帮扶项目。10月，开展失独家庭宣传服务、集体联谊、走访慰问等活动，开展联谊活动936户，走访慰问93户。

拓展服务。开展调研活动。以座谈、走访、入基层等方式开展调研活动。6月，走访韩公渡、十美堂等镇村10余个，调研基层计生协的发展现状、留守人员的生活生产情况；实地考察十美堂镇庆福村供港蔬菜基地，了解企业发展和产业扶贫相关情况。6月18—19日，组织计生协负责人到湘潭，学习当地省级流动人口示范点的工作经验。建立新经济、新社会组织计生协。在非凡教育学校建立"企业＋协会"的托幼社会管理模式，一对一结对帮扶，拓展流动人口服务内容，打造多元化社会管理格局。

群众自治。建立规范机制。落实区政府《鼎城区全面实施诚信计生工作意见》，明确“区级统筹、乡级指导、建制订约、民主监督、建档管理”的工作方式，建立诚信计生工作体系、群众自治管理制度、群众与村(居)委会契约化管理制度等诚信计生工作机制。将乡村振兴融合到村民自治，建设文明乡村，营造良好的自治环境。创办示范。全区以郭家铺社区为标准，在各乡镇、街道创办3—5个示范村，给予十美堂镇上河村、花岩溪镇党家庵村等5个村1万—2万元的能力建设补助。开展市级计生基层群众自治示范乡镇创建活动。

宣传活动。结合“5·29”“7·11”等宣传全面两孩政策及优生优育、权益维护等法律法规。6月14日，在韩公渡镇开展“法律法规进村(居)”宣传活动，通过悬挂横幅、发放宣传资料、开展座谈会等形式，宣传人口与计划生育法律法规、奖励扶助政策、优生优育指导、计生贫困家庭帮扶和流动人口服务等知识。联合鼎城广播电视台，开辟《人口与计划生育》专栏，播放“5·29系列活动”专题宣传片。《鼎城手机报》每天刊发卫生计生知识2条以上。全区各村(居)计生协利用“村村响”广播开展卫生计生知识宣传，提高育龄群众关于计生政策、生殖健康和计生协知识知晓率。2019年，在省以上报纸、杂志、网站等媒体发表稿件35篇(幅)。

(韩丽芳)

【“护航青春　健康同行”活动】 2019年9月，根据湖南省卫健委、湖南省教育厅等部门发文精神，湘计生协发〔2019〕15号文件精神，鼎城区计生协制定实施方案，在全区开展“护航青春 健康同行”主题活动。10月17日，鼎城区青春健康工作“护航青春 健康同行”活动启动仪式在湖南应用技术学院举行，成立鼎城区首个“青春健康俱乐部”，在郭家铺街道建立首个青春健康服务阵地。邀请常德市第一人民医院教授唐玢开展“性与生殖健康知识讲座”，区计生协、郭家铺街道办事处、湖南应用技术学院师生1500余人参加讲座。10月22—29日，开展“健康知识巡讲进校园”活动。鼎城区计生协联合鼎城区疾控中心、鼎城区妇幼保健院、斗姆湖街道办事处、灌溪镇政府在斗姆湖中心小学和灌溪中学开展“健康知识巡讲进校园”宣讲活动。

(韩丽芳)

【中国计生协计生家庭维权项目落户鼎城区】 2019年4月，国计生协〔2019〕22号文件确立鼎城区计划生育协会为中国计划生育2019年计生家庭维权项目点，获项目经费12万元。鼎城区计划生育协会联合妇女联合会、民政、司法等部门，重点创建郭家铺社区计生家庭维权点，全区建立计生家庭维权网络，各乡镇(街道)成立法律援助站。成立以计生协会会长为组长，卫健局相关负责人任副组长，计生协常务副会长为项目负责人，民政局、司法局、法院、公安、财政、妇女联合会、郭家铺街道为成员单位的工作小组。“5·29”期间，慰问计生困难母亲、留守儿童、留守老人，全区慰问计生家庭“三留守”人员、特困母亲200余人。给予慰问资金、油米等折合人民币50余万元。为非凡学校、茄子冲扶贫点村开展“送政策、送法律、送关爱”活动，送出中共十九大精神手册、计生法律法规、妇女权益保护法、中国公民健康素养66条等宣传资料1000余份。送米送油等折合人民币5万元。依托民政局婚姻登记中心，联合妇女联合会调解计生家庭纠纷矛盾，调解成功率80%以上。

(韩丽芳)

【鼎城区计划生育协会换届选举】 2019年12月30日，鼎城区计划生育协会第六次会员代表大会在华邦国际大酒店召开，鼎城区委书记、常德高新区党工委书记杨易出席开幕式并讲话，区委副书记王时雨主持开幕式，常德市计划生育协会副会长孙云波、区人大常委会副主任刘志平、区人民政府副区长杨凡、区政协副主席蒋利荣出席会议。全区各乡镇(街道)及区直各单位代表206人参加会议。参加会议代表163人，特邀代表3人，没有代表的31个区直单位分管政工负责人列席会议开幕式。大会举行“生育关怀基金”捐赠仪式，授予10名捐赠生育关怀基金的爱心人士“爱心奖杯”，听取并通过鼎城区计划生育协会第五届理事会工作报告，以举手表决的方式选举鼎城区计划生育协会第六届理事会理事87人。在第六届第一次理事会议上，以举手表决的方式选举丁俐、尹国平、王志刚、王江丽、文先华、孙湘杰、李佩辉、刘俊好、伍秋华、刘明高、李燕、何富珍、何建喜、林新忠、沈毅、杨明革、杨廷桂、钟泽英、罗朝霞、胡治湘、赵金秋、郭道凤、聂建平、曾义、韩丽芳25人为常务理事，鼎城区人大常委会副主任钟泽英当选为鼎城区计划生育协会会长，林新钟、罗朝霞分别当选为第一副会长、常务副会长，聘请何福珍为名誉会长、韩丽芳为秘书长。

（韩丽芳）

鼎城区计划生育协会第六次会员代表大会会场

（摄影：胡军）

疾病预防控制

【概况】 2019年，全区疾病控制工作巩固文明成果，夯实疾病防控措施，传染病监测覆盖率100%，全年未发生重大突发公共卫生事件；以乡镇为单位儿童疫苗接种率95%以上，未出现疫苗接种安全事故；实施农村饮用水、食品安全风险、食源性疾病、重点职业病等监测工作，未发生食物中毒突发公共卫生事件。实施国家基本公共卫生服务项目工作，各项工作指标完成率、规范管理率均提升。鼎城区疾病预防控制中心被湖南省卫健委授予湖南省城乡饮用水卫生监测项目先进单位，被湖南省疾控中心授予全省学生常见病和健康影响因素监测与干预工作先进单位，被常德市人民政府防治艾滋病工作委员会办公室授予全市艾滋病防治工作先进集体，获鼎城区委宣传部“学习强国”知识挑战赛团体赛优胜奖。冯伟获评全国农村饮用水卫生监测十年工作成绩突出个人，杨琴获评全市艾滋病防治工作先进个人，张又全获评全省免疫规划工作先进个人。

传染病监测。疫情监测报告。2019年，全区报告法定传染病20种，报告发病3650例，死亡16例。无甲类传染病报告；报告乙类传染病14种2157例，死亡6例;报告丙类传染病6种1493例，死亡1例。传染病发病、死亡构成及顺位为乙类传染病报告病例数居前5位的病种依次为乙肝（835例）、肺结核（585例）、梅毒（441例）、丙肝（181例）、百日咳（41例），计报告2083例，占甲乙类传染病报告病例总数的96.57%。甲乙类传染病报告艾滋病死亡15例。丙类传染病报告发病6种，发病数顺位依次为：流行性感冒（651例）、手足口病（574例）、流行性腮腺炎（202例）、其他感染性腹泻病（55例）、急性出血性结膜炎（9例），风疹（2例）。丙类传染病报告重症流感（由湖南省人民医院马王堆院区报告）死亡1例。重点传染病监测。监测不明原因肺炎与人感染禽流感职业暴露人群血清流行病学，采集并检测静脉血样5份。每月采样送样5例手足口病例，全年采集监测样品30份。疫情处置。1月调查处置常德市财校发生的流感暴发疫情，3月调查处置许家桥回族维吾尔族乡、斗姆湖街道一犬伤多人事件，5月17—20日现场询问调查常德博雅医院分流病人中发现20例丙肝阳性病人事件，6月23日协助调查双桥坪镇大桥村食用自采毒蘑菇中毒事件，8月调查处置韩公渡镇和许家桥回族维吾尔族乡2例输入性疟疾病例，10月调查处置灌溪镇输入性登革热、谢家铺中学小学部20例流行性腮腺炎暴发疫情，无死亡。

艾滋病性病防控。完善艾滋病防治组织和网络建设,制定下发《鼎城区2019年艾滋病防治综合工作方案》。开展艾滋病自愿咨询检测和艾滋病疫情监测、病人随访管理、病人抗病毒治疗及网报等工作。全年,全区新增艾滋病病例62人,HIV检测85697人次,免费发放艾滋病防治宣传资料4000余份,免费发放安全套3000余份,举办艾滋病宣教课堂3次。全区累计发现艾滋病病例542人,存活艾滋病病例409人,死亡艾滋病病例133人。

结核病免费治管。2019年,接诊疑似结核病病人2658人,确诊病人582例,涂阳病人219例,其中初治涂阳193例,复治涂阳26例,初治涂阴337人,结核性病胸膜炎8例,仅培阳性15例,仅分子阳4人。肺结核规则服药率94.63%,肺结核治疗管理率98.96%,转诊率99.90%,追踪到位率97.94%,病原学阳性率41.57%,2月末痰菌阴转率96.14%,治疗成功97.77%;利福平耐药纳入治疗率16.67%,新病原学阳性患者耐多药筛查率51.48%,高危人群耐多药筛查率94.74%。开展新入学学生结核病筛查工作,全年筛查学生3626人,发现阳性对象7人,均按要求进行规范预防服药。

地方病和寄生虫病防治。碘缺乏病监测。制定《鼎城区2019年碘缺乏病监测方案》,并于4月18日组织培训,抽取5个乡镇、街道的防疫专干和妇幼专干参加。组织200名学生的盐碘、尿碘、甲状腺B超监测和100名孕妇的盐碘、尿碘监测,检测结果录入到碘缺乏病监测信息系统。水源性高碘监测。制定《鼎城区2019年水源性高碘地区监测方案》,为牛鼻滩镇和韩公渡镇相关人员进行培训,于5月末完成200名学生和91名孕妇盐碘、尿碘和甲状腺B超的监测。疟疾监测。制定《鼎城区2019年疟疾防治监测方案》,收集与上报全区发热病人相关资料。

鼎城区疾控中心工作人员进行碘缺乏病监测采样
(提供:孙孝新)

国家扩大免疫规划。疫苗管理。实施计划采购,利用《湖南省公共资源交易中心医药集中采购平台》采购。实施疫苗验收入库管理,按要求实施冷链配送管理,配送公司提供全程冷链温度记录、疫苗批签发(进口疫苗通关单)、随货同行四联单等,签字交接,存档备查。开展"三查七对一验证"等接种工作,疫苗100%扫码接种,确保疫苗接种安全。疫苗接种。全年,开展冷链运转12次,下发一类疫苗77892支,其中卡介苗1140支、乙肝疫苗11796支、百白破疫苗16170支、脊髓灰质炎灭活疫苗4371支、脊髓灰质炎减毒活疫苗3345支、白破二联疫苗3780支、A群流脑疫苗3270支、A+C群流脑8320支、麻风疫苗3150支、麻腮风疫苗6680支、乙脑疫苗10300支、甲肝疫苗5570支。入学入托接种证查验。春季入学接种证查验工作完成情况:查验托幼机构118所,查验率100%;入托人数3694人,查验3694人;持证人数13582人,补证110人,补证率100%;全程接种人数3529人,补种人数169人,补种率100%。秋季入学入托接种证查验工作情况:查验托幼机构129所,查验率100%;应查验13487人,实际查验13264人,查验率98.3%;需补接种证33人,补证率100%;需补种疫苗561剂次,补种率100%。查验50所小学,应查验5565人,实际查验5555人,查验率99.8%;需补证31人,补证率100%;需补种针次213剂次，补种率95%以上。疑似预防接种异常反应及疫苗针对疾病监测。全区上报AEFI病人30例，一般反应28例，异常反应2例，其中过敏性皮疹1例，疑似血小板减少性紫癜1例。疑似麻疹、AFP及乙脑和流脑监测。上报疑似麻疹病例21例，实验室诊断阳性5例，风疹2例，按照要求进行处理。监测AFP病例3例，调查和样品采集送湖南省疾控中心检测。

卫生监测。医疗机构消毒监测。监测全区区直医疗机构消毒效果，在常德市第四人民医院、鼎城区妇幼保健院、常德市第二中医院实施消毒监测。农村生活饮用水卫生监测项目。为城乡32家供水单位进行4次监测，采集、检测饮用水样品302份。双随机饮用水调查。配合鼎城区卫生计生监督局采样和现场检测全省双随机的10家饮用水供水单位，采样检测样品10份，检测结果报区卫生计生综合监督局。食品安全风险监测项目。按照食品安全风险监测项目实施方案要求，采集食品安全风险监测检测样品55份，其中蔬菜样品20份、大米样品20份、凉拌菜样品15份。

鼎城区疾控中心监测人员进行现场农村饮用水检测
（提供：孙孝新）

职业病防治。重点职业病监测。调查40家放射诊疗机构基本情况，收集整理放射工作人员职业健康管理信息，10月20日将纸质和电子档资料送交常德市职业病防治所。填报鼎城辖区内重点职业病危害信息汇总表，向劳动保障部门收集2019年新发职业病病人工伤保险待遇落实情况，督促各医疗机构通过“中国疾病预防控制信息系统”子系统“职业病与职业卫生信息监测系统”进行农药中毒报告卡网络直报。录入64人的职业健康检查个案，发现噪声作业禁忌证1人，未发现疑似职业病，建立5家企业的有毒有害作业工人健康监护档案。职业病危害因素检测与评价。检测评价4家企业作业场所职业危害因素，出具检测评价报告书。检测二氧化硫4点次、二氧化碳4点次、一氧化碳4点次、粉尘25个点次、噪声25个点次，合格43个点次，合格率69.35%。用人单位工作场所职业病危害因素监测与用人单位职业病危害因素项目申报。采集40家企业工作场所职业病危害因素主动监测样品，苯及二甲苯样品8份、铅及其化合物样品4份、锑及其化合物样品2份、粉尘采集样品224份、游离二氧化硅样品168份。协助40家被监测企业网上申报用人单位职业病危害因素项目。尘肺病人回顾性调查。完成166例职业性尘肺病人回顾性调查工作。职业性健康检查。协助常德市美年大健康管理有限公司、常德市第四人民医院为兴隆劳务有限责任公司在岗期间职业健康检查4127人，发现噪声职业禁忌证1人，粉尘作业复查待定10人，录入体检结果审核及体检结果附表，编写职业健康检查总结报告。

居民建档及慢性病防治。至年末，全区建立居民健康档案714206份，建档率92.8%。接受健康管理的65岁以上常住居民101737人。累计管理高血压患者39799人，高血压患者健康管理率25.7%；规范管理高血压患者33387人，规范管理率83.9%。累计管理糖尿病患者10547人，糖尿病患者健康管理率18.9%；规范管理糖尿病患者8427人，规范管理率79.9%。管理严重精神障碍患者3580人，患病率4.44‰，规范化管理率96.93%，面访率85.56%，管理人群服药率70.49%，管理患者稳定率99.67%。信息录入国家基本数据收集分析系统。规范档案随访内容填写,规范严重精神障碍患者管理。

健康教育与健康促进。组织专业健康教育宣讲队伍到学校与托幼机构开展健康宣讲活动,历时3个月,宣讲80余场,接受宣讲家长2万余人,儿童、学生6万余人。与鼎城区融媒体合作打造健康生活吧电视专栏。聘请国家疾病预防控制中心、湖南省结核病防治所、湖北省疾控中心等单位相关专家,录制健康知识、传染病防控知识电视讲座专题片11期,在鼎城电视台播放。通过“3·24”结核病防治日、“4·25”接种日、“4·26”全国疟疾日、4月宣传周、职业病宣传、应急宣传、“5·15”碘缺乏病日、“5·31”无烟日、“6·26”禁毒日、“母乳喂养日”“肝炎日”“爱牙日”“艾滋病日”等进行卫生相关知识宣传,组织开展宣传活动20余次,接受群众咨询5000余人次,发放宣传资料45000余份,摆放宣传盾牌50张。利用宣传栏出版宣传内容400块,制作印刷宣传资料15万份、宣传折页20万份。

业务培训。组织国家基本公共卫生服务规范管理业务知识培训2期,培训公共卫生服务内容10类,培训基层公共卫生服务管理人员1400余人,下发培训教材1400人份。开展免疫规划、传染病专项防治、食源性疾病监测、饮用水监测等内容培训15期,培训基层工作人员600余人。组织国家公共卫生服务规范管理业务指导督导4次,开展各项疾病控制业务指导督导20余次。 (孙孝新)

【艾滋病患者诊疗归口改革】 2019年7月8日,鼎城区疾控中心、常德市皮肤病防治所、常德市第四人民医院南区相关艾滋病防控工作人员与全区25名艾滋病患者在常德市皮肤病防治所会议室,以“知情同意自愿”为原则,签署定向转疗协议。按照省、市统一安排部署,从2019年开始,全市艾滋病患者归口常德市皮肤病防治所治疗试点改革为各区县市综合性定点医疗机构治疗,鼎城区是全市首批试点单位,拟于2020年在全市推行。改革后,户籍鼎城区的艾滋病人一律到常德市第四人民医院进行药物治疗。 (孙孝新)

妇幼保健

【概况】 2019年,常德市鼎城区妇幼保健院获评常德市妇幼保健院健康服务工作先进单位、母婴安全保障工作先进单位、获常德市三八红旗集体称号。全年,总收入7331.64万元,其中业务收入5802.57万元。收治门急诊134375人次,出院6399人次,药占比21.45%,基药占比38.9%,首次剖宫产率17.42%,急危重症抢救成功率100%。农村适龄妇女“两癌”免费检查10684人次,占任务106.84%,筛查出宫颈癌10例,宫颈癌前病变109例,乳腺癌11例。免费婚前医学检查3817对,婚检率90.34%,检出疾病800人,疾病检出率10.48%,其中指定传染病348例(性病22例,无艾滋病、梅毒确认病例)、婚孕影响者22例。免费孕前优生健康检查11143人,目标人群覆盖率100%,检出风险人群765人,风险比例6.93%,实验室室间质评结果合格率100%,早孕随访率95%,妊娠结局随访率95%。孕产妇免费产前筛查2800人,完成率103.75%,目标人群覆盖率100%,检测出产筛风险532例,风险比例18.68%,高危人群干预诊断率80%,妊娠结局随访率111.03%。全年,产妇5463人,早孕建卡5350人,早孕建卡率97.9%;产后访视5358人,产后访视率97.4%。系统管理5303名产妇,孕产妇系统管理率97.1%;筛查出高危产妇3246人,高危筛查率59.41%,分级管理高危孕产妇,并进行保健指导,高危孕产妇监护管理与住院分娩均100%。住院分娩活产5503人,住院分娩率100%。全区未发生孕产妇死亡,未发生新生儿破伤风。5岁以下儿童死亡率4.36‰,3岁以下儿童系统管理率90.62%,7岁以下儿童健康管理率95.26%。预防艾滋病、梅毒和乙肝母婴传播,发现HIV感染孕妇3例、梅毒感染孕产妇35例、乙肝阳性121例,均进行母婴阻断和规范化治疗。孕产妇艾滋病阳性检出率 0.059%，较 2018 年上升 0.01%；孕产妇梅毒阳性检出率 0.69%，较 2018 年下降 0.6%；孕产妇乙肝阳性检出率 2.4%，较 2018 年下降 0.1%。开展叶酸增补项目工作，发放叶酸 17616 瓶，区级叶酸服用率 96.69%，依从率 93.46 %，知晓率 94.67%，死胎死产 26 例，神经管畸形儿出生 0 例。院内出生新生儿四病筛查 1936 人次，检测率 98.7%，阳性率 0.36%；院内出生新生儿听力筛查初筛 1954 人次，复筛 58 人次，检测率 99.5%。按要求进行阳性召回、复查与追访，全年儿童保健中心预防接种门诊服务 41657 人次。全年评价托幼机构 57 家，其中合格机构 46 家，不合格机构 9 家，合格率 80.7%；评估托幼机构 37 家，其中合格机构 36 家，不合格机构 1 家，合格率 97.3%。幼师体检 1363 人次。开展计划生育手术并发症患者及区级病残儿鉴定工作，为辖区内 29 名计划生育手术并发症患者提供免费医学鉴定及治疗服务。开展计划生育爱心助孕特别行动，为辖区内 1 对计划生育特殊家庭夫妇提供再生育免费援助。开展健康宣讲 223 次，覆盖目标人群 43287 人次，发放宣传折页 41500 余份。入户面访高危孕产妇 315 人次，利用“12320 网络孕妇学校”开展线上孕妇教学，累计听课人数 13517 人次。（彭芳芳）

鼎城区妇幼保健院庆祝新中国成立 70 周年暨建院 60 周年联欢晚会 （提供：彭芳芳）

【“6S”精益项目实施】 2019 年 6 月 10 日，常德市鼎城区妇幼保健院启动“6S”精益项目工作（“6S”即整理、整顿、清扫、清洁、素养、安全），委托深圳市华医修制管理顾问有限公司进驻医院进行现场指导。全程历时 81 天，按照“6S”标准改造全院 21 个科室。其中，产科、新生儿科、后勤总务科获“6S”精益管理评价实效金奖，财务科、中心药房、儿保中心获“6S”精益管理评价实效银奖，儿科、B 超室、检验科、手术室、行政综合办公室、医务护理部获“6S”精益管理评价实效铜奖。（彭芳芳）

【鼎城区妇幼保健院蒿子港分院成立】 2019 年 8 月19 日，鼎城区妇幼保健院与蒿子港中心卫生院成立医共体，挂牌“鼎城区妇幼保健院蒿子港分院”。鼎城区妇幼保健院派产科、妇科医务人员长驻蒿子港中心卫生院开展日常妇产科诊疗工作，并按照“6S”精益管理标准改造蒿子港分院妇产科病区。（彭芳芳）

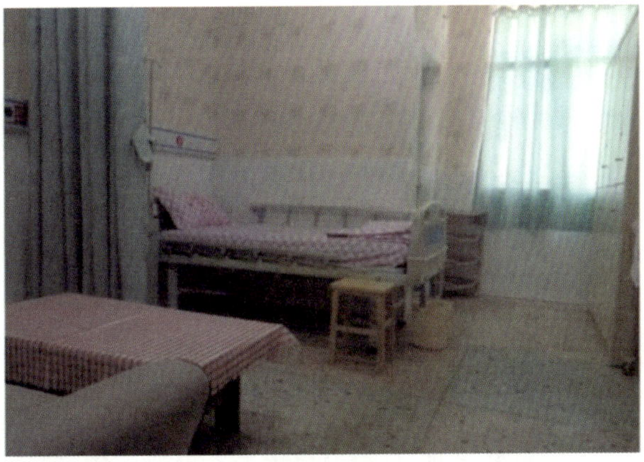

鼎城区妇幼保健院蒿子港分院妇产科 （提供：彭芳芳）

常德市第四人民医院

【概况】 2019 年，常德市第四人民医院诊疗病人 291238 人次，出院 46602 人次，施行住院病人手术 8681 人次，出院者平均住院日 7.8 日。6 月 6 日，陈祥被正式任命为常德市第四人民医院党委书记、院长。12 月 2 日，医院南北两区推行门诊规范化管理，成立一站式服务中心。12 月末，医院引进心血管内科主任医师鲁祖建。

6S 精益管理。6 月 15—16 日，医院 6S 精益管理竞赛团队获第三届“华谋杯”医院 6S 精益管理全国大赛金奖。10 月 12 日，中央电视台“发现之旅"频道播放医院6S精益管理纪录片《没有休止符的6S》。

6S精益管理在第三届"华谋杯"6S精益管理全国大赛获奖（提供：周语琴）

学科建设。4月18日，医院检验科成为首批中南大学湘雅医院检验专科联盟单位。10月27日，医院获省内骨科护理案例邀请赛三等奖。11月10日，医院举办"湘雅医院骨科专科联盟常德中心第一届关节置换标准化手术培训班"。11月20日，医院获评湖南省儿科医联体优秀成员单位。

公益服务。3月22日，医院组织职工参加义务献血，参与职工418名，捐献血量132200毫升。6月6日，医院开展关注青少年眼健康、走进善卷中学大型科普知识宣讲。7月9日，医院启动"关爱女性、关爱健康"妇科普查义诊活动。公益活动"现场救护——第一目击者行动"举办100期。

活动开展。举办《腾飞四医人》春节联欢晚会、"团结友爱、拼搏奋进"为主题的第三届职工运动会。10月25日，医院气排球团队获鼎城区第三届气排球联赛冠军。（周语琴）

【常德市第四人民医院获评"三级综合医院"】 2019年1月18—19日，医院通过三级综合医院复评审。5月17日，湖南省卫健委督导检查三级综合医院"回头看"工作。6月27日，常德市第四人民医院三级综合医院揭牌仪式在南区门诊大楼前坪举行，常德市人民政府副市长杨成英、鼎城区委书记、常德高新区党工委书记杨易，区委副书记朱金平，人大常委会主任杨君，政协主席韩才渊等区级领导出席。（周语琴）

【鼎城区健康医疗集团成立】 2019年9月27日，鼎城区健康医疗集团成立暨集团总医院揭牌仪式在常德市第四人民医院南区举行。以常德市第四人民医院为龙头，市二中医院、区妇幼保健院、乡镇(场)卫生院、街道社区卫生服务中心、血防医院等42家单位为成员，成立鼎城区健康医疗集团，常德市第四人民医院为鼎城区健康医疗集团总医院，完善鼎城区健康医疗集团管理体系，实行区乡村一体化管理。（周语琴）

鼎城区健康医疗集团成立暨集团总医院揭牌仪式（提供：周语琴）

【潇湘泌尿腔镜行常德站公益义诊活动】 2019年11月17日，潇湘泌尿腔镜行常德站公益义诊活动在常德市第四人民医院举行。中华医学会泌尿外科学分会常务委员、湖南省医学会泌尿外科学专业委员会主任委员、中南大学湘雅医院泌尿外科主任齐琳，湖南省医学会泌尿外科学专业委员会微创学组组长张向阳带领湖南省内30余位泌尿外科专家到常德，进行义诊、公益手术。（周语琴）

常德市第二中医医院

【概况】 2019年，常德市第二中医医院出院病人2558人次，门诊诊疗14224人次。

业务工作。全年，开展院内培训近150次，外派医务人员进修、学术交流30余人次。医政、护理、院感、医保等部门定期联合查房，加强考核和督导。2019年，随吴忠文名老中医跟师学徒6人。6月，成立治未病科，配备专业人员和设施，打造特色科室。外科、急诊科、功能科、煎药室等科室进行局部改造，增加值班室，添置医疗仪器设备。全年，引进本科院校毕业生6名，选派在编执业医师4名到上级医院进行规范化培训。全年，举行大型义诊送药活动3次，组织专业医务人员到乡村、社区、敬老院等，解决困扰群众的常见病、疑难病，宣传中医药健康知识，传播传统文化，义诊病人近1000人次。10月为全区所有乡村医生进行注册体检，举办中医诊疗培训班。

义诊现场 （提供：粟伟丽）

党建工作。开展主题教育调研活动，严肃民主生活会，落实“一岗双责”。各支部按期召开“三会一课”，每月进行“主题党日”活动，按照要求开展组织生活会、双述双评、民主评议党员、党费收缴、党员发展等工作。设立纪实台账，进行党员积分管理。在智慧党建系统每月上传信息。7月，3个党支部按期按流程开展换届工作。9月，召开全院“不忘初心、牢记使命”主题教育动员部署大会，9—11月进行专题学习研讨3次。

管理工作。落实“三重一大”制度，重大事件和重大支出经集体研究决定。坚持院务公开，完善内部制约机制。规范三公经费管理，在维修建设、药品引进、设备采购等工作上实行透明操作，坚持集中招标采购制。开展医疗行风、医德医风自查自纠专项整治行动，全年，全院无违法违纪事件发生。组织开展护理部“温暖天使”评选活动，参加区“歌唱祖国”活动、全市卫健系统“医德医风”演讲比赛和全区“三模范一表率”演讲比赛。 （粟伟丽）

【中药资源普查】 全国第四次中药资源普查鼎城区普查工作由常德市第二中医医院独立承担，于2019年展开。年初抽调专业人员组成普查队，提供专业设备，制定实施方案，根据中药材分布区域、生长规律，在全区范围内按季节进行实地勘察。采集标本品种428个，调查样地18个。 （粟伟丽）

全国第四次中药资源普查鼎城区普查队队员野外实地工作 （提供：粟伟丽）

常德花岩溪国家森林公园

【概况】 常德花岩溪国家森林公园距鼎城区城南50余千米，总面积75平方千米，其中山林面积6066.67公顷，水域面积234.73公顷，享誉“中国白鹭之乡”“江南休闲胜地”，是国家级AAAA旅游景区、全国青少年户外体育活动营地、省级自然保护区、省级水利风景区。围绕“一规划二产业三区同创”战略部署，谋划景区全域旅游发展，全年，固定投资项目3亿元，争取上级投资500万元，景区旅游人数100万人次,旅游收入800余万元。

基础设施建设。2019年,投入各类建设资金800余万元。中心区污水处理管网建设投入200余万元;垃圾中转站建设配套投入近30万元;投入资金300余万元,用于高峰村、花岩溪村、栖凤山村自然村通水泥路硬化村道6千米;投入80万元,实施中心区水厂提质改造,解决中心区居民安全用水问题;投入16万元,安装路灯60余盏;投入200万元提质改造中心区停车场、青松岭游步道。

农林产业发展。发放2019年中央财政耕地保护补贴资金,补贴1397户167.03公顷,发放地力补贴资金264136.96元。造林29.27公顷,森林抚育133.33公顷,精准提升133.33公顷,义务造林2.7万株,尽责率98%以上,珍稀树种造林20公顷。推广农机与科技工作,整修山塘5口,清理溪沟5千米,维修塘坝2座,新建桥梁2座。

生态保护。推进农村厕所革命,改造玻璃钢化粪池577座;推进美丽乡村建设,抓村容村貌建设,开展"三面五清"宣传和跟进工作。坚持保护优先原则,建立生态环境保护长效机制,花岩溪管理处综合行政执法大队联合森林公安采取执法行动,收缴渔竿300根、渔网40条,杜绝电打鱼,拆除湖中围网,持续实施"四禁"工作。修复水体,投放鱼苗60万尾,落实河长制工作。投入打赢"蓝天保卫战",签订秸秆禁烧承诺书5000余份,出动宣传车100余台次,实行24小时不间断巡查,处罚顶风焚烧对象2人。

安全维稳。组织景区农家及船主学习宪法,悬挂宪法标语30条,在景区售票处和游客中心宣传宪法知识。组织花岩溪村、高峰村、栖凤山村申报创建区级"无上访村"。开展"6·26"禁毒知识宣讲进校园活动,发放禁毒倡议书200份。开展打击地下六合彩专项行动、安全生产百日行动,出动车辆85台次,检查农家及客渡船、学校、人员密集场所等110家次,查处各类安全隐患38处。依法拆解退役渡船2艘。开展食品安全检查,联合食药监局处罚1家农家旅馆5000元。

民生保障。2019年,享受农村低保73户171人(兜底保障5户11人)、城镇低保10户15人,五保户36人。全年贫困户脱贫7户12人。享受残疾人两补政策78人;发放轮椅3台、腋拐5个、助听器9个、座便椅10台、收音机5个;精神病药品发放8套。年末,已婚育龄妇女1045人,期内出生44人,享受计生奖扶对象306人;农村转移就业239人,办理求职登记31人,就业再就业29人;取得小额担保贷款7人。健康服务上门,与常德市第四人民医院合作,为60岁以上老年人免费体检150人;为退休老干免费体检15人,重阳节慰问退休职工270名。

(欧阳瀚锌)

【首届花岩溪美食节开幕】 2019年1月13日,"首届花岩溪美食节"在桥南副食城开幕。鼎城区领导钟泽英、沈国华、杨凡出席开幕式。美食节以"生态花岩溪,健康好'食'光"为主题,将花岩溪特产擂茶、榨笋、黑山羊、腊肉等从山村带入城市。该次美食节是鼎城区委、区人民政府宣传"锦绣潇湘"湖南全域旅游品牌,打造"花溪鹭乡,善德鼎城"旅游品牌形象,助力乡村振兴与产业扶贫,推进"旅游+"战略,打造旅游美食文化特色品牌的实践。

(欧阳瀚锌)

1月13日,花岩溪生态美食节开幕

(提供:欧阳瀚锌)

【"新奥杯"第四届中国花岩溪国际帐篷节开幕】 2019年10月19日,"新奥杯"第四届中国花岩溪国际帐篷节在花岩溪国家森林公园开幕。中国龙舟协会副会长、湖南省体育局原巡视员孙平波，湖南省体育局群体处处长傅黎明，常德市人民政府副市长汤祚国，常德市文化旅游广电体育局局长杨俊，鼎城区委副书记、区人民政府区长朱金平，区领导王时雨、杨君、韩才渊等出席开幕式。帐篷节以“帐营花溪　畅享鹭乡”为主题，来自全国十余个省市和尼日利亚、赞比亚、加拿大、尼泊尔等国家的户外运动爱好者参加活动。（欧阳瀚锌）

“新奥杯”第四届中国花岩溪国际帐篷节开幕式现场
（提供：欧阳瀚锌）

湖南鼎城鸟儿洲国家湿地公园

【概况】 湖南鼎城鸟儿洲国家湿地公园是经常德市人民政府批准成立的正科级全额拨款事业单位，2014年12月成立试点，核定编制12名，于2019年12月通过国家林草局验收，正式成为国家级湿地公园。鸟儿洲国家湿地公园地处湖南省常德市鼎城区东北部，范围包括澧水古洪道沙潮河、牛耳湖、水产养殖场、稻田和周边河堤。地理坐标介于北纬29° 6′ 39″ —29° 14′ 34″ ，东经111° 59′ 5″ —112° 5′ 25″ ，南北长15.3千米，东西宽11.8千米。总面积1641.0公顷，其中湿地保育区面积1167.7公顷，占71.16%；湿地恢复重建区面积200.8公顷，占12.24%；湿地宣教展示区面积2.9公顷，占0.18%；合理利用区面积266.0公顷，占16.20%；管理服务区面积3.6公顷，占0.22%。

基层党建。把党建列入管理处重要工作议程，坚持民主集中制原则，科学制订党建工作计划。全年，开展支部书记上党课4次、支部党员大会5次、周五主题党日19次，观看党风廉政警示教育片6次，学习党员王群、宋继才、姜开斌、王继才的先进事迹，开展践行‘四讲四有’争做‘四个合格’学习讨论活动、“不忘初心，牢记使命”主题教育活动，组织党员到尧天坪镇文甲起义农民纪念碑接受革命传统教育活动，建立支部党员微信群，实行党员日常教育管理。

项目争取。鸟儿洲国家湿地公园小微湿地修复项目纳入省级试点范围，总投资649万元，计划面积19.84公顷，该项目由6个生态植物池组成，通过生态驳岸护坡建设、水生植物回复构建工程，形成自然水生态系统，并栽植乔、灌木植物近5000株，构建小微湿地生态长廊2700米；5月，申报的南干渠水系综合整治项目得到上级支持，该项目总投资2.67亿，拟于2020年落实。

阵地建设。管理处投资80余万元，装饰900平方米的科普宣教馆和游客接待中心；投资40余万元改善机关院落环境，修缮大门，栽植50余棵常青树，疏通下水管道；更换界碑5块、界桩120个，保持湿地公园土地权属清晰。

湿地宣传。2019年2月2日是第23个“世界湿地日”，围绕“湿地——应对气候变化”主题，在管理处附近及公园景区内进行宣传，展示湿地科普知识宣传盾牌20块，发放湿地保护倡议书200余份；3月，在湿地公园科普宣教中心广场开展第38届“爱鸟周”宣传活动，出动宣传车播放爱鸟广播，悬挂宣传横幅，向群众普及鸟类及其栖息地知识，解答群众咨询20余人次，发放宣传折页200余张；4月，管理处组织开展湿地公园风光摄影大赛，吸引来自长沙、常德广电，《常德日报》、新华网等计30余位名家参与，拍摄出优秀作品300余张；8月，组织中小学生到宣教中心进行参观，科普鸟类保护知识，观看保护动物宣传纪录片，开展互动游戏，发放鸟类宣传画册60余份。

中小学生到宣教中心参观　　（摄影：赵芷娅）

资源保护。管理处组织辅警开展牛耳湖、沙潮河沿岸巡护行动35次，与区森林公安联合执法2次，劝诫钓鱼群众353人，没收钓竿近200只；在小微湿地生态过滤池种植沉水植物和挺水植物近20余种，改善周边环境，水质从地表Ⅴ类水转变为地表Ⅲ类水；在景区中心增设环保垃圾箱50个，配备垃圾专用板车，组建环卫保洁员与巡护员，定期打捞清理小微湿地上的漂浮物及死角垃圾；根据环境污染综合整治方案，成立专项整治工作领导小组，在西洞庭湖沿岸成功退养蛋鸡养殖场3家，珍珠养殖1家10公顷，拆除大围栏4处、小围栏12处，还原生态原貌。

执法行动　　（摄影：赵芷娅）

脱贫攻坚。开展“新春佳节话党恩”活动，管理处党员自发为观音寺村贫困户发放慰问金2000元；派出扶贫第一书记，联系对接十美堂镇小茅村，成立精准扶贫工作小组，采取结对帮扶措施，保证每个贫困户有1名干部或党员结对帮扶，结对帮扶贫困户87户，脱贫人数235人；实施农村实用技能扶贫培训与产业帮扶，培训人员200人，贫困户年收入增加。（赵芷娅）

【湖南鼎城鸟儿洲国家湿地公园区域内发现国家二级保护动物新种类】 2019年3月，管理处监测人员在鸟儿洲牛耳湖沿岸发现国家二级保护动物白琵鹭10只，在沙潮河沿岸发现国家二级保护动物鸳鸯2只，自年末，鸟儿洲国家湿地公园国家二级保护动物种类从8种增为10种。（赵芷娅）

【鼎城区森林公安警务室在湖南鼎城鸟儿洲国家湿地公园挂牌成立】 2019年5月，经鼎城区编办、人社、财政、林业、森林公安等相关部门调研，由区人民政府批准，由鼎城区森林公安局牵头，在湖南鼎城鸟儿洲国家湿地公园管理处挂牌成立鼎城区森林公安警务室，招聘辅警4名。（赵芷娅）

2019年5月，鼎城区森林公安警务室在湖南鼎城鸟儿洲国家湿地公园挂牌成立　　（摄影：赵芷娅）

【湖南鼎城鸟儿洲国家湿地公园通过国家林草局验收】 2019年是湖南鼎城鸟儿洲国家湿地公园管理处迎国检验收工作的收官之年，按照《国家湿地公园试点验收办法》，根据专家指导意见，管理处成立迎国检验收工作领导小组，明确责任，分工到人。12月27日，国家林草局发布《国家林业和草原局关于2019年试点国家湿地公园验收情况的通知》（林湿发〔2019〕119号）文件，鸟儿洲通过国家湿地公园验收，正式成为国家级湿地公园。

（赵芷娅）

社会保障

Social Security

鼎城区社会保障服务大厅

人力资源和社会保障

医疗保障工作

常德市兴隆劳务有限责任公司

鼎城年鉴(2020)

人力资源和社会保障

【概况】 2019年，常德市鼎城区人力资源和社会保障局(简称区人社局)获评湖南省社保工作优秀单位,常德市人社工作先进单位、常德市社会保障民生改善成效明显地区、常德市优秀人力资源服务机构,鼎城区绩效评估红旗单位,综合治理、计划生育等工作获评红旗或先进单位,获常德市创业大赛优秀组织奖、农民工工资工作获评常德市A类单位。

社会保障。完善制度体系,企业养老保险按照国家、省、市部署,开展数据清理,完善各项基础工作,推进统收统支模式的省级统筹。调整完善被征地农民养老保险政策。实行机关事业单位养老保险制度改革,规范职业年金管理。提高保障水平,实施全民参保计划,扩大社会保险覆盖面。提高中小微企业、农民工、灵活就业人员、新业态从业人员参保率。推进建筑施工、室内装饰、交通建设行业、水利建设行业参加工伤保险。扩大失业保险覆盖面,向上争取转移支付,保障社会保险待遇按时足额发放。抓社保降费工作,下调企业养老保险单位缴费比例,继续执行阶段性降低失业和工伤保险费率政策。推进企业养老保险单位缴费费率过渡试点工作,常德高新区16家企业享受优惠政策。抓基金监管工作,落实社会保险基金监管各项制度,建立长效机制,全年未发生基金安全事故。全年,该区征缴各类基金10.365亿元,其中企业养老保险基金46658万元、工伤保险基金3674万元、失业保险基金1180.88万元,城乡居民养老保险征缴基金8553.5万元,机关事业单位养老保险征缴基金4.5108亿元。各项社会保险待遇按时足额发放,足额发放率100%。

就业。该区城镇新增就业6015人、失业人员再就业2703人、就业困难对象再就业1002人、新增贫困劳动力转移就业631人，建设就业扶贫车间6家,新增农村劳动力转移就业4368人,4个渠道贫困劳动力就业907人,农村劳务经纪人覆盖率100%。培训各类劳动力4405人,其中创业培训507人,岗位技能提升培训236人,技能培训1723人,其他行业培训1939人。发放创业担保贷款217户3117万元。新增创业主体5290个,人均拥有新增市场主体0.034个；创业孵化基地在孵企业33家,推送省市“双百资助工程”入选初创企业及个体8户，创业开办费补贴12家,创业场地租金补贴3家。失业保险参保人数31616人,上解调剂金77万元;全年困难企业稳岗返还1家，企业稳岗返还21家，稳岗人数1838人。

人事管理。推进专技人才队伍建设,初审报送中级技术职称36人、高级技术职称51人。推荐科技创新人才6名(常德高新区5名)。开展事业单位、区属国有企业高学历、高职称人才信息采集工作,收集汇总数据,建立人才信息库。全年组织考试7场,其中“三支一扶”招募考试1场、事业单位选调考试3场、机关单位公务员遴选2场、考工定级1场,招录公务员9名,事业编制人员196人,“三支一扶”人员5名。建立事业单位人事管理工作联席汇报机制，将相关事业单位人事管理工作按双月汇总、提出和汇报。办理新聘人员手续405人次、区外调入手续74人次、调出区外手续35人次、免费师范生安置36人次、农村订单定向医学生安置2人次、抽借调人员手续60人次、“三支一扶”安置5人次、辞职(辞退)人员手续52人次、退休人员登记手续257人次、在职死亡人员登记手续7人次。开展“三支一扶”志愿者招募、服务及派遣安置工作,年末,全区在服务期内的“三支一扶”人员9名。

劳动维权。完善劳动关系长效管理机制,实行全天候维权服务,优化劳动用工环境。开展劳动监察日常巡查,规范劳动用工秩序。执行农民工工资保证金制度，保证每个开工在建项目均按要求缴纳农民工工资保证金。定期巡查检查重点建设工程、重大招商引资项目和大型企业项目以及有违法记录的单位，督促用人单位贯彻落实劳动保障法律法规。加强监察预警机制、做好应急处置。全年，受理举报投诉案件149件，协调处理123件，立案26件，责令限期改正26件，行政处理7件，结案20件，到期结案率100%。收取农民工工资保证金2381万元，保障农民工合法权益。调裁结合、完善仲裁制度建设。围绕“预防为主、基层为主、调解为主”原则，逐步建立区级、乡镇、企业三个层次调解体系。全年，立案处理各类劳动争议案件194起，案外调解79起，案件到期结案率100%。

企业用工服务。乡镇基层队伍建设，实施劳务经纪人制度，认定劳务经纪人267人，预算保障经费80.1万元。全区行政村(社区)智慧党建平台均开通职介窗口，实现区、镇、村(社区)职业介绍服务全覆盖。抓职介平台建设，全年，湖南省“e就业”平台发布企业招聘岗位486个，人岗匹配推荐246人，推荐成功186人。建立服务园区企业用工微信交流群，向园区推介245人就业。抓服务经费保障，明确基础工作、技能培训、补贴奖励等9个方面的办法举措，安排企业用工服务预算经费(招聘会、培训、奖励补贴)41万元。抓工作考核，将“服务企业用工”纳入全区绩效考核重点工作，重点考评乡镇(街道、区属农林场)用工服务基础工作、劳务经纪人队伍建设和向园区企业输送人力资源情况。打造现场招聘会鼎城品牌，全年，组织各类招聘会15场次，累计邀请378家企业进场招聘，提供就业岗位20925个，进场求职人数26450人，为园区及周边企业招工4127人。组织园区企业赴中南大学、湖南大学等高校参加校招23次，提供就业岗位近1200个，达成就业意向1000余人次，其中，中联建起、响箭重工等企业引进硕士研究生6名。（熊文捷）

9月25日，鼎城区人力资源和社会保障局联合常德高新区人力资源开发服务中心举办鼎城区企业用工服务进乡村活动（提供：欧阳章俊）

【社会保险服务】鼎城区社会保险服务中心（简称区社保中心），是鼎城区人力资源和社会保障局下属的副科级公益一类事业单位，主管全区基本养老保险和城乡居民养老保险工作。内设机构有办公室、基金结算部、综合统计及信息部、稽核内控部、参保登记部、个人账户部、个人参保缴费部、待遇计发部、离退休人员管理服务部、职业年金部、社保档案部。主要职责：负责全区基本养老保险经办管理和服务；负责规定范围内被征地农民养老保险经办工作；负责拟定全区基本养老保险基金收支计划，编制基金预决算，管理全区基本养老保险基金和统筹外代发资金；负责职业年金归集、经办管理和领取待遇资格审核工作；负责全区基本养老保险个人及用人单位参保登记、缴费基数核定；负责全区基本养老保险参保对象个人账户管理和权益记录；负责全区参保对象在职转退休时领取养老保险待遇资格审核、待遇标准确定和给付；负责全区离退休人员社会化管理服务，负责领取基本养老保险金资格审核；负责全区基本养老保险基金和业务经办稽核工作；负责全区基本养老保险业务统计和养老保险信息系统维护及数据管理等工作。2019年，全区企业养老保险参保75320人，缴费59463人，扩面3414人，征缴基金46658万元。全区城乡居民基本养老保险参保43.13万人，缴费21.30万人，缴费8553.5万元，人均缴费382.63元，比2018年同期增长53.32元。机关事业单位养老保险参保单位249家，在职13264人，征缴基金25341万元，征缴职业年金4664万元。全区企业离退休40506人，新增退休2356人，发放基本养老金87962.6万元，人均养老金1887元/月，比2018年同期人均增长120元/月。办理死亡终止、丧抚费结算595例，支付丧抚金3443.02万元。全区领取城乡居保待遇13.55万人，发放养老金17486.54万元，人均养老金104.21元/月。代发独生子女补助金17723人次72.26万元，代发乡村教师补助金47561人次265.19万元，代发乡村医生补助金14822人次116.01万元，代发放映员补助金1371人次9.07万元。全区机关事业单位退休8550人，新增473人，减少104人，支付基本养老金44565万元。企业职工、城乡居保和机关社保基本养老金按时、足额、社会化发放率均100%。区社保中心被湖南省城乡居民养老保险管理中心评为2019年度城乡居保经办管理服务工作优秀单位；被常德市社会保险服务中心评为2019年度城乡居民养老保险经办管理工作优秀单位及城镇职工养老保险经办管理工作优秀单位。鼎城区城乡居保中心主任曾桢获评“湖南省人力资源社会保障先进个人”。基金管理。根据《常德市人力资源和社会保障局关于开展社会保险基金管理风险专项检查的通知》（常人社函〔2019〕21号），区社保中心对照检查项目和要求，开展内部控制工作、业务经办管理、基金财务管理、信息系统管理、政策制度完善、基金监督、组织实施情况自查，分析整改存在问题。按照人社部风险防控要求，变更养老金发放方式，从2月起，养老金发放由手工报盘改为系统报盘，由农业银行集中拨付。根据常社险〔2019〕13号文件要求，清理全区企业职工基本养老保险业务数据，清理空账户1002条，区内重复参保数据4635条，区外重复参保数据2421条。核实领取企业养老待遇人员疑点数据312条。待遇稽核。抓企业养老保险丧抚金稽核工作，全年，核查退休死亡丧抚金申领材料565份，发现实际死亡时间与上报时间不符情况3例，涉及金额0.9万元。把握被征地农民养老保险参保资格审核关，现场审核被征地农民参保资格20余次，走访调查7次。追回1名不符合参保资格人员缴费补贴及养老金计68496.6元。开展城乡居保疑点数据核查，制定稽核退款工作方案，采取“集中到乡，分组进村，核实到人”工作方式，开展乡镇集中稽核。稽核退款1200人次，收取稽核退款金额36.30万元。资格认证。取消集中认证，在一个认证周期（12个月）内，离退休人员可自行确定认证时间。推广手机认证，通过手机“老来网”软件，便捷离退休人员认证。实现认证方式多样化、人性化，为特殊人群开展社区、劳保站认证，上门走访认证、异地协助认证等服务，企业退休人员认证37600人，认证率98%。城乡居保待遇领取人员认证13.41万人，认证率99%，其中手机认证率95.6%。机关社保参保人员认证8550人，认证率100%。优化服务。按照常政办发〔2018〕8号文件精神，该中心重新梳理并优化业务经办流程，所有业务均能一次性办结；取消生存健在证明、继承关系证明等证明材料，减少材料18%。关系转移。企业养老保险办理养老保险关系转移6806人次，其中跨省转移1114人次，省内转移5527人次；机关社保与企业社保关系转移330人次。机关社保区内异动967人次，新增652人次，区外转入84人次。被征地农民养老保险。启动锅锅香（红云街道办事处西站社区）、粤港模科（红云街道办事处红云社区）、21亩储备地、粤港模科（红云街道办事处福广社区）、政务中心、中梁储备地、望和啤酒、中联恒通、恒天纺织、富贵安置小区三期、善港储备地块、阳明湖公园（红云街道办事处停车场社区）、阳明湖水系（红云街道办事处停车场社区）、阳明湖公园（红云街道办事处红云社区）、阳明湖水系

(红云街道办事处红云社区)15个项目被征地农民参保工作。全区符合参保资格被征地农民32456人,累计参保18491人,未参保13965人,参保率56%。全年新增参保2728人,续保6991人。征缴养老保险费15230万元,其中财政补贴8944万元。城乡居民养老保险。制定2019年扶贫工作方案,推进城乡居保扶贫工作。与区扶贫办、区民政局、区残联沟通协调,共享全国扶贫系统数据,获取年度政府代缴原始数据,将各类信息录入系统,保证代缴不漏一人。为9780人每人代缴保险100元,计97.80万元,调增60岁以上建档立卡未脱贫人员月基础养老金标准至108元/人·月。开展资格认证工作。全年认证134139人,手机认证率95.6%,综合资格认证率99%。每月初乡镇上交参保终止、死亡申报、疑似死亡人员核实情况,每月下旬根据所有表册在业务系统为相关人员做参保终止,保证每月待遇按时、精准发放,社会化发放率100%。每月初将到龄不欠费人员名单、应发待遇欠费人员名单、新增开折人员名单下发至乡镇核实公示,通知参保人进行补缴,避免参保人因欠费不能按时领取待遇。坚持"提档扩面",实行年度缴费不低于300元,鼓励和引导经济条件较好的缴费对象,调整缴费额,全年,人均缴费382.63元。建立区人社局、区税务局、银行城乡居保工作联席会议制度,定期沟通处理问题,形成长效机制;联合区税务局、银行开通手机缴费、POS机缴费,方便群众缴费。业务培训。进行现场培训、网络培训、跟班培训等教育培训,解决业务经办过程中出现的疑难问题。通过"走出去学""横向交流",提升业务水平。11月24—27日,城乡居保中心负责人曾桢到长沙参加湖南省年度城乡居保经办(管理)机构负责人培训班。宣传工作。开展养老保险政策宣传活动。1月30日,区人社局举办新春招聘会,该中心向到场的5000余人宣传社保政策。3月31日,到石门桥镇举办鼎城区12333全国统一咨询日暨城乡居保政策宣传活动。6月25日、9月25日、11月15日,鼎城区人社局联合常德高新区人力资源开发服务中心分别在尧天坪镇、牛鼻滩镇和斗姆湖街道举办专场招聘会,该中心到场宣传政策。成立"城乡居保政策宣传党员志愿服务小分队",每月到乡镇进行政策宣传与服务,4月8日,到中河口镇麻河口乡开展送政策下乡活动;10月15日,参加"贺家山原种场城乡居民、灵活就业人员养老保险参保再动员大会",进行城乡居保政策培训与宣传;利用"村村响"广播、流动宣传车等平台,实现社保政策宣传无缝覆盖;利用中国劳动保障网、湖南民生网、《常德日报》、常德尚一网、鼎广电台等媒体进行宣传,全年发布报道20余篇;利用"鼎城城乡居民养老"微信公众平台,发布郭家铺街道、黄土店镇等11个乡镇(街道)典型经验;制作年度政策解读网页,浏览量1.35万次。党建工作。专题研究部署意识形态工作,将意识形态工作列入党建重要内容及年度工作计划,把意识形态工作纳入党建工作责任制,纳入领导班子、领导干部目标管理的重要内容;开展"不忘初心,牢记使命"学习教育、支部书记上党课,抓工作人员思想教育和理论学习工作;设立支部党小组,实行党员精细化管理,将28名党员划分为3个党小组,利用工作间隙开展学习讨论、谈心谈话等党小组活动;11月,组织全体党员参观赵必振研究基地,增强党员责任感和使命感,提升支部凝聚力。 (钟志峰)

区社保中心工作人员到郭家铺街道大禾场社区进行参保资格审核 (摄影:裴浪涛)

6月25日，区社保中心工作人员到尧天坪镇进行城乡居保政策宣传　（摄影：熊妮）

9月25日，区社保中心工作人员到牛鼻滩镇进行城乡居保政策宣传　（摄影：熊妮）

区社保中心到赵必振研究基地开展主题教育活动　（提供：钟志峰）

【工伤保险】 2019年，全区工伤保险参保单位1057家，增加扩面2146人，累计参保人数48618人。征缴工伤保险费3674万元，其中建设项目征缴1029万余元，占全年征缴数28%。工伤事故备案525起，工伤认定581人次，工伤保险待遇支出3031万元，其中工伤保险医疗待遇支出1041万元，伤残待遇支出1033万元，工亡待遇支出993万元，工伤保险基金滚存结余5032万元。鼎城区工伤保险服务中心获评常德市工伤保险经办工作先进单位。基金征缴扩面。制定《目标考核责任制》，明确各股室、各岗位任务职责，量化标准，奖罚分明；抓高危行业和重点领域，重点抓建筑行业参保征缴工作，与区安监、建设、水利、交通部门衔接，建筑行业参保率100%；制作宣传牌500余份，及时宣传工伤保险新政策。待遇管理。开展工伤康复工作，完善工伤康复流程，确定常德市博爱康复医院为区定点康复机构并签订服务协议。全年，工伤人员李元池、金勇通过该医院的康复治疗，均已评残定级。截至年末，全区机关事业单位因工染血吸虫病人员4138人，破产改制企业纳入工伤保险人员1140人。2019年，重新规范申报资料，梳理血吸虫病医疗机构网上审批、结算等流程，落实因工染血吸虫病人员工伤保险工作。基金管理。实行领导负责制，配备专人组织基金安全形势分析和风险评估，开展基金监管、基金内控、稽核专项工作，保证基金时时处于监控之中。实行专户管理，实行“收支两条线”，基金收入均纳入五险统一财政专户管理，每笔基金支出均由财政部门集中通过银行转账，按月核对账目，账实相符、账账相符。落实财经纪律，坚持“一事两岗两审”制度和“钱账分离、管用分开”原则，由专人负责管理收据、印鉴、财务凭证及账本，执行基金收支业务流程，规范基金部分支出项目管理，实行预算控制，管理使用项目，执行审批程序，建设内控制度，完善“收、管、发、补”各环节操作流程，保障基金安全。开展基金稽核工作，重点抓优势企业、民营企业、建筑行业稽核，落实缴费基数；抓待遇稽核，防止虚报冒领工伤保险基金现象发生。政策宣传。与鼎广电台合作，利用电台频道，每天循环播报；在《常德日报》发布新闻报道9篇；4月25日—5月1日，开展职业病防治法宣传活动，发放宣传资料2000余份；到参保单位进行工伤保险知识宣传，解答职工疑难问题，设置咨询点，发放宣传单近2500份；5月22日，联合常德市工伤服务中心、常德骨科医院到十美堂镇弘富源农业发展有限公司开展工伤知识进扶贫车间宣传活动，发放宣传资料500余份。业

务培训。12 月 5 日，举办工伤保险业务知识培训，参训约 400 人。（熊凌颖）

【就业】 2019 年 3 月 1 日，中共常德市鼎城区委机构编制委员会印发《中共常德市鼎城区委机构编制委员会关于区本级机构涉改科技事业单位调整有关事项的通知》，原“常德市鼎城区劳动就业服务管理处”更名为“常德市鼎城区就业服务中心”。2019 年，鼎城区城镇新增就业 6007 人，失业人员再就业 2703 人，就业困难对象再就业 1002 人，新增贫困劳动力转移就业 648 人，建设就业扶贫车间 6 家，新增农村劳动力转移就业 4368 人，4 个渠道贫困劳动力就业 907 人，农村劳务经纪人覆盖率 100%。培训各类劳动力 4406 人，其中创业培训 507 人，技能培训 1723 人，其他行业培训 2176 人。发放创业担保贷款 208 户 3117 万元。新增创业主体 5290 个，创业孵化基地在孵企业 35 家，推送省市“双百资助工程”入选初创企业及个体 7 户，创业开办费补贴 12 家，创业场地租金补贴 3 家。失业保险参保总人数 31616 人，征缴基金 1180.88 万元，上解调剂金 77 万元，全年普通企业稳岗返还 21 家，困难企业稳岗返还 1 家，稳岗人数 1838 人。通过公共网站登载推送工作信息 18 篇。鼎城区就业服务中心获评常德市就业服务工作目标管理红旗单位；被常德市人民政府评为就业工作真抓实干区(县)，奖励就业资金 50 万元；被常德市人社局评为市级创业示范基地；获常德市人社局年度创业创新大赛优秀组织奖。定期开展就业信息监测、贫困劳动力信息调查和系统更新，通过各种招聘会、公益性岗位、就业扶贫车间、青年就业见习、“311”就业服务等搭建平台，拓宽渠道，实行城镇新增就业和新增农村劳动力转移，年度登记失业率控制在 4.5%以内；推广使用湖南省公共就业信息平台，采集更新 19001 名建档立卡贫困劳动力信息，落实转移就业交通补助 8288 人，开发公益性岗位就业扶贫专岗 50 个，困难家庭大学生就业援助托底帮扶 28 人；建设村级劳务经纪人队伍，全区农村劳务经纪人村村覆盖、政策培训、业务开展、待遇落实率均 100%。实行培训过程全监管，从开班申报、培训审批、平台信息录入，到培训期间实行远程监控、全程录像；推动“花岩溪月嫂”“花岩溪护工”培训品牌创建，全年培训 399 人，品牌培训学员就业率 100%；开展技能提升行动，制定《鼎城区职业技能提升行动工作方案》，联合辖区企业，采取定点机构上门培训、企业成立培训中心自培等提升技能。开展政策宣传，通过印发宣传册、网站、微信公众号发布信息等，宣传创业担保贷款政策；联合其他部门召开座谈会，明确职责、精简流程；改变服务方式，上门宣传政策、指导资料，服务贷款对象。创业孵化基地提质升级，引入专业团队运营，入驻企业增加，完善功能区域，获评市级示范基地；根据省市“创业服务三湘行、沅澧行”计划，举办年度创新创业大赛、创业企业赴北京理工大学珠海学院创业训练营、创业沙龙会、优秀创业项目创业展示和创业成果进社区巡回展等创业服务活动，吸引 800 余名创业者参加，获常德市创业大赛优秀组织奖。失业保险基金滚存结余 4287 万元；全年，争取湖南省调剂金 2737 万元；为 21 家普通企业发放稳岗返还补贴 31.25 万元，为 1 家困难企业发放困难企业稳岗返还补贴 64.45 万元；基金提取技能提升补贴 321.1 万元，发放技能提升补贴 42 人 5.94 万元；发放失业人员临时价格补贴 3341 人 5.3 万元。（高　珊）

鼎城区 2019 年度创业创新大赛决赛现场（提供：高姗）

【鼎城区举办 2019 年企业人力资源管理培训班】 2019 年 12 月 19 日,鼎城区 2019 年企业人力资源管理培训班开班。5 名乡镇人力资源服务机构负责人和 70 名鼎城区、常德高新区中小企业人力资源部门负责人参加培训。培训现场,湖南文理学院人力资源管理教授聂会平等 3 名专家围绕"新形势下企业如何提升人力资源管理水平,做好引才、留才、聚才文章"课题,从企业人力资源发展趋势、员工培训与开发、绩效管理、薪酬与福利管理、劳动关系管理、劳动法律法规政策等角度进行授课。课堂安排话题研讨、分组讨论、案例分析等教学环节。 (熊文捷)

12 月 19 日,鼎城区举办 2019 年企业人力资源管理培训班 (提供:欧阳章俊)

【鼎城区社会保险服务中心成立】 2019 年 3 月 1 日,中共常德市鼎城区委机构编制委员会印发《中共常德市鼎城区委机构编制委员会关于区本级机构涉改科级事业单位调整有关事项的通知》,将鼎城区机关事业单位社会保险处、鼎城区社会劳动保险处承担的行政职能划入鼎城区人力资源和社会保障局,整合相关公益服务职责,组建鼎城区社会保险服务中心,为鼎城区人力资源和社会保障局所属副科级公益类事业单位。2019 年 5 月组建成立,在编人员 39 人。 (钟志峰)

【鼎城区工伤保险服务中心成立】 2019 年 3 月 1 日,中共常德市鼎城区委机构编制委员会印发《中共常德市鼎城区委机构编制委员会关于区本级机构涉改科级事业单位调整有关事项的通知》,将鼎城区工伤保险处承担的行政职能划入鼎城区人力资源和社会保障局,更名鼎城区工伤保险服务中心,属鼎城区人力资源和社会保障局副科级公益类事业单位。2019 年 5 月组建成立,在编人员 9 人。 (熊凌颖)

【机构改革】 2019 年,根据《鼎城区机构改革实施方案》和省、市相关文件精神,区人社局开展机构改革相关工作。将区人社局公务员管理职责、医疗生育保险职责、军转安置职责、外国专家管理职责分别划入区委组织部、区医疗保障局、区退役军人事务管理局、区科学技术局。将区劳动服务管理处、区工伤保险处、区机关事业单位社会保险处、区社会劳动保险处的行政职能划入局机关,将单位绩效考核职责划入区委办。区人社局行政编制由 31 名变更为 24 名,党组成员由 8 名变更为 5 名。行政股室由 11 个变更为 10 个,撤销政工人事股,职能并入办公室;撤销专业技术人员管理股,职能并入办公室;养老和医疗生育保险股更名为养老保险股,医疗生育保险职能划入区医疗保障局;撤销公务员管理股,职能划入区委组织部;就业和职业能力建设股更名就业培训股;工资福利股军转安置职能划入区医疗保障局;新增行政审批服务股和法规信访股。区就业处更名为区就业服务中心;区工伤保险处更名为区工伤保险服务中心;区社会劳动保险处和区机关事业单位社会保险处合并更名为区社会保险服务中心。单位性质均由参管单位转为公益 I 类事业单位。公务员管理职责划转工作中,局机关 1 名公务员到区委组织部。医疗生育保险职责划转工作中,局机关 1 名公务员转隶到区医疗保障局。区城镇居民医疗保险处 10 人、区城乡居民医疗保险处 22 人,合计 32 人整体转隶到区医疗保障局;原区医疗保险处 10 名退休人员整体转隶到区医疗保障局。

(熊文捷)

医疗保障工作

【概况】 鼎城区医疗保障局于2019年2月28日挂牌成立，由鼎城区原城乡居民医保中心和城镇职工医保中心合并组成。2019年，鼎城区医疗保障局获评区绩效考核先进单位、区综合治理工作优秀单位、区统战工作优秀单位。

党建引领。把学习贯彻习近平新时代中国特色社会主义思想和系列讲话精神作为政治理论学习核心内容，开展“不忘初心、牢记使命”主题教育，“学懂”“弄通”“做实”。开展党组中心组集中学习7次、理论学习近40次，收集学习笔记和心得体会近100份；到尧天坪镇文甲农民起义纪念基地开展革命传统教育和“帮助一个弱智贫困家庭进行环境卫生革命”活动，举办大型心得交流赏评会、党员进社区、党员志愿者下基层服务、关爱留守儿童、党员衣物募捐等党员活动；开展“党员示范岗”创建和“党员结对帮扶”活动，把党的建设与大厅服务、脱贫攻坚工作融为一体；坚持问题导向，开展调查研究，由党组成员分别带领3个调研组，到协议医疗机构研究超医保协议费用、过度医疗、赖床住院课题，形成调研报告，为解决问题提供决策依据。

医保宣传。开通“鼎城医保”微信公众号，全年推送文章40期，关注用户超1000人，数篇内容被关注和转载。《常德日报》纳稿2篇，“鼎城组工”微信公众号纳稿3篇，“新湖南”纳稿3篇；开展庆五四暨“我是年轻的医保人”演讲比赛；在“鼎城医保”微信公众号设立“我和我的祖国”专栏，组织党员干部投稿，公众号展播征文10篇。

基金运行。年末，医保基金累计结余12531万元，其中城乡居民基金结余813万元，城镇职工基金结余11718万元（个人账户结余10530万元）。2019年，城乡基金收入48349万元，支出53103万元，赤字4754万元，基金支出占比：住院基金支出85.52%，门诊支出13.12%，兜底支出1.36%。城职统筹和大病基金收入7752万元，支出9048万元，赤字1296万元；城职个人账户收入7372万元，支出5891万元，收支结余1481万元，基金支出占比：住院基金支出86.7%，门诊支出13.3%。

惠民政策。贯彻落实常德市医疗保障局、常德市财政局《关于调整医疗保障部分政策的通知》（常医保发〔2019〕1号）文件精神。提高职工基本医疗基本保险住院待遇（提高5个百分点、基层药品零差价）、调整城乡居民基本医疗保险待遇（二、三级医疗机构提高10个百分点）、提高城乡居民大病保险待遇（提高10个百分点）、实施贫困人口医疗保障倾斜政策，大病保险支付比例提高15个百分点、起付线降低50%，明确健康扶贫“一站式”结算范围、将日间手术费用纳入支付范围、完善按病种付费相关政策、明确参保关系转移后待遇接续方法、调整特殊病种门诊待遇、明确目录调整和维护方式。城乡居民住院报销增加10个百分点，增加支出6249万元；城镇职工一级医院报销比例100%，增加支出450万元；健康扶贫增加支出719.78万元，医保基金累计增加支出7418.78万元。

政策享受。全年城乡居民住院150015人次，住院率23.1%，人均补偿2333元，补偿率46%；城镇职工住院11683人次，住院率28.07%，人均补偿6201元，补偿率65.8%。城乡门诊报销476689人次，其中普通门诊报销428136人次，特殊门诊报销47425人次，大病特药报销1128人次；城镇职工大病特药报销325人次，特殊病种报销1.5万人次，个人账户刷卡44.2万人次。特殊人群404人，其中离休干部52人、伤残军人352人，特殊人群门诊、住院报销医药费8793人次。城乡居民医疗救助313人次，公务员医疗补助95人。特殊病种审核通过9297人，享受报销47425人次。

兜底保障。鼎城区建档立卡贫困人口43645人，区内公立定点医院“一站式”结算17925人次，产生住院总费用6964.21万元，综合报销6283.35万元，综合报销比例90%。截至年末，全区26952人次享受“一站式”住院结算，医疗总费用12290.27万元，就医总报销比例87.6%，政府兜底补偿14960人次。

基金监管。4月12日，出台《关于建立常态化稽查工作机制方案》，组建3个稽查工作组11名专业工作人员的常态化稽查队伍。开展稽查检查200余次，发出稽查通报13期，处理违规医疗机构78家、问题1111个，约谈协议医疗机构23家，终止协议1家，暂停协议3家，下发超均次超总费用医疗机构控费管理通知书17家，挽回基金损失451万元，保障基金安全规范运行。区医保局常态化稽查工作经验被市医保局推介到省医保局、国家医保局，傅芳、高峰获湖南省医疗保障局基金监管处通报表扬。

领导关怀。6月19日，常德市医疗保障局党组书记、局长曹慧一行督导鼎城区医保工作。7月10日，区政协副主席蒋利荣、文教卫体和文史委主任高用海一行7人到区医保局调研座谈健康扶贫工作。9月20日，区医保局召开“不忘初心、牢记使命”主题教育工作会议，区委第十一巡回指导组组长黄政到会指导。10月10日，区政协主席韩才渊带队到医保局调研医保工作。10月17日，鼎城区政协召开九届二十九次主席会议，协商全区医疗保障工作改革与发展。11月5日，区委常委、区人民政府常务副区长李卫民，区人民政府副区长杨凡到区医保局调研医保和健康扶贫工作。

（郑萌　丁敬权）

【机构改革】 根据《中共湖南省委办公厅湖南省人民政府办公厅关于印发常德市县市区机构改革方案的通知》(湘办〔2019〕14号)、常德市委办公室、市人民政府办公室《关于印发〈常德市机构改革实施方案〉的通知》(常办发〔2018〕14号)和《中共常德市鼎城区委办公室常德市鼎城区人民政府办公室关于印发〈常德市鼎城区机构改革实施方案〉的通知》(常鼎办发〔2019〕1号)精神，新组建常德市鼎城区医疗保障局，是区人民政府正科级工作部门，整合区人力资源和社会保障局的城镇职工和城乡居民基本医疗保险、生育保险，区发展和改革局的药品和医疗服务价格管理职责，区民政局的医疗救助职责。局机关核定行政编制8人，内设股(室)7个：办公室、党建政工股、规划财务和医药价格招标采购股、基金监督管理和法规股、行政审批服务股（加挂待遇保障和医药服务管理股）、医疗救助和特殊人群管理股、稽查执法股。区医疗保障事务中心是医保局下属副科级公益一类事业单位，核定全额拨款事业编制50人，负责全区城乡居民医疗保险及各类单位职工医疗保险、生育保险、特殊病种等相关业务具体经办工作，内设组(室)9个：办公室、财务组、参保权益组、门诊慢病服务组、稽核内审组、待遇审核服务组、异地就医结算服务组(含“一站式”结算)、补充医疗保障组、医疗保障信息组。

（郑萌　丁敬权）

常德市兴隆劳务有限责任公司

【概况】 2019年，常德市兴隆劳务有限责任公司经营收入3亿元，比2018年增长0.8%，纳税总额1926.87万元，比2018年增长20.2%。现场三部精包班获“湖南省五一巾帼奖状”“湖南省工人先锋号”称号。

党的建设。抓党的基础工作，强化支部建设，健全支部组织架构，增设支部专职副书记，建设支部“五化”，发挥支部作用。抓党员教育管理，调动党员干事创业激情，让党员在岗位上有地位、有作为。动员党员工作担当在前、质量提升在前、遵章守纪在前、安全保障在前，发挥党员先锋模范作用。全年开展党员教育培训3次，实行党员积分管理、运用“智慧党建”平台，全年发展党员9名，按期转正5名，培养积极分子9名。开展“不忘初心、牢记使命”主题教育，到镇德桥镇党建基地上党课、赵必振红色教育基地重温入党誓词，举办“我和我的祖国”演唱活动，开展“践行新使命、热烈迎国庆”知识竞赛、观看警示教育片、优秀典型专题片等配套活动。

公司党委中心组理论学习　　（提供：陈辉）

制度建设。4月，公司进行制度修订、增补完善工作。动员全员参与，完善公司一线生产安全和劳动管理制度，完善公司人、财、物、事管理规范。组织员工学制度、懂制度、守制度。在公司管理层，形成用制度管人、管事的工作模式。在公司形成遵章守纪光荣，遵守制度光荣，按制度办事的企业管理氛围。公司党委把纪律放在前面，抓纪律监督，不定期督查，全年查处违反纪律和制度规定113起，通报、批评教育、解除劳动合同、开除员工126人。

劳动竞赛。发挥公司工会作用，履行工会教育建设职能，开展劳动竞赛活动，弘扬工匠精神，提升员工技能水平，在全公司掀起“比、学、赶、超”工作热潮，鼓励和引导公司员工为公司做贡献。开展大评比、大奖励、大宣传、大报道，组织先进个人带薪学习考察，组织先进个人带薪疗养。实行在先进员工中选拔组长、在优秀组长中选拔班长、在优秀班长中选拔段长、在优秀段长中选拔部长选人用人制度。

安全生产。公司把安全工作放在首位，当头等大事抓，完善安全管理制度，建立“分类分级”安全管理体系，细化分解目标指标及签订《安全生产目标责任书》，建立各级安全责任清单；开展安全培训教育，配合参与各类应急演练活动8次；参加安委会季度工作例会，传递安全压力和责任，落实各级安全责任，提升安全风险预判预控能力。组织安全知识培训，定期讲评安全工作状况，坚持警钟长鸣，常抓不懈。全年无重大安全事故发生。

（陈　辉）

乡镇·街道·场

Villages and Towns & Neihbrohood

草坪镇杜鹃湖幸福屋场

玉霞街道
红云街道
郭家铺街道
斗姆湖街道
蒿子港镇
中河口镇
十美堂镇
牛鼻滩镇
韩公渡镇
石公桥镇
周家店镇
镇德桥镇
双桥坪镇
灌 溪 镇
石板滩镇
蔡家岗镇
花岩溪镇
尧天坪镇
许家桥回族维吾尔族乡
黄土店镇
草 坪 镇
谢家铺镇
芦 苇 场
特种养殖总场

鼎城年鉴(2020)

玉霞街道

【概况】 玉霞街道地处鼎城区城区中心地带，下辖常沅社区、鼎城社区、临江社区、迎宾社区、永安社区5个社区和家电城、金纺公司、财富广场3个市场，辖区总面积5.5平方千米。2019年，工业总产值25198万元，工业利税2052万元，工业固定资产投资21233万元；非公经济产值70301万元；辖区社零（社会消费品零售额）餐饮业产值8259万元；规模以下样本小型企业产值9269万元；农产品加工产值49915万元。2019年，玉霞街道在市、区获先进奖项6个，其中市级(2个)：常德市城区征地拆迁控违拆违“春雷行动”十佳项目、常德市城区征地拆迁控违拆违2019年“冬季攻势百日会战”优秀项目(城拆)；区级(4个)：党委办公室工作优秀单位、宣传思想工作优秀单位、统战工作优秀单位、老干部工作优秀单位。

鼎城区城区征地拆迁控违拆违现场　（提供：李梦）

党建工作。学习中共十九大、十九届四中全会精神、习近平新时代中国特色社会主义思想、习近平总书记视察湖南系列讲话和指示精神，开展党课学习10余次，开展系列宣讲活动3场次，各级党组织学习46次；注册“学习强国”平台1448人，开展自媒体学习。开展“不忘初心、牢记使命”主题教育，结合“三会一课”“主题党日”等，开展专题研讨3次，赴红色教育基地培训4批次。设立11个主题，组织40家单位开展调研。召开专题民主生活会、组织生活会，班子成员及党员查找问题460个，制定整改措施600余条。运用“智慧党建”，依托信息化管理平台，实行网上接转组织关系、开展组织生活、缴纳党费。开展支部“五化”建设，整顿软弱涣散社区3个，支部“五化”建设达标50个。配合鼎城区委巡察组，开展第五轮巡察工作，落实巡察要求，查摆整改巡察反馈存在的5个方面29个问题。落实党风廉政建设“两个责任”，街道领导开展谈心谈话500余人次，开展专项监督检查6次，开展明察暗访20余次；开展执纪审查，处理信访举报和问题线索，立案4件、办结4件；开除党籍2人、警告处分2人、组织处理11人。

玉霞街道开展“不忘初心 牢记使命”主题教育专题党课活动　（提供：李梦）

项目建设。江南片区(二期)副食城地块棚改项目10天签约484户，占签约任务91%；过江隧道(隆阳地块)棚改项目12天签约192户，签约率100%。鹤王蚊香厂地块棚改项目2天签约17户，签约率100%。开展八建地块征拆项目前期摸底，掌握群众诉求。开展轻纺城清场闭市工作，搬离商户225家，腾空门面644家，消除市级挂号的重大消防安全隐患。解决家电城安全、交通、环境等问题，设立微型消防站1处，更换灭火器577个，整治“三合一”场所118家；设置瓦砾脱落安全防护网200米，改造背街背巷下水道350米，改造水泥路面120平方米，清运垃圾50吨。实施招商引资，百乐宫除5楼外均租出。改善陶瓷市场线路老化、屋顶破旧、停车随意等问题。

城市环境。投资800万元,开展城市品质提升和强基惠民项目,改造提升"两不管"小街小巷道路3条;打造向群中巷、燕家东巷、德海巷样板街巷3个;建设鼎信小区、金沅小区、电影院小区、永安安置小区、裕华园小区、东旭小区示范小区6个;提质改造常沅社区原废旧公司小区、煤炭公司改制院落、劳务公司改制院落、金山玉苑小区老旧小区4个。开展城市管理攻坚提质行动,开展社区"十佳十差"评选,购买城市管理巡查车7台、环卫保洁车2台,落实"门前三包"覆盖率90%,办理"智慧城管"综合执法案件7万余条;抓控违拆违,拆除违法建筑3000余平方米,向55起违法建筑下达停工、限拆通知书,责令停工或自行拆除,改善桥南商圈、主次干道、学校及农贸市场周边等重点部位市容市貌秩序。开展"蓝天保卫战"行动,坚持24小时无死角值班巡逻制,抓面源污染源管控,辖区内未发生一起燃烧散煤、露天焚烧垃圾现象;辖区在建工地安装扬尘洒水设施2处;餐饮企业油烟净化器安装率100%,柴火灶改燃气设备10家;推进禁炮工作,辖区内未发生一起违规燃放烟花鞭炮行为;取缔沙砾堆场1处;实行禁捕,拆卸沅澧流域渔船55条。组建街道物管集团,建立街道、社区两级物管联席会议体制,完善街道牵头、执法和专业经营单位共同参与的物管纠纷处理机制,组织指导3个小区业委会选举,组织4个小区召开物管联席会,及时化解物业纠纷,处理日常投诉43起、区长公开电话转办单1起、网络舆情督办单6起。

综治维稳。全年,开展执法检查96次、重大节假日联合检查和猪瘟食品防控检查38次、警示教育320人次,下达整改通知书280份;简易行政处罚23件,罚款0.83万元;一般行政处罚1件,罚款0.15万元。整治食品安全"三小"场所188户;摸排"三合一"场所1865处。开展民调宣传、"千人百日大巡防"等活动,发放各类宣传资料14.3万份,接待来访群众168人次,息访16批次,排查调处矛盾纠纷112起,调处临江棚改遗留问题赴京上访事件1起。开展扫黑除恶专项斗争,破获涉黑恶性质案件3宗。开展黄赌毒专项整治,搬空关停盈利性茶馆101家,抓获涉黄人员7人。

民生保障。核查清理民政定期补助对象,实行动态管理,应保尽保,应退尽退,取消低保50户73人,新增16户50人。年末,确定低保对象355户560人、特困供养对象18户18人、享受残疾人两补待遇469人、享受高龄老人补贴53人、社救对象14人、失能半失能服务补贴对象16人。发放民政待遇3368913.8元,其中低保发放220.556万元。临时生活救助18人,发放救助资金14700元。城乡居民医保参保23075人,筹资金额5768750元,参保率121.45%。举办公益性招聘会4场次,培训市民600人,城镇新增就业1200人。采集退役军人等12类优抚对象信息2094条,实行一人一档管理,为退役优抚对象发放资金672802元。办理一孩生育服务证111本、二孩生育服务证94本、再生育三孩服务证9本;孕产妇免费产前筛查率108.13%,免费孕前优生健康检查到位率93%;免费孕前优生健康检查71人,已婚育龄妇女免费妇检500余人;农村独生子女父母奖励30人,特扶对象79人。开展"我们的节日"活动3场,举办庆祝新中国成立70周年文艺会演1场;开展"移风易俗"活动,制定居民公约6则,成立红白理事会5个。完善文明创建工作机制,开展卫生文明城市复检,创办区级文明单位。(李　梦)

玉霞街道举办庆祝中华人民共和国成立70周年文艺会演现场　(提供:李梦)

【常德市第一人民医院中医科落户玉霞街道社区卫生服务中心】 2019年8月1日,常德市第一人民医院中医科落户玉霞街道社区卫生服务中心。该次专科联盟增加了双方在中医领域的互动交流,提升街道社区服务中心的中医水平和疑难病的救助能力。 (李 梦)

红云街道

【概况】 红云街道位于工业园路以北、阳明路以西与沅江合围的区域,办事处驻地停车场社区。总面积10.8平方千米,辖花船、德安、停车场、红云、福广、西站6个社区,总人口49573人。2019年,红云街道办事处获评湖南省计划生育基层群众自治先进乡镇街道、常德市安全生产和消防工作市级优秀单位、常德市军分区民兵调整改革先进单位、鼎城区宣传思想工作优秀单位、区统战工作先进单位、区落实党风廉政建设责任制先进单位。

党建工作。按照全区党建工作总体部署,落实街道党工委书记抓党建首责意识,每月召开1次党建工作专题会议,研究落实阶段性工作任务。落实"三会一课"制度,"两学一做"学习教育常态化,抓党建日常基础工作,党建工作规范化。抓党支部"五化"建设,开展6个社区阵地建设,整顿软弱涣散党组织,推动软弱涣散型基层党组织转型升级。围绕守初心、担使命、找差距、抓落实总要求,组建指导工作组15个,按阶段制定《"不忘初心、牢记使命"主题教育学习计划表》,开展实践活动,落实主题教育工作。

纪检监察。街道党工委召开党风廉政建设和反腐败工作专题研究会4次,开展中心组理论学习活动12次,班子成员上廉政党课10次。全年,开展社区干部警示谈话或诫勉谈话5人;给予2名社区干部党内警告、严重警告纪律处分;给予1名站办工作人员党内警告处分。在办事处机关院内设置廉政文化墙、办公楼设置廉政文化走廊,开展党风廉政宣传,在《常德日报》、红网、廉洁鼎城等媒体报刊发布党风廉政建设宣传稿件10篇。推动"两同时"谈话规范化、制度化,党工委班子成员开展谈心谈话341次551人,实行重点工作纪律监督覆盖,开展廉政风险防控,从源头预防各类腐败问题发生。

项目建设。开展征拆工作,摸情况、定方案、做宣传。采取挂图作战、逐一销号方式,实行每天一通报、每天一点评。坚持阳光征拆,在征拆范围内及时向拆迁户公开补偿办法、补偿标准、操作程序、征拆进展等信息,保证征拆公平。解决群众困难,在安置小区选址、设计、建设等环节考虑群众意愿、需求和生活习惯,获群众理解支持。全年,建成永安路、建新路、德安路等项目17个,征地69.67公顷、拆迁房屋705栋。

控违拆违。以"控新增、减存量"为目标,组织大型强拆行动4次,督促违建业主自拆违建39处,大队强制拆除违建54处,累计拆除违建面积近6000平方米,其中存量违建1900平方米。将烂尾楼装修和新城西区区域作为重点控违范围,把符合政策进行危房加固或换屋面的,提交控违拆违季度办公会会商,纳入监查重点,防止变相违建。审核把关水电立户申请,全年,驳回不符合政策的水电立户申请报告10余起。防止片区内抢搭建、抢装修、抢种养行为,调动发挥社区、群众监督作用,四个季度均被评为全区最佳控违拆违单位,违法建设零发案。

综治维稳。开展"扫黑除恶"专项斗争,发放"扫黑除恶"专项斗争资料3.3万余份,播放显示屏、制作固定标语、横幅近300条,制作墙体标语6条。开展打击涉黄、涉赌、地下"六合彩"专项行动,全年,红云派出所刑事拘留61人,行政拘留113人;打击处罚抽头牟利性茶馆15家,抓获赌博团伙1个;打击地下"六合彩",抓捕7人;涉毒强戒30人,社戒15人。推进雪亮工程建设,自筹资金10万元,在辖区内新增高清彩色摄像头28个。抓安全监督工作,取缔辖区内烟花鞭炮经营场所,开展重点场所、社区安全负责人安全培训2次,组织干部观看安全警示教育片、学习《湖南省党政干部安全生产责任制》,明确各级干部安全责任。

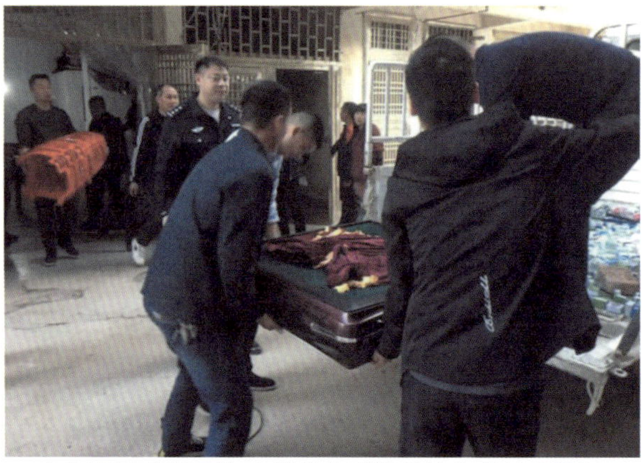

红云派出所开展打击抽头牟利性茶馆专项行动现场
(提供:李雅琴)

城市创建。社区工作站完善、规范"智慧城管"管理操作平台,全年处理案件12068件。根据区人民政府"2019城市提质年"工作要求,打造正汉巷、文化南巷"样板街"2条,实施正汉巷改造工程,清除牛皮癣800余条、粉刷墙面700平方米,制作喷绘200平方米、建造围挡150米,进行路面清洗2次。按照室外每20米一处,室内每10米一处要求宣传落实公益广告。抓物业管理,开展辖区内小区安全卫生大检查,责令不符合要求的小区进行整改。指导御景江南、鼎卫豪苑小区首届业主委员会成立工作,组织江南丽都小区业主委员会换届选举工作。

卫生计生。利用综治"雪亮"工程平台,建立红云街道卫生监督指挥中心,卫生监督平台与平安创建平台实现对接,在重点卫生场所和医疗机构安装摄像头15个,实时监管公共场所消毒和医疗废弃物规范处置等情况。开展创建卫生计生综合监督"示范街道"工作,清理整顿辖区公共卫生场所110余家、医疗卫生服务机构37家,生活饮用水单位7家。核发计生家庭扶助金2707名;人口动态数据监测数据稳定,符合生育率99%,符合指标要求。

精准扶贫。开展走千村访万户活动,4月,开展大走访活动,街道办事处班子成员走访所有贫困户。开展动态调整工作,落实政府扶贫政策,5月,开展全覆盖摸排甄别,清理不符合条件的"四类人员"、识别不准的贫困户、关系户,符合条件对象按标准和程序应纳尽纳,解决贫困户未整户纳入问题。开展扶贫帮困工作,提供扶贫小额贷款贫困户2户,贷款10万元;贫困户医保参保率100%,为贫困户中的重度残疾人员免除医保费,其余补助110元/人;参加鼎城区实用技术培训班贫困人口8人;申报雨露计划职业教育补助2人,补贴3000元/年;享受扶贫教育补助在校学生9名。由红云街道卫计中心牵头,为辖区内贫困人口实施健康扶贫,为贫困户免费体检,签约家庭医生,实行先诊疗后付费,报销比例97%以上,覆盖率100%。

环境整治。开展秸秆禁烧、固体废物排查整治、锅炉升级改造、禁止燃放烟花爆竹、柴火灶改气、禁煤、污染源普查、堆沙场整治、建筑工地裸土覆盖、油漆喷涂整治等专项行动。在蓝天保卫战和大气污染防治中,街道骨干带队24小时不间断巡查管控,实行联社区干部包社区、社区干部包组、党员组长包户的包保责任制,保证巡查管控全天候、全覆盖。处罚不听劝阻违反环保法的企业和个人,8家无环评手续的散乱污企业作坊被强制断电,处罚露天焚烧垃圾秸秆的个人8人次,行政拘留2人次。 (李雅琴)

【禁毒宣传进校园】 2019年6月26日,红云街道办事处综治办组织派出所、司法所,开展禁毒宣传进校园活动。活动在江南小学进行,通过展板宣传、标语签名、上课等方式介绍毒品基本知识和危害。呼吁师生"珍爱生命,拒绝毒品"。 (宋 源)

6月26日,红云街道办事处开展禁毒宣传进校园活动
(提供:宋源)

郭家铺街道

【概况】 郭家铺街道地处江南城区南部，东西紧邻沅江，与德山接壤。辖区面积2113.9公顷，其中耕地面积844.6公顷。下辖王家铺、孔家溶、三滴水、郭家铺、三叉湖、报国、鲁易、大禾场8个社区，计105个村民小组，常住人口4.4万人。隆腾物流园、湘西北五金机电市场、水产大市场，南方新材料科技有限公司、辰州锑品有限公司，湖南应用技术学院，鼎城融媒体中心坐落在辖区内，是鼎城区城市规划发展重要区域、阳明湖板块城市建设中心主战场。2019年，郭家铺街道被国家计划生育委员会确定为全省唯一“计生家庭维权项目点”，获评湖南省卫生健康委2019年度“依法办事示范窗口”，获评常德市先进党组织、市民兵调整改革先进单位、市脱贫攻坚“好的”单位、市三年禁毒大行动“8·31”工程先进单位、市平安创建优秀街道，获评区绩效评估优秀单位。

党建工作。抓主题教育，坚持思想上当“真”，党工委班子学在先、走在前，上下联动抓教育。坚持部署上走“深”，辖区各党组织实行分类指导，精准施策，让基层组织强起来，让两新组织动起来，让支部党员学起来。坚持方式上求“活”，实行普通党员“集中学”、流动党员“线上学”、大龄党员“联络学”，保证每名党员参加主题教育。坚持内容上务“实”，引导党员干部把开展主题教育与贯彻落实中央和省、市、区委各项决策部署结合起来，转化理论成果。落实“三会一课”“周五党日”“党员强党性”“双四一”等党内活动、执行党员积分管理、组织生活会及民主评议党员等制度。坚持党员发展全程纪实、健全入党积极分子备案制度，全年接收预备党员8名，确定入党积极分子6名，预备党员转正19名。落实支部“五化”建设，推广运用“智慧党建”平台，上传更新37个党组织646名党员基础数据，党费缴纳、组织关系转接、慧眼望乡、“三会一课”等均实行线上操作。

党风廉政。制定《郭家铺街道2019年度党风廉政建设责任分工》，坚持“一把手负总责”和“谁主管、谁负责”原则，班子成员定期向党工委汇报党风廉政建设和反腐败工作。抓教育学习，学习中央、省、市、区纪委全会精神及相关文件精神，开展专题廉政党课2次、剖析腐败典型案例6次、观看正风肃纪警示教育片3次、到赴津市开展监狱警示活动1次。抓纪律作风，制定《郭家铺街道职工作风纪律监督管理考核办法》，通过分类计分、连带扣分方式，分数与绩效考核、评优评先挂钩，开展督查11次，与4名机关干部和2名社区干部进行纪律提醒谈话。抓关键领域整治，监督检查街道民政劳保补贴资金发放情况，清理不符合低保政策农户3户10人。抓信访办案，受理信访7件，立案4件，批评教育2人，警示谈话10人，诫勉谈话3人，严重警告处分1人，留党察看1人，给予党内警告处分2人。

经济发展。推进重点项目建设，实施善港储备地块、永安硚城市排渍口治理工程、湖南应用技术学院新建教学楼、阳明湖水系综合治理一期、永富路、德安路、220千伏变电站建设项目征拆腾地工作，拆迁房屋151户，腾地面积44公顷。优化建设环境。抓业主单位、施工单位、街道和各社区沟通协作，排查化解矛盾问题，推进优化经济发展环境综合治理。落实经济指标，全年，争资争项252万元，固定资产5000万元以下投资项目入库5个，投资金额14109万元，推送10596万元。引进装备制造配套产业园项目投资1.3亿元。开展全国第四次经济普查录入工作。

民生保障。开展贫困户建档立卡动态管理工作，全年脱贫3户5人，年末，街道贫困人口27户66人。开展产业、教育、健康扶贫，引导21户贫困户与种粮大户、农场、公司合作，为贫困户增收提供保障；开展贫困户子女教育助学工作，为3名职业教育学生发放“雨露计划”春季专项资金4500元，15名贫困家庭学生享受不同档次教育补助；实行贫困户就医“一站式结算”，与贫困户进行家庭医生签约，签约率100%。采用政府出资购买服务方式，引进第三方社会机构为辖区内符合居家养老条件的58名老年人提供免费上门服务。在报国社区和三滴水社区启动城市活力老人自助式养老服务模式，盘活社区人力资源。全年，城乡低保申请家庭经济状况计算评估76户152人，保障金额370元/人。临时救助59人，发放救助资金73800元。发挥社工站作用，在辖区内举办关爱留守儿童、关爱空巢老人活动14次。开展辖区内退役军人信息采集、优抚待遇年审、光荣牌悬挂等工作。

社会治理。开展扫黑除恶，实行宣传、预防、排查、惩治，破获各类治安刑事案件85件；治安拘留90人、逮捕33人；强制戒毒28人。开展打击地下“六合彩”行动，取缔茶馆52家、查获地下六合彩窝点2个、行政拘留12人、刑事拘留4人、起诉6人、训诫谈话169人。开展禁毒管控，年末，在册吸毒人员102名，社会面吸毒人员81名，计在控人数80人，管控率98.7%。抓安全生产，建立全覆盖安全体系清单台账，召开安全工作会议40余次，发放宣传物品7000余份，组织举办消防演练活动15场次。抓危化品管控，检查指出危化品经营企业问题40余处，执法350余起，处罚金1万元。检查加油站、洁城运输公司、南方商砼等危化品经营企业，断电关停吉顺环保公司加油罐、王家铺甲醇中转站等10余家企业；取缔三滴水烟花一条街及烟花批零经营店，从源头上清除烟花爆竹安全隐患。

污染防治。成立38个禁烧巡查组38个，常态化开展秸秆禁烧巡查，通过发放《致居民朋友一封信》、签订禁烧承诺书、悬挂宣传横幅等，保证宣传不留死角。全年，发现火点29起，拘留2人、留滞1人、警示谈话17人、处罚金9700元。开展环保专项整治行动，到企业排查100余次，督促问题企业整改，关停华越石材、达瑞管道、黄雀蚊香厂等20余家企业。

城市建设。实施城市管理提质，实行桃花源路、金霞路、阳明路、善卷路等主干道提质改造；以王家铺巷为样板巷，推进乌船庙巷等10余条街巷环境整治工作；集中清理清运孔郭路沿线积存堆码垃圾，治理黑臭水体7000米；整治水产市场、建材市场、商贸城、隆腾物流园、五金机电城环境卫生和经营秩序。实施人居环境整治、各社区成立爱卫协会组织，建立以群众为主导的环境卫生评比机制，推进人居环境整治工作，投入10万余元用于落实120户改厕任务；投入100万元，开展辖区内319国道沿线乱堆乱码乱搭、占道经营、沟渠淤积等问题专项整治行动。实施控违拆违管控，全年，查处违章搭建隐患苗头30处，拆除违章建设28处、违章面积1639平方米。 （胡亮梓）

【湖南省财政厅、湖南省民政厅调研组考察郭家铺街道社工工作】 2019年5月15日，湖南省财政厅综合处、湖南省民政厅规划财务处联合调研组到郭家铺街道考察社工工作。在社工工作站内，调研组查看社工项目工作台账，了解街道社工工作开展状况。听取财政、民政、第三方机构工作情况汇报，询问社工项目工作经验和遇到的问题。调研组表示，社工工作是基层工作力量的补充，要充分盘活社会资源，让社工项目发挥便民惠民服务于民的作用，让辖区市民获得实实在在好处。

（胡亮梓）

5月15日，湖南省财政厅、湖南省民政厅调研组到街道考察社工工作 （提供：胡亮梓）

【河南省鹤壁市党政考察团到郭家铺街道考察】 2019年12月1日，河南省鹤壁市党政考察团到郭家铺街道王家铺社区考察学习完美社区及网格化建设，了解利用老旧村（社）大楼进行完美社区阵地建设和网格化机制建设经验。听取“雪亮工程”布点探头、视频储存、日常管理和利用介绍。

（胡亮梓）

12月1日，河南省鹤壁市党政考察团到郭家铺街道王家铺社区考察 （提供：胡亮梓）

斗姆湖街道

【概况】 斗姆湖街道位于常德市主城区西南10千米，是常德城区南大门，街道东至江南城区，南望花岩溪国家森林公园，西邻桃花源，北抵沅水，与常德市城区隔江而望。2019年，区域总面积41.6平方千米，耕地面积1766.67公顷，下辖社区11个，总人口4.13万人。二广、杭瑞、长渝高速在境内交错互通，国道319与国道207横贯全境，沅水四桥直通江北，桃花源机场和2个500吨级码头位居境内。街道主产粮、棉、油，是农副产品加工重地。2019年，街道获评市级平安街道创建优秀单位、市级文明单位，获评区级安全生产和消防工作优秀单位、全区落实党风廉政建设红旗单位。

农业产业。为传统水稻产业提供技术服务，印发资料1万份。优质稻种植面积3000公顷、油菜种植面积146.67公顷、棉花种植20公顷、水面养殖100公顷、土地流转366.47公顷。粮食大户50亩以上的有45个。发展特色农业产业，养殖稻虾6.67公顷，种植草莓2公顷，开发天鹅养殖基地5.33公顷。

基础设施建设。争资争项300余万元用于硬化辖区内主次干道10余千米，改造提质县道088线、斗通路等县乡村公路19.1千米，投入20余万元改造原机场安置小区下水管网基础设施，检修水利机电设备，保洁河道23.2千米，实行秋冬修农田水利设施规划设计。

学习教育管理。开展“三会一课”、主题党日活动、“不忘初心、牢记使命”主题教育，开展专题研讨3次。组织各类知识测试20余次，发动党员下载注册“学习强国”手机软件，参与度80%。在“民兵大学习、奋斗新时代”第二季知识竞赛中获第二名。结合中国共产党建党98周年表彰优秀共产党员69名，预备党员转正8人，发展党员13人。培养青年干部，组织30余名青年干部召开座谈会。

斗姆湖街道青年干部座谈会会场 （提供：陈思）

脱贫攻坚。制定全年脱贫规划，按照阶段目标细化任务，按步实施。组织两不愁三保障摸底，明确工作方向；建立产业发展指导员制度，进行精准产业帮扶；开展产业帮扶回头看回头查行动，保证产业扶贫政策落实到位；核实整改疑似问题数据，保证脱贫质量；进行贫困人口动态调整，保证数据真实准确。组建驻社区工作队3支，脱贫32户83人，实施产业扶贫205户、教育扶贫105人、健康扶贫795人、危房改造9户。

人居环境整治。完善环卫保洁网络，进行道路清障50余千米，年平奖补投入30余万元实施11个社区常效保洁工程，在全区率先提前1年结束改厕任务。党工委搭建平台为无职党员设岗定责，助力人居环境整治。明确干部包网格，在社区集中位置设置干部责任公示牌；明确2—3名党员一组包户联片管路段，在社区设置党员责任公示牌；明确居民户责任，将住户责任公示牌张贴于门前，定期考核，督导落实。开展河湖清“四乱”，关闭影响大气环境企业2家，整顿涉污企业、门店31家。5月，街道联合学校开展“创建最美人居环境，我是小主人”活动。发放倡议书1500余份，组织学生开展主题征文和手抄报比赛、最美“小主人”评比。组织干部到网格，入户开展区域内种植种类、面积、秸秆去向情况摸底，宣传禁烧工作。制定措施，街道出资租赁土地，采取挖坑堆草、集中掩埋方式，让秸秆自然腐烂，沃肥还田。组织巡查队30余支实行24小时巡查。

党员责任公示牌 （提供：陈思）

项目建设。沅水四桥通车，安置小区二期建成，实施四桥匝道安置小区基础设施工程；投资800余万元的棚改一期通过验收，投资690万元的棚改二期完工；征拆武警中队和看守所项目用地32户，交地5.33公顷；推进城市提质工作，创建食品样板街；高标准农田项目工作启动。

安全稳定。开展“扫黑除恶”工作，全年侦办刑案19起，刑事拘留22人，移送起诉25起，无重大事故发生。投资90万元购置执法巡逻车11台、警用电动摩托车9台，执法巡逻无死角。落实矛盾纠纷不出社区、街道，接待群众1000人次，就地化解矛盾21起，通过三级联调化解5起，调解成功率100%。配备网格化工作专干3名、社区网格员35名、网格协管员186人。定期开展“五大安全”排查，分段聘请专业人士进行安全知识培训1200人次，发出安全生产责令限期整改通知书57份，整改落实排查出的隐患，全年无1起较大安全生产事故发生。开展农产品质量安全检测和食品药品安全检查，取缔无许可小作坊3个，提质改造小餐饮6家，查处非法加入添加剂食品店1家，全年无一起中毒事件发生。抓非洲猪瘟防控工作，成立流动巡查队，发放资料1800余份，联合区食药监、城管、工商等部门执法巡查107余次。

社会事业。抓市容、控违拆违等城市管理工作和“大棚房”整治、违建别墅清理等国土工作，第三季度，获市考核办最佳控违奖。支持教育、卫生和保障事业，筹措教育基金，投入10余万元建设“助学爱心传递室”，开展教师节和助学走访慰问72人次。解决原机场、机场快速、国道319-207改线、四桥及匝道等项目15户居民安置遗留问题。抓防汛工作，保证长27千米排河无内涝和险情发生。城镇新增就业700人，组织参加各类招聘会4场，特殊病种申报85人，全年为五保、低保、病残等弱势群体争取发放救助解困资金300余万元。建成社工站并挂牌，社会救助领域建档161份，开展政策宣传和主题活动11场。办理生育证220本，生育213人，联合社区进行两癌妇科普查800人，计划生育特殊家庭重病大病住院护理补贴上报21人，补贴金额20900元。落实五保户与赡养人签订协议工作，组织开展五保户资产追查，清查造册，明确赡养标准，按照谁管生养死葬，谁继承资产资源原则，依照供养关系由组集体、亲属、社区进行认领，确认协议赡养人。

助学爱心传递室 （提供：陈思）

文明建设。抓内部宣传和学习工作,参加市、区组织的“向文明出发,向健康迈进”“庆祝中华人民共和国成立70周年歌咏比赛”等10余项活动,组织传统节日活动7次,篮球、气排球比赛2次,志愿者活动10余次。开展“乡风文明行”活动,打击地下“六合彩”和禁毒禁赌,引导居民破除陈规陋习,下发乡风文明告知书5000余份。开展流动宣传车、发放告知书、签订承诺书、微信清风桥等宣传活动。 (陈 思)

蒿子港镇

【概况】 蒿子港镇1954年建镇,是鼎城区成立最早的建制镇,位于鼎城区北部,地处洞庭湖区澧水下游南岸,东与安乡县隔河相望,南与十美堂镇交界,西与西洞庭农场毗邻,北与中河口镇接壤。2019年,全镇辖7个行政村,5个居委会,总人口3.2万人,镇域总面积54.16平方千米。耕地2960公顷,旱地786.67公顷,水田2173.33公顷,是鼎城区粮、棉、油主产区,产业主要为粮、棉、油、特种水产、蔬菜等。2019年,蒿子港镇被授予省级安全生产示范乡镇称号、被评为市级文明乡镇,蒿子港镇财政所获评省级星级财政所,蒿子港镇卫计办获评省级依法行政示范窗口。党风廉政建设、办公室、统战、武装、稳定工作被评为全区先进。

党建工作。开展“不忘初心、牢记使命”主题教育,组织党委班子开展读书班2次,专题研讨4次,形成专题调研报告9篇。组织全镇党员上党课4次,专题研讨4次,解决问题2个。召开纪念“五四运动”100周年座谈会,与会青年干部围绕“青春心向党,建功新时代”主题进行个人发言。镇机关、村(社区)27名青年干部参会。全年发展党员11人,培养入党积极分子9人;清查党员信息900余人,排查处置违纪违法党员5人;全年缴纳党费71475元,七一慰问困难党员36人,发放慰问金10800元。制定《蒿子港镇农村党员“四讲四比”量化考核实施方案(试行)》,明确31项评分标准,结合民主评议党员结果,七一表彰优秀党务工作者15名,优秀共产党员35人,先进基层党组织4个。发放镇纪委督查通报18期,谈话提醒35人次,问责干部50人次,约谈4人次。党员违纪违法行为立案5起,处分5人,其中给予党内警告处分1人、党内严重警告处分2人,开除党籍2人。

蒿子港镇纪念“五四运动”100周年座谈会会场

(提供:赵晗)

三大攻坚战。截至年末,镇村两级债务化解完毕,政府新建工程均有资金保障,未造成新债务。按照“两不愁三保障”要求,落实低保兜底保障98户196人,危房改造10户,教育助学183人,其中享受雨露计划教育补助48人次7.2万元,享受镇教育基金资助贫困户24人次1.34万元,一站式医疗服务587人,免费健康体检754人,外出务工交通补助298人,光伏产业帮扶67户,为每名贫困人口补助医保费用125元,组织实用技术培训1期,培训贫困人口40人次。使用智能化垃圾中转设备,保证环境干净卫生;报批改厕村民4512户,各村建立改厕台账,统一编号管理,至年末,实施3149个;向全镇14户珍珠养殖户下达珍珠退养通知书,签订珍珠退养承诺书,落实退养10户44.5公顷。组织联合抓捕电鱼行动2次,收缴电捕鱼设备25套,分别在北干渠、经二线沟渠联合打击非法捕捞螺蛳3次,放生螺蛳1000千克。植树2.86万株,其中集体义务植树0.34万株,居民义务植树2.52万株。

项目建设。棚户区改造二期工程(振兴街综合整治)项目改造418户,年末均完工。道路硬化工程项目整合资金1000余万元,硬化乡村道路12千米,新建、改建危桥2座,疏通主排灌渠4千米。农网升级改造项目升级改造咸庆、福美、邱家、长安、振兴街居委会及原锦阳街居委会计20个台区农网,新建10千伏线路2千米,改造0.4千伏线路38千米。千吨级码头项目主体工程完工,派出所业务用房建设完工,青茅路建成并投入使用,振兴街贸易路竣工验收,河口街原纸厂小区道路改造竣工并交付使用,城区公共厕所升级改造完工。城区亮化工程无盲区,新装路灯5盏,检查维修3次,更换光源驱动20余盏。

安全生产。抓生产安全,全年检查企业安全情况118次,联合区应急管理局开展联合检查4次,向存在安全隐患的金港加油站、文轩砖厂进行5000元以上、10000元以下罚款。取缔烟花鞭炮流转库等安全隐患,全镇23家烟花鞭炮零售商进货渠道开放,均不设大型集中流转库,全年全镇未发生较大以上安全生产事故。抓道路交通安全,没收出租车顶灯、广告牌16个,要求违法司机签订《不非法营运承诺书》,开展事故多发路段隐患排查治理,整治人行危桥3座,处理主要交通路口安全隐患;每月召开道路交通安全工作例会,进行车辆驾驶员安全知识培训;开展道路交通安全执法。抓消防安全,实行重点企业、人员密集场所消防专项检查3次,镇志愿消防队为居民扑灭火灾5起,均未造成人员伤亡。抓生态环境安全,检查企业、作坊40余次,关停湘龙门业油漆车间、正旺塑料厂、邱家湖泡沫腻子厂、润胜搅拌厂涉污企业4家。抓食品药品安全,开展农村假冒伪劣食品专项整治,检查食品经营户35家,收缴过期食品102.5千克,处罚农贸市场旁经营户2家,检查药房5家,立案调查药房5家,均下达检查建议书。开展镇中学和中心幼儿园食品安全检查,给予为中心幼儿园未能提供经营许可证和食品相关证明文件的供货者杨某0.5万元罚款。

社会稳定。排查化解矛盾15起,化解各类矛盾纠纷48起,全年无一人进京上访,无一起非法上访,无一起群体性事件;收到来信来访28件,处理28件,处理率和满意率均100%;咸庆村、福美村、太岳村、光复村、邱家村获评全区“无上访建设”先进村。全年,破获各类刑事案件16起,刑事拘留20余人;治安拘留各类违法人员33人;调处各类矛盾纠纷132起,调处成功率90%;接收社区矫正人员7人,解除社区矫正13人次,社区矫正调查评估22人次,为社区矫正人员安排集中劳动8次,集中教育6次,向社区矫正对象书面警告3人次。

民生工作。落实贫困残疾人生活补贴和重度残疾人护理补贴;城乡居保“四类对象”补贴均发放到位;全年发放各类救助金近70万元,临时救助重病患者25人、重点优抚对象近100人、孤儿2人、部队退役困难家庭20余户、受灾家庭2户、计生家庭4户、特困家庭近300户。新增“双创”贷款218万元,支持创新创业12人。整合教育基金、教育助学金及民间人士捐款近20万元,资助优秀学子、贫困学子114名,全镇义务教育阶段无一人辍学。蒿子港镇卫生院联合鼎城区妇幼保健院组建蒿子港分院,填补妇产科就医空白,并在乡镇卫生院进行6S管理。 (陈施汝)

【湖南省人大常委会办公厅副巡视员胡长春到蒿子港镇调研农村产业发展及耕地抛荒工作】 2019年12月3日,湖南省人大常委会办公厅副巡视员胡长春到蒿子港镇调研农村产业发展及耕地抛荒工作,常德市人大农业委副主任委员刘伏沅、鼎城区人大常委会副主任钟泽英陪同。调研座谈会上,蒿子港镇镇长熊尧、长安村支部书记唐才华介绍当地情况。调研组成员听取了蒿子港镇在农村产业发展及耕地抛荒方面的总体情况,了解长安村耕地面积、人口数量及结构,劳动力及产业发展,村级基层组织建设、村级集体经济收入等情况。围绕优质稻不优价、基础设施建设欠缺、政策支持待加强等困难问题,与参会代表展开座谈。会后,调研

组与种植大户、合作社负责人及村组组长等代表进行研讨。 （赵 晗）

湖南省人大农业委到蒿子港镇调研农村产业发展及耕地抛荒工作 （提供：赵晗）

中河口镇

【概况】 中河口镇位于常德市鼎城区东北部。总面积73平方千米，辖1个居委会、10个行政村，计115个村民小组。2019年年末，总户数7921户，其中农业户7512户；总人口3.21万人，其中外来人口195人。耕地面积4355.33公顷，其中水田面积3125.33公顷。总产值9.68亿元，增长14.5%。其中，工业产值2.35亿元，增长18.9%；农业产值5.71亿元，增长19.1%。2019年，中河口镇"党旗'微光彩'为民'大创举'"案例被评为湖南省思想政治工作创新案例，老干部工作、确权颁证工作、稻虾种养产业发展工作获评市级先进，平安建设工作、安全生产工作、消防工作、无上访村（社区）工作、党政综合办工作获评区级优秀。

产业发展。土地确权颁发证书6425户，颁证率91%；土地流转面积3200公顷，流转率75%，土地利用率增加。形成千亩高档优质稻高产示范片、千亩稻虾种养高产示范片、千亩油菜全程机械化生产示范片、千亩稻油示范区、500亩芥菜示范片和高产示范片等示范片（区）12个，整合低洼田种植菜藕333.33公顷，扩展葡萄、鳜鱼等特色产业。通过土地流转、整合，产业结构调整优化，提升各类农民专业合作社、种植大户等新型农村经营主体和农民收益。

三大攻坚。脱贫73户199人，落实危房改造、教育助学、健康扶贫、安全饮水、产业扶贫、就业扶贫、小额信贷等扶贫措施。推进污染防治工作，按期落实畜禽退养、珍珠退养任务；秸秆垃圾禁烧实行"无缝巡逻、密集宣传、严厉打击"，未被市、区处罚通报；落实河（湖）长制、林长制，定期治理河湖垃圾，提升绿化植被覆盖率；进行农业面源和土壤污染防治。防范化解重大风险，偿还镇本级基础设施建设存量债务，未新增债务。村级债务实行控管，老欠债务制订计划逐年偿还。定期开展防范和打击非法集资宣传活动，防控金融风险。

人居环境。争资争项，改善基础设施条件。引进中央投资2000万元用于人居环境整治项目，实施南洲村、北洲村、团洲村、中河口村生活垃圾处理、改厕，建设污水处理、生态沟渠样板点；实施自然村通水泥路建设项目，投入资金952万元，用于全镇8个村硬化、拓宽公路29.8千米，实现水泥路"组组通"；建设政府投资的乡镇污水处理厂（站）；开展"空心房"整治，拆除10个村危房、旧房170余栋；开展西洞庭白芷湖环保整治，更新白芷湖周边水利排灌设施，改善白芷湖周边人居环境；争取省高标准农田整治项目、沙河灌区水利项目，维修改造重要机埠、电排，硬化、建设重点沟渠、机耕道。投入资金，改善辖区人居环境。按每个村（居）2万元标准计投入22万元，用于各村（居）人居环境整治奖补；按每千米1000元标准计投入8.7万元，用于各村主干道沟渠管护奖补；投入近30万元，用于全镇主干道环境卫生管护；整合资金150万元整治哑河桥"三角带"，打造成居民休闲"小花园"。实行环境卫生管理常态化运行机制，开展月检查、季度评比。

中河口镇标志性地标　　（提供：钟昨麟）

社会治理。制定并落实安全管理制度，定期开展各行业安全隐患大排查、大检查、大整治，全年无较大安全事故发生。开展扫黑除恶、打击地下“六合彩”宣传和专项整治行动、“19平安创建志愿者活动日”活动，结合秸秆禁烧巡查开展全天候综治巡逻，实行综合治理日常化。通过镇、村（居）、网格（组）三级信访矛盾事前排查、宣传联动机制，全年未发生重大信访问题。组建专职应急救援队（消防专职队），配备专职应急（消防）队员，开展实战培训演练及出警救援20余次，挽救财产损失近100万元。

中河口镇专职消防救援队　　（提供：钟昨麟）

社会保障。开展食品药品监督，配合创建国家级食品安全示范城市，开展取缔马路市场行动2次，拟提质小餐饮经营店6家，关停该镇白酒加工小作坊，保证食品安全。抓教育提质，2019年，中河口镇中学达鼎城区第一中学分数线人数26人；整合教育资源，撤并乐安村小学，增加复兴村小学办学力量；规范使用教育基金，用于改善教学环境、资助贫困学生等，支持教育事业发展。抓扶贫帮困工作，该镇发放临时救助、自然灾害救助及优抚资金50万余元，救助贫困对象530人次。联系广东“狮子会”等慈善组织和各界爱心人士，开展结对帮扶、走访慰问弱势群体93户，捐赠帮扶资金及物资折合人民币10万余元。开展卫计卫生、武装、工会、妇联、共青团等工作。

党的建设。邀请湖南文理学院师生为该镇各党支部党员授课，开展“守初心、担使命”专题研讨、召开专题民主生活会，参加区“不忘初心、牢记使命”主题演讲，孙韶华获评“优秀选手”。开展党员“微光彩”活动，镇机关党员、村（居）党（总）支负责人及驻镇部门党员负责人，按季度展示微风采，发挥先锋模范作用，弘扬社会正能量。“党旗‘微光彩’为民‘大创举’”案例被评为湖南省思想政治工作创新案例。实行镇村（居）干部“日常发现、实战锻炼”机制，全年确定入党积极分子14名，发展党员15名，预备党员转正10名，确定35岁以下村（居）党（总）支书记后备人选2名、村（居）干部后备人选1名到镇村跟班学习。参加“四类人员”选拔，提拔优秀站所长2名为乡镇领导。参加区学用“学习强国”知识挑战赛，获团体赛第二名。

意识形态。依托周五主题党日活动，开展各类政治理论学习，贯彻各类会议精神、规章制度。全年，组织党委中心组集中学习16次，开展政治理论学习8次。细化中河口镇意识形态管理机制，实行微信工作群和各网格群实名制管理，政府网站等宣传媒介发布信息实行“三审定审”制，及时处理办结舆情回复。该镇党员干部开展“微光彩”活动，展示好人好事732件，“党旗‘微光彩’为民‘大创举’”案例被评为湖南省思想政治工作创新案例，在《湖南日报》数字版专题报道。借助乡村大直播平台推介该镇特色农业产业。组织参加庆祝中华人民共和国成立70周年大型歌咏比赛，获团体赛优胜奖。

中河口镇乡村大直播推介特色农业产业
（提供：钟昨麟）

党风廉政建设。落实“两个责任”，党风廉政建设与班子建设紧密结合，涉及经济发展的重大事项及关系干部切身利益的重要问题，坚持集体领导、集体决策，开展“三重一大”制度宣传，定期接受“两代表一委员”督导，公示重大事项，接受群众监督，党政骨干成员开展谈心谈话130余次。
（钟昨麟）

【民进湖南省委脱贫攻坚监督调研座谈会在中河口镇召开】 2019年4月25日，湖南省政协常委、民进省委副主委、省社会主义学院院长雷鸣强，民进省委组织处副主任科员彭盼熙到鼎城区中河口镇麻河口村调研脱贫攻坚工作，并召开座谈会。常德市政协副主席、民进市委主委张力，民进市委专职副主委张益源、副主委黄阳辉陪同调研。鼎城区政协副主席蒋利蓉、民进经开区支部主委戴美宏、民进市委机关成员参加调研。座谈会上，麻河口村支部书记郝永红汇报了2018年度中河口镇麻河口村贫困户口脱贫情况，扶贫工作队队长何勇作补充。雷鸣强一行到南洲小学、公立幼儿园实地调研，与小学教师交谈，了解学校发展状态、现阶段需要、未来发展态势。雷鸣强强调，乡村小学的师资力量、教学设备虽比不上城镇小学，但乡村小学更贴切大自然，他希望教师们能够利用该特点，帮助学生学到更加有用知识本领。随后一行人到贫困户张昌元、王元珍家探望，了解贫困家庭现实经济情况、住房情况及后续生活需求情况。（钟昨麟）

4月25日，民进湖南省委麻河口村脱贫攻坚监督调研座谈会会场
（提供：钟昨麟）

十美堂镇

【概况】 十美堂镇位于常德市鼎城区东北部，距常德市区约60千米，乡镇区划调整后，由原黄珠洲乡、黑山嘴乡、十美堂镇合并组建。辖18个村、5个社区，约6.5万人，国土面积138.9平方千米，毗邻安乡、南县、汉寿等县。十美堂镇水草丰茂，盛产优质富硒水稻，甲鱼、龙虾、黄鳝等各类水产远近闻名，是鱼米之乡。鸟儿洲生态旅游国家AAA级景区、鸟儿洲国家湿地公园位居境内，享有“湖南最美乡镇”“湖南省农业示范点”“湖南省农业产业强镇”“常德市特色产业小镇”“常德市文明村镇”的称号。2019年，农业总产值72205.56万元，农作物播种面积22285.67公顷，其中粮食播种面积13509.73公顷，粮食总产量76754吨；经济作物播种面积2253.33公顷。规模工业增加值4420万元，增长320%；工业固定资产投资11000万元，增长8.7%。

党的建设。开展“不忘初心、牢记使命”主题教育。全年发展党员29人，培养入党积极分子53人，推进村（社）后备干部培养，全区“四类人员”比选中，提拔站办所负责人1名。除农场支部，支部“五化”建设均落实；紫流村党支部被常德市委评为先进党支部；考察审计村(社)班子23个；所有软弱涣散党组织摘帽。“两学一做”学习教育常态化制度化，建成红星云站点24个，“智慧党建”系统全覆盖。全年输送兵员数人，举办常德市新兵启运欢送会，获常德市民兵大学习三等奖。发挥基层组织力量，助推村集体经济发展，分别在秧田村、上河口村、庆复村成立甲鱼养殖、稻鳖生态种养、葡萄种植专业合作社。全年查处党员3人。

脱贫攻坚。全年，脱贫190户481人。接受省、市、区“三率一度”检查，均获好评。发展金融扶贫、危改扶贫、健康扶贫、雨露扶贫、法律扶贫、技术扶贫、项目扶贫和产业扶贫，其中发展生产671人，医疗救助1201人，社会兜底886人，实用技术培训300人，教育助学502人；关注弱势群体，筹措资金80余万元，救助慰问特困群体、党员、贫困学子；争取资金11万元用于89名高考学子及贫困儿童实施“金秋助学”活动；落实危改计划86户，新增转移就业452人，创业贷款审批37户，贷款金额590万元，开展低保户清理，确认低保户841户，落实应保尽保、应出尽出。

十美堂镇“金秋助学”活动领导、学生合影

（提供：刘霖）

现代农业产业。依托鸟儿洲农特产品开发有限公司、金浪水稻专业合作社、常德河洲水产有限公司影响力，发展一村一品或几村一品，形成河洲甲鱼、美润果品、小茅吊瓜、供港蔬菜、紫流白芨、十美香菌、龙天兔业、航天大豆、鸟儿洲坛坛菜、三红蜜柚、太空湘莲等特色农业产业，湘莲、稻虾、甲鱼、吊瓜、黄鳝、柚子、蔬菜、葡萄基地初具规模。2019年，十美堂镇被湖南省财政厅和湖南省农业厅确定为省农业产业强镇；成功创建乡村振兴市级农业特色产业小镇；十美堂河洲龟鳖专业合作社获评湖南省首批百强农民合作社。成立电商平台，有新型经营合作主体69家，种粮大户200家，优质稻发展1537.2公顷，甲鱼养殖1000公顷，龙虾养殖400公顷。有新型经营合作主体5家进行产业结对贫困户210户，庆复村供港蔬菜基地被确定为常德市产业扶贫亮点，上河口村产业扶贫采取的“五加”(公司+协会+村居+基地+农户)模式，获常德市委副书记、市人民政府市长曹立军肯定好评。鼎城区两会期间《关于生态发展“鼎城中华鳖”产业建设》的议案被确定为1号议案。

安全稳定。根据乡镇机构设置要求，设置综合行政执法队，负责辖区内各类违法建设、镇容镇貌、环境卫生、道路交通等管理执法工作。抓五大安全工作，监管烟花鞭炮，查缴“非品”100件，取缔无证经营18家，检查企业并下令整改410家；监管校车安全，每周检查校车2次以上；消防检查40余次；电动车上牌防盗备案登记2800辆。开展扫黑除恶工作，摸排上报涉黑涉恶线索16条；侦破刑案17起，刑拘14人，行政案件办结38起，行政拘留45人；打击地下“六合彩”，行政拘留3人，刑事拘留2人，教育训诫108人；破获贩毒案件2起，查处吸毒人员25人，强制戒毒8人，社区戒毒2人，禁毒重点乡镇摘牌。开展综治维稳工作，“2468”矛盾调处法全区推介，调处矛盾222件，挽回经济损失380万余元，未发生一起安全责任事故，未出现一起到市以上非访登记，推荐为常德市平安乡镇；十美堂镇司法所获评“全省司法所工作表现突出单位”；综治民调工作进入全市前50名行列。

项目建设。鸟儿洲湿地科普宣教中心和鸟儿洲游客接待中心投入运行，修建十美边界牌坊、党建宣传牌，安装通景路灯149盏，栽种绿化草皮3千米，扩建旅游栈道6千米。街道扩改翻新工程验收，自然村通水泥路50千米，疏浚沟渠121千米，推进镇级平台和污水处理厂建设；规范集镇门店经营秩序，拆除集镇乱搭乱建设施，栽种树木200余株，路网改造3000余米，弱电入地3000余米；实施市级乡镇财政所规范化建设，镇政府办公大楼立面改造工程完工。

美丽乡村建设。开展“三面五清”重点整治，“四定五评”农村环境整治方法获上级好评。秸秆禁烧资源利用获表扬，珍珠退养38户177.93公顷，“厕所革命”改造1742户，畜禽退养27户，封州禁牧牛588头。推进湿地治理，开展“空心房”整治，复耕面积20公顷。实施大棚房整治。植树造林20万株，教育村、胜利村、兴镇社区创森工作获市、区新闻媒体采访推介；落实河湖长制管理，建立河渠保洁整治长效机制。

文旅融合。发展乡村旅游，举办第六届油菜花节，吸引游客30余万人次，发展农家乐34家、民宿19家，带动就业100余人，综合创收近3000万元。在湿地公园栈道修建生态诗廊，在秧田建成红色文化墙，在紫流村、同乐村修建文化墙，在紫流村“十美庭院”建设试点；乌儿洲国家湿地公园创建通过验收。发行刊物《乌儿洲》第2期，十美堂镇获湖南省诗词之乡称号。气排球比赛获全区乡镇组冠军，获西湖“十地”歌手赛冠军。十美堂镇艺术团获欢乐潇湘市、区群众文艺演出“百团大赛”冠军，获湖南省优秀艺术团称号。 （刘　霖）

【十美堂镇获评2019年湖南省农业产业强镇】 2019年6月26日，十美堂镇获评2019年省级农业产业强镇。十美堂镇以甲鱼产业为特色产业，申请创建湖南省省级农业产业强镇。十美堂镇属洞庭湖冲积平原，土壤肥沃，物产丰富，生态环境优越。交通、通讯、电力、网络等基础设施配套完善。优质稻、“双低”油菜是主导产业。通过转方式、调结构，形成“一村一品”特色产业布局，发展新型经营主体，河洲甲鱼、吊瓜子、十美香菌、弘富源蔬菜等特色农产品品牌享誉省内外。开展农村土地权确权登记颁证工作，摸清摸准农村集体资产。参与湖南省农村一、二、三产业融合发展试点建设，探索建立利益联结机制。区、镇两级出台规划、政策文件，为十美堂镇建设以甲鱼产业为主的农业产业强镇提供政策支撑。 （刘　霖）

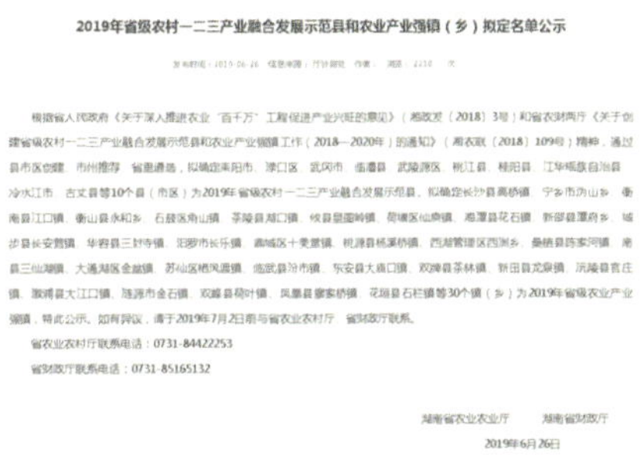
2019年省级农村一二三产业融合发展示范县和农业产业强镇（乡）拟定名单公示

根据省人民政府《关于深入推进农业“百千万”工程促进产业兴旺的意见》（湘政发〔2018〕3号）和省农财两厅《关于创建省级农村一二三产业融合发展示范县和农业产业强镇工作（2018—2020年）的通知》（湘农联〔2018〕109号）精神，通过县市区创建、市州推荐、省里遴选，拟确定耒阳市、津口区、武冈市、临澧县、武陵源区、桃江县、桂阳县、江华瑶族自治县、冷水江市、古丈县等10个县（市区）为2019年省级农村一二三产业融合发展示范县，拟确定长沙县高桥镇、宁乡市沩山乡、衡南县江口镇、衡山县永和乡、石鼓区角山镇、茶陵县湖口镇、攸县皇图岭镇、荷塘区仙庾镇、湘潭县花石镇、新邵县潭府乡、城步县长安营镇、华容县三封寺镇、汨罗市长乐镇、鼎城区十美堂镇、桃源县杨溪桥镇、西湖管理区西洲乡、桑植县陈家河镇、南县三仙湖镇、大通湖区金盆镇、苏仙区栖凤渡镇、临武县汾市镇、东安县大庙口镇、双牌县茶林镇、新田县龙泉镇、沅陵县官庄镇、溆浦县大江口镇、涟源市金石镇、双峰县荷叶镇、凤凰县廖家桥镇、花垣县石栏镇等30个镇（乡）为2019年省级农业产业强镇，特此公示。如有异议，请于2019年7月2日前与省农业农村厅、省财政厅联系。

省农业农村厅联系电话：0731-84422253

省财政厅联系电话：0731-85165132

湖南省农业农村厅　湖南省财政厅

2019年6月26日

2019年湖南省农业产业强镇拟定名单网上公示

（提供：刘霖）

【十美堂镇获湖南省诗词之乡称号】 2019年12月5日，“湖南省诗词之乡”授牌仪式在十美堂镇举行。常德市人大常委会原副主任、中华诗词协会理事、湖南省诗词协会副会长、常德市诗词学会会长曾再农，常德市文联副主席周碧华、常德市诗词学会常务副会长周则强，鼎城区政协副主席、区文联主席蒋利荣，十美堂镇党委书记罗军初和市、区诗词学会成员出席仪式。十美堂镇按照“党建总揽、文化引领、文旅结合、推进发展”的思路，以“五大名镇”建设为目标，把繁荣农村文化、弘扬诗词文化与文化自信、文明创建、新村建设、观光产业、乡村旅游相结合，打造“文化5+”模式，推动诗词文化建设。 （刘　霖）

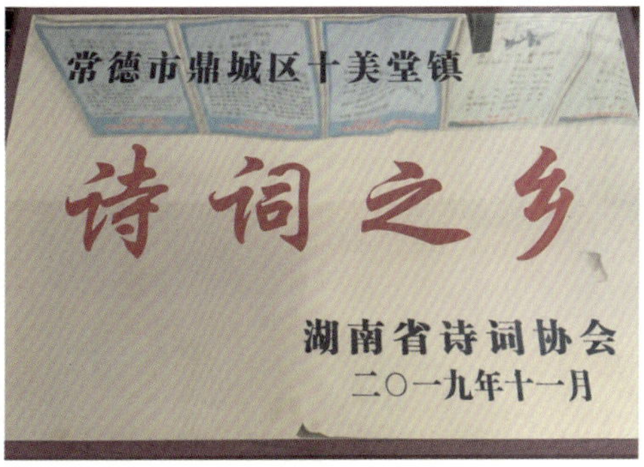

12月5日，十美堂镇获湖南省诗词之乡称号 （提供：刘霖）

【十美堂镇第六届油菜花节】 2019年，十美堂镇第六届油菜花节以“花溪鹭乡·善德鼎城——沙潮春暖·十美流金”为主题，采取“政府搭台、企业唱戏、群众参与、商会支持、多方共赢”方式办节，吸引游客30余万人次。十美花海生态旅游景区计接待游客210万人次，带动该镇农民增收2.6亿元，带活80余家农家乐、餐馆、酒店，勇福米业、十美香等产业产品和农产品销售额增长，农产品展销一条街经营品种2412个，经营户数2322户。十美堂镇乡村旅游产业的发展，促进了一、二、三产业融合，为乡村振兴战略提供了新动力。 （刘　霖）

牛鼻滩镇

【概况】 牛鼻滩镇南滨沅水，东与贺家山原种场接壤，西抵常德市芦山乡，距常德市城区15千米。全镇下辖10个行政村，2个街道居委会，115个村民小组。全镇总户数10386户，总人口3.83万人，其中农业户8946户。总面积86.22平方千米，农业用地面积4227.27公顷，基本农田面积约占耕地用地的90.7%，主要支柱产业为水稻、蔬菜、棉花、湘莲、鲜鱼等。2019年，牛鼻滩镇获评常德市建设无上访村(社区)先进乡镇、年度秸秆禁烧第二次考评全市“十佳乡镇”、第四季度全市农村人居环境整治工作“十佳乡镇”、鼎城区安全生产和消防工作优秀单位、鼎城区宣传思想工作优秀单位、鼎城区统战工作优秀单位。街道居委会获评常德市建设无上访村(社区)先进社区。

牛鼻滩镇“党建文化墙” （摄影：李树志）

项目建设。引资2300余万元，实施“珍珠退养”水产改制，生态甲鱼养殖基地建成并投产运营。争取上级资金520万元进行第二期街道墟场改造项目，房屋面貌以旧换新，道路以窄扩宽。新增水田28公顷，投入1400万元实施80公顷旱改水项目。拆除空心房97栋，拟新增水田23.33公顷。投入资金400万元开展谈家河电排高抗沟浆砌工程，拟清淤3500米，渠道硬化1000米。争取省级奖扶资金141万元彻底性疏通大中型渠道。建成农村道路20千米，永福桥拆除重建工程完工，在2019年7月30日恢复通车，保障群众出行及安全。

生态环境。开展蓝天碧水净土保卫战，投入100余万元进行环境整治。推进“厕所革命”，落实1700户改厕任务。争取区级财政投入300余万元修建污水处理厂。落实长江经济带生态问题排查整改，拆除河道矮围2处，清除河道杂草障碍1千米。退出“两个一千米”范围内的规模养殖场，珍珠退养面积533.33公顷。开展秸秆禁烧巡查，落实24小时值班制度。

民生福祉。2019年，全镇脱贫60户149人。产业扶贫实行贫困户与产业利益挂钩的帮扶机制，東景水稻专业合作社按田亩面积给予栏马口村贫困户进行生产资料补偿，华茂蔬菜专业合作社实现同春垸村产业扶贫全覆盖。改造农村危房64户，654户A、B类安全住房挂牌。开展脱贫攻坚实用技术培训150人。帮助申请小额金融贷款56万元、创业担保贷款55万元，解决农村地区创业资金不足问题。

社会治理。打击地下“六合彩”案7件，教育训诫100余人次。关停辖区内茶馆，开展旅店、网吧等重点场所的“黄、赌、毒”集中整治。落实“一岗双责”制度，组织开展各类执法活动49次，出动执法人员237人，检查生产经营单位367家，排查安全隐患300余处，立案调查2起，取缔非法经营烟花爆竹商铺2家，隐患整改率98%，遏制安全事故发生。

（宋　娜）

【牛鼻滩镇"学习强国"知识抢答竞赛】 2019年5月16日，牛鼻滩镇"学习强国"知识抢答竞赛在鼎城区广播电视台举行，全体镇村干部近150人参加活动。由全镇优秀青年代表组建的5支战队，经过"政治过关""见多识广""终极挑战"三轮角逐，最终镇机关"奇思妙想"四人女子战队获团体赛冠军。 （朱春红）

5月16日，牛鼻滩镇"学习强国"知识竞赛
（摄影：李树志）

韩公渡镇

【概况】 韩公渡镇位于常德市鼎城区东部，东与西洞庭管理区、汉寿县罐头嘴镇接壤，南邻贺家山原种场、牛鼻滩镇，西接柳叶湖旅游度假区白鹤镇，北抵镇德桥镇、石公桥镇。全镇面积119.3平方千米，辖15个行政村、2个居委会、4个镇属渔场，总人口4.86万人。2019年获平安建设区级优秀单位、安全生产监督优秀执法单位称号。

党建工作。学习贯彻中共十九大精神，贯彻落实新时代党的建设总要求，落实"三会一课"制度，发挥组织功能。开展"新春佳节话党恩"活动，开展党员冬春训活动，宣讲扫黑除恶、综治民调、农业农村、经济发展等知识。开展"不忘初心、牢记使命"主题教育，制定《韩公渡镇"不忘初心、牢记使命"主题教育集中学习研讨工作方案》，列出学习研讨计划表，按计划实施；开展周五主题党日活动，进行集中研讨交流；班子成员开展调查研究，推进主题教育与中心工作结合；学习革命先烈优秀事迹。落实扫黑除恶"回头看"工作，进行村（社）"两委"换届、软弱涣散党组织整顿转化、涉黑涉恶线索摸排。

脱贫攻坚。全年，脱贫189户481人。落实"两不愁、三保障"回头看工作，理清底数，解决危房改造、教育助学、医疗保障等方面问题，逐一整改清零。争取扶贫项目资金105万元，用于基础设施建设和产业扶贫。改善16个村居生产生活条件，增加居民收入。享受教育助学政策贫困学生323人。贫困户中慢性病患者和重病患者均享受健康扶贫政策。实施危房改造54户。

生态环境。改善农村环境卫生，开展养殖污染防治工作。落实畜禽退养工作，劝退关闭规模养殖户3家，实施环保设施改造升级大型养猪场3家。引导协调5家生猪养殖场恢复生产，存栏生猪5000头。抓人居环境整治，制定检查评比、奖罚制度，实行明察暗访和交叉检查综合排名，以奖惩措施倒逼人居环境整治。推进改厕工作，至年末，改厕完工2000余户，剩余500余户。落实河（湖）长制工作，健全组织机构，完善规章制度，建立一河湖（渠、塘）一档一册台账和河湖巡查、整治及保洁台账，开展河湖渠塘十大专项整治行动，开展河湖矮围整治。

农业产业。按中央一号文件精神，推进农业供给侧结构性改革，稳定粮食生产面积，保证粮食生产安全。抓农业生产跟踪服务，通过生产会议、广播会、发放资料、举办培训班等，服务种植户掌握农作物病虫发展趋势，及时进行防治。抓示范点建设，该镇有农业部示范点1个，粮食基点2个，开展高产创建及粮食基点工作。推广新技术、新品种，推广面积400公顷，"稻+油"新技术133.33公顷，全程机械化操作；全镇统防统治（统一配药、统一施药）面积2000公顷，无人机作业面积1000公顷。开展农业生产土壤及农产品采样工作，采点192个，土壤及农产品采样392个，为发展农业生产及农业结构调整提供依据。开展农村土地经营权颁证工作，收集整理确权农户资料9884户，确权丘块52189个，确权面积5788.11公顷。下发农村土地证书7753本。

鼎城区农民田间学校培训现场　（提供：康鼎）

基础设施。抓农田水利建设，维修保养镇属各机埠、水渠渠道损坏部分，保证农业灌溉用水安全。解决立新村、流花口村村民饮水问题，实行自来水厂提质整改。实施民兵渠、北硚头排渠、周家大垱等11处沟渠及12处塘坝疏浚工作。抓防汛抗旱工作，落实防汛责任制，按防汛河堤段与各村（居）负责人签订责任状，开展巡查，落实值班坐岗制度，及时提供雨情、水情、灾情，处理周家大垱穿堤建筑病险问题。抓道路建设，督促韩公渡镇改扩翻建项目、改扩翻建配套设施项目、棚改项目施工质量和进度。

安全稳定。扫黑除恶。开展宣传活动，根据"有黑扫黑，无黑除恶，无恶治乱"原则，开展地下"六合彩"线索摸排工作，填写排查表。至年末，查处坐庄写码人6人、刑事拘留3人、教育训诫134人、摧毁赌博茶馆10余家、砸毁麻将机5台，收缴赌博工具若干。物联网电动车上牌3800台。落实民调工作。禁毒工作。组织镇村干部进行禁毒知识培训，通过张贴标语、发放资料、村村响广播宣传等，开展防毒拒毒宣传。戒毒所对接成功戒毒人员5人，起诉吸毒人员11人、强戒8人、社区戒毒7人、查处社会面吸毒人员11人。安全工作。开展"强执法、防事故"行动，开展一般性执法检查并形成执法文书350件，现场行政处罚40条，累计罚款金额0.75万元，安全工作8、9、10月排名全区第一，年末排名位居全区第二。"安你会"应急安全知识学习考核积分全区排名第一。开展安全生产监管，落实"三零"行动要求，每日开展安全生产检查，实行工贸企业、危化品行业、烟花爆竹等行业安全隐患排查。开展宣传发动，走访群众3000余户，向856名留守老人发放安全用电告知书，开展"防溺水"安全大走访活动，家长签订"防溺水责任书"3215份。

民生福祉进。民政工作。落实低保户福利制度，发放低保户补助金计7000人次1293216元，月发放低保金107768元。完善农村五保户供养制度，发放五保户供养资金2140067元，发放优抚资金1022640元。劳保工作。组织500人参加招聘会，推荐就业73人。帮助贫困劳动力就业16人。发布招聘用工信息12批次400余条，转移贫困劳动力就业60人，新增城镇就业120人，开发公益性岗位4个，更新贫困劳动力信息280条。宣传小额创业担保贷款工作，受理11户计165万元小额申请，至年末发放13户195万元，新增创业主体16家，带动就业34人。计生工作。开展卫生计生送健康服务活动。为已婚育龄妇女和基本公共卫生服务人群进行免费健康检查，动员计划怀孕夫妇进行孕前优生健康检查。调查认证符合独生子女奖、60周岁扶助奖、计生特殊家庭特别扶助奖等条件人员，不错报、不漏报，落实各项奖励政策。"空心房"整治工作。开展鼎城区2019年城乡建设用地增减挂钩及"空心房"清理整治工作，清理整治地块137个，涉及房屋246栋，计28672平方米，发放倒房补贴资金192.1万元。实施137个地块测绘、设计、施工、验收工作。

常德市人民政府副市长尹正锡（中）到韩公渡镇调研"空心房"整治工作　（提供：康鼎）

文化事业。开展文娱活动，打造文化精品。开展惠民演出、送戏下村社、“舞动中国，舞出中国梦”大型排舞万人跳、庆祝中华人民共和国成立70周年大联欢活动；参加鼎城区“庆祝新中国成立70周年——欢乐潇湘”百团大赛、大型歌咏比赛；10月，参加鼎城区气排球比赛。

鼎城区“舞动中国，舞出中国梦”大型排舞万人跳活动在韩公渡镇举办 （提供：康鼎）

招商引资。实施渔光一体光伏发电水产科技园项目，通威新能源有限公司初期投资5亿元，获批黄花湖渔场水面153.33公顷、建设用地0.533公顷。实施三美生态蔬菜种植示范基地建设项目，常德市三美生态蔬菜种植有限公司在三美社区投资1亿元，建设生态蔬菜种植产业示范园基地，流转成片土地100公顷。基地引进优质蔬菜品种，采用“互联网+”模式，配套蔬菜种植、加工出口、农村观光休闲、职业农民培训等。打造自然、生态、特色可持续发展休闲娱乐产业。 （康 鼎）

石公桥镇

【概况】 石公桥镇距常德城区30千米，地处太阳山东麓，洞庭湖西滨，东抵西洞庭管理区，西接原大龙站镇，南临镇德桥镇，北靠周家店镇。全镇土地面积114平方千米，辖12个行政村，2个居委会，1个社区，1个渔场，143个村民小组；2019年年末，总户数13043户，总人口46137人。工农业总产值7.25亿元，其中农业总产值4.26亿元，工业总产值1.19亿元；农民人均收入9944元。农作物播种面积15166.67公顷，其中粮食作物播种面积8713.33公顷，粮食总产量52652吨。

党建工作。开展“不忘初心、牢记使命”主题教育，党委班子成员撰写专题调研报告7篇，进行检视反思和整改落实。评选优秀共产党员和党务工作者100名，发展党员8名，预备党员转正16名。组织青年干部开展“青春心向党，建功新时代”五四拓展活动。整顿软弱涣散党组织5个，免职村干部1名。

9月30日，石公桥镇开展“不忘初心，牢记使命”革命传统教育 （提供：宋人凌）

现代农业。推广优质高产品系品种，栽培面积2333.33公顷，建设高档优质稻栽培示范基地，中稻和晚稻优良品种栽培展示基地。抓农业保险工作，全镇早稻投保4066.67公顷，晚稻投保4333.33公顷，棉花投保800公顷，理赔资金100万元。落实深耕深松面积1666.67公顷，机插秧面积133.33公顷，机械收割碎草还田面积1266.67公顷，水旱轮作面积233.33公顷、烘干仓储面积666.67公顷。抓农业补贴工作，全镇耕地地力保护补贴面积3000公顷，中央棉花价差补贴面积646.67公顷。保障农产品质量安全，配备监管人员 2 名。全年农残抽样检测1500次，实行蔬菜基地产品抽检上市。定期监督检查农药市场，宣传农药使用规范，发放、张贴农药用药安全资料1500余份。发展特种养殖业，开展防疫工作。全年，计免疫猪五号病2万余头，牛羊五号病1200余头，小反刍兽疫470

余头，防疫率100%；禽流感免疫100万羽，防疫率98%。未发生重大动物疫病。实施产地检疫和城乡一体化“放心肉”工程，开展非洲猪瘟防控、“两场”保护工作和惠生猪场3千米范围退养宣传工作。抓其他禁养区规模养殖场退养工作，关停退养其他禁养区规模养殖场6个。

基础设施。清淤疏通北河口、西灌渠，杉木桥等8条渠道，解决因渠道不畅造成的渍水淹田问题，争取电排改造资金2000万元，更新改造镇属电排，争取小流域治理资金800万元，治理北河、仙人河。制订秋冬修水利工程计划，实施田间渠道清淤、疏通80千米、山塘整修扩容28口，新建、整修机耕道80条50千米，维修养护村级排灌机埠100台，装机容量4350千瓦，全镇水利工程建设投资4000万元。抓抗旱工作，制定节水蓄水方案，启用二级提水设备近500台套，化解水事纠纷数起，保证居民用水需求。

5月17日，石公桥镇防汛应急抢险救援队进行防汛演练 （提供：宋人凌）

脱贫攻坚。至10月，享受教育助学政策309人，补助资金191500元；贫困户小额信贷贷款7户，贷款资金33万元；贫困户参加实用技术培训50人，补贴金额1.5万元；贫困户外出务工交通补贴555人；建档立卡贫困户危房改造19户，补贴资金37.4万元。享受年度春季雨露计划教育补助学生31人，补助标准3000元/（人·年）。

6月11日，石公桥镇党委书记卢曙光（右一）、镇长高红波（中）到赵家垱村走访贫困户 （提供：宋人凌）

生态环境。石公桥镇为联村干部和村支部书记下达《2019年珍珠退养具体任务交办函》《畜禽养殖场退养工作交办函》《畜禽养殖场污染治理整改工作交办函》，开展珍珠退养、畜禽养殖场污染治理整改工作，下达《鼎城区石公桥镇珍珠退养告知书》《关于畜禽养殖场退养的通知》《畜禽养殖场污染治理整改通知》，宣传退养政策，至年末，珍珠退养86.67公顷，畜禽养殖场退养1户。

社会保障事业。民政工作。落实低保政策和临时救助制度，全镇农村低保保障233户483人，城镇低保49户76人；临时救助49人次，救助资金32300元。农村特困供养对象313人，其中敬老院集中供养30人，特困供养对象危房改造完工，住房安全有保障。落实残疾人管理和服务工作，享受残疾人两项补贴待遇427人，享受城乡低保待遇重度残疾人48人。抓优抚工作，建立退役军人档案，落实新增优抚对象的申报，抚恤补助优待经费及时足额发放。劳保工作。组织参加专场招聘会4场480人次。城镇新增就业150人，新增贫困劳动力转移就业35人，组织辖区内贫困劳动力和两后生培训15人，外出务工贫困劳动力交通补助561人，计144600元。发放创业担保贷款90万元。参保缴费11591人5466700元，参保率83%，基金征缴率101.35%；开展违规领取城乡居民保险待遇稽核，稽核18人，涉及金额2万元；核报特殊门诊城乡居民医保20余万元。

武装工作。进行民兵整组，优化组织结构。开展征兵工作，进行兵役登记，组织报名参加征兵体检，无一人退兵。

安全稳定。开展安全检查70余次，出动人员300余人次，检查企业280余家次，发现隐患172处，开出整改通知单172份，整改169处。建设应急救援队伍，参加消防应急演练6次，扑灭火灾9起。发放平安创建、民意调查、扫黑除恶、打黄扫非、禁毒宣传资料4万余份。雪亮工程建设安装监控探头90个、农户安装500个。开展"扫黑除恶"专项整治工作，制定《石公桥镇"扫黑除恶"专项行动实施方案》，制作"扫黑除恶"标语、横幅，发放"扫黑除恶"专项斗争宣传资料2000余份。开展涉法涉诉信访工作，落实信访工作责任制，按照"五包"责任要求，及时解决信访突出问题。调处矛盾纠纷150起，镇、村两级调处矛盾纠纷80余起，调处成功率97%。接收社区矫正人员13名，解除社区矫正人员13名。

国土资源工作。实行执法监察，立案查处土地违法案件3宗，下达停工通知书11份。开展武汉督查局为该镇提供的59个疑似违法用地卫片图斑举证工作。协助区执法监察大队开展"大棚房""违建别墅"清理整治。实施"空心房"专项整治工作，拆除房屋95栋，面积1.5万余平方米，整治面积36.67公顷，新增耕地30.67公顷。

（宋人凌）

周家店镇

【概况】 周家店镇位于常德市的东北部，距市区30千米。北与津市药山镇相连，南与石公桥镇抵界，东望西洞庭管理区，西邻双桥坪镇。2019年，总面积134余平方千米，总户数11215户，人口35561人，其中，农业户籍10067户33133人；非农户籍1148户2428人。外出务工人数8660人。辖建设、樊溪、闵泉3个居委会，恒丰垸、荷花、濠口、娥公桥、大砖桥、白鹤寺、阳陂庵、团垱坪、新时堰、瓦屋垱、太平寺、武岗寨12个村，有村民小组155个。2019年，财政收入5104.01万元，比2018年增长7.5%；财政支出4462.14万元，比2018年增长93.89%；镇本级老债1869.2万元，偿还78.69万元；固定资产425.72万元。

党建工作。落实周五主题党日活动常态化，开展"不忘初心、牢记使命"主题教育。借助现代媒介，建立平安创建微信网格群79个，回复处理舆情1000余起，开展农业技术课、安全课30余场次。组建党员志愿者队伍。170名党员身穿"红马甲"，常年走村入户串乡，融洽干群关系。配合区委巡察工作，转变镇村二级干部作风，逐条逐项对标整改区委第一巡察组反馈的问题。

精准帮扶。开展脱贫攻坚战，执行镇派驻村工作队每月考勤制度并按时上报，协调组长每月至少5天考勤，驻村队长及队员每月至少20天考勤。督导帮扶责任人学习政策，到户帮扶。落实2019年春季雨露计划职业教育学生补助统计、审核、公示、上报，全镇获得雨露计划专项补助学生22人，计3.3万元。协助建管站危房改造资料核对和贫困户审核，协助学校、劳保站、民政所、卫计办、卫生院开展相关部分贫困人口的资料核对。5月，开展全镇贫困人口自然变更，实行贫困人口的自然增加、自然减少等类别的清理整顿；依照程序和时间节点落实7月动态调整工作，新纳入贫困户4户8人、清退贫困户3户8人。全年，脱贫74户171人。

文化建设。打造文化"一村一品"，15个村居各组建1支吹打乐队、1支广场舞队、1支拔河队、1支合唱队，创办"诗词书画"之家。挖掘传统文化，编辑《周士春秋》《龙巢月影系列故事》，保护性整理、编纂《周家店吹打乐牌谱新译》《周家店民歌民谣》，拟公开出版发行。开展文化活动，举办"廉政文化一套街""讲述红色故事、歌唱美丽祖国"等活动，全镇1.2万人参与活动。编辑出版《樊溪》社刊16辑和电子版《樊溪新咏》微刊。参加文体赛事，获评市、区"百团大赛"金奖，尤万鹏、张年冬获评第二届鼎城文艺奖。

平安创建。开展扫黑除恶，加大扫黑除恶宣传力度，收集上报有效线索3条。落实民调宣传，发挥该镇“四支队伍”作用,全区模拟民调综合排名第4位。创建无上访村(镇),推行骨干带班坐班接访,处理信访案件30件;司法调解矛盾纠纷121起,化解上访老户2户,全年实现零非访,特护期零上访。重点整治地下“六合彩”涉赌茶馆,收集买码人线索15条、写单人线索4条,批评教育买码人10人,行政拘留4人,捣毁窝点4个。抓治安安全工作,收缴价值1.5万元非法超量储存的烟花爆竹,开展安全检查101次,下发整改通知书9份,拆除重大安全隐患建筑1栋。进行涉毒人员风险评估,强制戒毒9人。全年侦破刑事案件13起,刑拘29人,社区矫正127人次。

民生工作。开展就业工作。组织260余名应聘者参加各类就业招聘会,新增劳动力转移234人、城镇新增就业132人、困难人员再就业24人。开展优抚工作。为60周岁以上退伍军人办理退伍补贴,为带病回乡军人、老复员军人家属办理遗属补助。开展临时救助。争取社会捐赠100万余元,临时救助105人。采集录入887名残疾人信息,为40余名重度残疾人员申请补助2项,免费康复精神病患者47名,争取残疾人就业扶持资金21万元。

产业发展。发展乡村旅游,打造叮叮桑葚园、黄梨观光园、纽荷尔脐橙园等乡村旅游景点,接待游客近20万人次,创收1600余万元,吸纳100余名贫困对象就业,为贫困户增加收入300余万元。培育优质稻产业,推广“常德香米”高档优质稻,种植总面积3000公顷。发展油茶产业,油茶新造80.2公顷,疏密低改24.67公顷,油茶抚育管护108公顷,全镇油茶面积2666.67公顷。推广“水稻+”模式,稻虾养殖、稻鸭养殖户10余家。服务养殖业,培训村级防疫员2次,全程跟踪服务生猪养殖大户6户,帮助恢复生产;开展全镇存栏960头牛羊、80万羽家禽免疫工作。

生态环保。开展环境整治。投入50余万元购置垃圾桶等环卫设施、升级改造镇垃圾场。组织各村居开展拉网式整治,清理垃圾1万余吨。按照“一查、二评、三访、四问、五讲”模式,开展全覆盖自查。推进“厕所革命”,到灌溪、浏阳等地参观学习改厕模式和经验,在白鹤寺村整村推行试点,落实693户改厕任务,区下达任务完成率100%。推动“大棚房”“空心房”整治。组织专门力量调查摸底“空心房”,整治24.70公顷,其中可开水田面积17.08公顷,旱地7.62公顷,实施复垦种植作物。开展污染防治。落实年度珍珠和符建荣养殖场的退养任务。查处秸秆焚烧行为,镇纪委约谈相关责任人2人,派出所训诫处理15人。

社会事业。争取各类资金2000余万元,用于基础设施建设。樊溪湖大堤加固工程、自然村通水泥路项目(其中新建38786米,加宽4593米)工程、3条新增窄路加宽工程竣工。早孕随访、两癌筛查、妇科病普查、结对帮扶计生特殊家庭医生签约服务覆盖率100%。实行财政规范管理,全年收支平衡,风险可控。武装工作、农村产权制度改革工作、土地确权工作排名全区前列。(熊一举)

镇德桥镇

【概况】 镇德桥镇位于区境中北部,东连石公桥镇,西接柳叶湖旅游度假区白鹤镇,南邻韩公渡镇,北抵双桥坪镇和原区园艺场,距鼎城区人民政府驻地20千米。总面积43.2平方千米,辖6个行政村、3个居委会。2019年,全镇总户数5835户,总人口2.01万人,农用地总面积3241.2公顷,其中耕地2290公顷,林地251公顷,养殖水面540公顷。2019年,镇德桥镇获评全市先进党组织、全市安全生产和消防工作优秀单位,获全区建设无上访村市级先进单位、区先进政协联络处、区党风廉政建设先进单位称号。

基层党建。依托智慧党建平台系统,实行党建工作信息化、网络化。党员干部通过“我的常德”手机软件,在线缴纳党费、转接党组织关系、参加“三会一课”等;基层党组织利用“统计分析”“慧眼望乡”等模块,规范引导党内生活。年末,开展“新春佳节话党恩”活动,以屋场会形式,与居民面对面沟通交流。依托智慧党建视频会议系统，组织9个村(社区)党员开展党员冬春训，镇党委书记丁保国以“乡村振兴，从组织振兴起步”为题上党课。镇德桥镇党校是鼎城区党性教育基地之一，全年，接待参观调研指导团队150余批次，接待来访党员群众1万余人次。湖北省委组织部考察团、湖南省“不忘初心、牢记使命”主题教育第七巡回指导组、西藏自治区山南市措美县考察团到镇调研指导。开展“不忘初心、牢记使命”主题教育，党员领导班子带头，各党组织、全体党员纳入，开展学习教育、调查研究、检视问题、整改落实，解决三港子河堤硬化、冲口子机埠新建等问题。

镇德桥镇“新春佳节话党恩”座谈会　（提供：莫青）

意识形态。每月开展理论中心组学习1次，学习习近平新时代中国特色社会主义思想，读原著、学原文、悟原理；组织全镇党员干部学用“学习强国”手机软件，组织干部参加鼎城区“学习强国”挑战赛，获团体赛三等奖；用微信平台，不间断推出“每日一学”，组织党员干部开展日常学习。成立巡查组，在重大节假日(元旦、五一、国庆)和重要时间节点(高考结束)开展文明操办婚丧喜庆事项宣传督导；组织干部群众参加全区篮球、气排球联赛、百团大赛(市、区)、庆祝中华人民共和国成立70周年合唱比赛等。组织机关干部开展“我们的节日”活动；开展学雷锋、志愿者服务活动，清扫垃圾、关爱老人和留守儿童、募捐物资等，邀请全国优秀共产党员、全国一等伤残军人田工到镇演讲；对接区环保局、卫健局认领群众微心愿，结合脱贫攻坚工作，镇帮扶责任人认领贫困户微心愿。

脱贫攻坚。镇德桥镇建档立卡贫困户550户1706人，至年末，脱贫472户1522人，其中2019年脱贫36户101人。该镇8家协会、家庭农场和专业合作社，与550户贫困户签订产业扶贫协议书，建立利益联结机制，为贫困户增收。全年培训贫困劳动力800余人，保证贫困户至少有1人掌握1—2项实用技术。为3—23岁青少年儿童进行台账管理，实现义务教育阶段学生和两后生“零流失”。2019年，享受教育扶贫资助在校贫困生184名。实施健康扶贫，家庭医生签约建档立卡贫困户550户，参加城乡居民医保，享受每人减免110元或220元健康扶贫优惠政策。居民住院369人次，均享受“一站式”结算、先诊疗后付费、报销比例增长10%的医疗优惠政策。297人次报销比例达到90%。危房改造41户，其中贫困户14户，已竣工验收。

乡村振兴。抓产业发展，该镇种植大户早稻集中育秧200公顷，建立早稻高产创建示范片；全年推广优质水稻666.67公顷，增产值约200万元；增加新型经营主体，有水稻农机专业合作社5家、蔬菜种植合作社1家、家庭农场11个，其中8家投入扶贫产业发展。实施农村人居环境整治，完善农村爱卫协会体系建设，选配保洁队伍，配备清运电动车，投入资金用于人居环境整治考核；排查并制止集镇范围内乱搭乱建、乱堆乱放情况6起；建立同心坝村试点垃圾分类，430户农户参与示范；8个村居拆除“空心房”84栋，复垦农田面积26.67公顷。落实秸秆禁烧工作，采取巡逻车、广播村村响方式不定时进行禁烧宣传，镇村干部逐户上门签订禁烧承诺书，依法处罚露天焚烧行为6起。实施农村改厕，以同心坝村、乔家岗村、刘家桥村、张家桥村、夹巷口居委会为首批，结合迎丰河、同心河环保整治，整村与整治相结合推进改厕工作，实行农村改厕477户。落实河长制工作，设置警示管护牌10块，投入8万元聘请专职保洁员，在同心坝村、乔家岗村开展洞庭湖“五结合”工程试点，整治黑臭水体8940立方米，河道清淤10240立方米，投入5.6万元拆除迎丰河矮围480米，“清四乱”拆除拦网拦坝2处，沟渠清淤13.2千米。同心河、迎丰河沿水岸线旱厕改水厕65口。投入12万余元用于四陂堰水库大坝坝脚除险加固、溢洪道进口整修加固、防汛通道碎石铺装。组织镇村干部群众在迎丰河朱家桥段截流抗旱。冲口子抗旱机埠投入40余万元，装机110千瓦，保障镇德桥镇8个村居、石公桥镇3个村近2666.67公顷晚稻丰收。

综治维稳。抓扫黑除恶工作，利用宣传标语、横幅、村村响广播、微信群、巡逻车等开展宣传；开展打击地下“六合彩”专项行动，行政拘留3人，训诫教育105人；组织派出所、司法所、村干部排查整治镇内茶馆。抓雪亮工程建设，安装公共摄像头107个，均接入区、镇综治平台，通过雪亮工程，司法所处理矛盾纠纷3起，协助区交警大队处理交通事故4起。抓无上访村建设工作，落实党员“五包一”制度、村支书随班坐访制度，化案包保信访户，解决信访问题，全年无一人到市级以上单位上访。开展民调工作，在公路沿线树立综治工作宣传标牌10余块。开展电动车防盗车牌上牌工作，安装防盗车牌1864台。

安全生产。开展联合专项安全检查活动391次，出动执法人员1155次，检查生产经营单位677家，取缔关闭企业2家，行政拘留2人。联合区交警四中队，不定期抽查校车安全运行情况，整改跑马岗村、乔家岗村重点交通安全隐患，加装减速带、标识标牌、反光镜等安全设施。开展食品药品安全巡查，监管屠宰市场，打击处理销售白板肉非法行动3起。监督检查镇德桥镇中学校舍安全、周边环境。抓森林防火工作，采取包村、包片，入村入户办法，突出宣传、巡查、监控、打击手段，发放防火宣传资料2000余份，悬挂、刷写宣传标语50余条。开展三合一场所摸排整治工作，责任分解到村居，落实到干部。

社会民生。城乡医保、农保知晓率100%，参保率分别为91%、98%。年末，有低保67户128人，特困家庭110户123人，集中供养五保户21人，新增残疾人43人。主动服务残疾群体，邀请医院专家上门服务鉴定残疾类别。实施镇敬老院提质改造，安装监控、饮水机、净水器、洗衣机等。全年新生133人，符合政策生育率98.49%。开展药具上门服务和节前慰问失独家庭工作，育龄妇女享受免费妇科检查，享受计生奖励扶助919人，享受计生特别扶助38人，领取独生子女保健费292人。（莫　青）

【湖北省委组织部考察团到镇德桥镇调研党支部“五化”建设工作】 2019年4月24日，湖北省委组织部副部长蔚盛斌率调研组到镇德桥镇调研党支部“五化”建设工作。湖南省委基层党建办主任李武宁，常德市委常委、组织部部长梁仲，市委组织部副部长董建华，鼎城区委副书记、区人民政府区长朱金平，区委常委、组织部部长王少贤等陪同调研。（莫　青）

湖北省委组织部考察团与常德市、鼎城区领导合影

（提供：莫青）

双桥坪镇

【概况】 双桥坪镇位于鼎城区西北部，与津市、临澧接壤，属于沅澧两大水系流域，属典型的丘陵地区。辖3个社区，11个行政村，计136个村民小组。2019年，全镇总户数10105户，总人口33129人，其中城镇人口6415，农业人口26714人，男性17035人，女性16094人。总面积131.5平方千米，林地5380.87公顷，油茶3333.33公顷，果园681.53公顷，荒地65.93公顷，水面954.27公顷；耕地面积3150.40公顷，其中水田2846.67公顷，旱地303.73公顷，粮食总产量2892.5万千克。

2019年,双桥坪社区获评建设“无上访村(社区)”市级先进村(社区),宋家坪村、官堰坪村、双堰堤村、全家坪村、郑家岭社区、大龙站社区获评区级合格“无上访村(社区)”。

基层党建。抓思想建设。履行党委书记抓党建第一责任人的职责,落实班子成员“一岗双责”,结合“不忘初心,牢记使命”主题教育,组织全镇党员干部开展集中学习,集中研讨,专题调研。规范支部建设,提升支部战斗力。抓业务培训。提升党务工作者业务能力和党员素质,针对性开展业务培训。组织党群支书、党建联络员通过线上、线下多种形式开展组织生活会、双述双评、党员冬春训、党员发展、智慧党建运用等专题培训;结合实际制定镇村干部考核办法,开展党员干部管理考核;成立督查组按季度督查各党支部的党建工作,发现问题明确整改时限、落实到人。抓队伍建设。在党员发展工作中明确责任,控制每一个环节的开展,逐一审核入党积极分子和发展对象,全年确定入党积极分子13名,发展党员15名。培养村级后备力量。完善后备干部培养方案,培养后备干部14人。抓意识形态工作。以“学习强国”为载体,督促党员和机关干职参与线上学习,参与全区“学习强国”知识挑战赛,2人取得小组个人赛冠军。制定网络舆情处置工作应急预案,掌握网络意识形态主动权,提高舆论引导水平。通过镇政府门户网站、宣传栏等载体,落实各项工作的宣传解释。开展主体宣教活动,开展“远学雷锋,近学田工”等志愿服务活动,入户慰问贫困低保家庭、“五保户”家庭。

双桥坪镇2019年“学习强国”知识挑战赛初赛现场

(提供:王刚)

农业。推广农业实用技术,推广优质稻2333.33公顷,早稻集中育秧200公顷,专业化统防统治2666.67公顷,测土配方施肥3333.33公顷,引进水稻新品种6个、棉花新品种2个、油菜新品种3个。新办水稻高产示范片5个(其中国家好粮油行动示范片3个,再生稻示范片2个)、油菜示范片3个66.67公顷。推广农业产业化发展,涂家坪村13.33公顷吊瓜子种植园收入超200万元。中晟农牧公司高标准现代化无污染蛋鸡养殖厂养殖蛋鸡10万羽,日产蛋9万枚,日净收入3万元。新增农机32台,享受国家补贴50万元,农业机械普及率80%以上。开展农业科技培训,组织新型经营主体、种粮大户、青年农民、贫困户、残疾人等各类型人员开展科技培训7次,培训人员近1300人,印发各类技术资料8期近1.6万份,发放农业技术短信6万余条。及时将农作物病虫情报下发到各村和广大农户手中。培养新型经营主体,全镇种粮大户33.33公顷以上6个、13.33公顷以上70个,家庭农场17家,新增合作社2家。定期检测农产品质量,全年抽检蔬菜700个样、瘦肉精2000个样,全镇农产品质量安全事故零发生。

林业。春季造林100公顷,其中油茶造林66.67公顷,义务植树1000株。中幼林抚育面积166.67公顷,其中油茶低改80公顷,封山幼林66.67公顷。开展森林防火宣传,实行镇域内全年全天候禁止一切野外用火,组建森林防火巡查队定期上山巡查。组织青壮年镇村干部成立森林防火应急分队,春节、清明节期间到重点地段值班巡查,全镇全年未发生一起森林火灾。落实林政资源管理工作,执行木竹采伐限额管理制度,全镇年内无林业案件发生。配合市委、市政府建立三山保护区政策。双堰堤、祝家垱、大龙站、兴国寺、全家坪5个村1333.33公顷山林纳入保护区范围。落实保护区护林员制度,每村配备1名专职护林员,定期巡查,及时上报毁林、违建、盗伐树木等情况。

水利。落实河长制工作要求,开展河道、水库堤防管理,落实河道保洁工作,进行大堤除杂,保持大堤整洁。制定、申报群利水厂水质改造规划，拟改建高标准的蓄水池、过滤池。申报洞庭湖治理山塘清淤工程，拟争取国家投资200余万元，清淤整修全镇小型、大型山塘60余口，保证居民用水安全。实施上堰水库溢洪道整修，葛家大堰、屈家大堰、毛家大堰、王家大堰等整修工程竣工，汛前调试各个水库启闭设施，检查水库大坝、涵闸，开展大坝除杂等工作。接受水利部、水利厅、市区监督检查，并得到上级肯定。

安全生产。排查安全隐患，整改安全隐患58处，发出限期整改通知书120余份。取缔废弃砖厂2个、柴油交易黑窝点1个、不合格烟花流转库2个、非法贩卖烟花爆竹黑窝点3个。联合上级主管部门处罚安全责任主体不落实的企业，处罚金5万元。

道路交通安全隐患排查　（提供：王刚）

综治工作。接待来访群众200余人次，调处矛盾100余起，形成调解卷宗64件，创建市级无访村1个。开展禁赌行动7次，捣毁麻将机10余台，打掉地下“六合彩”窝点1处，拘留1人，训诫“买码”人员102人。开展禁种铲毒工作，铲除罂粟11株。配合区公安局开展全镇干部职工尿检工作，检测结果均为阴性。

脱贫攻坚。全年脱贫148户377人，动态调整自然增加56人，自然减少61人。核实、回复市审计局下发的问题疑点，回复疑点问题374条。落实14个村61户特困贫困户开展“户帮户亲帮亲互助脱贫奔小康”结对帮扶。进行职业教育学生雨露计划申报，计33人，每人补贴1500元。开展“百名干部访万家”大走访活动，调查核对贫困户信息，更新完善贫困户档案信息。落实贫困户危房改造113户，通过区住建局验收，资金均发放到贫困户。

民政劳保。新增低保23户44人，取消不符合低保条件15户34人。给予家庭因意外困难临时救助263人30万元，为贫困及残疾人子女申请助学金10万元。发放临时生活困难救助资金520人29.5万元。城乡居民养老保险缴费11435人194.17万元，工作任务完成率94.78%，全区排名第一，城乡居民医保参保缴费558.51万元，工作任务完成率76.66%。

综合文化。管理维修“村村响广播”，制定方案，投入1万余元指定专人维修并签订维修协议，维修人员每月巡查各村“村村响广播”1次，发现问题及时维修。利用村村通广播宣传上级党委各项会议精神、扶贫攻坚、危房改造、扫黑除恶、禁毒、秸秆禁烧等最新政策思想。

生态环保。实行镇域内全年全天候禁止一切户外用火制度，组建秸秆禁烧巡查队，镇村两级每日排班巡查。推进农村人居环境整治，开展全镇大型垃圾清理活动3次，清除陈年垃圾。新建、翻修垃圾中转站各1处，新设垃圾集中平台3处，购置板桶30个、50升垃圾桶4680个。成立日常维护队伍，有清洁员68名、垃圾清运车1辆。关停污染严重养殖户3家，实施农村厕改350个。

重点项目。省道313双蔡线涉及征地、拆迁农户近500余户，交地工作、房屋拆迁工作完结。协调处理施工过程中发生的矛盾纠纷，保证良好的施工环境，工程进入垫层铺设阶段。镇污水处理厂基建施工完工。

（王　刚）

灌溪镇

【概况】 灌溪镇地处常德市西北郊，距常德城区5千米。东界武陵区南坪街道，西邻桃源县畲田乡，南接武陵区河洑镇，北抵鼎城区石板滩镇。2019年，区域面积64平方千米，其中林地1230.8公顷，耕地1627.67公顷，水面303.93公顷。辖行政村10

个、居委会2个，计村(居)民小组198个。总人口35635人，其中城镇人口9468人，农业人口26167人。2019年，工农业总产值199.01亿元，比2018年增长57.2%。其中，工业产值196.46亿元，比2018年增长58.4%；农业产值2.55亿元，比2018年下降0.7%；缴纳国家税金4.64亿元，比2018年增长27.1%；农民人均纯收入19681元，比2018年增长1458元。2019年，该镇获评全省社区禁毒先进单位、脱贫攻坚工作先进单位、道路交通安全社会化管理工作先进单位、民兵预备役工作先进单位，全市安全生产工作优秀单位、全市平安创建工作优秀单位、全市秸秆禁烧工作十佳乡镇，区文明单位、农民维权和农民负担监管工作先进单位、校车管理工作先进单位。

项目建设。实施城市规划区项目。该镇推进征拆项目20余个，分别是兴隆物流二期、高新大道、中联恒通、皇家溶路、岗中东路、岗中西路、长益常连接线、黔张常环保线、望和啤酒、岗中中路、乐福天坑、恒茂、神州建材、岗市安置小区补增、产业配套园增补、坟墓基地、金丹路太阳大道交汇处、高丰220千伏改建、金丹路以东常德大道以北、筑基路补增、远大塔铁交汇处、富强东路改扩建、富贵小区补征、兴隆加油站项目。全年征拆房屋244户，交地139公顷，发放征拆资金5.97亿元(不含安置费)。

美丽乡村建设。实施村、组渠道疏通22条，硒闸除险2处，水库维修养护、大堤除杂5座，山塘整修加固扩容4口。维修机埠2处3台套490千瓦，其中狗头岗机埠360千瓦，草坪机埠130千瓦。白马岗村村部及高铁路附近植树600株，林农自发造林2.67公顷，油茶低改86.67公顷，清理河道12.9千米。实行改厕1198户，作为湖南省推进农村“厕所革命”业务培训现场会示范点，接待湖南省农业农村厅，长沙、株洲、张家界、湘潭、常德、益阳、岳阳、湘西州8个市州相关部门负责人及常德市所有乡镇分管负责人等计350余人参观，形成改厕工作“灌溪经验”。灌溪整镇改厕先进经验作为改厕示范乡镇被推介至农业农村部。

城镇建设。投资400余万元，用于政府街、友谊路两侧房屋立面改造；投资500余万元实行老农贸市场路、农科站街等道路白改黑、下水道新建、路灯增设等；投入5余万元用于道路亮化，检修路灯3次；投入7余万元用于绿化建设，为友谊街等进行树木修剪、补栽，补栽面积400余平方米；投入10万余元实施美化建设，维护基础设施，更换人行道路270余平方米，维修下水道3700余米、下水道井盖28个。依法拆除存量违法建筑109起，总面积12750平方米；代办审批建房57户，解决村民偏房改建19户，房屋维修加固97户。

安全建设。预防和减少群体性事件发生，及时协调督办重点矛盾纠纷，化解矛盾纠纷160起，接待来访140余批次，处理各类信访交办件23件；开展扫黑除恶工作，刑事案件立案76件，破案37起，涉黑起诉13人，刑事拘留27人，行政案件立案96件，行政拘留31人，接处警691件；推进“雪亮工程”建设，建成网络平台，协助公安机关破获侵财类案件3起，破获肇事逃逸案件8起，追回电动车5辆，辅助化解矛盾18起；创建网格微信群75个，宣传、发布、收集信息3万余条。民调排名位居全区第3名，全市第61名。抓安全生产监管，开展安全生产培训112人，消防培训3次312人，获全区消防比武比赛第一名；开展校车及照管人员培训2次198人，开展应急演练3次；发放各类安全宣传资料8000余份；联合多部门整治特危行业、机械加工厂、油漆店、烟花爆竹经营网点、加油站等，收缴非法商品折合人民币2.3万余元，均集中销毁；取缔无证经营5家；整治辖区内“三合一”“九小场所”，排查安全隐患95起，均整改到位；开展安全生产“强执法、防事故”行动28次，排查隐患1283起，简易处罚103起，立案12起，处罚金57300元。

民生事业。清理整顿精准扶贫对象，应进皆进、应退尽退，逐户排查鉴定建档立卡贫困户、低保户、五保户、贫困残疾人计544户，及时申报改造需修缮房屋，发放补助资金，全年脱贫71户157

人。城乡居民社保征缴4108人130余万元,城乡居保领取待遇人员资格认证3061人次、社会养老保险待遇人员认证2620人次。开展26439名城乡居民医疗保险参保统计工作,为全镇115名慢性病患者办理“特殊病种门诊医疗就医证”,审核领证人员信息106人。开展就业帮扶活动,233人参加招聘周活动,现场达成就业意向210人。落实征地拆迁项目中失地农民社保476户。开展武装工作,整组民兵队伍,开展演练280人次,义务巡逻902人次,兵役登记率100%。抓教育工作,全年投入助教助学资金92万元。（李红军）

石板滩镇

【概况】 石板滩镇位于鼎城区中北部,北纬29°16′,东经111°64′。东靠太阳山常德林场,西抵桃源县架桥镇,南接灌溪镇,北连蔡家岗镇。因境内渐水河中有一条长约900米的石板河滩而得名。镇人民政府驻石板滩居委会,距常德市城区12千米,距鼎城区人民政府驻地19千米,距灌溪高速入口3千米,沅澧快速一号大道、临岗公路穿境而过。2019年,全镇总面积64.50平方千米,水田1769公顷,林地2866.67公顷,总人口21596人,辖6个村、4个居委会,属常德高新技术产业开发区范围之内,是鼎城区工业重镇,是湘西北最大的花卉苗木产销基地,被称为“花木之乡”。2019年,石板滩镇获评常德市农村人居环境整治“十佳”乡镇、创建无上访村(居)先进单位、农村集体产权制度改革工作先进单位、民兵调整改革先进单位、全区义务植树先进单位。

党的建设。开展“不忘初心、牢记使命”主题教育,镇党委班子带头示范,每月开展中心组学习、专题研讨会、读书班等理论学习各1次,组织党章党规、主题教育理论知识测试2次,精选11个调研课题。开展调查研究,征求党员群众意见与建议15条,相互征求意见20条,召开专题民主生活会,针对问题制定整改措施。开展革命传统教育、廉洁警示教育、举行国庆节升旗仪式、观看国庆节阅兵,增强荣誉感、使命感和责任感。选派干部参加主题教育知识挑战赛、演讲比赛,组织党员干部参与《我和我的祖国》快闪活动,向新中国70周年华诞献礼。规范党支部、党小组设置,完善村级综合服务平台功能建设,提升党支部“五化”建设水平。镇“两新”组织——常德红烨农业开发有限公司党支部完善党建阵地,投资建设“马克思主义中国化的光辉历程”和“非公企业党建”主题展馆,主题教育期间接待参观学习人员近20000人次。建党节前夕,全镇评选表彰“优秀党务工作者”7名、“优秀共产党员”56名,通过张贴光荣榜和“村村响”广播进行宣传。全年,镇党委走访慰问困难党员对115名。

9月25日,石板滩镇机关干职到党性教育基地——赵必振纪念馆,开展“不忘初心 牢记使命”主题教育
（摄影:刘正秋）

脱贫攻坚。全镇实现“两个全覆盖”,有建档立卡贫困人口376户1170人,2019年脱贫51户140人,享受教育扶贫政策139人,参与危房改造8户,参加技术培训40人,产业帮扶贫困户273户,贫困户医保参保率100%。全年申报项目库63项,项目资金1152.54万元,帮助农户小额贷款9户43万元,助力贫困户生产发展。开展“三走访三签字”“回头看”等摸排活动,落实贫困人口信息摸底、扶贫系统动态调整工作。针对红烨山庄、优质稻种植协会等镇属非公企业,开展项目、产业扶贫,带动贫困人口787人,以“政治领航+脱贫攻坚”模式实现非公企业党建与脱贫致富互促双赢,脱贫攻坚工作得到常德市委办公室肯定。

环境整治。2019 年，石板滩镇党委政府与丰收环保公司签订协议，采取“政府引导、市场运作、群众参与”方式，建立环境治理长效体系，落实垃圾收集清运全覆盖。全镇投放 3 立方米垃圾勾臂箱 44 个、勾臂车 2 台、240 升垃圾清运桶 1380 个、垃圾压缩车 4 台，启用 2 个垃圾压缩站，在 10 个村(社)631 个非卫生厕所改建安装三格式化粪池。全年发动环保宣传车 300 余次，入户宣传 5000 余人次，展出展板 60 块，悬挂横幅 50 条，张贴环保标语 100 条，发放环保宣传资料近 1 万份，常态化巡查遏制秸秆、垃圾禁烧得到。

安全稳定。石板滩镇党委政府构建“党政同责、一岗双责、齐抓共管”安全生产责任体系，推行镇、村、企业三级网络管理，落实“五大安全”责任，全年安全生产零事故，安全形势稳定向好。推进“扫黑除恶”工作，悬挂宣传横幅 100 条，张贴标语、海报 200 余张，制作大型宣传牌 12 块、宣传橱窗 10 个，发放宣传资料 1.5 万余份。落实坐班接访、下访制度，调处化解各类矛盾纠纷 115 起，处理网上信访 40 件、市长热线 98 件。开展“雪亮工程”建设，10 个村(社)按要求安装摄像头，实施视频监控全覆盖，提高居民生活安全指数。设立退役军人服务站，优化工作流程，提高服务水平。走访慰问烈属、特困退伍军人 369 人，为抗战老兵发放庆祝中华人民共和国成立 70 周年纪念章。

城镇建设。石板滩镇依托高新区产城融合最佳承接地等优势，按照“对接高新区，服务高新区”要求，以服务工业区配套建设为重点，落实贯通塑业、顶兴混凝土、枫树路、伍洲砂浆安置小区二期项目征地拆迁工作。争取棚改项目及配套工程，进行渐安路、政和路、狮子口路 400 户住房立面改造(占地面积 46000 平方米，建筑面积 73200 平方米)，加宽改造渐安路 581 米。新建污水处理泵站 3 个，埋设污水管网 9000 余米，完善污水管网建设，提升集镇形象与群众生活环境质量。

花木产业。2019 年，全镇花木种植面积 1260 余公顷，总产值 21000 万元，占全镇农业产值 60% 以上。花木种植户 1100 余户，从业人员 5000 余人，人均纯收入 1.5 万元以上。有花木销售市场 2 处，花木合作社 2 家，专业公司 8 家，花木品种 471 个，其中罗汉松、红柱木桩、小叶女贞、赤楠等高端造型园艺产品年销售额超 1000 万元;6 家以多肉、花卉盆栽为主的家庭园艺生产企业年销售额 500 万元以上。“全国文明村”毛栗岗村探索“一丘一品”新模式，发展果树采摘助推乡村旅游，加速花木产业转型升级。

(陈 婷)

【常德红烨农业开发有限公司“两馆一中心”建设】 常德红烨农业开发有限公司于 2014 年 12 月 10 日注册成立，位于常德市鼎城区石板滩镇枫桥村古堤组。2019 年，常德红烨农业开发有限公司发挥区位优势、挖掘红色资源，建设“真理的力量——马克思主义中国化的光辉历程展示馆”“非公有制企业党建展示馆”、赵必振研究中心，修建初心广场，发挥非公企业党建政治引领作用。常德红烨农业开发有限公司是常德市青少年爱国主义教育基地、常德市中小学生研学教育基地、鼎城区“两新”组织党建示范点、鼎城区爱国主义教育基地。

(陈 婷)

真理的力量——马克思主义中国化的光辉历程展示馆

(提供:陈婷)

【石煤矿区生态修复治理】 石板滩镇境内石煤矿自 20 世纪 60 年代开始开采，开采面积 33.33 公顷。石煤矿至 2016 年 2 月关停后，遗留下露天开采留下的裸露表层土和风化石煤，原矿坑逐步积水,形成呈严重酸性的较大水体。2019年,石板滩镇投入治理资金近1亿元,回填土方30余万立方米,喷浆挂壁近1.5万平方米,生态植绿2.81万平方米,新建污水处理厂2座(日处理废水1.5万吨)、截排水工程3700米、施工道路5000米,处理废水100余万吨,西山寺污染水体全部抽至枫拾矿坑,伍房、新堰湾、马蹄子湾生态修复任务完结。《湖南日报》、湖南卫视、红网等省级主流媒体肯定治理工作,红网推出——“常德石板滩:巨型积水矿坑的修复之路”报道,专题介绍石板滩镇石煤矿区生态环境修复经验。12月22日,市整改办组织市自然资源和规划局、市发改委、市林业局、市应急管理局等部门现场核查石板滩石煤矿区生态环境修复工作。（陈 婷）

蔡家岗镇

【概况】 鼎城区蔡家岗镇位于常德市城区以北19千米处,2019年,总面积156平方千米,辖13个行政村、4个社区,计169个村民小组。全镇总户数13266户,总人口42856人。耕地面积4453公顷,其中水田面积3768.6公顷,旱地面积683.8公顷,林地面积6168.4公顷。中型水库1座,小(1)型水库6座、小(2)型水库10座,山塘2376口。该镇西抵桃源县盘塘镇,北靠临澧县太浮镇。石长铁路、国道207(一号大道)南北穿镇而过,省道313公路横贯东西,是2016年鼎城区规划确定的四个中心镇之一。

党建工作。落实意识形态工作责任制,处置舆情9起,重大负面舆情零发生。落实主题教育,整改10个突出问题。落实党风廉政建设,两同时谈话436人次。规范平台管理,推进智慧党建建设,53个支部“五化”全达标。优化党员队伍,发展高学历青年预备党员15名,确定入党积极分子15名。组建七彩志愿服务队,开展人居环境整治、秸秆禁烧、移风易俗、公益事业等志愿服务。

农业生产。围绕蔡家岗传统特色领域,采取“企业+合作社+农户”模式,推动各村(社)合作社发展。2019年,该镇开展油茶新造120公顷,依托“精为天”“湖南金健米业”等粮食品牌企业,宣传鼓励农户种植高档优质稻1866.67公顷,增收近1000万元,有优质水稻合作社、家庭农场65个。鼓励农业生产多元化,推进稻虾养殖、蔬菜种植、苗木花卉种植,柑橘、西瓜、杨梅等水果栽种,有各类合作社、基地5个,栽种面积超万亩。建立镇、村农产品质量安全监管体系,有农产品质量安全监管员18名、协管员17名,全年农产品质量安全抽样检测1500份,每月不定期巡查全镇16家农资店,安全监管全覆盖。

脱贫攻坚。完善2019年年度产业扶贫工作明白卡,报送7名创业致富带头人参加省级培训,常德现代林业科技产业园创建为省级示范园。2019年,全镇推动新增流转土地200公顷,新建合作社5家、农场15家,扩大规模种养殖,发展专业合作社,达到贫困人口就业增收目标。

基础建设。整修、渠道疏浚山塘97口。开展16座水库的汛前检查、溢洪道疏通、启闭机维修、防渗处理等工作,补充防汛物资340立方米,维修丰盈水库南渠、龙门水库南渠渡槽水毁工程,提高水利工程的防洪能力、蓄水能力。修建自然村通水泥路38千米,窄路加宽提质改造8.3千米,农村公路“白改黑”5千米,新建整修机耕道63条19761米,方便农户生产出行。实施集镇建设,依法拆除镇辖区内242户非法占地和私搭乱建的违章建筑,统一规划,落实集镇立面改造和道路“白改黑”。

民生服务。重点关注医疗、就学、就业、社会救助、社会福利、慈善公益等领域。审核确认全镇2458名农村计生奖扶和107名计生特扶对象,为计生特殊家庭进行大病和意外伤害保险理赔15人39次,理赔金额4万余元。开展临时生活困难救助86人次,救助资金10万元,发放低保、五保生活费275万元。该镇教育事业位于全区第一方阵,2019年,全镇高考一本录取32人,中考考生被鼎城区第一中学录取40人,一中升学率27%,其中蔡家岗中学升学率排名农村中学前列。通过“青青 E 家”项目，对接湖南商学院支教队伍，免费进行青少年思想品德教育和学习辅导。

文体活动。利用春节、端午节、重阳节等传统节日，举办文艺演出 3 场，知识竞赛 4 场，宣讲会 1 场，并举办庆祝建党 98 周年“七一”文艺会演活动，形成“人人参与，天天开心”的文化氛围。百团大赛进入常德市决赛，获鼎城区第八届男子篮球联赛第二名，各村（社）体育健身器材全覆盖。新修建历史陈列馆、文化广场。

乡风文明。推进移风易俗，遏制陈规陋习，树立文明新风，宣传节俭操办婚丧喜庆事宜，落实村规民约，提倡丧事简办、婚事新办、其他不办的理念，红白理事会发挥作用，规劝大操大办喜庆事宜 49 起。2019 年，尹家坪村、五里溪村、雷公庙社区创建区级文明村，龚志刚家庭获评省级“最美家庭”，覃桂云家庭获评市级“文明家庭”，李坤凡家庭获评市级“最美家庭”。（谭 侦）

【里约残疾人奥运会冠军杨超】 2016 年里约残奥会，来自蔡家岗镇高桥村的杨超，收获鼎城区残奥会史上首枚金牌，成为鼎城区残奥冠军第一人。2019 年阿联酋残疾人射击世界杯比赛中，与队友黄兴取得 6 金 2 银的成绩，并打破 10 米气手枪世界纪录。他参加“善德行”，用自己的经历鼓励残疾儿童，2019 年获评鼎城区第六届十佳善德公民。

（谭 侦）

杨超（中）获里约残奥会射击项目男子 sh1 级 10 米气手枪金牌 （提供：谭侦）

花岩溪镇

【概况】 花岩溪镇位于区治西南 40 余千米。2019 年，辖 12 个村（社区），总面积 113.8 平方千米，总人口 2.6 万人。

党建工作。抓意识形态工作。落实意识形态工作主体责任制，部署落实“学习强国”学用工作，发动党员群众领学、帮学、全家学，形成全民学习氛围。加强镇村精神文明建设，禁炮禁赌，文明节俭操办婚丧喜庆事宜，升级文化阵地。抓党风廉政建设工作。按照“一岗双责”要求，责任落实到人。每季度召开一次专题会议研究党风廉政建设工作。“谈心谈话”制度常态化，班子成员开展谈心谈话 118 次，涉及 352 人次。在各村（社）组建“清风连心桥”微信群，监督无死角。抓基层党组织管理工作。落实“三会一课”和主题党日活动，开展组织生活会、民主评议党员、“双述双评”等。结合党员冬春训开展“新春佳节话党恩”活动。加强村（社）干部值班坐班纪律检查，定期进行镇村干部、党员、党小组长等涉黑涉恶线索排查和警示教育，整顿软弱涣散党组织黄壁坪村党总支。抓队伍建设。全镇发展党员 13 名。开展村级换届工作“回头看”，再次逐一联审村干部、组长。落实 12 个村级班子考察和村级财务审计。开展村党总支委员补选工作，2 个村各补选 1 人。推选区级优秀共产党员、党务工作者、先进党组织各 1 个，镇级优秀党员 25 人。走访慰问生活困难的卸职村干部、党员和 90 岁以上的老党员 70 人。抓主题教育。举办“不忘初心、牢记使命”集中学习班 3 期，组织开展专题研讨 4 次。进行革命传统教育，组织党员干部参观文甲农民起义纪念碑，开展演讲比赛、知识竞赛、征文活动、摄影展、广场舞大赛等活动。开展自我检视，限期整改销号镇党委班子查摆出的问题清单，针对群众关心关切的急难险重问题进行走访调研并形成报告。

安全维稳。抓扫黑除恶工作。利用宣传牌、宣传栏、宣传车、宣传册等营造扫黑除恶专项斗争氛围。镇村干部10次全员进村入户,进行扫黑除恶宣传和线索摸排。通过茶馆整治行动,查处茶馆5家,关闭14家,拘留1人,训诫16人。摸排“地下六合彩”写单线索12条、参与人员116人,训诫104人,拘留5人,起诉3人。抓无上访村建设责任落实。落实党政骨干坐班接访和定期下访制度,排查化解矛盾纠纷,调处化解矛盾97起,其中积案8起。建立风险研判机制,落实特护期稳定和日常稳定工作。落实网格员责任。结合“三联四大”走访工作,镇村干部及66名网格员数次进村入户讲政策、摸线索。抓平安创建工作。“雪亮工程”发挥实效,探头在线率95%以上,帮助群众寻人寻物10余起。定期开展众创平安志愿者活动。开展“情暖家庭”结对帮扶,镇村志愿者与刑释人员、社区矫正人员、吸毒人员等特殊群体家庭进行双方自愿结对。抓安全责任落实。开展“安全生产月”活动、“大宣传、大排查、大管控、大整治”百日行动、“三学三比” 大练兵活动;联合开展安全生产大检查10余次,开展生产安全网上行政执法20余次。加强消防装备检查,组织消防安全知识讲座;每月进行重点单位、重点场所消防巡察,排查安全隐患并下达限期整改通知书。召开校车、中巴车安全例会12次,上路查车80余次;安全督导周巡查跃进水库2艘渡船;定期维护保养辖区内乡村道路。定期监管巡查食品生产厂家、销售商家;开展农村假冒伪劣食品专项整治联合执法行动; 开展 “三小”综合治理,开展辖区内食品摊贩摸底、备案、建档并发放“食品摊贩登记证”。加强环保知识宣传,调处环保纠纷3起,禁养区退养工作完结,关停2个规模养猪场并实施功能性拆除,落实饮用水源保护。

农业农村。发展高效农业。发展高档优质稻订单种植面积386.67公顷,每公顷增收225元以上,农业补贴资金135余万元均已打卡发放到农户。开展蔬菜、水果抽样检测1690个,合格率100%。开展草地贪夜蛾宣传培训和监测防控。落实以防控非洲猪瘟为重点的畜禽防疫。全年早、中、晚稻承保面积6466.67公顷,新增玉米险种153.33公顷,农村家庭住房参保7848户。开展第四次全国经济普查,完善土地确权农户档案资料,下发土地确权证书。实施稻油轮作项目面积100公顷,引进机械旋耕直播轻简栽培技术。划定水稻生产功能区和油菜生产保护区,选点申报9家村级益农信息社,开展家庭农场名录工作。促进林业发展。良种造林成活率96%以上,合格率100%,造林280公顷,义务植树6.5万株,开展中幼林抚育项目200公顷。开展楠竹低改项目33.33公顷、油茶低改项目75.8公顷。扶持苗木和花卉产业发展,技术指导苗木生产大户,调剂种子并提供产销信息,销售苗木等总产值600万元以上。发放木材运输许可证150份,发放木材采伐许可证810份,采伐木材1.2万立方米,产值1200万元。抓森林防火工作,制定防火预案并进行演练,全镇无一起森林火灾。预测预报森林病虫害,争取生物防治竹类害虫项目1个,释放赤眼蜂33.33公顷。建设美丽乡村。宣传巡查禁烧工作,该镇是全区发生火点数量最少的乡镇之一。开展农村人居环境整治,该镇在全区环境卫生检查评比中位于前列。落实840户改厕任务。“空心房”整治工作通过验收。湖江坪村申报为省级扶持壮大村级集体经济试点村,获得村级集体经济产业扶持资金。防汛抗旱工作。在逆江坪社区开展全区山洪地质灾害防御演练。执行超美水库24小时防汛值班2次。应对持续高温少雨天气,用消防车为生活用水困难群众送水,采取集中供水和党员志愿者为特殊人群送水入户的方式,解决群众的燃眉之急。

民生保障。完善基础设施。争取脱贫攻坚自然村通水泥路项目工程16.95千米、“窄加宽工程”7.2千米和花溪桥工程项目,资金861.68万元。督查、评比、验收全镇61千米渠道清淤工作;对接交办渠道垮塌和险工险段,维修机埠、涵闸;港二口中学投资600万元的学生宿舍和小学教学楼主体工程竣工，逆江坪小学投资248万元新建的教学楼、投资10万元改造的新校门投入使用，投资93万元的提质改造工程完工；维护检修全镇“村村响”设备，廖花河村、荆树湾村试点建设农村幸福互助屋。完善社会保障体系。组织剩余劳动力382人次参加专场招聘会，新增贫困劳动力转移就业220人次，实现城镇新增就业102人、失业人员再就业16人；推荐1名“两后生”创业并获国家补贴；推介38人适龄劳动力免费参加“养老护理”和“月嫂”培训并取得从业资格证；办理就失业登记证21本，为3名企业失业人员申领失业保险金；为315名外出务工的贫困劳动力申报转移就业交通补贴；推荐符合条件的6名创业者申报小额担保贴息贷款。城乡居保参保7587人，征缴基金154.66万元；企业、农保待遇人员全年资格认证7625人，认证稽核上缴社保基金7950元；落实医保筹资任务21478人，筹缴金额442.7万元。为精简退职人员、低保人员、特困对象、孤儿、残疾人、优抚对象等各类人员发放补助、补贴、救助资金等1000余万元。推进脱贫攻坚工作。全年脱贫85户238人。为所有区外学生发送公函，确保享受教育扶贫政策。核实雨露职业教育补助，35名符合条件学生按政策每学期给予1500元补助。建立贫困户产业帮扶指导员制度，为有能力有意愿的贫困户每户确定1名产业帮扶指导员，产业帮扶基地设在花溪湾度假客栈。为每户贫困户明确1名家庭医生上门签约，为部分慢病患者进行随访和健康扶贫政策宣传。经鉴定为C级和D级的房屋83户，进行危房改造。核实市审计局交办的4大类286个问题并形成报告，所有问题全部销号。

社会事业。卫计工作。开展各类年审1350人，为26人次申报各类补贴2.3万余元，走访慰问三类对象25人，发放慰问金8000余元。更新全镇各村(社)计生宣传阵地。镇计生协会获评区级优秀计生协会。妇女工作。开展农村育龄妇女两癌筛查121人，新生儿访视139人。定期举办“妈妈读书会”活动，提高女性自身素质与文化修养。推荐逆江坪中学教师为鼎城区最美巾帼人物，典型事迹被区妇联在“不忘初心、牢记使命”主题教育中宣传。文体活动。联合开展为群众送福送春联活动，开展“我们的节日·清明”祭扫烈士墓志愿活动，在党家庵村举办“舞动中国”广场舞大赛。举办手机摄影专家授课讲座，开展“我眼中的花岩溪”摄影活动。在区委宣传部举办的中华人民共和国成立70周年歌咏比赛中获一等奖。选派3支队伍参加花岩溪国际帐篷节汇演，组织42名志愿者参与帐篷节外围治安工作。教育工作。港二口中学获评全区青少年毒品预防教育工作先进学校，在鼎城区第二届中小学羽毛球、乒乓球比赛中获初中组团体总分第一名，7名学生被鼎城区第一中学录取。逆江坪中学中考全区排名第8，13人被鼎城区第一中学录取，通过常德市中小学实验室标准化学校验收，并获得优秀等次。武装工作。为军人军属送慰问信和喜报。全镇年满18周岁的男青年进行网上兵役登记。落实民兵整组，编组普通民兵数人、基干民兵数人。老干工作。组织参与鼎城区专家授课和演讲比赛，邀请区老干摄影协会成员与镇老干摄影协会成员开展摄影联谊活动，举办以“欢度国庆、情满重阳”为主题的文艺会演，为5个老干自管组和20名“道德小富翁”举行颁奖仪式。 (刘巧林)

【“两代表一委员”经济视察调研】 2019年1月11日，花岩溪镇“两代表一委员”视察调研辖区内重点民营企业。党委政府全体骨干、常德市农商行港二口支行负责人参加活动。镇党委政府在花溪湾乡村度假客栈召开服务“三农”新春恳谈会，为银行和企业搭建融资贷款政策和融资需求交流平台，提供解决企业阶段性建设资金不足、农民贷款难等问题的方案，鼓励创新创业，推进美丽乡村建设，实现乡村振兴。 (刘巧林)

1月11日，花岩溪镇镇党委政府在花溪湾乡村度假客栈召开服务“三农”新春恳谈会　　（摄影：刘巧林）

【山洪地质灾害防御演练】 2019年5月15日，鼎城区山洪地质灾害防御演练在花岩溪镇逆江坪社区举行。按照山洪灾害防御应急预案，花岩溪镇成立以镇党委书记为教导员，镇党委副书记、镇长为总指挥的山洪灾害防御演练指挥部，临时指挥所设在逆江坪社区。6个工作小组按照分工进行预警监测与发布、险情报告、启动应急响应、抢救伤员和强制撤离等现场应急处置、群众安置、受灾区消毒等环节的演练。该次演练按照鼎城区防汛抗旱指挥部部署进行，区政府办、区水利局、区防办等6个区直单位及蔡家岗镇、黄土店镇等11个乡镇到演练现场观摩。　　（刘巧林）

5月15日，花岩溪镇山洪灾害防御应急队伍在逆江坪社区举行鼎城区山洪地质灾害防御演练　　（提供：刘巧林）

【红网2019乡村旅游经济发展调研高峰论坛盛典在花岩溪镇举行】 2019年11月9日至10日，红网2019乡村旅游经济发展调研高峰论坛盛典在花岩溪镇举行。论坛准备工作由镇党委政府主导，青山沟度假村和花溪湾乡村度假客栈具体承办，聚焦来自各地的红网版主、大咖，资深媒体作家等70余人，为乡村旅游发展建言献策，推介乡村旅游优秀景点。与会人员实地调研各个景点的发展现状、显著特色等，通过精心拍摄为推介花岩溪镇乡村旅游收集第一手资料。红网传统文化版、小说天地版在青山沟度假村挂牌设立调研基地、采风创作基地。会上，与会人员自由发言讨论，结合自身旅游和调研经历提出以民俗和原生态建筑等为载体，促进文化与旅游融合、挖掘和塑造当地特色、扩展乡村旅游外延、利用优质农副产品吸引游客和带动乡村旅游经济等建议。　　（刘巧林）

11月9日，红网2019乡村旅游经济发展调研高峰论坛在花岩溪镇举行　　（拍摄：刘巧林）

尧天坪镇

【概况】 尧天坪镇地处常德市鼎城区西南端，属丘陵地区，东临花岩溪国家森林公园，西连桃花源旅游区。2019年，全镇总人口3.1万人，辖11个行政村和3个居委会，总面积122.88平方千米。2019年，尧天坪镇获评市级“无上访村”优秀乡镇，全区武装工作先进单位，统战工作先进单位、全区安全生产监管和执法先进单位、老干部工作先进单位、落实党风廉政建设责任考核先进单位，获市民兵知识竞赛二等奖、全区庆祝中华人民共和国成立70周年歌咏比赛一等奖、群众文艺演出百团大赛二等奖等。

基层党建。支部“五化”建设，推进“网格＋党建”体系建设全面，开展“主题党日活动”“不忘初心，牢记使命”主题教育、“新春佳节话党恩”“七一”评选表彰等活动，提升基层党组织组织力、凝聚力、战斗力。落实“不忘初心、牢记使命”主题教育工作，开展党委中心组学习6次，召开党委会3次，开展红色教育活动1次，组织全体党员学习，开展专题调研，专题研讨2次，开展主题演讲比赛。

脱贫攻坚。全镇有建档立卡贫困户827户2603人，已脱贫675户2175人，未脱贫152户428人，有区派驻村帮扶工作队4支、镇派工作队9支，坚持“两个全覆盖”。由帮扶责任人开展产业扶贫、教育扶贫、危房改造、社会保障兜底等领域自清自查自改的专项治理，落实危房改造政策，确保“危房不住人、住人无危房”，开展危房改造工程质量大排查大整改，采取挂牌标记，做好安全警示；为享受春秋雨露计划的49名学生发放助学补贴7.35万元，落实2个贫困村6名创业致富带头人培训，2019年，全镇扶贫项目5个，资金总额30万元，移民项目8个，资金37万元。

11月19日，尧天坪镇召开脱贫攻坚业务培训电视会议
（提供：黄晶）

产业发展。培育农民专业合作社、扩大基地、培育主导产业、打造品牌、开拓市场，寻求产业发展新道路。镇政府编定油茶产业发展计划，制定各村油茶发展任务，引进绿旺公司在发旺桥、田坪、花园岗村规划开发集中连片200公顷油茶产业园，新造油茶40公顷，田坪村、发旺桥村连片100余公顷。新造其他人工林20公顷，油茶新造102.93公顷，油茶低改114.4公顷，义务植树73200株。

农业生产。提升水稻生产质量，实行订单生产，确定4种主推品种和收购主体单位，全镇推广优质稻1000余公顷。培训经营主体，注重示范引领，组织种田大户、家庭农场主、各类专业合作社等相关成员培训会2次，提高种植水平和经营管理能力，带动影响周边农民。指导生产服务，在农时关键时段到农户、到田间，查农情、指导生产，服务农民。完善农业配套设施，组织冬修水利工程验收，用15天时间，落实全镇13个村2018年冬镇政府下达的水利建设任务验收评比工作。

综治维稳。尧天坪镇获评市级“无上访村”优秀乡镇，其中金峰居委会获评全市“无上访村（社）”先进村社。2019年未出现一例非正常上访，未出现一例群体事件，未出现一例赴省进京信访案件。侦破各类刑事案件11起，打击处理各类违法犯罪人员23人，查处治安案件15起，治安拘留16人，刑事拘留4人，强制戒毒2人，取缔茶馆32家；化解各类矛盾纠纷180起，处理长茅岭加油站土地赔偿问题，化解双合桥村沈某某、下午冲村杨某某等涉法涉诉信访积案，解决朱家冲村人身损害案件索赔的问题。打击处理各类黑恶势力，惩处黑恶势力违法犯罪及“保护伞”。

文化建设。完善公共文化服务体系，加快镇、村公共文化服务平台建设，收集保护农耕文化，培养关怀文艺人才，建立人才数据库，推进文艺作品的创作与展演。组织民间文艺培训班，丰富传统文艺。推进“龙狮进校园”，利用龙狮市级非物质文化遗产传承人文麦秋、地花鼓市级传承人周家瑞的教学资源，在幼、小、中学普及非遗文化，定期为中小学生上实践课。树立红色文化品牌，挖掘文甲农民起义历史和潘振武将军事迹，讲述革命英雄故事。

社会保障。全镇城乡低保对象297户621人，实行动态管理。在原有农村低保275户575人、城镇低保对象23户37人的基础上，开展城乡低保申请家庭收入计算评估。调查摸底农村特困人员，全镇享受百岁老人补贴1人、90岁以上高龄补贴65人、80—90岁困难生活补贴24人。关心关爱弱势群体，重残护理补贴发放286人，困难残疾人生活补贴发放 115 人。承办全区企业用工进乡村尧天坪镇专场招聘会，签约 392 人，转移贫困劳动力617 人，其中新增贫困劳动力转移就业 36 人，为在外务工的贫困劳动力 449 人申请交通补贴 128300 元。（黄　晶）

【鼎城区企业用工服务进乡村系列尧天坪专场招聘会】 2019 年 6 月 25 日，尧天坪镇利用集镇赶场日，协办鼎城区企业用工服务进乡村系列尧天坪专场招聘会，招聘会由鼎城区人力资源和社会保障局、高新区人力资源开发服务中心主办，参加招聘会企业 38 家，为求职者提供机械制造、光电信息、纺织服装、食品加工、技能培训等岗位 2800 余个，招聘会进场人数 2000 余人，现场办理求职登记 813 人，初步达成意向录用 379 人，帮助建档立卡贫困人员、农村富余劳动力、高校毕业生、军队退役人员等群体实现就近就地就业。（黄　晶）

鼎城区企业用工服务进乡村系列尧天坪专场招聘会现场（提供：黄晶）

【尧天坪镇老干党支部获评"全省示范离退休干部党支部"】 2019 年 10 月 11 日，常德市委离退休干部工委书记韩公政带队到尧天坪镇，为尧天坪镇老干支部授予"全省示范离退休干部党支部"奖牌，并开展离退休干部党建工作调研。韩公政听取尧天坪镇老干支部关于当前离退休干部党建工作汇报，了解支部建设、党员队伍构成、主要工作特色等情况，肯定尧天坪镇老干支部取得的成绩。（黄　晶）

【鼎城区各村（社区）党组织书记到尧天坪镇爱国主义教育基地锤炼党性】 2019 年 4 月 19 日，鼎城区 300 余名村（社区）党组织书记到尧天坪镇文甲农民起义纪念广场，开展锤炼党性教学活动，培育斗争精神。鼎城区委党校教师王静雯讲党课，阐述文甲农民起义的历史地位和重要作用。区委常委、组织部部长王少贤领誓，300 余名村（社区）党组织书记重温入党誓词，到纪念碑敬献花篮，默哀。（黄　晶）

4 月 19 日，鼎城区委常委、组织部部长王少贤(前)带领全区村(社区)党组织书记重温入党誓词　（提供：黄晶）

许家桥回族维吾尔族乡

【概况】 许家桥回族维吾尔族乡是鼎城区唯一的少数民族乡，2015 年 12 月，原丁家港乡合并到许家桥回族维吾尔族乡。2019 年，全乡区域面积 116.6 平方千米，总人口 38500 余人，其中回族、维吾尔族、土家族、苗族等少数民族人口 9500 余人，辖行政村 13 个、社区居委会 3 个。2019 年，工农业总产值 9.54 亿元，其中工业生产总值 5.2 亿元，农业生产总值 4.34 亿元，农民人均年收入 1.1 万元。许家桥回族维吾尔族乡被湖南省民族宗教事务委员会评选为全省民族团结进步模范集体，获评 2019 年度市级平安乡镇（街道）创建优秀单位、安全生产和消防工作市级示范优秀乡镇，2019 年全市农村人居环境第三季度评比"十佳乡镇"，被区政协评为"2019 年度先进政协联络处"，被区武装部评为“2019年度民兵调整改革先进单位”“2019年度军事训练先进单位”。

农村人居环境整治。在全乡范围内进行农村旱厕改造，改造旱厕200口；实施垃圾治理工程，在赤家岗村进行垃圾分类减量工作试点，完善“户分类、组集村收、乡转运、区处理”的农村生活垃圾处理机制；整治墟场秩序，在许家桥墟场和丁家港墟场主干道划定经营标准线和停车位，赶集日安排专人执勤疏导交通，缓解拥堵问题；全体网格员、村组干部每天到地里田间进行露天禁烧工作巡查，到每家每户，发放秸秆禁烧宣传单3800份、倡导村民签订禁止露天焚烧承诺书8350份；落实禁养区内3户畜禽养殖户退养任务；落实取土场6处16.33公顷复垦复绿工作。

许家桥村网格员入户倡导村民签订禁止露天焚烧承诺书
（提供：于成慧）

脱贫攻坚。全年脱贫72户147人，危房改造102户，其中贫困户危房改造15户。贫困人口医疗参保率100%，签订家庭医生服务协议2311人，其中慢病签约服务387人，发放健康处方146人次，免费体检1112人次，贫困人口住院免收押金，实行“一站式”结算、先诊疗后付费。为431名在外务工人员发放交通补贴121015元，309名适龄学生得到扶贫助学资金，争取社会资源资助贫困学生283人次。

安全生产。增加许家桥社区、兴旺冲等7个村微型消防站，增添消防设备，增强村级消防力量。安装“智慧用电”安全装置85台，保证用电安全。开展安全生产检查80次，查处安全生产违法行为193次，罚款8000元，全年无安全生产事故发生。

基础设施完善。实施自然村通水泥路建设33.69千米，总投入1216万元，其中赤家岗村、双冲村、广成山村、许家桥村、永寺山村、中堰村新增村组道路硬化27千米。八叶桥村危桥改造民生项目竣工，投入230万元。许家桥幼儿园扩建征地0.48公顷，许家桥中心小学食堂、厕所、围墙等配套设施改造建设投入120万元。丁家港幼儿园提质改造、丁家港中心小学围墙翻修及附属设施建设投入65万元。

9月26日，常德市委副书记、市人民政府市长曹立军（左三）视察八叶桥村危桥改造民生项目建设 （提供：于成慧）

农业产业发展。油茶新造117公顷，油茶低改367.33公顷。双冲村、杨公庵村、广城山村、五宝山村采取“村组织＋农户”的开发模式，丁家港社区、八叶桥村采取引进大户的开发模式。丁家港社区建成高标准油茶新造基地46.67公顷，与牌楼村同德油茶基地连成千亩油茶片。全乡9个村（社区）进行高标准农田高产创建项目建设，工程总投入3000万元。增减挂钩“空心房”整治20公顷。

社会事业发展。全乡2020年城乡居民医疗保

险参保人数31175人,缴纳医保金7793750元。低保户从209户460人调整至262户538人。五保户421人,发放补助资金210.5万元。临时救助95人次,发放救助资金7万元。开展人口与计划生育工作,奖扶对象2548人,发放奖扶资金2446080元;特别扶助对象113人,发放扶助资金1025400元;符合政策生育率97.8%,出生率8.7‰。

(于成慧)

【常德助富农业开发有限公司成立】 2019年3月,许家桥回族维吾尔族乡开展红薯种植加工产业扶贫项目,采取"加工企业+种植基地(村级集体经济组织)+贫困户"运营方式,投资120余万元成立红薯粉加工企业——常德助富农业开发有限公司,6个村开辟500余亩红薯种植基地(村集体经济组织经营),92户贫困户流转土地,1100余人次贫困人口参与种植基地和加工企业务工。11月,常德助富农业开发有限公司正式投产,销售产品2万件,收入140万元,30人次贫困人口参与经营分红,帮助群众增收40万元。9月26日,常德市委副书记、市人民政府市长曹立军到常德助富农业开发有限公司了解红薯种植加工产业扶贫项目,给予肯定。

(朱 茜)

9月26日,常德市委副书记、市人民政府市长曹立军(左三)视察建成初期的常德助富农业开发有限公司

(提供:朱茜)

【取缔马路市场】 2019年12月,许家桥回族维吾尔族乡通过《许家桥回维乡全面取缔马路市场方案》,取缔许家桥社区、丁家港社区2个马路市场。组织乡、村两级工作人员场期在许家桥墟场和丁家港墟场值守,禁止经营摊贩在马路上摆摊设点。通过取缔马路市场,恢复许家桥社区319国道墟场路段1千米、丁家港社区319国道墟场路段0.8千米场期道路畅通,劝导许家桥社区墟场马路市场30位摊贩、丁家港社区墟场马路市场18位摊贩进入农贸市场营业。

(朱 茜)

黄土店镇

【概况】 黄土店镇总面积220平方千米,辖21个行政村、5个居委会。全镇总户数13467户,其中农业户13200户;总人口5.09万人,其中农业人口4.49万人,是"中国长寿之乡",有"擂茶之乡,醉美边城"称号。2019年,地区生产总值从2018年7.05亿元增加到7.83亿元,社会固定资产投资1.1亿元,农民纯收入从2018年11235元增加到12695元。黄土店镇获评全区落实党风廉政建设责任先进单位、安全生产和消防工作区级优秀单位、建设"无上访村(社区)"区级优秀乡镇,沧山景区通过国家AAA级景区评审验收,黄土店镇成为全市唯一拥有双AAA景区的乡镇。

基层党建。落实"不忘初心、牢记使命"主题教育,开展周五主题党日活动,镇村干部熟练掌握"学习强国"APP操作与学习。应用智慧党建视频系统,抓党建促脱贫工作,连续三年获全市先进,党委书记徐杰获评"全市最美扶贫人"。开展五四青年节青年干部座谈会、七一建党节表彰、庆祝新中国成立70周年、中国共产党建党98周年等活动。

脱贫攻坚。采取"公司+合作社+基地+贫困户"模式推进产业扶贫,形成207国道优质果蔬产业带,以黄土店片区为主的油茶产业带,以沧山片区为主的生态旅游产业带,以钱家坪片区为主的竹木和林下经济发展产业带,形成"镇有主业、村有产业、户有就业"的产业扶贫格局。全镇建立合作社56家、家庭农场和大户67家,均与贫困户建立利益联结。突出"两不愁、三保障"问题整改,开展"回头看、回头查、回头帮"专项行动,核对、整改、销号60余条数据比对出的问题信息。突出在一线落细落实落地,联村干部、网格员和驻村工作队员到村(社)支部,开展"新春佳节话党恩"等活动300场,入户发放种养殖技术资料500余份,组织260人次参加创业致富带头人培训和实用技能培训,激发贫困人口内生动力。

基础设施。实施自然村通水泥路硬化建设37千米,投入500万元进行农村电网改造,投入3300万元进行高标准农田水利设施建设,协调完成市级重点工程黄土店镇至草坪镇3.5千伏高压线建设。常安街改扩翻二期项目、集镇内街道综合改造、垃圾中转站建设完工,污水处理站建设完成前期任务,绘制集镇墟场道路标线12千米、车位200个,设置监控探头120处,成立综合行政执法队,提升集镇秩序管理工作。

人居环境。落实河长制,开展沧水、枉水和13座小型水库沿河湖卫生清理整治行动,云峰山村被湖南省提报,拟认定为国家森林乡村的行政村。清理农村空心房48处6861平方米。开展沿207国道路肩培护工程,推进村(社)美丽庭院建设。围绕"三面五清"推进环境卫生整治,设立整治办,负责日常工作,健全"一月一评比"农村人居环境整治评比机制,添置垃圾桶12000余个。

产业发展。桂花湾村流转土地20公顷,发展生态蔬菜,通过村部商务平台净菜配送到北京。拓宽砂田溪村竹林鸡养殖、凉水井村花卉培植、红岩嘴村和沧山村稻虾养殖等产业销路,凸显特色。油茶产业新造66.67公顷,低改126.67公顷。

乡村旅游。云峰竹海AAA级景区提质改造工程竣工,打造以廉洁文化为要素的茶马古道。沧山景区高标准建设游客中心、标识标牌等基础设施,打造沧山八景、"沧浪文化"主题墙绘等核心景点,通过国家AAA级景区评审验收。2019年,景区周边20余家农户发展农家乐和果蔬采摘,全年旅游、生态产业产值1亿元。

黄土店镇沧山景区"观音阁"　　(提供:肖婷)

安全稳定。21个行政村"雪亮工程"全覆盖。成立专职消防队和养路护路分队,开展"平安创建"活动,全年化解重大矛盾纠纷31起,一般矛盾调处200余件。与重点人员签订息访协议,全年赴省进京信访登记为零。开展网上执法500余次,行政处罚24起,罚款7000余元。多部门联合开展检查232次,下达整治排查意见书,取缔或关停商店、作坊10家。调度防汛抗旱工作,保障人民群众生命财产安全。

民生保障。建立灾害紧急救助机制,发放困难群众临时生活救济及慰问金18万余元;评议核查城乡低保对象,取消不合条件和自然减员的城市低保3户11人、农村五保户3人。为全镇476户698名低保户发放各类低保资金947万余元,为622名五保户发放生活补助金300余万元,走访慰问全镇退役军人、为退役军人户悬挂"光荣牌",摸排所有退役军人并录入系统,走访慰问退伍军人并发放慰问金。医保缴费走访慰问困难老年人148人,发放慰问金36400元。全镇参加城乡居民医疗保险群众41700余人,建档立卡贫困户及五保户逐户逐人全部参保,参保人数、参保资金、提档缴费及新增扩面位居全区前列。申报贫困劳动力公益性岗位8个,帮助8名建档立卡贫困人员实现劳动再就业。组织贫困劳动力参加全市的创业培训班及月嫂、护理员、焊工等技能培训,实现贫困劳动力新增转移就业142人。组织开展黄土店籍优秀高考学子座谈会,发放助学金4.5万元。组织

开展庆祝“建国70周年”活动，举办庆国庆迎重阳文艺会演。（肖　婷）

黄土店镇“我和我的祖国”庆祝中华人民共和国成立七十周年文艺会演（提供：肖婷）

【黄土店镇“沧山景区”国家AAA级旅游景区评审通过】 2019年12月24日，由专家团队组成的国家AAA级景区创建验收工作小组到黄土店镇沧山景区开展创建验收工作，验收小组由湖南省景评专家李华麟、贺君，常德市文旅广体局党组副书记、副局长王陵书组成，鼎城区人民政府副区长杨凡、边巴次仁等参加评审验收工作。经过实地查看、查阅资料和座谈汇报，评审验收小组同意沧山景区AAA级评审通过。（肖　婷）

黄土店镇沧山景区“沧山古寺”航拍图（提供：肖婷）

草坪镇

【概况】 草坪镇位于沅水之南，枉水之滨，在常德市城区以南10千米处，隶属常德市鼎城区，东邻德山经济开发区石门桥镇，南接黄土店镇，西抵斗姆湖街道，北靠德山经济开发区，207国道纵贯全境，县道08线穿境而过，交通便捷，地理位置优越。2019年，草坪镇总面积76.6平方千米，辖8个行政村、2个居委会。粮食播种面积5366.67公顷，总产量3.35万吨，旱杂粮0.3万吨，高档优质稻面积2666.67公顷。2019年，草坪镇被确定为全市“4+9”乡村振兴示范片建设单位、全市“9+1”人居环境整治试点乡镇。草坪镇以乡村振兴示范片建设和人居环境整治试点为契机，摸索出乡村振兴“草坪模式”。湖南省委书记杜家毫到草坪镇调研指导乡村振兴和基层党建工作，给予肯定。全省推进农村“厕所革命”培训班、全省人居环境整治暨美丽乡村建设培训班、全市人居环境整治现场会在草坪镇召开，常德市委书记、市人大常委会主任周德睿，常德市委副书记、市人民政府市长曹立军等领导给予肯定。区委以“乡村振兴的草坪实践”为题通报表扬草坪镇乡村振兴工作，第二季度获评全市人居环境整治“十佳乡镇”。兴隆街村、三角堆村分别获评省、市文明村镇。放羊坪村、三角堆村获评省级美丽乡村示范村，陡惠渠社区、兴隆街村获评市级美丽乡村示范村。草坪镇申报为湖南省全域美丽乡村试点乡镇。三角堆村被确定为全区唯一的“国家乡村治理示范村”；陡惠渠社区、放羊坪村、三角堆村被湖南省提报“国家森林乡村”。三角堆村开展人居环境整治、乡村振兴工作经验被多家省、市媒体推介。

农业生产。争取到国家现代农业产业园项目在草坪镇投资3000万元，制定草坪镇现代农业产业园项目建设方案，农业产业园规划面积900公顷。项目实施分为三大块，其中高标准农田建设666.67公顷；稻蛙、稻虾、稻鱼共生种养基地200公顷；扶持农民专业合作社、家庭农场6家。当前，全镇优质稻推广面积近2000公顷，累计增产400万公斤、增值1000万元；建立千亩油茶新造示范基地2个，全镇茶油年均总产量55万千克，年总产值超6000万元。兴隆街村孔雀年出栏超5000只，收入200余万元。三角堆村火龙果园纯收入10万元，草坪社区的乌龟养殖，先锋村的稻虾、稻蛙养殖，每公顷平均收入7.5万余元。

放羊坪村顺心水稻专业合作社生产 （摄影：蒋孝进）

党建工作。“智慧党建”工作被央视、新华社、党报头条等媒体报道，西藏自治区山南市隆子县、湖南省怀化市、益阳市、常德市石门县、桃源县等地3000余人到草坪镇学习。培养年轻干部，2019年，草坪镇党建联络员考上公务员2人，“四类人员”比选考取3人。

西藏自治区山南市隆子县青年干部到草坪镇调研
（提供：田薇）

三大攻坚战。草坪镇政府防范化解重大风险，保障金融体系运行平稳，每年减少债务超过100万元，无新增债务。推进脱贫攻坚工作，全镇脱贫602户1934人，2个贫困村退出。生产发展扶贫836人，易地扶贫搬迁10户36人，农村危房改造198户453人，技能培训685人次，教育助学198人，医疗救助959人，社会保障兜底127户321人。开展污染防治，细颗粒物（PM2.5）浓度下降。压实责任，开展蓝天保卫战，落实秸秆禁烧工作、防汛抗旱工作，进行全天候24小时巡查，派出秸秆禁烧宣传车到村组循环播报，与农户签订秸秆禁烧承诺书。小微站点监测显示，该镇空气质量综合指数3次进入全市前6。

乡村振兴。抓人居环境整治。以“三面五清”为突破口，用制定目标、动员部署、办点示范、集中整治、建立机制“五步工作法”推动人居环境整治，受到省、市、区领导肯定。争取项目资金2000余万元，群众自筹资金3000余万元，硬化拓宽村组公路、疏浚主沟渠、主干道“白改黑”等，解决群众出行困难和农田灌溉问题。开展幸福屋场建设，因地制宜打造庭院，弘扬屋场文化，改善生活环境。在幸福屋场植入文化墙绘，打造《草坪文化印象》为代表的艺术墙绘，美化乡村环境，提升乡村文化气质。9月，鼎城区生态环境保护、改善农村人居环境工作现场会在草坪镇召开；草坪镇在全市村庄清洁行动调度会上作典型发言；10月，全市农村人居环境整治暨“三大攻坚战”推进会现场会在草坪镇召开。全年100批次5000人到该镇参观。抓垃圾分类。投入近百万元解决垃圾投放和农业生产垃圾处理问题。推行“户分类、村收集、镇集中、区清运处理”的垃圾收运处置方式，定期检查评比环境卫生和垃圾分类处理情况。当前，三角堆村垃圾分类回收站点建成。抓“厕所革命”。草坪镇通过整合项目、群众筹工筹劳、政府以奖代补等方式，启动改厕工作，落实改厕2904户。2019年，湖南省改厕会议在常德召开，草坪镇作为现场参观点，得到省、市媒体宣传报道。抓美丽乡村建设。结合各村实际情况，发展乡村旅游。启动4个村级旅游景点建设，杜鹃湖景区投入2000万元；放羊坪村寨子岗景区挖掘历史人文资源，计划整村流转建设高端民宿，项目达成投资意向；兴隆街村鸳鸯湖景区挖掘抗战题材，吸引城市居民休闲度假，开展露营等户外活动；教门冲村利用产业扶贫政策，推进回维风情园建设。放羊坪村通过省级美丽乡村示范村验收，三角堆村通过省级美丽乡村示范村验收，兴隆街村、陡惠渠社区通过市级美丽乡村示范村验收。省、市新闻媒体进行采访报道。抓乡风文明。倡导文明新风，开展文明节俭操办婚丧事宜工作，全镇党员签订承诺书，承诺婚事新办，丧事简办，其他事宜不办。各村均成立红白理事会，把文明赈酒写进村规民约，通过村民自治推行移风易俗。发挥“中国民间艺术之乡”“中华诗词之乡”优势，自编自导小戏小品《新礼尚往来》《人间烟火》，倡导新时代新风尚。放羊坪村、三角堆村、陡惠渠社区利用诗社，收集整理家风家训，为近100个家庭制作家风家训牌匾和楹联。全镇10个村制定村规民约，成立“红白理事会”，会员佩戴胸牌，发放聘书，“持证上岗”。湖南卫视等省、市媒体进行报道。

草坪镇文化墙一角　　（提供：田薇）

草坪文化印象墙绘　　（提供：田薇）

省级美丽乡村示范村——放羊坪村　　（提供：田薇）

文化建设。立足文化特色优势，提高文化品牌影响力和美誉度。2019年，获评“中国民间文化艺术之乡”。草坪民间艺术联合会地花鼓表演唱《我们都是保洁员》，获评“欢乐潇湘”全省群众文艺会演一等奖。依托新建成的乡村大舞台，通过专业艺人送戏下乡、群众自我参与的形式，高质量的节目受到群众喜爱，丰富文化生活。举办全镇广场舞比赛、拔河比赛，鼓励百姓远离牌桌，健康生活休闲。组织成立慈善协会、诗词协会、旗袍协会等。

草坪镇获评“中国民间文化艺术之乡
（摄影：刘洵君）

综治维稳。巩固综治民调成果。在市、区政法委指导下，通过抓宣传、抓走访、抓考核、抓打击，巩固和发展综治维稳成果，全体联村干部、网格员走访宣传民调工作，获评2019年全区民调先进单位。实施无上访村创建。开展“信访重点人员、重点群体”归纳建档工作，实行动态管控和有序退出机制，重点人员、重点群体信息全覆盖。借鉴乡村夜话、开屋场会经验，开展民调大宣传、大走访活动，了解群众诉求，化解社会矛盾，全年信访下降50%以上。当前，该镇80%村（社区）无上访；重点信访人员签订息访协议书，全镇赴省、进京零上访；走访接访群众2万余人次，帮助群众解决实际问题1000余个。陡惠渠社区、先锋村、教门冲村获市、区“无上访村”称号。推进平安创建。在10个村（社区）安装监控探头128个，全镇各网格实现监控探头全覆盖。开展扫黑除恶、打击地下六合彩、禁毒工作，净化社会治安环境，增强人民群众安全感。

社会事业。推进社会保障工作。落实各项惠民政策，城乡居民养老保险参保4086人次，参保金额1201800元，人均缴费250元；城乡低保192户462人，每年打卡发放低保资金113万元。五保户300人，年标准打卡发放生活保障金165万元。落实机关退休人员、企业退休人员578人的管理服务工作，每月退休金按时发放。全镇21669人参加城乡医保，贫困户参保率100%，参保金额440余万元。落实残疾人579人的两项补贴清查。开展退伍老兵、现役军人及家属信息采集工作，开展享受优抚待遇人员年检认定工作。提升计生服务水平。2019年，全镇出生169人，其中政策内出生165人，政策内出生率97.63%。享受国家计划生育奖励扶助1741人，新增享受国家计划生育奖励扶助105人，新增特扶11人，享受独生子女保健费359人。教育工作。草坪镇中学入选常德市芙蓉学校计划，参加高考学生13人考入一本，一人获鼎城区理科状元。参加中考学生27人达到鼎城区第一中学录取分数线。发展卫生事业，改善医疗条件，接待门诊病人2.89万人次，住院病人2080人次。开展老年人、糖尿病人、高血压、精神病人等患者的健康体检工作和妇女的"两癌"筛查工作，开展农村食品安全整治活动，规范农村食品经营市场，截至2019年年末，未发生一起食品安全事故。 （田　薇）

草坪镇优秀学子座谈会 （摄影：刘洵君）

【草坪镇首届"五个最美"评选活动】 2019年3月2日，草坪镇开展首届"五个最美"评选活动。"五个最美"是指：最美村社、最美屋场、最美庭院、最美道路、"最美草坪人"。该项工作的开展，推动了草坪镇社会主义核心价值观建设，推进农村人居环境整治试点工作，调动引导群众参与乡村振兴工作。 （田　薇）

【中共中央组织部组织二局副局长、一级巡视员刘文一行到鼎城区调研】 2019年11月27日，中共中央组织部组织二局副局长、一级巡视员刘文一行到草坪镇调研，湖南省委组织部副部长蔡建和，常德市委书记、市人大常委会主任周德睿，市委常委、市委组织部部长梁仲陪同。调研工作围绕"做强乡镇"主题发言，探讨乡镇干部队伍建设中存在的问题和对策。刘文指出，智慧党建平台建设工作要以网络技术为依托、以工作需要为驱动、以党风纪律为关键、以服务需要为动力，"三务合一"是智慧党建平台的生命力，要以党员群众的需求为导向，不断创新升级。乡镇是最基层的政权组织，是党执政的基础层级，乡镇干部是党在农村基层的执政骨干、联系群众的桥梁和纽带。"做强乡镇"，加强乡镇(街道)领导班子及干部队伍建设是大的导向，要通过一系列举措，努力实现"好干部要到乡镇去，好干部要从乡镇来"。 （田　薇）

谢家铺镇

【概况】 谢家铺镇位于鼎城区与汉寿县交汇处，距市城区20千米，是商贸重镇、农业强镇、油茶大镇，石长铁路、长常高速、319国道贯穿其中。总面积128.5平方千米，辖17个行政村、2个社区居委会、173个村民小组。2019年，全镇总户数11095户，总人口4.85万人。该镇围绕"城郊农业立镇、商贸物流活镇、油茶产业兴镇、生态环保美镇"目标，开展幸福谢家铺建设，推进发展升级，落实各项目标任务。谢家铺镇获评市级平安乡镇创建优秀单位、市级安全生产和消防工作示范乡镇，官桥坪村获评市级"无上访村"优秀村，施家陂村获评市级"无上访村"先进村。

基础建设。2019年，优化19家互助幸福屋的硬件设施和软件服务，农村养老村村覆盖，突出

“自我服务、量体裁衣、众人拾柴”的互助模式,谢家铺居家和社区养老工作模式在全区推广，民政部全国居家和社区养老改革试点考核组到该镇调研,新华社等主流媒体进行报道。2019 年,谢家铺镇水稻产业发展优势凸显,优质合作社示范引领,275 户 2 公顷以上种粮大户和家庭农场落实水稻推优。争取到省农开办油茶 1000 万元改造项目,推进低产林改造。构建“四带一园”特色品牌,建设油茶基地,扩大油茶生产面积。申报并承接多个镇级重点项目,引入资金近 2000 万元。其中,镇综合服务平台正式启用,319 国道棚改一期竣工。推进步行街棚改工程、步行街道路白改黑工程、桃花巷污水管网的铺装配套工程。推动镇步行街、农贸市场改造提升工作,镇墟场总面积 3200 平方米的长源大楼,是全区唯一的市级农贸综合体,艾莱依、闻湘月、零食旅行记、亿客隆等品牌商家入驻。

集体经济。完成土地确权收尾工作,推进农村集体产权制度改革，为农村集体经济发展奠定制度基础。创新发展模式,实行公司管理,引导全镇 19 个村(居)注册成立农业发展有限公司,实现公司化托管土地 2000 余公顷,85%的村(居)村集体收入 4 万元以上，村级集体经济收入总额 200 万元,消灭“空壳村”。各村根据实际,实行自主经营和社会化服务。其中,港中坪村、施家陂村、桥头社区成为集体经济发展新样板。筹建村级产业帮扶展示平台 19 个,启动谢家铺镇农产品销售展示馆扶持计划。

农业产业。推广优质稻产业。探索推优“三定”模式,以全镇优质合作社为示范,引领全镇推进优质稻种植,全年水稻推优面积 1586.67 公顷。创新农业政策技术培训。举办种粮大户座谈会、培训班 50 余次,宣传补助政策,推广早稻集中育秧、机插秧高产栽培、常见病虫害防治等技术。落实高产创建示范区 3 千米沟渠硬化、2.5 千米机耕道修建。

油茶产业。推进油茶项目建设。实行油茶改造指标认领制,发挥考核作用,督导油茶改造进展情况。油茶改造 1000 公顷,实施油茶基地建设,构建“四带一园”特色品牌。“云溪谷”油茶小镇田园综合体项目投资近 5000 万元，常德市委副书记、市人民政府市长曹立军到现场调研，肯定其产业成效。

生态环保。抓日常监管。全年开展定期或不定期巡查辖区内涉污企业 16 次，下达整改意见 35 份,限时整改,扼制污染源外排。配合上级主管部门调查回复各种生活举报件 17 件、中央环保督查回头看 4 件。配合处置违规挖砂取土行为 13 起。开展水源地保护水质追踪普查、监测等工作,落实人工湿地水样监测、水质监测的检查工作。抓人居环境整治。完善全镇各村社的机构、人员、卫生设施配备。新建垃圾平台 50 个,新增板桶 28 个,农户配置垃圾桶 4850 个。落实收费制度,开展每月检查评比。启动“厕所革命”,落实 1440 户改厕任务。抓专项整治监管。落实“河(湖)长制”工作,健全责任体系网,实现管理全覆盖。落实秸秆禁烧管控,开展蓝天保卫战,建立镇村干部秸秆禁烧责任体系。开展群众宣传,与农户签订承诺书 10000 余份。开展全天候秸秆垃圾禁烧巡查。以复绿整改为难点,惩治破坏生态行为。部署非法取土场覆绿工作,压实责任,覆绿 80 公顷。

社会保障。开展政策宣传,提升服务质量。新便民大厅正式启用,开展计生、劳动保障、民政等日常工作。申报扶贫车间 1 个,争取补贴资金 5 万元;争取互助幸福屋公益性岗位 19 个,每年可获社保补贴资金 6 万余元,公益性岗位补贴 20 余万元。推动小额担保贷款工作，为 8 名创业者争取 120 万元贴息担保贷款。落实对接工作,实行流动人口均等化服务,宣传优生优育,全年参加优生遗传检测对象 462 人,人群覆盖率 98%以上。开展计划生育奖扶,全年发放独生子女保健费 510 人,特扶对象家庭医生签约服务 126 人，上报奖励扶助对象 91 人。落实各类计生保险 15 万元,落实全镇“退役军人光荣牌”的悬挂工作。

社会事业。落实脱贫攻坚工作。开展贫困户建档立卡动态管理工作,开展教育助学、健康扶贫、危房改造等工作，开展产业扶贫培训班1期，提高帮扶人员及贫困劳动力专业技术水平。抓扶贫审计问题整改，说明整改区扶贫办896条反馈问题，落实产业扶贫，政策实施。全镇81户197人贫困人口脱贫。推进乡风文明。以官桥坪村和施家陂村乡风文明建设试点为蓝本，到村组农户宣传，全民参与。坚持"成熟一个，规范一个"原则，按照程序和群众意愿，高质量开展村规民约、家规家训、党员示范活动。把秸秆垃圾禁烧、环境卫生等内容写进村规民约，实现村民自我约束、自我管理、自我监督。营造文化生活氛围。召开优秀大学新生欢送会、教师节座谈会。为庆祝中华人民共和国成立70周年，在谢家铺镇机关院内举行大型文艺会演活动，近1000人参与。关注老年人精神文化生活，在向家巷文化广场举办"九九重阳"文艺活动，各村老年人幸福屋积极参与、自发组织节目。参加各类比赛，获评"百团大赛"全市三等奖，参加全区"我和我的祖国"歌咏比赛，获第八名和乡镇组唯一组织奖。居家养老提质升级，建立健全考评标准，推动考核常态化。增加个性化考核，鼓励互助幸福屋开展特色专题活动。实行一周一督查，一月一考核，以奖代投，调动各村积极性，规范幸福屋运转。镇民政所获评2019年全省民政系统先进集体。

安全稳定。综治指数市区考评位居前列。"情暖家庭"引起全国关注。官桥坪村以互助幸福屋为平台，让老年人参与"情暖家庭"活动，得到市委政法委肯定，全国29家省级政法报社报道。调查信访问题，及时回复群众，开展无访建设。推进扫黑除恶专项斗争，抓地下"六合彩"整治工作。开展五大安全工作，落实日常监管与执法，确保人民群众生命财产安全。（熊文祥）

芦 苇 场

【概况】 2019年，鼎城区芦苇场有干部职工289人(其中退休职工160人)，设有5个股室，辖6个芦苇分场、1个营养食品厂。拥有澧水鼎城段滩洲生产面积1366.67公顷，沿线跨中河口镇、蒿子港镇、十美堂镇，总里程35千米。

党建工作。芦苇场有党支部2个，党员76人，开展周五主题党日活动、"不忘初心、牢记使命"主题教育活动，活动参加率92%以上，学习笔记完成率100%，规范各项党建资料。开展基层组织建设，把握党员发展关，保证党员队伍的纯洁性。开展党员走访慰问活动，以先进促后进，促进工作良性健康发展。

扫黑除恶工作。区委驻芦苇场工作组多次召开扫黑除恶专题会议，讨论研究制定实施工作方案，成立以区委驻场工作组为班子的扫黑除恶专项斗争领导小组。利用各种舆论宣传工具，营造"扫黑除恶"专项斗争舆论声势，宣传开展"扫黑除恶"专项斗争目的和意义，动员干部职工参与。召开股室、分场负责人会议，由综治办主任进行扫黑除恶专项斗争详细解读与培训。在辖区主要道路和出入口张贴市、区《关于深入开展"扫黑除恶"专项斗争的通告》30张，悬挂横幅10条，发放宣传单150份，制作墙体喷绘标语20条，制造宣传栏3个，设立扫黑除恶举报箱2个，公布举报电话。控制和减少非访、集访的发生，维护社会稳定。

资源开发。2019年，芦苇场杨树清理面积660公顷，其中该场128公顷，森华公司303.33公顷，48户种植户174.67公顷。由于受国家政策影响，益阳森华公司函告该场，其所租赁林地将按轮伐期逐年退出，当前，益阳森华公司退出林地660余公顷，全年减少林地租金200万元。工作组引进社会资源，盘活闲置滩洲资源，确保各项工作正常运转。通过第一、二期公开竞租，全年林地、树木经济创收530万元。（彭群阳）

特种养殖总场

【概况】 2019年，鼎城区特种养殖总场总面积27.33平方千米，辖2个行政自然村，1个社区居委会，5个分场，计13个村民小组。全场总户数1291户，其中农业户1216户。水面2067公顷；耕地面积644.6公顷，其中水田面积619.5公顷。全年农业总产值5139.6万元，比2018年增长10%。人均纯收入8980元，比2018年增长8%。

美丽乡村建设。硬化村组主道2.1千米，硬化沟渠3000余米，安装路灯180余盏，栽种绿化树1500株，实施两村一居境内主干道绿化、亮化工程，完善基础设施建设。整治空心房31处11.33公顷。

综治维稳。按照法律法规解决问题，不回避、不推诿各类矛盾纠纷，受理各类纠纷33件，调解成功31件，市、区交信访办件5件，网上信访件6件。

畜禽、珍珠退养。畜禽退养12户，未退养3户（2个鸭场，1个猪场）；珍珠退养面积145.67公顷，未退养65.33公顷，涉及3个养殖户，已签订退养协议。

脱贫攻坚。2014年，建档立卡贫困户127户372人，通过“四类对象”清理和动态调整，2019年有贫困户119户378人，贫困村1个。2015年脱贫35人，2016年脱贫68人，2017年脱贫226人，1个贫困村2017年已退出（先锋村），2019年脱贫12户36人，未脱贫5户12人。危改32户，补贴发放危改资金45.6万元，医疗救助58人次，教育助学47人，低保兜底4户9人，慢性病签约100%。村级集体经济收入4万元以上，贫困村农民人均可支配收入8000元。

常德市委副书记朱水平（中）到场检查扶贫工作

（提供：彭政华）

党建工作。特养场以党建为总览，抓党建工作基础、基层建设、基层党组织政治功能和组织力，贯彻落实习近平新时代中国特色社会主义思想，开展“不忘初心、牢记使命”主题教育。党委履行管党治党主体责任，书记履行第一责任人责任，带头到基层调研，发现解决基层党建问题；党员班子成员履行“一岗双责”责任，抓分管领域基层党建工作，落实双重组织生活制度。落实湖南省委关于基层建设“1+5”文件精神及相关配套举措，明晰基层职能职责、加强基层党员干部队伍建设。推进党支部“五化”建设，抓两头、带中间，选树“五化”建设示范支部，排查整顿软弱涣散基层党组织，落实“三会一课”、组织生活会、主题党日等基本组织制度，发展和教育管理监督党员，按照功能定位发挥党支部作用。坚持和完善基层党组织领导基层治理机制，落实村级事务“四议两公开”制度，引导群众建立红白理事会、“互助五兴”互助组等自治组织，推进乡风文明建设、人居环境整治。

光伏电项目建设。光伏电总投资7亿元，建设面积200公顷。2019年，安装建设二期133.33公顷光伏电板落成80公顷。（彭政华）

重要文件

Vital Document

鼎城区举行新党员集中宣誓活动庆祝中国共产党建党 98 周年

中共常德市鼎城区委关于印发《开展“不忘初心、牢记使命”主题教育的实施意见》的通知

中共常德市鼎城区委员会关于追授莫大初同志“优秀共产党员”称号的决定

中共常德市鼎城区委关于表彰全区优秀共产党员、优秀党务工作者和先进党组织的决定

鼎城年鉴(2020)

中共常德市鼎城区委 关于印发《开展"不忘初心、牢记使命"主题教育的实施意见》的通知

常鼎发〔2019〕3号

各乡镇(场)党委、街道党工委,区直及驻区各单位党组织:

现将《开展"不忘初心、牢记使命"主题教育的实施意见》印发给你们,请结合实际认真贯彻执行。

中共常德市鼎城区委

2019年9月18日

开展"不忘初心、牢记使命"主题教育的 实施意见

根据《中共中央关于在全党开展"不忘初心、牢记使命"主题教育的意见》(中发〔2019〕19号)、《中共湖南省委关于开展"不忘初心、牢记使命"主题教育的实施意见》(湘发〔2019〕9号)和《中共常德市委关于开展"不忘初心、牢记使命"主题教育的实施意见》(常发〔2019〕7号)的部署安排,结合我区实际,制定如下实施意见。

一、总体要求

开展"不忘初心、牢记使命"主题教育,是以习近平同志为核心的党中央统揽伟大斗争、伟大工程、伟大事业、伟大梦想作出的重大部署,是落实新时代党的建设总要求的重大举措,是保持党同人民群众血肉联系的重大实践,是激励全区党员干部新时代新担当新作为的重大机遇,对于推动开放强市产业立市、加快推进"三城四区五中心"建设具有十分重要的意义。

全区各级党组织和广大党员干部要切实增强政治自觉、思想自觉、行动自觉,把深入学习贯彻习近平新时代中国特色社会主义思想作为根本任务,锤炼忠诚干净担当的政治品格,把学习教育、调查研究、检视问题、整改落实等重点措施贯通起来、衔接起来,与"两学一做"学习教育常态化制度化结合起来,全面贯彻守初心、担使命、找差距、抓落实的总要求,确保达到理论学习有收获、思想政

治受洗礼、干事创业敢担当、为民服务解难题、清正廉洁作表率的目标。

开展主题教育要围绕学习贯彻习近平新时代中国特色社会主义思想这条主线，引导广大党员干部增强“四个意识”，坚定“四个自信”，做到“两个维护”。要强化领导干部带头作用，区委常委会及成员要带头示范，结合我区实际，采取“五个一”（组织一次革命传统教育、举办一期“初心”读书班、梳理一张问题清单、解决一批困扰鼎城经济社会发展的实际问题、开展一次专题民主生活会或专题组织生活会）的方式着力推进主题教育，以过硬作风和表率行为为全区各级领导干部和广大党员作出榜样。要突出问题导向，以专项整治为抓手，着力解决党员干部自身存在的问题特别是思想根子问题，着力解决群众最关心最直接最现实的利益问题。要坚持以人民为中心，牢记党的宗旨，树立正确政绩观，切实增加群众获得感幸福感安全感。要把主题教育与庆祝新中国成立70周年结合起来，引导广大党员干部不忘历史、不忘初心，始终保持奋斗精神和革命精神，努力把主题教育喷发的热情投入到全区的项事业中去，为“抢抓新机遇、建设新江南”努力奋斗。

二、区级领导班子和领导干部带头开展主题教育

按照中央、省委和市委关于主题教育的意见，“不忘初心、牢记使命”主题教育从2019年9月开始，11月底基本结束，集中教育时间不少于3个月。此次主题教育不划阶段、不分环节，四项重点措施有机融合、贯穿始终。区委常委会、人大常委会、政府、政协领导班子分别按照要求制定主题教育实施方案，对学习教育、调查研究、检视问题、整改落实实行清单管理。乡镇(街道)，区直机关、企事业单位等领导班子参照实施。

1. 抓实学习教育。紧扣学习重点，9月中旬前建立学习清单，确保学习效果。

明确学习内容。认真学习党的十九大报告、党章和党内法规，通读《习近平关于“不忘初心、牢记使命”重要论述选编》和《习近平新时代中国特色社会主义思想学习纲要》，学习《习近平总书记对湖南工作重要指示精神学习要点》，跟进学习习近平总书记最新讲话精神。认真学习党史和新中国史。

集中学习研讨。区级领导班子要紧扣“明初心、守初心，坚定理想信念”“担使命、履职责，矢志为民服务”“改作风、勇担当，带头真抓实干”主题，在9、10、11月份分别安排一次专题集中学习和研讨交流。集中学习研讨可以采取党委(党组)理论学习中心组学习、办“初心”读书班、召开党委(党组)会等方式进行。区级领导要撰写心得体会，确保学习教育往深里走、往心里走、往实里走。

创新学习方式。采取集中学习与个人自学相结合，充分运用“学习强国”、智慧党建平台，推动学习教育线上和线下结合。通过参与知识竞赛、召开先进典型报告会、学习攻坚克难典型案例等方式，开展革命传统教育、形势政策教育、先进典型教育和警示教育。

上好专题党课。9月底前，区委书记带头上一堂党课。10月底前，党员区级领导到分管(联系)单位上一堂党课。

2. 深入调查研究。着眼解决实际问题，深入基层察民情、解难题，推动问题在一线发现、矛盾在一线化解，推动中央、省委、市委和区委决策部署落实落地。

聚焦重点问题。围绕解决党的建设面临的紧迫问题，围绕三大攻坚战、省委全面加强基层建设“1+5”文件、机构改革、职务职级并行改革、开放强市产业立市、推进“三城四区五中心”建设等工作，围绕解决本地区本部门本单位存在的突出问题和群众反映强烈的热点难点问题，以领导班子为单位建立调研清单。

提高调研质量。对照班子调研清单，选准调研课题，采取“四不两直”方式，摸清真实情况，提出解决问题、改进工作的办法举措。调研结束后，领导干部要梳理调研情况，交流调研成果，撰写调研报告，把调研成果转化为政策举措和解决问题的具体行动。

3. 深刻检视问题。10月底前，区委常委会、人大常委会、政府、政协领导班子要召开对照党章党规找差距专题会议，按照习近平总书记提出的“四个对照”“四个找一找”要求，深刻剖析检视，建立问题清单。

做好政治建设考察。按照市委主题教育第四巡回指导组要求，积极配合做好政治建设考察，重点对单位领导班子“七个政治”、班子成员“五个政治”的表现情况进行自查。

广泛听取意见建议。结合调查研究，采取个别访谈、召开座谈会、发放征求意见表等方式，充分听取工作服务对象、基层党员群众对领导班子、领导干部存在突出问题的反映，对改进作风、改进工作的意见和建议。认真吸纳上级党组织结合巡视巡察、政治建设考察、基层党建调研、环保督察、扫黑除恶督查及回头看、2018年度民主生活会等情况提出的意见。

聚焦突出重点问题。重点查找是否存在理论学习不认真，敷衍应付、一知半解、学用脱节，热衷喊新口号、行动上老一套，甚至奉西方理论为金科玉律；政治信仰不坚定，对党不忠诚，“两个维护”停留在口头上，政绩观出现偏差，功利主义思想严重，拉帮结派、搞团团伙伙，甚至充当黑恶势力的“保护伞”“代言人”；工作作风不扎实，干事创业精神不振，不担当、不作为，搞形式主义、官僚主义；宗旨观念不牢固，群众感情淡漠，不愿、不会做群众工作，为民服务不上心、不尽力，甚至与民争利、执法不公、假公济私、损害群众利益等突出问题。

认真开展检视反思。党员领导干部要联系思想工作实际，实事求是检视自身差距，把问题找实、把根源找深，并明确努力方向。领导班子要聚焦党的政治建设、思想建设、作风建设存在的突出问题进行检视反思。检视剖析要一条一条列出问题，不搞官样文章，不硬性规定字数。

4. 推进整改落实。根据中央、省委、市委和区委统一部署，建立整改清单，重点推进中央部署的对贯彻落实习近平新时代中国特色社会主义思想和党中央决策部署置若罔闻、应付了事、弄虚作假、阳奉阴违的问题；干事创业精气神不够，患得患失，不担当不作为的问题；违反中央八项规定精神的突出问题；形式主义、官僚主义，层层加重基层负担，文山会海突出，督查检查考核过多过频的问题；领导干部配偶、子女及其配偶经商办企业，甚至利用职权或职务影响为其办企业谋取非法利益的问题；对群众关心的利益问题漠然处之，空头承诺，推诿扯皮，以及办事不公、侵害群众利益的问题；基层党组织软弱涣散，党员教育管理宽松软，基层党建主体责任缺失的问题；对黄赌毒和黑恶势力听之任之、失职失责，甚至包庇纵容、充当保护伞的问题等专项整治。深入推进省委明确的“提篮子”谋取私利和“打牌子”办事、在涉砂涉矿等领域违规谋取私利专项整治；市委确定的经济社会高质量发展环境不优、脱贫攻坚“两不愁三保障”落实不到位专项整治和针对当前少数干部不担当、不作为，营商环境不优，村级集体经济发展薄弱，基层人才缺乏和村级综合服务中心标识牌悬挂过多等形式主义问题，不等不靠、立行立改。

区委常委会、人大常委会、政府、政协领导班子要结合自身实际，有针对性地列出突出问题，开展集中治理。要压实整治责任，逐项制定整治工作方案，明确整改责任人和整改时限，解决一批困扰鼎城经济社会发展的实际问题。主题教育结束前，区级领导班子要召开专题民主生活会，区级领导干部要以普通党员身份参加所在支部的专题组织生活会，并指导分管（联系）单位开好专题民主生活会。

三、抓实抓好基层党支部主题教育

除区级领导干部和参照实施的领导班子之外的党员，要以党支部为单位，结合“两学一做”常态化制度化，依托“三会一课”、主题党日等参加主题教育。

1. 扎实抓好学习教育。组织党员以个人自学为主，通读《习近平关于“不忘初心、牢记使命”论述摘编》等学习资料。主题教育期间，每个支部要围绕主题教育每月至少确定一个主题开展周五主题党日活动。党支部书记要讲1次专题党课，或者向所在支部党员报告1次个人学习体会。结合“双四一”活动，通过召开党员大会、支委会、党小组会等引导党员交流学习体会，相互启发提高；要推介党员“微光彩”等先进做法，组织党员参加志愿服务，为身边群众至少办1件实事好事等。充分运用“学习强国”、智慧党建等党员教育管理平台和微宣讲、微党课等载体，增强主题教育的吸引力和感染力。

2. 深入开展检视反思。组织党员对照党章规定的党员条件和义务权利，对照《中国共产党廉洁自律准则》《中国共产党纪律处分条例》《中国共产党党员教育管理工作条例》等，查找自身存在不足，明确改进提升方向。党支部要对照党章规定的党组织职责，对照《中国共产党支部工作条例(试行)》《中国共产党农村基层组织工作条例》《中国共产党党和国家机关基层组织工作条例》等，对照群众提出的意见建议，上级党组织反馈的问题，检视问题不足，列出问题清单，明确整改思路。要采取读书交流、群众测评等形式，引导党员相互交流、群众提意见建议，为下阶段问题整改打牢基础。

3. 有力推进问题整改。党支部要重点抓好群众反映强烈、主题教育期间能够解决问题的整改，注意切实整治扶贫领域腐败和作风不实、损害群众利益、充当黄赌毒和黑恶势力保护伞等方面的突出问题；要结合整治工作，抓实软弱涣散党组织整顿，深入推进党支部“五化”建设，抓好智慧党建平台应用；主题教育结束前，要以“不忘初心、牢记使命”为主题召开一次专题组织生活会，开展民主评议党员，党员领导干部要以普通党员身份参加所在支部的专题组织生活会。党员要对照检视反思的问题和组织生活会中所提的意见建议，对照“四个合格”标准，认真抓好问题整改，充分发挥党员的先锋模范作用。

四、加强分级分类指导

坚持从实际出发，针对不同领域、不同行业、不同职责党组织和党员特点，强化分级分类指导。

1. 区本级及区直单位。要围绕落实好“稳增长、促改革、调结构、惠民生、防风险、保稳定”等工作，围绕加快推进改革发展稳定、全面加强党的建设、认真解决群众和企业急难愁盼问题，围绕提振士气、激发活力、改进作风、提升能力等开展主题教育。区人大常委会、区政府、区政协领导班子要对照区委常委会标准，制定相应的主题教育工作方案，其他参照实施的区直单位也要结合单位实际，认真组织实施，既把“规定动作”落实到位，又因地制宜，创新方式，同本单位中心工作结合起来。

2. 乡镇(街道)和村(社区)。要围绕基层治理、脱贫攻坚、服务群众、扫黑除恶，壮大村级集体经济等找差距、抓落实，重点解决好贯彻落实中央、省委、市委和区委决策部署和服务群众“最后一公里”问题，大力抓好党支部“五化”建设、加强“智慧党建”在基层的应用推广，建强激活基层党员队伍，切实增强基层党组织的政治功能、提升组织力。

3. 国有企业、非公有制经济组织和社会组织。国有企业要围绕加强党的领导、基层党组织建设，推动企业新时代下高质量发展、实现国有资产保值增值。非公有制经济组织和社会组织要紧贴实际，因地制宜采取小型、灵活、分散的方式，运用鲜活、生动、管用的方法，确保两新组织主题教育落地落实；要坚持问题导向，解决好党组织设置不规范、凝聚力不强、活动开展不经常，作用发挥不明显等突出问题。

4. 医院、中小学校等窗口单位、服务行业。要重点对照中共中央办公厅《关于加强公立医院党的建设工作的意见》等文件要求，切实加强领导班子、干部队伍和人才队伍建设，突出抓好思想政治工作和医德医风、师德师风建设。要把增强服务意识、提高服务水平、提升群众满意度等作为主题教育的着力点,全面查找本系统本行业突出问题,深入检视党员职工身上存在的不足,下大力气整改到位,切实纠正行业不正之风。

五、强化加强组织领导

全区各级党组织要切实把责任担起来,集中思想、集中时间、集中精力,有力有序推进主题教育各项工作,确保取得实实在在的效果。

1. 落实领导责任。区委成立主题教育领导小组及办公室,加强统筹协调,抓好主题教育的宣传发动、组织推动、督导落实等工作,全区各级各部门要坚决服从调度安排。行业系统主管部门要充分发挥指导作用,形成齐抓共管的良好局面。各乡镇(街道)和区直单位要制定好本地区本单位的实施方案,精心部署主题教育工作。区委常委会成员要发挥示范作用,切实做到先学、先查、先改、先做,标准更高一层、要求更严一层。区级领导要认真履行"一岗双责",带头开展好主题教育工作,并加强对分管(联系)单位的监督指导。各级党组织要担负起主体责任,把压力传导到位、任务贯彻到位、服务保障到位,党组织书记要扎实履行好"第一责任人"责任,以"关键少数"引导广大党员干部积极参与。

2. 强化督促指导。区委主题教育巡回指导组要认真履职尽责、敢于真督实导,及时发现和解决问题,实时掌握和评估效果。要力戒形式主义、官僚主义,杜绝表面文章、文山会海、层层加码,深入现场、深入实际开展督促指导。要严肃工作纪律,加强监督执纪,按照中央要求,对开展主题教育消极对待、敷衍应付的,要严肃批评;对走形变样、问题严重的,要给予组织处理。

3. 营造浓厚氛围。积极开展舆论宣传引导工作,充分调动全区各级党组织和广大党员干部群众的参与热情,让习近平新时代中国特色社会主义思想和党的重大决策部署深入人心。要加强革命传统教育,利用好鼎城革命老区的优势,用光荣的革命传统教育、感染、鼓舞党员干部,引导广大群众坚定不移跟党走。要加大对先进典型的宣传力度,结合庆祝中华人民共和国成立70周年,从各领域、各行业中选树一批先进典型,充分发挥身边榜样的示范带动作用,引导广大干部群众见贤思齐、比学赶超。要查找反面案例,深入开展剖析,严肃通报、曝光、查处,切实发挥以案明纪、以案示警、以案促改的重要作用。

4. 注重统筹兼顾。要通过主题教育帮助各级党组织和广大党员干部坚定理想信念、增强政治意识、提高执政能力、改进为民服务。全区各级各部门要坚持围绕中心、服务大局,坚持主题教育与日常工作"两手抓、两促进"。要把开展主题教育与贯彻习近平新时代中国特色社会主义思想和党的十九大精神结合起来,与贯彻落实习近平总书记对湖南工作的重要指示批示和党中央决策部署结合起来,与做好稳增长、促改革、调结构、惠民生、防风险、保稳定各项工作结合起来,与建设"三城四区五中心"和完成本地区本部门重点任务结合起来,把党员干部参与主题教育的工作热情转化为干事创业、担当作为的强大动力,把主题教育的工作效果体现为加快鼎城高质量发展的实际成果。

附件:区委"不忘初心、牢记使命"主题教育领导小组成员名单

附件

区委“不忘初心、牢记使命”主题教育领导小组成员名单

组　　　长：杨　易

副　组　长：朱金平　　王时雨　　王明东　　王少贤　　雷建国　　宋雨泓

成　　　员：李三葆　　舒　伟　　李勇岗　　陈　宏　　黄　卫　　李政达

杨道政　　熊晓勇　　冀万喜　　涂华军　　刘　俊　　肖仁华

阮　龄　　林新忠　　郭芳勇　　刘先春

办公室主任：王少贤

中共常德市鼎城区委员会关于追授莫大初同志“优秀共产党员”称号的决定

常鼎委〔2019〕4号

各乡镇(场)党委、街道党工委,区直及驻区各单位党组织:

莫大初,男,1966年6月出生,中共党员,花岩溪管理处高峰村原村党总支书记兼村主任。2019年2月21日因病抢救无效,不幸去世,享年53岁。

莫大初同志一生忠诚于党、服务于民,直到生命的最后时刻,牵挂的是群众,担心的是集体,用生命践行“全心全意为人民服务”的宗旨。在村一级的平台上,作出了感人的事迹;在农村这片广袤的土地上,绽放着共产党人的光辉。他深受群众爱戴,多次受到上级党组织表彰,2012年被区委评为优秀共产党员。

莫大初同志是新时代新担当新作为的忠实践行者、是“四讲四比”活动中涌现出来的优秀代表、是基层党组织书记的先进典型,他的事迹感人,体现了一名共产党员“不忘初心、牢记使命”的精神风貌。为表彰先进,树立典型,区委决定,追授莫大初同志为“优秀共产党员”,全区党员干部要以莫大初同志为榜样,深入学习他的先进事迹。

学习他对党忠诚、心怀大局的政治品格。2008年,经商15年之久的莫大初,事业上小有成就,每年有近20万元的纯收入。为了家乡的发展,在当年的换届选举中,莫大初不顾家人反对,毅然接受了组织和群众的挑选,回村任村会计。2014年当选为村支部书记兼村主任。2016年,莫大初同志肝部出现严重病变,但面临老屋坪村先后两次转隶、一次合并、花岩溪管理处主要领导调整等局面,为稳定大局、安抚群众,莫大初带病坚守岗位,直到生命最后一刻。

学习他热爱家乡、一心为民的公仆情怀。莫大初同志始终把群众冷暖挂在心上。贫困户散养的土猪出现滞销,他自掏腰包买下,赊销给商贩;老人们销售竹扫把,因市场缘故协议价出现缩水,他又自掏腰包贴补老人。他将村里孤寡老人、空巢老人、留守儿童视若亲人,帮病帮困,随喊随到,老人们评价他“比儿子还要亲”。为了贫困户危改项目早日到位,他曾带着滞留针管加班到凌晨3点多。去世前的十几天,他还在走访慰问贫困户。

学习他忠于职守、公而忘私的奉献精神。这些年来,莫大初同志为公事、为群众出车出力,但没有找单位报销过一分费用。为了村里的发展,多次垫付高额建设资金,有部分资金直到去世还没收回。为了村里的光伏发电扶贫项目早日投产,三个月不到的时间里,病入膏肓的莫大初,20多次驾车前往正常人也难得上去一次的项目基地。他18岁的聋哑儿子,在长沙一所特教学校就读,在儿子班里,他是唯一一个没有与老师见过面的父亲。他当前的住房,是一栋只有60多平方米的砖木混建老屋,外墙已是穿眼漏壁。

学习他廉洁自律、坚持原则的刚正品格。莫大初同志有搞工程的资质和经验,但在任职期间,对村里的大小建设,除了监督质量,他一贯坚持工程不插手、经济不过手。2014年,花岩溪管理处跨属地委托莫大初承担了一项道路降坡工程,虽是包干支付,但他最后还是把结余资金分文不少的交回花岩溪管理处。2014年,莫大初拒绝犯罪分子的金钱诱惑,冒险协助公安机关捣毁了一个影响全国的特大制毒窝点。

学习他生命不息、奋斗不止的人生追求。为了村里的竹木资源得到有效开发和村组道全部硬化,莫大初同志在病房内用一个废纸盒,写下了人生最后一份述职报告。生命进入倒计时,莫大初在病房内仍然坚持办公。在体力难支的情况下,赶到管理处坚持把手头的工作交代得清清楚楚、明明白白。在长沙最后就诊期间,多次打电话发信息交代村里的工作。莫大初同志用生命诠释了新时代农村干部的精神风貌和基层党员的炙热情怀。

各级党组织要把莫大初同志的先进事迹,作为鲜活教材,利用周五党日、组织生活会、座谈会等多种形式,组织深入学习。把学习活动与“抢抓新机遇、建设新江南”相结合,与践行“四讲四比”相结合,与脱贫攻坚相结合,与扫黑除恶专项斗争相结合,凝聚学先进、赶先进的强大能量。全区所有基层党组织书记要以莫大初同志为楷模,当好支部领头雁,带领广大党员干部立足岗位、乐于奉献,为谱写好中国梦的鼎城篇章做出更大贡献。

中共常德市鼎城区委

2019年4月11日

中共常德市鼎城区委 关于表彰全区优秀共产党员、优秀党务工作者和先进党组织的决定

常鼎委〔2019〕7号

近年来，全区各级党组织和广大共产党员深入学习贯彻习近平新时代中国特色社会主义思想和十九大精神，锤炼忠诚干净担当的政治品格，团结带领全区党员群众“抢抓新机遇，建设新江南”，涌现了一大批优秀共产党员、优秀党务工作者和先进党组织。为表彰先进、学习先进、弘扬正气，在纪念中国共产党成立98周年之际，区委决定，授予李南孝等60名同志“优秀共产党员”荣誉称号、杨国军等30名同志“优秀党务工作者”荣誉称号和中共常德市鼎城区蒿子港镇委员会等24个单位“先进党组织”荣誉称号，并予以表彰。

全区广大共产党员、党务工作者要以受表彰的优秀个人为榜样，学习他们忠诚干净担当；学习他们知信行统一，树牢“四个意识”，坚定“四个自信”，坚决做到“两个维护”；学习他们尊崇党章、遵守党规，严以律己；学习他们严守为民服务根本宗旨，密切联系群众，在工作、学习和生活中以身作则，自觉践行社会主义核心价值观，始终坚守共产党人精神高地。各级党组织要向受表彰的先进集体学习，认真履责，坚定不移地维护以习近平同志为核心的党中央权威和集中统一领导，坚决落实全面从严治党主体责任，团结带领全区党员群众创先争优，创造出无愧于新时代的光辉业绩。

希望受表彰的优秀个人和先进集体，珍惜荣誉、戒骄戒躁、再立新功。全区各级党组织和广大共产党员要更加紧密地团结在以习近平同志为核心的党中央周围，高举中国特色社会主义伟大旗帜，深入开展“不忘初心、牢记使命”主题教育，做合格党员、建过硬组织，把“开放强区产业立区”宏伟事业不断推向前进，为谱写鼎城发展的华美篇章而不懈奋斗！

附件：全区优秀共产党员、优秀党务工作者、先进党组织名单

中共常德市鼎城区委

（2019年7月2日）

（此件发至副乡科级单位）

附件

全区优秀共产党员、优秀党务工作者、先进党组织名单

优秀共产党员(60名)

李南孝　　常德市第四人民医院原党委副书记、院长
唐建媛(女)　鼎城区花岩溪镇逆江坪中学高级教师
瞿立固　　鼎城区谢家铺镇东湖山村老干组组长
蒋松泉　　鼎城区石公桥镇冲天胡村爱卫协会会长、保洁员
刘兴春　　鼎城区中河口镇团洲村党支部书记
樊贵堂　　鼎城区双桥坪镇南洋坪村党总支部副书记
高　英(女)　鼎城区特养场五甲村党建联络员
曹喜延　　鼎城区许家桥回维乡五宝山村第一党支部书记、党小组组长
宋延军　　鼎城区韩公渡国土资源所工作人员
莫凤超(女)　鼎城区尧天坪镇农保专干
张文婷(女)　鼎城区石板滩镇人民政府办公室主任
涂先文　　鼎城区蔡家岗镇人民政府综治办维稳专干
陶方来　　鼎城区镇德桥镇水浒庙社区党总支部书记
袁　亮　　鼎城区十美堂镇党委副书记
廖建湘　　鼎城区红云街道党工委委员、人大工委主任
王启冬　　鼎城区郭家铺街道党工委委员(组织委员)
熊　浩　　鼎城区桥南市场第三支部党员
周跃华　　鼎城区人大常委会党组成员、办公室主任
聂德其　　鼎城区政协办公室副主任
蔡　亮　　鼎城区纪委监委正科级纪检员
陈丽华(女)　鼎城区科协办公室副主任
黄　振　　鼎城区委办公室综合组负责人
雷志英(女)　鼎城区扶贫开发办党组成员、副主任
周海艳　　鼎城区发改局政工股股长
胡　敏　　鼎城区交警大队事故处理中队中队长
王爱明　　鼎城区人民法院综合办公室党支部书记
吴笑菠　　鼎城区人民检察院侦查监督科科员
张议文　　鼎城区人民政府办公室综合组负责人
周　茜(女)　鼎城区侨联主席
谭　伟　　鼎城区供销社政工人事股长

张家凯	鼎城区水利局五里溪水库管理所职工
刘　波	鼎城区农机事务中心农机校党支部书记
刘庆华	鼎城区住建局城市建设监察大队大队长
刘孝元	常德市兴隆劳务有限责任公司党委副书记、纪委书记
陈　猛	江南城投公司党支部委员、副总经理
李明革	鼎城区城管局工作人员
李国伟	鼎城区行政审批服务局办公室主任
金　鑫	鼎城区审计局行审股股长
娄凤喜(女)	鼎城区卫生健康局党建办主任
张明新	鼎城区房地产管理局信息办主任
刘立华	鼎城区周家店镇农业和农村经营管理服务站站长
汪素华	鼎城区花岩溪镇农业和农村经营管理服务站站长
丁小凌(女)	鼎城区广播电视台电台节目部主任
段淑娟(女)	鼎城区委党校教研室主任
肖友华(女)	鼎城区招商促进事务中心副主任
刘则敬	鼎城区信访局干部
王桃先(女)	中国邮政集团公司湖南省鼎城区分公司集邮与文化传媒部营业员
丁敬君	鼎城区公安局刑侦大队大队长
陈德贵	鼎城区安置办主任
杨　华	鼎城区房屋征收办主任
周晓晨	鼎城区自然资源局征地拆迁管理处主任
贺用森	鼎城区委组织部副部长
曾世平	鼎城区委党史研究室主任
陈　诚	鼎城区交警大队驻中河口镇麻河口村扶贫工作队队长、第一书记
林长虹	鼎城区畜牧水产事务中心卫监所所长
陈　栋	鼎城区桥南市场管委会政工室主任
丁时新	鼎城区农村经营服务站干部
罗梅芳(女)	鼎城区应急管理局工作人员
赵　玲(女)	鼎城区玉霞街道永安社区党总支部副书记
胡　江	常德市花岩溪国家森林公园管理处党工委委员、副主任

优秀党务工作者(30名)

杨国军	鼎城区草坪镇党委书记
尹曼妮(女)	鼎城区黄土店镇党委委员(组织委员)
李　凯	鼎城区周家店镇党委委员(组织委员)
周松青	鼎城区林业局老干党支部书记
陈建波	鼎城区黄土店镇沧浪坪村党总支书记

欧阳宙(女)	鼎城区民政局党建办主任
陈学文	鼎城区市场监督管理局党建办主任
蔡　彪	鼎城区尧天坪镇党委委员(组织委员)
谭　静(女)	鼎城区斗姆湖街道党委委员(组织委员)
孟　杰	鼎城区公路建设养护中心机关支部书记
王建军	鼎城区公安局政工室副主任、局机关党总支部副书记
高　斌	鼎城区中河口镇党委副书记
郭忠平	鼎城区妇幼保健院党建办主任
李昌明	鼎城区牛鼻滩镇新街社区党支部书记
石安太	鼎城区尧天坪镇官坊湾村党总支书记
曾博麟(女)	鼎城区工业和信息化局党建办主任
周成武	鼎城区石板滩镇荷花堰社区党总支书记
康立平(女)	鼎城区花岩溪镇党家庵村党总支部委员(组织委员)
向灵芝(女)	鼎城区第一中学党建办主任、第二党支部书记
鲁新民(女)	鼎城区石公桥镇三兴村党总支部委员(组织委员)
黄云华	鼎城区十美堂镇一港村党总支部书记
谭笑声	阳明湖投资开发有限公司党支部副书记
熊智丹(女)	鼎城区人社局党建办主任
张媛媛(女)	鼎城区文旅广体局办公室副主任兼人事股股长(党建专干)
蒋冬华	鼎城区草坪镇放羊坪村党总支部书记
刘德慧(女)	鼎城区财政局党建专干
陈　杨(女)	鼎城区牛鼻滩电排管理站党建专干
黄　牧	鼎城区城乡居民医保中心党建专干
蔡学选	鼎城区总工会党组成员、副主席、机关党支部书记
余伟清	鼎城区自然资源局老干党支部委员(组织委员)

先进党组织(24个)

中共常德市鼎城区蒿子港镇委员会

中共常德市鼎城区灌溪镇委员会

中共常德市鼎城区黄土店镇委员会

中共常德市鼎城区委办公室机关支部委员会

中共鼎城区政府办公室第一支部委员会

中共常德市鼎城区纪律检查委员会机关总支部委员会

中共常德市鼎城区玉霞街道鼎城社区总支部委员会

中共常德市鼎城区许家桥回族维吾尔族乡中堰村总支部委员会

中共常德市鼎城区灌溪镇百家坪社区总支部委员会

中共常德市鼎城区花岩溪镇湖江坪村总支部委员会

中共常德市鼎城区蒿子港镇光复村总支部委员会
中共常德市鼎城区周家店镇恒丰垸村总支部委员会
中共常德市鼎城区石公桥镇赵家垱村总支部委员会
中共常德市鼎城区韩公渡镇丁家口村总支部委员会
中共国家税务总局常德市鼎城区税务局委员会
中共常德市鼎城区扶贫开发办公室支部委员会
中共常德市鼎城区城市管理和行政执法局总支部委员会
中共常德市鼎城区财政局机关一支部委员会
中共常德市鼎城区发展和改革局机关支部委员会
中共常德市鼎城区机构编制委员会办公室支部委员会
中共常德市鼎城区路政执法大队支部委员会
中共常德市鼎城区尧天坪镇老干支部委员会
中共常德市鼎城区八官垸支部委员会
中共常德市鼎城区非凡教育支部委员会

附录

Appendix

鼎城区学用"学习强国"知识挑战赛

2019年度全区综合绩效评估和部分单项工作考核结果及年度考核记功人员

2019年度全区综合绩效评估和部分单项工作考核结果及年度考核记功人员

一、综合绩效评估考核结果

(一)优秀单位(29个)

郭家铺街道　红云街道
灌溪镇　蒿子港镇
十美堂镇　区委政法委
区委办　区委统战部(区侨联)
区委宣传部　区委组织部
区林业局　区民政局
市公安局鼎城分局　冲柳垸
区委党校　区税务局
区农业农村局　区工信局
区政府办　区财政局
区交通局　区商务局
区住建局(区征收办)
区纪委区监委(区委巡察办)
区自然资源局　区人大办公室
区人大监察和司法委　区政协办公室
区政协经济科技和外事委

(二)良好单位(48个)

谢家铺镇　中河口镇
石板滩镇　蔡家岗镇
草坪镇　许家桥乡
玉霞街道　区人社局
区扶贫办　区市场监督管理局
区水利局　区总工会
区科技局　区教育局
区农机事务中心　区公路养护中心
区应急管理局(区消防大队)
区城管执法局　区信访局
区交警大队
区卫健局(区红十字会、区计生协会)
区住房保障中心　区一中
区委党史研究室　区委编办
区检察院　区广播电视台
区法院　团区委
区文联　区妇联
区卫计综合监督执法局
区档案馆　区农村能源中心
区科协　区审计局
区行政审批服务局　区退役军人事务局

区招商促进事务中心　区国资中心
区供销社　区工商联
农业发展银行鼎城区支行
区人大财经委　区人大联工委
区人大环资委　区政协提案委
区政协农业农村和人口资源环境委

二、单项工作考核结果

（一）基层党建工作

1．优秀单位（14 个）

镇德桥镇党委　郭家铺街道党工委
石板滩镇党委　草坪镇党委
十美堂镇党委　花岩溪镇党委
区民政局党组　区卫健局党委
区教育局党委　区自然资源局党组
区工信局党组　区市场监督管理局党组
区林业局党委　区审计局党组

2．良好单位（26 个）

灌溪镇党委　红云街道党工委
牛鼻滩镇党委　斗姆湖街道党工委
中河口镇党委　黄土店镇党委
花岩溪管理处党工委　玉霞街道党工委
许家桥乡党委　石公桥镇党委
区住建局党委　区扶贫办党组
区总工会党组　区财政局党组
区交警大队党委　区农业农村局党委
区商务局党委　区城管执法局党组
区统计局党组　区司法局党组
市第四人民医院党委　区人社局党组
区广播电视台党组　区文旅广体局党组
区发改局党组
区公路养护中心党总支部

（二）生态环境工作

1．优秀单位（10 个）

市生态环境局鼎城分局
区林业局　区自然资源局
区城管执法局　玉霞街道
郭家铺街道　灌溪镇　草坪镇
石板滩镇石煤矿区生态环境修复治理指挥部办公室
湖南应用技术学院

2．良好单位（27 个）

区委办　区政府办
市公安局鼎城分局　区发改局
区农业农村局　区工信局
区住建局　区水利局
区交通局　区商务局
区卫健局　区市场监督管理局
区交警大队　区应急管理局
区环卫中心　花岩溪管理处
红云街道　斗姆湖街道
蒿子港镇　中河口镇
十美堂镇　石公桥镇
石板滩镇　黄土店镇
花岩溪镇　镇德桥镇
许家桥乡

（三）脱贫攻坚工作

1．优秀单位（14 个）

灌溪镇　十美堂镇
谢家铺镇　黄土店镇
区扶贫办　区住建局
区民政局　区教育局
区医保局
驻中河口镇麻河口村工作队
驻牛鼻滩镇永福村工作队
驻双桥坪镇双桥坪居委会工作队
驻许家桥乡五宝山村工作队
驻尧天坪镇喜洋村工作队

2．良好单位（35 个）

许家桥乡　牛鼻滩镇
石板滩镇　花岩溪管理处
区委办　区人大办
区政府办　区政协办
区纪委区监委　区委政法委
区委组织部　区委宣传部

区委统战部　区农业农村局
区卫健局　区水利局
区残联　区财政局
区审计局　区广播电视台
区电力公司
驻韩公渡镇镇龙庵村工作队
驻蔡家岗镇湖海坪村工作队
驻十美堂镇教育村工作队
驻镇德桥镇同心坝村工作队
驻周家店镇太平寺村工作队
驻蔡家岗镇落子山村工作队
驻蔡家岗镇花园村工作队
驻谢家铺镇匡家桥村工作队
驻草坪镇教门冲村工作队
驻石公桥镇芦茅岗村工作队
驻牛鼻滩镇同春垸村工作队
驻花岩溪镇茄子冲村工作队
驻黄土店镇陡水坡村工作队
驻牛鼻滩镇谈家河村工作队

(四)农业农村工作

1. 优秀单位(10个)

草坪镇　蒿子港镇
谢家铺镇　许家桥乡
十美堂镇　蔡家岗镇
中河口镇　区农业农村局
区财政局　区自然资源局

2. 良好单位(20个)

韩公渡镇　灌溪镇
周家店镇　石板滩镇
黄土店镇　区委组织部
区交通局　区住建局
区林业局　区残联
区农机事务中心　区农经站
区畜牧水产事务中心　区政府办
区委办　区纪委区监委
区委政法委　区民政局
区水利局　区人社局

(五)工业发展工作

1. 优秀单位(17个)

谢家铺镇　灌溪镇
区委办　区委组织部
区财政局　区工信局
区税务局
中联重科建筑起重机械分公司
湖南特力液压有限公司
湖南常德南方新材料科技有限公司
常德芙蓉烟叶复烤有限责任公司
湖南常德南方水泥有限公司
湖南武陵机械制造有限公司
常德市鼎城盛祥混凝土有限公司
常德市联嘉机械有限公司
常德市佳鸿机械有限责任公司
精为天生态农业股份有限公司

2. 良好单位(34个)

郭家铺街道　石板滩镇
许家桥乡　中河口镇
区政府办　区委统战部
区纪委区监委　区委宣传部
区统计局　区科技局
区市场监督管理局　区交通局
区应急管理局　区发改局
湖南响箭重工科技有限公司
常德云港生物科技有限公司
常德市荣程机械有限公司
常德市鼎城武陵水泥有限公司
常德迪格机械制造有限公司
常德市鼎城永欣机械制造有限公司
常德隆程建材科技有限公司
湖南和畅(常德)食品科技有限公司
常德远大建筑工业有限公司
常德国力变压器有限公司
常德华利烟机配件有限公司
常德瑞齐隆科技发展有限公司
常德东鼎动力机械有限公司

常德市鑫鹏建材有限公司
常德辰州锑品有限责任公司
常德市振东机械有限公司
常德市广汇气体有限公司
常德市三金结构件制造有限公司
常德科锐新材料科技有限公司
常德天富生态农业发展有限公司

3. 工业企业(外围乡镇)首次入规奖(10个)

常德市鑫鹏建材有限公司
常德市鼎城区宏广新型建材厂
湖南亿泽生态农业科技有限公司
常德市天鹏混凝土有限公司
常德市煦琴新型建材有限公司
常德市弘富源农业发展有限公司
常德宝来建材有限公司
常德瑞安混凝土有限公司
常德正发建材制品有限公司
常德市鼎城区振鹏新型建材厂

(六)招商引资工作

1. 优秀单位(10个)

韩公渡镇　蒿子港镇
区委办　区政府办
高新区　区农业农村局
区住建局　区工信局
区商务局　区招商促进事务中心

2. 良好单位(20个)

中河口镇　双桥坪镇
灌溪镇　黄土店镇
斗姆湖街道　郭家铺街道
花岩溪镇　区人大办
区政协办　区教育局
区应急管理局　区林业局
区侨联　区畜牧水产事务中心
区民政局　区自然资源局
区发改局　区财政局
市生态环境局鼎城分局
阳明湖公司

(七)信访稳定工作

1. 优秀单位(10个)

斗姆湖街道　蔡家岗镇
黄土店镇　石公桥镇
花岩溪管理处
市公安局鼎城分局
区纪委区监委　区工信局
区退役军人事务局　区公路养护中心

2. 良好单位(20个)

郭家铺街道　十美堂镇
尧天坪镇　中河口镇
灌溪镇　草坪镇
区委组织部　区交通局
区人社局　区法院
区林业局　区审计局
区财政局　区自然资源局
区商务局　区教育局
区交警大队　区市场服务中心
区民政局　区住建局

三、年度考核记功人员

(一)下列8人呈报市委、市政府记二等功(记大功)

李军华　贺　云　钟兴满　李南孝
金　刚　陈吉伟　高　力　孙　振

(二)给予下列249人记三等功(记功)

陈立斌　丁为盛　黄　振　石雨淞
吕　俊　雷鑫平　杨道政　段　波
郑春喜　沈十美　刘小韩　吴欣融
赵忠林　李文静　汪俐言　周绍斌
刘　砾　贺娅琪　袁利民　李国忠
李友明　冀定辉　杨　珂　朱茂盛
谢永利　詹　林　肖世军　蒋志斌
王　磊　杨继刚　陈洪涛　向　兰
吴志斌　闫　芳　文泽平　杨海江
尹　俊　戴贝贝　肖继丰　李　源
高小平　彭　俊　肖拥军　徐　文
郭高文　周跃华　聂德其　胡尊音

付勋艳	艾泽栋	陈友志	徐家贵
罗振军	张泽林	张长远	李云华
杜　瑶	罗军初	胡晓波	张海森
刘　敏	龚　玲	杨国军	熊志勇
袁建新	谷以泉	杨　丽	吴　政
沈　毅	周元枝	刘　平	文军南
李　明	李亚飞	孙永红	张　杰
刘　阳	向爱进	刘　睿	孟南君
郭桂香	宋明祥	张孝丽	谭　伟
杨正全	胡锡锋	王湘庭	陈福芝
陈志刚	黄志明	陈伊拉	施伟健
欧阳宙	丁　俐	汪　伟	邱少海
何梦黎	郑安恢	唐慧静	张　毅
彭宏伟	朱　静	罗红英	蒋宏斌
唐　芳	王萧宇	陈克钧	杨德富
阳章俊	郑　敬	彭立平	胡忠涌
祁化萍	高　璇	石建军	贾仁斌
代彩凤	洪智林	李永高	王　全
罗海兵	张　扬	薛晓文	莫艳妮
李元香	李嘉滨	肖春红	刘开新
符哲炜	牟吉奎	苏子莲	罗　颖
陈学文	余方义	吴友春	苏　进
杨承军	杨　凯	严　波	张媛媛
杜美霜	蔡小明	丁小玲	刘　军
周海艳	陈文清	蔡加忠	何宏伟
孟　杰	王建国	袁大义	刘永久
孙孝新	陈　敏	金　海	文　利
杨朝喜	陈　平	梁　勇	李　明
刘则安	熊宏武	张　辉	姚　坤
鄢小玲	马春芳	周　晖	余　平
宁　丽	黄桂英	闵安忠	张　俊
喻卫华	葛良峰	邓德喜	龚立军
沈海燕	吴晓红	万孟兰	姚厚明
胡秀明	赵　斌	卢国元	杨新宇
曾初建	向师林	熊　伟	李　荣
沈海军	周　勇	孙金蓉	邓　飞
陈　伟	周　晶	龚国荣	李映霞
彭子桓	刘　文	杨淑芬	高佳祺
文　芳	夏素清	麻小娟	张常青
陈　胜	杨国华	陈　静	刘祝来
王俊红	莫大明	杨国庆	卜建英
蔡明君	杨建伟	周丽群	冯春分
李少华	王红军	吴定波	陈慧利
李　扬	杨　辉	邬小玲	刘会芳
吕　辉	杨中于	聂　玲	穆　兰
杨晖燕	陈　慧	曾强军	郑志霞
熊　洁	章　青	刘绪杰	熊定一
张治国	顾世平	刘光胜	罗　英
陈红萍	刘明星	苏君兰	丁为军
丁　卫	张克明	聂金霞	娄凤喜
陈文华			

2020 年是决胜全面建成小康社会的收官之年，希望以上受表彰的单位珍惜荣誉，戒骄戒躁，再接再厉，再创佳绩。全区各单位要以先进为榜样，进一步真抓实干，奋发进取，全面落实中央和省市区各项决策部署，全力推进“三城四区五中心”建设，奋力谱写新时代鼎城高质量发展新篇章。

中共常德市鼎城区委

常德市鼎城区人民政府

2020 年 7 月 8 日

索　　引

说明：

一、本索引把年鉴条目的内容用主题分析的方法，按汉语拼音字母顺序排列；第一字相同，按第二字音序排列，依次类推。

二、标引词后的阿拉伯数字表示内容所在的页码，所有表格按序号排列，以类目提取的索引用黑体字区分。

三、本年鉴的“专题”“专文”“大事记”“重要文件”“表格”“附录”“随文图片”均未作索引。